证券法苑

第四十二卷

邱　勇　总编

蔡建春
苑多然　主编

Zheng Quan Fa Yuan

法律出版社
LAW PRESS · CHINA
北京

图书在版编目（CIP）数据

证券法苑. 第四十二卷 / 蔡建春, 苑多然主编.
北京：法律出版社, 2025. -- ISBN 978-7-5244-0609-9
Ⅰ. D922.287.4-53
中国国家版本馆 CIP 数据核字第 20252PW278 号

证券法苑（第四十二卷）
ZHENGQUAN FAYUAN
（DI-SISHIER JUAN）

蔡建春　苑多然 主编

责任编辑 彭　雨
装帧设计 贾丹丹

出版发行 法律出版社
编辑统筹 法律考试·职业教育出版分社
责任校对 张翼羽
责任印制 胡晓雅
经　　销 新华书店

开本 710 毫米×1000 毫米　1/16
印张 30.25　　**字数** 495 千
版本 2025 年 9 月第 1 版
印次 2025 年 9 月第 1 次印刷
印刷 固安华明印业有限公司

地址：北京市丰台区莲花池西里 7 号（100073）
网址：www.lawpress.com.cn
投稿邮箱：info@lawpress.com.cn
举报盗版邮箱：jbwq@lawpress.com.cn

销售电话：010-83938349
客服电话：010-83938350
咨询电话：010-63939796

书号：ISBN 978-7-5244-0609-9
定价：98.00 元

凡购买本社图书，如有印装错误，我社负责退换。电话：010-83938349

证券法苑 第四十二卷

主办单位：上海证券交易所

卷首语

2024年以来，资本市场法治建设稳步推进。2024年4月，国务院《关于加强监管防范风险推动资本市场高质量发展的若干意见》发布实施，“强监管、防风险、促高质量发展”主线日益清晰。2024年7月，2023年修订的《公司法》（以下简称新《公司法》）施行，带动了资本市场一系列制度规则的优化重塑。2024年12月，深圳市中级人民法院、南京市中级人民法院发布两个证券虚假陈述责任纠纷特别代表人诉讼权利登记公告，中国特色证券集体诉讼制度进一步拓展适用。此外，资本市场司法保障功能愈加坚实，实践中涌现了一批具有代表性的典型案例。为此，《证券法苑》组织各界专家学者，围绕新《公司法》实施、证券集体诉讼等资本市场制度的检视评估，重大金融司法案例的评注分析和优秀域外文献的译介参考，形成了一批优秀的研究成果。本卷共设置4个栏目，收录15篇文章，简要介绍如下：

“新公司法专题研究”栏目收录了3篇文章，围绕新《公司法》的3个具体制度展开讨论。吴弘、郭宇航的《新〈公司法〉下债券投资者保护机制的完善》一文认为，新《公司法》颁布后，需要进一步完善债券投资者保护机制的配套措施，重新调整符合债券市场自身特点的信息披露体系、细化债券持有人会议和受托管理人的制度安排。钟洪明的《新

〈公司法〉实质董事的制度创新与规范适用研究》一文肯定了新《公司法》引入事实董事和影子董事制度的积极意义，并尝试对部分问题如事实董事与影子董事的认定与判断标准、董事义务规范准用范围以及民事责任构成要件等进行阐释。傅穹、段再扬的《董事竞业限制义务的适用难题——以新〈公司法〉第184条的实施为中心》一文充分肯定了新《公司法》对董事竞业限制义务规范的进步，指出董事竞业限制义务在实施过程中仍将面临“行为识别难”“利益冲突涤除难”“责任追索难”的现实困境，建议以公司经营能力减损为判断竞业行为的标准，强化追责与举证责任倒置，提升董事竞业限制义务的适用效果。

“制度检视”栏目收录了4篇文章，分别探讨了证券集体诉讼制度、证券普通代表人诉讼制度、银行间债券市场债券虚假陈述的中介机构责任和完善私募基金托管人职责的问题。林晓镍、单素华、黄佩蕾的《证券集体诉讼的实施路径与保障机制研究》一文，对证券集体诉讼制度的理论架构、实践经验及境外立法进行了系统全面的比较分析，建议明确不同诉讼制度的适用范围，重构诉讼主导和利润动机，补强私人诉讼对公共执法的补充作用，进一步平衡诉讼效率和诉讼权利之间的关系。肖宇、张茜的《我国证券普通代表人诉讼的实践检视与制度完善》一文专门针对普通代表人诉讼提起率低的问题，提出了优化律师费转付机制、完善法官考评机制、增加诉讼费用优惠、探索投保机构参与普通代表人诉讼等建议。李敏、廖嘉林的《银行间债券市场债券虚假陈述中介机构民事责任研究》一文指出，在银行间债券市场债券虚假陈述民事赔偿案件中，中介机构责任应回归民法的一般侵权责任框架，即法院应结合具体案件事实，根据中介机构在债券发行和交易中的过错程度、发现与验证有关信息真实性的专业能力及影响力大小等综合评判中介机构的责任承担。蔡欣瑜的《我国私募基金托管人监督职责的立法完善》一文分别从“扩张”和“限缩”两个逻辑，分析了我国私募基金托管人的监督职责，认为后续立法应增加托管人在募资阶段的投资者适当性监督、基金间接投资时的风险防范措施监督等，并排除托管人监督投资风险的义务。

“金融司法案例评注”栏目收录了4篇文章，分别对近期4个司法审判典型案例进行了评注分析。张娜娜、符望、范黎红介绍了全国首例新三板做市交易证券虚假陈述纠纷案，对新三板做市交易证券虚假陈述纠纷诸多疑难问题进行讨论和认定。朱颖琦、李鹏、梁文依以全国首例保荐人终止保荐、公司退市案例为切入点，对“不再推荐条款”的性质、保荐人行使保荐合同解除权合理性进行探讨。杜翠围绕最高人民法院裁判的再审案例，讨论了新《公司法》第21条关于禁止股东权利滥用的规定在股东利益冲突纠纷中的适用，提出可以禁止股东权利滥用为基本，承接强制分红、决议无效、强制回购、司法解散等救济方法，为股东利益冲突中受压迫的股东提供更充分和灵活的救济。张墨洋关注了量化私募基金管理人是否违反信义义务的问题，通过分析司法实践中的案例，认为应当充分考虑量化策略的特殊性，认定量化私募基金管理人是否尽到告知说明义务、谨慎勤勉执行量化策略义务、信息披露义务等，并建议未来完善量化私募基金管理人的相关规则。

“域外法制”栏目收录了1篇中文文章和3篇译文。谢睿欣等翻译的《“金融网红”的崛起》，探讨了广受关注的“金融网红”问题，指出“金融网红”提高了散户投资者的金融素养及参与度、促进了企业融资，但也滋生了股价泡沫，甚至引发了欺诈和操纵，建议充分适用现有的反欺诈和反操纵法律条款，强化“金融网红”信息披露并给予正向激励，以提高金融网红信息质量。马学荣翻译的《破产隔离结构化：通过法律重新分配风险》一文，对结构化融资的破产隔离机制进行了规范分析，研究了当事人应在多大程度上拥有重新分配破产风险的权利，具有重要的参考价值。赵金龙的《澳大利亚股东查阅权制度检视：兼评中国股东查阅权制度》一文，介绍了澳大利亚股东查阅权的理论基础及其法律发展演变，分析了澳大利亚现行股东查阅权的成文法规定及司法实践，并提出我国在股东查阅权的法律细节和司法操作方面的建议。薛前强、万超翻译的《公司治理和资本女性化》一文，以非常独特的视角记录了20世纪上半叶女性股东的比例，描述商业领域对这一趋势的反应，认为20世纪早期的性别政治帮助形成了公司治理理论的基本思想，特别是关于股东角色的认识。

编　者
2025年1月

Securities Law Review Serial No. 42 (2025)

【新公司法专题研究】

《证券法苑》(2025)
第四十二卷,第1~11页

新《公司法》下债券投资者保护机制的完善*

吴　弘**　郭宇航***

摘要:2023年修订的《公司法》对实践中存在的问题进行了积极回应,然而,债券市场高质量发展对加强投资者保护提出了更高要求。一是债券市场需要加快建设符合自身特点的信息披露体系;二是债券持有人会议制度在市场实践中存在真空地带;三是受托管理人赔偿责任的确定需要建立配套规则。未来,我国应构建适合债券市场自身特点的信息披露体系;建立持有人会议的瑕疵弥补、异议救济和分层表决机制;多元化解决公司债券受托管理人的利益冲突问题,完善受托管理人民事赔偿的配套制度,多措并举促进债券投资者保护机制的完善。

关键词:新《公司法》　公司债券　信息披露　债券持有人会议　受托管理人

---

* 本文系杭州市人民检察院委托课题“证券检察法律问题研究”(HJ-WT-202301)的阶段性成果。

** 中国银行法学会副会长、上海市金融法学会会长,华东政法大学经济法学院教授、博士生导师。

*** 华东政法大学经济法学院硕士研究生。

2023年修订的《公司法》(以下简称新《公司法》)第204—206条正式从法律层面明确了债券持有人会议的对内和对外效力,规范了债券受托管理人的职权与义务,强化了债券持有人会议的中心地位,回应了理论界与实务界长期的呼声,对于保护债权人利益大有裨益。然而,债券市场的高质量发展,对加强投资者保护提出了诸多更高要求。新《公司法》颁布后,需要进一步完善债券投资者保护机制的配套措施,重新调整符合债券市场自身特点的信息披露体系、细化债券持有人会议制度和受托管理人制度的制度安排,有助于更好地保护债券投资者利益,促进多层次资本市场的发展。

一、新《公司法》对公司债券投资者保护机制的完善

(一)明确了债券持有人会议的对内和对外效力

新《公司法》第204条在《证券法》的基础上明确了债券持有人会议的决议效力。对内效力方面,与其他有价证券不同的是,公司债券可以滚动发行,由此产生的不同期持有人利益往往不一致,需要法律明确债券持有人会议对内的决议效力可以约束的范围。新《公司法》第204条采取了“以法定为原则,以约定为例外”的思路,即除公司债券募集办法另有约定外,债券持有人会议决议对同期全体债券持有人发生效力。同时,新《公司法》还界定了债券持有人会议对外效力的范围,即债券持有人会议可以对与债券持有人“有利害关系”的事项作出决议,弥补了债券持有人会议对外效力的法律空白。

(二)规范了债券受托管理人的职权与义务

第一,新《公司法》对债券受托管理人的职权进一步明晰,有助于受托管理人依法履职。新《公司法》第205条实际上明确了债券受托管理人的义务。首先,持续关注与督促的职责。受托管理人在债券存续期间,对发行人募集资金的使用情况进行监督,受托管理人应当关注发行人是否依照债券募集说明书所约定的用途来运用募集资金,避免资金被擅自挪用。其次,债券受托管理人负有在特定情形下召集债券

持有人会议的职责。[1] 再次,受托管理人同样肩负信息披露的责任。受托管理人要督促发行人履行信息披露义务,保证发行人依规定披露相应信息。最后,受托管理人自身也应当依照规定和约定履行信息披露职责,并将披露的信息登载于本期债券交易场所的网站上。

第二,新《公司法》第206条新增债券受托管理人对债券持有人的赔偿责任,有助于勤勉尽责义务的落实和公正履职义务的强化。如果受托管理人因疏忽或故意行为,未能及时发现发行人的财务状况恶化,未采取有效的风险防范措施,致使债券到期无法兑付,给债券持有人带来损失,那么债券持有人就可以依据此规定向受托管理人主张赔偿。这为债券持有人提供了直接的法律救济途径,增强了债券持有人的权益保护力度。同时,赔偿责任的存在也要求受托管理人必须公正地对待每一位债券持有人。在处理债券相关事务时,不能偏袒任何一方,要以全体债券持有人的利益最大化为目标。

(三)强化了债券持有人会议的中心地位

新《公司法》第206条进一步强化了债券持有人会议的核心地位。当受托管理人与债券持有人存在利益冲突,且此利益冲突有损害债券持有人利益的可能时,债券持有人会议可以"变更债券受托管理人"。这表明,我国不同于日本法的债券持有人会议和受托管理人的并重模式,也区别于美国法的以受托管理人为中心,加重受托管理人责任的立法模式,而是在借鉴德国法的基础上采取了以债券持有人会议为中心的立法模式。这种立法模式在一定程度上为防范债券受托管理人与债券持有人的利益冲突提供了解决思路,没有采取法院干预,减轻了法院的负担,加强了债券持有人会议的中心地位。

二、债券市场高质量发展对加强投资者保护提出了更高要求

随着债券市场的高质量发展,市场规模与产品复杂度提升,投资者

〔1〕 参见何海锋、韩非鹏:《债券受托管理人的职责与法律责任》,载《债券》2021年第4期。

面对各类创新的债券品种，需要更完善的信息披露保障和强有力的集体保护机制，以加强对投资者的保护。

（一）现存的债券市场信息披露体系需要重塑

首先，我国债券市场信息披露体系中的财务指标缺乏针对性。我国债券市场现行的指标分析体系主要依托杜邦分析法构建而成，通过对净资产收益率进行深入拆解后形成的一系列比率进行展开分析。然而，该指标体系存在一定局限性，其重点聚焦于总资产报酬率、净资产收益率、周转率等盈利能力方面的分析，而对于有息债务以及现金流相关的指标分析则相对不足，进而导致对企业偿债能力的评价不够充分。[2]

其次，债券信息披露的约束机制缺乏刚性。目前，债券信息披露制度尚存的问题是对违反约定的信息披露义务的责任人的惩罚力度有限。[3] 2019年修订的《证券法》和2021年施行的《公司信用类债券信息披露管理办法》都是针对公开发行的债券，对于非公开发行的公司信用类债券，主要还是依靠约定的限制性条款的约束，在债券合约和相关规定中，对于发行人的临时信息披露要求不够严格，缺乏有效的监督和处罚机制。当企业出现了重大的经营风险，但没有及时履行临时信息披露义务时，投资者无法及时了解企业的真实情况，导致在债券价格下跌时遭受了较大损失，债券持有人较难追究发行人的相关责任。

（二）债券持有人会议制度在市场实践中存在真空地带

第一，实践中债券持有人会议的决议机制过于粗疏。新《公司法》的议事规则采取了由"债券募集办法"规定的立法思路，在投资者认购债券之前，会议规则已事先制定完毕，实际操作中通常由保荐人代表投资者与发行公司协商制定。后期，由于债券具有证券化的属性，分散各地的债券持有人很难有动力去修改议事规则。立法者或许想践行"买者自负其责"的理念，但是未考虑到债券持有人的谈判能力，况且"债券募集办法"中用来保护债券持有人利益的债券限制性条款由于专业

---

〔2〕 参见宋颖：《关于以偿债能力为核心的公司信用类债券信息披露要求的思考》，载《债券》2023年第8期。

〔3〕 参见中国人民银行长沙中心支行课题组、侯加林：《公司信用类债券法律制度的完善研究》，载《金融经济》2021年第2期。

性过强、条款表述模糊不清及配套制度衔接不畅，保护作用往往大打折扣，[4]容易使债券持有人会议制度无法发挥作用。

第二，现行法律体系缺乏债券持有人会议出现效力瑕疵的弥补制度。债券市场实践中存在通知不规范导致效力瑕疵、表决程序争议引发效力瑕疵、会议召集主体资格存疑导致效力瑕疵等几类情形，这种缺失将导致3个问题：一是债券持有人会议决策的不确定性增加。二是债券持有人的权益无法得到有效保障。三是召开债券持有人会议的成本较高，如果瑕疵无法补正，按照会议决策直接无效来处理影响债券市场的运行效率。

第三，全体生效背景下需要建立个别债券投资者的异议救济制度。新《公司法》在债券持有人会议存在瑕疵或无效的情形时，并未确立异议债券持有人的救济制度。由于债券持有人会议的决议是对同期的全体持有人生效，容易产生"多数人对少数人的暴力"。

（三）受托管理人的赔偿责任难以确定

受托管理人与债券持有人因利益冲突难免产生矛盾。在我国，债券受托管理人大多由债券承销机构担任。然而，一方面，承销机构要为发行人承销债券；另一方面，承销机构又要维护广大债券持有人的利益，这常常使承销机构陷入利益冲突的困境，进而成为受托管理制度中的主要矛盾所在。[5]

如果受托管理人消极履职，债券持有人面临维权困难，难以确定受托管理人的具体赔偿标准和范围。尽管我国立法持续完善债券受托管理人承担责任的相关规定，但是在实际操作层面，债券受托管理人因不当履行义务而应承担责任的案例依旧极为少见，这是因为当前我国在受托管理人民事责任追究机制方面缺乏可操作性。[6] 新《公司法》依旧没有明确采用信托法律关系，而是规定了受托管理人的"勤勉尽责"

---

〔4〕 参见冯果、阎维博：《论债券限制性条款及其对债券持有人利益之保护》，载《现代法学》2017年第4期。

〔5〕 参见马更新：《公司债券受托管理人利益冲突的防范与规制》，载《大连理工大学学报（社会科学版）》2023年第3期。

〔6〕 参见陈洁、张彬：《我国债券受托管理人制度的构建与选择》，载黄红元、徐明主编：《证券法苑》第17卷，法律出版社2016年版。

义务,实际上是借抽象的信义义务来确定受托管理人的职责。但是,抽象的信义义务并不等于完全的信托关系,缺少了对信托财产独立性的保护。此外,"勤勉尽责"这一义务在传统理论框架下具有宽泛的解释空间,这在一定程度上削弱了债券持有人对受托管理人的监督与约束力度。同时,这种情况也阻碍了司法实践在界定受托管理人的过错范围及赔偿责任时的准确性和公正性。[7]

三、完善公司债券投资者保护机制的思考建议

(一)构建适合债券市场自身特点的信息披露体系

首先,应明确以偿债能力为核心的差异化信息披露要求。不同于股票投资者,债券投资者更注重收益的稳定性和安全性,更需要关注企业的偿债能力,为此应当构建以偿债能力为核心的差异化信息披露体系。第一,关于信息披露的内容,可以根据有些学者的观点,将影响企业偿债能力的因素按照作用机理的不同分为直接因素和间接因素两类,直接因素包括现金流和担保,间接因素包括治理结构、经营管理和其他外部条件。在具体披露时既要兼顾全面性,又要对直接因素给予更多的关注。[8] 第二,关于信息披露的方式应采取差异化制度安排。基于债种、主体的划分,对不同债券制定区分性监管规则。从债种角度,考虑期限和发行方式的差异,例如短期和超短期融资债券不适用年报制度,应考虑较短期的定期报告制度对短期和超短期融资债券进行约束;从债券主体角度,针对异质投资者采取差异化信息披露方式,设立差异化的信息披露文本与语言范式,例如,信息披露报表采取"简繁结合"的形式。对于普通的投资者设置简化报表,用通俗的语言告知普通投资者重大事项,对于专业投资者设置详细报表,展示全部的偿债能力指标,如企业的流动比率、速动比率、利息保障倍数等指标。第三,

[7] 参见郑丁灏:《论公司债券治理的组织法构造——以〈公司法〉修订为进路》,载《证券市场导报》2021 年第 8 期。

[8] 参见张阳:《公司信用类债券信息披露制度的统合建构——以偿债能力为中心展开》,载黄红元、卢文道主编:《证券法苑》第 21 卷,法律出版社 2016 年版。

关于信息披露文件的章节设置,应当在募集说明书中设置关于偿债能力的独立章节,披露发行人的偿债能力风险、未来偿债的现金流预测,以及相关的偿债保障举措,也应当在评级报告、主承销商尽职调查报告、存续期定期报告等主要披露文件中设置专门的总体意见,披露发行人的偿债能力情况。

其次,要增强约定的信息披露事项的执行力和市场约束机制。为了使约定的信息披露事项如约履行,我国需发挥受托管理人的积极作用。明确受托管理人未依法履行披露义务致害的责任承担,即追究受托管理人披露瑕疵的赔偿责任,同时由相应行政主管部门对债券受托管理人给予行政处罚。市场约束方面,目前我国证券市场对违法案件举报奖励制度重视不足且奖励金额低,社会媒体监督作用未充分发挥,财经专业能力强的新闻记者和期刊不受关注,自媒体泛滥冲淡专业媒体理性表达,导致市场参与者不能全面客观评估债券风险。为此,我国应当建立债券市场的“吹哨人”制度,完善对违法案件举报奖励制度,加大对举报人的奖励金额。[9] 同时,我国应当进一步大力加强对媒体行业的规范与监督。具体而言,要切实强化证券监管部门与宣传监管部门、司法部门之间的合作力度。对于那些发布虚假、误导性等不良信息的媒体,应当给予严厉的惩罚,以维护市场的正常秩序和投资者的合法权益。

(二)进一步细化债券持有人会议制度

第一,完善债券持有人会议的分层表决的程序。日本法律把决议事项分为普通事项与特别事项,且依据不同事项设置不同的决议通过比例。普通事项只需出席会议的债券持有人所持表决权过半数同意就能通过;特别事项则要求投赞成票的债券持有人表决权超过该种类公司债券持有人所持表决权总额的1/5,且达到出席会议的债券持有人表决权总额的2/3以上。德国法在会议表决通过方面原则上采用简单多数决,即出席会议债权人所持表决权需达到本期未偿付债券总额的1/2以上,且经参会持有人所持表决权的1/2以上通过。此外,

---

〔9〕 参见戴豫升、韩寒:《注册制下我国证券市场信息披露的优化路径——基于供给义务与市场约束视角》,载《银行家》2021年第5期。

《德国债券法》对债券募集说明书中涉及持券人核心利益的变更事项有特殊规定,要求决议获得参会人员所持表决权的75%以上通过才能成立。意大利并未针对不同决议事项设置各异的表决通过比例。

我国可以参照大陆法系国家或地区的规定,从法律层面确立债券持有人会议的分层表决程序,主要内容如表1所示。

表1 债券持有人会议的分层表决程序

表决事项	表决内容	表决机制
特别事项	影响本息兑付的重要事项包括减免、延缓偿付本期债券应付本息,变更债券清偿主体,下调票面利率,以及在违约或预期违约后拟减免、延缓增信主体义务或拟减少抵质押物等	特别事项应当获得表决权总数2/3及以上的同意,同时还需取得出席会议的持有人的一致同意
重要事项	可能影响发行人偿债能力的事项包括在债券存续期间拟减免、延缓增信主体义务或减少抵质押物,暂缓起诉发行人避免交叉违约,修改债券持有人会议权限范围及发行人进行资产划转等	重要事项应取得表决权总数2/3以上同意
一般事项	基本不影响债券本息兑付或发行人偿债能力的事项有变更债券受托管理人、提高资金使用额度、改变募集资金用途、补充流动资金等	一般事项须取得表决权总数1/2以上同意

第二,建立债券持有人会议的瑕疵弥补制度。域外商法常将债券持有人会议的议事规则准用股东会规则,如《日本商法典》第339条明确要求债权人会议的召集、表决、延期准用股东会的规定。股东会和债券持有人会议在议事规则方面存在较大的相似性,我国《公司法(修订草案三次审议稿)》曾规定了“债券持有人会议决议应当经出席债券持有人会议且有表决权的持有人所持表决权的过半数通过”,不过在最终版本中予以修改。我国应在公司债券管理条例中引入平等对待原则,违反该原则的决议对异议持有人无效。如全体持有人权利受决议限制,不存在不平等对待问题;若决议区分优先劣后或不同债券兑付比例且未获异议持有人同意,则对异议人不生效。同时,在引入平等原则基础上,应在公司债券管理条例中依据会议程序瑕疵严重程度,分别列举债券持有人会

议决议无效和可撤销的情形。决议无效情形的核心是判断该瑕疵是否会使各债券持有人无法公平地参与多数意思表示的形成以及获取相关所需信息。〔10〕 具体可确定为出席人数和表决权不符合规则、审议内容超越规则范围权限或与之冲突等，核心是考察瑕疵是否使债券持有人无法公平参与多数意思表示形成及获取所需信息。〔11〕 若会议仅有轻微瑕疵且无实质性影响，例如会议召集通知时间过短、应回避表决的持有人未回避，可参照新《公司法》第26条第1款股东决议轻微瑕疵规定，认可决议有效性以保护债券持有人权益。〔12〕

第三，我国应建立异议债券持有人的救济机制。在日本和韩国的实践中，在债券持有人会议决议作出后、各方未出现争议前，会由司法机关先行审查并确定会议决议的效力。〔13〕 提前介入在理论层面极大程度上会影响会议决议实施的商业效率。因此，可以考虑借鉴意大利等国家或地区相关的域外规定，构建事后的司法审查机制。〔14〕 当存在会议召集程序、表决方式、议事方式等方面的程序瑕疵时，债券持有人有权提起决议撤销之诉；而当决议内容涉及法定无效事由或者决议事项为募集文件明确禁止的实质瑕疵时，债券持有人可自决议作出之日起60日内，向人民法院请求撤销该决议。

（三）健全对债券受托管理人的约束机制

第一，多元化解决公司债券受托管理人的利益冲突问题具有必要性。一些国家规定受托信义义务与私人利益潜在冲突的机构，不能担任债券受托管理人。〔15〕 但是利益冲突不必然导致受托管理人辞任，商事法领域利益冲突难以完全避免。若管理人勤勉尽职，存在利益冲突不一

---

〔10〕 参见傅耀：《从实务角度浅析我国债券持有人会议制度的现有困局及完善路径》，载《债券》2024年第1期。

〔11〕 参见丁勇：《公司决议瑕疵诉讼制度若干问题反思及立法完善》，载黄红元、徐明主编：《证券法苑》第11卷，法律出版社2014年版。

〔12〕 参见洪艳蓉：《新〈公司法〉下的债券治理与投资者保护》，载《中国法律评论》2024年第4期。

〔13〕 参见《日本公司法》第732条、《韩国公司法》第496条。

〔14〕 参见《意大利民法典》第2416条。

〔15〕 参见刁龙生：《论公司债券受托管理制度及我国的制度构建》，载《河北法学》2005年第8期。

定损害债券持有人利益,对有利益冲突的受托管理人履职行为严格禁止会提高运营成本,难以实际有效推行。[16]

在我国,应当采取设置受托管理人利益冲突的信息披露制度、自我消除制度,并通过将主动退出与债券持有人会议决议更换受托管理人相结合的方式进行处理,这种方式更加契合我国的国情。[17] 首先,对于债券受托管理人可能存在利益冲突的情形,应当在定期受托管理事务报告等文件中予以充分披露,接受债券持有人会议的审查和监督。其次,在存在利益冲突时,要求受托管理人在违约事实确定后的 90 日内对利益冲突予以消除,在规定期限内未予以消除的,受托管理人应当主动辞任,债券持有人也可以召开持有人会议形成解任决议或者起诉至法院。对于利益冲突的认定,应当由受托管理人对不存在利益冲突承担证明责任。

第二,应完善公司债券受托管理人民事赔偿责任的配套制度。受托管理人妥善处理利益冲突的义务来源既包括受托管理协议的约定,也包括法律规范、监管规则和自律规则。对此,债券持有人既可向受托管理人主张违约责任,也可主张侵权责任。若因受托管理人出现违约行为,并且该违约行为的严重程度已经达到了致使合同目的无法实现的地步,那么债券持有人便可以依据相关法律规定,依法行使解除权。通过行使解除权,债券持有人可以解除与受托管理人之间的合同,同时罢免受托管理人。受托管理人被罢免后依旧需要承担因自身违约行为而产生的违约责任。对于侵权责任,依据《证券法》第 89 条的规定以及《全国法院审理债券纠纷案件座谈会纪要》第 31 条的规定,受托管理人作为债券服务机构应适用"过错推定"的归责原则,即受托管理人仅在证明存在法定免责事由时才可以免责。需要注意的是,由于禁止利益冲突的本质是忠实义务,基于忠实义务的严格性,受托管理人的证明责任将更高。

---

〔16〕 参见叶熙昊:《公司债券受托管理人信义义务的厘定与法律构造》,载《南方金融》2020 年第 7 期。

〔17〕 参见田春雷:《新〈证券法〉视角下公司债券持有人保护困局的突破》,载《北京联合大学学报(人文社会科学版)》2022 年第 1 期。

四、结语

新《公司法》针对公司债券投资者保护规则所进行的修改,无疑是值得充分肯定的。此次修改呈现诸多规则亮点,为公司债券投资者提供了更为坚实的法律保障。然而,作为学者应该清醒地认识到,公司债券投资者保护机制在多个方面仍存在许多不足之处。例如在债券市场统一监管方面,也存在监管标准不统一、监管力度不均衡等问题。这些不足都需要学界进行进一步深入研究,为立法者提供有价值的参考。展望未来将公司债券投资者保护机制进一步完善,更好地促进我国资本市场的多层次发展,满足公司融资的需求,为经济的持续稳定发展注入强大动力。

（编辑:孙秀满　谢贵春）

《证券法苑》(2025)
第四十二卷,第12~28页

新《公司法》实质董事的制度创新与规范适用研究*

钟洪明**

摘要:我国2023年修订的《公司法》引入事实董事和影子董事制度,有利于强化对控股股东与实际控制人的规制,但该法规定的简约原则及对境外通行做法的改造可能造成理解与适用分歧。《公司法》中董事义务规范原则上适用于事实董事,对影子董事则应主要准用忠实义务规范,还需协调实质董事规范与其他规范的关系。在民事责任上,应实质区分事实董事和影子董事并分别完善二者的责任构成要件与分担规则。此外,实质董事制度适用应与《证券法》衔接协调,并完善上市公司实质董事的特别规范。

关键词:事实董事　影子董事　制度创新　规范适用　新《公司法》

我国2023年修订的《公司法》(以下简称新《公司法》)紧抓公司治理的"关键少数",对控股股

---

* 本文系四川省哲学社会科学基金2024年度一般项目"新公司法下控制股东的义务与责任规范适用研究"(批准号:SCJJ24ND099)的阶段性成果。

** 四川省社会科学院法学研究所副研究员。

东、实际控制人（有时统称二者为实控人）滥用控制权侵害公司与股东权益的突出问题切实回应，[1]其中引入事实董事和影子董事制度具有极强的实践针对性。然而，由于新《公司法》事实董事与影子董事规范在借鉴境外经验的同时作了相应改造，加之所涉具体条文比较简约，大量基础性问题如事实董事与影子董事的认定与判断标准、董事义务规范准用范围以及民事责任构成要件等均有待系统阐释。鉴于此，本文拟对此展开讨论，以期对新《公司法》实质董事制度的准确理解与统一适用提供见解。

一、我国公司实质董事的入法历程与制度特色

（一）实质董事制度的阙如与初期探索

各国各地区关于公司董事的界定，素来存在形式主义和实质主义两种不同模式。在形式主义模式下，若特定主体未以董事身份行事，即使具备董事之实，因无董事之名亦将排除董事义务和责任的适用。无疑，将董事范畴仅限于形式董事显然不利于公司治理。[2] 而在实质主义模式下，只要具有董事之实，即使无董事之名亦可能被认定为董事而承担义务和责任，学理上将实质主义模式下的董事进一步区分为事实董事和影子董事。

我国《公司法》自1993年制定以来，即将董事范畴建立在形式主义的基础之上，长期缺乏事实董事和影子董事的规定。实践中，出现了大量利用上述立法漏洞的情况，公司实控人不担任董事高管职务，但实际行使决策经营权力或者居于幕后发号施令，甚至借此从事违法违规行为，损害公司、股东及其他人的利益。其中，证券市场的情况尤为突出并渐成“顽疾”。在此背景下，如何有效防范治理公司实控人的不当

---

〔1〕 有学者指出，鉴于新《公司法》实际控制人定义已涵盖控股股东，宜将控股股东、实际控制人统称为“实控人”。参见刘俊海：《论实际控制人作为影子董事的民事责任：以新〈公司法〉第192条的解释为中心》，载《法律适用》2024年第7期。

〔2〕 参见刘斌：《重塑董事范畴：从形式主义迈向实质主义》，载《比较法研究》2021年第5期。

行为成为不同法律部门的共同课题。

我国立法上将公司实控人指使董事、监事、高级管理人员的行为纳入法律规制范围,始于2005年修订的《证券法》,该法第193条第3款规定了实控人指使发行人、上市公司从事信息披露违法行为的处罚。2006年《刑法修正案(六)》在增设的第169条之一背信损害上市公司利益罪的条文中,保持了相同表述,规定了上市公司的实控人指使董事、监事、高级管理人员实施背信行为的刑事处罚。此后,2011年《信息披露违法行为行政责任认定规则》(以下简称《信披认定规则》)对实控人指使违法行为作出多处完善:第14条规定,引起信息披露义务人信息披露违法的其他违法行为包括上市公司的实控人指使上市公司董事、监事、高级管理人员从事损害公司利益行为;第17条规定,董事、监事、高级管理人员之外的其他人员,包括实际承担或者履行董事、监事或者高级管理人员的职责的人,组织、参与、实施了公司信息披露违法行为或者直接导致信息披露违法的,应当视情形认定上述人员为直接负责的主管人员或者其他直接责任人员;第18条第2款规定,实控人直接授意、指挥从事信息披露违法行为,或者隐瞒应当披露信息、不告知应当披露信息的,应当认定控股股东、实控人指使从事信息披露违法行为。通过上述规定,《信披认定规则》将《证券法》规定的指使行为细化为授意、指挥、隐瞒、不告知4种样态,而实际承担或者履行董监高职责之规定体现了事实董事的基本内涵。2019年修订的《证券法》吸收了《信披认定规则》上述思路,将原《证券法》规定的双控人的指使行为扩展为组织、指使两大类型。2022年,最高人民法院《关于审理证券市场虚假陈述侵权民事赔偿案件的若干规定》第20条规定了发行人的实控人组织、指使发行人实施虚假陈述导致损失时对原告直接承担赔偿责任,具有影子董事民事责任内涵。

综上,我国证券法律规范和刑法对于实控人组织、指使、授意他人从事违法行为的规制和执法进行了持续探索,其中相关规定已初具实质董事规则之雏形,但其适用范围和制度内核与典型的实质董事制度依然相去甚远,尚需通过公司立法进行体系性完善。

(二)新《公司法》实质董事立法的创新与特色

我国新《公司法》对境外实质董事制度的借鉴并非照搬照抄,而是紧密结合公司治理的本土实践和需要进行创新,呈现自身特点。

1. 体例上区分事实董事和影子董事。从境外来看,对事实董事和影子董事是否区分存在不同。我国台湾地区"公司法"将事实董事与影子董事混合置于同一项下,学者认为二者有相当差异,不可等而视之:影子董事并未执行董事业务而于幕后操纵董事会,其行为样态与事实董事大相径庭,问责上不应作相同处理。[3] 我国新《公司法》于第180条第3款规定事实董事,并于第192条规定影子董事,呈现不同的规范路径,可谓一种创新和突破。

2. 适用对象上同时适用于公众公司与非公众公司。实质董事适用的公司类型是经历了发展变化的。我国台湾地区2012年"公司法"增订第8条第3项引进实质董事,规定仅限于公开发行股票之公司始有适用。到2018年修改时删除"公开发行股票之"规定,使实质董事规范对各类公司适用。在此之前,我国台湾地区法院对实质董事的规定根据衡平原则采取了扩张解释,以对非公开发行股票公司中的实质董事纠纷进行裁判。事实上,绝大多数国家和地区封闭公司的数量远超公众公司,实践中"挂人头"情形在非公开发行公司中同样严重。因此,若将实质董事制度仅限于对公开发行公司适用,将会使实质董事制度的实际意义和制度功效大打折扣。可见,我国《公司法》将事实董事和影子董事适用于各类公司的立法深值赞许。

3. 规制主体上突出对公司实控人的适用。从制度本源来看,事实董事和影子董事规范本旨在将未担任董事但实际行使董事职权执行公司事务或者操控公司董事之人纳入董事义务和责任规范内,此类人员在主体范围上具有广泛性,在公司股权集中背景下以实控人为典型。我国《公司法》在引入事实董事和影子董事之初将其限于对实控人的适用,具有明确的现实针对性,凸显了对实控人法律规制的立法初衷。此外,新《公司法》第192条将实控人指示的对象涵盖董事、高级管理人员亦较我国台湾地区仅限于列举董事而遗漏经理人更为科学,理由在于:公司董事会开会频率不高,高级管理人员有可能被赋予部分重大决策权力,以此身份执行公司事务者应被认为是事实高管从而负有信

---

[3] 参见王文宇:《公司法论》,台北,元照出版有限公司2018年版,第230页。

义义务。因此,将董事和高级管理人员一体纳入实控人指示范围更为周延。最后,新《公司法》第192条明确实控人与其指示的董事、高级管理人员承担连带责任,符合共同侵权的基本法理,对于法律适用具有清晰具体的指导。

综上,我国新《公司法》对于实质董事的规制呈现"非典型性"的特点,因此在创新的同时难免带来理解适用的困惑与分歧。比如,将实质董事与实控人规制相糅合将导致适用范围过窄。再者,诚如学者所言,因本土裁判经验与法理研究的沉淀积累不足,相关条款可诉性较弱。[4] 鉴于此,亟须进一步深入研究和阐明公司法中实质董事的制度内涵与适用路径。

二、公司法中实质董事的界定与构成要件

比较法上,各国各地区关于实质董事的内涵与认定标准存在差异,在一些具体规则上甚至大相径庭。

(一)比较法视野下的实质董事构成要件认定

大多数国家和地区对事实董事和影子董事之构成要件作了区分。事实董事之构成,一般需要满足的要件包括:不具有形式董事身份,事实上进行了董事行为。其中,前者较为容易作出判断,而后者较难认定。英国法院在认定事实董事时,考量的因素主要包括:该人担负董事之地位与功能、该人与法律上董事立于同等地位、公司对外允称该人为董事,为公司作重大决策等。简言之,行为人的行动是否在实质意义上行使作为"公司治理架构一部分"的董事所应有的权力,并履行董事应负有的职责或者功能。我国香港特区认定事实董事的标准包括:公开以公司董事名义行事,事实上行使公司董事权力,和其他按照法律程序任命的董事同等地参与公司事务。[5] 可见,事实董事是建立在跟形式

---

[4] 参见刘俊海:《论实际控制人作为影子董事的民事责任:以新〈公司法〉第192条的解释为中心》,载《法律适用》2024年第7期。

[5] 参见最高人民法院:单某庆、邱某平侵权责任纠纷二审民事判决书,案号:(2017)最高法民终869号,2019年7月9日。

董事一样参与公司事务的外观主义基础之上的。

关于影子董事的判断,《英国公司法》第251(1)条规定,影子董事应为持续性、惯习给予指示或命令之人,一次性或偶然为之的指示不能认定为影子董事。对于影子董事是否要控制董事会多数董事,英国法院的裁判立场并不完全一致。主流观点认为,英国法并未要求影子董事必须实质控制公司人事、财务或业务,故只要对公司业务构成影响即可认定构成。

在我国台湾地区,事实董事是指非董事而事实上有执行董事业务之外观者,事实董事认定的核心要素在于实质上执行董事业务。正常情况下执行董事业务系指以董事会成员之身份,参与董事会决议并且进行投票,形成集体决策;董事个别执行职务的情况极为有限,股份公司之董事主要系以参加董事会为其执行董事业务的主要方式。对于影子董事,我国台湾地区确立了"实质控制公司之人事、财务或业务经营而实质指挥董事执行业务"的认定标准,较英国等国家或地区更为严苛。有学者认为,要求影子董事之构成需具备"对公司之控制力"之要件,将导致影响力仅基于个别董事但不基于董事会的幕后人员无法纳入适用范围,故建议我国《公司法》放弃对公司董事会的控制要件。[6]

(二)我国《公司法》中事实董事与影子董事的认定要件

学理上,关于实质董事的认定存在从严和从宽的不同意见。本文认为,实质董事构成要件的界定直接关系事实董事和影子董事制度的实现效果,若界定过于宽松甚至流于恣意可能导致相关行为人动辄获咎,而界定过窄则易减损董事制度规制功能,故在界定实质董事构成要件时宜以宽严相济和权责相符为原则。

1. 事实董事的认定要件

根据新《公司法》第180条第3款的规定,事实董事的构成有3个考量要素:实控人、不担任公司董事、实际执行公司事务。实控人的认定标准已经相对成熟,在此不作讨论。不担任公司董事的认定较为明确,即不属于形式董事或法律董事,未经选举或推举和登记确认。由此,事实董事认定的核心在于对"实际执行公司事务"的理解。这是我

---

〔6〕 同注〔2〕。

国《公司法》首次出现的概念,事实董事具体认定标准并无明确规定,司法实践对此亦缺乏经验。结合境外经验及我国公司立法旨意,对实际执行公司事务可解释为,董事或高级管理人员之外的行为人实际参与了公司的经营决策,且行为人的行为外观具有公司董事、高级管理人员履行职务的特点。

对于实际执行公司事务尚需解释董事代表权问题:我国《公司法》中普通董事并无法定的公司代表权,董事会是董事行使职权的法定方式。[7] 可见,董事在执行职务时是以董事“会”的形式采取行动,因此在我国公司法语境下,实际执行公司事务主要指行为人参加董事会审议相关议案,召集股东会等行为。

2.影子董事的认定要件

影子董事的显著特点在于隐蔽性,即行为人不在“台前”亲自执行公司事务,而在幕后操纵、指挥董事和高级管理人员。根据新《公司法》第192条的规定,实控人构成影子董事(高级管理人员),必须对董事、高级管理人员实施了指示,且受指示的董事、高级管理人员的行为产生了损害公司或者股东利益的后果。要言之,影子董事的认定要件可概括为:隐蔽性、指示性、非法性。其中指示性的认定最为关键亦最为困难,指示性的认定同时系民事责任构成要件之违法行为的内容,容后文详述。

实践中接受公司委托或聘请的律师、会计师等中介或专业服务机构从业人员,以专家或专业人员身份向公司提出咨询建议或意见,对公司决策和业务执行具有一定影响,但与公司治理尤其是控制权无涉,故原则上不应构成影子董事。由此亦可见,应对实质董事的认定增加消极规定,以排除不必要的主体被纳入适用范围。

三、公司董事义务规范对事实董事与影子董事的准用

欲发挥实质董事的规制效应,必须在法律上确立事实董事和影子

[7] 参见新《公司法》第67条、第120条。

董事承担的各项义务。根据各国各地区的通例,界定实质董事义务的关键在于明确公司法上形式董事的义务规范是否对事实董事与影子董事无差别地适用。

(一)事实董事应负义务的认定与规范适用

对新《公司法》第 180 条第 3 款,无论是基于文义,还是体例解释,抑或目的解释均可理解为:事实董事应与形式董事同负忠实义务和勤勉义务。然而,公司董事义务并不限于信义义务,还包括守法合规义务(新《公司法》第 179 条),在公众公司中还有信息披露等义务。守法合规义务与信息披露义务无疑都应涵盖在实质董事同负义务范围之内。

还需指出,根据董事不同分工,不同的董事在公司中承担的职责有差异。有学者主张,按照董事"执行职务"的事实,管理董事、非管理董事、董事长和公司代表人的职务不同,各自负担的勤勉义务在内涵上应有差别:法定代表人比其他管理董事承担较重的勤勉义务,管理董事承担比非管理董事更重的勤勉义务,独立董事和外部董事则承担较轻的勤勉义务。[8] 就此而言,新《公司法》虽然完善了董事信义义务规定,但未能关注公司不同董事在功能上的差异,导致对董事义务和责任的配置重共性而轻个性,不利于之后责任的界定和配置。基于事实董事之"实际执行公司事务"构成要件,本文认为事实董事应当与管理董事负有相同义务,这是一种高于外部董事(含独立董事)、职工董事等非管理董事的义务。

(二)影子董事义务及董事义务规范的准用

与新《公司法》第 180 条第 3 款事实董事的规定不同,第 192 条未对影子董事负有的义务作出一般性规定。由此,在理论解释和具体适用上存在影子董事义务的范围和性质如何界定的问题。

英国《公司法》第 250 条规定事实董事与其他董事的义务责任相同,第 251 条规定影子董事并不适用一切董事规范,但英国 2015 年《小企业和就业法案》对公司法作出修订,规定影子董事同法定董事一样

---

〔8〕 参见叶林:《功能主义视野下的董事勤勉义务》,载《环球法律评论》2024 年第 1 期。

负有信义义务。[9] 美国法与影子董事制度功效相似之控制股东受托义务规范,主要强调控制股东的忠实义务(以公平交易义务为主),原则上控制股东不负注意义务和积极管理公司之义务。在澳大利亚,公司法关于董事的义务等各种规定,同样适用于事实董事和影子董事。[10] 我国台湾地区规定实质董事与董事同负民事、刑事及行政罚之责任,但有学者认为,影子董事对于公司之控制力超过个别董事,故"公司法"关于董事的规范对其规制是否不足不无疑义。

我国新《公司法》引入影子董事制度以规制实控人的行为,但后者毕竟与董事具有不同的主体特点和行为方式。从文义上看,新《公司法》规定实控人实际执行公司事务时对公司负有忠实义务和勤勉义务,指示董事、高级管理人员则应承担连带责任,[11] 但并未明确实控人对公司和其他股东负有信义义务的一般条款。即使在境外典型的实质董事制度下,影子董事是否对公司负有一般信义义务依然存在争议,较为一致的观点是影子董事负有善意(或忠实)的信义义务。[12] 事实上,在构成影子董事的情形中,实控人并不直接经营管理公司,因此难以触发法律规定的董事、高级管理人员的勤勉义务。可见,在以影子董事为桥梁认定实控人义务时,应主要强调实控人忠实义务,以符合公司法信义义务的体系协调。

(三)事实董事与影子董事的规范准用区分

对于我国应否区分事实董事和影子董事,有学者认为,区分二者仅具有理论意义,在司法适用上并无区分之必要。[13] 也有学者主张,二者存在明显差异,同时具有相互转化的可能性,具有难以精准识别的情

---

〔9〕 非但如此,影子董事实际上还应当承担法律规定的个别义务。See Imogen Moore, *Duties of a Shadow Director: Recent Developments Considered*, 345 Co. L. N. 1, 2 (2013).

〔10〕 参见黄辉:《现代公司法比较研究——国际经验及对中国的启示》(第2版),清华大学出版社2020年版,第192页。

〔11〕 参见林一英:《〈公司法〉第二次修订对公司法律制度的完善与未来展望》,载《法学家》2024年第4期。

〔12〕 参见葛伟军:《中国特色影子董事:新〈公司法〉第192条评析》,载《法学杂志》2024年第5期。

〔13〕 同注〔2〕。

形，只要不存在法律上或事实上的区分障碍，仍应精准区分。[14] 本文认为，虽然事实董事与影子董事的规定均以科以双控人对公司的信义义务为基本趣旨，[15]但综合考量公司法信义义务规范的配置及其体系性，对影子董事应主要准用董事、高级管理人员的忠实义务规范，故区分二者的空间和实益依然存在（见表1）。而事实董事与影子董事在行为外观、民事责任的构成要件和承担上存在的差异更为明显，新《公司法》在规范配置上亦以不同条文分别规定，故从民事责任认定和配置来看，区分二者的意义更加明显。

表1　新《公司法》主要董事义务规范对实质董事的准用

董事义务规范及内容	对事实董事和影子董事的准用判断
第22条：不得利用关联关系损害公司利益的义务	对事实董事和影子董事均适用
第51条：核查和催缴出资义务	对事实董事适用
第53条：防范抽逃出资义务	对事实董事适用
第163条：禁止财务资助义务	对事实董事和影子董事均适用
第179条：守法合规义务	对事实董事和影子董事均适用
第180条：忠实义务与勤勉义务	对事实董事完全适用，对影子董事适用忠实义务
第181条：忠实义务一般要求	对事实董事和影子董事均适用
第182条：自我交易报告义务	对事实董事和影子董事均适用
第183条：不得谋取公司商业机会	对事实董事和影子董事均适用
第184条：竞业禁止义务	对事实董事和影子董事均适用

四、实质董事民事责任的构成要件与分担规则

法律责任的承担以义务的存在与违反为前提，同时应满足特定的构

〔14〕 同注〔4〕。

〔15〕 参见刘贵祥：《关于新公司法适用中的若干问题》，载《法律适用》2024年第6期。

成要件。事实董事与影子董事成立后被科以信义义务,未履行该等义务时将承担违信责任,但新《公司法》关于实质董事尤其事实董事承担民事责任的构成要件并不清晰而亟须阐明。新《公司法》第 180 条第 3 款对事实董事的责任承担未置一词,性质上属于行为规范而非裁判规范。由于新《公司法》规定事实董事与形式董事同负信义义务,按照“相同事物相同处理”原则,事实董事承担法律责任的基础亦在于事实董事违反忠实义务或勤勉义务,故董事责任构成要件理应与董事违信责任相同。

与新《公司法》第 180 条规定不同,新《公司法》第 192 条对于影子董事的民事责任进行了明确规定,该条规定与《民法典》中的共同侵权规范并无差别。[16] 由于影子董事指示董事、高级管理人员从事的行为损害了公司或者股东利益,故影子董事民事责任在性质上属于侵权责任。新《公司法》第 192 条规定了违法行为和损害结果之民事责任构成要件,而根据民事侵权责任的机理还应包括主观过错和因果关系。

(一)影子董事民事责任的构成要件

1. 违法行为要件

影子董事民事责任之违法行为要件,系指行为人向董事或高级管理人员作出了实施损害公司或者股东利益的行为的指示,董事或高级管理人员收到并按指示实施了相关违法行为,又可称为指示性要件。

具体而言,我国影子董事指示要件的认定应考量的具体因素包括以下几点:(1)指示主要体现为影子董事基于影子董事对公司形式董事、高级管理人员的控制,通过各种方式向董事、高级管理人员发出指示或命令,要求董事、高级管理人员根据影子董事的指示作出相关公司决定和处理公司相关事务。影子董事的指示或命令,不管是明示抑或隐晦暗示,只要完成了指示行为且为受指示的对象接受,即应当认为指示行为已经成立。(2)指示应当是对董事惯常性而非一次性为之。换言之,董事听从他人指示不是偶然现象,而是习惯性听从,一次性指示不足以认定为影子董事。[17] 从立法旨意来看,由于行为人经常性指示命令公司

---

〔16〕 参见王湘淳:《控制股东忠实义务的完善:基于特拉华州公司法的比较考察》,载《证券市场导报》2024 年第 6 期。

〔17〕 参见王瑞贺主编:《中华人民共和国公司法释义》,法律出版社 2024 年版,第 364 页。

董事、高级管理人员根据行为人意志执行公司业务,已经对正常的公司治理造成损害,故需要公司法的特别规制。若行为人偶尔唆使董事、高级管理人员实施违法行为,应适用民法规定追究行为人教唆的侵权民事责任。(3)关于行为人指示的董事、高级管理人员是否必须为多人甚至控制公司董事会,不少国家或地区要求证明影子董事对董事会大多数成员实施控制。从我国公司实践来看,实控人控制董事会多数成员确属常见,但实控人仅操纵少数董事或高级管理人员即可实现意志。例如,在"掏空"上市公司案件中,实控人往往恶意绕开公司董事会,未经公司有权机关审议,通过指令少数董事、高级管理人员,促成公司为自己提供担保、借款,或者直接挪用公司资金。鉴于此,无论行为人指示的董事系多人抑或单人,均不应影响指示行为的成立。从文义来看,我国新《公司法》下指示单一董事从事特定行为可构成影子董事。(4)影子董事认定的结果性要件,主要指受指示的主体是否按照指示内容从事相应行为。现实中,控制人发出的指示可能被全部执行亦可能仅部分被执行,为此,不宜拘泥于指示是否每次都得到执行,而应结合惯常性或经常性要件加以判断。只要控制人大部分指示指令得以执行、多数目的或意志得以实现,即足以认定指示要件已经具备。

2. 损害后果要件

根据新《公司法》第 192 条的规定,影子董事行为致损可区分为公司损害和股东损害。公司损害后果包括公司利益直接受侵害、股东利益间接受侵害,而股东损害主要指股东利益直接受到侵害。在民事赔偿诉讼中,公司或者股东负有证明损害发生及赔偿金额的义务:公司直接提起诉讼时,公司负有证明损害后果的义务;股东以自己名义提起诉讼或者代表公司提起代位诉讼时,股东负有该等证明义务。

3. 主观过错要件

鉴于影子董事发出指示时明确知悉相关行为的内容和结果,故只要受影子董事指示的董事、高级管理人员的行为侵害了公司或者其他股东利益,即可据此推定影子董事主观上存在故意或重大过错。换言之,在查明或者证明影子董事发出指令和受指示的董事、高级管理人员根据指令实施了相关侵权行为时,即可根据客观行为事实推定行为人存在过错。影子董事若认为自己不存在故意或重大过错,需要承担反证义务。

4. 因果关系要件

有学者认为,公司或股东损害只有归咎于影子董事与傀儡董事的协同配合,才能认定因果关系的存在。[18] 上述观点并无不妥,但法律适用上尚需明确因果关系的举证责任分配。影子董事的指示行为往往具有隐蔽性,依传统举证规则要求公司或股东证明损害后果系影子董事和傀儡董事的通谋所导致,势必困难重重,如此亦将导致大量隐蔽的指示行为难以被追究责任,影子董事的立法目的将随之悬空。鉴于此,建议实行举证责任转移,由影子董事证明其未实施不当干预、损害后果与其行为无因果关系,并承担举证不能的法律后果。

(二)事实董事与影子董事民事责任的配置

影子董事行为样态与事实董事迥异,追责上理应体现差异。

根据事实董事和影子董事的认定标准及民事责任的构成要件,可对二者责任承担区分如下:一旦公司实控人构成事实董事,事实董事与名义董事一样直接对公司负有信义义务,在事实董事违反此等义务时,“与名义董事的责任关系一般不应界定为连带责任,而是根据各自对公司应负的信义义务对公司承担责任”[19]。换言之,事实董事的违信行为一般与名义董事无直接关联,故应自负责任。反之,影子董事的认定及民事责任构成要件,必须包含指示、操控公司名义董事或高级管理人员,借助名义董事或高级管理人员的职权和直接行为损害公司或股东利益,二者的行为构成具有意思联络的共同侵权,故应对受损害的公司或股东承担连带责任。

新《公司法》对董事义务体系进行了重构,扩张了董事责任的适用场景。[20] 随之而来的问题是,公司法中董事义务责任规范是否完全对实质董事适用,如何解决事实董事与影子董事新规与上述法律规范之间的协调适用问题?以新《公司法》第 191 条董事对第三人责任的规定与实质董事适用的关系为例,主流观点认为,在名义董事依据新《公司法》第 191 条对第三人承担赔偿责任的情况下,构成事实董事或影子董事的

---

〔18〕 同注〔4〕。

〔19〕 同注〔15〕。

〔20〕 参见邹海林:《公司法上的董事义务及其责任配置》,载《法律适用》2024 年第 2 期。

双控人应对第三人承担责任；相当于在双控人与第三人之间通过实质董事制度架构了一座桥梁，直接发生法律关系，为追究双控人滥用控制权民事责任开辟了一条新的路径。[21] 然而，新《公司法》第 192 条规定实控人承担责任的对象为公司或者其他股东且性质为连带责任，而第 191 条规定董事、高级管理人员管承担责任的对象为“他人”且董事、高级管理人员对第三人的责任性质上应为非连带的赔偿责任。[22] 据此，在公司实控人指示董事或高级管理人员在执行职务造成第三人损害时，无论是适用新《公司法》第 191 条抑或第 192 条的规定，均有逻辑难以自洽之处：如适用前者定责，指示人将劣后于公司对第三人承担补充赔偿责任而非连带责任，这一结果与指示人对致损行为起支配作用而应承担主要责任或连带责任的配置不相称；若依后者追责，指示人指示董事、高级管理人员实施的行为系给第三人造成的损害，不具备指示董事、高级管理人员的行为“损害公司或者股东利益”之结果要件，连带责任恐依然难以成立。由上可见，新《公司法》新设实质董事规定与其他法律规范之间的协调适用问题难以避免，亟须有权机关作出相应解释以明确法律适用标准。

五、实质董事规范适用中《公司法》与《证券法》的衔接协调

（一）实控人指示上市公司虚假陈述行为的法律适用

上市公司实控人指示董事、监事、高级管理人员从事欺诈发行和虚假陈述等违法行为、损害投资者权益依然是我国公司治理的沉疴宿疾。新《公司法》补齐了实质董事立法的短板，但在将实质董事立法适用于上市公司实控人指示行为时需协调《公司法》与《证券法》的关系。

《证券法》第 85 条规定发行人的实控人与董事、监事、高级管理人员对于信息披露违法致损与发行人承担连带赔偿责任，与新《公司法》第 192 条颇有形似之处。然而，我国司法实践在《证券法》第 85 条基础上

---

〔21〕 同注〔15〕。

〔22〕 参见周友苏：《中国公司法论》，法律出版社 2024 年版，第 539 页。

发展出了比例连带责任,意在《证券法》的文义范围内根据各主体的角色和参与来精细化地划分责任。[23] 此外,根据最高人民法院《关于审理证券市场虚假陈述侵权民事赔偿案件的若干规定》等司法解释和规范性文件的规定,控股股东、实际控制人指使发行人从事欺诈发行、虚假陈述的,依法判令其直接向投资者承担民事赔偿责任;深圳市中级人民法院《关于服务保障创业板改革并试点注册制的实施意见》更是明确上市公司承担限额补充赔偿责任。可见,对于《证券法》上包括实控人指示在内的虚假陈述连带责任的规定,司法机关已作出重大调适,如发行人承担补充责任、非主要责任人承担比例连带责任。若适用新《公司法》的第192条的规定,将无法实现前述法律效果。故根据法律适用一般原则,对上市公司实控人指示信息披露违法行为,应优先适用《证券法》及其解释性规定。

关于证券市场虚假陈述行为的治理,《证券法》高度重视中小投资者的赔偿救济,但研究显示,此类案件中仍几乎由上市公司承担赔偿责任,导致实控人责任虚化。[24] 易言之,在实控人指示虚假陈述案件中上市公司依然是主要责任承担者,然而公司作出赔偿直接受损的同时,其他中小股东所持股权的价值亦将减损,而《证券法》对此并未提供救济。新《公司法》第192条的规定,无疑有助于解决公司及股东对于影子董事等实际责任人进行追偿的救济路径问题。[25] 但该规定过于简约粗疏,后续有赖于司法解释等明确民事救济的具体规范。

(二)事实董事与影子董事规范适用的衔接与续造

《公司法》与《证券法》分别从组织法和行为法角度对公司实控人指示行为作出规定,在“实际控制人”以及“指示”等相同概念的适用中,应保持二者的一致性。新《公司法》对实控人的内涵扩张后将控股股东涵摄在内,《证券法》的适用中应保持与此相同的解释。反之,新《公司法》

〔23〕 参见武鸿儒、郭雳:《证券信息披露义务人的范围与法律责任承担》,载《证券市场导报》2024年第4期。

〔24〕 参见傅穹、陈洪磊:《控股股东、实际控制人虚假陈述责任的实证研究与规制路径》,载蔡建春、卢文道主编:《证券法苑》第34卷,法律出版社2021年版。

〔25〕 参见郑彧:《实质董事的法律规制:因何、为何与如何》,载《财经法学》2024年第3期。

关于实控人的"指示"尚缺乏具体操作性规定,而《证券法》及其司法解释、证券监管规则规定更为具体,建议新《公司法》实施中借鉴参考。

与封闭型的公司相比,上市公司的董事类别更为多样化,董事义务和责任的配置认定亦更为复杂。鉴于上市公司中事实董事和影子董事的认定与规范适用存在特殊性,建议制定中的《上市公司监督管理条例》根据新《公司法》的规定进行规范续造,构建上市公司事实董事和影子董事的一般条款,并对事实董事、影子董事在掏空上市公司资产、信息披露违法等场景下的具体适用作出相应规定,以深化与完善实质董事制度在公众公司领域的适用。

六、结语

我国公司立法长期以来对董事的界定采取形式主义,仅承认经正式程序产生的形式董事。实践中董事选任存在瑕疵、未担任董事而具有董事之实以及居于幕后控制、指挥董事的情况在普通公司和公众公司中均屡见不鲜,将事实董事和影子董事制度纳入《公司法》的规制进而明确事实董事和影子董事负有信义义务和承担违信责任,系完善公司治理制度的重要课题。新《公司法》切实回应了上述问题,引入了在境外发展已较为成熟的事实董事和影子董事制度,但事实董事和影子董事制度具体适用还存在诸多关键问题有待解决。

新《公司法》以事实董事和影子董事为理论基础强化对实控人的法律规制,无疑具有组织法上的合理性,但将实质董事构成主体局限于公司实控人,偏离了实质董事制度的本源而可能减损实质董事制度的规制作用。为此,建议对新《公司法》第 180 条和第 192 条进行目的性扩张解释,将符合规范意旨的其他主体一并纳入适用范围。关于董事义务的规范准用,事实董事对公司负有与法律董事相同的信义义务属于题中应有之义;对于影子董事,应主要准用忠实义务规范,强调影子董事不得滥用控制地位损害公司和其他股东利益的消极义务,而不应对影子董事施加积极管理公司事务的注意义务,以免侵蚀公司人格的独立性。对于民事责任的承担,需区分事实董事和影子董事的责任构成要件和具体分担。

实质董事制度的适用,还应协调《公司法》与《证券法》的关系;鉴于事实董事和影子董事在上市公司中的适用存在特殊性,建议通过《上市公司监督管理条例》等进行规范续造以完善事实董事与影子董事的特别规定。

(编辑:朱锡俊　谢贵春)

《证券法苑》(2025)
第四十二卷,第29~48页

董事竞业限制义务的适用难题*

——以新《公司法》第184条的实施为中心

傅　穹** 　段再扬***

摘要:2023年修订的《公司法》第184条对董事竞业限制义务做了全面升级。然而,考察2018~2024年261份董事竞业案件的裁判情况,可以预见该义务在实施过程中仍将面临"行为识别难""利益冲突涤除难""责任追索难"的现实困境。应当明确董事竞业限制义务旨在保护公司的"经营权",以公司经营能力减损为判断竞业行为的标准;通过强化追责与举证责任倒置,解决利益冲突涤除机制现实落空的问题;允许归入权与损害赔偿救济并存,以董事的薪酬倍数为差序责任尺度,增加失去职位及刑事责任等非金钱责任,提升董事竞业限制义务的适用效果。

关键词:竞业限制　忠实义务　识别标准　利益冲突　董事责任

---

* 本文是国家社会科学基金重点项目"授权资本制法律改革研究"(编号:21AFX018)的阶段性成果。

** 吉林大学法学院教授。

*** 吉林大学法学院民商法博士研究生。

2023年修订的《公司法》(以下简称新《公司法》)第184条作为《公司法》修订的新增条款,较之原《公司法》第148条第1款第5项主要有以下几个方面的变化:一是从结构上实现了董事竞业限制与公司机会规则的拆分;二是将规制范围从董事与高级管理人员进一步扩张至监事;三是明确了义务人向董事会或股东会的报告义务;四是将竞业事项的批准权力交由股东会与董事会共享。[1] 结合新《公司法》第185条新增的"关联董事回避表决机制",以及第186条"归入权"与第188条"损失赔偿"的责任体系,董事竞业限制义务的适用看似已有了完美答案。

然而,当我们将崭新的法律条款投射至既往的竞业诉讼时,却不禁发现:真实商业世界中竞业限制义务的法律识别,在与违反其他忠实义务行为相互交织或叠加时,每每沦为"陪衬"而被司法审查忽视;事先报告与批准的利益冲突涤除程序设定,原本暗含"事先防范和过滤风险的作用"或"可以降低(义务主体)自身追究责任的风险"功能,[2]但在实际运行中往往成为虚设条款而被"架空";违反竞业限制义务的责任追究,因公司承担举证责任的事实艰难,以及归入权与损害赔偿的并存分歧等困境,责任的认定与落实并不尽如人意。例如,"道隆华尔软件公司与科睿技术公司等损害公司利益责任纠纷案"[3],法院虽然认定被告董事在任职期间"成立了在经营范围方面与原告存在重合的科睿公司",但原告却求一句道歉而不可得。又如,在"善庄纺织公司、杨某等损害股东利益责任纠纷案"[4]中,尽管法院确认被告有竞业行为,但拒绝了原告要求被告停止侵权、报告竞业收入以及赔偿1元损失的

---

[1] 新《公司法》第184条规定:"董事、监事、高级管理人员未向董事会或者股东会报告,并按照公司章程的规定经董事会或者股东会决议通过,不得自营或者为他人经营与其任职公司同类的业务。"

[2] 参见王瑞贺主编:《中华人民共和国公司法释义》,法律出版社2024年版,第259页。

[3] 参见北京市第一中级人民法院:道隆华尔软件公司与科睿技术公司等损害公司利益责任纠纷二审民事判决书,案号:(2021)京01民终5425号,2021年12月3日。

[4] 参见江苏省苏州市吴江区人民法院:苏州市善庄纺织有限公司、杨某等损害股东利益责任纠纷一审民事裁定书,案号:(2021)苏0509民初7931号,2021年9月22日。

请求。当下,侵权规则已成为董事竞业诉讼的主流裁判逻辑,[5]法院更关注公司财产性利益的损失,而忽视非财产性利益的减损。然而,董事竞业限制义务的立法初衷,并非指向对公司有形财产的侵占,也并非针对公司机会这类无形财产的篡夺,[6]而是防止义务人侵害公司的经营能力,进而间接损害公司的潜在财产性利益。不难预见,未来董事竞业限制义务的实施,仍将面临“行为识别难”“利益冲突涤除难”“责任追索难”的三大困境。

故此,本文特以董事竞业限制义务为选题,以既往的董事竞业诉讼为研究样本,旨在探索并回答规则的潜在实施难题和未来破解可能。

一、董事竞业诉讼的实证观察

从样本的案涉事实观察,[7]董事竞业行为具有高度复合化的特点,即被告从事竞业行为时,常伴有篡夺公司机会(占比42.39%)、自我交易(占比16.30%)、侵占公司财产(占比12.76%)、放弃履职(占比4.85%)以及其他不当行为(占比6.54%)。司法实践传递的信息是:董事竞业限制义务的条款独立,缘于组织法对于董事忠实义务分类的立法技术,而非董事同业竞争的现实映射。所谓同业竞争,本就是董事“另起炉灶”,意在“损公肥私”。基于谋利的强烈驱动,与其让两家公司貌似“公平竞争”,竞业董事更倾向于直接转移任职公司的利益,

---

〔5〕 实践中,法院对董事竞业案件的责任构成要件、管辖权认定以及责任主体范围的审理均从侵权理论展开,类似案例还可参见北京市海淀区人民法院:北京爱婴科技发展中心与海力孚科技有限公司等损害公司利益责任纠纷一审民事判决书,案号:(2020)京0108民初46995号,2021年11月30日;广东省广州市黄埔区人民法院:广州市华代生物科技有限公司、秦某等损害公司利益责任纠纷一审民事判决书,案号:(2022)粤0112民初13369号,2022年10月14日;上海市浦东新区人民法院:柴某等与上海诺姆四达投资集团有限公司等损害公司利益责任纠纷一审民事判决书,案号:(2020)沪0115民初55308号,2021年7月19日。

〔6〕 参见冯果:《“禁止篡夺公司机会”规则探究》,载《中国法学》2010年第1期。

〔7〕 笔者在“中国裁判文书网”中以“董事”“竞业”为关键词进行检索,时间设置自2018年起至2024年止,案由选为“与公司有关的纠纷”,共检索到1077篇文书,过滤后得到261份篇文书作为本文的研究样本。

故而表现为盗用任职公司的信息、资源、客户和资产等赤裸手段。从样本的裁判结果来看,公司作为原告的一审胜诉率仅为39.18%,而在二审改判的16个案件中,原告上诉改判的只有4例。不难看出,公司追究董事违反竞业限制义务的责任,在现实中并非易事。

(一)董事竞业行为的识别障碍

董事的竞业行为在想象中是不难识别的,但在现实中却总是以其他忠实义务的“陪衬”样态呈现。当董事竞业遭遇其他违反忠实义务的行为时,法院往往回避对竞业行为的评价。例如“无锡马某管理咨询公司、田某等损害公司利益责任纠纷案”[8],原告明确诉请要求被告承担违反竞业限制义务的责任,并且证明了被告存在兼任竞争公司董事的事实,但两审法院均从篡夺公司机会角度审理并判决原告败诉。又如“张某、中瑞检验公司广州分公司损害公司利益责任纠纷案”[9],原告主张被告为竞争公司承揽业务,在交易中给予竞争公司不合理的交易条件,而两审法院仅认定被告实施关联交易并归还不当所得,并未评价被告的竞业行为。

当案件审理焦点集中于竞业事项本身时,认定竞业成立与否的标准也并不清晰。对于董事竞业行为的判定标准,一直存在“经营范围说”与“实质营业说”之争,即“形式标准”与“实质标准”之别。新《公司法》第184条将董事竞业限制义务表述为经营“同类业务”,但对“同类业务”的内涵并未进一步界定。学界对此态度不一,有的认为同类业务仅指经登记的经营范围重合,有的主张应限于公司正在经营的业务,也有观点认为应作泛化解释,即包含公司即将开展或可能开展的业务。

司法实践对同类业务的解读也呈现多样化,部分法院采“形式标准”,将公司登记的经营范围作为判断依据,[10]如两家公司登记的经营

---

[8] 参见江苏省无锡市中级人民法院:无锡马某企业管理咨询有限公司、田某等损害公司利益责任纠纷二审民事判决书,案号:(2023)苏02民终4645号,2023年8月31日。

[9] 参见广东省广州市中级人民法院:张某、中瑞检验有限公司广州分公司损害公司利益责任纠纷二审民事判决书,案号:(2020)粤01民终4015号,2020年3月27日。

[10] 参见北京市第二中级人民法院:安某等损害公司利益责任纠纷二审民事判决书,案号:(2021)京02民终7705号,2021年5月28日;上海市第二中级人民法院:上海革力国际货物运输代理有限公司、宁波唯派国际物流有限公司等损害公司利益责任纠纷二审民事判决书,案号:(2021)沪02民终313号,2021年3月31日。

范围重合度较高，则认定为同类业务。[11] 也有部分法院采“实质标准”，认为应当考察公司的实际经营内容，以竞争公司的业务对公司营业是否具有替代性或市场分割效果来判断。[12] 如“郭某轩与北京联达动力科技公司损害公司利益责任纠纷案”[13]，法院认为，所谓“同类业务”应当指与公司形成竞争关系的相同或类似的经营活动，包括公司目前实际正在进行的营业，或已着手准备开展的业务。法院通过对比两家公司的实际经营内容和经营目的，认为二者提供的在线医疗服务产品操作界面和主要功能极为相似，从本质上看均系为求医者提供医院线上挂号等服务，功能相似性较高，存在替代关系，最终认定属于同类业务。

由于原告难以掌握董事竞业行为的具体情况，举证不得不高度依赖“登记经营范围重合”的形式标准。董事违反竞业限制义务认定标准的模糊，增加了裁判结果的不确定性和原告胜诉的难度。

（二）利益冲突涤除程序的事实架空

1993 年《公司法》第 61 条对董事竞业行为采取严格禁止的态度，董事“不得”自营或为他人经营与其所任职公司同类的营业，甚至没有给公司保留批准的自治权利。2005 年修订后的《公司法》改一律禁止为有条件准许，即董事“经股东会或者股东大会同意”。只要股东会经过衡量取舍后选择接受，董事就可以进行同业竞争，董事竞业限制义务的利益冲突涤除程序伊始确立。

然而，遍阅本文收集的样本，并未发现该等涤除程序发挥作用的痕

---

〔11〕 在“安某等损害公司利益责任纠纷案”中，两审法院认定同类业务时均采用形式标准，认为“根据国某公司与北京原某公司登记的经营范围，两公司均包含‘技术开发、计算机系统服务、软件开发、数据处理’等项目，属于经营同类业务的公司”。具体参见北京市第二中级人民法院：安某等损害公司利益责任纠纷二审民事判决书，案号：(2021)京 02 民终 7705 号，2021 年 5 月 28 日。

〔12〕 参见福建省福州市中级人民法院：福建鑫点梦谷创业园有限公司、茆某损害公司利益责任纠纷二审民事判决书，案号：(2019)闽 01 民终 8544 号，2020 年 10 月 21 日；江苏省苏州市中级人民法院：李某与李某博损害公司利益责任纠纷二审民事判决书，案号：(2019)苏 05 民终 7728 号，2020 年 3 月 16 日。

〔13〕 参见北京市第一中级人民法院：郭某轩与北京联达动力信息科技股份有限公司损害公司利益责任纠纷二审民事判决书，案号：(2018)京 01 民终 8475 号，2018 年 12 月 6 日。

迹,既没有法院将董事竞业行为是否得到批准作为审理重点,也没有董事以竞业行为得到股东同意为抗辩理由。即使认为被同意的同业竞争不会进入诉讼程序,但不应排除部分"同意"本身存有瑕疵或董事行为超出"同意"范畴的争议情形,若在裁判中全然不见此类表述或争辩,这可能本身就存在问题。有理由推断,董事竞业的利益冲突涤除程序事实上始终是被"架空"的,或者说,现实中的董事们并没有借涤除程序来缓和与公司间的利益冲突,却不约而同地选择了"铤而走险"。

(三)董事竞业责任追究的标尺不一

就样本观察,董事违反竞业限制义务的责任追究存在三方面的分歧:

其一,归入权与损害赔偿的竞合认定。董事所承担的责任主要为金钱责任与非金钱责任两种,其中,董事承担金钱责任的占比高达92.6%,是董事违反竞业限制义务的主要责任形式。54.49%的法院将金钱责任表述为损害赔偿,其余则表述为归入权,只有极少数法院裁判要求董事承担双重责任,归入权与损害赔偿责任的竞合问题较为突出。

其二,董事违反义务与公司财产损失间的因果关系断裂。在部分案件中,即使原告能证明董事存在竞业事实,但法院依然拒绝提供救济。例如,在"大庆市宝丽国际旅行社有限公司、王某宇等损害公司利益责任纠纷案"〔14〕中,被告私自设立与任职公司同样经营旅游业务的竞争公司,原告要求将被告同业竞争的获利归入。两审法院虽认定被告董事存在竞业行为,但并没有支持原告的诉请,理由皆为"无法认定损失实际发生",也不能认定"损失与被告竞业行为之间存在因果关系"。

其三,董事竞业给公司造成的损失难以量化。即使法院认可被告

〔14〕 参见黑龙江省大庆市中级人民法院:大庆市宝丽国际旅行社有限公司、王某宇等损害公司利益责任纠纷二审民事判决书,案号:(2022)黑06民终683号,2022年6月23日。类似的裁判还可参见浙江省湖州市中级人民法院:湖州爱卫信息科技有限公司、王某莉等损害公司利益责任纠纷二审民事判决书,案号:(2021)浙05民终1565号,2022年2月21日;广东省广州市天河区人民法院:广州瀛客科技有限公司、沈某悦损害公司利益责任纠纷一审民事判决书,案号:(2020)粤0106民初4381号,2021年5月17日。

承担损害赔偿责任，具体数额也主要依赖法官酌定。在原告败诉的一审案件中，占比 23.6% 的裁判理由是被告的责任数额无法确定。例如，“童某、李某等损害公司利益责任纠纷案”[15]与“红薯叶科技（北京）有限公司与游某损害公司利益责任纠纷案”[16]，法院在裁判说理部分阐述了其酌定损失所考虑的因素，包括侵权主观故意、侵权期间、侵权行为性质、投资人撤资的情形。“归入权”救济方式在部分案件中成为公司损失无法确定时的替代性手段。[17]

二、董事竞业限制义务的识别机制

从司法实践观察，董事竞业行为的识别问题主要体现在两方面：一是董事竞业限制义务与其他忠实义务子项之间的横向识别障碍；二是董事竞业限制义务自身的判断标准模糊。解决前者需要区分受损的公司利益类型，而后者则需要在“形式标准”“实质标准”“经营能力减损标准”之间作出选择。

（一）公司的经营权法益

新《公司法》第 180 条重提公司利益的做法值得肯定，正如学者所言，“董事行为与公司利益存在冲突的可能性，才是判断董事竞业的实质准则”[18]。公司利益作为贯穿董事忠实义务的核心概念，决定了后者的内涵。[19] 忠实义务类型的具体划分，初衷便是保护不同的公司利

[15] 参见浙江省义乌市人民法院：童某、李某等损害公司利益责任纠纷一审民事判决书，案号：(2023)浙 0782 民初 15406 号，2024 年 1 月 23 日。

[16] 参见北京市海淀区人民法院：红薯叶科技（北京）有限公司与游某损害公司利益责任纠纷一审民事判决书，案号：(2021)京 0108 民初 48493 号，2022 年 4 月 29 日。

[17] 在“成都与俱科技有限公司、朱某琦损害公司利益责任纠纷案”中，法院认为，“法律之所以赋予公司归入权，主要是针对董事、高级管理人员的竞业限制行为给公司造成的损失往往是潜在的，公司很难证明自己的实际损失，通过归入权的行使对违反竞业限制义务的董事、高级管理人员予以惩戒，并补偿自己可能的损失”。详见四川省成都市中级人民法院：成都与俱科技有限公司、朱某琦损害公司利益责任纠纷二审民事判决书，案号：(2018)川 01 民终 2370 号，2020 年 12 月 8 日。

[18] 郭升选：《论董事竞业在司法中的认定》，载《河北法学》2009 年第 1 期。

[19] 参见傅穹：《公司利益范式下的董事义务改革》，载《中国法学》2022 年第 6 期。

益。现实中,董事竞业行为通常不会孤立存在,而是与侵占公司资产、篡夺公司机会,甚至恶意造成公司停业等行为相交织。但纯粹的董事竞业往往不会直接侵害公司的财产,所以当裁判思维陷入保护有形财产的定势时,本该被单独评价的竞业行为就会被其他侵犯公司财产的行为所掩盖。那么,在财产性利益之外,董事竞业限制义务是否指向何种具体的公司利益呢?

公司是资产的载体,以经营资产创造价值为核心的经营活动不仅是公司存续的目的也是公司利益的源泉。公司利益不应只局限于公司的财产性利益,而应当至少涵盖公司的经营能力,后者体现了公司利益的独立性、整体性和长期性,应被视作一种具体的公司利益。只要公司保持经营能力,无论公司的股东是谁、管理层是否更换、外部环境如何更迭,公司都能承载所有与公司有关的参与者的利益期待。所有危及公司的生存、内部稳定以及公司开拓市场可能性的行为,都应视为损害公司利益。[20] 对董事违反竞业限制义务这种不损公司财产之"表",而伤及公司经营能力之"里"的行为,应当统摄于"不得损害公司利益"的理论框架之下。公司利益的内涵包括经营能力,而董事竞业限制义务的目的在于保护这种不同于传统物权概念的权益。反之,便会得出"公司资产未受损,董事何责之有?"的结论。拓展公司利益概念的内涵,从"财产损害"走向"经营能力减损",可以给董事竞业限制义务提供理论上的托举。

对于公司的经营能力,国内法规中尚不能找到对应的概念。《反不正当竞争法》虽有保护经营者合法权益的理念,但《反不正当竞争法》规制的焦点局限于经营者之间,过于注重行政监管而忽视了民事责任的运用,既不能涵摄董事与公司间的利益冲突,也无法提供概念性的支撑。在侵权规则的语境下,需要为公司的经营能力找到合适的法律定位。有学者认为,应当在普遍承认司法实践自由裁量的基础上,通过一般性界定标准与类型化相结合的方式扩充侵权法保护的权益。[21] 借

---

〔20〕 参见[德]托马斯·莱塞尔、吕迪格·法伊尔:《德国资合公司法》,高旭军等译,上海人民出版社2019年版,第283页。

〔21〕 参见朱晓峰:《论德国法上的营业权规则及其对我国的启示》,载《政治与法律》2016年第6期。

鉴德国法创设的“营业权”概念，将公司的经营能力确立为一种民事权益，或许是可行的进路。“营业权”是19世纪末德国最高法院通过判例确定的一种权利，属于《德国民法典》第823条第1项所称的“其他权利”的一种，具有绝对权的性质，司法实践中按照物权请求权的规则来保护营业权。〔22〕就经营权的内容而言，应当包含企业对市场竞争的参与权、对社会资源的拥有权、营利权以及法律环境下的平等保护权。〔23〕可见，营业权是企业营业过程中概括保护企业利益不受侵害的商事权利，〔24〕把公司的“经营权”作为董事竞业限制义务保护的法益具有逻辑上的正当性。如此才能让董事竞业限制义务在侵权规则的语境下获得合适的“标靶”，在适用时不至于有“虚无”之感。

需要注意的是，妨害经营的侵权行为给公司造成的损害主要表现为间接损失，与纯粹经济损失有相似之处，而纯粹经济损失往往不伴随物质损害，无论是普通法系国家还是大陆法系国家大多都不主张赔偿此类损失。〔25〕然而，“纯粹经济损失不赔”并非普适规律。有观点指出，纯粹经济损失只是一个技术性的概念，是法律实践为了确立损害赔偿的界限而构造的理论工具。即使一项损失属于纯粹经济损失，并不表明该损失就确定地不能获得赔偿。对于那些损失范围和受害主体都比较确定的纯粹经济损失，尤其是故意导致的纯粹经济损失，不受一般不予赔偿规则的限制。〔26〕在笔者看来，经营权作为公司的合法权益，经营权遭到侵犯而产生的后果应当纳入侵权法所保护的范畴。

（二）公司经营能力减损标准

董事竞业限制义务的判断标准，核心在于“同类业务”的解释。《公司法（修订草案）》曾采用“存在竞争关系的同类业务”的表述，但

---

〔22〕 参见樊涛：《我国营业权制度的评析与重构》，载《甘肃社会科学》2008年第4期。

〔23〕 参见钱宇丹、尹奎杰：《中小企业营业权平等法律保护制度研究》，载《社会科学战线》2014年第4期。

〔24〕 参见杨立新、蔡颖雯：《论妨害经营侵权行为及其责任》，载《法学论坛》2004年第2期。

〔25〕 参见姜战军：《论纯粹经济损失的概念》，载《法律科学（西北政法大学学报）》2012年第5期。

〔26〕 参见张新宝、张小义：《论纯粹经济损失的几个基本问题》，载《法学杂志》2007年第4期。

《公司法(修订草案二次审议稿)》将该方案放弃,而回归"同类业务"的表述。我国公司法理论与立法对此问题一直存在"形式标准"与"实质标准"的标尺之争,前者认为"仅指公司章程所载公司经营范围内的事业,而该营业是否执行或仅仅载于公司章程则在所不问"[27];后者则认为,同类业务与董事所任职公司的公司章程所规定的营业范围并无必然联系。[28] 比较而言,将同类业务限定于公司登记的经营范围,过于刻板机械,与现实中公司普遍存在的超范围经营情况不符。而实质标准的范围则具有一定主观性和变动性,给司法实践中判断董事行为是否属于"同类业务"带来麻烦。笔者认为,厘清同类业务概念的边界,关键在于把握董事竞业限制义务的内涵,即董事竞业行为是否造成公司经营能力的减损,从而兼顾两种标准:

其一,董事竞业行为识别的"直观标尺"。应当以公司章程记载的经营范围为同类业务的基础,即使公司暂未开展其中部分业务,但公司章程记载的经营范围依然代表了公司对该种经营活动的规划。董事从事公司尚未开展但已载于公司章程中的业务,可能会影响公司未来实施这种经营活动的效果,削弱公司在这一领域的经营能力,据此应当推定属于同类业务,但这种推定可由董事通过相反举证推翻。[29]

其二,董事竞业行为识别的"替代性原则"。对于公司章程规定经营范围外的业务,假使公司未涉足且未表露出从事该业务的倾向,则应当依照经营范围外的业务是否对现有业务产生替代效果、对市场产生分割、抬升公司经营成本等妨碍公司利益实现的角度来考察。[30] 出现上述情形,董事与公司之间就存在利益冲突,对公司经营能力的减损是一种必然结果。在实务中,可以看到部分法院兼采两种标准,脱离机械

---

〔27〕 刘桑、苏义宝:《论公司董事的竞业禁止义务》,载《法学探索(贵州省政法管理干部学院学报)》1997 年第 3 期。

〔28〕 参见顾功耘主编:《公司法律评论》,上海人民出版社 2003 年版,第 68 页。

〔29〕 如"固原某公司与丽江某公司、李某等损害公司利益责任纠纷案",被告通过证明其自行设立的公司与任职公司为产业上下游关系且不存在有失公允的关联交易而胜诉,两审均法院认定被告并未实际减损任职公司利益。具体参见云南省昆明市中级人民法院:固原某公司与丽江某公司、李某等损害公司利益责任纠纷二审民事判决书,案号:(2023)云 01 民终 18629 号,2023 年 11 月 29 日。

〔30〕 参见郭升选:《论董事竞业在司法中的认定》,载《河北法学》2009 年第 1 期。

比对公司经营范围的窠臼，走向了维护公司利益与董事行为自由的平衡。[31]

循此逻辑可以有效解决董事竞业行为判断的种种难题，譬如，董事在任职公司之外的地区经营相同业务，是否构成同业竞争呢？若采用形式标准来判断，答案是肯定的，但结果可能会偏离立法本意。某些业务天然具有极强的地域属性，譬如餐饮业，认为相距1000公里之外的两家餐厅存在“竞争”显然是荒谬的。异地的相同业务如果不会威胁公司的经营能力，则不宜认定为同业竞争。但若公司业务具有连锁加盟的扩张属性，那么异地经营就属于抢先占领市场的竞争行为，应当适用董事竞业限制义务予以规制。在“王某斌、王某飞等损害公司利益责任纠纷案”[32]中，法院就认为被告兼任竞争公司的董事，两家公司经营产品具有相似性，二者经营地点邻近，存在相互竞争谋取商业机会的可能性，故被告违反了竞业限制的规定。

又如，离任董事是否对公司负有竞业限制义务呢？这一问题不能单纯以卸任时间点为判断依据。[33] 尽管法律规定董事的权利义务终止于卸任时点，但离任董事失去的只是对公司资产的控制力，离任董事对公司如信息、客户、商业秘密之类资源的控制力并不因其卸任就立即消失。如果董事离任后利用公司资源与公司展开不正当竞争，对公司的经营能力依然是有不利影响的。离任董事在某种情形下依然需要受

〔31〕 在“嘉兴市合鑫标牌有限公司、厉某丽损害公司利益责任纠纷案”中，董事在任职期间设立竞争公司从事交通工程与交通标识牌两种业务，原任职公司的经营范围中最初只有交通标识牌业务，其后虽增加了交通工程的经营项目但并未实际开展。法院认为，原任职公司未能提供证据证明其公司除了经营标识标牌业务外，还从事交通设施工程，故被告设立的竞争公司从事交通设施工程业务并不违反公司法的相关规定，也没有损害原任职公司的利益，但其从事的标识标牌业务则与原任职公司经营的业务属于同类业务，违反了《公司法》的相关规定，该部分所得的收入应当归公司所有。具体可参见浙江省嘉兴市中级人民法院：嘉兴市合鑫标牌有限公司、厉某丽损害公司利益责任纠纷二审民事判决书，案号：(2020)浙04民终885号，2020年6月9日。

〔32〕 参见四川省成都市中级人民法院：王某斌、王某飞等损害公司利益责任纠纷二审民事判决书，案号：(2021)川01民终18269号，2021年12月13日。

〔33〕 参见黄来纪：《董事禁止竞业义务论》，载《上海社会科学院学术季刊》1999年第3期。

竞业限制义务的规制。法院在“郭某轩与北京联达动力科技公司损害公司利益责任纠纷案”[34]中便采用了这样的判断标准,即董事、高级管理人员离任以后,由于董事、高级管理人员在公司任职期间产生的权利及影响并不会因董事、高级管理人员与公司之间法律关系的解除而自动终止,一旦被离任董事、高级管理人员不当使用,则可能损害公司的利益。

三、董事竞业限制义务的涤除机制

1993年《公司法》的董事竞业限制义务,因缺失利益冲突涤除机制而饱受异议。2005年《公司法》虽然补充设置了股东会批准的程序性规则,但该机制在实践运行中却遭到“冷遇”,实施的效果并不理想。那么,新《公司法》在原有基础上增加了董事会作为批准机关,就可以有效驱使竞业董事借利益冲突涤除机制化解与公司间的冲突吗?

(一)问题的成因

利益冲突涤除的本质是赋予公司决策权,以公司有权机关的批准替代司法机关的事后矫正,但该机制能否启动则取决于义务主体的选择。“法律对于商人、商事关系以及商行为进行调整的最大意义,在于能给商人提供明确的交易预期”[35],董事是否愿意将利益冲突事项交予公司决策,是自身利益考量后的应然结果。只有通过涤除机制获得收益,董事才会选择利用这种机制,否则涤除机制只能沦为制度“空转”。然而,现有的涤除机制是否对董事具有吸引力呢?答案显然是否定的,原因有以下几个方面:

第一,董事履行报告义务缺少正向收益。与其他忠实义务相比,董事违反竞业限制义务无须公司“配合”,董事可以在公司毫不知情的情

---

〔34〕 参见北京市第一中级人民法院:郭某轩与北京联达动力信息科技股份有限公司损害公司利益责任纠纷二审民事判决书,案号:(2018)京01民终8475号,2018年12月6日。

〔35〕 蒋大兴:《〈民法总则〉的商法意义——以法人类型区分及规范构造为中心》,载《比较法研究》2017年第4期。

况下实施。由于竞业行为更具有隐蔽性，与径自开展同业竞争相比，董事主动报告竞业计划要承担被公司拒绝的风险。

第二，公司对竞业事项的批准意愿低。涤除利益冲突本质上是一种妥协，董事需要降低收益预期来换取公司的批准。例如，董事以有利于公司的交易条件取得公司对其关联交易的认可。然而，竞业行为的特殊性在于，董事几乎无法与公司在竞争中"共赢"。即使董事经营的同类业务与公司不产生直接竞争，董事也会因为精力分散而影响履职。由于这种利益冲突是根深蒂固的，公司缺少同意董事竞业的理由。

第三，董事违反义务的追责困难。在侵权规则的裁判语境下，董事竞业案件的举证责任主要由原告承担，公司追究董事违反竞业限制义务的责任较为艰难。董事违反义务的成本偏低，投机意愿强烈。

现有的利益冲突涤除机制对董事而言欠缺吸引力，相比求得公司批准，董事径直开展同业竞争似乎更为"明智"，实务中未见董事与公司在批准环节产生纠纷的结果由此而来。

（二）立法的回应不足

新《公司法》第 184 条对利益冲突涤除机制作了一定的改进，主要体现在三方面：一是增加了报告义务，形成了"披露 + 批准"的涤除模式，在程序设置上与自我交易和公司机会规则趋同，董事应在事前向公司报告竞业事项；二是增设董事会作为批准主体，董事可选择将竞业事项提交董事会或股东（大）会审议。董事专业能力强，商业经验使董事更有能力作出合理判断，董事会的决议效率具有优势；三是确立了关联董事回避表决规则。相比股东，董事更易受利益冲突关联方的影响，回避机制有助于保障董事会决议的公正性。

总体而言，新《公司法》对竞业利益冲突涤除机制的调整具有积极意义，但并未就机制固有的问题给予充分回应。以新增的报告义务为例，将报告竞业事项作为单独的义务，使董事从此前的"无批准则不报告"变为"无批准也应报告"。一方面，可以提高司法机关对报告程序的重视，另一方面，也给了董事更具可操作性的指引。然而，这一变化同原《公司法》第 148 条第 1 款第 5 项相比并不具有规则的颠覆性效果。原有的批准机制本就内含报告义务，因为批准的基础就是决议机构拥有待决事项的信息。新《公司法》虽然强调了报告义务的独立性,但履行或不履行该义务的后果并不明确,无法从根本上影响董事是否将竞业事项上报公司的态度。[36] 换句话说,无论对准备"开诚布公"还是"私下单干"的董事而言,报告义务似乎都缺少意义。再如赋予董事会批准权限,看似给了董事选择权,但无论哪个机关批准都没有改变竞业事项利益冲突的格局,董事会批准并不会影响董事对于决议结果的预期。

(三)利益冲突涤除机制的优化

利益冲突涤除机制旨在促使董事将私下进行的同业竞争"公开化",通过涤除程序与公司实现利益分享,以消除董事事后被追责的风险。[37] 机制能否奏效,取决于义务主体对自身风险收益的考量。欲结束涤除机制"空转"的局面,需要在制度设计上增加可供双方交换的"筹码",打破现有风险分配失衡的局面:

其一,增加董事违反义务的责任风险。只有提升公司事后对董事追责的效果,才能迫使董事主动协商。机制的完善应当从体系化的角度着手:第一,完善竞业行为的识别机制,明确经营能力作为公司利益的组成部分,采用实质标准对竞业事项进行判断,增加对董事竞业行为的规制力度;第二,完善竞业行为的责任机制,既要解决裁判中酌定损失缺少规范依据的问题,也要丰富责任的形式,提升董事承担责任的确定性。

其二,增加董事履行涤除程序的正向收益。当下的问题是,侵权裁判思维使得公司承担了主要的诉讼风险,风险分配失衡导致董事投机心理加重,公司缺少谈判筹码。[38] 应当将竞业事项的涤除程序作为举证责任反转的"砝码",如果董事未主动涤除利益冲突,在诉讼中由董事来承担主要的举证责任,公司仅需初步证明董事有竞业的行为即可。考虑到董事竞业的特殊性,这种安排符合"信息占有与举证责任成正

---

〔36〕 参见袁崇霖:《论董事忠实义务的程序性保障——以利益冲突披露义务为中心》,载《交大法学》2024 年第 5 期。

〔37〕 参见王瑞贺主编:《中华人民共和国公司法释义》,法律出版社 2024 年版,第 259 页。

〔38〕 参见傅穹、段再扬:《新〈公司法〉实施中公司机会规则的适用研究》,载《湖北大学学报(哲学社会科学版)》2024 年第 6 期。

比的自然法理念”[39]。具体而言,一则,如果董事履行了竞业事项的报告义务,那么按照“谁主张,谁举证”的传统证据规则,证明董事违反义务的举证责任由公司承担。否则,由董事就其与公司不存在利益冲突举证;二则,如果董事的竞业事项得到了公司的事前批准,则由原告负责证明董事的行为超出批准范围或批准决议存在瑕疵。否则,由董事承担其行为具有正当性的举证责任。

四、董事竞业限制义务的责任机制

新《公司法》看似为董事竞业限制义务提供了全方面的责任机制,但面对现实中的董事违反义务的追责,表现依然不尽如人意。既往实践反馈的问题主要体现在 3 点:一是归入权与损害赔偿责任的竞合;二是金钱责任的量化;三是非金钱责任形式缺失。上述问题的解决,关乎能否破解董事竞业限制义务“最后一公里”的实施困境。

(一)归入权与损害赔偿责任的竞合

董事违反竞业限制义务给公司造成的损失有两类:一是公司财产的直接减损,在董事侵占、挪用公司财产时体现较为明显;二是对增加公司财产可能性的削弱,主要表现为董事篡夺商业机会时导致公司丧失预期利润。前者表现为公司的“消极利益”,通过追究董事的损害赔偿责任予以救济;后者表现为对公司“积极利益”的剥夺,通过公司行使归入权来要求董事“返还”[40]。两种损失可能同时存在,因此董事违反竞业限制义务应当承担双重责任,即“在明确对公司积极利益的归入之外,还应明确消极利益的界定以及赔偿责任的限制与免除”[41]。然而,归入权与损害赔偿在现实中的竞合时有发生,但处理二者关系的规则并不统一,单独适用、替代适用与并用共存,呈现较为混乱的局面。

---

〔39〕 刘俊海:《董事责任制度重构:精准问责、合理容错、宽容失败——以弘扬企业家精神为视角》,载《交大法学》2023 年第 3 期。

〔40〕 参见周淳:《公司归入权的体系定位与规范构造》,载《财经法学》2021 年第 3 期。

〔41〕 王艳梅、祝雅柠:《论董事违反信义义务赔偿责任范围的界定——以世界银行〈营商环境报告〉“董事责任程度”为切入点》,载《北方法学》2019 年第 2 期。

不仅理论对二者功能定位差异的讨论并不充分,实务中也缺少对两种责任竞合关系的统一认识。观察样本所呈现的裁判观点,大致有3类:

其一,认可归入权的独立地位,违反竞业限制义务的董事承担“赔偿”与“交还”双重责任。如“胡某娇、胡某兰等损害公司利益责任纠纷案”[42],被告董事被指控在任职期间自营与公司同类业务,违反竞业限制义务。原告诉请被告将竞业收益归入公司,同时赔偿公司因竞争所产生的损失。法院虽然仅支持了原告的第一项诉请,但驳回原告损害赔偿要求的理由并非认为两项请求重复,而是因为原告对公司损失举证不足。从裁判说理的逻辑来看,法院认可归入权的独立作用。

其二,认为归入权与损害赔偿具有同一性,适用中存在混淆。如“梅某安、丁某丽等损害公司利益责任纠纷案”[43],董事在任职期间设立竞争公司,将任职公司的设备、业务以及人员转移到竞争公司并获得盈利,违反了竞业限制义务。原告要求被告将竞业的24万元获利归入公司,同时赔偿公司经营损失50万元。而法院仅参考竞争公司两年的净利润及被告的持股比例,酌定被告赔偿37万元。从裁判的依据看,37万元是被告竞业所获收益,但法院将其表述为“赔偿”,而对任职公司的损失未作评价,实则是将归入权与赔偿责任作了混淆认定。

其三,将归入权视为损害赔偿的替代责任。如“黄某洋、周某损害公司利益责任纠纷案”[44],法院将归入权定义如下:公司可以要求董事、高级管理人员将董事、高级管理人员为个人利益或为他人利益而获

---

〔42〕 参见浙江省丽水市中级人民法院:胡某娇、胡某兰等与郑某花损害公司利益责任纠纷二审民事判决书,案号:(2021)浙11民终601号,2021年8月24日。类似的案例还可参见山东省日照市中级人民法院:刘某、山东省日照运总交通集团有限公司货运中心等损害公司利益责任纠纷二审民事判决书,案号:(2023)鲁11民终794号,2023年4月27日。

〔43〕 参见浙江省温岭市人民法院:梅某安、丁某丽等损害公司利益责任纠纷一审民事判决书,案号:(2021)浙1081民初3701号,2021年8月25日。类似的案例还可参见四川省南充市中级人民法院:鲜某涛与南充某文化传播有限公司、杨某林等损害公司利益责任纠纷二审民事判决书,案号:(2024)川13民终606号,2024年3月1日。

〔44〕 参见广东省广州市中级人民法院:黄某洋、周某损害公司利益责任纠纷二审民事判决书,案号:(2019)粤01民终18964号,2019年12月4日。类似的案例还可参见杭州市西湖区人民法院:杭州某公司、何某等损害公司利益责任纠纷一审民事判决书,案号:(2023)浙0106民初7769号,2023年12月13日。

得的竞业收入、报酬归于公司，把董事、高级管理人员竞业的交易视为公司的交易。法律之所以赋予公司归入权，是因为针对董事、高级管理人员的竞业行为给公司造成的损失往往是潜在的，公司很难证明自己的实际损失，通过归入权的行使对违反竞业限制义务的董事、高级管理人员予以惩戒，并补偿自己可能的损失。法院将归入权理解为一种“更易计算的”损害赔偿责任，变相地否认了归入权的独立地位。

归入权与损害赔偿的竞合问题由来已久。1993 年《公司法》第 61 条规定董事违反竞业义务的收入归公司所有，同时第 63 条规定了董事的损害赔偿责任，对两种责任如何协调并未明确。有观点认为，归入权是公司因董事竞业而产生损失的替代责任。换言之，如果公司的损失足够多且易于计算，那么归入权将没有用武之地。〔45〕日本有学者也认为，如果董事能证明公司所受损害与竞业行为没有因果关系，或证明公司的损害少于董事或第三人所获利益，就可以免除责任或减少所承担的责任额。〔46〕

笔者认为，归入权与损害赔偿是两种不同的责任形式，可以同时适用。一则，《公司法》一贯将两种责任分置于不同条款，应当视为立法对双重责任的宣告，归入权是公司法之于董事的特定责任。〔47〕二则，归入权与损害赔偿的立法初衷不同。归入权的目的在于阻遏董事的不当行为，防止董事因竞业而获利。损害赔偿的作用是填补公司因竞业而遭受的损失。三则，两种责任互相补充，缺一不可。如果仅有损害赔偿责任，当董事的竞业收益超过公司损失时，将形成董事与公司“分享利益”的结果。如果仅有归入权，当董事竞业失败而无所收获时，则会形成董事与公司“双输”的结局。二者的功能显然不可替代。四则，我国《上市公司章程指引》第 101 条第 3 款明确规定“董事违反本条规定所得的收入，应当归公司所有；给公司造成损失的，应当承担赔偿责

---

〔45〕 参见杨艳：《公司法上的利益归入：功能界定与计算标准》，载《浙江工商大学学报》2015 年第 6 期；王琦：《董事忠实义务规范体系的再审视》，载《西南政法大学学报》2024 年第 3 期。

〔46〕 参见［日］前田庸：《公司法入门》（第 12 版），王作全译，北京大学出版社 2012 年版，第 316－318 页。

〔47〕 参见邹海林：《公司法上的董事义务及其责任配置》，载《法律适用》2024 年第 2 期。

任”。不难看出，将归入权与损害赔偿视作两种并存的责任形式更具体系协调性的优势。

（二）金钱责任的量化

追究董事竞业的金钱责任殊非易事，其症结在于竞业限制义务的特殊性。董事违反竞业限制义务给公司造成的损失，包括公司为应对竞争而增加的营销支出、物料人员成本以及降价所带来的利润减损。这些损失在个案中呈现高度的差异性，计算极其复杂或根本无法实现。而董事因竞业获利的举证责任通常由原告承担，这几乎是难以完成的任务。对从事多种业务的竞争公司而言，从竞争公司利润中分辨哪些来源同业竞争也是十分困难的。为合理确定董事的责任数额，允许法院酌定是必要的手段。[48] 在本文的样本中，法院也多以推定的方式确认董事的金钱责任。[49] 由于推定具有较大的不确定性，所以需要立法赋予法院根据实际情况酌定的权力，《公司法》应当提供容错度更高的责任机制。

其一，《专利法》的启示。《专利法》第 71 条提供了完整的侵权赔偿方案，可分为 3 个层次：（1）据实赔偿。优先以受害人损失或侵权人获利为准，如果受害人能就此举证，则适用填平原则或获益归入原则确定赔偿责任。（2）比例赔偿。如果受害人无法举证自身损失，且侵权人对其获利的举证不被认可，则按照基数乘以倍数的方式确定赔偿责任。《专利法》以专利的许可费用为基数，1—5 倍为系数，兼具了补偿

〔48〕 例如《民法典》第 1182 条规定，“侵害他人人身权益造成财产损失的，按照被侵权人因此受到的损失或者侵权人因此获得的利益赔偿；被侵权人因此受到的损失以及侵权人因此获得的利益难以确定，被侵权人和侵权人就赔偿数额协商不一致，向人民法院提起诉讼的，由人民法院根据实际情况确定赔偿数额”。

〔49〕 相关的案例可参见广东省广州市中级人民法院：广东宝乐机器人股份有限公司、俞某等损害公司利益责任纠纷二审民事判决书，案号：（2023）粤 01 民终 6647 号，2023 年 9 月 6 日；北京市第二中级人民法院：曲某等与优极（北京）体育用品有限公司损害公司利益责任纠纷二审民事判决书，案号：（2023）京 02 民终 6785 号，2023 年 6 月 30 日；江苏省宿迁市中级人民法院：某房地产投资顾问有限公司、芦某兵等损害公司利益责任纠纷二审民事判决书，案号：（2023）苏 13 民终 1161 号，2023 年 6 月 16 日；江苏省常熟市人民法院：苏州安能安全技术咨询有限公司与吴某能、周某慧等损害公司利益责任纠纷一审民事判决书，案号：（2020）苏 0581 民初 6213 号，2021 年 4 月 27 日。

与惩罚的双重功能,也给法院留出了自由裁量的空间。(3)定额赔偿。所谓定额赔偿就是给法院设置一个推定范围,在该范围内由法官根据案件事实自由裁量。这种做法的不确定性最高,但作为兜底性的赔偿方案仍然可以避免受害人得不到赔偿的结果发生。此外,该条还规定了举证责任倒置的规则,极大减轻了原告的举证负担。在这样完备的赔偿规则下,受害人只需要证明有侵权事实存在就可以避免无功而返。此外,《商标法》第63条、《著作权法》第54条以及《反不正当竞争法》第17条也有类似的安排。

其二,差异化的赔偿方案。无论是据实赔偿还是损失推定,都在试图还原公司的实际损失。某些情况下,当公司损失确实难以查明时,法律可以预先设置一些替代性的赔偿措施。例如,按董事薪酬水平确定赔偿数额、固定数额罚款等,也可以实现保障公司利益的目标。将董事在任职公司受领的薪酬作为赔偿基数,根据行为的情节以及行为对公司产生的影响,在一定的范围内确定赔偿数额。该方案的合理性在于,薪酬是董事诚信履职的对价,如果董事的行为违反了忠实义务,可以视为董事未能提供与薪酬对应的劳动成果,薪酬也就成为公司损失的一部分。[50]

(三)非金钱责任的充实

除金钱责任以外,必要的非金钱责任对竞业责任体系形成有益的补充。从比较法的视角观察,域外对违反竞业限制义务的董事提起损害赔偿之诉,在实践中仅起补充作用。在德国,如果董事违反法定义务,监事会可以根据《股份法》第84条第3款对董事进行解聘。事实上,“董事职位的这种不确定性是惩罚董事违反义务行为的最重要手段,也是防止他们不履行义务的最重要的预防措施”[51]。在韩国,“竞业或者兼职”是《韩国商法》第385条第2款所指出的违反法令的重大事实,因此成为可以解任董事的事由,并成为少数股东可以请求法院解

〔50〕 参见黄辉:《独立董事的法律义务与责任追究:国际经验与中国方案》,载《中外法学》2023年第1期。

〔51〕 [德]托马斯·莱塞尔、吕迪格·法伊尔:《德国资合公司法》,高旭军等译,上海人民出版社2019年版,第225页。

任的事由。[52] 在日本,进行竞业交易的董事须尽快向董事会报告有关交易的重要事实,违反这种报告义务要受到罚款的制裁。

除民事责任以外,刑事责任也在一定程度上发挥规制董事行为的作用。在德国,对于违反报告义务、严重违反沉默义务以及欺诈行为或导致破产的行为,可以施加刑事责任。我国《刑法修正案(十二)》将非法经营同类营业罪的适用范围扩大至非国有公司或企业,责任主体也全面涵盖了董事、监事、高级管理人员,进一步丰富和完善了竞业责任体系。需注意的是,董事竞业的刑事责任边界尚无明确的标准,实践中应当避免对非国有公司董事科以过重的责任。

结 语

法律的生命在于实施,作为创造财富的利益冲突法则的《公司法》更是如此。经过新《公司法》的体系化升级,董事竞业限制义务已彻底摆脱保护公司财产的刻板形象,进化为维护公司利益的冲突解决方案。在新法步入实施的时点,总结实践积累的问题并完善规范的解释,无疑具有实际意义。应当明确,董事竞业限制义务意在规制未经批准的竞业行为,防止公司的经营能力受损。解释论需要为公司和董事开辟化解利益冲突的可行路径,避免涤除机制持续沦为制度空转。认可归入权在董事竞业责任体系中的独立地位,丰富董事竞业责任的形式,有助于解决规则实施的现实难题。

(编辑:朱锡俊　谢贵春)

[52] 参见[韩]李哲松:《韩国公司法》,吴日焕译,中国政法大学出版社2000年版,第502-504页。

《证券法苑》(2025)
第四十二卷,第49~73页

证券集体诉讼的实施路径与保障机制研究

林晓镍*　单素华**　黄佩蕾***

摘要:《证券法》第95条标志具有中国特色的证券集体诉讼制度正式建立,强化了投资者保护,补强了民事诉讼对违法违规行为的威慑功能。其中的特别代表人诉讼在制度设计上融合了集团诉讼、团体诉讼不同法系的群体诉讼立法经验,与以《民事诉讼法》人数不确定代表人诉讼改良形成的普通代表人诉讼共同形成"双轨制"的证券群体诉讼制度,丰富了投资者诉讼维权路径。该诉讼制度在诉讼主导、激励机制、代表人权限及"双轨制"的定位衔接等方面还有诸多问题有待理顺,建议从明确不同诉讼制度的适用范围,重构诉讼主导和利润动机,补强私人诉讼对公共执法的补充作用,进一步平衡诉讼效率和诉讼权利之间的关系等方面进行完善。

关键词:证券法　代表人诉讼　集团诉讼　团体诉讼

---

* 上海市高级人民法院副院长、二级高级法官。
** 上海金融法院副院长、二级高级法官。
*** 上海市黄浦区人民法院三级法官。

当前,证券市场的违法违规行为屡禁不止,与长期以来重行政处罚、轻民事赔偿的倾向,违法成本较低、追责手段不足有密切关系。民事诉讼的立案受行政处罚前置的制约,加上"一案一立"的单独诉讼路径依赖,导致诉讼成本高、诉讼周期长,对违法行为的惩戒力度不足。在此背景下,2019 年修订通过的《证券法》创设了"中国版证券集体诉讼制度",重启《民事诉讼法》代表人诉讼在证券纠纷中的适用,新增投资者保护机构(以下简称投保机构)作为代表人以"默示退出、明示加入"的方式代表全体投资者参加诉讼,形成了加入制的普通代表人诉讼和退出制的特别代表人诉讼两种诉讼方式。但近年来,普通代表人诉讼仅有"飞乐音响""五洋债""辉丰股份""乐视网""智汇未来",特别代表人诉讼仅有"康美药业""泽达易盛"等数起案件,无论从案件数量还是投资者登记的人数来看,[1]代表人诉讼未如预期般受到广泛欢迎。对此,既有实操问题导致的观望情绪,也有代表人诉讼本身的定位问题,本文拟结合代表人诉讼实施路径、配套保障机制和案件试点经验进行分析。

一、普通代表人诉讼的本土改良

针对诉讼标的是同一种类、当事人一方人数众多在起诉时人数尚未确定的情形,我国《民事诉讼法》第 57 条规定了起诉时人数不确定的代表人诉讼,明确了权利登记、代表人权限以及判决效力的扩张等规则,此为我国证券集体诉讼的基本框架,并改良形成了普通代表人诉讼。

(一)普通代表人诉讼的改良路径

尽管《民事诉讼法》规定了代表人诉讼,但在证券民事诉讼中曾长期被搁置,其中既有司法政策的原因,也有证券案件特点对诉讼方式的

---

〔1〕 除退出制特别代表人诉讼之外,加入制的普通代表人诉讼"五洋债"案 487 人、"辉丰股份"案 224 人、"飞乐音响"案 315 人,最多的是"乐视网"案 2496 人,均与适格投资者总量存在一定差距。

制约。首先，证券案件专业性较强，需经实质审理才能确定适格投资者范围、因果关系及投资损失，若法院在立案时即对人数不确定的权利人发出公告、通知登记参加诉讼，与“不告不理”的诉讼原则相悖，而且使审理难度加大。其次，证券交易客观上不受地理条件限制，投资者分散各地难以集中，各自交易股票的时间、数量、价位均有所不同，可能存在不同的诉讼主张，即使启动代表人诉讼，投资者之间由于不存在信赖关系，也难以就代表人人选达成一致意见，不同意被代表者却仍受到代表人诉讼判决效力约束，理由较难成立。再有，《民事诉讼法》第 57 条第 3 款规定“代表人的诉讼行为对其所代表的当事人发生效力，但代表人变更、放弃诉讼请求或者承认对方当事人的诉讼请求，进行和解，必须经被代表的当事人同意”。尚不论征得数以万计的全体投资者的一致意见是否有可能，仅征询过程就大大增加了诉讼成本，何况就异议的处理也无明确规定。因此，在较长一段时间里，法院处理该类案件均是采用每个投资者单独立案、少量案件合并审理的方式。针对以上问题，最高人民法院《关于证券纠纷代表人诉讼若干问题的规定》(以下简称《代表人诉讼规定》)作了若干改良。

1. 增设权利人范围的审查

权利登记是代表人诉讼特有的程序，《民事诉讼法》未对可登记的权利人范围作出限定，可能使得原本没有胜诉可能性的投资者进入诉讼中，而《代表人诉讼规定》要求法院在发布公告前对适格投资者范围以听证方式进行审查，能够起到“拟制集团”的作用，使原告方形成一个边界清晰的诉讼组织，同时，还潜在性地决定了代表人诉讼判决效力扩张的范围。但问题在于，权利人范围裁定同时涉及程序和实体的司法判断，法律后果不明确。以证券虚假陈述案件为例，权利人范围指的是因在某一时间段进行了证券交易而受到损害的投资者，该时间段的起止取决于如虚假陈述行为的实施日、揭露日等关键时点的认定，通常不是黑白分明的客观性事实问题，容易受到个别当事人诉讼主张的影响。法院此阶段组织听证的范围一般限于提起代表人诉讼案件的原告和被告，不包括还未参加诉讼的其他投资者，那么该原告的诉讼主张是否典型，是否能够代表投资者整体情况，就需要被慎重考虑。实际上，法院作出权利人范围的裁定后并不对外公告，其他投资者事实上无从得知裁定内容并提出异议,如果某投资者被排除在权利人范围之外,是丧失了诉权还是胜诉权,有何种救济方式尚且不明,恐引发对投资者权利保护不周的质疑。

2. 增设被代表人的退出权

根据《代表人诉讼规定》的规定,原告可以在代表人人选确定后申请撤回权利登记并另行起诉,较《民事诉讼法》不允许退出有很大进步。该退出权有两方面积极意义:第一,最大限度确保代表人与被代表人之间成立一致行动关系;第二,补强了代表人诉讼判决效力扩张的法理基础。增设退出权后,原告分为3类,即参加代表人诉讼的原告、未参加权利登记的权利人和退出代表人诉讼的原告,代表人诉讼判决效力仅扩张至前两类投资者。

此前关于代表人诉讼的效力扩张,理论界有社会公益维护说、诉讼经济说、诉讼担当说等不同观点,[2]增设退出权后,强化了诉讼担当说的论证基础,诉讼通知和退出权共同构成了诉讼实施权默示授予的保障机制,与"退出制"诉讼的效力扩张异曲同工。申言之,在对所有当事人进行诉讼通知使当事人知悉诉讼权利的基础上,对于未明示单独另行起诉的投资者,均可视为对代表人的默示授权,进而产生判决效力扩张的效果。一方面,诉讼通知以法院发布权利登记公告的方式进行;另一方面,退出权将获得和证明个人成员同意被代表的方法由"任意加入"转化为"未明示退出"[3]。但是,该退出权的实际效果还有待验证。尽管《代表人诉讼规定》明确退出的原告不受效力扩张约束,但同时规定代表人诉讼先行审理,后者针对同一侵权行为的判决可能构成事实上的先例效应,进而削弱当事人行使退出权的意义。此外,现有规则对退出权限定了严格的时间点,对于希望主张单独诉权的投资者,必须先进行权利登记然后才可以撤回登记的方式退出,增加了退出的成本。

---

〔2〕 参见肖建华:《群体诉讼与我国代表人诉讼的比较研究》,载《比较法学》1999年第2期;李德飞:《我国诉讼担当制度中既判力主观范围的扩张》,载《司法改革论评》2009年第9期。

〔3〕 参见李激汉:《英美集团诉讼的特别司法规制:以证券欺诈诉讼为例》,法律出版社2017年版,第242页。

3. 统一默示的特别授权

《代表人诉讼规定》对《民事诉讼法》的代表人授权范围有所改进，规定经登记即默示授予代表人特别授权，不再需要代表人就变更诉讼请求、达成调解等涉及实体权利处分的事项逐一取得被代表人同意。这一模式大大强化了代表人的自主权，是诉讼程序得以推进的关键。虽然出于被代表人权益的保障，代表人的权利限制仍然很多——如在代表人的特别授权已经包括可以与被告达成调解协议、放弃实体权利、提起或者放弃上诉的情况下，被代表人仍然有退出权、异议权以及单独上诉的权利。其中原因大概在于，证券诉讼属于非必要的共同诉讼，各原告之间存在利益冲突，选定代表人所形成的信赖关系较为松散，需对代表人未适当履职行为提供救济空间；判决结果不仅影响到具名原告，还对未参加权利登记的投资者产生直接影响，从全面审查的角度需充分考虑非代表人的不同意见；参考域外以诉讼实施权转让为基础的群体诉讼制度，亦有当事人撤回诉讼实施权的程序设计。因此，立法允许已经参加到诉讼之中的被代表人有异议和退出的机会，这种“特别授权 + 权利限制”的模式是对诉讼效率和权利保障两种价值进行重新衡量的结果。实践中，疑问同样在于该类权利的实际效果，尤其是异议权，司法解释规定仅在涉实体权利处分时方可行使，但实务中的意见分歧通常在于共同争点的不同的诉讼策略，如是否认可损失计算方法等，可能导致该异议权被架空。并且，对共同争点的认定可能对其中一部分投资者有利，对另一部分投资者不利，异议在何种条件下成立也存在争议。

（二）普通代表人诉讼的内在局限

除证券集体诉讼针对原有代表人诉讼框架进行针对性改良的问题之外，代表人诉讼还有内在的局限未得到重视。

1. 前诉与后诉的利益不平衡

根据《民事诉讼法》的规定，代表人诉讼判决的效力扩张于未参加登记的权利人，可能造成代表人与后诉投资者之间利益的不平衡。对成为代表人的投资者而言，要承担可能的败诉风险，面临其他原告对其未适当履职的质疑；要在诉讼中投入相当多的精力，在代表人诉讼中全面谨慎地维护所有原告利益，对被代表人异议作出回应，承担部分通知义务;还要面临各种实际的诉讼支出,如诉讼的各种预交费用、交通费、住宿费等,案件越复杂支出也就越大。即使胜诉,所获得的个人收益也与成本不成正比。反之,对其他投资者而言,不参加权利登记比留在代表人诉讼中性价比更高,他们完全可以躲在背后等待代表人诉讼的结果,若胜诉则到法院直接分享胜利果实;若败诉则可以放弃诉讼"全身而退",不必分担代表人诉讼的成本。因此,一种"集体行动困境"在客观上无法避免,投资者担任代表人的动力不足。

2. 律师角色未受到规制

代表人诉讼中,理论上的核心是代表人而非代表人的律师,代表人从原告中推选产生,有权代表全体原告委托律师,法院并不单独对律师的任职资格进行审查。但实际上,律师绝不仅限于代理人的传统角色,提起的诉讼绝大部分由律师促成,甚至由律师首先发起并进行投资者的征集,双方如"合资"关系——投资者贡献诉讼标的,律师贡献专业知识和费用。律师往往在代表人诉讼启动之前就已经与投资者分别签订了委托代理合同,权利登记、推选代表人等诉讼程序通常不是投资者亲自完成的,而由律师代劳。在此情况下,各律师自己征集的投资者之间必然构成一致行动人关系。《代表人诉讼规定》虽规定代表人为2—5名,但按照现行代表人任职资格和推选规则,理论上只要某一律师征集的投资者人数占参加权利登记的投资者总人数过半,那么该律师只要从自己代理的投资者中任意挑选5名申请担任代表人,则基本可以垄断所有的代表人人选。因此,实际是律师选择代表人,而不是代表人选择律师,推选出的代表人多为普通投资者,少有机构投资者参与,进而在诉讼实际决策权上,代表人的作用明显弱于律师。在该情况下,若缺乏对律师适当性的监督,并不能确保代表人及其律师真正代表集体的利益。

二、特别代表人诉讼的制度借鉴

特别代表人诉讼规定投保机构作为代表人以"默示退出、明示加入"的方式代表全体投资者参加诉讼,在代表人诉讼的框架内赋予投保机构唯一代表人资格及适用"退出制"诉讼范围,借鉴了不同法系集团诉讼和团体诉讼的特点，开创了集体诉讼的新形式。

（一）特别代表人诉讼的核心架构

第一，投保机构的团体诉权。在代表人资格方面，特别代表人诉讼突破了法理上关于“代表人必须同时是案件当事人”的传统认识，确定了投保机构的团体诉权。该规定在立法技术上借鉴了域外团体诉讼经验，即实体法直接赋予某些团体以特别授权，使某些团体可以代表团体成员提起、参加诉讼，独立享有和承担诉讼上的权利义务。[4] 比较而言，普通代表人诉讼中代表人的适格基础是当事人身份（实体法上的请求权）和代理人身份（通过推选代表人赋予诉讼代理权）的结合，但特别代表人诉讼中，代表人本身与诉讼不具有直接利害关系，也不是为了特定的诉讼事件的目的而临时集合的团体（区别于集团诉权），而是已经具有一定规模的组织完备的团体。

第二，“明示退出”的诉讼参加方式。在界定当事人范围方面，特别代表人诉讼中投保机构可以代为登记权利，投资者明确表示不愿意加入诉讼的除外。该立法技术借鉴了域外集团诉讼的特点，将具有同一事实或法律关系的当事人拟制为一个“集团”，只要集团成员没有申请退出，就必须受到诉讼结果的约束。[5] 这一制度设计与传统民事诉讼“不告不理”的原则有较大冲突，但该制度的优势非常明显——投保机构根据证券登记结算机构的交易记录代为登记权利，省却了诉讼负担；“默示加入”的方式还能够实现对受损投资者的全面补偿，赔偿金额显著增加，起到对违法行为的震慑作用。

第三，代表人诉讼的制度框架。特别代表人诉讼并非完全新创的诉讼方式，在代表人诉讼基本诉讼程序方面嵌入了我国《民事诉讼法》原有人数不确定代表人诉讼的制度框架，投保机构以代表人的身份行使诉讼权利。在程序启动方式上，特别代表人诉讼以普通代表人诉讼的转换为前提，除对诉讼启动及管辖、权利登记公告内容、退出的具体程序等作出特殊安排外，其他的审理、调解等诉讼程序均沿用普通代表

---

〔4〕 参见章武生：《论群体诉讼的表现形式》，载《中外法学》2007年第4期。

〔5〕 参见肖建华：《群体诉讼与我国代表人诉讼的比较研究》，载《比较法研究》1999年第2期。

人诉讼的相关规定。考虑到普通代表人诉讼启动条件宽松,投保机构完全可以独立先征集投资者发起普通代表人诉讼后再进行转换,故仍可以视为两种诉讼形式形成了"双轨制"并行的效果。

(二)与美国证券集团诉讼的比较

美国证券集团诉讼制度的法律渊源主要是1966年《联邦民事诉讼规则》第23条(包括1998年和2003年的两次修订)以及1995年通过的《私人证券诉讼改革法》、1998年通过的《证券诉讼统一标准法》和2005年通过的《集团诉讼公平法》等。

1. 集团诉讼的认证。根据《联邦民事诉讼规则》第23条(a)款的规定,须具备先决要件(prerequisites)才得以进行集团诉讼,包括众多性、共通性、典型性和充分性。对于证券诉讼而言,由于证券的广泛流通,一般满足"众多性"的规模要求,投资者之间也因相同的主张和争点构成"共通性"基础,法院着重考察代表人主张的"典型性"和代表人资格的"充分性",包括代表人提出集团诉讼的动机、代表人的道德水平、代表人的财务状况、代表人与被告有无利益关系等。[6] 除4个明示先决要件外,实务中普遍认为还有3个默示要件:一是存在一个可以辨认的集团,以便预测判决效力的约束范围,进而落实通知程序及后续赔偿的分配;二是代表人属于集团成员;三是集团诉讼主张有实际意义,案件结果将对整个集团产生权利义务上的实质影响。[7] 此外,根据《联邦民事诉讼规则》第23条(b)款规定,集团诉讼分为必要的集团诉讼、涉及寻求禁令或宣告救济方式的集团诉讼、共通问题型集团诉讼3种类型。因证券欺诈案件属于第三种类型,还需满足共通问题相对于个别问题的"支配性"、集团诉讼相较于其他救济方式(如诉讼合并、试验性诉讼等)的"优先性"[8]。另外根据《私人证券诉讼改革法》,为

---

〔6〕 See Robert H. Klonoff, *Class Actions and Other Multi - Party Litigation*, West Academic, 2010, p. 63.

〔7〕 See Jack H. Friedenthal, Mary Kay Kane & Arther R. Miller, *Civil Procedure*, *Fifth Edition*, West Group, 2015, p. 713.

〔8〕 《联邦民事诉讼规则》明确规定了4个具体的审查标准,即法院应当考虑下列事项:(A)集团成员在单独诉讼中所提出的起诉和抗辩的利益;(B)由集团成员提起诉讼或被诉的,已经开始进行的诉讼性质及其范围;(C)将诉讼集中到同一法庭审理的利弊;(D)在集团诉讼审理过程中,可能遇到的困难。

阻止轻率或无根据的证券诉讼,原告在起诉时必须指证足以强力推定被告故意的具体事实。[9] 与此相比,代表人诉讼受理的审查标准宽松,仅审查人数的众多性、代表人的基本条件和初步证据,且因上市公司责任适用无过错原则,初步证据不要求原告对主观过错进行举证。此外,还缺乏对诉讼方式优先性的比较,比如当投资者个别损失极大且有能力独立提起单独诉讼,或退出诉讼的人数超出留在代表人诉讼中的人数时,可能其他诉讼方式较代表人诉讼更加适合。

2. 首席原告,即代表人,在诉讼中扮演领导角色。根据前述先决要件,法院须先认定候选人初步表现出典型性和充分性,然后推定最适当的原告。早期,因法院采取"先到先得"规则,律师可以轻易设法让客户成为第一个提起集团诉讼的人从而主导诉讼,故《私人证券诉讼改革法》针对性地制定了若干规定:第一,首个起诉人必须在起诉状提交后的 20 天内向集团其他成员进行通知,告知诉讼正在进行中以及每一名集团成员都有权被任命为首席原告,广泛寻找合适的候选人;第二,推定已经提出诉讼或对诉讼通知作出回应,且拥有最大的经济利益的投资者为首席原告,以此鼓励机构投资者担任首席原告;[10] 第三,限制职业原告的参与,在任何一个 3 年期限内担任证券集团诉讼首席原告的次数不能超过 5 次。此外关于代表人的人数,不论代表人是"个人还是团体",均为单数,共同首席原告不可行。

比较来看,我国在"双轨制"下采取了两种截然不同的代表人选择路径,普通代表人由登记原告合意选定代表人,特别代表人则指定投保机构为唯一代表人。前者代表人资格仅规定"拥有相当比例的利益诉求份额"而不是最大的经济利益,也未限制职业原告,任职资格较宽松。代表人人数为 2—5 名,但对于代表人之间意见不一致的处理缺乏规定。后者投保机构作为国家设立的代表全体投资者利益的公益机

---

〔9〕 See Michael J. Kaufman, John M. Wunderlich, *The Judicial Access Barriers to Remedies for Securities Fraud*, https://scholarship.law.duke.edu/lcp/vol75/iss1/4, visited July 4, 2024.

〔10〕 关于谁拥有最大的经济利益,通常适用 Lax v. First Merchants Acceptance Corp. 一案中阐述的 4 个要素来确定,即购买股票的数量、股票净买入的数量、在诉讼期间支出的资金总额、所遭受的最大损失,第四个要素是最重要的。

构,在诉讼能力、专业知识等方面具有优势,且不存在与投资者之间的利益冲突,能够满足代表人的充分性。但当前投保机构还肩负很多其他职能,如纠纷调解、损失核定等,这些中立性职能与代表人诉讼如何兼顾,也是实践中较常引发争议的问题。

3. 集团诉讼的通知。证券诉讼属于"共通问题型集团诉讼",通知义务是强制性的,法院必须对全体集团成员以"直接且最佳"的方式进行通知。美国联邦最高法院在 Eisen v. Carlisle & Jacquelin 一案中对通知标准作出较为严格的解释,即"对于所有已经经过合理的努力而可得辨认的集团成员为个别的通知,法院对通知方式并无裁量权,不得仅以程序成本高昂而偏离立法精神"〔11〕。通知采发信主义而非到达主义,只要通知符合要求,即使集团成员在退出期限后才收到通知,也视为符合正当程序。〔12〕 通知的方式依据集团成员是否可辨认而不同:对可辨认的集团成员,如股东名册上的股东,要求分别发出通知;对于经过合理努力仍无法辨认的集团成员,可以报纸、电视、广播等公告方式为替代。通知费用通常由代表人负担,但在某些个案中,如被告责任已认定成立、〔13〕被告存在不当诉讼行为,〔14〕法院也会依《联邦民事诉讼规则》第 23 条(d)款关于"公平实施诉讼"的规定要求被告负担。

关于诉讼通知,我国的优势在于对证券账户的实名制要求及"看穿式"监管模式,证券登记结算结构能够根据相关交易数据整理出受害投资者的范围及损失情况,有助于确定集团成员名单而实施精准通知。参照集团诉讼经验,通知方式的用词虽为权利登记"公告"而非"通知",但对此应作严格解释,即要求以最佳方式对可以查明的适格原告作个别通知,而不宜简单适用公告送达中的"公告",后者仅在当事人下落不明的情况下才允许适用且通知效率较低。通知费用方面,一般也是由代表人预付,但可以在诉讼中主张由被告最终承担。

4. 集团的退出。诉讼通知的内容中必须载明有退出集团诉讼的权

---

〔11〕 See Alexander W. Aiken, *Class Action Notice in the Digital Age*, University of Pennsylvania Law Review, Vol. 165, 2017.

〔12〕 See Silber v. Mabon (9th Cir. 1994) 18 F. 3d 1449, 1451.

〔13〕 See Hunt v. Imperial Merchant Services, Inc. (9th Cir. 2009) 560 F. 3d 1137, 1143.

〔14〕 See Nagy v. Jostens, Inc. (D MN 1981) 91 FRD 431, 432 – 433.

利,该退出权有两方面意义:一是若集团成员不明确表示退出,则表明集团成员接受由具名原告(代表人)及具名原告律师作为代表参加诉讼,并接受判决结果的约束,不论判决结果有利与否;二是尊重集团成员以单独诉讼方式行使权利,在单独诉讼中集团成员可以自行委托律师、提出单独的诉讼请求以及单独与被告协商和解。通常而言,个别损害赔偿金额越高,集团成员更倾向于行使退出权,一方面,可以避免在集团诉讼中受到判决不利结果的约束;另一方面,如果集团诉讼胜诉,声明退出的集团成员也可利用"禁反言"规则从集团诉讼判决结果中"搭便车"。法院一般会给予30—60日选择退出权,未声明退出的视为集团成员。对此,我国证券代表人诉讼基本采纳了集团诉讼的退出规则,无论是普通代表人诉讼还是特别代表人诉讼,被代表人均享有提起单独诉讼的权利。

5. 集团诉讼的和解。根据《联邦民事诉讼规则》第23条(e)款的规定,法院必须"以合理的方式直接向所有受到和解草案约束的集团成员发出通知,并在经过听证会且确认和解草案是公平、合理且适当后方可予以批准"[15]。集团成员若对和解草案不满意,有以下选择:一是提出异议(objection),一般来说,提议和解的一方需证明和解草案公平性,异议人数越多则证明责任越重。[16] 二是申请正式参加诉讼(intervention),如果被法院许可,集团成员将成为诉讼当事人并可委托自己的律师。[17] 三是行使退出权(opt - out),如果异议或退出的人数达到一定比例,被告亦有撤销和解的选择权。在和解程序中,法院有权批准合理百分比的律师费,[18]但禁止向首席原告支付高于其他集团成

---

〔15〕 See Wong v. Accretive Health, Inc., 773 F.3d 859 (7th Cir. 2014).

〔16〕 如果和解草案对部分集团成员更有利,则提出和解的人有责任证明不同待遇的合理性;法院要审查潜在的合谋可能性,如首席原告获得的赔偿高于其他集团成员。

〔17〕 在集团诉讼中允许自由干预(policy favoring intervention)因为只有具名诉讼当事人才可以上诉,因此法院必须允许不具名的集团成员自由地介入诉讼[See Hill v. Art Rice Realty Co. (ND AL 1974) 66 FRD 449, 456 - 457]。

〔18〕 See In re IndyMac Mortg. - Backed Sec. Litig., 94 F. Supp. 3d 517 (S. D. N. Y. 2015).

员的报酬。[19] 但是,法律对首席原告在和解过程中的角色未予规定,这给法院在首席原告意见不一致的情况下保留了必要的自由裁量权。如在 In re BankAmerica Corp. 一案中,法院认为尽管首席原告(团体)中的某些成员反对,但法院作为缺席集团成员的受托人,仍有权批准和解。[20] 最后,虽然法院不能直接修改和解草案,但可以通过附条件批准、附条件驳回等方式促使当事人修改和解草案,以使和解草案在实质上满足"公平、合理且适当"的要求。

代表人诉讼的调解基本借鉴了集团诉讼和解的制度设计,包括调解草案的通知、听证会及退出规则等。但对比来看,我国特别代表人诉讼调解案例不多,"泽达易盛"案为首例调解案件,而美国大多数证券集团诉讼最终是达成和解而不是判决,这与判决可预期性低、第三方费用较高以及原告方律师和解意愿较强、被告方董责险希望避免判决等因素有关。理论上,特别代表人诉讼较普通代表人诉讼更容易达成调解,原因在于普通代表人诉讼无法确定后续有多少投资者提起诉讼,被告成本始终处于不确定的状态,难以形成调解方案。

6. 集团诉讼的上诉。通常而言只有在判决中载明的当事人才有资格提起上诉。如果代表人及集团律师拒绝上诉,未具名的集团成员无权提起上诉。但是,法院在 Devlin v. Scardelletti 一案中指出,如果集团成员提出过异议或申请正式参加诉讼,那么他们将被视为当事人,即有资格提起上诉。[21] 代表人诉讼与之相反,普通代表人诉讼中的被代表人和特别代表人诉讼中的缺席原告均有单独上诉权,对此可能导致不同审级的割裂,对二审是单独立案还是仍以代表人诉讼的形式进行以及是否更换代表人等问题,均存在争议。

7. 集团律师及律师费。集团诉讼必须由律师代理,首席原告选择律师应经法院批准,法院通常将审查律师的专业资格、技能、经验和资

---

〔19〕 根据《私人证券诉讼改革法》的规定,首席原告可以获得合理的费用补偿,但不能在和解中获得较集团成员更多的赔偿份额。

〔20〕 See Margaret v. Sachs, Donna M. Nagy, Gerald J. Russello, *Securities Litigation and Enforcement in a Nutshell*, Second Edition, West Academic, 2020, pp. 242 - 243.

〔21〕 See Devlin v. Scardelletti (2002) 536 US 1, 14, 122 S. Ct. 2005, 2013.

源以及在诉讼中的表现和有无利益冲突等。〔22〕 根据《联邦民事诉讼规则》第23条(h)款的规定,法院可以依照法律或当事人的协议给予集团律师合理的律师费及免税开支,但该请求必须在规定期限内提出,且以合理的方式通知所有集团成员,以便集团成员有机会提出反对意见,法院可以对此举行听证会。美国司法实践中对律师费的认定常见的有指标收费法、比例收费法和风险收费法等。〔23〕 代表人诉讼中,法院对律师资格不单独进行审查,律师费的收取主要取决于律师与投资者各自签订的委托代理合同,该合同通常不进入法院的审查范围。

(三)与我国台湾地区证券团体诉讼的比较

我国台湾地区由投保机构提起证券团体诉讼的法律依据主要是2002年台湾地区"证券投资人及期货交易人保护法"(2009年修订),该法设立财团法人证券投资人及期货交易人保护中心(以下简称投保中心),投保中心任务之一就是提起证券团体诉讼,制定有台湾地区"投资人保护中心办理团体诉讼或仲裁事件处理办法"。

1. 诉讼构成要件。根据台湾地区"证券投资人及期货交易人保护法"第28条"保护机构为保护公益,于本法及其捐助章程所定目的的范围内,对于造成多数证券投资人或期货交易人受损害之同一原因所引起之证券、期货事件,得由二十人以上证券投资人或期货交易人授予仲裁或诉讼实施权后,以自己之名义,提付仲裁或起诉"的规定在具体的案件启动程序上,投保中心在厘清投资人范围、资格、被告后,若认为符合案件受理条件,经其董事会决议通过后,做成表格在投保中心网站及各大报纸发出公告,征集符合条件的投资者登记求偿。除明确诉讼需

〔22〕 常见的利益冲突情形包括兼任个别集团成员的律师、曾担任被告律师、任诉讼中的证人、同时代表另一个集团起诉相同被告等。

〔23〕 指标收费法(loder star method,又称"北极星"收费法)是将律师在案件中所花费的时间乘以一个合理的费率来决定律师费,在计算上会受到代表利益规模、为集团争取的利益、问题的复杂性和特殊性、给付延迟情况等因素影响;比例收费法(percentage fee)是以一定比例计算律师费,并从共同基金中支付,法院裁定律师费比例通常在基金的25%—30%;风险收费法(contingent fee)是指律师在获得赔偿后获取报酬,适用该方法可使律师对诉讼结果有直接利益,如律师在采取风险收费时败诉,客户无须对其提供的服务支付律师费。详见李激汉:《英美集团诉讼的特别司法规制:以证券欺诈诉讼为例》,法律出版社2017年版,第191页。

满足公益性之外,关于诉讼案件限于证券违法事件以及需要一定数量投资者授权的要求,均与特别代表人诉讼一致。

2. 案件的遴选。投保中心提起诉讼的范围限于有足够证据证明损害的发生的案件,证据来源包括检察官起诉的犯罪事实、主管机关调查事实、投资者提供的资料以及投保中心所收集的资料等。[24] 实践中,案件启动高度依赖刑事程序,绝大部分都是经过检察官起诉的事件,[25] 这与投保中心的整体诉讼策略的被动保守有关,只有少数案件是新闻报道或投资者申诉后,由投保中心主动调查进而提起诉讼。[26] 其中还有一重要原因是法官依赖刑事判决的认定作为民事是否须负赔偿责任的依据,因此在部分操纵股价、内幕交易的案件中常因刑事判决无罪而使民事赔偿败诉。与之类似,代表人诉讼中投保机构进行案件遴选时也明确要求"有关机关作出行政处罚或刑事裁判等"[27]。因此,尽管证券民事诉讼的受理取消了行政前置,但特别代表人诉讼实际仍以行政处罚为前提。

3. 投保机构的权限。台湾地区证券团体诉讼的法律性质为"任意的诉讼担当",即诉讼实施权与实体权利发生分离的产物,投资者将其诉讼实施权转让给投保中心,由该团体为了全体权利人的利益参加诉讼。在一审言辞辩论终结前或询问终结前,投资者可以随时授予或撤

---

〔24〕 台湾地区"投资人保护中心办理团体诉讼或仲裁事件处理办法"第4条规定:"同一原因所引起之证券或期货事件有下列情形之一者,本中心得受理证券投资人或期货交易人诉讼或仲裁实施权之授予:一、依检察官起诉之犯罪事实足认证券投资人或期货交易人受有损害者;二、依主管机关或其他相关单位提供之事证资料足认证券投资人或期货交易人受有损害者;三、依证券投资人或期货交易人就同一原因所引起之证券或期货事件所提供之事证资料足认其受有损害者;四、依本中心就同一原因所引起之证券或期货事件所搜集之事证资料足认证券投资人或期货交易人受有损害者。"

〔25〕 参见林俊宏、黄建中:《中国台湾地区"证券投资人及期货交易人保护中心"经验分享一》,载郭文英主编:《投资者》第8辑,第122页。

〔26〕 参见林郁馨:《投资人的诺亚方舟——投资人保护中心与证券团体诉讼之实证研究》,载《月旦法学杂志》2014年第6期。

〔27〕 《中证中小投资者服务中心特别代表人诉讼业务规则(试行)》第16条规定:"……符合下列情形的案件,投服中心可以参加特别代表人诉讼:(一)有关机关作出行政处罚或刑事裁判等;(二)案件典型重大、社会影响恶劣、具有示范意义;(三)被告具有一定偿付能力;(四)投服中心认为必要的其他情形。"

回诉讼实施权，并且可以对涉及实体处分事项作出限制。[28] 关于上诉权，投资者亦可以通过在指定期间内撤回诉讼实施权的方式提起单独上诉。[29] 值得注意的是，投资者将诉讼实施权授予投保中心后，所有的诉讼文书送达、上诉与否的时间节点均以投保中心为准，不会产生程序上依具体投资者不同而分别确定的问题。

代表人诉讼基于“民事诉讼法”的制度框架，代表人的选定不意味着诉讼实施权的转移，被代表人并不退出诉讼，代表人与被代表人仅属于代理关系，故从严格意义上而言，代表人诉讼只是共同诉讼和诉讼代理的简单相加，并没有超出传统单独诉讼的原理。因此，投资者默示授权的并非诉讼实施权而仅是诉讼代理权。并且，加入制与退出制诉讼的代表人权限不作区分，也可能存在一定弊端。退出制诉讼中未退出的投资者只是名义上的原告，客观上难以逐一征集每一位当事人的意见。例如对上诉权而言，要按照“原告自收到通知之日起 15 日内”来界定个别原告的上诉期间，显然是不切实际的。

4. 团体诉讼的和解。由于诉讼实施权已经转移，投保中心有和解的权限，和解与否以及和解金额的确定都是投保中心内部自行决定的，无须再征集投资者意见，仅于和解后在网站上公告。由于和解方案均有保密条款，一般公众难以获知和解的具体程序、对象和金额，和解的监督主要是金融监管机构的备查。因此常因和解程序的不透明、监督程序的“球员兼裁判”等问题而饱受质疑。为消除外界疑虑，投保中心为此专门制定“办理团体诉讼案件与被告进行和解洽谈相关处理模式原则”，明确和解金额的计算方式为：“责任期间投资者求偿金额×类别分担比例×同一类别各被告应分担比例×可量化调整因素×股价指数调整系数。”但有学者指出，不同身份的被告类型如何分担责任、各赔偿义务人的责任性质及调整因素如何认定、具体分担比例是否设上

---

〔28〕 台湾地区“证券投资人及期货交易人保护法”第 31 条规定：“保护机构就证券投资人或期货交易人授予诉讼或仲裁实施权之事件，有为一切诉讼或仲裁行为之权。但证券投资人或期货交易人得限制其为舍弃、认诺、撤回或和解。”

〔29〕 台湾地区“证券投资人及期货交易人保护法”第 32 条规定，保护机构收到判决后应将结果告知投资者，并应于 7 日内将是否提起上诉的意见书面通知投资者。投资者可以于保护机构上诉期间届满前，撤回诉讼实施权并依法提起上诉。

下限区间等,实际尚不明确也并不公开。[30] 比较而言,代表人诉讼要求向被代表人通知和解草案、召开听证会听取异议并赋予被代表人第二次退出权,对被代表人权益的保障程度高于团体诉讼。

5. 团体诉讼的判决效力。团体诉讼的法律性质为任意的诉讼担当,因此判决效力仅限于授予诉讼实施权的投资者。对于未授权的投资者,不论团体诉讼判决结果如何,均对其没有约束力,不妨碍其另行起诉求偿。因此,该诉讼模式无法一次性地解决相关纠纷,大量投资者因未能注意相关诉讼信息而未加入,使团体诉讼制度功能大打折扣。在此方面,特别代表人诉讼效力及于所有未明示退出的投资者,是一种彻底追究被告责任诉讼制度。即便是普通代表人诉讼,因为其本身还具有效力扩张属性,也并非属于典型的"加入制"诉讼,而整体构成"两阶段"的诉讼。第一阶段是在具名原告与被告之间确定统一的适法标准,第二阶段则是其他投资者申报适用代表人诉讼判决,优势在于前诉的人数是确定的,理论上代表人仅代表参加权利登记的这部分人进行诉讼,审理范围不会很复杂;后诉投资者则可以在诉讼时效内向法院提起诉讼,直接经裁定适用代表人诉讼判决,节约了诉讼资源。

6. 诉讼费用及律师费。团体诉讼配套设计了裁判费跟执行费的减免,标的在新台币3000万元以上的,投保中心无须或减免缴纳裁判费、执行费。若投保中心败诉,也无须投资者分担费用。在代表人诉讼中,立案时无须预交诉讼费,但在结案时需由败诉方承担诉讼费,仅在特定情形下可以申请减免,考虑到诉讼费按标的额计算,诉讼风险相对较大。律师费方面,因投保中心性质上为公益机构,活动资金有法定来源,在诉讼中案件的律师就是其内部律师,故不额外收取报酬,该点与特别代表人诉讼类似。

总的来看,各法域集体诉讼的制度设计都有其特定的知识背景、文化传统,与社会发展状况、市场经济发达程度等因素密切相关。集团诉讼是典型的由律师主导的诉讼模型,其特色在于律师与委托人之间的风险代理,加上退出制可有效集合小额损害投资者的请求以扩大损害

---

〔30〕 参见王文宇、张冀明:《非营利组织主导的证券团体诉讼——论投资人保护中心》,载《月旦民商法杂志》2007年第15期。

赔偿基数，架构出以律师的利润动机为运转中心的诉讼模型，与此同时也因滥诉、律师与集团成员利益冲突等问题备受质疑。我国台湾地区证券团体诉讼通过赋予投保机构诉权，行权带有官方色彩，解决了滥诉和利益冲突问题，但判决效力限于授权投资者，难以起到彻底追究被告责任、一次性解决纠纷的效果。

结合本土资源来看，中国证券登记结算有限责任公司于 2001 年 3 月设立，全国集中统一运营的证券登记结算体制由此形成，可在核实投资者交易记录、执行分配赔偿款方面提供便利；中国证券投资者保护基金有限责任公司于 2005 年 8 月设立，在先行赔付制度方面积累了损失计算、协调投资者等实践经验；中证中小投资者服务中心有限责任公司于 2014 年 12 月成立，在以往证券诉讼实践中承担了支持诉讼、纠纷调解、持股行权等多项职能，证券集体诉讼的制度设计需充分利用已有的体制、专业优势。因此，特别代表人诉讼在立法技术上未直接照搬某一套诉讼制度，而是衔接集团诉讼的退出制、团体诉讼的投保机构诉权以及代表人诉讼的代表制等不同特点，本意在于弥合不同诉讼制度的缺陷。但在具体实践中，对于退出制诉讼的名义原告和加入制诉讼的具名被代表人采用同样的权利保障标准，降低了应有的诉讼效率；特别代表人诉讼从普通代表人诉讼转换而来，且要求行政处罚前置，大大限制了特别代表人诉讼的适用范围；加上投保机构资源有限，“退出制”对市场冲击极大，对每一个案件都提起特别代表人诉讼并不现实，故其并非常态化的集体诉讼制度。

三、证券集体诉讼现状的成因分析

（一）替代性诉讼机制的分流

在代表人诉讼重启之前，证券纠纷主要适用的是示范判决机制，即选取具有代表性的案件先行审理、先行判决，通过发挥示范案件的引领作用，妥善化解平行案件的纠纷解决。2019 年 1 月，上海金融法院首创证券纠纷示范判决机制以来，各地法院相继跟进出台了类似的机制规定。[31] 作为法院基于实践经验“自下而上”而创设的诉讼机制,示范判决机制在提升诉讼效率、降低诉讼成本、节约司法资源方面发挥了积极作用。比较代表人诉讼,示范判决机制的优势在于:

第一,“试验性”的特点契合行政处罚前置程序取消、民事赔偿案件进入法院时间大幅提前、诉讼预期不明朗的背景。在前置程序时期,行为人遭受行政处罚,投资者即可证明存在侵权行为,胜诉预期较高。前置程序取消后,由监管部门调查收集的证据转由投资者自行收集,受制于调查手段有限,投资者举证难度加重,在缺乏监管部门处罚认定的帮助下,法院判定责任主体范围和责任分配的难度亦加剧。结合证券虚假陈述裁判规则的变化来看,即便有行政处罚为前提,被告对重大性的抗辩、利用预测性信息“安全港”规则的抗辩、交易因果关系因重大事件的切断等法定事由有所增加,加剧判决不确定性。比较来看,代表人诉讼最大的优势在于一次胜诉、众人获赔,但在诉讼风险较大的情况下,通过法院公告和登记,原告人数大大增加,败诉成本相应增加。反之,示范判决机制仅仅是挑选个案进行审理,示范案件的结果能起到“投石问路”的效果,诉讼方式更加灵活且试验成本较低。

第二,单独诉讼、风险收费的特点契合现阶段由律师主导的维权格局。当前,证券诉讼惯用模式是律师在网络上广泛征集投资者,与投资者分别签订委托代理合同并采用风险代理机制,投资者不需要预交费用,只需将最后执行到位赔偿的一定比例付给律师作为报酬。但在代表人诉讼中,代表人代表全体原告统一委托律师,代表人的律师与非代表人的律师有何区别、原委托代理合同是否仍有效等,均存在较大争议。对投资者而言,因代表人诉讼属于群体诉讼,根据《律师服务收费管理办法》的规定禁止实行风险代理收费,投资者需支付一笔固定报酬作为律师费,原本可以通过风险代理制转嫁的诉讼风险需要自己承担。对非代表人律师而言,在原有单独诉讼模式下的委托代理关系被代表人诉讼打破后,是否可以继续收费存疑,故当某一律师代理的投资

---

[31] 如2019年4月北京市高级人民法院《关于依法公正高效处理群体性证券纠纷的意见(试行)》、2019年10月杭州市中级人民法院《关于证券期货纠纷示范判决机制的指导意见(试行)》、2020年4月深圳市中级人民法院《关于依法化解群体性证券侵权民事纠纷的程序指引(试行)》等。

者当选代表人后，其他律师出于力保案源的目的，更倾向于为自己征集的投资者申请撤回权利登记，这也是最终加入代表人诉讼人数不多的原因之一。对于代表人律师而言，法院认定的收费标准也主要基于在代表人诉讼中的工作量，考虑到留在代表人诉讼中的原告大概率是律师自己诉前已经征集到的投资者，收费对象并未增加，收益与成本显然不平衡，与其在代表人诉讼中投入大量的时间与精力，显然在后诉中“搭便车”更具有性价比。因此，除为声誉考虑之外，律师主动启动代表人诉讼的利润动机不足。反之，示范判决机制仍是基于单独诉讼，无论是示范案件还是平行案件，当事人都可以各自委托律师、各自收取费用，风险代理未明确禁止，并且示范案件仅限于单个投资者，诉讼成本显著低于人数众多的代表人诉讼，因此更容易受到投资者和律师青睐。

（二）“双轨制”诉讼的定位重叠

特别代表人诉讼指定投保机构作为代表人，属于由公益机构主导的诉讼模式。推想可知，立法者既想通过“默示授权”来扩大赔偿规模，增加民事诉讼的威慑力，同时又希望避免潜在的律师操纵诉讼、恶性竞争及滥诉等问题。[32] 究竟是将公众利益交给公益团体还是私人执行，二者各有利弊。从我国目前的司法实践需要来看，“双轨制”确实是一种更加稳妥的选择。

一方面，集团诉讼中普遍存在的律师与原告的利益冲突，在公益机构主导下并不存在。从积极角度来看，律师主导模型在调动诉讼积极性上更胜一筹，足以构成对侵权人的巨大威慑。但从消极角度而言，若诉讼运转过于依赖律师的谋利动机，则律师与投资者之间的利益冲突问题越发严重。申言之，律师本能地是在律师费与时间成本之间求得最大利益，考虑到案件的持续进行会显著增加时间成本但对提高律师费作用有限，案件由律师促使提前和解的概率大大提高，最后除去律师费再赔偿到各受害人的部分则少之又少。对比来看，公益团体没有自身谋利动机，也不收取任何费用，能够使诉讼的补偿功能与威慑功能并重。由于有足够的政府资源支持，能够自如地决定诉讼对象，如在“追

---

〔32〕 参见汤维健：《美国民事司法制度与民事诉讼程序》，中国法制出版社 2001 年版，第 391 页。

首恶”和“深口袋”之间优先选择前者,有利于政策目标的实现。另一方面,完全由公益团体主导的诉讼,又有潜在的其他问题:一是效率和可持续问题,律师主导完全依赖市场竞争,只要机会成本与诉讼成本不超过律师费,就有源源不断的专业资源投入诉讼中;而公益团体主导下,人员和经费均有限制,受理案件范围有限,内部公益律师亦无竞争压力,不具有优胜劣汰的作用。二是不当干预风险,投保机构经费支持直接来源于政府,难免为行政介入提供空间,可能出现政府出于地方利益而影响案件遴选、干预诉讼策略。针对我国台湾地区完全由公益团体主导的诉讼形态,也有学者指出,此种模式仅能视为过渡阶段的权益制度,未来团体诉讼机制逐渐成熟后,投保中心宜退居补充或辅助的角色,让证券诉讼回归私权纠纷与市场机制的正轨。〔33〕

从现实情况来看,我国证券市场主要以自然人散户为投资主体,与成熟市场以投资基金为主有质的差异,若要沿用集团诉讼的改革路径,由机构投资者担任代表人来缓解委托代理矛盾的理想情况很难实现,律师操纵诉讼的困境难以避免。在公益团体方面,有相当的诉讼能力、经验和资源,可以肩负起一定的公共政策执行职能。因此,理想的情况是“双轨制”的诉讼分别起到不同的作用,既不破坏已有的以律师参与为主的诉讼生态,又能通过公益团体的适度参与,矫正律师主导诉讼模式的不足。但是,从当前两种诉讼的定位来看,案件选择范围存在重叠而不是互相补充。根据《中证中小投资者服务中心特别代表人诉讼业务规则(试行)》第 16 条的规定,启动特别代表人诉讼的条件包括“(一)有关机关作出行政处罚或刑事裁判等;(二)案件典型重大、社会影响恶劣、具有示范意义;(三)被告具有一定偿付能力;(四)投服中心认为必要的其他情形”。比较而言,律师是否提起诉讼的关键在于评估案件胜败概率及与之相关的报酬成本,对标的较小、被告赔偿能力欠佳的案件往往缺乏动力。投保机构的诉讼策略与之完全一致,这些已作出行政处罚且被告有偿付能力的案件,同样也是律师提起诉讼的主要目标。反之,对于社会影响恶劣,但尚未行政处罚、争议较大或者被告已经转移财产的案件,民事责任仍然处于缺位状态。

---

〔33〕 参见汤欣主编:《公共利益与私人诉讼》,北京大学出版社 2009 年版,第 90 页。

（三）私人执法功能的缺位

在美国，私人提起的民事赔偿诉讼是支持证券监管与执法的重要力量，也被称为“私人检察长”制度。与监管机构执法相比，私人民事诉讼的优点在于：投资者受到切身利益的驱动，有充分动力揭露违法行为；投资者人数众多，监督力量相当巨大，能够起到即时监控的作用；成本很低，无须政府资源投入。[34] 同时，完全依赖行政处罚来监管市场也不现实，用于监管的各种资源极为稀缺，执法手段、范围和频率难以应对数千家上市公司及其他市场参与主体的体量。因此，理想的情况是通过民事责任制度发动广大投资者协同监控，充分利用私人执法系统即民事诉讼来惩治违法行为。

但从代表人诉讼的启动要件来看，无论是基于普通代表人诉讼对初步证据的要求，还是特别代表人诉讼的案件遴选范围明确以行政处罚为前置条件，实际已提起的代表人诉讼均以行政处罚为前提，导致代表人诉讼滞后于行政程序，民事赔偿成为行政责任的附属责任，大大限制了通过代表人诉讼鼓励私人执法的功能。一方面原因是，代表人诉讼涉及面广，若无被告违法行为的确凿证据则贸然启动，诉讼风险较高，易造成司法资源的浪费。更深层次的原因是，美国证券集团诉讼的成功除了私人诉讼文化盛行、高额的利益驱动之外，还有与之配套的证据开示和“法庭之友”制度，降低了民事诉讼对有权机关调查结论的依赖。例如，美国证券交易委员会常作为证券民事诉讼中的“法庭之友”提交意见书、参与庭审，对法院进行专业性判断帮助颇大，已经成为投资者能否获得胜诉判决的重要因素。[35] 在我国，专家方面缺少有经验的第三方损失核定机构、审计机构，资质门槛尚未建立，因果关系的核定标准、损失的计算方法并不统一，而证据开示制度的缺失使原告律师很难从被告处有效收集证据，在诉讼法修改的情况下也难以被克服。

综上，原告方在适用代表人诉讼时，不免将代表人诉讼与现存的替

---

〔34〕 参见程啸：《证券市场虚假陈述侵权赔偿损害责任》，人民法院出版社2004年版，第9页。

〔35〕 See Michael J. Kaufman, John M. Wunderlich, *Regressing: The Troubling Dispositive Role of Event Studies in Securities Fraud Litigation*, Stanford Journal of Law, Business & Finance, 2009.

代性诉讼制度之间进行比较,前者在诉讼成本、风险和收费方式等方面不占优势。集团诉讼的默示加入规则虽然在制度借鉴时基于避免利益冲突和滥诉的考虑,被改造为仅投保机构可发起的公益诉讼,形成了"双轨制"的集体诉讼制度,但二者之间的定位存在重叠,同样限制了提起代表人诉讼的动机。此外,收集证据的困难、专家证人的缺乏,使得代表人诉讼无法起到补充公共执法的功能。以上因素的相互作用,限缩了可提起代表人诉讼的案件范围。

四、完善证券集体诉讼的司法对策

经前文分析可知,我国尚处于证券集体诉讼的起步阶段,代表人诉讼目前的程序设计、定位还存在诸多不足之处。需要在实践中进一步探索完善。

(一)建立多层次的救济路径

《证券法》创设中国版证券集体诉讼制度后,我国证券诉讼制度从以单独诉讼为主、制度供给严重不足发展为普通代表人诉讼、特别代表人诉讼、示范判决机制、证券支持诉讼等多元并存的状态,诉讼之外还包括行政调解、专业调解、先行赔付等机制,投资者的维权路径日益拓宽。每种诉讼制度都有自身的特点,适合应对不同类型的群体性纠纷。从美国集团诉讼的设计初衷来看,"退出制"诉讼的优势在于小额分散损害的救济。当损害金额过低时,出于对诉讼成本和收益的衡量,他们参加诉讼的动力往往不够,此时采"退出制"可以迅速扩大集团成员范围、增加集团赔偿总额。同时,由于受害人本身对诉讼是一种漠不关心的态度,由他人代为提起诉讼也并未有太大的损害。因此在美国之外,"退出制"的适用范围基本严格限定在了"侵害数额太小以至于不大可能有人起诉的"群体性案件。即便在美国本土,集团诉讼也并非总是最适当的诉讼方式,需结合案件的具体情况判断。若集团成员在单独诉讼中有重要的利害关系,法院也会考虑拒绝集团诉讼的确认。但我国目前在法院受理证券纠纷时,尚缺乏对诉讼方式"优先性"的比较审查。

比较来看，如果在诉讼预期明确，投资者损失普遍较高的情况下，普通代表人诉讼无疑是最有效率的，投资者有足够动力提起诉讼，一次诉讼就可以解决众多当事人之间的纠纷。反之，如果诉讼预期不明确，被告是否承担责任以及责任主体、损失范围争议较大，则示范判决机制的“试验性”、成本低的优势明显优于代表人诉讼。投资者损失普遍较小，属于小额分散纠纷以致无人主动提起诉讼的，又或者投资者个人难以自行收集证据的，则特别代表人诉讼的公益属性、专业优势及“退出制”能够对应起到集合性救济的效果。此外，对于有一定赔付能力的被告，先行赔付可以避免双方当事人陷入漫长责任认定的司法程序，也可以在诉前优先考虑。基于纠纷类型的多样性，应然状态应是多种诉讼制度并存而非“一家独大”。

(二)重构利润动机和诉讼主导

要真正推动代表人诉讼的常态化实践，还需要进一步研究代表人诉讼内在的利润驱动，其中普通代表人诉讼问题更为突出。首先，律师作为诉讼的主要推动者，必然需要有律师费作为利润动机，律师费的收取方式、具体金额不应限于代表人与律师签订的委托代理合同而归入意思自治范畴，而应由法院根据案件具体情况确定合理的律师费。一方面，需确保律师不能过度谋利，避免律师费远高于投资者能够获得的赔偿，另一方面，需适度鼓励律师主动提起代表人诉讼，使主动提起代表人诉讼的律师获得的利润高于在后诉中“搭便车”的律师，平衡普通代表人诉讼前诉与后诉利益不平衡的矛盾。例如，考虑到当前对原告有利的律师费单向转移规则，即原告胜诉的可以向被告追索律师费，败诉的无须承担被告律师费，以及代表人诉讼的胜诉可以使全体投资者获益，在审查被告应负担的律师费金额时可以不限于代表人诉讼前诉的参加人数和诉讼标的金额，但在执行顺位上，可在执行分配赔偿款完毕后执行律师费，优先保障投资者胜诉利益。此外，在诉讼风险较大的情况下，诉讼费用过高也导致当事人诉讼动力不足。实践中部分投资者仅按 100 元诉讼标的起诉，待损失核定后再调整诉讼请求金额，可以在一定程度上起到缓冲诉讼风险的效果，但该方式不适合人数众多的代表人诉讼。对此，有必要借鉴诉讼费用减免政策。

其次，证券诉讼不仅在外部关系上具有剧烈的对抗性，在内部关系上也各自有特殊利益,共通性争点的诉讼策略可能对一部分投资者有利,对另一部分投资者不利。若律师不是相对独立的角色,则在代表人与其他原告利益冲突时,可能会导致集体利益无法得到充分的保障。因此,集团律师的角色定位不应受限于代表人委托的律师,而应与代表人起到相互制约的作用。对此需要在程序中增加司法对律师适当性的审查,包括审查律师的专业资格、技能、经验和资源以及在以往诉讼中的表现等,以判断律师是否足以代表集体利益。

(三)民事赔偿与行政处罚的协同

诚然,证券民事诉讼的原告为中小投资者,相较于被告而言必然存在举证困难的问题。首先,加强司法机关与监管部门之间的个案协同机制实有必要。最高人民法院、中国证券监督管理委员会联合发布了《关于适用〈最高人民法院关于审理证券市场虚假陈述侵权民事赔偿案件的若干规定〉有关问题的通知》,明确法院可以依法向中国证券监督管理委员会有关部门或者派出机构调查收集有关证据,并可以就诉争虚假陈述行为违反信息披露义务规定情况、对证券交易价格的影响、损失计算等问题征求有关部门的意见,但该通知如何在个案中落地实施尚无案例。其次,有必要赋予投保机构一定的调查权。由投保机构调查取证后,除自身提起特别代表人诉讼外,也可通过支持诉讼方式参与普通代表人诉讼、示范判决机制等。此外,法院在诉讼过程中开具调查令、委托第三方审计等方式,也可降低举证难度。但其中,调查令若要起到类似域外证据开示的强度,有必要对不遵守规定的被告加以合理制裁,而对于第三方审计,可以探索取消费用预交机制,在诉讼结束后再按结果分摊。

(四)诉讼效率与诉讼权利的平衡

代表人诉讼在实际操作中出现若干争议,包括权利人范围裁定的救济、退出权的实际意义、被代表人的权利行使等,归根结底是诉讼效率与诉讼权利之间的平衡问题。

《民事诉讼法》原本的代表人诉讼制度框架在权利保障上相当全面,要求所有可能受到裁判约束的人通过权利登记的方式明确其身份和诉讼请求,且当事人选出代表人后并不完全退出诉讼,仍然享有实体处分权和更换代表人的权利,有利于当事人及时主张权利并密切关注整个诉讼进程,使当事人的权利不易被侵犯。但这种制度设计没有很好地区分共同诉讼与群体诉讼之间的界限,过分强调诉讼自治,大大限制了诉讼效率。因此,尽管《代表人诉讼规定》将代表人权限改进为特别授权,但受制于诉讼代理理论,投保机构对名义上的缺席集团成员也不享有完整的诉讼实施权。笔者认为,对群体性纠纷尤其是当事人较为分散的证券群体性纠纷而言,难以假定所有当事人之间存在合作,加上证券纠纷本身具有相当的复杂程度,通过被代表人逐一行权的个体监督方式效率并不高,而在特别代表人诉讼中当事人全程并不参与诉讼,更难言对代表人的行为进行监督。因此,在一定程度上必须牺牲部分程序要求为代价以提高诉讼效率,这部分当事人的权利保障可以通过加强法院司法审查权来实现。具体而言,一是对诉讼集团的拟制,对权利人范围的认定应不限于已有案件的当事人提出的诉讼主张,而应就案件具体情况作出全面审查,被排除集团之外的投资者享有单独诉权;二是加强共通性争点整体诉讼策略利益冲突的审查,如损失计算方法的主张等,应遵循集体最佳利益,不适用当事人自认,避免代表人从中获益;三是加强以“通知 + 退出权”为核心的权利保障机制,确保通知的有效性,通过赋予单独诉权保障缺席原告的利益。

（编辑:张　越　姜沅伯）

《证券法苑》(2025)
第四十二卷,第74~96页

我国证券普通代表人诉讼的实践检视与制度完善*

肖　宇**　张　茜***

摘要:证券普通代表人诉讼是我国证券诉讼体系中重要的一环,有助于高效集约地解决证券群体性纠纷,便利投资人获得司法救济,并起到一定的威慑作用。通过调研发现,普通代表人诉讼启动率不高,当事人采用该制度的积极性并不高。可以考虑通过优化律师费的认定与支付机制、完善法官考评机制、增加诉讼费用优惠政策等,增强对各方主体的诉讼激励。应取消普通代表人诉讼作为启动特别代表人诉讼的前置程序。另外,投资者保护机构可以在客观需要的情形下,发挥其专业性和公益性参加普通代表人诉讼。

关键词:普通代表人诉讼　特别代表人诉讼　诉讼激励　投保机构

---

* 本文系国家社科基金课题"证券发行注册制改革法律实施机制研究"(20BFX130)的阶段性成果。

** 华东政法大学国际金融法律学院教授,法学博士。

*** 华东政法大学国际金融法律学院硕士研究生。

一、引言

2019年《证券法》使得证券纠纷代表人诉讼制度正式落地，第95条层层递进，分别规定了人数确定的普通代表人诉讼、“明示加入”的人数不确定的普通代表人诉讼以及“默示加入”的特别代表人诉讼制度。2019年《证券法》实施后，上海金融法院、深圳市中级人民法院也分别出台了关于代表人诉讼的指引性规定，对制度实施进行探索性尝试。2020年7月，最高人民法院针对代表人诉讼制度出台了《关于证券纠纷代表人诉讼若干问题的规定》（以下简称《代表人诉讼规定》），进一步细化了代表人诉讼的程序规定，为司法实践提供了具体指引。当前我国正处于资本市场的深化发展及转型阶段，因证券市场违法违规行为引起的群体性纠纷日益增多、矛盾日趋尖锐，证券纠纷代表人诉讼制度的出台契合了我国现阶段优化制度供给的新需要，为高效解决群体纠纷、促进证券诉讼的集约化和经济化提供了新路径。2019年《证券法》实施以来，诉讼实践中也相继出现了“五洋债”案、“飞乐音响”案、“乐视网”案等证券代表人诉讼的成功案例。

当前，我国形成了多层次证券诉讼体系，包含特别代表人诉讼、普通代表人诉讼、示范判决、律师征集诉讼等多种形式，每种形式有其适用的范围与功能特点，如特别代表人诉讼的核心功能是威慑，由于赔偿的投资者人数众多，金额巨大，“退出制”的集团诉讼需要持续提起，但每年不可能太多。[1] 普通代表人诉讼沿袭了《民事诉讼法》上人数不确定的代表人诉讼制度，与投资者的单独诉讼和律师征集诉讼相比，投资者的“加入制”能扩大参与诉讼的投资者范围，实现一次性解决集体纠纷的效果，降低投资者的维权成本，有一定的威慑作用，是我国多层次证券诉讼体系的重要一环。但普通代表人诉讼在实践中的运行并不顺利，有制度内生的困境，也因相关主体的激励机制没有理顺，需要检

〔1〕 参见肖宇：《中国特色证券特别代表人诉讼制度的功能实现》，载《清华法学》2024年第6期。

视产生困境的原因,并根据该制度的功能定位,完善制度设计,发挥代表人诉讼制度应有的作用。

二、普通代表人诉讼的发展历程与在我国的实践

(一)证券群体纠纷解决机制的发展历程

20世纪后期随着经济社会的发展,损害多数人利益的案件不断增加,基于解决该种群体性纠纷的现实需求,各国和地区纷纷开始探索适用群体诉讼模式,其中集团诉讼最为典型,包括以英国为代表的加入制集团诉讼和以美国为代表的退出制集团诉讼。此外,以德国为代表的团体诉讼和以日本为代表的选定当事人制度也在制度借鉴中发挥了独特作用。

集团诉讼发源于17~18世纪的英国衡平法,20世纪末,作为加入制集团诉讼的代表性国家,英国对集团诉讼制度进行改革,但由于仍面临既判力规则模糊、[2]个体参诉成本高以及被告无法在一次诉讼中解决所有索赔等程序障碍和经济风险,[3]英国集团诉讼的效果不彰。1938年,美国制定《联邦民事诉讼规则》引入集团诉讼制度,并于1966年修改该法,增加"选择退出"规则,确立了不同于英国的退出制集团诉讼。"选择退出"规则结合美国广泛采用的律师胜诉酬金制度,使得美国集团诉讼的规模暴涨,且在证券领域不断扩张。[4] 美国证券集团诉讼的典型特征是律师推动与和解结案为主,这两点既是集团诉讼威力巨大、广泛适用的优势的根源所在,也带来了滥诉与"和解勾结"的弊端。[5]

---

〔2〕 参见肖建华、杨恩乾:《论集团诉讼中的既判力问题——美国和巴西立法经验的分析及借鉴》,载《政法论丛》2011年第1期。

〔3〕 参见章武生:《我国证券集团诉讼的模式选择与制度重构》,载《中国法学》2017年第2期。

〔4〕 参见郭雳:《美国证券集团诉讼的制度反思》,载《北大法律评论》2009年第2期。

〔5〕 参见张巍:《美式股东集团诉讼问题与矛盾》,载郭文英主编:《投资者》第10辑,法律出版社2020年版,第169-170页。

团体诉讼是在欧洲广泛存在的一种群体性纠纷解决制度，其特点在于诉讼的提起主体是受害人以外的第三人，例如公益团体或行政机关。德国团体诉讼的发展尤为突出，但其适用局限于反不正当竞争、消费者保护等领域。〔6〕 我国台湾地区受德国影响，将团体诉讼制度扩展适用到证券民事损害赔偿诉讼，形成“加入制”团体诉讼模式，并赋予证券投资人及期货交易保护中心（以下简称投保中心）原告资格。而为了解决证券领域的群体性纠纷，德国设立了示范性诉讼制度，通过先行对示范案件进行审理，确认并裁决关键问题，然后在此基础上具体解决各个平行案件。我国现行的示范诉讼机制即借鉴了这一制度。

选定当事人制度由日本独创，实质是在任意的诉讼担当理论基础上扩大了共同诉讼制度的适用。有共同利益的多数人可以选定其中一人或数人为全体利益作为原告或被告，其余的人则退出诉讼，判决的效力及于全体当事人。〔7〕 部分学者认为我国《民事诉讼法》中人数确定和人数不确定的两种代表人诉讼制度分别借鉴了日本的选定当事人制度和美国的集团诉讼，并构成了当时的主流观点。但从制度实质考虑，我国人数不确定的代表人诉讼与日本的选定当事人制度更为接近。〔8〕

自 1991 年《民事诉讼法》引入人数不确定的代表人诉讼制度后，立法者就未对该制度作出修改，人数不确定的代表人诉讼制度在实践中也几乎未能得到适用。直到 2019 年《证券法》修订和《代表人诉讼规定》的施行，证券纠纷代表人诉讼制度落地。不同于融合德国团体诉讼和美国集团诉讼制度元素的特别代表人诉讼，〔9〕普通代表人诉讼总体上承继了《民事诉讼法》中代表人诉讼的原有规定及法理。

（二）普通代表人诉讼的实践情况

笔者通过收集法院公告、相关新闻报道等公开材料，整理汇总了目前我国普通代表人诉讼的司法实践情况，具体信息如表 1 所示：

---

〔6〕 参见吴泽勇：《群体性纠纷解决机制的建构原理》，载《法学家》2010 年第 5 期。

〔7〕 参见张莹、冀宗儒：《民事诉讼代表人制度中诉讼当事人制度论》，载《河北法学》2020 年第 5 期。

〔8〕 参见章武生、杨严炎：《我国群体诉讼的立法与司法实践》，载《法学研究》2007 年第 2 期。

〔9〕 参见汤维建：《中国式证券集团诉讼研究》，载《法学杂志》2020 年第 12 期。

表1 我国普通代表人诉讼的司法实践情况

案件简称	案件进展	原告人数	被告(拟)承担数额/元*	权利登记公告之日	生效判决作出之日
五洋债	二审终审驳回再审	487	7.4亿	2020年3月13日	2021年9月
澄星股份	一审审理中	337	6426万	2020年5月8日	
蓝丰生化	二审终审	163	1853万	2020年5月8日	2025年1月
怡球资源	一审审理中	110	—	2020年5月8日	
辉丰股份	二审终审	230	8719万	2020年5月9日	2024年10月
飞乐音响	二审终审	315	1.23亿	2020年9月28日	2021年5月
中创环保	发回重审中	257	5521万	2021年4月2日	
乐视网	二审中	2000	20.4亿	2021年9月30日	
安妮股份	二审中	995	1.59亿	2022年9月5日	
龙力退	一审审理中	1628	9.1亿	2022年4月24日	
天润数娱	一审审理中	794	—	2024年3月27日	
智汇未来	一审审理中	109	—	2024年3月27日	
宜通世纪	一审审理中	—	—	2024年11月18日	
康得新	已确定权利人范围	—		—	
广西能源	权利人登记中	—		2024年12月31日	
东旭光电	已受理				

注:表内为截至2025年1月20日普通代表人诉讼实践情况的最新数据。
* 未作出生效判决案件中的被告拟承担数额为民事起诉状中原告投资者主张的数额。

1. 案例数据特点

由表1可知,普通代表人诉讼原告人数范围可大可小,我国目前启动的普通代表人诉讼中,原告人数从百余人至千余人不等。相比单一诉讼案件,它能够承载的原告数量更多,契合资本市场群体性纠纷多发的特点;相比动辄上万名原告的特别代表人诉讼,它的体量则相对较小,适用也更为灵活。同时,若以时间为轴纵向观察,可以发现,整体而言原告人数呈上升趋势,这说明随着普通代表人诉讼案件的实践增加,市场对该种诉讼的认识也更为全面,有更多的投资者愿意通过加入普通代表人诉讼的方式来行使法律赋予的权利、维护自己的利益,中小投资者依法维权的意愿越来越强。

以公开披露的案件数据为基础,分析普通代表人诉讼的启动时间(以法院发布权利登记公告之日为准)可以发现,《证券法》颁布后,关于普通代表人诉讼的制度实践整体数量偏少。相比示范诉讼、调解等其他群体性证券侵权民事纠纷案件的解决机制,我国现有的证券纠纷普通代表人诉讼实践尚带有探索和试点色彩,普通代表人诉讼的可持续发展在实然层面仍存在一定的障碍。

2. 典型案例概况

从案件具体情况来看,目前我国采用普通代表人诉讼程序审理的证券侵权纠纷案件共有10余起,均为虚假陈述纠纷,其中有5起案件法院已作出终审判决。

“五洋债”案是首例公司债券虚假陈述普通代表人诉讼案,该案发生在《代表人诉讼规定》出台前,杭州市中级人民法院在没有实施细则指引的情况下,将大量的单独诉讼整合起来,适用代表人诉讼程序审理该案并作出判决。杭州市中级人民法院自2018年9月起即受理了多起投资者诉五洋债虚假陈述责任人的证券纠纷案件,考虑到系列案件诉讼标的为同一种类、原告人数众多且不能确定,符合代表人诉讼的适用条件,法院在“人民法院报”上发出公告,通知相关权利人在“浙江证券期货纠纷智能化解平台”上登记,通过“公告—审查”的传统民事诉讼法模式确定权利人范围,开展诉讼。[10] 从结果上来看,“五洋债”案的实体判决意义远超过其程序价值,但代表人诉讼在该案中的实践无疑是一次成功且有益的尝试。

“飞乐音响”案则是《代表人诉讼规定》出台后证券纠纷普通代表人诉讼第一案,标志证券纠纷普通代表人诉讼案件的正式落地,由上海金

〔10〕 参见杭州市中级人民法院:《“15五洋债”“15五洋02”债券自然人投资者诉五洋建设集团股份有限公司等人证券虚假陈述责任纠纷系列案件公告》,载《人民法院报》2020年3月13日,第8版。

融法院受理并作出一审判决,上诉后由上海市高级人民法院作出终审判决。该案完全依照司法解释规定的法定程序进行,上海金融法院通过“裁定—公告”模式通知适格投资者,借助“代表人诉讼在线平台”完成登记工作。[11] 此外,该案判决书中将赔偿计算方法载入判决主文,通过生效判决书既判力扩张的效力,为未登记的投资者将来行权扫清障碍,有力地提高了诉讼效率、降低投资者维权成本,颇具积极意义。[12] 该起普通代表人诉讼结案后,法院又通过裁定适用生效裁判和另行裁判的方式,确保涉及该案的2000多名投资者获得足额赔付共3.29亿元。[13]

2020年5月,南京市中级人民法院发布了“辉丰股份”“澄星股份”“蓝丰生化”“怡球资源”4起上市公司虚假陈述纠纷案件的权利登记公告,正式启动证券纠纷代表人诉讼试点工作。作为江苏省首例普通代表人诉讼案,“辉丰股份”案已作出生效判决,该案也是中证中小投资者服务中心(以下简称投服中心)参与的首例普通代表人诉讼。投服中心委派公益律师支持投资者起诉,并支持其中一位投资者成为诉讼代表人代表众多原告进行诉讼。此外,法院还委托中国证券投资者保护基金有限责任公司(以下简称投保基金)负责测算原告损失金额等多项费用,[14] 充分发挥了投资者保护机构(以下简称投保机构)在普通代表人诉讼中的作用,为后续投保机构参与代表人诉讼制度提供了示范和参考。

(三)普通代表人诉讼的适用困境

根据《代表人诉讼规定》的规定,证券纠纷代表人诉讼主要适用于证券市场虚假陈述、内幕交易、操纵市场等案件。司法解释还放宽了提起代表人诉讼的前置条件,原告仅需提交能够证明证券侵权事实的初步证据即可起诉,包括被告自认材料(主要包括发行人对虚假陈述等行为

---

〔11〕 参见上海金融法院:《“飞乐音响代表人诉讼案”权利登记公告》,载上海金融法院投资者司法保护综合平台,http://www.shjrfy.gov.cn/jrfy/gweb/tzzsfbh/xxnr_view.jsp? pa = aaWQ9NTc2MwPdcssPdcssz,2024年2月1日访问。

〔12〕 参见陈杭平:《“合众为一”:代表人诉讼判决效力论》,载《法学评论》2024年第2期。

〔13〕 参见胡蝶飞:《孙倩:让中小投资者被看见,被听到》,载《上海法治报》2024年6月5日,第1版。

〔14〕 参见《投服中心参与的首例普通代表人诉讼一审胜诉》,载中国投资者网,https://www.investor.org.cn/rights_interests_protection/rights_protection_service/methods_channels/202107/t20210722_500807.shtml,2024年1月7日访问。

的相关更正公告、承认实施了虚假陈述等行为的声明等[15])、证券交易场所的纪律处分或自律管理措施等,不以行政处罚或刑事判决为必要前提。随着最高人民法院《关于审理证券市场虚假陈述侵权民事赔偿案件的若干规定》对虚假陈述案件的前置程序完全取消,代表人诉讼案件的适用范围也进一步解开限制。

尽管司法解释对可诉案件范围进行了扩大,且纪律处分、自律管理措施和被告自认材料等符合初步证据要求的公告、决定数量庞大,[16]但从市场实际情况来看,这些材料涉及的不当行为往往情节较为轻微,对股价的影响较小,投资者诉诸法院或原告胜诉的可能性较小。因此,潜在诉讼的样本范围仍然主要集中于中国证券监督管理委员会及各地证监局的行政处罚决定、监管措施以及刑事判决书。随着近年来监管部门对上市公司证券违法行为监管的进一步加强,针对虚假陈述、内幕交易、操纵市场等行为作出的行政处罚和监管措施数量不断攀升,可诉的案件数量也在逐年增加。相比之下,普通代表人诉讼案件在5年内仅审结5起案件,面对大量潜在的证券纠纷和越来越多投资者寻求救济的主张,普通代表人诉讼制度却未能像示范诉讼那样获得普遍适用,部分原因可能在于其他群体性纠纷解决机制的兴起分散了制度需求,但归根结底,仍应从制度本身着手分析普通代表人诉讼制度未能顺应现实需要反而开展困难的原因。

三、普通代表人诉讼适用难的原因分析

《证券法》上的普通代表人诉讼制度直接沿袭了我国《民事诉讼法》第55—57条的规定,事实上,在证券纠纷代表人诉讼制度正式确立前,民事诉讼法上人数不确定的代表人诉讼制度一直处于"休眠"状态,未

〔15〕 参见林文学、付金联、李伟等:《〈关于证券纠纷代表人诉讼若干问题的规定〉的理解与适用》,载《人民司法》2020年第28期。

〔16〕 参见徐文鸣:《民事责任能威慑证券市场违法行为吗——基于证券代表人诉讼判决的准自然实验》,载《广东财经大学学报》2022年第2期。

能发挥其实际效用。学者研究认为,制度借鉴的语境偏差、[17]司法资源的有限性、[18]具体程序性规范的缺失和规则设计的粗疏均构成了制度虚置的原因。在多层次资本市场建立、审判能力不断成熟的当下,上述历史原因已随之湮灭,但普通代表人诉讼的实践仍步伐缓慢,原因何在?证券群体纠纷内生地存在集体行动困境,这是普通代表人诉讼在实践中难以广泛适用的根源。理论上而言,解决集体行动问题的关键在于提供"选择性激励",但现有制度中对原告律师、投资者甚至法官的激励不足,导致这些本该积极推动诉讼的群体失去了动力;而对于普通代表人诉讼与特别代表人诉讼二者体系关系的认识偏差,又进一步加剧了启动诉讼的潜在成本和风险。

(一)证券群体诉讼中的集体行动困境

奥尔森指出,在集体中,一个有理性和寻求自利的个体不会采取行动以实现共同的或集体的利益,即便这能够推动实现集体目标并使个体获利。从个人的理性主义出发,个人行动的收益将被分割给集体成员,远远抵不上为之行动付出的成本。[19] 集体行动困境始终是证券群体诉讼面临的重要难题,诉讼中部分当事人采取行动而无法排除他人"搭便车",最终导致部分当事人行动的积极性降低,没有人采取任何有利于集体的行动。[20] 证券侵权纠纷有着显著的"小额多数"的特点,一家上市公司的违法违规行为可能会导致数千名或上万名中小投资者的利益受损,尽管投资者的索赔数额总和惊人,但对于分散的单个投资者而言,起诉意味着巨大的诉讼成本和有限的个人收益,[21]基于成本与收益匹配的考量,投资者提起证券民事诉讼的积极性降低,不愿意采取有利于集体的行动。因此,在证券侵权纠纷中,受损投资者往往囿于集体行动困境,难以联合起来提起诉讼。

---

〔17〕 参见吴英姿:《代表人诉讼制度设计缺陷》,载《法学家》2009 年第 2 期。

〔18〕 参见王福华:《代表人诉讼之替代改革》,载《上海交通大学学报(哲学社会科学版)》2006 年第 5 期。

〔19〕 参见[美]曼瑟尔·奥尔森:《集体行动的逻辑》,陈郁、郭宇峰、李宗新译,格致出版社、上海人民出版社 2014 年版,第 2 页。

〔20〕 参见李激汉:《证券民事赔偿诉讼方式的立法路径探讨》,载《法学》2018 年第 3 期。

〔21〕 参见徐明:《证券民事赔偿优先的逻辑、现状与发展》,载《法律适用》2024 年第 10 期。

为了解决证券群体纠纷中的集体行动困境,一种方案是学习美国集团诉讼制度,采取对集团律师"胜诉酬金"的激励机制,但事实证明这种激励机制带来了巨大的滥诉风波以及代理律师和原告投资者之间的利益冲突问题;另一种方案是创制其他替代性机制,如德国的投资者示范诉讼制度、我国台湾地区的证券团体诉讼制度,由法院或公益机构行使诉讼实施权,但这同样会引发新的"代理问题"。特别代表人诉讼是典型的通过替代性措施破解集体行动困境的尝试,由法定的投保机构推动代表人诉讼,特别代表人诉讼的公益性消解了利益冲突产生的龃龉,专业性则能为方案的公信力背书,尤其是"默示加入、明示退出"的制度设计,大大提高了诉讼效率,降低投资者参加诉讼的诉讼成本。可以说,在特别代表人诉讼中,因为投保机构这个特别代表人的存在和发挥作用,集体行动困境已解决,但特别代表人诉讼的适用范围有限,提起的数量不会太多。相较而言,普通代表人诉讼制度仍然是自发组织的群体选择代表的机制,带有"直接民主"特征,受到法院主导,〔22〕这意味着证券群体纠纷所面临的集体行动问题在普通代表人诉讼中仍未消弭。

(二)制度激励缺失引发的适用难题

证券纠纷中受损投资者一般人员规模庞大且地域分布广泛,针对证券侵权行为进行起诉时,面临集体行动困境,解决该问题的一般方法即为"选择性激励",即在某些方面对集体的部分成员予以激励,提高成员发动诉讼的积极性。而在我国,从律师、法院和投资者的角度来看,普通代表人诉讼的制度激励均存在明显不足。〔23〕

1. 有限律师报酬制约了普通代表人诉讼市场的扩展

由于普通代表人诉讼起诉时原告人数不确定的程序特点,律师仅和部分或者单个原告之间存在委托代理关系,基于合同的相对性,也就只能向委托人请求支付律师费。从诉讼实际而言,尽管委托关系有限,但

---

〔22〕 参见邓峰:《代表人诉讼下的集体行动困境和专业化解决方案》,载中国投资者网,https://www.investor.org.cn/information_release/market_news/202307/t20230720_686244.shtml。

〔23〕 参见秦拓、罗娜:《示范诉讼:现实选择与程序完善》,载郭锋主编:《证券法律评论》2021 年卷,中国法制出版社 2021 年版。

作为诉讼代表人的代理律师,实际上负担了全体登记原告的代理职责。[24] 在此情形下,律师能否获得与其付出的劳动相适应的工作报酬,成为其开展工作积极性的重要考量因素。

《代表人诉讼规定》确立了普通代表人诉讼中的律师费转付机制,第25条规定"代表人请求败诉的被告赔偿合理的公告费、通知费、律师费等费用的,人民法院应当予以支持"。因此,在普通代表人诉讼中,若被告败诉,原告主张其赔付律师费,法院会在合理数额内予以支持。目前我国已作出判决的普通代表人诉讼案件中,有4起案件对律师费用作出了安排,但尚未形成有约束力的通行做法,费用的合理性也有待商榷。"五洋债"案中,原告主张被告应按照4名原告实际承担的律师费支付31万元,法院最终酌定以每人2000元的标准确定合理律师费用,判决被告赔付律师费共计11万元(按该标准律师费总额应为97.4万元,但并非每个原告均获得了律师费的赔付,最终金额有所酌减)。[25] "飞乐音响"案参考了"五洋债"案律师费的测算方法,原告主张采用风险代理,按照法院认定赔偿金额的15%支付律师费用,法院最终按照每名原告3000元的标准判决支付律师费94.5万元。[26] "辉丰股份"案中,由于仅有一名原告代表人提出5万元律师费的诉请,一审法院最终判决支持其3万元的律师费主张。[27] "安妮股份"案中,一审法院判决被告支付公告费、通知费及律师费等费用共计99.5万元,但该案截至作者撰文尚在二审中,无法确定该判项能否被维持。在其余的两起案件——"乐视网"案和"中创环保"案中,原告则并未主张律师费,从现有能够检索到的公开内容来看,判决书中均未对此问题有所阐述。

现有案例中存在的问题主要体现为两方面:其一,法院判决支持的

---

〔24〕 参见彭冰:《证券特别代表人诉讼第一案述评——关于康美药业虚假陈述案的程序性分析》,载《金融法苑》2022年第1期。

〔25〕 杭州市中级人民法院:王某等与五洋建设集团股份有限公司、陈某樟证券虚假陈述责任纠纷一审民事判决书,案号:(2020)浙01民初1691号,2020年12月31日。

〔26〕 上海金融法院:丁某春等诉上海飞乐音响股份有限公司证券虚假陈述责任纠纷一审民事判决书,案号:(2020)沪74民初2402号,2021年5月11日。

〔27〕 参见投服中心:《证券纠纷代表人诉讼之合理费用》,载微信公众号"投服中心",https://mp.weixin.qq.com/s/NchX50_GEcL91YwNReQGzw,2024年2月2日访问。

"合理律师费用"数额标准模糊、参考因素不一,且低于律师的预期薪酬。原告律师费采用风险代理机制,可能是认为支持该种费用机制会产生美国集团诉讼"胜诉酬金"的效果,法院指出被告不受风险代理合同的约束,对该计算方法明确不予采纳,酌情从案件繁简、工作量、平均赔偿金额等角度确定了律师费用。原告律师费采用普通代理机制,各法院则分别考虑了各原告律师费的实际支出情况以及原告人数、律师工作量、律师工作成本等综合因素。几起案件中最终判决的律师费用相差极大,但关于费用的合理性,法院没有作出单独说明。事实上,法院所确认的数额低于原告律师有动力发起诉讼的薪酬(如判决书提及的赔偿金额的15%)。法院对律师费用的判决数额无疑会影响当事人对聘请律师费用的预估,若法院仅对律师费用作象征性的支持,律师代理此类案件的心理预期与积极性将大打折扣。其二,更现实的是,由于前期征集投资者的律师大多数并不能成为代表人律师参与诉讼,而这部分律师的报酬无法在判决中得到确认和保障,因此,基于自身利益导向,有相当部分的原告律师征集投资者后,并未加入普通代表人诉讼,而是选择单独提起诉讼,从而确保自身的律师费用能够得到支持。以"飞乐音响"案为例,据上海金融法院统计,普通代表人诉讼案件生效后,另有1700余名投资者通过个案起诉的方式获赔约2.06亿元。[28] 基于证券诉讼的高度专业性与复杂性,加入普通代表人诉讼与否,更多是代理律师基于自身利益的选择而非投资者的直接意愿。

2. 当前的量化考核机制影响法院启动该类诉讼的积极性

2021年最高人民法院出台《关于加强和完善法官考核工作的指导意见》(以下简称《考核意见》),规定对于法官业绩的考核,"主要围绕办案数量、办案质量、办案效率和办案效果等四个方面设置指标"。各级法院通过设置考核指标,量化法官办案业绩,形成了一套复杂的法官绩效考评制度。但在现实应用中,由于实践的多样性与复杂性,指标内容和案件权重计算设置很难顺应各类案件以及新型案件,使得量化考核机制

[28] 参见黄一峰:《3.29亿!超2000名投资者获赔》,载微信公众号"上海金融法院",https://mp.weixin.qq.com/s/ihLkZct9y-oqgxO7qtTTnA,2025年1月19日访问。

未能发挥其应有作用，反而在一定程度上影响了审判执行工作。[29]

以办案数量和效率指标为例，对于办案数量的考察，以审结案件数量为基础标准，针对办案效率的考察，则将结案率作为关键要素。但是，法院关于指标内容的设置对不同业务领域案件之间的客观差异考虑不足，[30]而量化考评机制又直接影响了法官对案件处理方式的考虑。普通代表人诉讼案件涉及群体纠纷，原告人数众多且不确定，程序也更加复杂。在结案数量指标下，采用普通代表人诉讼方式和采用示范判决诉讼方式解决纠纷无疑有重大差别；而在结案效率指标下，普通代表人诉讼也不占优势，规模庞大的当事人意味着协调原告方内部利益、审查海量诉讼材料等工作将会占用大量审判时间，导致审判周期大大延长，影响法官的结案率。诚然，普通代表人诉讼通过集中处理当事人人数众多的共同诉讼案件，一次性解决纠纷，实现了节约成本和保持判决一致性的目的。但是，普通代表人诉讼在减少案件数量的同时也增加了程序的复杂性。[31] 因此，从法官角度出发，长期持续推动普通代表人诉讼适用的动力不足。另外，代表人诉讼整合了大量潜在的单个诉讼，使得法院的案件量减少，法院的考核也受到影响。

3. 高额诉讼费用影响投资者的起诉意愿

诉讼费用会影响投资者提起代表人诉讼的意愿，若诉讼成本过高，受侵害者就可能放弃选择此种方式维权；诉讼成本过低，则有可能发生滥诉风险。我国民事诉讼程序中的诉讼费用主要包括案件受理费、保全费、案件鉴定费、通知费等。根据《最高人民法院关于适用〈中华人民共和国民事诉讼法〉的解释》（2022 年修正）[32]和《代表人诉讼规定》的规定，人数不确定的普通代表人诉讼与特别代表人诉讼都可以不预交案件

[29] 参见祖鹏、王艳华：《对法官办案业绩量化考核制度的检视与反思》，载《法律适用》2023 年第 2 期。

[30] 参见上海市第一中级人民法院课题组、黄祥青：《审判绩效考核与管理问题研究》，载《中国应用法学》2019 年第 3 期。

[31] 参见[日]谷口安平：《程序的正义与诉讼》，王亚新、刘荣军译，中国政法大学出版社 1996 年版，第 180 - 181 页。

[32] 《最高人民法院关于适用〈中华人民共和国民事诉讼法〉的解释》（2022 年修正）第 194 条规定：依照《民事诉讼法》第 57 条审理的案件不预交案件受理费，结案后按照诉讼标的额由败诉方交纳。

受理费。进一步对比两部司法解释,可发现《代表人诉讼规定》为特别代表人诉讼提供了更大的诉讼费用优惠,包括"败诉或部分败诉的原告可申请减交或免交诉讼费的,人民法院应当依照《诉讼费用交纳办法》的规定,视原告的经济状况和案件的审理情况是否准许""投保机构作为代表人在诉讼中申请财产保全的,人民法院可以不要求提供担保"。《代表人诉讼规定》中关于特别代表人诉讼费用减免的例外性规定,进行了有意义的制度创新,充分考虑了投保机构的支付能力,体现了强烈的公益性质。

然而,相比之下,普通代表人诉讼败诉后的损失风险也就显著增加了,因此实践中投资者更希望投服中心提起特别代表人诉讼而非由自己参与普通代表人诉讼。一旦普通代表人诉讼中原告投资者败诉,案件受理费就由提起诉讼的投资者承担,这使得本就承受损失的投资者不得不谨慎权衡是否参与诉讼,这在实践中遏制了投资者提起普通代表人诉讼的积极性。当诉讼费用的优惠机制只有少部分案件中的投资者能够享受时,它的激励效果就会打折扣。当大额诉讼标的额对应败诉后需承担的高昂诉讼费用,这种诉讼风险和压力自然会影响普通中小投资者起诉的意愿。

(三)普通代表人诉讼前置带来的潜在诉讼成本

《证券法》颁布后,学界对普通代表人诉讼与特别代表人诉讼之间是递进、并行还是排斥关系的问题进行了讨论。从法条文义来看,《证券法》第95条第3款使用"参加"而非"提起",《代表人诉讼规定》细化规定了投保机构参与诉讼的程序,未明确投保机构有权主动启动特别代表人诉讼,因此,普通代表人诉讼与特别代表人诉讼之间应为递进关系,投保机构一般仅能在已有投资者提起普通代表人诉讼的情形下参与诉讼。[33]

理论上而言,这种特别代表人诉讼一经启动即吸收或取代原普通代表人诉讼的安排带来的问题在于,已经有一定进展的普通代表人诉讼均有可能被转化为特别代表人诉讼,而一旦投保机构全面接手案件,前期

〔33〕 参见最高人民法院民事审判第二庭编著:《最高人民法院证券纠纷代表人诉讼司法解释理解与适用》,人民法院出版社2021年版,第187页。

介入普通代表人诉讼中的原告律师就面临前功尽弃的风险,由此导致原告律师率先启动普通代表人诉讼的积极性降低。[34] 但目前我国实践中,对于有望启动特别代表人诉讼的案件,投保机构在普通代表人诉讼阶段就接手并主导了案件,以此确保诉讼程序的顺利转化和衔接,降低不必要的风险和时间成本,在事实层面化解了上述问题。但不可否认的是,相比于并行的制度安排,要求特别代表人诉讼以普通代表人诉讼为前置程序,会使得原告律师缺乏主动提起普通代表人诉讼的动力,不利于普通代表人诉讼制度的独立发展,在制度层面仍有优化的空间。

综上所述,现有的代表人诉讼制度仍存在部分细节性瑕疵,使得启动普通代表人诉讼的关键主体动力缺失。针对普通代表人诉讼的适用难问题:一方面,应当承认该种诉讼形式的局限性,正确看待普通代表人诉讼在证券诉讼体系中的位置,普通代表人诉讼应与其他证券纠纷解决方式发挥合力而非取而代之。另一方面,可通过多种途径完善现有制度:一是有针对性地弥补制度疏漏,加大选择性激励的力度;二是推动替代性措施发挥作用,引入投保机构在特定条件下参与普通代表人诉讼的并行机制,破解私人执法困境,多措并举推动普通代表人诉讼发挥应有效能。

四、普通代表人诉讼制度的完善:激励与效率的视角

(一)建立提起普通代表人诉讼的激励机制

1. 完善律师费用支付机制

从法经济学的视角来看,可通过律师费来影响纠纷成本,促使纠纷解决。要求败诉的证券侵权行为人承担对方的律师费用,在增加侵权方行为成本的同时也降低了受害者的维权成本,既有利于遏制不法行为,也有助于鼓励受害者积极维权。[35] 在普通代表人诉讼中,真正能够激

---

〔34〕 参见陈洁:《证券纠纷代表人诉讼制度的立法理念与制度创新》,载《人民司法》2020年第28期。

〔35〕 参见刘东华:《论律师费用分配机制在纠纷解决中的作用——国外实践与立法的经验式研究概述》,载《中国社会科学院研究生院学报》2013年第3期。

励律师组织并发起诉讼、协助投资者维护权益的,是原告律师在胜诉后获得的律师费用。因为受损的中小投资者几乎无力付出高昂律师费聘请代理律师,而诉讼的可持续性提起不能仅仅依靠律师的"企业家精神"[36],或是法律服务业拓展业务、扩大社会影响力的尝试,[37]更应当引入市场化机制,有针对性地解决目前我国律师费确定标准模糊的问题。

法院应明确合理律师费用的确定标准。可根据审判经验,列明酌定支持律师费用转付数额的考虑依据,将当地律师收费的一般标准或指导价格、原告诉讼请求被判决支持的情况、律师进行诉讼代理的实际成本等因素纳入考量范围,由法院根据公平原则经审查释明后确定被告应承担的合理的原告律师费用。[38] 考虑到该类案件一般争议标的额巨大,不应完全按照风险代理费的收费标准,否则会给被告带来不合理的赔付压力。在确定合理律师费用标准时,应将原告聘请律师所产生的差旅费、调查取证费用、参与诉讼费等律师工作成本作为必要支出,原告人数、律师工作量、案件复杂程度作为重要考量因素,由法院在具体案件中行使自由裁量权酌定被告最终承担的数额和比例。

2. 改良法官考评机制

构建科学合理的法官绩效考评指标体系,有助于提升法院审判工作质效,也为普通代表人诉讼制度适用突破瓶颈。具体可从以下几个方面予以开展:第一,调整、优化量化指标体系,以《考核意见》为指导细化标准、合理赋分。例如,在计算结案数量的同时,综合考虑案件类型、审判程序等因素评估案件的繁简难易程度,合理设置案件权重系数,科学评价不同业务条线、不同岗位法官的实际办案工作量。考虑到普通代表人诉讼一般涉及相关方较多,且案件处理复杂,因此可以增加普通代表人诉讼权重,或者对普通代表人诉讼案件数量的计算方法进行一定比例的

〔36〕 参见黄辉:《中国证券虚假陈述民事赔偿制度:实证分析与政策建议》,载黄红元、徐明主编:《证券法苑》第 9 卷,法律出版社 2013 年版。

〔37〕 参见刘君博:《"双轨制"证券纠纷代表人诉讼的阶段化重构》,载《西南民族大学学报(人文社会科学版)》2021 年第 11 期。

〔38〕 参见段贞锋:《论我国律师费转付制度的构建》,载《南京航空航天大学学报(社会科学版)》2019 年第 3 期。

调整。第二,综合应用评估方法,注重定量评估与定性评估相结合,采用量化赋分为主、定性赋分为辅的方式进行法官考核。〔39〕量化指标体系固然在评价机制中有不可替代的重要作用,但也应认识到,完全依赖量化评价得到的结果可能存在误差,在定量分析的过程中辅以定性分析,能够使得案件质量具有真正意义上的可比性。〔40〕普通代表人诉讼在诉讼体量、诉讼程序等各方面的特殊性,均可以在考核时辅以一定的定性评估,使普通代表人诉讼更好地适应量化评估为主的考核机制。通过上述措施,使得普通代表人诉讼的工作量在法官工作考评机制中得到公平的对待,缓解法官的工作压力,使普通代表人诉讼能够更加顺畅地得以实施。

3. 调整诉讼费用交纳机制

为激励投资者参加诉讼而对诉讼费用作出特殊安排有一定的先例。例如,德国的示范诉讼制度,就原被告、诉讼参与人在示范诉讼中发生的费用合并计入所有的平行诉讼当中并按份额分摊,〔41〕因此,示范诉讼的案件受理费无须单独交纳,按其求偿所占所有平行诉讼的诉请总额比例计算即可。在我国台湾地区的团体诉讼制度当中,有关规定则直接规定了诉讼费用的减免,标的额在新台币 3000 万元(约合人民币 678.6 万元)以上的,投保中心无须交纳或减免裁判费或执行费。

《代表人诉讼规定》为特别代表人诉讼制度设立的一系列降低诉讼成本的安排,但普通代表人诉讼不享有同样的制度激励。可以考虑对普通代表人诉讼的费用制度进行相应的优化,以发挥诉讼激励作用。二者同属于证券纠纷代表人诉讼,在诉讼费用交纳机制上厚此薄彼并不利于诉讼的有效开展,因此,应当赋予普通代表人诉讼的原告投资者和特别代表人诉讼中投保机构相同的制度优惠,允许普通代表人诉讼的原告投资者在败诉后向法院申请减交、免交诉讼费用并由法院判定是否准许;由法院决定是否对被告进行保全而非由原告申请保全并提供担保。

---

〔39〕参见孙晓东:《论我国法官考评制度的完善》,载《广东社会科学》2020 年第 5 期。

〔40〕参见北京市第二中级人民法院课题组:《司法改革背景下法官绩效考评机制研究》,载《中国应用法学》2018 年第 3 期。

〔41〕参见吴泽勇:《〈投资者示范诉讼法〉:一个群体性法律保护的完美方案?》,载《中国法学》2010 年第 1 期。

(二)取消普通代表人诉讼作为特别代表人诉讼启动的前置条件

《证券法》第95条规定的证券代表人诉讼制度由普通代表人诉讼制度和特别代表人诉讼制度组成,从表面上看,二者的区别仅在于诉讼程序的差异,前者由受损投资者自己发起诉讼、选出代表人参与案件,后者则有投保机构的加入,投服中心作为特别代表人参与诉讼,与证券侵权行为人对抗。但从实质上看,普通代表人诉讼与特别代表人诉讼在制度定位上就有显著不同,普通代表人诉讼是典型的私益救济,通过私人执法主张对投资者的损害赔偿,而特别代表人诉讼则由于投服中心、投保基金等公益属性投保机构的介入有私益诉讼公益化的趋势,在帮助受损投资者收回经济利益的同时,发挥对上市公司不法行为的震慑作用。

然而,特别代表人诉讼的适用范围是有限的,其无法成为应对证券市场群体纠纷的主要解决机制:第一,只有投保机构可成为特别代表人诉讼的代表人,资源的有限性意味着特别代表人诉讼不可能被大量发起,大部分证券群体纠纷仍需通过其他诉讼方式来解决。第二,投服中心也在业务规则中明确将选案标准限定为"案件典型重大、社会影响恶劣、具有示范意义"且"被告具有一定偿付能力"的行政处罚或刑事裁判前置的案件。第三,考虑到部分被诉上市公司的偿付能力,启用特别代表人诉讼往往也难以实现充分赔偿投资者的目标,此时执行不能将削弱这一制度的启动效果。

因此,在证券纠纷代表人诉讼制度中,普通代表人诉讼主要是在起到一定威慑作用的同时,发挥示范引领作用,实现对投资者的全面救济;而特别代表人诉讼仍应回归威慑的核心功能定位,特别代表人诉讼仅在符合投保机构选案标准,且其他条件成熟的情况下提起。应赋予投保机构直接提起特别代表人诉讼的权利,取消程序转换的前提要求,将特别代表人诉讼与普通代表人诉讼脱绑,让普通代表人诉讼更加优先主动地发挥"私人执法"功能,特别代表人诉讼则在案件情况复杂、影响重大以至于普通代表人诉讼无法有效发挥制度功能时启动,更多向"公益救济"的定位回归,实现"加入制"普通代表人诉讼与"退出制"特别代表人诉讼的并列运行,更好地发挥普通代表人诉讼与特别代表人诉讼各自独立的制度效能。

五、投保机构参与普通代表人诉讼的探索

证券群体诉讼存在显著的当事人双方力量不对等的特点:原告投资人均为证券市场上普通的中小投资者且人数众多,一方面,从整体而言,原告方在专业性、经济实力方面无法与被告抗衡,另一方面,原告方内部的投资者之间并无利害关系,很难达成紧密的联盟。现行普通代表人诉讼制度运行过程中缺乏对关键主体的激励,实践中适用率并不高。可考虑发挥投保机构的凝聚作用,推动投保机构践行股东积极主义解决私人执法困境。[42] 投保机构是兼有公益性和专业性的公共机构,其行动受成本收益考量的制约较小,因此,当律师、外部投资者等主体因利益风险衡量而陷入"理性冷漠"的困境时,投保机构的加入可以强化、坚定投资者的维权意愿,[43]弥补律师等专业力量的供给不足,促进普通代表人诉讼的顺利开展。具体而言,投保机构可探索作为原告与其他投资者共同提起普通代表人诉讼,或者通过被指定为代表人、支持投资者诉讼的方式参与普通代表人诉讼。

(一)作为原告提起普通代表人诉讼

2019年,最高人民法院相继印发《关于为设立科创板并试点注册制改革提供司法保障的若干意见》《全国法院民商事审判工作会议纪要》,确认了投保机构提起证券民事诉讼和担任代表人的资格。[44] 《证券法》

[42] 参见郭雳:《作为积极股东的投资者保护机构——以投服中心为例的分析》,载《法学》2019年第8期。

[43] 参见汪青松、张凯:《新证券法下投保机构持股行权的制度完善》,载《贵州师范大学学报(社会科学版)》2022年第5期。

[44] 最高人民法院《关于为设立科创板并试点注册制改革提供司法保障的若干意见》第13条规定:"立足于用好、用足现行代表人诉讼制度,对于共同诉讼的投资者原告人数众多的,可以由当事人推选代表人,国务院证券监督管理机构设立的证券投资者保护机构以自己的名义提起诉讼,或者接受投资者的委托指派工作人员或委托诉讼代理人参与案件审理活动的,人民法院可以指定该机构或者其代理的当事人作为代表人。"《全国法院民商事审判工作会议纪要》第83条规定:"国家设立的投资者保护机构以自己的名义提起诉讼,或者接受投资者的委托指派工作人员或者委托诉讼代理人参与案件审理活动的,人民法院可以商定该机构或者其代理的当事人作为代表人。"

第95条规定了证券纠纷代表人诉讼制度的3种适用情形，而基于虚假陈述等证券违法行为的涉众性、对象不特定性等特征，原告投资者提起的一般均为人数不确定的普通代表人诉讼或特别代表人诉讼。在特别代表人诉讼中，投保机构因其公益性被赋予了诉讼代表人的特别职权；对于普通代表人诉讼而言，其仍然遵循民事诉讼法的基本原理，与案件有利害关系的适格投资者才能够作为原告提起并参与诉讼。因此，理论上而言，投保机构若符合法定的适格投资者条件，可作为原告提起诉讼。从现实层面而言，投服中心作为公益机构，持有上市公司股份的目的主要在于持股行权督促上市公司履职，而非通过买卖股票交易盈利，难谓真正的证券违规行为的“受损投资者”，成为证券侵权损害赔偿主体的概率较低，但不排除未来出现投保机构具备原告资格并提起普通代表人诉讼的情形。

（二）作为代表人参与普通代表人诉讼

《代表人诉讼规定》为投保机构间接参与普通代表人诉讼留下了制度空间。该规定第12条第2款规定，投保机构作为原告参与诉讼，或者接受投资者的委托指派工作人员或委派诉讼代理人参与案件审理活动，法院可以指定投保机构或被其代理的当事人为代表人。同时，应当注意的是，这里的投保机构有严格的限定条件，必须为“依照法律、行政法规或国务院证券监管机构的规定设立的投资者保护机构”，在我国有投服中心和投保基金两家机构。对于投保机构，即便其与案涉违法行为不存在直接利害关系，无法以适格原告的身份参与诉讼，也可以通过接受投资者委托的方式，指派工作人员或委托公益律师作为原告的诉讼代理人，此种情形下，根据司法解释的规定其可以依法院指定作为诉讼代表人参与诉讼。同时，其他未被代表的投资者也可以自行推选代表人，形成两类代表人的相互合作与制衡。[45] 已被转化为特别代表人诉讼的“美尚生态”案中，法院即首次确定了投服中心作为普通代表人诉讼代

〔45〕 参见最高人民法院民事审判第二庭编著：《〈全国法院民商事审判工作会议纪要〉理解与适用》，人民法院出版社2019年版，第446页。

表人的法律地位。[46]

投保机构的参与能够有效提高审理效率,降低中小投资者原告的诉讼成本。尽管在多数情况下,投保机构被排除在证券虚假陈述纠纷的适格原告之外,即便持有上市公司股票的投服中心也因其长期固定持股而不符合大多数案件适格投资者范围,但投保机构仍然可经委托或法律授权,以代表人的身份,集中行使中小投资者私益性的诉讼实施权。在普通代表人诉讼选任代表人阶段,能否推选出被代表原告集体认可的代表人、所推选的代表人是否具有足够的代表性,均为这一制度运行中的实体难点。为投保机构留出作为代表人参与普通代表人诉讼的空间,可以有效解决特殊情形下的程序僵局,推动普通代表人诉讼顺畅开展。

必须强调的是,普通代表人诉讼的代理人主要是律师,投保机构只是在一些特殊情形需要的背景下参与诉讼。否则,投保机构会不堪重负,同时也挤占了律师的市场与空间。仅在部分有必要的情形下,例如原告集团内部利益诉求不一致且难以协调导致诉讼开展停滞、投资者内部存在较大意见分歧难以选出有公信力的诉讼代表人等,投保机构可介入普通代表人诉讼,帮助原告集团推动诉讼进程。此外,投保机构在作为代表人参与普通代表人诉讼的过程中,可建立与原告代理律师的合作机制,投保机构、公益律师与市场律师之间不应是竞争关系,而是相互合作,维护投资者权益的共同体。

(三)支持投资者提起普通代表人诉讼

《民事诉讼法》第15条和《证券法》第94条第2款构成了证券支持诉讼的制度依据。目前我国证券侵权纠纷中,发挥支持诉讼作用的投保机构主要是投服中心,投服中心选择特定案件,接受中小投资者的申请、委托,由投服中心作为支持机构委派诉讼代理人(一般为公益律师)支持中小投资者依法诉讼维权。尽管在条文语义层面,证券支持诉讼仅限于"支持投资者提起诉讼",但在实践层面,投服中心对案件的参与贯穿于诉讼各阶段;研究者也认为,有必要对支持诉讼的方式进行拓展,在起

---

〔46〕 参见深圳市中级人民法院:《美尚生态证券虚假陈述责任纠纷普通代表人诉讼权利登记公告》,载深圳市中级人民法院官网,https://www.szcourt.gov.cn/article/1291586785431552,2025年1月19日访问。

诉前证据收集、判决后平行案件损失计算和市场影响因素评估等方面发挥更为广泛的作用。[47]

投服中心支持诉讼的实践探索是在代表人诉讼处于休眠状态、投资者权益救济供给不足的背景下为缓解私人诉讼起诉难、举证难而产生的,[48]与代表人诉讼的制度功能存在一定的重合之处。证券支持诉讼成本较低、程序简易、操作灵活,可以发挥其优势,与普通代表人诉讼制度形成互补、结合的机制,供投服中心选择适用,发挥制度合力。[49]一方面,投服中心可以通过支持投资者起诉,鼓励投资者联合有相同诉请的原告发起普通代表人诉讼,推动证券群体纠纷的集约化解决。另一方面,在证券支持诉讼职能扩展的基础上,投服中心还可以其他形式在普通代表人诉讼中提供诉讼支持。

综上所述,投保机构的参与能在一定程度上缓解普通代表人诉讼的适用难题,但投保机构作为代表人参与普通代表人诉讼仍应是一种有限度的行权,而非成为常态化机制。普通代表人诉讼制度本质是由投资者个人提起诉讼,对应证券诉讼中的私人执法模式,投保机构无法直接替代律师驱动的市场机制成为主流,但探索投保机构在适当情形下参与并辅助普通代表人诉讼开展的模式,推动投保机构与社会律师的合作,共同发挥私人执法和公共执法的作用,应当是未来发展的方向。

六、结语

证券普通代表人诉讼作为我国证券诉讼体系中的重要一环,其有效开展,在促进投资者积极行权维护自身合法权益、实现救济功能的同时,也能对违法行为主体起到适度的威慑作用。但普通代表人诉讼在实践

〔47〕 参见单素华:《证券支持诉讼示范判决机制综述》,载郭文英、徐明主编:《投资者》第4辑,法律出版社2018年版。

〔48〕 参见苟晨露:《证券支持诉讼的实践探索与思考》,载郭文英、徐明主编:《投资者》第2辑,法律出版社2018年版。

〔49〕 参见汤欣、陈一新:《投资者保护机构和〈证券法〉下的普通代表人诉讼》,载蔡建春、卢文道主编:《证券法苑》第30卷,法律出版社2020年版。

中的运行效果并不理想,通过调研发现,这和集体行动的困境,以及制度设计没有充分考虑到律师、法院和法官的激励机制有关。首先,可以通过优化律师费的认定与支付机制、完善法官考评机制、增加诉讼费用优惠政策等,增强对各方主体的诉讼激励。其次,应取消普通代表人诉讼作为启动特别代表人诉讼的前置程序,证券诉讼各种形式都有发挥作用的空间而不应相互掣肘。最后,在律师作为普通代表人诉讼代理人核心力量的前提下,法律为投保机构参诉留下了空间,投保机构可以在客观需要的情况下,例如原告集团内部利益诉求不一致且难以协调时,发挥其专业性和公益性参加普通代表人诉讼,查漏补缺,推动普通代表人诉讼有效实施。普通代表人诉讼与其他诉讼形式一起,投资人、律师、法院、公益机构共同合力,实现证券诉讼对投资人权益的保护。

(编辑:张　越　姜沅伯)

《证券法苑》(2025)
第四十二卷,第97~129页

银行间债券市场债券虚假陈述中介机构民事责任研究*

李　敏**　廖嘉林***

摘要:银行间债券市场是我国债券市场的重要组成部分。相较于交易所债券市场,银行间债券市场在产品类型、发行交易机制、中介机构角色功能以及市场有效性程度方面存在差异。在银行间债券市场债券虚假陈述民事赔偿案件中,中介机构责任不宜直接适用证券市场特殊侵权规则,应回归民法的一般侵权责任框架。原被告双方应从一般侵权责任的四要件进行举证或抗辩,法院应结合具体案件事实,根据中介机构在债券发行和交易中的过错程度、发现与验证有关信息真实性的专业能力及影响力大小等综合评判中介机构的责任承担。

关键词:银行间债券市场　欺诈市场理论　特殊侵权规则　一般侵权责任

---

* 本文是上海司法智库、上海金融法院2024年度金融审判专项课题“银行间市场债券虚假陈述中介机构民事责任研究”、中国国家留学基金资助的阶段性研究成果。

** 中央财经大学法学院副教授,法学博士。

*** 中央财经大学法学院2023级博士研究生。

一、问题的提出

近年来,银行间债券市场发展迅速,已成为我国各类企业直接融资的主要场域。截至2024年10月末,债券市场托管余额171.3万亿元,其中银行间债券市场托管余额150.6万亿元,占比约88%,[1]是我国债券市场最重要的融资平台。近年来,涉及银行间债券市场的虚假陈述民事赔偿案件时有发生。[2] 在相关案件中,投资者通常以《证券法》为依据对相关中介机构提起侵权诉讼,法院则根据《证券法》、最高人民法院《关于审理证券市场虚假陈述侵权民事赔偿案件的若干规定》(以下称《虚假陈述新规》)等作出判决。相关判决作出后,引发了银行间债券市场是否能直接适用《虚假陈述新规》、由机构投资者组成的银

[1] 参见中国人民银行:《2024年10月份金融市场运行情况》,载中国人民银行官网,http://www.pbc.gov.cn/goutongjiaoliu/113456/113469/5521767/index.html,2024年12月1日访问。

[2] 截至2024年12月初,法院已受理或者判决了多起银行间市场债券虚假陈述中介机构适用《证券法》及《虚假陈述新规》的案例,例如"大连机床案""华信集团案""浦东银行侵权案""康得债案""大型企业集团四级并表子公司财务造假案""大型企业集团案"等。参见北京金融法院:《京融案讯|北京金融法院宣判全国首例银行间债券市场虚假陈述案》,载微信公众号"北京金融法院",https://mp.weixin.qq.com/s/OnFXywQO8-W3YPublG7Q9g,2024年12月1日访问;北京市高级人民法院:中国国际金融股份有限公司等与烟台银行股份有限公司证券虚假陈述责任纠纷民事裁定书,案号:(2022)京民辖终14号,2022年2月23日;上海市高级人民法院:中国一拖集团财务有限责任公司诉上海浦东发展银行股份有限公司侵权责任纠纷案民事判决书,案号:(2021)沪民终962号,2022年10月27日;北京市高级人民法院:江西银行股份有限公司与中信建投证券股份有限公司等民事裁定书,案号:(2023)京民申287号,2023年3月31日;北京金融法院:《北京金融法院公开宣判一起因大型企业集团四级并表子公司财务造假引发的银行间债券虚假陈述案》,载微信公众号"北京金融法院",https://mp.weixin.qq.com/s/Qz7O1pyzEjCaOer8fDrLkQ,2024年12月1日访问;李鹏、陆俊杰:《要案速递|上海金融法院开庭审理涉大型企业集团银行间债券虚假陈述责任纠纷案》,载微信公众号"上海金融法院",https://mp.weixin.qq.com/s/XGr0jBcjW22PbX5MOPWduQ,2024年12月1日访问。

行间债券市场是否为有效市场、能否适用欺诈市场理论等一系列讨论。[3]

这些问题反映出，银行间债券市场中，平衡降低企业融资成本与保护投资者权益存在一定难题。事实上，我国《证券法》基于公募与私募发行二分法下的平衡融资成本与保护投资者的机制，与银行间债券市场的“小公募”发行特征不完全匹配，若直接适用《虚假陈述新规》对银行间债券市场的机构投资者进行赔偿，相对较重的责任可能影响相关中介机构参与该市场的积极性。因此，本文拟在阐释银行间债券市场的特殊性与中介机构角色的基础上，廓清银行间债券市场债券虚假陈述中介机构的归责争议[4]，继而构建银行间债券市场虚假陈述纠纷适用一般侵权责任的归责路径。

二、银行间债券市场的特殊性与中介机构角色

银行间债券市场的特殊性源自债券市场发展历史中债市分割的背景。在我国债券主要交易市场二分格局下，银行间债券市场形成了不同于交易所债券市场的市场化模式，[5]发展出与交易所债券市场相异的发行、交易、结算机制及规则，并培育了自身的投资者及中介机构，这构成了银行间债券市场特殊性的基础。

（一）银行间债券市场的特殊性

受制于历史因素，银行间债券市场与交易所债券市场在监管机制、市场运行等方面一直存在差异。虽然，近年来银行间债券市场与交易所债券市场着力推进互联互通，例如，中国证券监督管理委员会（以下

---

〔3〕 讨论争议点主要有：一是债务融资工具本质上属于债券，其是否能直接适用《证券法》。二是银行间债券市场是否具有特殊性，其投资者有无被倾斜保护之必要。三是银行间债券市场是否为有效市场，其能否适用欺诈市场理论。

〔4〕 本文探讨的银行间债券市场债券是指非金融企业债务融资工具，后文简称债务融资工具，包括中期票据、短期融资券、超短期融资券。

〔5〕 参见洪艳蓉：《公司债券制度的实然与应然——兼谈〈证券法〉的修改》，载徐明等主编：《证券法苑》第5卷，法律出版社2011年版。

简称中国证监会）已将银行间债券市场违法行为纳入行政处罚〔6〕，中国人民银行等部门要求对公司信用类债券市场进行统一监管和法律适用〔7〕，但银行间债券市场与交易所债券市场在产品、发行、交易和结算机制等方面仍然存在差异，具体主要如表1所示。

表1　银行间债券市场与交易所债券市场对比

种类	银行间债券市场	交易所债券市场
市场性质	场外交易	场内交易
监管主体	中国人民银行	中国证监会
投资对象	各类银行、非银行金融机构 企业、事业单位	非银行金融机构、非金融机构 个人投资者
投资品种	国债、企业债、政策性金融债 中期票据、超短融债券等	国债、企业债
质押品种	双方协商确定	国债、地方政府债、政策性金融债 信用债、债券型基金产品
回购规模	不设上下限	10万—1000万元人民币
发行方式	由银行间交易商协会自律注册发行	由国家发展和改革委员会、中国证监会注册审批发行
交易方式	一对一询价、双边报价	集中竞价、自动撮合
交易类型	现券、回购、远期、互换等T+1或T+0	现券、回购、T+1
结算方式	逐笔结算	净额结算
托管机构	中央国债登记结算有限公司、银行间市场清算所股份有限公司	中国证券登记结算有限责任公司、上海证券交易所、深圳证券交易所

〔6〕 中国证监会行政处罚决定书202144号、202156号、202157号、202158号。

〔7〕 中国人民银行、国家发展和改革委员会、财政部、原中国银行保险监督管理委员会、中国证监会、国家外汇管理局《关于推动公司信用类债券市场改革开放高质量发展的指导意见》（2021年）指出“推动研究制定公司债券管理条例，健全分类趋同、规则统一的法律安排，着重对非公开发行公司信用类债券的发行转让、信息披露、投资者保护、法律责任等进行统一规范”。

1. 发行产品特殊

银行间债券市场发行的产品主要包括短期融资券、中期票据和超短期融资券，均为还本付息的固定收益产品，本质上具有债券属性（见表2），投资者与发行者的关系是债权债务关系。与以股票发行与交易为主的沪深证券交易所不同，在以债券发行与交易为主的银行间债券市场上，发行产品交易价格波动及其影响因素远低于股票，更多来自发行人偿债能力和信用违约的实际变化。

表2　非金融企业债务融资工具的特点

项目要求	具体条件
发行产品	短期融资券、中期票据、超短期融资债
产品特征	超短期融资券：270天内还本付息；短期融资券：1年内还本付息；中期票据：一定期限还本付息
审批机关	中国人民银行（交易商协会）
发行管理方式	注册制
发行主体	境内具备法人资格的非金融企业
信用评级	主体及债项评级须达到AA-
发债资金用途	用于企业生产经营活动，并在发行文件中明确披露具体资金用途
上市交易	可在全国银行间债券市场机构投资人之间流通转让
担保要求	信用资质较好的通常采取无担保发行方式
发行要求	发行人发行的全部债务融资工具总余额不超过企业净资产的40%
盈利要求	最近一个会计年度盈利
发行对象	全国银行间债券市场的机构投资者（国家法律、法规禁止购买者除外）

2. 发行对象特殊

银行间债务融资工具发行对象为机构投资者。截至2024年10月末，在银行间债券市场持有人结构上，法人机构成员共3980家，皆为金融机构,主要集中于国有大型银行和基金公司。[8] 这类机构投资者的资金与人才实力雄厚,投资理念成熟,具有较强的抗风险能力,而且多为交易商协会的主要会员、理事,是市场规则的制定者。此外,从非金融机构专业投资者的准入门槛看,交易所债券市场满足基本的资产条件即可视为专业投资者。[9] 而银行间债券市场除了基本资产条件外,还要求中介机构与债券投资业务制度及岗位相匹配,具备培训经历及合格证书,以及在最近一年的违法违规性上设置条件,[10] 这显然强化非金融机构专业投资者债券投资和抗击风险的能力。因此,银行间债券市场的投资者范围特定,这类投资者通常具有较高的与专业相契合的风险辨别能力,可谓"专业投资者中的专业投资者"。

3. 发行方式特殊

债务融资工具的发行方式属于"小公募"。我国《证券法》根据发行对象的不同,将证券发行分为公开发行和非公开发行。公开发行为面向公众投资者的"公募发行",非公开发行为面向合格投资者的"私募发行"。然而,债务融资工具的发行对象均为机构投资者,相当于"面向合格投资者的公开发行",可谓"小公募",其既非严格意义下"公开发行"也非"非公开发行",而是处于二者之间的特殊状态。基于此,"小公募"

---

[8] 截至2024年10月末,按法人机构统计,非金融企业债务融资工具持有人共计2114家。从持债规模看,前50名投资者持债占比51.3%,主要集中在公募基金(资管)、国有大型商业银行(自营)、信托公司(资管)等;前200名投资者持债占比83.4%。单只非金融企业债务融资工具持有人数量最大值、最小值、平均值和中位值分别为94家、1家、13家、13家,持有人20家以内的非金融企业债务融资工具只数占比87%。10月,从交易规模看,按法人机构统计,非金融企业债务融资工具前50名投资者交易占比61.1%,主要集中在证券公司(自营)、基金公司(资管)和股份制商业银行(自营),前200名投资者交易占比90.3%。参见中国人民银行:《2024年10月份金融市场运行情况》,载中国人民银行官网,http://www.pbc.gov.cn/goutongjiaoliu/113456/113469/5521767/index.html,2024年12月1日访问。

[9] 《证券期货投资者适当性管理办法》(2022年修正)第8条第1款第4项规定,"……1. 最近1年末净资产不低于2000万元;2. 最近1年末金融资产不低于1000万元;3. 具有2年以上证券、基金、期货、黄金、外汇等投资经历"。

[10] 《关于调整银行间债券市场非金融机构合格投资人准入要求的公告》规定,"三、具备相应的债券投资业务制度及岗位,所配备工作人员应参加中国银行间市场交易商协会及银行间市场中介机构组织的相关培训并获得相应的资格证书;四、最近一年未发生违法和重大违规行为;五、中国人民银行要求的其他条件"。

发行适用公募与私募发行二分下的融资成本与投资者保护平衡制度时存在权义责不匹配，后文会对此详述。

4. 交易机制特殊

证券市场交易机制分为报价驱动交易机制和指令驱动竞价交易机制，二者在价格形成方式、信息传递的范围与速度、交易量与价格维护等方面均有不同。前者是指“交易者以自主报价、一对一谈判的方式进行变易”，依据流动性提供方的不同分为询价交易制和做市商制，为银行间债券市场所采用。询价交易是指交易双方自行协商确定交易价格以及其他交易要素的交易方式。[11] 在询价交易中，投资者进行一对一协商性尽职调查，不依赖交易对方在公开市场上的信息披露，在场外自主谈判交易的价格、数额等要素，双方达成一致后，通过银行间同业拆借中心的交易系统上报交易合同并进行后续交割清算，且允许投资者的债券成交价格偏离该债券的前日估值净价，因此证券的价格并不能充分反映市场价格，债券交易的连续性较差，市场的灵敏度和债券波动性小。

后者以“竞价撮合、时间优先、价格优先”为特征，为交易所债券市场所采用。在竞价交易中，投资者主要依据信息披露义务人披露的公开信息进行判断，参与债券现券交易的各方各自向交易所交易系统申报交易要约，由于奉行价格优先、时间优先的原则，买卖指令、成交量、成交价几乎同步传递到市场，债券波动性较大，市场的流动性强，极易形成市场不对称性信息，投资者受信息披露义务人披露之信息的影响大。

5. 结算机制特殊

结算方式上，银行间债券市场施行全额逐笔清算。中央结算公司为投资者开立债券账户，实行一级托管并提供交易结算服务。全额结算中，系统对每一笔交易逐一结算，在该过程中，结算机构并未参与交易过程。这种结算方式会对频繁交易的做市商造成较大的资金压力，一般多用于交易不活跃的市场。而交易所债券市场的结算方式是净额清算，即结算系统针对一定时间段内所有参与者的债券买卖净差额和资金净差额进行交收。结算机构在中间充当中央对手方。这种结算方式可以减

---

〔11〕 参见刘红忠、卢华：《金融市场与机构》，复旦大学出版社2019年版，第22－23、31、138页。

少频繁交易的市场主体的资金压力,一般适用于交易活跃的市场。

综上,相较于交易所债券市场,银行间债券市场具有特殊性,具体体现在其产品及发行交易机制特殊,发行对象皆为机构投资者,发行方式主要是"小公募",实行一对一询价交易和全额清算,市场流动性低。

(二)中介机构在银行间债券市场的角色

1. 并非传统意义上的"看门人"

在证券市场,中介机构一般被称为"看门人",是投资者依赖的第一道防线。但银行间债券市场的中介机构,并不等同于交易所债券市场中的"看门人",其实力地位和收费模式决定其难以发挥"看门人"功能。

其一,"看门人"理论主张中介机构市场优势明显且"责大于过"。"看门人"是指"能够通过不合作或不同意的方式来实现阻断违法目的的市场专业人士"〔12〕,如审计师、律师等。科菲教授认为与投资大众相比,中介机构具备市场地位优势,在获取市场信息、进行专业分析上占据主动,并通过向市场发出警报、制止不当行为来发挥"看门人"的作用。〔13〕 概言之,"看门人"具备如下共识和特征:一是"看门人"机制被视为解决证券市场信息不对称性的有效方案〔14〕,中介机构经验知识丰富。二是"看门人"依托声誉机制实现对其自身的有效控制。中介机构是市场重复博弈者,"声誉"一般被认为是其提供服务的卖点。公司一旦卷入丑闻,中介机构不仅会遭受法律处罚,其声誉也会大大受损。三是"看门人"理论主张过错推定责任和连带责任。为了保持必要的威慑力,科菲教授甚至主张对"看门人行业重新施加'帮助和教唆'的法律责任"〔15〕。

---

〔12〕 See Reinier H. Kreakman, *Gatekeepers: The Anatomy of a Third - Party Enforcement Strategy*, Journal of Law, Economics & Organization, 1986, 2(1): 53 - 104.

〔13〕 参见[美]约翰·C. 科菲:《看门人机制:市场中介与公司治理》,黄辉、王长河等译,北京大学出版社2011年版,第2页。

〔14〕 参见耿利航:《中国证券市场中介机构的作用与约束机制:以证券律师为例证的分析》,法律出版社2011年版,第24-26页。

〔15〕 [美]约翰·C. 科菲:《看门人机制:市场中介与公司治理》,黄辉、王长河等译,北京大学出版社2011年版,第428页。

其二,银行间债券市场的中介机构缺乏市场的不对称性条件,主要靠向买卖双方收取佣金,并无“看门人”的优势条件,其责任义务范围十分有限。银行间债券市场的机构投资者在信息、资源、地位和影响力上总体远强于交易所市场的投资者,可以将投资者与中介机构视为平等的民事权利主体关系。因此,中介机构在实力、经验等方面相较机构投资者并不处于优势地位,这让“看门人”阻止不当行为者进市场的作用失灵,还面临丛林法则下的生存压力。[16] 在公开的证券交易所市场,中介机构能依托信息不对称优势,通过面向普通投资者集中竞价、自动撮合盈利,赚取买卖盘差价,盈利可观,其占取的盈利越多意味着承担的责任越大,“看门人”功能越凸显。但银行间债券市场的中介机构在一对一询价交易中仅扮演纯粹的报价商,成交后只向买卖双方收取佣金,在此过程中不实质参与交易,不涉及资金占用,盈利固定,“看门人”功能式微。具言之,银行间中介机构并非传统意义上的“看门人”,究其本质,仍然是市场的营利主体。

2. 勤勉尽责义务标准由自律监管规则确定

《银行间债券市场非金融企业债务融资工具中介服务规则》是规范银行间债券市场债券中介机构的具体依据,明晰中介机构的基本业务职责范围[17],第 17 条规定了中介机构勤勉尽责的义务[18]:一是遵守法

---

〔16〕 参见陈斌彬:《我国证券市场法律监管的多维透析——后金融危机时代的思考与重构》,合肥工业大学出版社 2012 年版,第 200 页。

〔17〕 承销机构职责:协助企业披露发行文件,确保企业充分了解相关风险和责任,为投资者提供信息查询服务。受托管理人职责:公正履行受托管理。信用评级机构职责:独立确定企业和债务融资工具的信用级别,出具并跟踪评级报告。会计师事务所职责:对企业进行审计并出具审计报告。律师事务所职责:尽职调查,出具法律意见书和律师工作报告。信用增进机构职责:尽职调查,出具信用增进有效文件并披露相关信息。参见《银行间债券市场非金融企业债务融资工具中介服务规则》第 5—16 条。

〔18〕《银行间债券市场非金融企业债务融资工具中介服务规则》第 17 条规定,“中介机构在银行间债券市场提供债务融资工具中介服务,应当遵守法律、法规、行政规章及行业自律组织的执业规范,遵循诚实、守信、独立、勤勉、尽责的原则,保证其所出具文件的真实性、准确性、完整性”。

律法规、行政规章及行业自律组织执业规范[19]。二是诚实守信,遵守合同约定;保持客观独立性,不因承揽业务等丧失自身独立判断;勤勉尽责,尽职调查发行人信息,并对所依据文件的真实性、准确性、完整性进行核实。三是保证其所出具的文件的真实、准确、完整[20]。值得注意的是,虽然交易商协会施行自律注册,市场化原则下中介机构的自主独立性得到提升,但相较过去证券发行核准制背景,实际上银行间中介机构能发挥的独立作用仍然有限,并常常与发行人一体承担责任,这在某种程度上加剧了司法实务处理银行间债券市场中介机构责任的复杂性。

综上,交易所债券市场的中介机构的市场灵敏性、专业能力远胜于普通投资者,是典型的"看门人"。银行间债券市场的投资者和中介机构势均力敌,二者本质上是平等的民事权利主体之间的关系。这构成了处置银行间债券市场债券虚假陈述中介机构民事责任不宜直接适用证券市场特殊侵权规则的合理性。

三、银行间债券市场债券虚假陈述中介机构归责争议

对于银行间债券市场及其债券虚假陈述中介机构能否直接适用《虚假陈述新规》,理论界与实务界一直聚讼纷纭。事实上,银行间债券市场

---

〔19〕 参见《民法典》《公司法》《担保法》《中国人民银行法》《注册会计师法》《企业国有资产监督管理暂行条例》等法律法规,《银行间债券市场非金融企业债务融资工具管理办法》《银行间债券市场债券发行现场管理规则》《银行间债券市场债券登记托管结算管理办法》《律师事务所从事证券法律业务管理办法》等行政规章,最高人民法院《关于审理涉及会计师事务所在审计业务活动中民事侵权赔偿案件的若干规定》等司法解释,以及中国银行间市场交易商协会公布的《中国银行间市场交易商协会章程》《银行间债券市场非金融企业债务融资工具管理办法》《银行间债券市场非金融企业债务融资工具管理办法》《银行间债券市场非金融企业中期票据业务指引》《银行间债券市场非金融企业债务融资工具发行注册规则》《银行间债券市场非金融企业债务融资工具募集说明书指引》《银行间债券市场非金融企业债务融资工具信息披露规则》《非金融企业债务融资工具注册文件表格体系》以及银行间债券中介机构行业公认的业务标准、道德规范。

〔20〕 承销机构、信用评级机构、会计师事务所、律师事务所、信用增进机构分别要出具的文件是《募集说明书》《评级报告》《审计报告》《法律意见书》《风险报告》。

直接适用这一规定解决其虚假陈述案件面临一定现实困境。比如,银行间债券市场的有效性不足使其直接适用证券市场特殊侵权规则的正当性不足,以机构投资者为主的投资者特征导致其不宜适用“推定信赖原则”。银行间中介机构直接适用特殊侵权规则,可能引发中介机构权、义、责不匹配等问题。

(一)银行间债券市场虚假陈述中介机构责任的法律适用问题

1. 银行间债券市场与《证券法》的适用

(1)银行间债券市场适用《证券法》的应然与实然

在应然层面,债务融资工具本质具备证券属性,理应适用《证券法》。《辞海》将“证券”解释为以证明或设定权利为目的所做成的凭证〔21〕,该概念的核心为“证明或设定权利为目的的功用”和“凭证”,现行各类证券法教材均基于此扩展〔22〕,《企业债券管理条例》《公司债券发行与交易管理办法》《银行间债券市场非金融企业债务融资工具管理办法》等法规对债券定义的内涵亦一致。学界对《证券法》理应包括银行间债券市场债券早有共识。〔23〕相关观点曾指出,证券是一种财产权益的证明,若财产能分割和无因转让,则具备证券性质,应当纳入《证券法》调整。〔24〕

然而,在实然层面,长久以来银行间债券市场直接适用的上位法是

〔21〕 参见夏征农:《辞海》,上海辞书出版社2002年版,第2176页。

〔22〕 国内教科书参见郭锋等:《中华人民共和国证券法制度精义与条文评注》(上册),中国法制出版社2020年版,第56-57页;邢会强等:《证券法学》(第2版),中国人民大学出版社2020年版,第5页;朱锦清:《证券法学》(第5版),北京大学出版社2022年版,第62页;李东方主编:《证券法学》(第4版),中国政法大学出版社2021年版,第1页;周友苏主编:《证券法新论》,法律出版社2020年版,第1-5页;朱伟一:《证券法》,中国政法大学出版社2018年版,第24-26页;张保红:《证券法论》,知识产权出版社2017年版,12-16页。

〔23〕 参见郭锋、施天涛等:《关于〈证券法〉修订的若干建议》,载《金融服务法评论》2018年第9卷;邢会强:《我国〈证券法〉上证券概念的扩大及其边界》,载《中国法学》2019年第1期;李曙光:《谁来监管96万亿规模的债券市场》,载财新网,https://opinion.caixin.com/2020-03-04/101524087.html,2024年12月1日访问;洪艳蓉:《新〈证券法〉下公司债券公开发行注册制的挑战和未来》,载《多层次资本市场研究》2020年第2期。

〔24〕 参见吴晓灵:《落实新修〈证券法〉完善财富管理法律框架》,载《清华金融评论》2020年第2期。

《中国人民银行法》。2020年2月,国务院办公厅发布《关于贯彻实施修订后的证券法有关工作的通知》,明确中国证监会主管公司债券及国家发展和改革委员会主管企业债券的注册程序,未对银行间债券市场相关债券作出具体规定。此后,中国人民银行与中国证监会发布答记者问,明确银行间债券市场金融债券、非金融企业债务融资工具等品种的发行、交易、登记、托管、结算等,由中国人民银行及其指定机构依照《中国人民银行法》等制定的现行有关规定管理。〔25〕 最高人民法院曾发布裁定书,认为超短期融资券在全国银行间债券市场发行,不符合《虚假陈述新规》规定的适用条件。〔26〕 最高人民法院民法典贯彻实施工作领导小组的相关释义也指出,银行间债券市场有其特定历史背景,其设立的法律依据为《中国人民银行法》。〔27〕 据此,《证券法》是否是银行间债券市场的直接上位法未有直接定论。

(2)银行间债券市场"小公募"不完全契合《证券法》的发行规则框架

实际上,"根据我国债券市场的交易实践,发行方式根据'涉众性'的不同,呈现出一个由大公募、小公募和私募发行构成的谱系"〔28〕。银行间债券"小公募"既非严格意义的"公开发行",也非单纯的"非公开发行"。因此,"不同发行方式下,发行人的信息披露义务、发行标准,交易

---

〔25〕 "银行间债券市场金融债券、非金融企业债务融资工具等品种的发行、交易、登记、托管、结算等,由人民银行及其指定机构依照《中国人民银行法》等制定的现行有关规定管理。"参见《中国人民银行、中国证监会有关负责同志就债券市场支持实体经济发展有关问题答记者问》,载中国人民银行官网,http://www.pbc.gov.cn/goutongjiaoliu/113456/113469/3987522/index.html,2024年12月1日访问。

〔26〕 参见最高人民法院:北京银行股份有限公司、北京银行股份有限公司西单支行公司债券交易纠纷二审民事裁定书,案号:(2020)最高法民辖终23号,2020年5月14日。

〔27〕 "银行间债券市场有其特定历史背景,其设立的法律依据为《中国人民银行法》,并由中国人民银行监管,但是在该市场中交易的债券产品情况比较复杂,是否为公开发行不明确。故法律也留有空间,如果能明确其交易的产品为公司债券,且属公开发行,则可通过修改《中国人民银行法》,并由国务院予以确认批准即可。"参见最高人民法院民法典贯彻实施工作领导小组编著:《中国民法典适用大全:商事卷·证券法(一)》,人民法院出版社2022年版,第216页。

〔28〕 李敏:《我国债券市场监管分割及统一路径》,载《中国政法大学学报》2021年第2期。

机制不同，法律法规提供的投资者保护方式和程度也不同”[29]。

其一，银行间债券发行与《证券法》规定的“公开发行”存在一定差异。《证券法》划分了证券公开发行的3条标准。[30] 债务融资工具施行招标和簿记建档发行，这与公开发行的公司债券类似，只是在各自市场公开发行。银行间债券市场的发行对象数量可以超过200人，只是发行对象并非“自然人”而是“机构”。这在逻辑上似乎能对照《证券法》公开发行。但若界定为专业投资者的公开发行，银行间注册制与《证券法》注册制的法律属性却有区别。《证券法》公开发行是一种行政许可。“交易商协会实行的注册制是自律注册，相较于监管性质，其行业自律性质更突出”[31]。而交易商协会作为自律协会不具备行政许可权能。若将银行间债券市场所列的“注册”等词进行调整，追求与《证券法》的形式统一，问题并非能轻易解决。一是将对银行间债券市场的发行体系构成巨大挑战。二是《证券法》将证券承销统一划拨给了证券公司，但是银行间债券市场的绝大多数承销机构均为银行，这就涉及同时修改《公司法》和《证券法》，以消除公司信用类债券与公司债券的差异，[32] 短期内修法成本较高。

其二，银行间债券发行并非单纯的“非公开发行”。若将银行间债券发行界定为非公开发行[33]，则不得公开劝诱、变相公开，限定在一定发行范围；根据证券“公开性”标准[34]，反向界定非公开发行，以200人为上限。若将债务融资工具发行的范围限缩于银行系统内部，并未公开到普通投资者，似乎能对应《证券法》“非公开发行”。但将银行间债券市场完全定位为私募市场，问题依然重重。一是“200人”的设定本意为

---

[29] 李敏：《我国债券市场监管分割及统一路径》，载《中国政法大学学报》2021年第2期。

[30] 《证券法》第9条第2款规定，“有下列情形之一的，为公开发行：(一)向不特定对象发行证券；(二)向特定对象发行证券累计超过二百人，但依法实施员工持股计划的员工人数不计算在内；(三)法律、行政法规规定的其他发行行为”。

[31] 李曙光、扈芳琼：《中国债券市场法律体系改革研究》，载《金融市场研究》2022年第1期。

[32] 参见叶林：《公司债券非公开发行的规范模式》，载《法学研究》2021年第3期。

[33] 《证券法》第9条第3款规定，“不得采用广告、公开劝诱和变相公开方式”。

[34] 参见彭冰：《构建针对特定对象的公开发行制度》，载《法学》2006年第5期。

对标股票市场,银行间债券市场较实现"私募债券发行人所有次发行的合格持有人总数不得超过200人"的标准尚远,况且银行间债券市场也没有对投资者的穿透核查机制,对200人要求的遵守恐怕也需重新配套设置。[35] 二是涉及银行间信息系统的体系化改革,要求禁止线下变相公开宣传,调整发行及公告顺序。三是面临处置承销机构的难题。四是难以安置银行间债券市场的发行产品。银行间债券市场已将短期融资债、中期票据对标为"小公募",若将债务融资工具对标为"私募债",将银行间债券市场完全定性为私募市场,投资者范围将被限定,短期融资债、中期票据等产品将无从安置,银行间债券市场债券体系将受冲击。

2. 司法实践争议:银行间债券市场虚假陈述中介机构民事责任梳理

司法实践对于银行间债券市场债券虚假陈述中介机构能否直接适用《虚假陈述新规》,形成了肯定说、否定说、参照说三种观点。理论界对于上述问题,也大致持该三种立场。

(1)肯定说

在"华信集团案"[36]中,法院依据《虚假陈述新规》第3条第1款的规定,认定该案为证券虚假陈述侵权民事赔偿案件。在"大连机床案"[37]中,法院认为银行间债券的发行和交易,属于国务院依法认定的其他证券的发行和交易,应当适用《证券法》相关司法解释规定。在"大型企业集团四级并表子公司财务造假案"[38]中,法院认为被告财务造假行为,造成发行人发行中期票据前披露的合并财务报表存在虚假记载,在性质上可以认定为债券发行中存在虚假陈述行为。支持肯定说的学

[35] 参见李敏:《我国债券市场监管分割及统一路径》,载《中国政法大学学报》2021年第2期。

[36] 参见北京市高级人民法院:中国国际金融股份有限公司等与烟台银行股份有限公司证券虚假陈述责任纠纷民事裁定书,案号:(2022)京民辖终14号,2022年2月23日。

[37] 参见北京金融法院:《京融案讯|北京金融法院宣判全国首例银行间债券市场虚假陈述案》,载微信公众号"北京金融法院",https://mp.weixin.qq.com/s/OnFXywQO8-W3YPublG7Q9g,2024年12月1日访问。

[38] 参见北京金融法院:《北京金融法院公开宣判一起因大型企业集团四级并表子公司财务造假引发的银行间债券虚假陈述案》,载微信公众号"北京金融法院",https://mp.weixin.qq.com/s/Qz7O1pyzEjCaOer8fDrLkQ,2024年12月1日访问。

者认为，债务融资工具本质上属于债券，其发行和交易的上位法应为《证券法》。[39] 还有学者指出，公募与私募不应作为区分银行间债券市场与交易所债券市场法律适用的标准；银行间债券价格的形成受到虚假陈述信息的影响，应当适用欺诈市场理论。[40]

(2)否定说

在“春和集团案”[41]中，法院依据《银行间债券市场非金融企业债务融资工具管理办法》等相关规则[42]，认定吉林环城农村银行主张中介机构东海证券披露信息不实，要求东海证券承担连带责任无法律和事实依据。在“郑州市郊合作社案”[43]中，法院认定中城建公司多次未按约披露信息导致原告欲通过出售债券收回本金的目的难以实现的行为，构成根本违约，适用《合同法》。对于否定银行间债券市场债券虚假陈述中介机构适用《证券法》的观点，学者的核心理由在于：一是银行间债

〔39〕 参见樊健：《我国债券市场虚假陈述民事责任法律制度发展回顾与前瞻》，载《债券》2023年第5期；关丽、焦清扬：《立法意旨、价值取向与适用路径——简评〈虚假陈述若干规定〉的若干新变化》，载《仲裁与法律》2022年第1期。

〔40〕 参见李志豪、李沁：《虚假陈述新规在银行间债券市场的适用性研究》，载《债券》2023年第3期。

〔41〕 参见浙江省宁波市中级人民法院：吉林环城农村商业银行股份有限公司诉春和集团有限公司等公司债券交易纠纷案一审民事判决书，案号：(2016)浙02民初1429号，2017年4月17日。

〔42〕《银行间债券市场非金融企业债务融资工具管理办法》第7条规定，“企业发行债务融资工具应在银行间债券市场披露信息。信息披露应遵循诚实信用原则，不得有虚假记载、误导性陈述或重大遗漏”。《银行间债券市场非金融企业债务融资工具信息披露规则》(2012年修订)第3条规定，“为债务融资工具的发行、交易提供中介服务的承销机构、信用评级机构、会计师事务所、律师事务所等中介机构及其指派的经办人员，应对所出具的专业报告和专业意见负责”。第4条规定：“债务融资工具的投资者应对披露信息进行独立分析，独立判断债务融资工具的投资价值，自行承担投资风险。”《银行间债券市场非金融企业债务融资工具中介服务规则》第3条规定，“在中华人民共和国境内依法设立的具有相关执业资格的中国银行间市场交易商协会(以下简称交易商协会)会员机构或声明遵守自律规则、并在交易商协会登记的非会员机构可提供债务融资工具中介服务”。

〔43〕 参见河南省郑州市中级人民法院：郑州市市郊农村信用合作联社与中国城市建设控股集团有限公司公司债券交易纠纷一审民事判决书，案号：(2019)豫01民初1549号，2019年12月9日。

券市场的机构投资者自我保护能力较强,无须《证券法》的高水平保护;[44]二是银行间债券市场因其市场性质、交易制度的特殊性,没有必要适用以欺诈市场为基础的信赖推定原则。[45] 还有学者以中期票据为例展开分析,"中期票据在银行间债券市场与机构投资者之间采用询价方式进行一对一交易,不属于通过竞价系统进行的多对多公开交易,因此不具备适用欺诈市场理论的条件"[46]。

(3)参照说

在"中国一拖集团财务有限责任公司诉上海浦东发展银行股份有限公司侵权责任纠纷案"[47]中,法院认定被告银行在构成利益冲突时优先选择转让自持短融券、再启动短融券后续管理的行为违背诚信原则,理应承担相应赔偿责任,反映与证券法下的内幕交易规则保持逻辑一致,进而引申出银行间债券市场债券虚假陈述可以参照《虚假陈述新规》的观点。正如有学者强调,法院可大体参照适用《证券法》及其司法解释的相关规定,但需在个案中审慎考虑银行间债券市场债券发行的特点,在要件判断、责任认定上进行灵活处理。[48]

学界与司法实践争议纷纷,折射出公平公正解决银行间债券市场虚假陈述责任承担问题的紧迫性与必要性。银行间债券市场及其债券虚假陈述中介机构直接适用《虚假陈述新规》可能并非完全恰当,因为面临不容忽视的现实障碍。

---

[44] 参见邢会强:《银行间债券市场虚假陈述民事责任纠纷的法律适用》,载《多层次资本市场研究》2022年第2期;邢会强:《论银行间债券市场非金融企业债务融资工具虚假陈述民事纠纷对〈证券法〉的适用性》,载《债券》2023年第9期;张保生、朱媛媛、付强:《银行间市场虚假陈述诉讼中交易因果关系认定的特殊问题研究》,载《金融市场研究》2022年第12期。

[45] 参见刘辉、唐毅:《虚假陈述新规在银行间债券市场的不可适用性》,载《福建江夏学院学报》2023年第5期。

[46] 洪艳蓉:《公司债券法制统一下的中期票据定性》,载《北京大学学报(哲学社会科学版)》2024年第5期。

[47] 参见上海市高级人民法院:中国一拖集团财务有限责任公司诉上海浦东发展银行股份有限公司侵权责任纠纷民事判决书,案号:(2021)沪民终962号,2022年10月27日。

[48] 参见夏东霞、杨婷:《关于债券虚假陈述侵权民事赔偿案件审理的观察与思考》,载《债券》2023年第3期。

（二）银行间债券市场直接适用证券特殊侵权规则的现实困境

1.《证券法》中证券公开发行的特殊侵权归责逻辑

归责原则乃侵权法之灵魂。[49] 根据《民法典》第1165条的规定，一般侵权行为适用过错责任原则。过错责任原则是指除非法律另有规定，任何人因且仅因过错侵害他人民事权益造成损害的，才应当承担侵权赔偿责任。[50] 按照一般侵权原理，需回归四要件证成加害人侵权责任[51]。一般侵权原理之外，考虑到某些特殊侵权情形中受害人有被特别保护的正当性和必要性，如受害人客观囿于条件、能力限制，要求受害人承担举证责任是极为困难或者不切实际的，立法者创设了一些例外侵权归责形态，如无过错责任[52]、过错推定责任[53]，对受害人予以倾斜保护。

证券市场虚假陈述侵权民事赔偿案件便是一类典型的特殊侵权案件。《证券法》第85条、第163条规定了发生虚假陈述时，发行人、投行、律师事务所和会计师事务所等证券服务机构的法律责任。其中，发行人为无过错责任，而投行、律师事务所和会计师事务所等中介机构为过错推定责任。“通过无过错责任或者过错推定之下对特定侵权领域受害人权益做出特别的保护，在民事领域的行为自由与权益保护之间划分出不同于一般侵权行为的责任与行为之边界。”[54]

在证券虚假陈述侵权案中，投资者要追究中介机构责任，因果关系

---

〔49〕 参见［德］马克西米利安·福克斯：《侵权行为法》，齐晓琨译，法律出版社2006年版，第1页。

〔50〕 参见程啸：《侵权责任法》（第3版），法律出版社2021年版，第112页。

〔51〕 四要件为损害、因果关系、违法性与过错。《民法典》第1165条第1款规定，“行为人因过错侵害他人民事权益造成损害的，应当承担侵权责任”。

〔52〕 《民法典》第1166条规定，“行为人造成他人民事权益损害，不论行为人有无过错，法律规定应当承担侵权责任的，依照其规定”。如因环境污染致人损害的，污染者承担无过错责任。

〔53〕 《民法典》第1165条第2款规定，“依照法律规定推定行为人有过错，其不能证明自己没有过错的，应当承担侵权责任”。如动物园动物致人损害、堆放物品致人损害等。

〔54〕 孙大伟：《我国大规模侵权领域困境之考察——基于制度功能视角的分析》，载《当代法学》2015年第2期。

首先是获得赔偿的也是最难证明的关键环节[55],但投资者只需证明存在虚假陈述、侵权方是故意或重大过失、遭受损失即可,法律上根据有效市场假说会推定虚假陈述与损害结果之间的交易因果关系,这大大减轻了原告的举证责任。换言之,“相较于一般性的侵权制度,证券虚假陈述侵权制度的最特殊之处在于因果关系推定”[56]。背后的原因在于投资者要证明因信赖虚假陈述而进行了证券交易面临很高的现实难度。通常,绝大多数投资者根本就不会去阅读财务报告;或者即便阅读了,大概率也理解不了相关文件,遑论证明存在信赖。所以在证券公开交易市场中,若按照一般侵权责任或者面对面交易中的举证规则,要求投资者在提起诉讼时必须证明其确实信赖了行为人的虚假陈述才进行交易,这对于绝大多数投资者而言是“不可承受之重”,是不必要也是不现实的举证负担。[57] 因此,法律上推定存在交易因果关系具有正当性。

2. 银行间债券市场直接适用证券特殊侵权规则面临的问题

(1)银行间债券市场是否为有效市场存有疑问

传递信息是金融市场的重要功能,传递信息之效果最终集中反映于价格趋势变化之上。我国对证券市场虚假陈述中介机构的责任纠纷确立推定因果关系原则。该原则在一定程度上借鉴了欺诈市场理论,即推定投资者受到了市场欺诈,但实际情况证明投资者并未受到欺诈的除外。[58] 在美国,欺诈市场理论确立于 Basic 案,该理论之核心在于将股票市场、股票的市场价格当作被告虚假信息披露行为与原告信赖之间因果关系链条中的一个环节,仅要求原告证明自己对股票市场价格的真实性存在信赖,无须证明实际受到被告虚假信息披露行为的

---

[55] 参见彭冰:《证券虚假陈述民事赔偿中的因果关系——司法解释的新发展评析》,载《法律适用》2022 年第 5 期。

[56] 杨婷、王琦:《“参照”规则视角下的证券虚假陈述侵权适用范围之辨》,载《财经法学》2022 年第 4 期。

[57] See IBEW Local 98 Pension Fund v. Best Buy Co. ,Inc. (2016). 转引自樊健:《我国证券市场虚假陈述民事责任理论与实践的新发展》,法律出版社 2021 年版,第 5 页。

[58] 参见林文学、付金联、周伦军:《〈关于审理证券市场虚假陈述侵权民事赔偿案件的若干规定〉的理解与适用》,载《人民司法》2022 年第 7 期。

影响。[59]

证券公开发行的有效市场是适用欺诈市场理论的正当性基础。“有效市场假说”这一理论的前提不成立时,依靠这一理论基础建立“推定因果关系原则”的正当性就被削弱了。[60] 根据有效市场假说,证券市场可以依据市场对信息反映的强弱程度,被划分为弱式市场、半强式市场和强式市场。[61] 而欺诈市场理论要发挥作用,前提在于证券市场应当处于半强式有效市场。[62] 弱式市场不足以提供投资者信赖的市场条件,推定信赖的基础不复存在;而在强式市场,信息的高度发达使得投资者不再会被虚假信息所误导。[63] 而判断是否为有效市场,美国司法实践发展出公司运营和证券价格敏感性的判断标准[64],其中市场流动性和债券换手率是核心指标。对于我国股票市场,一般认为随着投资者和监管制度的成熟,市场有效性逐渐得到提升。[65] 但就债券市场,特别是银行间债券市场,其是否为有效市场、能否适用欺诈市场理论,备受质疑。

其一,银行间债券市场的流动性不足。法学、经济学、金融学等多学

---

〔59〕 参见焦津洪:《“欺诈市场理论”研究》,载《中国法学》2003 年第 2 期。

〔60〕 参见金杜研究院:《中介机构证券虚假陈述民事责任专题眼药(四)——因果关系认定之疑难问题》,载北大法宝官网,https://www.pkulaw.com/lawfirmarticles/9f0f3081671da3f166a7804a78bea040bdfb.html,2024 年 12 月 1 日访问。

〔61〕 参见徐剑刚:《我国期货市场有效性的实证研究》,载《财贸经济》1995 年第 8 期;Fama, Eugene F., *Efficient Capital Markets: A Review of Theory and Empirical Work*, The Journal of Finance, Vol. 25, No. 2, 1970, pp. 383 - 417.

〔62〕 See Jonathan R. Macey, Geoffrey P. Miller, *Good Finance, Bad Economics: An Analysis of the Fraud on the Market Theory*, Stanford Law Review, Vol. 42, No. 4, April, 1990, p. 1079.

〔63〕 参见叶嘉敏:《论诱空型虚假陈述侵权因果关系的认定》,载《南方金融》2019 年第 11 期。

〔64〕 Michael Hartzmark et al., *Fraud on the Market Analysis of the Efficiency of the Corporate BondMarket*, 2011 Colum. Bus. L. Rev. 663(2011).

〔65〕 参见吴晓求等:《中国资本市场三十年:探索与变革》,中国人民大学出版社 2021 年版,第 490 页。

科进行了窥探,〔66〕通过选取数10个样本甚至更多样本进行实证研究,结论普遍为公司债券市场或银行间债券市场的有效性偏低,未达到半强式市场。如以2021年1月至12月164只国债样本和2013—2020年220只跨市场债样本为研究对象,采样本数据13,871条和25,984条,运用双重差分模型对X-Bond进行流动性影响研究,表明近年来银行间债券市场流动性有所增长,但流动性不足的问题仍然困扰政府监管机构和广大投资者。〔67〕 此外,从做市商数量看,截至2021年11月29日,银行间债券市场共有公司信用债专项做市商1家,信用债专项做市商3家,利率债专项做市商10家,综合类做市商69家。〔68〕 这反映银行间债券市场做市动力偏弱,"无法形成对做市商的有效激励,由此导致该制度对

---

〔66〕 褚旭运用实证研究中基本统计量分析、游程检验、序列相关检验和方差比检验等方法对银行间债券市场中国债、金融债、央票和企业债指数收益率进行随机游走检验,结果表明4类债券收益率均不符合随机游走的假定,说明市场未达到所定义的弱式有效;对债券收益率进行时间序列波动性分析建模,结果发现银行间债券市场收益率可以用模型来拟合,模型可以用过去的收益率波动较好地来拟合当前价格收益率的变化,即说明银行间债券市场中历史价格信息可以用来预测当前的价格,市场未达到弱式有效,其中模型显示,市场中的风险未得到合理的溢价市场中存在一定的非理性行为。参见褚旭:《我国银行间债券市场有效性研究》,南京农业大学2012年硕士学位论文。刘梦堂以中证2012—2017年的公司债券数据进行分析,得出公司债券市场对于信息的反应滞后,无法达到半强式有效状态的结论。参见刘梦堂:《我国公司债市场的有效性研究》,南京大学2018年硕士学位论文。常嘉欣以2020年上海证券市场上市公司发放红利为契机,通过事件研究法,借助CAPM模型,选取上海证券市场60只股票进行实证分析,根据累计平均超额收益率指标,得出上海证券市场尚未达到半强式有效这一结论。参见常嘉欣:《中国上海证券市场半强式有效性研究——基于上市公司分红的实证分析》,载《中国市场》2022年第1期。夏凯俭以2019年上海证券市场的上市公司公布半年报为契机,通过事件研究法,借助CAPM模型,选取了上海证券市场50只股票进行实证分析,通过分析样本股票整体平均超额收益率及累计平均超额收益率指标,最终得出上海证券市场尚未达到半强式有效市场这一结论。参见夏凯俭:《我国上海证券市场半强式有效性研究——基于半年报公布的实证分析》,载《特区经济》2020年第8期。

〔67〕 参见左佳鑫:《交易方式对我国银行间债券市场流动性的影响》,西南财经大学2022年硕士学位论文。

〔68〕 参见中国银行间市场交易商协会:《银行间债券市场现券做市商名单》,载中国银行间市场交易商协会官网,https://www.nafmii.org.cn/hyfw/hyflmd/zssmd/202112/t20211207_93340.html。

债券流动性水平的促进作用相对有限”[69]。

其二,银行间债券的换手率低。换手率高通常意味着证券的流通性高、活跃度高。由于银行间债券市场缺乏债券流通量数据而很难直接计算“每周成交量”,只能依托年换手率进行折算。据我国信用债2017—2021年的年平均换手率(见表3),短期融资债为4.19,中期票据为1.38,定向工具为0.76,按每年52个交易周计算,定向工具仅为1%、中期票据仅为3%、短期融资债为8%,若进一步折算成日换手率,远未达到日换手率3%的相对活跃市场状态。根据《中国债券市场概览(2023年版)》统计,非银行金融机构债券的换手率为111.82%,企业债券的换手率为52.61%,[70]若折算成日换手率恐怕不容乐观。此外,债券收益机制、证券分析师的规模等因素也使得银行间债券市场对于信息的敏感度低,作为债务凭证的融资工具属性本身说明债券流动性远不如股市。

表3　我国信用债市场分券种流动性表现(年换手率)

年份	信用债				
	短期融资债	中期票据	定向工具	企业债	公司债
2017	4.26	1.30	0.24	0.89	0.19
2018	3.64	1.31	0.48	0.63	0.14
2019	4.19	1.40	0.75	0.58	0.09
2020	4.77	1.52	1.08	0.59	0.07
2021	4.09	1.38	1.24	0.57	0.06

数据来源:wind。转引自龚洁、段心怡:《一二级市场联动对银行间债券市场流动性的影响——基于中美承销商与做市商制度对比》,载《金融市场研究》2022年第11期。

综上所述,综合市场流动性、债券换手率等因素,难以认定银行间债券市场属于有效市场。

---

〔69〕 龚洁、段心怡:《一二级市场联动对银行间债券市场流动性的影响——基于中美承销商与做市商制度对比》,载《金融市场研究》2022年第11期。

〔70〕 参见《中国债券市场概览(2023年版)》,载中国债券信息网,https://www.chinabond.com.cn/yjfx/yjfx_zzfx/zzfx_nb/202403/P020240423349339189339.pdf。

(2)适用特殊侵权规则可能影响中介机构权责合理配置

首先,银行间债券市场投资者自我保护能力相对较强。事实上,在我国司法实践中,已有不少法院判决专业投资机构不适用“推定信赖原则”(见表4),契合了“因果关系推定规则的设置需要极高的正当化基础”的审慎。[71]

表4 机构投资者不适用“推定因果关系”案例

案名	案号	裁判要点	结果
银广夏案	宁夏回族自治区高级人民法院民事判决书,(2007)宁民商终字第74号	专业投资机构具备高于普通证券市场投资人的投资技能和专业研究分析能力,不能仅凭其买入受虚假陈述影响的股票认定其投资损失与虚假陈述存在因果关系。如果投资者不能提供证据证明其审慎对待了公开信息,并解释其投资行为的合理性,不能仅根据“推定信赖原则”认定存在交易因果关系	不存在因果关系
创势翔投案	辽宁省沈阳市中级人民法院民事判决书,(2017)辽01民初959号	原告作为专业的投资机构,对投资的上市公司动态应更为敏感,其投资决策应更为理性,故原告认为以2016年5月23日停牌日为更正日的主张不应予以支持	
祥源文化案	浙江省杭州市中级人民法院民事判决书,(2018)浙01民初2352号/浙江省高级人民法院民事判决书,(2019)浙民终1414号	雨浩投资咨询公司属于专业投资机构,具备高于普通证券市场投资人的投资技能和专业研究分析能力,在证券投资中应严格遵循投资决策程序。尚无充分证据表明雨浩投资咨询公司运用了专业知识和技能对祥源文化公司股票的投资价值进行了判断并严格遵循了投资决策程序。雨浩投资咨询公司的投资损失与祥源文化公司虚假陈述之间不存在因果关系	
天业恒基案	山东省高级人民法院民事裁定书,(2020)鲁01民初2517号	上海宝荟中心和中粮期货有限公司是专业投资机构,具有比普通投资者高的分析能力和投资经验,应从严遵循投资程序,故其“推定信赖”标准应高于普通投资者	

表4的4个案例中,法院的认定逻辑在于:一是机构投资者具备证券市场投资的特别技能、知识、经验、专业的分析研究能力和严格的投资

[71] 参见杨婷、王琦:《“参照”规则视角下的证券虚假陈述侵权适用范围之辨》,载《财经法学》2022年第4期。

决策程序[72],负有更高的注意义务,不会也很少轻易信赖发行人披露之信息,应当有更高的“推定信赖”标准;二是机构投资者的实力相较中介机构并不逊色,其权利义务范围应与中介机构旗鼓相当,双方是平等的民事主体之间的权利义务关系。进言之,机构投资者负有的较高注意义务与所要享有的优越的保护权利之间存在根本冲突,决定了不宜为此类机构投资者提供的保护与大公募的公众投资者持平。因此对银行间债券市场机构投资者施以倾斜保护缺乏必要性和正当性。事实上,商业银行、证券公司等金融机构有其自身的投资者,要求必须严格审慎作出投资决策,而且同一机构在市场中可能存在承销机构与投资者之间等多种角色互换,过于保护某一方将导致所有主体承担责任,“对专业投资者还轻易推定信赖、使其失败的投资能够轻易获偿会消减专业投资者对于资本市场整体的内在价值”[73]。

其次,与银行间中介机构收益有所不匹配。《证券法》赋予中介机构严苛责任形态,在事实制度安排上仅存有成立或者不成立两种互斥状态,一旦中介机构被认定为有过错,在其他侵权行为要件成立的情况以及其他虚假陈述事项均无过错的情况下,中介机构仅因某一虚假陈述事项无法证明自己没有过错,则要对发行人的全部责任连带赔偿,可能引发部分问题。

一是此种安排使中介机构的责任大小与其过错程度不相匹配。过责相当是科学配置责任的基本要求。[74] 实际上,因为虚假陈述的收益主要归发行人,中介机构很少会为了不高的收入而甘冒巨额赔偿风险,一般在发行人虚假陈述中缺乏主观强烈的犯错动机,其主观犯错形态多数是过失,但由于连带责任设置,要承担高额的民事赔偿。[75] “对投资者损失承担全部赔偿责任的风险,与中介机构的发行信息披露辅助人之

---

[72] 参见樊健:《我国证券市场虚假陈述交易上因果关系的新问题》,载《中外法学》2016年第6期。

[73] 龚洁、段心怡:《一二级市场联动对银行间债券市场流动性的影响——基于中美承销商与做市商制度对比》,载《金融市场研究》2022年第11期。

[74] 参见陈洁:《证券虚假陈述中审验机构连带责任的厘清与修正》,载《中国法学》2021年第6期。

[75] 参见邢会强:《证券市场虚假陈述中的勤勉尽责标准与抗辩》,载《清华法学》2021年第5期。

地位不符,过度追责可能导致激励失当。"[76]司法实践中,已有法院意识到该种不公问题。如在"保千里案"中,法院认为应当考量中介机构的工作特点、成本及过错性质,既确保其充分履职,又不可科以超出职责范围外的注意义务。最终法院判定疏忽大意、把关不严的银信公司是补充责任人,对保千里公司因虚假陈述应赔偿原告损失30%的部分承担补充赔偿责任。[77]

二是迫使中介机构执业风险加大。债券发行规模动辄数亿元甚至数十亿元,令中介机构承担金额巨大的赔偿,与中介机构在债券承销时收取的费用完全不成比例。银行间债券市场的承销商只能在一对一询价交易中赚取纯粹的服务费,成交后只向买卖双方收取佣金,收入有限。至于律师、会计师等机构,与投资者势均力敌甚至是处于弱势,发挥的作用极其有限。特别是中小中介机构,一旦因债券违约且被认定存在过错,可能因资金不足产生严重的操作风险和流动性风险。如此"不加区分地适用连带责任,实际并不利于遏制虚假陈述行为,最终责任等同反倒可能鼓励中介机构为追求更高违法收益而实施违法行为"[78]。此外,债券市场纠纷的复杂性因果不容低估,若不对过错程度慎加区分,让中介服务机构承担过重的兜底责任,会对资本市场的长远发展带来负面影响。[79]

因此,银行间债券市场以机构投资者为主的投资主体,在适用"推定信赖原则"方面基础不足。随着特别代表人诉讼制度、先行赔付等的建立,资本市场已过分考虑投资者群体利益,而对其他交易群体的合理兼顾有所不足,长此以往可能危及市场整体利益,并最终损害投资者权益[80]。

---

〔76〕 参见周淳:《证券发行虚假陈述:中介机构过错责任认定与反思》,载《证券市场导报》2021年第7期。

〔77〕 广东省深圳市中级人民法院:梁某宇、苏某迅等与江苏保千里视像科技集团股份有限公司等证券虚假陈述责任纠纷民事判决书,案号:(2018)粤03民初3866号、3867号、3869号,2019年11月25日。

〔78〕 参见冯果、刘怿:《债券投资者司法救济规则建构论纲》,载《财经法学》2020年第3期。

〔79〕 参见缪因知:《债券违约案频发:中介机构该担何责》,载经济观察网,http://www.eeo.com.cn/2021/0108/454749.shtml。

〔80〕 参见陈洁:《虚假陈述民事赔偿制度的新发展理念及其规范实现》,载《法律适用》2022年第3期。

3. 小结：银行间债券市场虚假陈述中介机构担责应回归一般侵权责任框架

总体而言，银行间债券市场缺乏针对中介机构予以倾斜保护的正当性，银行间债券发行与交易市场的特殊性决定了其投资者保护具有特殊性。[81] 事实上，我国已经出现了在交易所挂牌的专项计划虚假陈述案件中，并不直接推定交易因果关系存在，如在全国首例 ABS 欺诈发行案[82]中，法院虽然认定原始权益人构成证券虚假陈述行为，适用《虚假陈述新规》，但考虑到双方系一对一的交易方式即以"面对面"签订《认购协议》的方式参与投资，因此认定证券侵权中依据欺诈市场理论、旨在保护不特定投资者合法权益而确立的因果关系推定原则对于原告不适用，要求原告证明作为定向投资者作出的投资决定与证券虚假陈述行为之间存在交易因果关系。

证券监管之根本目的之一在于平衡融资和保护投资者，当投资者自我保护能力相对较高时，以提高融资成本为代价要求发行人强制信息披露从而保护投资者可能并非完全适当。因此，为保护银行间债券投资者权益的虚假陈述追责制度须考虑这一特殊性，在制度设计上进行精巧的平衡，即应当回归民法的一般侵权行为规范，从一般侵权四要件角度，构建银行间债券市场债券虚假陈述中介机构一般侵权归责框架。

四、银行间债券市场债券虚假陈述中介机构民事责任承担

美国证券法经验是由 Section 11 的特殊侵权规则与 10b－5 的普通侵权规则联合构建的二元追责制度。[83] 具言之，适用 Section 11 的特殊

---

〔81〕 参见邢会强：《论银行间债券市场非金融企业债务融资工具虚假陈述民事纠纷对〈证券法〉的适用性》，载《债券》2023 年第 9 期。

〔82〕 参见上海金融法院：《我院审结全国首例资产支持证券欺诈发行民事赔偿案》，载上海金融法院官网，http://www.shjrfy.gov.cn/jrfy/gweb/tzzsfbh/xxnr_view.jsp?pa=aaWQ9ODU5OAPdcssPdcssz，2024 年 12 月 1 日访问。

〔83〕 See Stephen Choi & A. C. Pritchard, *Securities Regulation: Cases and Analysis* (5th. ed.), Foundation Press, 2019.

前提为证券在公开的交易所市场交易,此时证券法为保护公众投资者规定了 Section 11 的特殊侵权规则。但若这些条件不满足,那么就应走10b-5普通侵权之诉。在普通侵权之诉中,需要按构成要件分析侵权责任是否成立及责任承担,原告要证明被告存在主观恶意、侵权行为、损害,侵权行为与损害结果之间有因果关系。这种二分结构在我国可以比照为《民法典》第1165条的一般侵权规定和《证券法》第163条的特殊侵权规定的关系(见表5)。我国银行间债券市场并非有效市场,动摇了银行间债券市场适用《证券法》特殊侵权归责路径的合理性基础。因此,对于该市场中介机构的追责应回归民法的一般侵权原理。在一般侵权原理下,首先需要廓清中介机构在债务融资工具虚假陈述纠纷中的责任承担边界,进而根据民法一般侵权的四要件构建中介机构的归责框架。同时,《证券法》和《虚假陈述新规》的一些原则和精神以及具体的一些司法经验标准等仍可作为参考借鉴。

表5 中美证券民事领域一般规则和特殊规则的对比

规则形态	具体规则	
一般规则	美国:10b-5规则 1. 适用范围:公募和私募所有证券类型 2. 追责构成要件:虚假陈述行为;重大性;主观过错(故意或重大过失);交易因果关系,损害因果关系;损害结果 3. 主客观抗辩:允许被告对构成证券欺诈侵权责任的每个构成要件提出抗辩,涉诉证券的发行于交易市场是否为"有效市场"	中国:《民法典》第1165条 1. 适用范围:证券市场在内所有民事类型 2. 追责构成要件:侵害行为;过错;损害;因果关系 3. 主客观抗辩:允许被告对构成证券欺诈侵权责任的每个构成要件提出抗辩
特殊规则	美国:《证券法》第11条 1. 适用范围:公开发行证券一级市场 2. 追责构成要件:重大性、过错认定、交易因果关系、损害因果关系 3. 主客观抗辩:允许被告对构成证券欺诈侵权责任的每个构成要件提出抗辩,以勤勉尽责否定交易因果关系	中国:《证券法》第163条 1. 适用范围:国务院规定设立的区域性股权市场 2. 追责构成要件:重大性、过错认定、损失因果关系、交易因果关系 3. 主客观抗辩:允许被告对构成证券欺诈侵权责任的每个构成要件提出抗辩,主要为勤勉尽责

(一)虚假陈述责任纠纷中中介机构的责任承担边界

中介机构民事担责的前提是对虚假陈述具有过错。认定中介机构过错的前提是厘清中介机构的责任义务边界。应当根据中介机构的职责特点、在专业陈述和非专家陈述中的不同作用,廓清中介机构的具体责任标准和责任承担份额。其一,承销商应承担第一信息披露人的兜底性职责,注册会计师〔84〕、律师等第二责任人应承担相应的发现真相职责、认真核查职责(见表6)。

表6　中介机构职责边界

中介机构	职责	具体义务要求
承销商	兜底	承销商作为发行的总负责人,应确保企业充分了解相关法规、自律规范性文件及所应承担的风险,并履行调查义务、信息披露的督导义务、督促义务、代理追偿义务,对发行披露中的任务虚假陈述行为承担兜底性侵权责任
注册会计师	发现真相	应承担较高的调查义务,以发现真相、不做假账为底线,以发现不实会计信息的成本不显著超过收益为限,对发行人提供的信息保持专业怀疑,自行检索、独立核实和验证底层数据、按照会计准则的要求进行编写和表达,确保审计报告真实可靠
律师	认真核查	应在保合规、控风险上尽到职责,所出具的法律意见书和律师工作报告维持专业性和谨慎性,其专业水准和勤勉核查应当确保能为投资者提供正确的信息参考

其二,欲厘定勤勉尽责的程度,应明晰中介机构对专业业务事项与非专业业务事项的注意义务标准。专业业务事项陈述即专业陈述是指注册说明书中由专业人士制作、出具并署名的部分〔85〕。专业陈述之界定本质上是指在多大程度上允许发行人和承销商通过将其职责委托给专业人士来减轻甚至豁免自身的责任。〔86〕《美国证券法》第11条通过

〔84〕 注册会计师的具体义务要求参考学者观点。参见周淳:《证券发行虚假陈述:中介机构过错责任认定与反思》,载《证券市场导报》2021年第7期。

〔85〕 See 15U. S. C. A. §77k(f).

〔86〕 参见周淳:《证券发行虚假陈述:中介机构过错责任认定与反思》,载《证券市场导报》2021年第7期。

设置专业人士与非专业人士、专家陈述与非专家陈述的二分模式,构造了各中介机构勤勉尽责的范围和标准(见表7),对完善我国中介机构勤勉尽责的内涵和标准具有一定借鉴价值。

表7 《美国证券法》第11条勤勉尽责抗辩:专家陈述和非专家陈述

分类	专家陈述	非专家陈述
专业人士	经合理调查、有合理根据现行且确信陈述为真[第11(b)(3)(b)条]	不承担责任[第11(a)(4)条]
非专业人士	不相信且没有合理理由不相信陈述不为真[第11(b)(3)(c)条]	经合理调查、有合理根据现行且确信陈述为真[第11(b)(3)(A)条]

具言之,律师、会计师等专业人士仅对所作专家陈述中的虚假陈述承担责任;承销商等非专业人士在虚假陈述中承担所有责任,同时其在非专家陈述的注意义务应高于专家陈述。首先,对于注册文件中虚假陈述属于非专业内容的,经过合理调查,被告有合理理由相信且确实相信该信息披露是真实的,而且不存在引人误导的重大遗漏。其次,对于注册文件中由其他专业人士负责的部分,被告无合理理由且不相信其存在虚假陈述或重大遗漏。最后,专业人士对于注册文件中自己作出的属于自身专业领域内的陈述,经过合理调查,有合理理由相信且确实相信该信息披露是真实的,而且不存在引人误导的重大遗漏。代表性的是BarChris案〔87〕,淋漓尽致地展现法院根据《美国证券法》第11(b)条来判定证券虚假陈述中"形形色色"的被告是否存在"勤勉尽责"的抗辩。

因此,注册会计师、律师等专业人士对于注册文件中自己作出的自身专业领域内的陈述需尽到特别注意义务,需充分调动自身专业能力,以尽责心态履职,即经合理调查,被告有合理根据相信且确实相信陈述为真,而且不存在引人误导的重大遗漏,因此应当积极采取合理措施避免和防止虚假陈述;对注册文件中虚假陈述属于非专业内容需尽到一般注意义务,进行基本的核查、验证、职业怀疑,原则上可以消极信赖有关专业人士的陈述,除非确实有证据表明存在虚假陈述外。

〔87〕 See Escott v. BarChris Construction Corp, 283 F. Supp. 643 (1968).

（二）一般侵权责任法框架下的中介机构责任承担

1. 银行间债券市场虚假陈述行为的判断标准

厘清虚假陈述定义是判断银行间债券市场虚假陈述行为的前提。应参照《证券法》和《虚假陈述新规》，结合自律处分实践，将银行间债券市场债券虚假陈述的核心定义概括为4种类型〔88〕。因此，首先，自律处分和行政处罚可以作为银行间债券市场虚假陈述行为的直接判断标准。其次，《公司信用类债券信息披露管理办法》《证券法》所明示的事项〔89〕可以作为参考。最后，在无明示规定下，确立“重大性”可以“理性投资者标准”为兜底标准，并规定结合潜在行为的界定和损害结果的验证进行综合判断〔90〕，将“价格敏感性标准”作为辅助参考。因为“理性投资者标准”虽然抽象、实操性弱〔91〕，但要求信息披露人同时站在自己和投资人的角度评价有关信息的重大性，体现保护投资者利益的归旨；“价格敏感性标准”一般要求与强有效市场相匹配，不足是部分敏感信息披露后未必短时间内导致债券价格明显波动，而且要求投资者证明相关信息与证券价格波动之间的因果关系比较困难，故而“价格敏感性标准”仅可作为辅助参考。

---

〔88〕 从以下四种类型可以推导出银行间债券市场虚假陈述的定义为：信息披露义务人违反法律、行政法规、监管部门、自律协会制定的规章、规范性文件关于信息披露的规定，在披露的信息中存在虚假记载、误导性陈述或者重大遗漏的行为。4种类型如下：(1)虚假记载：指信息披露义务人披露的信息中对相关财务数据进行重大不实记载，或者对其他重要信息作出与真实情况不符的描述。(2)误导性陈述：指信息披露义务人披露的信息隐瞒了与之相关的部分重要事实，或者未及时披露相关更正、确认信息，致使已经披露的信息因不完整、不准确而具有误导性。(3)重大遗漏：指信息披露义务人违反关于信息披露的规定，对重大事件或者重要事项等应当披露的信息未予披露。(4)未按照规定披露信息：指信息披露义务人未按照规定的期限、方式等要求及时、公平披露信息，构成误导性陈述、重大遗漏等情形。

〔89〕 参见《公司信用类债券信息披露管理办法》第18条规定的22种情形；《证券法》第80条列的12种情形和《证券法》第81条第2款规定的重大事件、虚假陈述的内容属于监管部门制定的规章和规范性文件中要求披露的重大事件或者重要事项。

〔90〕 参见朱力、傅福兴：《前置程序取消后证券虚假陈述重大性的认定路径——基于请求权视角的实务分析》，载《金融市场研究》2022年第7期。

〔91〕 参见樊健：《证券虚假陈述重大性要件的再厘清：基于司法实践的批判性思考》，载《深圳社会科学》2021年第6期。

2. 主观过错与勤勉尽责抗辩

原告主张过错以故意、重大过失为主要标准,同时就一般过失、轻微过失承担必要的补充责任〔92〕。因为仅以故意和重大过失构成的主观过错形态不符合民法的一般侵权原理和《民法典》共同侵权的理论精神,违反以公平、正义为核心的司法实践理念,故应就中介机构的一般过失、轻微过失承担必要的补充责任。

是否尽到勤勉尽责的义务是中介机构应否担责的关键。就潜在的被告中介机构来说,需自证已勤勉尽责抗辩免责。勤勉尽责包括态度和能力两个方面。〔93〕因此,中介机构既需证明自身主观善意,若故意或放任虚假陈述的存在,显然不符合勤勉尽责的要求;还需证明自身在客观能力和职责范围内,在专业事项上尽到了特别的注意义务,在非专业事项上尽到了一般的注意义务,对此可提供必要的证明材料,如会计师可提供执业准则、规则以及审计工作底稿。

3. 交易因果关系的证明与抗辩理由

一般侵权框架下,欺诈市场理论发展出的推定信赖已无适用条件,交易因果关系举证责任由原告承担。具言之,原告要证明:一是作为投资者已尽注意义务,但在认知上仍然相信该虚假陈述行为,即产生了合理信赖,可以根据信息披露时点和交易时点等客观证据判断;二是有关信息对投资者的投资决策产生“重大性”影响,关于“重大性”构成情形,前文已有阐述。

被告可就从客观行为性质和主观心理状态上进行抗辩。其一,客观上并非虚假陈述行为,无法对投资者产生合理信赖,以及披露的信息并未对投资者产生“重大性”影响,如不符合虚假陈述的基本外观形式;不构成诱多型虚假陈述或诱空型虚假陈述。诱多型债券虚假陈述要求投资者的买入行为应当在虚假陈述实施日之后,卖出行为应当在虚假陈述揭露

〔92〕 补充责任是指在不能够确定实际加害人或者加害人不能够承担全部责任的情况下,由补充责任人在一定范围内对受害人直接承担赔偿责任的责任形态。参见王利明:《侵权责任法研究》(上卷),中国人民大学出版社2010年版,第43页。

〔93〕 参见周淳:《证券发行虚假陈述:中介机构过错责任认定与反思》,载《证券市场导报》2021年第7期。

日或更正日之后[94],可以通过事件分析法测算出债券价格下跌中有多少是虚假陈述因素所导致的,从而算出投资者损失[95]。诱空型虚假陈述的司法实践案例偏少,目前仅有王某与深圳市彩虹精细化工股份有限公司证券虚假陈述责任纠纷案归纳的6种情形[96]可为之参考。其二,以投资者主观心理状态是故意或重大过失进行抗辩。对此,可援引《民法典》第1173条和第1174条举证投资者明知系虚假陈述而为之,或者未尽合理之注意义务,从而影响甚至否定因果关系。

4. 损害结果、损失因果关系的证明与抗辩理由

损害结果、损失因果关系要解决侵权人应当在何范围内进行赔偿的问题,剔除不相关风险因素对于投资者损失金额的影响。特殊侵权规则下,原告对损失因果关系的举证力度较弱,如"祥源文化案"中原告仅提供形式材料,而案件事实的论证却基本由合议庭及被告代理律师完成。一般侵权法原理下,应当匡正原告对损失因果关系的证明强度,恢复至与被告对等相适的举证地位。原告不仅需要提供自律处分决定书或者行政处罚决定书、身份证明文件、历史行情、交易对账单以及损失计划表等材料,还应就提供的材料进行必要且充分的说理,以客观完整、相互印证的证据链完成对具体事实的举证。

就被告而言,可以系统性风险和非系统性风险进行举证抗辩。系统性风险是指诸如战争、自然灾害等投资者不可通过投资组合分散的、不受个人企业或行业控制的、足以影响整个市场的风险。[97] 如最高人民法院提出的系统性风险包括汇率、利率等金融政策、国内和国际的突发

[94] 赵磊、霍丽芳:《债券虚假陈述中交易因果关系的认定》,载《人民法院报》2022年12月15日,第5版。

[95] See Allen Ferrell, At any Saha, *The Loss of Causation Requirements for Rule 10b – 5 Causes of Action*: *The Implications of Dura Pharmaceuticals*, Inc. v. Broudo, 63 Bus. Law, 163(2007).

[96] 广东省高级人民法院:王某与深圳市彩虹精细化工股份有限公司证券虚假陈述责任纠纷二审民事判决书,案号:(2015)粤高法民二终字第1057号,2015年11月17日。

[97] 参见田素华、吴士君:《中国证券市场风险特征的实证研究》,载《经济科学》2003年第1期。

事件、经济和政治制度的变动等[98]。据此可从定性和定量两方面举证系统性风险。定性上,提供包括与银行间债券市场债券相对应或关联的指数,如债务融资工具的行业指数及大盘指数在虚假行为陈述后至披露日前的走势图、债券市场指数与涉案债券价格变动对比图、相关新闻报道等。定量上,提供债券机构发布的行业研报、与同行业上市公司的比较情况。非系统性风险是指个别上市公司发生的特定事件所引发的风险[99],如公司诉讼、合并、高管变动等因素对证券价格产生影响的风险,对此被告可提供债券发行的募集说明书、年度报告,以及中介机构自身发布的评级报告、研究报告、法律意见书等举证材料。

"注意义务的合理程度是依具体案件而定的。"[100]法院应结合具体个案,就原被告抗辩情况,依据中介机构在债券发行和交易中所展现的态度、发现与验证有关信息真实性的专业能力以及影响力大小进行综合评判。总体上,中介机构在银行间债券市场的民事担责有其自身特征和体系(见表8),其举证责任强度明显低于交易所债券市场。但是这并不意味着放松了对银行间债券市场中介机构的追责。相反,一般侵权归责框架下对银行间债券市场中介机构的追责不仅更精准而且力度更大,因为除故意和重大过失同等担责之外,还应当就一般过失和轻微过失承担补充责任。

表8　银行间债券市场和交易所债券市场的债券虚假陈述中介机构民事担责对比

比较项	银行间债券市场债券虚假陈述中介机构	交易所债券市场债券虚假陈述中介机构
理论基础	默示诉权理论	欺诈市场理论
适用依据	《民法典》和《银行间债券市场非金融企业债务融资工具管理办法》	《证券法》和《虚假陈述新规》

---

[98] 参见李国光主编、最高人民法院民事审判第二庭编著:《最高人民法院关于审理证券市场虚假陈述案件司法解释的理解与适用》(第2版),人民法院出版社2015年版,第106页。

[99] 参见田岚:《公司治理、财务重述与股票非系统性风险》,载《财会通讯》2020年第22期。

[100] 刘燕:《会计师民事责任研究:公众利益与职业利益的平衡》,北京大学出版社2004年版,第180页。

续表

比较项	银行间债券市场债券虚假陈述中介机构	交易所债券市场债券虚假陈述中介机构
构成要件	虚假陈述行为、主观过错、损害结果、虚假陈述行为与损害结果之间有因果关系	虚假陈述行为、主观过错、损害结果(消极义务:损失因果关系)
责任形态	过错责任原则:过错责任	推定过错原则:连带责任

五、结论

公平是证券市场的核心问题。建构与银行间债券市场债券虚假陈述中介机构相适的一般侵权归责框架,具有深刻的法治逻辑和实践逻辑,很好地体现了法律适用平等原则,有助于防止投资者动辄滥讼迫使中介机构承担巨额的民事赔偿而陷入囹圄,有助于真正实现银行间债券市场保护投资者和降低企业融资成本的平衡,持续促进证券市场平稳健康发展。证券市场中介机构行稳致远之关键有赖立法层面及司法层面协同推进。立法机关应加强制度供给,及早制定相关条例来明确银行间债券市场债券虚假陈述的适用范围,细化和厘定该市场的中介机构承担过错责任原则下的法定职责,构建起统一的债券法律适用标准,避免将不同类型债券纳入完全一致的归责体系。司法机关要严格谨慎以法律明文规定为裁判依据,充分认识和考量银行间债券市场的特殊性,结合具体案情来探讨银行间债券发行与交易中的虚假陈述行为是否满足侵权责任的构成要件,依据中介机构在银行间债券虚假陈述中的过错程度和原因力等,来厘定和细化相应的法律责任承担。

(编辑:孙秀满　谢贵春)

《证券法苑》(2025)
第四十二卷,第130～155页

我国私募基金托管人监督职责的立法完善

蔡欣瑜*

摘要:对我国私募基金托管人监督职责的完善应把握两方面逻辑。扩张逻辑上,托管人应体现金融机构的专业水准;作为常设监督机构具有“最小成本规避者”优势。限缩逻辑上,托管人无须评价投资策略效益;投资者应自我担责。后续立法应增加募资阶段的投资者适当性监督,基金间接投资时的风险防范措施监督,基金赎回的及时、公平性监督,管理人失联时的既有投资监督等职责,将监督标准转变为合理审查;应排除托管人监督投资风险的义务。

关键词:私募基金　托管人　监督义务　合理审查

一、引言

2024年5月11日,中国证券监督管理委员会发布了“对浙江瑞丰达资产管理有限公司立案调

* 中国人民大学法学院博士研究生。

查”的通知，对瑞丰达公司涉嫌多项违法违规、实际控制人“跑路”等情形进行调查。该事件涉及金额高达数十亿元。从“杭州瑜瑶、深圳汇盛跑路”事件，到此次的“瑞丰达跑路”事件，私募基金的频繁失守必然导向对监督机制的审思。

当下，我国私募基金托管人监督职责的争议分散于“募、投、管、退”以及管理人失联等多个环节，反映出既有立法可能存在的缺陷。而目前有关私募基金托管人监督职责的研究不够精细化，[1]更多是宽泛地讨论保护投资者权益的意义或是托管人履职的现实制约，未能细致讨论如何平衡两方面的关系，提出的立法方案在科学性、可操作性上均有所欠缺。本文从对托管人既有监督职责的完善逻辑入手，扩张逻辑上，关注托管人机构特点，强调托管人作为金融机构及基金常设机关的履职优势；限缩逻辑上，结合私募基金的产品特性，着重厘清托管人与管理人、投资者之间的风险分担逻辑。由此，通过归纳扩张及限缩托管人既有监督职责的实质理由，本文致力于发掘两重逻辑之间的平衡点，结合既有争议，提出具体的立法完善方案。

---

〔1〕 部分学者主要采取借鉴比较法的方式提出完善方向，参见梁清华：《论我国私募基金托管人制度的重构》，载《暨南学报（哲学社会科学版）》2014 年第 9 期；闫海、刘顺利：《独立与制衡：证券投资基金托管人法律地位的重构》，载《浙江金融》2012 年第 6 期。部分学者聚焦于合同约定是否具有优先于立法规定的效力展开探讨，参见陶伟腾：《基金托管人之义务属性辨析：信义义务抑或合同义务？》，载《南方金融》2019 年第 10 期；孔令学、杨鑫洁、张玉：《论私募基金托管人责任认定与承担》，载《金融发展研究》2022 年第 8 期。有学者借由具体案件的分析，指出除了立法明确的保管、监督义务，托管人还需负担其他注意义务，参见汤欣、范晓语：《私募基金托管人职责与相关争议的法律适用》，载郭文英、徐明主编：《投资者》第 4 辑，法律出版社 2018 年版。有学者从基金托管人履行监督职责过程中面临的边界不清晰、标准不明确、缺乏监督手段等问题出发，主张赋予托管人质询权、违法行为停止请求权等权利，确立主客观相结合的履职判断标准与具体行为规则，参见蔡云红：《我国基金托管人制度的法律问题与完善建议》，载《证券市场导报》2011 年第 7 期。有学者从加强托管人监督职能的意义出发，对托管人监督职能的充实及履职条件的强化作了论述，参见陈士林：《我国证券投资基金：监管模式与监管措施》，载《上海金融》2010 年第 8 期。还有学者从私募基金托管人法律地位的讨论入手，在主张托管人与管理人之间成立共同受托关系的基础上，主张托管人的职责一方面需要与管理人严格区分，另一方面也需体现合作协同，在管理人失联时代为行使管理职责，参见刘俊海：《论信托型私募基金托管人与管理人的连带责任——基金法、信托法、合同法与侵权法的四重维度》，载《政法论丛》2023 年第 2 期。

二、我国私募基金托管人监督职责的争议

目前,有关我国私募基金托管人监督职责的实践存在诸多争议。这与我国私募基金托管人监督职责立法的部分模糊、冲突、不合理之处直接相关。在私募基金运营的不同阶段,托管人履职的要求及对应争议有所不同。因此,本节依据私募基金的"募、投、管、退"及管理人失联的特殊情形进行展开。

(一)募资阶段托管人监督职责的争议

募资阶段,就托管人是否需要对产品及其资金来源的合法合规性等方面进行审查,中国证券投资基金业协会(以下简称基金业协会)与中国银行业协会存在不同意见。中国银行业协会发布的《商业银行资产托管业务指引》第15条规定,除法律法规或合同另有规定的情形,托管银行不承担包括"投资者的适当性管理""审查托管产品以及托管产品资金来源的合法合规性"在内的10项职责。而基金业协会则明确指出,资管合同若具有"托管人不承担产品的合规性审查职责,不对产品资金来源的合法合规性承担任何责任"等条款,将影响备案。[2]

两种监管立法的根本矛盾在于:一方面,投资者适当性管理、托管产品及资金来源的合法合规性控制等事宜直接关系投资者权益保护。管理人可能通过欺骗不适格投资者、从违规渠道吸收资金、违规发行托管产品等方式,侵害投资者利益。投资者囿于自身专业知识上的有限性,往往难以自主发现并规避相关风险,投资者的权益需要由其他主体予以保护。另一方面,上述职责又会直接导致托管人履职成本及风险增加,需考量是否与托管人的现实履职条件相匹配。如何平衡二者的关系,应由后续的立法规则予以解答。

(二)投资阶段托管人监督职责的争议

投资阶段,有关托管人监督职责的争议主要体现于两个方面:其

---

〔2〕《备案提示(二)》,载基金业协会网,https://www.amac.org.cn/businessservices_2025/smzgjsmzqhyw/smzgyw/smzg_ywdt/202008/t20200826_10109.html。

一，对于私募基金通过下层载体间接投资的情形，托管人如何监督基金资产最终投向合同约定的范围？其二，私募基金托管人对于投资指令的形式审查义务是否足以保护投资者权益？是否有必要加重托管人义务？

首先，对于私募基金通过下层载体间接投资的情形，既有立法难以确保基金资产被用于基金合同所约定的目的。根据基金业协会2023年9月发布的《私募投资基金备案指引第2号——私募股权、创业投资基金》第21条第2款的规定，私募股权基金通过特殊目的载体开展投资的，托管人应当持续监督私募股权基金与特殊目的载体的资金流向，事前掌握资金划转路径，事后获取并保管资金划转及投资凭证。私募基金管理人应当及时将投资凭证交付托管人。但是，这一规定仍不足以保全私募基金财产。下层投资载体可能另有其财产保管人。一旦资金从账户中划出，托管人便丧失了直接控制资金流向的能力，基金财产也会与下层载体的其他财产混同。仅通过事前掌握路径及事后获取凭证，无法在下层载体拒不划转或挪用资金时直接阻止其违约行为，事后救济也存在难以追回损失的风险。对此，可从相关仲裁案件中获得印证。[3] 未来，是否有必要加强托管人的监督职责，进一步确保基金财产被运用于基金约定的目的？例如，是否应当要求托管人必须同时担任下层载体的保管人？或是要求管理人在通过下层载体投资时，缔结必要的风险范防范措施？相关职责负担又如何与托管人的履职能力相互匹配？

其次，既有规则对于托管人的形式审查要求不足以保护投资者权益，未体现出托管人履职应有的专业水准。依据《证券投资基金法》（以下简称《基金法》）第36条第5项及第37条的规定，托管人需依据基金合同及法律法规审核管理人投资指令。2023年4月最高人民法院发布的《全国法院金融审判工作会议纪要（征求意见稿）》第65条又进一步明确了托管人的这一审查义务为形式审查。从形式审查的定义

〔3〕 相关仲裁案例详细介绍参见阮万锦：《私募基金托管人责任案例分析（一）》，载北大法宝网，https://www.pkulaw.com/lawfirmarticles/c35d577295bf8637b5c5d5e61698b801bdfb.html，2024年11月16日访问。

来看，托管人需要书面审查管理人所提供的各项材料的形式要件，[4]例如格式、范围、内容，而无须通过调查取证的方式审查相关材料的真实性、合法性。而实质审查则要求对相关材料的实质内容的真实性、合法性、有效性进行调查与确认。[5] 从既有的私募基金合同约定来看，许多合同中都约定了托管人仅对管理人的投资指令按照合同约定进行表面一致性审查，即主要审查印鉴签名、划款金额、收款账户等直观的纸面信息与基金合同等文件的一致性，而无须审查管理人同时提交的其他文件资料的合法性、真实性、完整性和有效性。许多司法裁判也将此作为托管人承担相关职责的标准。[6]

但是，私募基金管理人侵害投资者利益的手段绝不局限于伪造印鉴签名、提供错误的收款账户等方式。管理人就投资对象的选择，在基金合同约定的范围内拥有极大的自主决策空间。管理人选择的投资方向是否符合基金合同约定或法律规定，与管理人是否利用这一投资行为恶意转移基金资产并无必然联系。很多时候，管理人都是利用看似合法合约的手段进行基金资产的转移。例如，在“瑞丰达跑路”事件中，基金管理人便疑似先行操纵抬高股价，进而利用基金资产“高位接盘”，以看似合法合约的公开市场操作实现了基金资产从托管账户向

---

〔4〕 参见梁上上：《公司担保合同的相对人审查义务》，载《法学》2013 年第 3 期。

〔5〕 同上。

〔6〕 这一结论来自对检索到的裁判文书中的案件事实认定部分的整理，参见济南铁路运输中级法院：周某彬、世行大通资本管理有限公司等金融委托理财合同纠纷一审民事判决书，案号：(2021)鲁 71 民初 19 号，2021 年 9 月 29 日。此外，还有部分案例直接在裁判理由中援引了合同对托管人仅负有表面一致性审查义务的约定，作为认定托管人已有效履职的依据，参见北京市朝阳区人民法院：张某与恒泰证券股份有限公司等合同纠纷一审民事判决书，案号：(2021)京 0105 民初 15175 号，2022 年 12 月 29 日；北京市朝阳区人民法院：李某芳与恒泰证券股份有限公司等合同纠纷一审民事判决书，案号：(2021)京 0105 民初 15180 号，2022 年 12 月 29 日；北京市朝阳区人民法院：杜某敏与恒泰证券股份有限公司等合同纠纷一审民事判决书，案号：(2021)京 0105 民初 15177 号，2022 年 12 月 29 日；济南铁路运输中级法院：魏某、深圳市金色木棉投资管理有限公司等金融委托理财合同纠纷一审民事判决书，案号：(2020)鲁 71 民初 181 号，2021 年 6 月 23 日；济南铁路运输中级法院：施某廷、上海韵隆股权投资基金管理有限公司等金融委托理财合同纠纷一审民事判决书，案号：(2021)鲁 71 民初 127 号，2022 年 2 月 8 日。

"幕后操盘手"的转移。[7] 诚然,对于"瑞丰达跑路"事件中管理人的投资指令,若仅从印鉴签名、投资数额等角度进行简单的表面一致性审查,则托管人难以发现管理人的资产转移行为。但作为专业的金融机构,托管人应当对新三板股票较低的流动性有一定的认识。"瑞丰达"系列基金长期流连新三板市场,重复进行类似的"高买低卖"行为,其间相关股票的价格多次发生了异常的剧烈变动。这些事实难道不足以引起托管人的警惕?对于表面符合基金合同及法律规定,但明显不符合专业常识的投资指令,难道托管人没有进行核查或视情况进一步采取实质审查手段的义务?当然,要求托管人就管理人的投资指令负担更加充分的审查义务,存在对应的履职成本问题。未来,应由相关立法进一步明确私募基金托管人审查义务的内涵,充分体现出投资者权益保护与托管人履职条件之间的平衡。

(三)管理阶段托管人监督职责的争议

运营管理阶段,对私募基金托管人监督职责的争议主要集中于降低投资风险是否属于其监督范畴。根据《基金法》第36条第10项的规定,托管人应监督管理人的投资运作。而从下位细化立法来看,依据《证券投资基金托管业务管理办法》第18条及《私募投资基金登记备案办法》第37条的规定,托管人需具体督促基金管理人防范结算风险,督促其在基金投资对象发生股权变更等事宜时办理投资确权。这赋予了托管人一定的运营阶段监督职责。但是,既有立法并未对托管人在基金运营阶段的监督职责提出更多明确要求。而从既有实践来看,则司法机关对托管人的监督职责存在一定的扩张倾向。

---

〔7〕 王辉:《金融圈刷屏!知名私募跑路?》,载微信公众号"中国证券报"2024年5月10日,https://mp.weixin.qq.com/s/sN-VOknzEiB_KBWRBakTLQ;马嘉悦:《20亿元私募跑路?记者实探》,载微信公众号"上海证券报"2024年5月10日,https://mp.weixin.qq.com/s/wwmwMIif3b-zBinEpRqhbQ;邱利、陈锋:《资管圈一声惊雷!瑞丰达陷兑付危机,疑似"高位接盘"多只新三板股票》,载微信公众号"华夏时报"2024年5月11日,https://mp.weixin.qq.com/s/SOQiN7dl6upLALcYpC9zHg;陈雨康:《"跑路"私募瑞丰达后续!关联港股公司股价暴跌,多只新三板股票已停牌》,载微信公众号"证券时报"2024年5月13日,https://mp.weixin.qq.com/s/MUWoinQvknlv-FQyh_fV4w;夏悦超:《"跑路"的私募瑞丰达,诸多疑点待解……》,载微信公众号"国际金融报"2024年5月14日,https://mp.weixin.qq.com/s/IFn-bxaEbfwBMM_f1YbJfQ。

例如,在“胡某星诉太平洋证券股份有限公司等合同纠纷案”中,法院不仅要求托管人对管理人的具体投资指令进行审查,还要求托管人就管理人履行合同约定的风险措施的情况进行监督。由于托管人对管理人未完全履行风控措施并不知情,也未能发现基金的投资对象破产,法院认定托管人存在失职。该判决书还进一步指出,托管人对于稳定金融市场、防范金融风险负有社会义务,由托管人加强防范措施符合社会大众的期望。[8] 而在“宋某晶、杨某兰、国泰君安证券股份有限公司委托理财合同纠纷案”中,法院更是指出,“托管人需要借助自身金融专业机构优势,对基金产品的市场价值予以评定,及时通报投资者,提高基金获得收益的概率或者做到及时止损”[9]。如果说上述第一个案例仅是要求托管人就基金运营中的相关风险事实进行掌握,第二个案例则体现出要求托管人对基金盈利的实质风险进行评估的倾向。这反映了实践对于加强私募基金投资者保护的强烈愿望。但是,这些职责是否符合托管人的角色定位及履职能力,仍有待后续商榷。若过度扩张托管人职责,难免会使托管人与管理人角色混同,存在强行要求托管人分摊基金损失之嫌。

(四)退出阶段托管人监督职责的争议

私募基金退出阶段,有关托管人监督职责的争议主要聚焦于托管人对管理人与投资者之间赎回基金份额的整体过程是否负有监督义务。例如,托管人是否负有对投资者赎回信息的准确性进行审查的义务?[10] 托管人是否负有对管理人拒绝、拖延赎回的监督义务?是否负有对管理人在赎回中无合理理由给予投资者差别待遇的监督义务?从

[8] 由于无法检索获取该案一审判决书,故参见江苏省南京市中级人民法院:上诉人太平洋证券股份有限公司与被上诉人胡某星、原审被告南京中乾融投股权投资基金管理有限公司合同纠纷二审民事判决书,案号:(2020)苏01民终4507号之一,2020年10月28日。

[9] 参见山东省临沂市罗庄区人民法院:宋某晶、杨某兰、国泰君安证券股份有限公司委托理财合同纠纷一审民事判决书,案号:(2020)鲁1311民初180号,2020年6月16日。

[10] 例如,A投资者与B投资公司及C证券公司关于私募基金合同纠纷仲裁案。参见王团团:《〈九民纪要〉语境下谈资管业务之五:托管法律地图及托管人责任边界解析(下)》,载北大法宝网,https://www.pkulaw.com/lawfirmarticles/a58838aed1dbd61ba746e871ce023814bdfb.html,2024年11月16日访问。

既有立法规定来看,托管人职责仅限于《基金法》第 36 条的规定,即托管人只需复核、审查基金管理人计算的基金份额赎回价格,无须关注其他赎回相关的事宜。但是,从既有实践的需求来看,私募基金赎回过程中管理人对投资者权利的侵犯往往不局限于赎回价格的争议。

一方面,管理人可能存在无合理理由拒绝或拖延赎回的情形。根据《基金法》第 67 条第 1 款的规定,除了不可抗力及证券交易场所临时停市的情形,管理人还可在基金合同约定的其他情形下停止赎回款项的支付。实践中,相关合同多约定,当基金缺乏流动性而导致无法变现赎回,或管理人认为赎回可能会导致低价抛售底层资产等损害其他投资人的情形时,管理人可暂停或拒绝赎回。[11] 而对于基金缺乏流动性等情形的判定具有专业性,投资者往往难以对管理人所提供的拒绝、迟延赎回的理由的真实性、合理性进行判断,其权益可能受到管理人侵犯。

另一方面,单个投资者与管理人之间的赎回行为也可能对整体投资者的利益产生影响。资金不足的情形下,管理人对投资者赎回程序等方面的差别待遇也会导致其权益的丧失或缩减。例如,在华南国际经济贸易仲裁委员会的一起仲裁案中,仲裁委便认定基金管理人在赎回中区别对待不同投资者的方式违反了合同约定。但由于相关法律及合同中均未要求托管人监督基金赎回份额数量以及止损操作,因此该案中托管人并不具备相应的监督管理职责,这使得该案的投资者最终只能向管理人主张权益损失。[12]

总而言之,在投资者权益极易受到侵犯的基金退出阶段,是否有必要扩大托管人在基金赎回过程中的职责?如何实现相关职责与履职成本之间的平衡?这些疑问均有待解答。

(五)管理人失联时托管人监督职责的争议

管理人失联等情形下,私募基金托管人负有何种职责?对此,托管

---

〔11〕 参见王团团、李盛:《基金争议解决(十四):基金赎回常见争议解析》,载微信公众号“金杜研究院”2022 年 10 月 10 日,https://mp.weixin.qq.com/s/yUZjc0yCpsKL6Q4kxn7itw。

〔12〕 参见刘晓春主编:《金融纠纷仲裁调解指南与典型仲裁案例选编(第三辑)》,载深圳国际仲裁院网,http://www.scia.com.cn/Home/Index/hb/sid/850.html,2024 年 11 月 16 日访问。

人与管理人的“共同受托论”无法提供充足的理论支撑。2018 年“阜兴案”中,基金业协会曾直接发布公告,要求托管人在管理人无法正常履职时承担共同受托职责,召集基金份额持有人会议、保全基金财产。[13] 但这一公告引发了过度加重托管人职责的争议。依据共同受托理论,共同受托人需要共同支配信托财产,这一职责是不可分割的,[14] 受托人应当采取共同行动,对外形成共同的意思表示。[15] 因此,这一结构地位的确定不仅关系管理人失联等情形下托管人的职责,更会对管理人及托管人在私募基金整体运作中的职责划分产生影响。管理人与托管人就基金财产支配的意思表示内容完全不同。管理人主要负责投资决策,托管人主要审核决策的规范性,二者并不符合共同受托的基本特征。从实质与形式的辩证关系来看,结构地位不过是履职内容的形式体现。管理人与托管人应分别承担何种职责取决于现实需求与履职条件。不应倒因为果,先行界定结构地位,而后推导实质的职责内容。

从既有规则来看,《证券投资基金托管业务管理办法》第 23 条规定,对于需要召开基金份额持有人大会的事宜,在管理人未能召集或无法召集会议的情况下,托管人负有召集之责。这似乎能够为托管人督促管理人失联后基金各项事务的开展提供一种渠道。但是,从《基金法》第 47 条的规定来看,基金份额持有人大会在管理人失联等情形下只可能通过提前终止基金合同、更换管理人等方式维护基金权益,无法处理即时的财产保全、维护投资运作、财产清算等事宜。《私募投资基金登记备案办法》第 58 条第 1 款就扩张托管人在管理人失联等情形中的清算职责作出了尝试。私募基金管理人因特殊原因难以履职导致基金无法正常退出的,管理人、托管人、基金份额持有人大会或者持有一

---

〔13〕 参见《关于上海意隆等 4 家私募基金管理人风险事件的公告》,载基金业协会网,https://www.amac.org.cn/aboutassociation/gyxh_xhdt/xhdt_xhgg/201807/t20180713_2410.html。

〔14〕 Restatement (Second) of Trusts § 34 (1959); Restatement (Third) of Trusts § 81 (2003). 美国立法就共同受托要件进行了明确规定,本文此处引用了相关规定中的实质内容。

〔15〕 Restatement (Second) of Trusts § 194 (1959); Restatement (Third) of Trusts § 39 (2003).

定份额比例的投资者均可以制定、执行清算退出方案,依法履行解散、清算、破产等职权。但是,这一条款仅陈述了托管人"可以"从事相关行为,而非明确的义务性规范,在具体的分工、程序上也不够明确。因此,在管理人失联的情形下,既有规则赋予托管人的监督职责仍较模糊。

从当下的实践需求来看,可以考虑从两个方面着重扩展管理人失联情形下的托管人监督职责。一方面,相当一部分既有争议集中于托管人在管理人失联等情形下是否负有主动组织清算组的职责,反映了实践对于托管人清算职责的关注。[16] 而根据《基金法》第 81 条第 1 款及第 92 条第 1 款的规定,当下托管人在清算中负有何种职责仍取决于基金合同的约定。对此,应探究后续立法是否有必要强制赋予托管人更多的清算职责。另一方面,实践中也有个别判决要求托管人在管理人失联的情况下监督既有投资运作,[17] 但同样存在争议。

对此,在后续的规则完善中,应注重从两方面予以考量。一方面,虽然私募基金管理人失联的情形需要托管人、监管机构等诸多主体的协力应对,但我国托管人作为私募基金的核心监督主体,不同于美、日等国的单纯"保管人"定位。应结合我国托管人拥有的积极履职条件,探索托管人在管理人失联的情形下负有的监督义务,夯实投资者权益保护。另一方面,也应考虑托管人的现实履职条件,避免大而笼统的赋职给托管人带来过度负累。

---

〔16〕 例如,在"莫某东诉深圳市金色木棉投资管理有限公司、恒丰银行股份有限公司民间委托理财合同纠纷案"中,投资者便主张托管人应负有主动组织清算组的职责,虽然在现行立法下这一主张被驳回,但仍反映了一定的现实需求,参见济南铁路运输中级法院:莫某东与深圳市金色木棉投资管理有限公司、恒丰银行股份有限公司民间委托理财合同纠纷一审民事判决书,案号:(2020)鲁 71 民初 147 号,2021 年 2 月 3 日。又如,在另一仲裁案例中,投资者同样聚焦于托管人依据合同约定应负有的主动组织清算义务,体现了其对于托管人清算职责的关注,该仲裁案例的相关介绍参见王团团:《〈九民纪要〉语境下谈资管业务之五:托管法律地图及托管人责任边界解析(下)》,载北大法律网,https://www.pkulaw.com/lawfirmarticles/a58838aed1dbd61ba746e871ce023814bdfb.html,2024 年 11 月 16 日访问。

〔17〕 参见山东省临沂市罗庄区人民法院:宋某晶、杨某兰、国泰君安证券股份有限公司委托理财合同纠纷一审民事判决书,案号:(2020)鲁 1311 民初 180 号,2020 年 6 月 16 日。

三、完善私募基金托管人监督职责的双重逻辑

从上文有关私募基金托管人监督职责的争议来看,主张扩张托管人监督职责的观点多强调保护投资者权益的必要性,主张限缩托管人监督职责的观点则关注现实条件的制约。欲完善既有立法,需首先把握扩张及限缩现行规范下托管人监督职责的逻辑。具体而言,应当从我国托管人机构特点及私募基金产品特性出发,发掘完善我国私募基金托管人既有监督职责的双重逻辑,并关注二者与报酬机制之间的平衡协调。

(一)托管人机构特性影响下的监督职责扩张逻辑

1. 托管人作为金融机构的应然专业水准

私募基金中存在管理人利用知识不对称的优势谋取私利的风险。投资者及监管机构囿于自身专业知识、履职时间及人员等方面的限制,难以就管理人投资决策、管理基金运营等方面的行为进行充分审核。从比较法的借鉴角度来看,只有进一步提升对于我国托管人监督职责的专业水准要求,才能够充分满足投资者权益保护的需要。

应当认识我国与美国、日本等国在私募基金代理风险化解制度上的差异,避免管窥蠡测式的借鉴。不同于我国,美国对于私募基金的整体监管目标较为宽松。投资者仅通过投资顾问委员会、投资决策委员会等辅助机构对管理人的日常活动进行监督。[18] 会计师以及监管机构等主体的监督则具有滞后性与非日常性。保管人也只需简单地从表面审核投资对象等是否符合合同指定的范围等事宜,而无须结合专业优势进一步判断管理人相关行为是否具有合理性。哪怕是在2008年金融危机后颁布了《多德—弗兰克法案》,该法案的内容也更多地致力

〔18〕 参见陈翔:《私募合伙人:有限合伙私募股权基金治理》,法律出版社2018年版,第48-49、105页;[美]克劳迪娅·纪斯伯格、迈克尔·普拉尔、鲍文·怀特:《精通私募股权》,刘寅龙译,清华大学出版社2018年版,第219页。

于化解系统性风险。[19] 究其原因，美国作为全球私募基金的监管洼地，基金条款谈判及后续管理中的高度自主权是吸引优质管理人的重要条件。且美国的私募基金市场已相当发达，培育巩固了一批优秀管理人。这些管理人在美国的私募基金市场上长期耕耘，依赖良好声誉获得源源不断的委托。声誉机制的有效运作使管理人从事欺诈行为的动力相对降低，私募基金市场呈现良性循环的状态。我国的私募基金市场尚未成熟，管理人长期耕耘私募基金行业意识不足，欺诈以及懈怠履职等情况时有发生。因此，对于我国私募基金管理人各项活动的监督，更加需要发挥托管人作为金融机构的专业水准，予以细致审查。至于日本，其私募基金的监督职责则大量由行政机关负担，与我国的监管传统及分工不同。日本的内阁总理就私募基金的运营拥有监督检查权、必要情况下的私募基金内部人员任命权、信息获取权、介入私募基金运行风险的控制，甚至更换管理人等一系列权力。[20] 因此，不同于我国私募基金监督职责大量由托管人负担的分工传统，日本私募基金中保管人的审核义务同样较低。[21]

对我国托管人履职应有的专业水准的理解，可参照托管人同为私

---

〔19〕 参见郭雳：《金融危机后美国私募基金监管的制度更新与观念迭代》，载《比较法研究》2021 年第 6 期。

〔20〕 参见《日本投资信托与投资法人法》第 16、19、22、108、110、153、155、162、212 - 215 条，载 e - GOV 网，https://elaws. e - gov. go. jp/document? lawid = 326AC0100000198_20231129_505AC0000000080&keyword = % E9% A0% 90% E8% A8% 97% E7% AD% 89% E5% 8F% 96% E5% BC% 95% E3% 81% AB% E9% 96% A2% E3% 81%99% E3% 82% 8B% E6% B3% 95% E5% BE% 8B，2024 年 11 月 16 日访问。

〔21〕 我国私募基金托管人的职责主要包括 9 个方面。第一，协议审查。托管人需从保护基金份额持有人的角度对基金合同等相关法律文件中的投资范围、基金费用等事项进行评估。第二，资金及资料存管。托管人需规范开设账户，确保资金独立、安全、完整；妥善保存业务记录、会计凭证、投资者适当性管理记录等托管业务活动资料。第三，复核职责。托管人需复核、审查基金管理人计算的基金资产净值、份额净值和基金份额申购、赎回价格；对管理人依法依约履行收益分配的情况定期复核；就管理人编制的基金财务会计报告、中期和年度基金报告、定期更新的招募说明书等出具意见。第四，清算交割。托管人需按照管理人指示及合同规定，负责私募基金日常运作的清算交割，还需作为清算组成员参与私募基金最终的清算退出。第五，监督审查。托管人依据法律法规及合同约定监督基金管理人的投资行为，主要涉及投资范围、投资比例、投资风格、投资限制、关联交易等方面，并在发现违规违约的情况下督促管理人更正、披露并报告监管部门，督促后续赔偿。尤其是私募股权基金通过

募基金核心监督机构,且重视化解私募基金代理风险的英国的立法实践。英国私募基金托管人不仅需要审核管理人的投资决策等活动是否符合法律法规及合同约定,还需负担一系列职责。托管人需对管理人建构维持的风险管理系统的适当性进行评估。〔22〕托管人需对管理人以基金名义进行的投资活动、融资活动、设定担保、重大交易、份额发行与赎回等事项进行监督;在临时借款、发行或赎回基金份额、新兴市场投资等重大问题上,管理人还需要获得托管人的事前认可。〔23〕托管人对管理人制定的估值模型和估值结果也负有监督义务。〔24〕

由此可见,在我国管理人信用资本不足的现实背景下,应由作为私募基金核心监督主体的托管人,充分发挥其作为金融机构的专业优势。

特殊目的载体开展投资的,托管人还需持续监督资金流向,事前掌握资金划转路径,事后获取并保管资金划转及投资凭证。第六,按照规定召集基金份额持有人大会。第七,信息披露及报送。信息披露方面,托管人需依据协议约定对涉及基金投资、资产负债等可能影响投资者合法权益的重大信息进行披露。信息报送方面,托管人需向登记备案机构报送基金投资运作等信息,避免出现虚假记载、误导陈述、重大遗漏、预测业绩、保本承诺等情形。第八,风险监控及防范。托管人应当建立突发事件处理预案制度。承担市场结算参与人职责的托管人还应当建立健全结算风险防控制度和监测系统,持续督促基金管理人防范风险,在资金或证券不足交收时督促管理人采取相应措施。第九,督促投资确权。私募基金进行股权投资,或者持有的被投企业股权、财产份额发生变更的,托管人应当督促管理人及时办理市场主体登记或者变更登记。针对私募基金托管人职责的立法,法律层面主要包括《基金法》第36条、第37条;行政法规层面包括《私募投资基金监督管理条例》第16条、第30条、第32条、第33条;部门规章层面主要包括《证券投资基金托管业务管理办法》第15—24条、第29条,中国证券监督管理委员会发布的《私募投资基金监督管理暂行办法》第23条、第24条、第26条;行业规定层面主要包括基金业协会发布的《中国基金业协会关于发布私募投资基金合同指引的通知》第25条,《私募投资基金备案指引第2号——私募股权、创业投资基金》第21条第2款,《私募投资基金信息披露管理办法》第10条,《私募投资基金登记备案办法》第37条第2款、第58条、第60条,《私募投资基金信息披露管理办法》第2条,《私募投资基金服务业务管理办法(试行)》第35条;中国银行业协会发布的《中国银行业协会商业银行资产托管业务指引》第15条、第17条。

〔22〕 参见《英国集合投资计划法规汇编》第5.6.17条,载FCA官网,https://www.handbook.fca.org.uk/handbook/COLL.pdf,2024年11月16日访问。

〔23〕 参见《英国集合投资计划法规汇编》第5.2.10条、第5.2.12条,载FCA官网,https://www.handbook.fca.org.uk/handbook/COLL.pdf,2024年11月16日访问。

〔24〕 参见《英国集合投资计划法规汇编》第6.3.6条,载FCA官网,https://www.handbook.fca.org.uk/handbook/COLL.pdf,2024年11月16日访问。

托管人拥有专业的人才团队，长期在金融领域从事各项业务活动，能够运用专业知识就管理人的各项活动是否存在违约违法等情形进行判断与识别，而非局限于对收款账户、合同印鉴等书面信息的简单核对。对于虽有合法合约之形，但明显不符合一般专业常识的投资活动等，应当进一步核实。正如英国基金经理格里·胡利所言："今天的托管人需要提供比过去多得多的服务。许多过去被认为属于增值服务的内容已经被纳入标准服务的范畴之中。客户对风险管理关注度的增加使得管理人不再以托管服务的成本降低作为选择托管者的标准，管理人需要选择流程、技术和管理水平上都更加出色的托管公司。"[25]

2. 托管人作为常设机关的"最小成本规避者"优势

私募基金管理人不仅可能通过恶意的投资决策等积极行为损害投资者利益，还可能存在懈怠拖延等消极履职情形。对此，投资者及监管部门等主体并非私募基金的常设监管机关，往往只能以滞后的、非持续性的监督手段对管理人的消极怠工进行追究。这可能会耽误挽救投资者权益的最佳时机。

托管人则不同，托管人作为私募基金的常设保管机关，能够直接掌握私募基金每一笔收支的具体情况，持续了解私募基金的运营情况。对于管理人未能及时就私募基金投资企业的股权变更等事宜办理登记确权的情形，托管人可依据自身掌握的基金收支信息，及时督促管理人履职。对于管理人未能及时召开基金份额持有人大会的情形，托管人可依据自身保管的投资者清单及对需要召开基金份额持有人大会的情形的了解，主动召开相关会议。对于管理人信息披露、信息报送不及时等情形，托管人同样可依据自身所保管的基金材料及披露报送要求，督促、辅助管理人完成相关职责。

有学者指出，卡拉布雷西从侵权责任层面提出的"最小成本规避者"理论在合同法领域同样也有运用的空间。[26] "该理论核心观点是：为了最大限度地减少社会总成本，事故责任应划归于那些能够以最低成

〔25〕 Ben Wilkier, *The UK Is a Market Where the Big Beasts Thrive*, *and Smaller Players Struggle*, https://www.assetservicingtimes.com/, visited Nov. 16, 2024.

〔26〕 参见王利明：《论越权代表中相对人的合理审查义务——以〈合同编解释〉第20条为中心》，载《中外法学》2024年第1期。

本规避事故风险的主体。"[27]同样的,从法律经济学的角度看,私募基金托管人是能够以最小的成本承担相关职责的主体,由私募基金托管人负担相关职责的总成本与总收益之间的差额最大。因此,虽然私募基金托管人不属于管理人的共同受托人,但在管理人怠于履职以及管理人缺位等情形下,托管人可发挥自身作为常设机构的履职优势,负担及时的督促与补充职能。

(二)私募基金产品特性决定的托管人监督职责限缩逻辑

1. 托管人不扮演超额利润创造角色

托管人的专业优势主要指向必要的财会、法律知识的运用,而非超额利润的创造。私募基金托管人的专业优势水平应参照同类机构的水准,而非管理人在私募基金投资领域进行超额利润创造所拥有的专业水准。

从智力资本与组织的结合形式来看,智力资本可被划分为机器承载的知识、通过组织内个体互动形成的集体知识、嵌入个体内部的专业知识。[28] 其中,机器所承载的知识可通过说明书被大多数个体掌握;[29] 通过组织内个体互动形成的集体知识主要指向公司组织结构及文化,组织内单个成员往往具有可替代性[30]。相比之下,嵌入个体内部的专业知识由一个主体向另一主体转移的成本较高。哈耶克指出,并非所有知识均可被编纂或标准化,在部分场合下,拥有针对某一特定时间地点条件下的信息与经验的人才对于决策的成功具有无可取代的主导作用。[31] 正如只有常年在某一特定港口航行的水手才能够知晓该港口不

---

[27] 沈伟伟:《人形机器人事故责任制度的困境及应对》,载《东方法学》2024年第3期。

[28] Atrica Gorga & Michael Halberstam, *Knowledge Inputs, Legal Institutions and Firm Structure: Towards a Knowledge - Based Theory of the Firm*, Northwestern University Law Review, Vol. 101, 2007.

[29] See Demsetz, *The Theory of the Firm Revisited*, Journal of Law, Economics & Organization, Vol. 4, 1988.

[30] See Sherwin Rosen, *Learning by Experience as Joint Production*, The Quarterly Journal of Economics, Vol. 86, 1972; Annette L. Ranfi & Michael D. Lord, *Acquiring New Knowledge: The Role of Retaining Human Capital in Acquisitions of High - Tech Firms*, The Journal of High Technology Management Research, Vol. 11, 2000.

[31] See F. A. Hayek, *The Use of Knowledge in Society*, The American Economic Review, Vol. 35, 1945.

同潮汐、水流、季节状况下的停泊技巧,因为这些经验相比一般的航行规则而言具有更高的习得条件。

结合私募基金的产品特质来看,私募基金是典型的智力资本主导投资决策的产品。数字经济时代,以廉价劳动力、原材料、能源、设备等为基础的经济模式的优势不再具有可持续性,智力资本已经成为在变动不居的全球环境中创造价值的关键资源。私募基金管理人作为智力资本的持有者,能够作为基金资本与投资对象之间的重要媒介,实现双方的资产增值。这一过程中,管理人投入大量的心血进行研究与谈判,通过对自身具有稀缺性与不可替代性的智识运用,发掘有潜力的商机。投资对象由于资金的增加,各类生产要素的开发程度、商业策略的落实水平均得以提升,竞争优势成倍放大,基金资产则同样能够在智力劳动对其进行有效分配的过程中获得高额回报。因此,管理人往往就其投资领域有着深厚的知识经验积累与独到的眼界见地。哪怕托管人拥有诸多专业人才,在现代商业社会精细化专业分工的背景下,也难以在特定投资领域作出更优于管理人的投资判断。因此,对私募基金托管人专业优势的预设应着重参考同类金融机构的水平,主要聚焦其在财务会计审核、法律规则运用等方面的优势,而非具体投资决策上的优势。

2. 投资者的必要自我担责

私募投资者属于有着较高风险偏好的人群,私募投资者作为私募基金可能的高额收益的主要受益者,应当进行必要的风险自负。私募基金属于典型的以高风险换取高回报的投资领域。投资者投资成功则取得多达几十倍甚至上百倍的高额回报,但投资失败的概率亦同样高达60%—80%。[32] 从各国对私募基金合格投资者的要求来看:一方面,私募基金投资者应当能够获得通常在招股说明书中提供的信息,具有足够的专业知识及经验,评估潜在的收益和风险。另一方面,投资者往往拥有承担相关损失的足够经济实力。对于此类投资者而言,市场有理由期待其充分认知到了自身选择管理人以及相关投资目标的后果,具有自我担责能力。虽然行为经济学对投资者的自我理性提出了质疑,但是行为

〔32〕 参见肖宇、许可:《私募股权基金管理人信义义务研究》,载《现代法学》2015 年第 6 期。

经济学同样指出,投资者对经济理性的偏离是高度普遍和系统性的。[33]因此,托管人作为监督者不可能承担起消除投资者自主选定的管理人的投资水平不佳等方面风险的职责,托管人监督职责的目的应聚焦于避免投资者利益受到管理人背信行为的侵害。

(三)报酬机制:扩张逻辑与限缩逻辑的平衡点

从既有的私募基金托管人与管理人利润分担来看,相比管理人以“固定的管理费 + 相当比例(一般为20%)的基金(超额)收益”收取报酬而言,托管人一般仅收取较低比例的托管资金(一般为5‰)作为托管费。[34] 这确实会给加重托管人监督职责带来一定的制约。从私募基金的价值分配规律来看,管理人通过智力资本为私募基金创造利润的属性也决定了管理人的盈利空间必然远超托管人。因此,管理人以相当比例的超额收益获取远超托管人的报酬的利润基本分配格局不会改变。

但是,这并不意味着我国托管人的薪酬毫无增长空间。托管人所获得的托管报酬是可以由市场机制调节的。在我国管理人信用不佳的背景下,管理人的私募订单招揽、投资者的权益保护相比于美国这种发达市场都更加需要托管人的信用背书。从行为激励的视角看,一个主体只有在“收益 > 履职基础成本 + 因担责负担的风险成本”的前提下,才有可能继续留在该市场之中。托管人的报酬、具体职责、民事责任分别对应这一公式中的收益、履职基础成本、因担责负担的风险成本。而对托管人监督职责的加重,更多体现在工作量的增长。对此,可通过计算增长后的托管人履职基础成本,以增长固定托管费的方式,提升托管人报酬。这符合由商业银行或者其他金融机构担任托管人的低风险盈利偏好。因此,如果后续在规则设计上确实赋予了托管人更多的职责,只要立法予以明确的职责规定,给予当事人明确预期,同时避免不合理的连带责任等制度设计,则市场完全有能力将托管人的报酬调节至更高的合适水平。不应将托管人报酬视为一成不变的前提,桎梏规则讨论。

从上述托管人监督职责的扩张与限缩逻辑来看:一方面,托管人监

---

〔33〕 See Andrei Shleifer, *Inefficient Markets: An Introduction to Behavioral Finance*, New York, Oxford University Press, 2000, p. 10.

〔34〕 参见陶伟腾:《基金托管人之义务属性辨析:信义义务抑或合同义务?》,载《南方金融》2019 年第 10 期。

督职责的限缩逻辑符合管理人主导利润创造、按比例获取超额收益的私募基金报酬分配基本格局。另一方面,托管人监督职责的扩张逻辑也在该基本利润分配格局下拥有一定的延展空间,具有通过市场调节机制实现托管人的报酬与职责相称的可行性。因此,以上述扩张及限缩逻辑作为后续探讨托管人监督职责完善的线索,具有基本的经济合理性。

四、私募基金托管人监督职责的立法完善

对于私募基金托管人监督职责的既有争议,可根据上述扩张及限缩逻辑进行辨析,最终完善相关的立法规则。

(一)募资阶段托管人监督职责的立法完善

投资者适当性、资金及产品合法合规性是影响私募基金成立及运作的基本要素,为私募基金后续投资活动的规范性及合法性奠定了前提。对于募资阶段托管人是否需要负担审核投资者适当性、托管产品及资金来源的合法合规性等职责的争议,可从托管人监督职责的扩张逻辑破题。托管人作为商业银行或者其他金融机构,具有审核投资者适当性、产品及资金来源合法合规性的基本专业条件。对于这些事项的审核托管人无须进行复杂的商业决策,仅需依据基本的专业常识,对相关材料进行审核即可。

中国银行业协会对于赋予托管人审核投资者适当性、托管产品及资金来源的合法合规性等职责的忧虑主要来自两个方面。一是相关职责是否会导致托管人履职成本的不当增长。二是托管人职责的加重也可能会导致托管人履职不当时负担消极责任的风险增加。对此,一方面,对于托管人监督职责的加重可通过适当提升托管人报酬解决,审核投资者适当性以及托管产品、资金来源的合法合规性所带来的托管人履职成本的增加是可预期的、可计算的,且私募投资者的人数规模本就相对较小。另一方面,对于托管人履职不当可能带来的消极责任,可通过对托管人责任机制的完善予以解决,避免不当的连带责任,确保过责相当。

因此,未来应明确将审核投资者适当性、托管产品及资金来源的合法合规性纳入托管人监督职责的范畴。具体而言,可将该职责明确写入

目前《基金法》第36条对于托管人职责的规定，改变当下通过下位行业法规甚至是各式备案说明进行规范的位阶不高、相互冲突的现状。

（二）投资阶段托管人监督职责的立法完善

1. 通过下层载体投资中的托管人监督职责规则完善

对于私募基金通过下层载体间接投资的情形，既有立法规定的托管人通过事前掌握信息与事后获取凭证的监督方式难以阻止基金资金被挪作他用。但是，通过下层载体投资在许多情形下是为了完成私募基金的投资目的的必经步骤，不可能通过“一禁了之”的方式予以解决。

对此，应从私募基金管理人应有的履职标准以及托管人对管理人相应履职标准的监督能力出发破题。从注意义务的内涵来看，英美法中的谨慎投资人规则适用于金融投资领域。该规则要求受托人像一名谨慎的投资者处理自身投资事务那样管理受托财产。[35] 而一名具有基本谨慎的投资者显然不可能在通过某一载体进行间接投资时不采取任何风险防范措施。因此，一名谨慎履职的管理人必然在私募基金通过下层载体间接投资时设置了充足的风险防范措施，并在事后充分运用了这些防范手段。因此，可通过对管理人设置、运用风险防范措施的充足有效性的审查，确保相关投资指令与基金合同及法律法规相符。而从托管人监督职责的扩张逻辑来看，托管人应体现托管人作为金融机构的应有专业水准，托管人能够有效识别通过下层载体投资的多种风险，审查管理人设置的风险防范措施是否充足，识别其后续就相关风险防范手段的运用是否及时、全面。

因此，一方面，应对既有的《私募投资基金备案指引》等文件的规定予以完善，另一方面，也应提升立法层级。可通过完善《基金法》第36条第5项的规定，明确要求托管人在根据基金合同审核管理人投资指令时，就通过下层载体投资的情形在划拨资金时审核是否缔结了充分的风险防范措施，并就相关风险措施的后续适用情况进行监督。

2. 托管人监督标准的立法完善

托管人的形式审查义务仅限于对管理人提交的各种书面材料的形

---

〔35〕 参见徐化耿：《信义义务的一般理论及其在中国法上的展开》，载《中外法学》2020年第6期。

式要件进行审查,要求极低,难以满足管理人侵权手段多样化背景下的投资者权益保护需求。实际上,形式审查与实质审查并非解答托管人监督标准的所有选项。在二者之间还存在以形式审查为主、实质审查为辅,以及以实质审查为主、形式审查为辅的过渡选项。[36] 换言之,不同监督主体的审查强度应当是一个富有层次的强弱谱系,对托管人监督标准的探究应选取一个合适的"点",而非囿于"极与极"的探讨。对托管人监督标准的强度选择,其关键在于平衡投资者权益保护与托管人履职可行性,即上文的扩张逻辑与限缩逻辑。

首先,从托管人监督职责的扩张逻辑来看,托管人的监督职责应当体现托管人作为专业金融机构一般情况下应有的审慎、注意和技能。具体而言,除却对印鉴签名、收款账户等书面信息的形式审查,托管人还拥有依据专业常识判断发票、项目审批书、合同文本、工商及土地所有权信息等材料的瑕疵及真假的能力,托管人还能够了解基本的市场行情及规律,就管理人的投资决策是否具备基本合理性进行整体把握。其次,从托管人监督职责的限缩逻辑来看,投资者应进行必要的风险自担。托管人的审查义务不可能超脱经济合理性的限制。对此,有学者主张应当注重审查的效率性,若审查成本极高,则该审查不具有效率性。[37] 托管人的审查义务应当以托管人所拥有的履职条件为限。

因此,应当将托管人的监督标准确定为一种"合理审查"义务。从既有理论对合理审查义务的界定来看,托管人应当依照一般金融机构的专业水准,就管理人的投资决策进行"审慎的形式审查"[38]。当托管人依据金融机构的一般专业常识,认为书面材料存在明显不合理或瑕疵时,应要求管理人进一步提供相关的说明及证据,乃至视情况自行或聘请律师、会计师等主体进一步调查。对于此类特殊情况,并非托管人履职的常态,不会导致履职成本的过度增长。例如,若基金资产充足,但管

---

〔36〕 参见李游:《公司担保中交易相对人合理的审查义务——基于458份裁判文书的分析》,载《政治与法律》2018年第5期。

〔37〕 参见王利明:《论越权代表中相对人的合理审查义务——以〈合同编解释〉第20条为中心》,载《中外法学》2024年第1期。

〔38〕 参见高圣平:《再论公司法定代表人越权担保的法律效力》,载《现代法学》2021年第6期。

理人仍然决定进行大额借贷,对于此类明显违背商业逻辑的行为,托管人便有义务要求管理人给予进一步说明,并提供相关证据。以“瑞丰达跑路”事件为例,若赋予托管人合理审查义务,则托管人完全有可能以管理人多次重仓流动性较差的新三板股票,且多次高位接盘、股价变化异常的事实,进一步关注到基金业协会对瑞丰达注册地与办公地不在同一辖区、投资者定向披露账户开户率低、存在逾期清算基金等事实的提示,[39]及早发现管理人的恶意转移资产行为,避免悲剧发生。

当然,合理审查义务仍然是一个相对宽泛的标准,合理审查义务的现实适用需要由司法机关及监管机关具体判断。具体而言,可考虑采取如下标准界定托管人的合理审查职责。[40] 例如,有学者主张可依据相关材料的权威性及公信力区分托管人的审查义务,区分国家机关依法定程序出具的文件以及法人中介组织等主体出具的材料。[41] 对于与投资决策的真实性、合法性等因素高度相关的材料,应尤其注意审查材料的合法性及真实性。还需考察托管人获取不同信息的难度差异,对于可从公开渠道获取的信息,托管人未能获取应视为未尽合理审查义务,而对于部分封闭法人主体内部的材料,应依据托管人获取相应信息的难易程度界定其审查义务。[42] 又如,有学者指出应区分重大交易和日常交易。[43] 在重大交易中,托管人应当负担更加审慎的审查义务。尤其需要注意的是,司法机关及监管部门对于托管人合理审查义务的自由裁量应符合一般社会经验,避免事后“倒推式”地加重托管人的审查义务。

综上所述,未来立法应更加明确地规定托管人的合理审查义务,使

〔39〕 相关提示见基金业协会官网“信息公示栏”下有关瑞丰达系列产品的“机构提示信息”,载基金业协会网,https://gs.amac.org.cn/amac-infodisc/res/pof/fund/index.html,2024年11月16日访问。

〔40〕 由于过去对托管人审查义务的探讨多聚焦于形式审查与实质审查的二元争论,因此,本文此处尝试借助“越权代表中相对人的审查义务”“行政许可中的审查义务”等研究命题下对合理审查义务的已有理论探讨成果进行展开。

〔41〕 参见章剑生:《行政许可审查标准:形式抑或实质——以工商企业登记为例》,载《法商研究》2009年第1期。

〔42〕 参见李游:《公司担保中交易相对人合理的审查义务——基于458份裁判文书的分析》,载《政治与法律》2018年第5期。

〔43〕 参见王利明:《论越权代表中相对人的合理审查义务——以〈合同编解释〉第20条为中心》,载《中外法学》2024年第1期。

之体现专业金融机构的应有水平。具体而言,可在现行《基金法》第 36 条第 5 项的托管人审核条款中明确托管人负有作为专业金融机构的合理审查义务,应就投资决策进行审慎的形式审查,并在发现明显不合理的情况时采取必要手段进一步调查。同时,还需在《基金法》第十四章"法律责任"中新增举证责任条款,要求托管人在一般情况下举证自身已尽了作为金融机构的合理审查义务,体现举证便利原则;在托管人已充分举证而投资者持反对意见的情形下,则转而由投资者负担托管人"知道或应当知道"相关事实但未有效履职的举证义务。由此,托管人有望在"瑞丰达跑路"等类似事件中,更早发现管理人的违规行为,及时保护投资者权益。

(三)管理阶段托管人监督职责的立法完善

投资管理阶段,托管人不应负担降低私募基金投资风险的职责。这既不符合私募基金托管人监督职责的限缩逻辑,也难以与托管人的报酬机制相互匹配。

首先,从私募基金托管人监督职责的限缩逻辑来看:一方面,托管人的专业优势并不指向私募基金的特定投资领域。只有管理人被预设拥有就基金投资行业赚取超额利润的知识积累与独到见地。私募基金投资者往往寄希望于管理人的独到投资眼光,为投资者筛选出具有较大发展潜力的投资对象。因此,托管人难以就管理人投资决策的盈利效果进行专业判断,降低投资风险。另一方面,私募基金本身便属于高风险的投资产品,投资者所选定的投资领域本身便有着无法回避的投资风险。投资者应就其选择高风险理财产品的决定负责,自负盈亏,风险自担。因此,托管人无须负担前述部分判决书中所提及的"对基金产品的市场价值予以评定,及时通报投资者,提高基金获得收益的概率或者做到及时止损"等义务。

其次,从托管人报酬机制对其履职能力的限制来看,托管人与管理人应当遵循私募基金报酬分配的基本格局,托管人的报酬虽有增长的空间,但仍远低于管理人。私募基金的投资对象往往数量庞大,甚至层层嵌套,若要求托管人就基金运行中的投资对象破产等风险进行全面关注,显然会导致工作量激增,与托管人所获取的报酬数额难以匹配。对于私募基金的投资风险,完全可通过对管理人职责的夯实,由投资者在管理人履职不力时进行追责，而无须苛责托管人负担监督职责。

因此，无须在既有的《基金法》托管人职责中纳入对投资风险的审查。对于司法实践中存在的不当加重托管人风险控制义务的倾向，应着重清理不合理的下位立法规范，同时在相关的司法解释、司法政策、监管政策等规范性文件中，明确提示托管人无须就私募基金的投资风险负有监督义务。

（四）退出阶段托管人监督职责的立法完善

退出阶段，托管人需对投资者赎回基金的整体过程负审核义务，不应当局限于对基金赎回价格的审核。这既符合当下投资者赎回权益亟须保护的现实需求，也符合充实托管人监督职责的扩张逻辑。

从私募基金中投资者权益保护的现实需求来看，赎回的过程是投资者权益变现落地的过程，是投资者进行私募投资的最终目的。若赎回权无法保障，则投资者持续参与私募活动的热情便会大受打击。而目前我国私募管理人诚信意识仍不成熟，基金“爆雷”后拒绝、拖延赎回乃至卷款逃跑，优先兑现存在利益关系的投资者的基金权益的情况时有发生，这严重威胁投资者的合法权益。在仅凭管理人自身的信用及责任约束难以维护投资者赎回权益的当下，应引入监督主体，对私募基金的赎回过程进行监督。

而从托管人监督职责的扩张逻辑来看，托管人的履职应体现出作为金融机构应有的专业水准。而基金赎回的条件是否成就，基金缺乏流动性等对抗赎回的理由是否真实，不同投资者的赎回顺序差异是否合理等内容并不涉及投资决策的效果评估，属于具有一般金融机构专业水平的托管人能够有效判断的对象。托管人作为私募基金的常设监督机构，应赋予托管人及时关注基金赎回的整体过程中的投资者合法权益保护的职责，尽可能维护投资者的赎回权益。以“瑞丰达跑路”事件为例，若能从立法上赋予托管人就资金赎回全过程的监督义务，也能够从一定程度上减轻管理人拖延、拒绝赎回所导致的投资者损失。

因此，立法规则上，可对既有《基金法》第 36 条第 8 项的规则内容予以扩张，将原本的复核、审查基金管理人计算的赎回价格的要求，扩张为监督管理人赎回的及时性、赎回顺序、赎回价格准确性等涉及投资者权益的事项。

（五）管理人失联下托管人监督职责的立法完善

对于托管人在管理人失联的情形下负担何种监督职责的争议，同样应从投资者权益保护的现实需求出发，结合上述托管人监督职责完善的扩张及限缩逻辑予以分析。

在投资者权益保护的现实需求上，管理人失联的情形下，私募基金可能出现日常投资运作维持与财产清算两方面职责真空地带。日常投资运作的维持上，管理人失联时若无其他主体补位，维持既有投资计划的运行，监督基金交易对象及时履行与私募基金之间的契约，则必然会导致商事交易的拖延乃至失败，损及私募基金财产。财产清算方面，拖延组织清算组也可能存在基金财产保全不及时、资金财产贬值等风险。

首先，对于日常投资运作维持方面的托管人监督职责，结合托管人的履职条件来看，应赋予托管人在管理人失联的情形下维持既有投资运作的义务。一方面，从托管人监督职责的扩张逻辑上看，托管人作为常设机构，拥有在管理人怠于履职的情况下的"最小成本规避者"优势。私募基金的日常投资往往极其复杂，各类信息细节烦琐、数量庞大，哪怕是具备专业知识的投资者或监管部门，重新跟进私募基金的投资进度都需要巨大成本。托管人作为基金财产的支取保管主体，拥有关于私募基金的既有投资运作相对全面的信息。因此，托管人能够及时且以最小的成本跟进私募基金的既有投资运作。另一方面，从托管人履职的限缩逻辑来看，托管人并不拥有与管理人同样的针对基金投资领域的超额利润创造能力。因此，虽然基金合同可能对后续投资计划进行了大致的约定，但对于管理人失联前未确定展开的投资计划，应当暂缓到新的管理人产生后由其完成。托管人在维持私募基金既有投资运作的同时，也应当尽快督促投资者大会选举新的管理人。在兼顾了托管人监督职责的扩张与限缩逻辑的基础上，还应考虑管理人跑路的潜在风险，将托管人维持既有投资运作的成本花销计入托管人应获报酬的考量之中，确保托管人具备充足的履职基础。

其次，对于财产清算方面的托管人监督职责，结合托管人的履职条件来看，应要求托管人在管理人失联时负责主动召集基金份额持有人大会、通报监管部门，讨论更换管理人或提前终止基金合同等事宜，但不应强制托管人主动组织清算组、强制基金进入清算程序乃至直接负担大部分清算职责。一方面,从托管人监督职责的扩张逻辑上看,托管人能够在管理人怠于履职时以最小的成本及时补足必要的职责空缺。因此,托管人应当在管理人失联时主动通报监管部门,召集基金份额持有人大会,以及时商榷后续事宜。另一方面,从托管人监督职责的限缩逻辑来看,托管人并不拥有就基金投资决策进行判断的专业能力。基金清算涉及启动清算的审核及表决、具体的清算及投资者补偿方案、清算管理人的选举等复杂事宜。对于社会影响广泛的私募清算,更是需要综合法理以及具体的现实因素通盘考量。这需要各方利益主体的协同合作,远非托管人能够单方面决定的范畴。基金的清算工作往往耗时长久,若强制要求托管人负担清算的主要实质工作,必然导致工作量激增,使托管人的收益与成本失衡。

因此,未来应明确在《基金法》第36条的托管人职责规定中增加托管人在管理人失联时的监督职责,一是维持既有投资的运作,二是及时召开基金份额持有人大会,通报监管部门,推动新管理人选举等后续事宜的展开。对于既有的《证券投资基金托管业务管理办法》等涉及管理人失联情形下托管人职责的下位规范,也可据此进行相应调整与细化。通过明确新增托管人的上述职责,给予市场明确的预期,使之主动对托管人报酬进行调节,在促进投资者权益保护的同时确保托管人的履职条件。

五、结语

制度设计的迷思往往不只源于现实的复杂性,亦与理论分析的精细程度紧密相关。“瑞丰达跑路”事件引发了对于私募基金托管人监督职责的诸多思考。以此为契机,反思过往规则设计及法律适用中存在的争议,可从对立法规定的托管人既有监督职责进行扩张与限缩的两方面逻辑破题,使其统合于对既有报酬机制的调整。扩张逻辑上,托管人作为金融机构,履职应体现相应的专业水准;作为基金常设机关的“最小成本规避者”优势更使得托管人能够在管理人怠于履职的情形下,以更小的成本及时补足基金运作的部分漏洞。限缩逻辑上,托管人的专业优势仅指向其作为一般金融机构的水准，也难以体现出与管理人同样的指向私募基金投资领域的超额利润创造水平；投资者对于私募基金产品的选择也使得其投资本就存在较高风险，应进行必要的风险自负，不应向托管人不当转嫁。

本文提出的立法方案可能会加重现行立法中的托管人监督职责。这有利于投资者权益保护，也符合我国私募基金市场发展初期管理人声誉资本不足，需要托管人更强的信用背书的市场需求。但也需注重在报酬机制上对托管人扩张后的职责进行回应，这是本文对私募基金托管人监督职责的立法完善方案能够落地并成功的前提。建议通过《基金法》等法律文本，明确托管人监督职责，避免下位法的冲突与零散。明确释放加重私募基金托管人监督职责的信号，给予市场各方明确的心理预期，最终由市场机制对托管人报酬进行自主调节，实现托管人的权、责、利均衡，构建持续健康的托管人市场。

（编辑：张　越　赵　宇）

【金融司法案例评注】

《证券法苑》(2025)
第四十二卷,第156~171页

全国首例新三板做市交易证券虚假陈述纠纷案

张娜娜[*]　符　望[**]　范黎红[***]

摘要:本文所举案例系全国首例新三板做市交易证券虚假陈述案件,新三板市场系多层次资本市场体系的重要组成部分,本文所举案例将结合新三板市场特点,对新三板做市交易证券虚假陈述纠纷诸多疑难问题作出认定,包括新三板市场做市交易是否可以适用"推定信赖原则",新三板市场证券虚假陈述揭露日的认定标准,新三板市场主办券商尽职调查以及持续督导阶段的责任认定,会计师事务所的责任认定等问题,对新三板证券虚假陈述案件具有指导和借鉴意义。

关键词:新三板市场　做市交易　证券虚假陈述　责任认定

---

* 华东政法大学经济法学院在读博士,上海金融法院三级高级法官。

** 上海金融法院审判委员会专职委员。

*** 同济大学法学院副教授。

一、案件概述

(一)基本案情

2013年12月13日,被告某科技公司的股票在新三板挂牌公开转让。某证券公司作为某科技公司申请在股转系统公开转让的主办券商和推荐人,A会计师事务所在某科技公司2013年申请挂牌时出具了《财务报表审计报告(2011年1月1日至2013年6月30日止)》,此后还为某科技公司2013年度至2015年度财务报告出具标准无保留意见的审计报告用于某科技公司在新三板市场的定期报告信息披露。某律师事务所为某科技公司在新三板挂牌提供法律意见,某评估公司在某科技公司挂牌前提供评估意见。

2017年6月30日,某科技公司公告B会计师事务所(更换后的新审计机构)出具的《关于某科技公司2016年度非无保留意见审计报告的专项说明》(以下简称《非无保留意见专项说明》)。2017年8月11日,某科技公司发布《关于公司接受证监会调查的公告》,公告公司于2017年8月11日收到中国证券监督管理委员会(以下简称中国证监会)发来的《立案调查通知书》,该通知称因公司涉嫌信息披露违法违规,决定对公司立案调查。2020年11月16日,中国证监会上海监管局分别对某科技公司、该公司实际控制人徐某某、祝某某(时任总经理、监事)、庄某(时任会计机构负责人)作出行政处罚。处罚决定书均载明某科技公司存在虚增2013年至2016年上半年及年度营业收入并在对外披露的文件中虚假记载违法行为。原告因投资案涉某科技公司股份发生亏损,遂将某科技公司、祝某某、庄某以及某证券公司、A会计师事务所、某律师事务所以及某评估公司等相关中介机构一并诉至法院,要求七被告连带赔偿原告投资差额损失。

各被告主要辩称:原告投资损失与案涉虚假陈述之间没有交易因果关系;各被告对于揭露日的认定存在两种意见,一种认为应当按照虚假陈述被立案调查的公告日确定,另一种认为应当按照后期介入的会计师事务所出具的《非无保留意见专项说明》公告之日确定;

各中介机构已勤勉尽责,不存在任何过错,不应当承担连带赔偿责任。

(二)审判结论

上海金融法院认为:(1)在做市交易中,做市商基于其经验、专业等优势获取更多的信息并进行科学分析和处理,最终反映在挂牌企业的股价上,投资者同样依赖市场价格而作出投资决策,可以适用"推定信赖原则"。该案原告通过做市方式进行交易,自实施日至揭露日期间买入并持有某科技公司股票的投资行为应推定与案涉虚假陈述行为具有交易因果关系。(2)该案中某科技公司更换后的审计机构B会计师事务所出具了《非无保留意见专项说明》,该说明的揭露主体具有专业性,说明的内容与行政处罚具有一致性,揭露后市场反应剧烈,对于投资标的风险高、实施严格的投资者适当性制度,并有专业做市商参与做市的新三板市场,该说明足以对新三板市场合格投资者起到警示作用,案涉虚假陈述揭露日定为《非无保留意见专项说明》公告之日即2017年6月30日为宜。(3)针对主办券商的责任承担,某证券公司在推荐挂牌阶段,对财务疑点未通过客户访谈、分析复核、要求挂牌公司解释说明等有效手段进行调查核实,存在过错,对由此导致的投资者损失应承担连带赔偿责任。在持续督导阶段,因主办券商与保荐人并非同一性质的主体,主办券商在公司挂牌后承担的持续督导职责主要是督促、指导挂牌公司规范履行信息披露义务,无须对财务数据进行实质审查。而且,主办券商对新三板市场的挂牌公司督导期自挂牌起至摘牌时,持续督导期间较长;主办券商向股转公司提交的持续督导报告并不向公众公开,也不包含股票投资价值信息,通常不会对投资者交易决策产生影响,结合其持续督导义务的履行情况,认定某证券公司对持续督导阶段的虚假陈述行为造成的损失不承担责任。(4)针对会计师事务所的责任承担,首先,某会计师事务所未对审计函证获取过程保持控制,违反了审计准则。其次,某会计师事务所未对大额预付款保持职业怀疑,未实施充分合理审计程序。故综合各种叠加因素及当时市场环境,酌定某会计师事务所在20%的范围内对其参与审计的报告中涉及的虚假陈述造成的投资损失承担连带赔偿责任。

上海金融法院于2023年6月30日作出(2021)沪74民初1368号民事判决:(1)被告某科技公司应于判决生效之日起10日内向原告李某某赔偿投资差额损失1,850,039.01元;(2)被告祝某对上述第一项中被告某科技公司的付款义务在60%范围内承担连带责任;(3)被告庄某对上述第一项中被告某科技公司的付款义务在2%范围内承担连带责任;(4)被告某证券公司对上述第一项中被告某科技公司的付款义务在20,211.54元范围内承担连带责任;(5)被告某会计师事务所对上述第一项中被告某科技公司的付款义务在242,502.58元范围内承担连带责任;(6)驳回原告李某某的其他诉讼请求。

一审宣判后,某会计师事务所不服,依法提起上诉。上海市高级人民法院于2023年11月15日作出(2023)沪民终699号判决,驳回上诉,维持原判。

二、判决解析

该案系全国首例新三板做市交易证券虚假陈述案件。司法实务中主板市场的证券虚假陈述案件占比较大,对于常见争议点的观点已经相对统一,但因为新三板市场的流动性、挂牌公司及合格投资者要求等方面与主板市场区别较大,所以学界及实务界对新三板证券虚假陈述相关争议分歧较大,重要规则处于模糊空白地带。以下结合案情,针对新三板做市交易证券虚假陈述争议问题予以探讨。

(一)新三板做市交易虚假陈述的交易因果关系认定

在一般侵权纠纷中,被侵权人须证明侵权行为与其损失具有因果关系,但在证券虚假陈述纠纷中,证券交易主要采用集中竞价方式交易,证券欺诈行为人与不特定投资者之间的联系无法特定化,导致投资者难以证明其投资决策与虚假陈述行为有因果关系,投资者权利在这种证明责任模式下较难得到保障。美国司法实践在证券虚假陈述纠纷中提出了“欺诈市场理论”理论,并逐步确定了证券虚假陈述领域的

"信赖推定原则"[1],即在一个开放而且发展良好的证券市场上,证券价格反映了关于证券发行人的所有公开信息,包括错误虚假的信息。既然所有的信息都反映在证券的市场价格上,那么所有接受了该证券的市场价格而从事交易的投资者都可以被看作信赖了所有的信息(包括虚假陈述信息)而进行交易。[2] 虽然美国有关判例中,法院并未特别指出"欺诈市场理论"具体使用哪一类有效率市场,但很多学者认为从理论上讲,欺诈市场理论适用的市场条件只能是半强势有效市场,因为强势市场假定股票价格已充分反映了所有信息,包括未加以披露、虚假或扭曲的信息,因而无论被告是否披露虚假信息,证券市场的股价均不可能被歪曲。而在弱势市场上,股票价格只反映历史信息,而对现存公开信息并无充分的反映,因此无论被告是否有欺诈行为,都不足以影响股票价格,投资者均无权依赖股票的市场价格。[3]

该案中,各被告抗辩新三板市场并非有效市场,也就不存在"推定信赖原则"适用的基础,故投资者须证明其交易决策与案涉虚假陈述有交易因果关系。关于新三板市场的有效性,以及由此产生的关于"推定信赖原则"能否适用于新三板市场的争议在学界一直存在。我国A股沪深两市的上市公司数量、流动市值、日均证券交易量等均蔚然可观,"推定信赖原则"适用的肯定观点也较为统一,但对于新三板市场能否适用的观点争议较大。有学者认为,新三板市场由于市场规模、做市商数量等原因,暂不能适用市场欺诈理论处理虚假陈述案

[1] 美国联邦最高法院在 Basic, Inc. v. Levinson 案中,明确了"信赖推定原则"的运用。法院明确"在公开、发达的证券市场中,公司股票的价格由有关公司及其业务的可获得重大信息决定,因此误导性陈述将欺骗股票的购买者,哪怕使其不直接依赖于此","当被告有虚假陈述或其他证券欺诈行为,而原告遭受了损失时,只要原告能够证明他有权信赖自己买进或卖出的证券的市场价格的真实性,就满足了证明自己是受到欺骗而实施了交易行为,他所受损害与被告虚假信息披露之间存在法律上因果关系的举证责任"。

[2] 参见盛焕炜、朱川:《证券虚假陈述民事赔偿因果关系论》,载《法学》2003年第6期。

[3] Macey & Miller, *Good Finance, Bad Economics: An Analysis of the Fraud on the Market Theory*, 42 Stan. L. Rev. 1059 (1990). 转引自焦津洪:《"欺诈市场理论"研究》,载《中国法学》2003年第2期。

件[4]。也有些学者认为不能一概而论，市场本身是否有效其实并不重要，重要的是虚假陈述是否会影响到证券交易价格或者交易量。即使是非公开交易的市场或者流动性没有那么强的市场，只要能够证明虚假陈述影响了证券交易价格或者交易量，也就可以推定信赖[5]。司法实践就该问题的观点也未明确。实务中的新三板市场证券虚假陈述案例较少，仅有的几件案例，也未明确分析新三板市场是否能够适用推定信赖原则。该案判决采纳了肯定的观点，主要有两方面的考虑。

一方面，"信赖推定原则"的适用不应以市场类别为标准。对学界争论分析，不难发现论争的焦点集中于对"欺诈市场理论"的阐释，而忽视了"欺诈市场理论"和"信赖推定原则"等学说引入证券虚假陈述司法实务的目的。"信赖推定原则"实质是为了解决投资者在非"面对面"交易时因客观举证不能而导致不能获赔的困境，从民事诉讼的角度而言，是对证券欺诈案件中的举证责任衡平，毕竟举证责任的分配要考虑到当事人双方的举证能力，否则会导致实质上的不正义。虽然"推定信赖原则"缘起于"欺诈市场理论"，"欺诈市场理论"的学理基础是"有效市场说"，但该原则的出发点和内涵与"欺诈市场理论"并非完全吻合。与"欺诈市场理论"着重于分析证券市场的定价机制不同，"推定信赖原则"着眼于案件涉及的证券交易是否因信赖证券价格而发生，并非侧重于整体市场是否有效。换言之，在何种证券市场发生的证券交易，不是判断是否能够适用"推定信赖原则"的实质标准，该原则适用与否，应主要考量证券价格是否反映了发行公司的重大信息，以及投资者是否因信赖证券价格而进行投资。所以，即便在通说认为属于有效市场的 A 股市场中发生的交易，如果买卖双方系通过协议方式确定成交的证券交易，因缺少对证券价格信赖而作出投资决策的前提，也难以直接适用"推定信赖原则"。反之，即便在新三板市场等其他流动性较弱的市场发生的交易，也要视具体情况判断是否可适用"推定信赖原则"。最高人民法院《关于审理证券市场虚假陈述侵权民事赔

---

〔4〕 参见樊健：《我国证券市场虚假陈述交易上因果关系的新问题》，载《中外法学》2016年第6期。

〔5〕 参见耿利航：《欺诈市场理论反思》，载《法学研究》2020年第6期。

偿案件的若干规定》(以下简称《虚假陈述新规》)关于适用范围的规定也采纳了这种观点,其中第1条明确规定:“信息披露义务人在证券交易场所发行、交易证券过程中实施虚假陈述引发的侵权民事赔偿案件,适用本规定。按照国务院规定设立的区域性股权市场中发生的虚假陈述侵权民事赔偿案件,可以参照适用本规定。”该规定并未将新三板等流动性较弱的市场排除在适用范围外,其中关于交易因果关系的规定自然也应适用于新三板等市场。

另一方面,新三板做市交易的部分个股的流动性较为显著,虚假陈述信息通过做市商可反映至股价。很多学术研究表明,做市商交易制度在流动性方面不劣于竞价交易制度。[6] 从做市商制度引入新三板市场的效用来看,2014年8月前,新三板的股票交易模式为协议转让与集合竞价,市场成交总体低迷,2012年、2013年全年成交金额均未超20亿元,换手率徘徊在5%左右。引入做市商制度后,2015年新三板总交易金额达到1911亿元,其中做市交易额占比达到58%;换手率也提高至20%的水平,2015年叠加大牛市行情,换手率达到54%的历史最高。[7] 该案中的某科技公司股票曾作为新三板市场上的明星股,长期称霸做市市场,不仅备受投资者青睐,交易量稳居前列,做市商数量也不断增加,最多时有20余家做市商为其提供做市服务。某科技公司于2014年8月25日(股转系统正式引入做市商转让方式的日期)采用做市交易,初始成交量较小,并经历了公司因有重大事项存在不确定性的申请停牌,后于2015年10月8日复牌,该案原告即是从这次复牌后开始投资案涉股票。从市场流动性来看,从2015年10月8日至2017年8月23日,某科技公司共有412个交易日,日均成交量超过52万

[6] 如Demsetz认为“从理论上看,竞价交易机制的流动性主要是靠限价订单提供的,在给定的信息变化条件下,某一价格水平买卖限价订单的数量与市场流动性成正比,如果买卖订单出现不平衡,一部分投资者的买卖订单将得不到执行。在买卖订单的不平衡程度很大时,交易甚至出现中断。而在做市商组织的市场,流动性是由做市商提供的,做市商的职能就是在各种市场条件下提供连续的双向报价,投资者可以按照做市商的报价随时买进或卖出,不会出现买卖双方的供需不平衡而导致的交易中断,这就避免了买卖指令的执行风险,并能保证大宗交易在短时间内迅速完成”。Demsetz, *The Cost of Transacting*, The Journalof Finance, 1976(3):257-275.

[7] 参见郝雨时、周格旭:《做市商制度的国际比较》,载《中国金融》2023年第15期。

股,日均成交金额超过130万元。412个交易日中有388个交易日(占比94%)的成交量超过5万股,336个交易日(占比81%)的成交量超过10万股。这些数据甚至高于很多A股(集合竞价交易)的上市公司。做市商作为证券中间商,处于交易组织者地位,在做市交易中,做市商基于其经验、专业等优势获取更多的信息并进行科学分析和处理,通过双向报价将与证券相关的信息反映在证券价格之中。

该案投资者通过做市方式交易股票,同样依赖市场价格而作出投资决策,若要求投资者证明其基于对虚假陈述的信赖而进行交易,亦难实现;被告方也无证据证明原告系基于其他原因进行投资,综合考量,该案判决认定案涉虚假陈述可以适用"推定信赖原则"判断交易因果关系。

(二)新三板市场证券虚假陈述的揭露日认定

证券虚假陈述揭露日的认定标准经历了从"镜像标准"到"知悉标准"的发展历程。2003年7月最高人民法院《关于审理虚假陈述侵权纠纷案件有关问题的复函》中对于揭露日的认定采纳了"镜像标准"。但随着证券市场的发展,虚假陈述案件逐渐增多,学界逐渐发现因虚假陈述行政案件的调查时间较长,过程中虚假陈述产生的泡沫逐步消解,以"镜像标准"认定的揭露日将迟于真相泄露的时点,不能起到认定揭露日的目的。2019年最高人民法院颁布的《全国法院民商事审判工作会议纪要》调整了虚假陈述的"镜像标准",肯定揭露内容适用"知悉标准",更强调"市场反应"的判断。《虚假陈述新规》承继了纪要精神,并进一步确定"知悉"的具体认定标准包括市场反应等。

该案系新三板市场证券虚假陈述案,除了涉及上述揭露日认定的一般争议,还涉及一个较为特别的问题,即市场类别的不同,是否影响揭露日的认定。《虚假陈述新规》对于揭露日的规定并未区分不同的市场,因此从法律适用的角度而言,新三板市场的揭露日认定理应适用上述标准,但市场类别的不同会影响揭露日要件是否满足的判断,比如不同市场的准入主体不同,对于信息的接收和分析能力不同,影响到揭露内容是否充分的认定;再如市场的流动性不同,对于信息的反应和消化节奏不同,影响到揭露后市场反应的认定,如此一来,在具体认定揭露日时,不得不考虑市场特点。

该案中,双方当事人就揭露日的认定有两种意见:一种意见认为,某科技公司对外发布收到中国证监会《立案调查通知书》的公告日应认定为虚假陈述揭露日,因该通知明确中国证监会对其涉嫌信息披露违规进行立案调查,内容明确、权威,具有强烈的警示作用。另一种意见则认为,应以2017年6月30日,即某科技公司公告后期介入的B会计师事务所发布《非无保留意见专项说明》之日期为揭露日,因该日之后股价有明显跌幅。

该案判决考虑了新三板市场的特点,认为新三板市场主要服务于创业型、创新型、成长型中小微企业,挂牌公司具有业绩波动大、投资风险相对较高的特点,因此,《全国中小企业股份转让系统投资者适当性管理细则(试行)》(2013年修改)确定的合格投资者标准较高,机构投资者须为注册资本500万元人民币以上,自然人投资者须本人名下前一交易日日终证券类资产市值500万元人民币以上且具有两年以上证券投资经验,或具有会计、金融、投资、财经等相关专业背景或培训经历。对于投资标的风险高、实施严格的投资者适当性制度,并有专业做市商参与做市的新三板市场,其对涉及挂牌公司财务数据重大信息的敏感度更高,合格投资者也理应对于涉及财务数据的重大信息更为关注并识别风险。

基于这种市场背景,判决认为,从揭示行为的内容来看,会计师事务所出具的《非无保留意见专项说明》指向明确,披露了大额预付款以及收入确认存疑等问题,并点出公司内控制度存在缺陷;从揭示行为的主体资格及方式来看,依据相关审计准则,B会计师事务所发表"无法表示意见"的结论,说明其作为专业审计机构,认为某科技公司的"大额预付款"以及"部分广告收入确认"问题对财务报表存在的影响"重大而且具有广泛性",该意见应足以对市场起到警示作用;从揭示后的市场反应来看,该《非无保留意见专项说明》披露后,某科技公司在停牌后复牌首日股价跌幅即达到63%,而且多家做市商陆续退出为某科技公司做市,市场反应强烈。综合考量各类因素,上述《非无保留意见专项说明》公告足以对新三板市场合格投资者起到警示作用,故应以该说明公告之日作为虚假陈述揭露日。

值得注意的是,该案还存在一些特别情况,即在《立案调查通知书》公告之前，主办券商多次发布了警示信息，包括“未按时披露 2016 年度年报”“大额预付款不能回收”“2016 年年报风险提示”等内容，若将揭露日定为《立案调查通知书》公告之日，则会出现中介机构不断发布重大风险警示信息之后，投资者罔顾风险继续买入的部分损失仍可获赔，而且该损失可能由中介机构连带承担，会挫伤中介机构发挥“看门人”作用的积极性，也不利于理性市场的培育。

（三）新三板市场证券虚假陈述的中介机构责任认定

自《证券法》规定中介机构对发行人虚假陈述造成的损失承担连带责任以来，对中介机构与发行人是否构成共同侵权，以及是否应当承担连带责任的不同观点不绝于耳。有观点认为应当将责任的承担与过错的程度相结合，主张区分主观故意与过失。[8] 2019 年出台的《全国法院民商事审判工作会议纪要》提出“责任承担与侵权行为及其主观过错程度相匹配”的观点；《虚假陈述新规》第 13 条将过错区分为主观故意与重大过失。有学者据此认为，司法解释起草者考虑到体系解释问题，并在技术处理上选择适当“留白”，为法院将来适用法律作出比例连带责任的判决结果预留了制度空间。[9] 司法实务也从判决中介机构承担“全部连带责任”，逐步过渡到“比例连带责任”，即对过错程度较轻的责任人，判决其在一定比例限度内与发行人就投资者的损失承担连带赔偿责任。“部分连带责任”的判决突破了传统侵权行为法的逻辑，引发了学界争议。实质上来说，司法裁判中续造的部分连带责任，与其说是法律推导的结论，毋宁说是针对虚假陈述这种特殊侵权类型基于政策考量和市场反应的司法微调。但这种微调，仍能够从侵权法中找到合理逻辑。连带责任作为上位概念可涵盖全部连带责任和一定范围内的部分连带责任，若确实存在正当理由或依据，将《证券法》第 163 条第 2 句解释为部分连带责任，也不违背该条的文义。申言之，部分连带责任在证券虚假陈述纠纷中的应用，虽缘起于政策考量，但仍有法理支撑，且逐步被司法实务和理论界接受。这也体现了证券虚假

---

〔8〕 参见李明辉：《注册会计师的过失责任：连带责任抑或比例责任》，载《河北法学》2005 年第 4 期。

〔9〕 参见陈洁：《虚假陈述民事赔偿制度的新发展理念及其规范实现》，载《法律适用》2022 年第 3 期。

陈述侵权纠纷的特殊性,相关主体责任的认定与市场反应和政策倾向息息相关。

总体而言,证券中介机构民事责任的认定更加注重相关市场的反应,逐步往合理化和精准化的方向发展,但合理化和精准化的前提应当是证券中介机构的过错区分,其中不仅涉及普通的侵权行为之过错甄别,还牵涉到各类主体的监管规范、职责分工及至行业常见规范等。

1. 证券中介机构责任认定应考量的因素

中介机构与上市公司、实际控制人、董事以及监事、高级管理人员这类负有直接披露义务的主体不同,其仅对自身出具的关于上市公司具体业务、财务情况的专业文件和报告负有担保义务,因此被视为广义上的信息披露义务人。〔10〕 排除中介机构与上市或者挂牌公司、实际控制人等恶意串通的极少数情形之外,中介机构的过错通常是没有尽到合理注意义务。注意义务系侵权法理论的法律概念,注意义务的引入,可将关注点由原先静态的权益之侵害,转至动态的行为人之合理行为。〔11〕 有学者采用侵权责任法基础理论中的“合理人”标准进行论证,认为中介机构在未尽到“合理人”注意义务情况下即存在过失,并且指出无论是“特别注意义务”,还是“一般注意义务”,本质上都是“一般注意义务”,只是参照系不同。〔12〕 也有学者认为可采纳美国的专家陈述与非专家陈述二分构造理论,即专业人员对于自己出具的专家陈述必须经过合理调查达到确信程度,对于非专家陈述不承担责任;非专家人士对于专家陈述如未发现明显异常则可以完全信赖,对于非专家陈述需要经过合理调查达到确信程度。〔13〕

判断中介机构是否尽到合理注意义务是从法理上认定其过错的核心基础,但从实践的角度而言,交易市场的不同,主体在虚假陈述中职

〔10〕 参见周友苏主编:《证券法新论》,法律出版社2020年版,第329页。

〔11〕 参见董春华:《论侵权法中注意义务的“一般性”》,载《中国政法大学学报》2020年第2期。

〔12〕 参见陈洁:《证券虚假陈述中审验机构连带责任的厘清与修正》,载《中国法学》2021年第6期。

〔13〕 参见郭雳:《证券市场中介机构的法律职责配置》,载《南京农业大学学报(社会科学版)》2011年第1期。

责和分工的不同,也直接影响到相关主体过错大小的认定;而从更为宏观的角度分析,整体监管环境的变化、中介机构履职的成本和收益的衡量,也会影响到中介机构的责任划分。2022 年 6 月 23 日,最高人民法院颁布的《关于为深化新三板改革、设立北京证券交易所提供司法保障的若干意见》明确提出"由于证券法对全国性证券交易场所的规定相对比较原则,新三板在深化改革中探索出一套以证券监管部门规章、规范性文件以及证券交易场所业务规则为主,适应'层层递进'市场结构安排的挂牌转让、持续监管等制度体系。人民法院在事实认定和法律适用过程中,应充分尊重相关改革实践,参照适用依法制定的相关规章、规范性文件、业务规则,切实维护新三板市场秩序,保护投资者合法权益"。

该案判决针对如何厘定证券虚假陈述相关主体过错,从不同角度提炼了 4 项原则:一是要考虑交易市场的不同。主板市场、新三板市场以及其他各类市场,均各有特色,投资者准入门槛也有所不同。这就导致了相应的发行监管要求、中介机构作用有所不同。在市场不尽相同的情况下,法律适用之时不宜笼统对待,而应考虑制度差别与案件细节,以准确区分各方责任。二是要考虑职责分工的不同。在证券中介机构之间有职责分工的不同,比如对与本专业相关的业务事项应当履行特别注意义务,对其他业务事项履行一般注意义务等。三是要考虑历史阶段的不同。我国证券市场的不断发展对参与者提出了更高的要求,因此对财务造假以及其他虚假陈述行为容忍度不断降低。在责任追究方面,无论是规则还是实务,都经历了从宽松到严格的过程。但虚假陈述事发之后,经过监管调查且追究民事责任时,往往经历较长时间,而此时责任认定的规则已经日益严格。故当较严格的规则事后适用到先前较为宽松阶段的行为之时,可能会出现各方责任较重的情形。因此需要以历史的眼光去看待与认定责任,适当考虑虚假陈述行为当时的立法、执法环境。四是要考虑成本、收益与手段。中介机构从事相关业务的收益较为固定,故需要考虑成本与收益相匹配;而且中介机构调查权限有限,不能认为造假未被发现,就一律要求中介机构承担所有责任,认定责任需要结合相关的职业规范要求和行业通常做法。基于上述 4 项原则,该案判决对相关中介机构的责任进行了具体认定。

2. 新三板主办券商的责任认定

最高人民法院《关于为深化新三板改革、设立北京证券交易所提供司法保障的若干意见》明确指出:要正确厘清新三板挂牌公司主办券商与上市公司保荐机构职责之间的差异,按照《虚假陈述新规》第23条的规定,审慎判定主办券商的责任范围,防止过分苛责证券中介机构产生“寒蝉效应”。该案判决践行了上述规定的精神,对主办券商的责任区分挂牌推荐阶段和持续督导阶段分别认定。

新三板主办券商与IPO保荐人既有共同点,也有重大区别。从法律性质来说,二者均属于证券中介机构,为公司挂牌或者上市提供推荐和持续督导服务,《虚假陈述新规》第17条第1款规定保荐机构没有过错的情形,第2款规定“在全国中小企业股份转让系统从事挂牌和定向发行推荐业务的证券公司,适用前款规定”,所以从责任认定的法律适用方面而言,二者也具有一致性。但从具体服务内容角度来说,二者有重大区别。保荐人的监管规则主要是《证券发行上市保荐业务管理办法》,主办券商的监管规则主要是股转系统发布的指引;而且保荐人持续督导的期间总体都在几年范围内,但主办券商服务的新三板企业,往往都是风险较高、公司各项制度完备性较差的中小企业,为弥补监管机构以及投资者的信息偏差,其持续督导期间须自公司挂牌时起至公司摘牌时止,被称为“终身督导制度”;所以二者存在本质差别,认定责任也应依据不同的监管指引具体判断。

该案中,在推荐挂牌阶段,《全国中小企业股份转让系统主办券商尽职调查工作指引(试行)》对主办券商尽职调查的要求及具体内容作出明确规定,其中第2条规定:“尽职调查是指主办券商遵循勤勉尽责、诚实守信原则,以形成有利于投资者做出投资决策的信息披露文件为目的,对公司进行调查,以有充分理由确信:(一)公司符合《全国中小企业股份转让系统业务规则(试行)》规定的挂牌条件;(二)公开转让说明书中所披露的信息真实、准确和完整。”第4条规定:“项目小组的尽职调查可以在注册会计师、律师等外部专业人士意见的基础上进行,如果认为专业人士发表意见所基于的工作不够充分,或对专业人士的意见有疑义,项目小组应进行独立调查。项目小组在引用专业人士意见时,应对所引用的意见负责。”根据上述规定,主办券商应对重大事项谨慎核实,而不是完全依赖于其他专业人士的意见。该案中的主办券商仅对书面文件进行程序性核查,没有分析性复核、走访及访谈等必要措施,未勤勉尽责,应对该阶段虚假陈述承担相应责任。

而在持续督导阶段,《全国中小企业股份转让系统主办券商持续督导工作指引(试行)》(2014 年)于 2020 年、2021 年进行了修订,对于主办券商的督导责任增加了“问题清单”制度,健全主办券商与挂牌公司的日常沟通机制,实现督导与服务并重;细化了需要“现场检查”和“非现场检查”的具体情形;并为了促进市场“优胜劣汰”,建立单方解除持续督导机制,明确挂牌公司和主办券商单方解除持续督导协议的条件和程序。但该案虚假陈述发生于 2013 年至 2016 年,故应依照 2014 年指引的相关规定评判主办券商责任。根据该指引的规定,主办券商在公司挂牌后承担的持续督导职责主要是督促、指导挂牌公司规范履行信息披露义务,并不需要在上市公司年度报告、审计报告披露过程中核查报告中的财务数据,也不需要在报告上签字盖章。这与公司挂牌过程中主办券商的尽职调查职责不同,主办券商无须对财务数据进行实质审查。而且,根据《全国中小企业股份转让系统主办券商持续督导工作指引(试行)》(2014 年)的相关规定,与主板、创业板、科创板或北京证券交易所等规定的几年督导期相比,主办券商对新三板市场的挂牌公司督导期自挂牌起至摘牌时止,持续督导期间较长,若要求主办券商对挂牌公司持续督导期间的财务数据进行实质审查,也存在困难。再者,主办券商向股转公司提交的持续督导报告并不向公众公开,也不包含股票投资价值信息,通常不会对投资者交易决策产生影响。

虽然对主办券商在持续督导期间不宜过分苛责其对财务数据实质审查,但不表示其对持续督导期间的证券虚假陈述绝对不承担责任。具体的责任认定,还应考虑主办券商具体履职情况,是否完成《全国中小企业股份转让系统主办券商持续督导工作指引(试行)》(2014 年)规定的基本义务。该案判决认为,主办券商在持续督导过程中,发现某科技公司未及时披露年报,公司存在大额预付款不能回收以及财务账目等风险时,均按规定对某科技公司进行现场检查,并多次向投资者发布风险提示公告,履行了持续督导义务。

综合以上各种因素,该案最终认定主办券商对于持续督导期间的虚假陈述不承担责任。

3. 新三板审计机构的责任认定

对于会计师事务所的责任,理论界一直有"审计责任"区分于"会计责任"等论述,有不少观点认为目前司法实践对于会计师事务所的责任判定过重,存在过错认定较为粗糙的情况。但中介机构的过错认定首先应基于其行业规范及行业惯常操作,如果存在明显规范行业规范的情形,无论是从侵权法的理论,还是从证券法的理论,抑或从中介机构角色等理论,其责任豁免均无从谈起;但审计业务中的具体过错认定确实存在困难,在该案中,一方面,通过对审计行为是否符合相关审计准则的审查;另一方面,通过同类审计机构行为及结果对比的方式进行了证成。

该案判决认为,某会计师事务所存在两方面未勤勉尽责情形,一是未对审计函证获取过程保持控制,某科技公司营业收入的相关函证,以及对某贸易公司等供应商的函证均系通过某科技公司收发;二是未对大额预付款保持职业怀疑,某科技公司挂牌以来一直存在大额预付款,某会计师事务所未采取合理审计手续予以核查。两类行为均违反了当时有效的相关审计准则。[14] 再从业内通常审计行为来看,如何认定财务疑点,需要分析公司收入、成本、费用等相关财务指标的变动趋势,有时需要比较同行业其他公司的情况,并无统一规则可言。但该案中针对同一家公司,不同会计师事务所的职业行为泾渭分明。B 会计师事务所通过规范的函证程序未获取回函,然后要求与供应商进行访谈无果,进而发现某科技公司财务状况存疑;而且在发现对某贸易公司的大额预付款之后,即产生职业怀疑,并发函询问、要求访谈。反观案涉某

---

〔14〕《中国注册会计师审计准则第 1312 号——函证》(2010 年修订)第 14 条规定:当实施函证程序时,注册会计师应当对询证函保持控制;《中国注册会计师审计准则第 1101 号——注册会计师的总体目标和审计工作的基本要求》(2010 年修订)第 28 条规定,"在计划和实施审计工作时,注册会计师应当保持职业怀疑,认识到可能存在导致财务报表发生重大错报的情形";《中国注册会计师审计准则第 1301 号——审计证据》第 10 条规定:"注册会计师应当根据具体情况设计和实施恰当的审计程序,以获取充分、适当的审计证据。"

会计师事务所，函证程序失范，核查主要通过抽查凭证、收发存货记录、资金往来、发票等书面材料，访谈及走访等有效手段均未采取，存在不勤勉尽责之情形。

当然，在最终酌定中介机构责任时，该案判决充分考虑了新三板市场的发展历程和市场特点。新三板市场的挂牌企业普遍风险较大，涉及的投资者主体也是具有一定投资经验的，在新三板设立初期和发展过程中，确实存在一定时期相对宽松的“监管环境”，而且案涉虚假陈述发生于若干年之前，认定责任应当适当考虑当时的市场环境，再结合证券中介机构对于虚假陈述是否“明知”、案涉虚假陈述本身的隐蔽性、中介机构调查手段及成本的合理性，综合认定其对参与的虚假陈述造成的投资者损失承担适当的责任比例。

（编辑：徐安安　姜沅伯）

《证券法苑》(2025)
第四十二卷,第172~185页

保荐人行使保荐合同解除权合理性的认定

——某集团公司诉某证券公司证券上市保荐合同纠纷案评析

朱颖琦* 李 鹏** 梁文依***

摘要:全面注册制下保荐人的"看门人"职责不断被压实。保荐合同中经常出现的"不再推荐条款"为约定解除权条款,保荐人有权在合适情况下解除保荐合同、终止保荐。保荐人终止保荐影响重大,故应结合发行人在重大财务指标、重大诉讼和公司治理等方面是否存在重大不利变化,判断保荐人解除保荐合同、终止保荐是否合理。本文以全国首例保荐人终止保荐、公司退市案例为切入点,对"不再推荐条款"性质、保荐人行使保荐合同解除权合理性进行探讨。

关键词:保荐合同 终止保荐 财务指标 重大诉讼 公司治理

* 上海金融法院综合审判一庭庭长、三级高级法官。
** 上海金融法院综合审判一庭三级高级法官。
*** 上海金融法院实习法官助理。

一、案情及裁判理由介绍

自2019年5月起,原告某集团公司因连续两年经审计的净资产为负等原因,被深圳证券交易所(以下简称深交所)暂停上市。2016年6月,某集团公司破产重整计划执行完毕。同月,某集团公司(甲方)与被告某证券公司(乙方)签订了《关于推荐恢复上市、委托股票转让持续督导之协议书》(以下简称《协议书》),约定由某证券公司担任某集团公司恢复上市的保荐人。《协议书》第一部分第三章"乙方义务"约定:"为甲方提供与股票恢复上市有关的政策、法律、财务等方面的咨询。根据相关法律、法规和规范性文件的规定,履行持续督导义务,持续督导甲方依法规范运作。持续督导期为甲方恢复上市后公司股票恢复上市之日起计算,包括证券恢复上市当年剩余时间及其后一个完整会计年度的期间……在推荐甲方恢复上市过程中,如果乙方经合适的审核程序,有充分理由认为甲方不具备恢复上市的条件,乙方可以不再推荐甲方恢复上市。"(以下简称"不再推荐条款"),第七章"违约责任"第二部分为委托股票转让持续督导的相关约定。2022年1月,某证券公司向深交所发送请示,表明自其协助某集团公司上市以来,该公司的基本情况发生重大变化,基于此,某证券公司认定某集团公司已不具备恢复上市的条件,拟申请终止对其恢复上市事项的保荐。2022年2月,某证券公司向某集团公司发送《通知函》,表明:由于某集团公司2020年、2021年连续两年归属于上市公司股东的扣除非经常性损益的净利润为负值(以下简称归母扣非净利润),陷入重大诉讼,存在众多不确定风险,且某集团公司股东之间存在矛盾,故某证券公司不再为某集团公司恢复上市提供推荐服务,并解除《协议书》中"推荐恢复上市"的有关约定。之后,某集团公司收到深交所的决定,载明因某证券公司不再为某集团公司提供保荐服务,故某集团公司不符合恢复上市的规定,决定不同意某集团公司股票恢复上市的申请。某证券公司申请复核,深交所于2022年6月作出《复核决定书》,表明:经讨论委员会认为,某集团公司自2019年经营活动产生的现金流量净额持续为负;

2015年以来仅2019年归母扣非净利润为正，且当年净资产主要因股东捐赠及债务豁免扭负为正；某集团公司因涉诉承担的赔偿金额最高达15.94亿元，可能对其持续经营能力构成重大不利影响；案外人曹某等人与某集团公司间的矛盾尚未解除，某集团公司存在阻碍股东投票的行为，某集团公司治理结构及内控健全性存疑；深交所作出不同意恢复上市的决定并无不当，某集团公司称其符合恢复上市标准与事实不符。某集团公司遂向法院提起诉讼，请求判令：(1)确认某证券公司解除合同的通知函不发生法律效力；(2)确认因某证券公司根本违约导致合同目的无法实现而解除合同；(3)某证券公司返还已支付的保荐费300万元。

审理中，法院还查明：某集团公司2020年度及2021年度的归母扣非净利润分别约为负1600万元及负6亿元。2023年1月，另案判决某集团公司在对外担保中，因法定代表人选任及公章管理不善，存在过错，需承担赔偿责任约8亿余元。某集团公司控股股东(占比20%)与重整引入股东曹某等(总占比18.1%)存在矛盾，无法形成有效的股东会决议以及董事会决议。具体表现为：2021年12月，股东曹某向法院申请保全控股股东持有的5.56%的某集团公司股份；2022年5月，法院判决撤销某集团公司2021年第三次临时股东大会决议，理由为某集团公司无合理理由阻碍股东曹某等一致行动人表决权的行使。

该案争议焦点如下：(1)“不再推荐条款”是否赋予某证券公司约定解除权；(2)如果某证券公司享有约定解除权，某证券公司是否合理地行使解除权。就焦点一“不再推荐条款”是否赋予某证券公司约定解除权，法院认为，《协议书》第一部分的权利、义务均围绕推荐恢复上市这一目的而设立。其中，咨询义务是推荐恢复上市阶段的从给付义务，持续督导义务是恢复上市后的给付义务，均非独立存在。如果“不再推荐条款”被履行，《协议书》第一部分的权利、义务实质上发生终止的效果，故“不再推荐条款”赋予了某证券公司解除合同第一部分的权利。同时，上市保荐合同本质是委托合同，《民法典》第933条赋予了合同双方任意解除权。在合理情况下，某证券公司作为保荐人，有权解除合同。就焦点二某证券公司行使解除权是否合理，法院认为，根据《证券发行上市保荐业务管理办法》(2020年)第17条、第22条、第27

条、第56条等规定,保荐机构在推荐上市阶段应当对发行人进行全面调查,充分了解发行人的经营状况及其面临的风险和问题;应当对发行人申请文件相关内容保持职业怀疑、运用职业判断进行分析,对重大异常、前后重大矛盾的情况进行调查、复核;在提交发行保荐书后,应当配合中国证券监督管理委员会(以下简称中国证监会)的审核;在证券发行前,发行人及其控股股东、实际控制人、董事、监事、高级管理人员不配合保荐机构履行保荐职责的,应当发表保留意见,情节严重的,应当不予保荐,已保荐的应当撤销保荐。据此,保荐人的全面尽职调查职责和义务不仅限于保荐之前,在提交保荐书后深交所审核、股票恢复上市期间,保荐人亦有相应义务,并且应当根据股票恢复上市需要同时具备的必要条件,在上市公司发生重大变化时,及时调整保荐意见,重新作出保荐与否的判断。某证券公司给某集团公司发送解约《通知函》之前,某集团公司已经出现了归母扣非净利润为负且持续亏损、持续经营能力存在较大不确定性、诉讼存在重大不确定性,以及股东之间不和将对公司经营存在较大不利影响等情况,明显违反了《深圳证券交易所股票上市规则》(2018年11月修订)第14.2.1条的规定。即使要求某证券公司继续履行保荐合同项下的义务,某集团公司也难以恢复上市,故某证券公司行使解除权合理。基于此,法院判决驳回某集团公司的全部诉讼请求。

二、"不再推荐条款"的性质认定

"不再推荐条款"是上市保荐合同中的常见条款。该条款通常约定"在推荐上市(或恢复上市)过程中,如果保荐机构经合适的审核程序,有充分理由认为不具备上市(或恢复上市)的条件,可以不再推荐恢复上市"。从表面文义解释角度而言,"不再推荐条款"未明确解除的意思表示,但是结合保荐行业的行业规则,从合同目的解释等角度而言,该条款实质上具有赋予保荐人解除保荐合同权利的意思。

(一)保荐人的职责

保荐制度起源于英国。我国于2004年首次在《证券发行上市保荐制度暂行办法》中建立该项制度,并于2006年将证券发行上市保荐制度正式纳入《证券法》。保荐制度设立的初衷,是为证券出售人的发行行为背书,承担"证券市场看门人"的职责。随着我国证券发行从核准制转向全面注册制,证券监管部门不断压实保荐人作为"看门人"的职责。保荐人的特殊定位对规范证券发行、交易行为、保护投资者利益的作用越发重要。正如学者所言,"看门人以保护证券市场秩序之使命,承担着核验信息披露之义务,对于缓解信息不对称、降低交易成本,深有裨益"[1]。

保荐含有保证和推荐两层含义,保荐人兼具证券发行人的推荐人与担保人的身份,承担法定的推荐责任和连带担保责任,从而构建了对发行人的持续性监督机制。[2] 保荐人应当根据法律、行政法规和中国证监会、证券交易所、中国证券业协会的相关规定,尽职推荐发行人证券发行上市,持续督导发行人履行规范运作、信守承诺、信息披露等义务。具体而言,保荐人履行保荐职责的主要依据是《证券发行上市保荐业务管理办法》(2023年修订)以及证券交易所的股票上市规则。根据上述规定,保荐人的职责覆盖证券公开发行事前、事中、事后各个流程。发行前保荐人应当尽职推荐,发行后保荐人应当持续督导。在发行人首次公开发行股票前,保荐机构还负有辅导的职责,对发行人的董事、监事、高级管理人员等人员进行系统的法规知识、证券市场知识培训,知悉信息披露和履行承诺等方面的责任和义务,树立诚信、自律和法治意识。[3] 完成辅导、辅导验收后,保荐人确认发行人符合相关规定后,保荐人方可出具保荐文件[4]。在确认发行人是否符合相关发

[1] 甘培忠、孔令君:《论IPO注册制改革背景下中介机构作用之强化》,载《法律适用》2015年第8期。

[2] 孙晋主编:《商法学》,武汉大学出版社2016年版,第292页。

[3] 参见《证券发行上市保荐业务管理办法》(2023年修订)第18条。

[4] 《证券发行上市保荐业务管理办法》(2023年修订)第25条规定,应当就9项具体内容作出承诺,包括有充分理由相信发行人符合上市规定、发行人的申请文件和信息披露资料没有虚假陈述、发行人及其董事在申请文件和信息披露资料表达意见依据的充分合理、申请文件和信息披露资料与证券服务机构意见之间没有实质性差异等,保证保荐人对申请文件和信息披露资料进行了尽职调查、审慎核查,保证保荐书不存在虚假陈述,保证对发行人提供的专业符合和出具的专业意见符合规定等。

行规定过程中，保荐人应当对发行人进行全面调查，充分了解发行人的经营状况和面临的风险及问题，对证券服务机构出具的专业意见内容，可以合理信赖，对相关内容应当保持职业怀疑、运用职业判断进行分析，存在重大异常、前后重大矛盾，或者与保荐人获得的信息存在重大差异的，保荐人应当进行调查、复核。[5] 在保荐人提交发行保荐书、上市保荐书后，还应当配合监管部门的审核和注册工作，承担答复、尽职调查或核查、接受问询等工作。[6] 发行人证券发行上市后，保荐工作进入持续督导阶段，保荐人的主要职责是督导发行人持续规范运作。[7]

（二）合同目的解释：保荐人享有约定解除权

合同法以合同严守为原则，强调合同的法律约束力，要求当事人依约履行合同债务，不得擅自变更或解除合同。但是合同有效成立后，有时会因主观或客观情况的变化，而使合同履行成为不必要或者不可能，使当事人一方或双方的合同目的无法实现，如仍固守合同约束力，不仅于一方或双方当事人没有好处，于社会整体利益也没有任何增益。因而，通过法律手段让合同提前终了，并处理善后事宜，诚属必要。[8] 具体到约定解除条款中，如果某一条款无法以文义解释方法解读出约定解除的意思表示，而因情况变化当事人一方或双方的合同目的落空，此时没有必要让当事人仍处于合同的“法锁”之下，应当认定该条款赋予了当事人约定解除权。

在保荐合同中，推荐发行人成功上市是合同主要目的，但这一目的的实现必须在合法合规的框架下运作。保荐制度的根本目的是防止发行人的欺诈行为，保护投资者权益不受违法信息披露行为的损害。在本文所举的案例当中，从2020年保荐人向深交所提交保荐文件后的2年内，发行人出现了净利润负值、重大负债和股东矛盾三大问题，发行人恢复上市成为不可能，深交所后续出具的调查函也证实了这一点。保荐人虽然有辅导、推荐上市人恢复上市的义务，但前述三大问题并非

---

〔5〕 参见《证券发行上市保荐业务管理办法》(2023年修订)第17条、第22条等。

〔6〕 参见《证券发行上市保荐业务管理办法》(2023年修订)第27条。

〔7〕 参见《证券发行上市保荐业务管理办法》(2023年修订)第28条。

〔8〕 参见韩世远:《合同法总论》(第4版),法律出版社2018年版,第648页。

保荐人的业务范围,也非保荐人专业能力所能解决的事项。如果固守合同的约束力,要求保荐人继续履行保荐职责,则对保荐人的业务发展极为不利。一方面,在恢复上市已不具有现实可能性的情况下,要求保荐人花费大量人力、物力在发行人项目上,只会徒增保荐人的经营成本。另一方面,否定保荐人在情况变化下不再推荐的约定解除权,等于变相要求保荐人无视发行人的真实情况,持续为发行人作背书,“挟持”保荐人成为证券市场的“造假者帮凶”,这显然有违保荐制度的目的。对此,《证券发行上市保荐业务管理办法》(2023 年修订)第 6 条第 2 款也明确规定“保荐人应当恪守独立履行职责的原则,不因迎合发行人或者满足发行人的不当要求而丧失客观、公正的立场,不得唆使、协助或者参与发行人及证券服务机构等实施非法的或具有欺诈性的行为”。

综上所述,证券保荐贯穿于证券上市的全过程,保荐人需要遵循审慎经营、勤勉尽责、诚实守信的原则。发行人上市并非一蹴而就,上市审核是有周期的,在审核期间,发行人处于动态变化的状态。保荐人根据发行人的动态变化,调整保荐意见,情况严重时,根据“不再推荐条款”作出拒绝保荐的决定并解除合同,既是法律赋予保荐人的权利,也是保荐制度“看门人”机制核心功能的要求。

(三)误区避免:任意解除权之限制

保荐合同本质上属于委托合同,发行人为委托人,保荐人为受托人,受托内容为保荐人代理发行人从事招股说明书在内的证券发行申请业务。[9] 由于保荐合同这一非典型合同具有委托合同的特征。实务上,有法院根据《民法典》第 933 条的规定,直接认定合同双方有任意解除权。[10] 然而,基于保荐制度和有偿合同的特点,保荐制度下的解除权需要受到限制。

首先,证券上市保荐合同并非普通的委托合同,保荐人一旦撤销保荐、解除保荐合同,上市公司将不符合上市、恢复上市的条件之一,即应

〔9〕 参见王琦:《证券发行保荐人注意义务的履行标准》,载《行政与法》2023 年第 9 期。

〔10〕 参见广东省广州市中级人民法院:广东金网达汽车股份有限公司与广州证券股份有限公司证券纠纷一审民事判决书,案号:(2017)粤 01 民初 7 号,2017 年 9 月 17 日。

当由保荐人保荐,而面临退市的风险。退市除了关系发行人的重大利益之外,还关系投资人等诸多主体的合法利益。故不能仅从委托合同角度而言,直接简单认定保荐人享有随时解除合同的权利。《证券发行上市保荐业务管理办法》(2023 年修订)从保荐协议终止时间的限制、保荐人的更换等多方面作出了限定。例如,《证券发行上市保荐业务管理办法》(2023 年修订)第 41 条、第 42 条规定刊登证券发行募集文件前终止保荐协议的,保荐人和发行人应当分别向中国证监会、证券交易所报告,在刊登发行募集文件以后直至持续督导工作结束,保荐人和发行人不得终止保荐协议,但存在合理理由的情形除外。

其次,委托合同分为民事委托和商事委托。商事委托合同的常态是有偿合同、要式合同。商事委托人信任的是受托人的商誉和经营能力,有的受托人专为委托事项而成立公司来经营委托事务,有的为完成委托事务而改变自己的经营方向、经营领域,有的为完成委托事务要投入大量的人力和物力来开拓市场,联系客户。[11] 委托人、受托人任何一方随时解除合同,都可能造成对方巨大的经济损失。保荐合同属于典型的商事委托合同,合同双方的任意解除权应当受限。

三、保荐人行使解除权合理性的认定

(一)相关金融监管规定

就发行人上市、恢复上市,《证券法》作了原则性规定。[12] 发行人证券发行的具体判断标准主要体现于证券交易所的相关规则中。我国

---

〔11〕 参见崔建远、龙俊:《委托合同的任意解除权及其限制——“上海盘起诉盘起工业案”判决的评释》,载《法学探究》2008 年第 6 期。

〔12〕 《证券法》(2019 年修订)第 12 条第 1 款规定:“公司首次公开发行新股,应当符合下列条件:(一)具备健全且运行良好的组织机构;(二)具有持续经营能力;(三)最近三年财务会计报告被出具无保留意见审计报告;(四)发行人及其控股股东、实际控制人最近三年不存在贪污、贿赂、侵占财产、挪用财产或者破坏社会主义市场经济秩序的刑事犯罪;(五)经国务院批准的国务院证券监督管理机构规定的其他条件。”第 21 条第 2 款规定:“按照国务院的规定,证券交易所等可以审核公开发行证券申请,判断发行人是否符合发行条件、信息披露要求,督促发行人完善信息披露内容。”

主板市场集中于深交所和上海证券交易所(以下简称上交所),沪深证券交易所主板市场在组织体系、上市标准、交易方式和监管结构方面基本别无二致,二者均对发行人的营业期限、股本大小、盈利水平、最低市值等方面的要求标准较高,上市企业多为大型成熟企业,具有较大的资本规模以及稳定的盈利能力。[13] 案涉保荐当时,《深圳证券交易所股票上市规则》(2018 年 11 月修订)规定,股票被暂停上市后公司申请其股票恢复上市,应当由保荐人保荐。第 14.2.1 条列举了上市公司申请恢复上市的条件,包括了净利润、扣除非经常性损益后的净利润(以下简称扣非净利润)、期末净资产、营业收入、审计报告、持续经营能力、公司治理结构和内部控制制度、财务会计报告等方面。《上海证券交易所股票上市规则》(2018 年 11 月修订)的规定与深交所的相关规定基本一致。可见,沪深证券交易所在主板恢复上市要求上的条件基本相同。2020 年年底,《深圳证券交易所股票上市规则》(2020 年修订)取消了暂停上市、恢复上市,而设置了终止上市、重新上市。根据修订后的规则,重新上市的发行人仍然需要保荐人推荐。保荐人的保荐在上市、恢复上市以及重新上市中均具有举足轻重的作用。关于重新上市的申请条件,修订后的规则规定发行人需要符合的条件之一是符合《证券法》、中国证监会规定的发行条件,亦即仍然包括公司治理结构、净利润等条件。故该案虽然涉及恢复上市保荐,但判决理由以及以下结合该案的相关讨论,同样适用于重新上市保荐。就保荐人的尽职调查范围,《保荐人尽职调查工作准则》(2022 年修订),规定核查的内容均包括了业务技术调查、财务会计调查、公司治理调查,涉及销售情况、销售收入、营业成本、非经常性损益、或有负债、三会运作情况、内部控制环境等数十项指标。

本文所举的案例中,保荐人某证券公司基于 3 个因素行使了解除权,分别是某集团公司连续两年归母扣非净利润为负、公司违规对外担保产生巨大负债金额以及股东之间存在纠纷。基于前述三因素,某证券公司认定某集团公司不再具备持续经营能力,拒绝保荐。结合某集团公司的经营特点和相关法律法规,某证券公司行权具有合理性。

---

〔13〕 参见董安生主编:《证券法原理》,北京大学出版社 2018 年版,第 7 页。

（二）归母扣非净利润对上市的影响

上市公司的年度财务报告由4个表格组成，分别是资产负债表、利润表、现金流量表和所有者权益变动表。上述报表共同反映了上市公司经营状况和盈利能力。利润表中有3项指标均与净利润相关，分别为：净利润、归属于上市公司的净利润和归母扣非净利润，3项指标均带有“净利润”3个字，而最能反映出上市公司持续经营能力的为归母扣非净利润。

归母扣非净利润牵扯到少数股东权益和非经常性损益两个概念。根据我国的会计准则，上市公司的年报包括母公司报表和合并报表。在会计术语中，集团公司是指母、子公司共同组成的合集，而非法律术语下的单个法人。对于非100%控股的子公司，有一部分权益和损益是归属于少数股东的，这部分数额并不属于母公司的股东拥有，所以剔除少数股东权益和损益后，就产生了归母的概念。而非经常性损益是指与公司正常经营业务无直接关系，以及虽与正常经营业务相关，但由于其性质特殊和偶发性，影响报表使用人对公司经营业绩和盈利能力作出正常判断的各项交易和事项产生的损益。易言之，非经常性损益就是不经常发生的，但能够影响当期利润的项目。将少数股东权益和非经常性损益从净利润中扣除，就产生了归母扣非净利润的概念。上市公司的持续经营能力主要从其主营业务的利润来考察，因此归母扣非净利润是3项净利润指标中，最能反映公司经营状况的指标。如果上市公司的非经常性损益金额占比较大，则可能表明该公司的主营业务发展势力不足，不具备市场投资价值。

某集团公司2020年和2021年财报显示，非经常性损益分别约为4800万元及3800万元，扣非净利润分别约为2100万元和负6200万元，公司的归母扣非净利润分别约为负2700万元和负1亿元。可见，某集团公司的主营业务净利润和非主营业务净利润比例失衡严重，且2020年至2021年归母扣非净利润减值约275%。公司在归母扣非净利润指标上的变动表明，某集团公司的主营业务盈利能力渐弱，公司无法依靠主营业务（小家电业务）产生持续性的净利润，不再具有持续经营能力。

在审理过程中，某集团公司主张存在净利润为负依旧成功上市的案例,不能凭借自己相关财务指标为负认定为不具备恢复上市的资格。我国证券市场分为不同的板块,主要有主板和创业板。二者在定位、上市要求和投资门槛有明显区别。主板是我国证券市场的核心板块,主要服务于成熟、大型企业,因此主板市场对上市公司的财务状况、盈利能力和市场地位等方面要求较高。主板市场的股票通常具有较高的流动性和稳定性,这带来了主板市场较低的投资门槛,个人投资者开户后即可投资。创业板主要面向成长型、创新型企业。相较于主板,创业板对上市公司的财务要求相对较低,[14]但对企业的创新能力、成长潜力和市场前景等方面有更高的要求。创业板市场的股票通常具有较高的风险和波动性,因此创业板有着更高的投资门槛。创业板市场的上市公司主营业务集中在生物医药、人工智能、先进制造等高新技术产业。[15] 这类企业的特点是前期投入巨大导致财报账面亏损,但产品上市后能持久实现高额利润。然而某集团公司主营业务是小家电,属于资金需求量极大的制造业,小家电行业作为传统制造业,不具有前述高新企业的特点。小家电产品本身结构简单,公司的研发推新力度、投资回报周期与高新企业有着天然不同,如果企业的当期投资成本无法在年度财报中回收,则意味着公司的投资落空,预期利润没有收回的可能性。同时,小家电产品壁垒低,且多集中在线上,渠道壁垒低,同质化竞争严重,因此小家电企业通常无法像高新企业那样,通过技术研发叠加技术壁垒,依靠专利许可费等手段持续盈利。

综上所述,基于某集团公司所处行业特点,归母扣非净利润是一项能较为真实反映其持续经营能力的指标,保荐人基于此,综合其他因素解除保荐合同,具有合理性。

---

〔14〕《深圳证券交易所创业板股票上市规则》(2023 年 8 月修订)第 2.1.2 条规定:“发行人为境内企业且不存在表决权差异安排的,市值及财务指标应当至少符合下列标准中的一项:(一)最近两年净利润均为正,且累计净利润不低于 5000 万元;(二)预计市值不低于 10 亿元,最近一年净利润为正且营业收入不低于 1 亿元;(三)预计市值不低于 50 亿元,且最近一年营业收入不低于 3 亿元。”

〔15〕参见深圳证券交易所:《关于未盈利企业在创业板上市相关事宜的通知》,载深圳证券交易所网,https://www.szse.cn/lawrules/rule/stock/audit/t20230217_598780.html,2023 年 12 月 8 日访问。

(三)对外担保对上市的影响

上市公司因具有更加公开的财务状况、经营状况以及更雄厚的资本,被先天性认为是良好的担保者。担保行为作为企业间合法的融资保证行为,保障企业的利益并产生积极作用,但由于我国资本市场仍处于发展状态,部分公司内部的治理结构不完善,近年上市公司因违规对外担保而频频爆雷。上市公司违规对外担保不仅会带来巨额负债,影响正常的经营管理。更严重的是,违规担保意味着公司高管规避了公司集体决议机制,暴露出公司重大缺陷和内部控制制度失灵,进而影响到公司持续经营能力。

目前衡量企业持续经营能力的最为认可的方法为“持续经营能力三因素理论”。该理论认为影响企业持续经营的关键因素为财务质地、经营质量和治理效能。三者相互影响、相互促进。财务质地是企业持续经营的直接动因,经营质量是内在基础,治理效能是内生动力。其中,治理效能应从股权模式、人力资本以及内部控制三角度分析。〔16〕目前企业内部控制评价范围一般包括财务管理、投融资担保、销售、采购、人力资源、内部监督等方面,其中对外担保的内部控制属于重点关注的高风险领域,对于上市公司尤甚。

2017 年 6 月某集团公司与广州某银行签订《差额补足协议》,约定某集团公司对 25 亿元的借款承担连带保证责任,该担保事项直至广州某银行发出《告知函》之前一直未被发现。经某集团公司内部核查,该担保事项没有在集体决议会议、公章使用记录中留痕,公司内部高管也均不知情。公司 2020 年、2021 年连续两年内部控制评价报告显示,公司确定的非财务报告内部控制缺陷评价的定量标准为:重大缺陷是指损失或影响金额大于等于净资产的 1%。某集团公司 2020 年年末的归母净资产为约 8 亿元,2021 年年末的归母净资产为约 1.5 亿元。

〔16〕 参见方军雄:《公司治理视角下的企业持续经营研究》,复旦大学 2004 年博士学位论文;张梨:《重新上市背景下国机重装持续经营能力分析及提升路径研究》,重庆工商大学 2018 年硕士学位论文;颜梦婷:《上市公司非主动退市成因及影响研究——以主板上市公司 ST 博元退市为例》,哈尔滨商业大学 2017 年硕士学位论文;栾甫贵、赵爱玲、胡会林:《企业持续经营能力指数的构建及应用》,载《财会月刊》2021 年第 18 期。

2022年1月一审判决某集团公司的赔偿范围为约15亿元,二审降低到约8亿余元。不论以哪个数额为准,这笔金额都远超净资产的1%,属于某集团公司确定的"重大缺陷"。根据2016年版的公司章程第47条的规定,某集团公司对外担保单笔担保额超过最近一期经审计净资产10%的担保,需经过股东大会的审议通过。2016年度报告显示公司的归母净资产约为3.39亿元,高达25亿元的对外担保远超第47条的比重。同时,公司章程第146条规定,公司对外担保事宜必须经由董事会和股东大会审议批准,未经董事会和股东大会批准,公司不得对外提供担保。董事会审议对外担保时,必须经出席董事会的2/3以上非关联董事审议同意。可见,某集团公司就对外担保制度在执行过程中失灵,内部控制制度的缺陷给公司的持续经营能力带来了负面评价,影响到保荐人的保荐意见。

(四)股东间控制权争夺对上市的影响

公司治理结构是持续经营能力的重要判断指标之一。合理的公司治理结构通常表现为控制股东对公司具有稳定的控制权。控股股东很大程度上决定公司的未来经营方向以及公司董事、监事、高级管理人员的选拔。稳定的控制权意味着公司的经营方向稳定,董事、监事、高级管理人员执行方向不会出现偏离。在我国证券市场中,有因股东间存在控制权不稳定、股权结构复杂等,上市发行失败的案例,但同时也有上市公司在股东间存在矛盾的情况下仍持续经营。故股东间矛盾等公司治理结构中的问题,与公司不再具有持续经营能力之间并不存在直接的必然联系,还需要结合公司的其他因素进行综合判断,例如财务指标、重大诉讼。

在本文所举的案例中,某集团公司股东间的矛盾主要体现在两方面:第一,股东曹某向法院申请保全大股东某教育科技公司5.56%股权。第二,一致行动股东在2021年第三次临时股东大会中以网络方式投票,但未被计入投票结果。2022年2月,股东会决议因阻碍曹某等一致行动人行使表决权,被法院撤销。发生矛盾的股东为2020年6月破产重整期间引入的战略投资者,作为破产重整后拟恢复上市的企业,新投资人之间就公司的发展方向达成一致至关重要。然而,2020年年报和2021年前三季度报显示,某教育科技公司的加入未扭转公司的经营困境。公司股东曹某与股东陈某等5人共同签订《一致行动协议》。在曹某、陈某等6名股东给公司出具的回函中，各股东表示《一致行动协议》的签署目的是帮助公司更好经营。上述种种事实显示某集团公司控制权不稳定，外化表现为公司财务指标不佳，外加公司因对外违规担保导致巨额负债，某证券公司得出某集团公司不再具有持续经营能力的判断，具有合理性。

四、结语

保荐人在保荐过程中兼具两种身份。一方面，保荐人应当根据与发行人之间的保荐合同约定提供推荐、督导服务，不能随意解除保荐合同。另一方面，根据证券市场监管规定，保荐人同时承担了证券市场"看门人"的法定职责。保荐人如果有充分理由认为发行人不具备证券发行条件，保荐人应当终止保荐，并有权依据保荐合同约定解除保荐合同。本文所举的案例的判决将有利于引导发行人规范运作、保荐人审慎保荐，促进资本市场健康发展。

（编辑：孙秀满　谢贵春）

《证券法苑》(2025)
第四十二卷,第186~204页

禁止股东权利滥用条款在股东利益冲突纠纷中的适用
——通化矿业(集团)有限责任公司诉李某与公司有关的纠纷再审案

杜　翠*

摘要:控股股东滥用股东权利实施不公允关联交易严重侵害了中小股东合法权益,其实质属于股东压迫。在加强中小股东保护的理念下,将《公司法》第21条关于禁止股东权利滥用的规定解释为股东利益冲突救济的一般性条款具有正当性、合理性,可适用该条解决股东间利益冲突纠纷。具体而言,可以禁止股东权利滥用为基本,承接强制分红、决议无效、强制回购、司法解散等救济方法,为股东利益冲突中受压迫的股东提供更充分和灵活的救济。

关键词:控股股东　权利滥用　股东利益　股东压迫

前　言

公司法确立了资本多数决这一基本原则,股东

---

*　上海财经大学博士研究生。

按照自身所持表决权参与公司事务,天然形成控股股东掌握公司控制权的局面。然而,由于股东之间并不具有同质性,资本多数决极易异化为股东压迫,一般表现为控股股东利用资本多数决通过合法程序侵害中小股东利益。实践中,股东内部利益冲突层出不穷,处于弱势地位的中小股东往往容易成为公司内部斗争的牺牲品。司法救济层面,在符合法定程序要件的股东利益冲突问题中,法院基于谦抑性立场一般尽量避免介入公司内部治理,中小股东面对股东压迫面临一定维权困难。保护中小股东合法利益是当前公司法治发展的重要方向。我国2023年修订的《公司法》(以下简称新《公司法》)增强了对中小股东的保护,试图为股东利益冲突提供更多救济方法。其中,新《公司法》第21条〔1〕延续旧法股东权利不得滥用的原则性规定,可成为解决股东利益冲突问题的基础手段。

一直以来,理论界关于激活新《公司法》第21条禁止股东权利滥用条款的讨论沸沸扬扬。〔2〕但在司法实践中,由于新《公司法》第21条的规定较为原则和抽象,法院直接适用该条款来解决股东之间的纠纷情形相对较少。〔3〕在检索的案例中,笔者发现最高人民法院裁判的"通化矿业(集团)有限责任公司诉李某与公司有关的纠纷再审案"〔4〕具有一定典型意义,值得讨论。

选择该案进行评析是因为:一是该案案件事实虽较为简单,即控股股东滥用股东权利决定公司实施不合理关联交易使自身获益,不过就

---

〔1〕本文除在案例中的法律法条遵循了裁判文书的原文,其余地方出现法律条款皆采用新《公司法》条款。为清楚地说明,在涉及案例法条时会写明旧《公司法》第20条(权利滥用)和第21条(关联交易)、第151条(代表诉讼)、第152条(直接诉讼),对应新《公司法》分别为第21条、第22条、第189条、第190条。

〔2〕参见王建文:《论我国构建控制股东信义义务的依据与路径》,载《比较法研究》2020年第1期;傅穹:《公司利益理念下控制股东诚信义务的本土治理与重构》,载《学术论坛》2021年第4期;刘俊海:《论控制股东和实控人滥用公司控制权时对弱势股东的赔偿责任》,载《法学论坛》2022年第2期;翁小川:《受压迫股东的救济路径研究:股东受信义务与法定压迫救济制度》,载《比较法研究》2021年第4期。

〔3〕参见刘俊海:《论控制股东和实控人滥用公司控制权时对弱势股东的赔偿责任》,载《法学论坛》2022年第2期。

〔4〕参见最高人民法院:通化矿业(集团)有限责任公司诉李某与公司有关的纠纷再审民事裁定书,案号:(2017)最高法民再8号,2017年12月25日。

案件审理过程和结果来看,可以称之为我国少数股东保护困难现状的一个缩影。该案历经三审,历时10年多。同时,该案所涉及的事实引发了一系列相关诉讼。李某就通化矿业(集团)有限责任公司(以下简称通化矿业集团)实施的不公允关联交易侵权行为提起了3次诉讼,案由分别是撤销股权转让合同、股东滥用权利实施不公允关联交易的赔偿责任以及侵权责任纠纷,时间跨度从2010年一直持续到2021年。案件审理过程中,相关当事人积极提交法学专家的论证意见予以说理,该案存在重大理论争议。但从裁判结果来看,各级法院观点各异,结果差异较大。二是该案涉及的股东利益冲突问题具有典型性,该案中公司仅有大股东通化矿业集团和小股东李某两方,在不合理关联交易损害公司利益的情形下,实质上仅小股东李某一方受到实际的利益损失。此外,在压迫事实存续期间,小股东将股权转让给控股股东退出了公司。可以说,小股东从持股到退出公司的每个环节都受到了控股股东的压迫,这也从侧面显示出股东压迫具有复杂性和长期性。目前,如何寻求持股期间因压迫行为产生的损害救济是理论和司法中的疑难问题。该案中,前股东是否具备合格的诉讼资格,受压迫股东能否突破派生诉讼的程序要求(直接对滥权大股东提起诉讼)以及可采取何种具体救济方法等问题都值得讨论。

综上,面对股东利益冲突导致股东压迫应当如何保障小股东的合法利益问题,本文尝试对该案作进一步的分析和探讨,聚焦新《公司法》第21条的适用,为广泛的股东利益冲突问题提供一个解决方案,以期为未来的司法裁判提供有益参考。

一、案情概述

再审申请人(一审被告、二审上诉人):通化矿业集团

再审被申请人(一审原告、二审上诉人):李某

原审第三人:通化矿业(集团)道清选煤有限公司(以下简称道清选煤公司)

道清选煤公司于2006年3月20日成立,注册资本1000万元,其

中,通化矿业集团占股70%,通化保利煤业有限公司占股30%,法定代表人郝某某。2009年通化矿业集团转让给通化矿业集团扶贫济困基金会5%的股权;通化保利煤业有限公司转让给自然人李某股权30%。2010年10月12日,李某与通化矿业集团签订《股权转让合同书》,将其持有的道清选煤公司30%股份以2764.19万元价格转让给通化矿业集团。涉诉时通化矿业集团扶贫济困基金会已将5%股份转让给通化矿业集团,现道清选煤公司系法人独资企业。

2010年7月19日,吉林金石会计师事务所的《审计报告》结论显示:(1)关联方关系。通化矿业集团持股比例为65%,作为母公司其对本公司享有绝对控制权。2008年、2009年、2010年1—6月,通化矿业集团下属分支机构煤炭营销分公司将通化矿业集团道清煤矿、通化矿业集团松树煤矿生产的原煤销售给道清选煤公司的交易行为构成关联方交易。(2)关联方交易。本公司主要原材料为原煤,2009年度92.79%的原煤、2010年1—6月99.24%的原煤由关联方供应。关联方交易定价政策,由关联方母公司定价。供应给道清选煤公司的原料煤的价格是通化矿业集团以文件的形式直接确定的,未与道清选煤公司协商。

关联交易损害小股东权益的司法鉴定最终结果:影响道清选煤公司所有者权益161,323,735.58元,其中归属于股东李某的权益为48,397,120.67元。此外,2014年8月20日,李某向一审法院递交《让步意见》,决定放弃1000万元赔偿数额,同意放弃部分赔偿数额,即由原来的主张按照鉴定结果4839万元降低到3839万元。

二、审判结论

(一)争议焦点

1. 李某是否具备主张权利的主体资格问题

原告认为:虽然在提起诉讼时李某已不是道清选煤公司的股东,但仍是通化矿业集团侵权行为的被侵害人。其依据《侵权责任法》和《民法通则》享有的实体法上的请求权仍然存在。从立法目的看,旧《公司法》第20条第2款旨在保护受损股东利益而非滥用股东权利的控制股东的利益。因此,该款规定的损害赔偿请求权的主体应当解释为“在侵害行为发生时利益受到损害的股东”,不能限缩解释为“在提起诉讼时依然保持股东资格的民事主体”,否则“有侵害即有救济”的基本法理将被颠覆。在转让股权后,李某完全有权依照旧《公司法》第 20 条的规定,对持股期间通化矿业集团滥权行为对其本人直接承担侵权赔偿责任。此外,不正当关联交易属于侵权行为性质,根据《侵权责任法》的救济规则,李某作为侵权行为的受害人,其获得救济的权利与股东身份是否存续无关,所以原告李某具备该案的诉讼主体资格。被告提出由于李某在起诉时已经将股份转让给通化矿业集团,李某的股东权利也通过股权转让的方式一并转让给通化矿业集团。鉴于李某诉请时已经不具有道清选煤公司的股东资格,也不应当再享有《公司法》规定的股东权利,也就是说,李某不具有股东代表诉讼和股东直接诉讼的权利,因此被告认为李某不具备诉讼主体资格。

2. 李某能否直接要求通化矿业集团赔偿其损失及损失数额的计算

若李某具有诉讼资格,李某能否要求通化矿业集团赔偿其损失的关键即关联交易是否公允。原告李某认为从价格、程序以及交易目的三方面可以认定为不公允关联交易。大量的证据证明,通化矿业集团向道清选煤公司供应煤炭的价格高于向其他客户销售原煤的平均价格,通化矿业集团下发给道清选煤公司的调整煤炭价格的文件属于单方决定,通化矿业集团原董事长赵某文曾在律师调查笔录中明确表示,为了控制道清选煤公司的利润和分配给李某的利润数额,经研究决定控制道清选煤公司的利润,控制方法为提高供应给道清选煤公司的原料煤价格。关联交易对价不公允、信息不透明、程序不严谨,损害了公司利益和其他股东利益,因而构成了滥用股东权利,也构成了对小股东李某的侵权行为。李某完全有权依照旧《公司法》第 20 条和《侵权责任法》和《民法通则》的规定,主张通化矿业集团对其本人直接承担侵权赔偿责任。原告以关联交易损害小股东权益的司法鉴定最终结果为依据,影响道清选煤公司所有者权益 161,323,735.58 元,其中归属于股东李某的权益为 48,397,120.67 元。要求判令通化矿业集团赔偿李某因不公平关联交易所造成的经济损失 48,397,120.67 元。被告通化矿业集团认为关联交易不属于“不公平交易”。首先,通过下发文件确定价格仅仅是一种要约,公司通过接受行为承诺达成合意,李某对案涉关联交易行为知情、认可。其次,关联交易的方式获取了非关联交易无可比拟的优势和利润,如原煤质量、供应数量、运输成本、付款方式等方面,关联交易事实上为该公司节约了大量运营成本。最后,赔偿额所依据的鉴定意见在程序和内容方面均存在违法或者错误,不应采信。

(二)法院意见

1. 一审法院意见

一审法院认为,通化矿业集团应对道清选煤公司股东未依法分取红利所造成的损失承担赔偿责任。通化矿业集团公司高价销售原煤致道清选煤公司少计所有者权益为161,323,735.58元,道清选煤公司股东未分取该所有者权益提取法定公积后的利润,是通化矿业集团公司滥用股东权利进行关联交易造成的,二者之间存在因果关系,通化矿业集团公司滥用股东权利进行关联交易侵害的是道清选煤公司股东分取红利的权益,该权益不归属于道清选煤公司。根据旧《公司法》第20条、《民法通则》第106条的规定,通化矿业集团应当对道清选煤公司股东未依法应当分取红利所造成的损失承担赔偿责任。李某虽然已将股权转让给通化矿业集团,但是李某有权对于其持有股权期间所产生的利润进行分取,针对未依法分取的利润,李某具有诉讼主体资格,有权主张权利。通化矿业集团滥用股东权利进行关联交易,致原煤买卖为关联方不公平交易,影响道清选煤公司所有者权益少计161,323,735.58元,其中归属于股东李某的权益为48,397,120.67元。鉴于李某在一审时向法院递交了书面意见,明确表示同意放弃1000万元赔偿数额,该民事法律行为意思表示真实有效。故吉林省白山市中级人民法院判决通化矿业集团于判决发生法律效力之日立即赔偿李某未分取利润款3839万元及利息。

2. 二审法院意见

李某、通化矿业集团均不服一审判决,提起上诉。二审法院对上述争议焦点进行审查。首先,二审法院根据旧《公司法》第20条的规定认定通化矿业集团行为的违法性和李某具有该案的诉讼主体资格。具体而言,第一,二审法院认为通化矿业集团与道清选煤公司间的关联交易对价不公允,交易信息不公开,未经道清选煤公司股东会、董事会审议,破坏了道清选煤公司法人的独立性,因而构成了滥用股东权利。第二,通化矿业集团滥用股东权利行为的违法性及承担责任的法律依据为旧《公司法》第20条。旧《公司法》第21条规定关联交易损害赔偿责任,但李某因不具备股东身份故不能依据旧《公司法》第151条之规定提起股东代表诉讼。旧《公司法》第20条从特别法角度确定了股东滥权行为的违法性,并要求该种违法行为发生时侵权人与被侵权人均需具有股东身份,但并未要求在追究侵权行为责任时侵权人或被侵权人均仍需具有股东身份。故侵权人或被侵权人即使转让了股权,不再具有股东身份,只要主张权利所依据的具体法律规范对主体身份没有特别要求,均可成为适格的被告或原告。《侵权责任法》第6条和《民法通则》第106条保护广泛的民事权利,股权属于二者的保护范围,依据这两部法律主张权利的主体,仅要求为民事权益受到侵害的当事人,与其主张权利时是否仍具有股东身份无关。

其次,在认定司法鉴定程序和内容合法有效,二审法院认为影响关联交易公允性的最主要因素是原煤的价格。司法鉴定机构根据通化矿业集团与道清选煤公司原煤交易的价格高于同时期通化矿业集团与其他非关联方的原煤交易的平均价的事实符合法律和会计制度的规定。此外,通化矿业集团没有提交该公司或道清选煤公司向李某披露了关联交易真实情况的证据,李某无法对关联交易提出异议。通化矿业集团实施不公允关联交易获取了本属于李某的所有者权益。在李某受到损失的同时,通化矿业集团获取了等额的利益,故通化矿业集团应当赔偿李某的损失。

综上,吉林省高级人民法院二审判决通化矿业集团于判决发生法律效力之日立即赔偿李某人民币3839万元及利息。

3. 再审法院意见

通化矿业集团不服二审判决,向最高人民法院申请再审。

最高人民法院再审认为,首先,《公司法》确定了公司财产与股东权利相分离的规定,公司作为独立法律主体,依法对公司财产享有所有权。股东则享有从公司获取经济利益并参与公司经营管理的权利。该案中,不公允关联交易本质上是给道清选煤公司财产造成损害,李某的损失体现在关联交易减少的所有者权益,该权益需要通过利润分配成为李某的财产权利,或者体现在李某当时持有的股权价值上。

其次,就李某的请求权基础而言,一般侵权之诉也要求被侵权人应是侵权行为直接侵害的权利主体,而李某诉请的关联交易侵害的是道清选煤公司的财产所有权,与李某享有的财产权之间并无直接的因果关系。旧《公司法》第 20 条也不能够得出案涉因关联交易直接损害公司财产权而间接影响到股东利益的情形可以认定为给股东造成了损失。李某主张的侵权行为与其自身财产损失之间并没有直接的因果关系,其诉请亦不能得到支持。

最后,该案并非一般意义上的侵权之诉,而是李某系基于不公允关联交易损害其利益提起的侵权之诉,应当优先适用《公司法》的相关规定。由于李某主张的不公允关联交易损害的是道清选煤公司的利益,李某在起诉时已经不具备道清选煤公司的股东身份,李某基于所有者权益受损害提起该案诉讼不符合 2017 年《民事诉讼法》第 119 条原告应与本案有直接利害关系的规定。

综上,最高人民法院裁定:撤销该案一审、二审判决,驳回李某的起诉。

三、裁判评析

(一)本文的实质问题判断——隐藏于关联交易外表下的股东压迫

上述案例讨论的关键问题是,李某能否根据新《公司法》第 21 条以及第 22 条的规定,要求通化矿业集团因滥用股东权利利用关联交易损害其他股东利益的行为,对受害股东直接承担损害赔偿责任。通化矿业集团认为,李某在起诉时已经不具备股东资格,该关联交易未直接侵害了李某的财产权,李某无权主张按照持股比例要求通化矿业集团赔偿损失。最高人民法院支持了该观点,关联交易损害的主张对象仅为公司,李某所主张的不公允关联交易,实际损害的是道清选煤公司的利益,由于李某在起诉时已经不具备道清选煤公司的股东身份,李某基于所有者权益受损害提起该案诉讼不具有诉讼主体资格。正是因为新《公司法》第 22 条规定关联交易损害对象为公司利益,诉请主体为公司,前股东李某才选择以新《公司法》第 21 条股东权利滥用为依据提起损害赔偿之诉。在该案中最高人民法院的裁判仍以关联交易为核心,并未讨论新《公司法》第 22 条关联交易是否构成新《公司法》第 21 条规定的股东权利滥用。不过,最高人民法院的裁判结论中提道:李某如认为案涉其主张的通化矿业集团滥用股东权利损害了其作为当时道清选煤公司股东享有的民事权益并给其自身造成损失,可另循法律途径解决。

事实上,李某于 2018 年在"李某与通化矿业集团、道清选煤公司侵权责任纠纷"后续案件中〔5〕,根据最高人民法院(2017)最高法民再 8 号民事裁定书,提出因诉状中请求赔偿标的金额 1702 万元是在不包含被非法转移的道清选煤公司 1.67 亿元所有者权益的情况下进行评估测算的结论,故李某根据上述民事裁定书于 2018 年 8 月 3 日提交《股权价值重新评估鉴定申请书》,申请将 1.67 亿元纳入评估范围并增加评估要求。被告认为本次原告变更为侵权损害赔偿与立案时股权转让价款损失有实质性的区别,非同一法律关系不应当作为一个变更诉讼请求予以处理。此次变更请求事实上是将最高人民法院已经驳回的(2017)最高法民再 8 号民事裁定书中驳回的内容变相加入该案,属于重复告诉。后案法院认为:首先,因原煤交易价格认定该关联交易为不公平关联交易。其次,通化矿业集团、道清选煤公司共同故意实施了不公允的关联交易和虚增原煤入洗量及虚开增值税发票的行为客观上造成李某的股权价值被低估的结果。通化矿业集团、道清选煤公司已构成共同侵权予以确认。关于李某的诉讼主体资格问题,法院仍采取了前案二审法院的裁判意见,以侵权思路确定了股东资格并非为诉讼的必要条件,判决两被告承担 70% 的赔偿责任。之后,该案上诉到二审法院,被判决驳回,最高人民法院于 2021 年作出裁定维持二审判决,提出李某提起诉讼时已不再是道清选煤公司的股东,不存在受让人或者目标公司侵害其股东权益问题,驳回其提起的侵权责任之诉于法有

〔5〕 参见吉林省白山市中级人民法院:李某与通化矿业集团、道清选煤公司侵权责任纠纷一审民事判决书,案号:(2016)吉 06 民初 59 号,2019 年 5 月 19 日。

据。[6] 因此,李某的损失最终未能得到救济。

回顾整个案件情况,李某就通化矿业集团实施的不公允关联交易侵权行为提起3次诉讼,案由分别是撤销股权转让合同、股东滥用权利实施不公允关联交易的赔偿责任以及侵权责任纠纷。案件诉讼时间从2010年持续到2021年,可以说,其根源在于法院对控股股东滥用权利形成股东压迫问题的回避。3个案件具有明显相关性但争议焦点涉及不同法律关系,例如前诉关联交易诉讼中李某放弃的1000万元赔偿数额,不在侵权责任诉讼中产生放弃效力,进一步说明了股权转让纠纷的解决与股东压迫行为具有本质不同。可以说是股东压迫在不同阶段产生的不同样态,在股东持股期间损害股东的所有者权益,在股东退出阶段以较低的股权价值收买受压迫股东的股权。若不实质考虑股东压迫事实,小股东只能在退出后寻求救济。这种司法裁判观念对小股东利益保护显然不足,对控股股东的滥权也未产生实质的不利后果。小股东维权过程中在提起的多项诉讼,花费时间、财力、物力,仅仅获得自己本应得到的合理利益,这无异于鼓励股东倾轧行为。

股东压迫是指股东借助公司独立法人为屏障,利用表决权实施违法行为或者形式合法但实质违法的行为侵害其他股东利益,即形成一方对另一方的不公平对待。换种说法,股东压迫在另一程度上体现了股东间的利益冲突。该案中,控股股东利用控制地位,通过不公允关联交易损害小股东的权益,致使小股东可分配利润减少或股东所持股权价值降低,再以公司独立法人为屏障逃避责任,符合股东压迫的实质。此时,控股股东的一个行为造成双层损害赔偿请求权,即新《公司法》第21条规定了股东滥用权利对公司或股东损害的赔偿责任,以及第22条规定控股股东的不公允关联交易的损害赔偿责任,两种责任是否具有冲突性?若是,应当优先保护何者利益?此外,控股股东滥用权利利用关联交易侵害股东和公司权益时,股东利益和公司利益的界定和区分在司法实践中并未明确界定。通常来说,公司利益和股东利益的区分决定了派生诉讼和直接诉讼。股东若依据新《公司法》第21条规

---

〔6〕 参见最高人民法院:李某、通化矿业(集团)有限责任公司等侵权责任纠纷民事申请再审审查民事裁定书,案号:(2021)最高法民申5448号,2021年9月28日。

定的禁止权利滥用条款提起诉讼,是否能跨越派生诉讼的障碍仍有疑问。以及新《公司法》第22条规定的控股股东关联交易是否可以认定为股东滥用权利的一种表现方式?以上问题都需要通过明确新《公司法》第21条的定位予以回应。

值得一提的是,在本轮公司法修订过程中,2021年第一次审议的《公司法(修订草案)》(以下简称《公司法(修订草案一审稿)》)曾尝试将新《公司法》第22条的关联交易纳入第21条禁止股东权利滥用条款,将其放置于第21条第2款。虽然新《公司法》的最终选择回归了权利滥用和关联交易分立的立法模式,不过我们仍要注意到,控股股东关联交易与股东滥权滥用的密切关联。[7] 甚至可以说,控股股东实施不公允关联交易是股东权利滥用的一种表现形式。否则,控制股东不正当行使影响力损害股东利益时,则不需要向受害股东承担损害赔偿责任的结构明显失衡与不公。[8] 特别是就该案而言,控股股东滥用权利的主要表现为实施不公允的关联交易。此外,之前旧《公司法》第20条主要落脚点在于股东权利滥用下的人格否认,公司法现在将人格否认条款单列为新《公司法》第23条,新《公司法》第21条则更有可能承担起解决股东间一般利益冲突的重任。

(二)适用新《公司法》第21条解决股东利益冲突问题的正当性

新《公司法》第21条的定位争议不休。有学者认为,可以将新《公司法》第21条第2款解释为控制股东信义义务,[9]从而进一步统合为中小股东救济的一般性规范。[10] 但反对的声音认为,在未明确规定股东间的信义义务的前提下,没有任何依据可以认为在我国的法律上存

---

〔7〕 参见刘俊海:《论控制股东和实控人滥用公司控制权时对弱势股东的赔偿责任》,载《法学论坛》2022年第2期。

〔8〕 参见朱大明、[日]行冈睦彦:《控制股东滥用影响力的法律规制——以中日公司法的比较为视角》,载《清华法学》2019年第2期。

〔9〕 参见王建文:《论我国构建控制股东信义义务的依据与路径》,载《比较法研究》2020年第1期。

〔10〕 参见李磊:《公司决议瑕疵救济制度的功能反思与规则重构》,载《社会科学》2021年第8期。

在控制股东信义义务。[11] 也有学者提出，因我国新《公司法》第 21 条的抽象性特征，既可以将其作为我国受信义务的依据，也可以作为法定压迫救济的依据。[12] 抑或在现有公司法规则体系中将其作为调整股东利益冲突的一般性条款。[13] 本文认为，新《公司法》第 21 条的定位取决于现有《公司法》是否能为股东利益冲突提供合适的解决方案。

1. 股东压迫的实质：股东利益冲突

一般来说，公司作为股东获取投资利益而出资设立的组织体，传统公司代理理论认为全体股东都希望公司盈利以分取投资利益，即股东利益一致，因此股东行为都将致力于公司盈利。在这一"同质化"假定的逻辑基础下，公司法将资本作为内部权力配置的唯一标准。股东利益冲突和代理成本被资本同质性掩盖，股东间的合意理所当然地被忽视，正是由于缺乏对股东利益冲突的预见性，极易造成控制股东对少数股东利益的侵害。[14] 也可以说，多数决原则内生"多数派暴政"，[15] "多数派暴政"表现为资本多数决的异化。表决方式决定团体决策公平和效率，由于多数的资本相对少数资本对团体利益的形成和维系贡献力量更大，与团体利益的重合度更高，多数资本有更多的动力促进团体利益增长，资本多数决作为团体决策手段有其正当性，即资本多数决原则有效运行的前提是股东间利益同质、股东与公司利益同质。但不可否认的是股东间的利益冲突时有发生，当多数股东的利益与公司利益发生严重偏离，股东有可能利用资本多数决追求私利，侵害其他股东利益。也就是说，在股东利益之间不一致时，大股东极有可能利用资本多数决原则吞并其他少数股东的意志，即形成资本多数决的异化。

---

〔11〕 参见朱大明：《美国公司法视角下控制股东信义义务的本义与移植的可行性》，载《比较法研究》2017 年第 5 期。

〔12〕 参见翁小川：《受压迫股东的救济路径研究：股东受信义务与法定压迫救济制度》，载《比较法研究》2021 年第 4 期。

〔13〕 参见李建伟：《股东压制的公司法救济：英国经验与中国实践》，载《环球法律评论》2019 年第 3 期。

〔14〕 参见汪青松、赵万一：《股份公司内部权力配置的结构性变革——以股东"同质化"假定到"异质化"现实的演进为视角》，载《现代法学》2011 年第 3 期。

〔15〕 参见蔡立东：《公司治理中的"多数派暴政"问题》，载《法制与社会发展》2003 年第 5 期。

在这种情形下,享有公司控制权的控制股东有可能直接滥用权利,通过自我交易、关联交易以及侵占公司财产侵害其他少数股东利益。也有可能利用合法的工具,即股东利用资本多数决原则带来的优势地位,依据的“公司正常经营决策”来侵害其他少数股东利益,如股息派发、人事任免、薪水政策,来剥夺少数股东正常应得的利益,使小股东不能或无法按照出资比例享受到公司盈利。[16] 上述情形清晰地展现了股东间事实上的利益冲突交易。若没有必要的制衡措施,只会鼓励权力者攫取更多的私利,阻碍公司的良善发展。因此,法律需要公平处理此类股东利益冲突,正确协调多数派和少数派的关系,在尊重公司内部治理的前提下,为受压迫股东提供一种合理救济,保护其合法利益。

2. 股东冲突的解决方案评析:从具体单项救济走向一般救济

面对公司内部冲突矛盾的情况,各国立法都尝试为受压迫股东提供一系列救济措施。特别是针对不同程度的内部冲突提供不同程度的救济,当冲突到达一定程度不可调和,为股东提供一种退出通道是一种较为经济的方式。早期,域外法一般选择司法解散为受压迫股东提供退出通道,如《美国示范商业公司法》规定了构成股东压迫时受压迫股东可以申请公司解散,[17]《法国民法典》也规定了股东不合引起的公司僵局可以作为解散理由。[18] 由于公司司法解散威力较大,法院较为审慎不敢轻易判决公司解散,少数股东保护效果不佳。为缓和公司司法解散的极端性,《美国示范商业公司法》规定公司解散诉讼时,公司(一个或多个股东)可以诉讼提起后的 90 天内向提起诉讼的股东收买其股份。[19] 对此,我国立法也有所认识,2005 年修订《公司法》时提到面对股东利益冲突,新增异议股东回购请求权规定。[20] 遗憾的是当时的异议股权回购权的规制重点在于公司长期不分红和转移公司主要财

---

〔16〕 See Mary Siegel, *Fiduciary Duty Myths in Close Corporate Law*, Delaware Journal of Corporate Law, Vol. 29, 2004.

〔17〕 See MODEL BUS. CORP. ACT ANN. S 14.30.

〔18〕 See Sandra K. Miller, *How Should U. K. and U. S. Minority Shareholder Remedies for Unfairly Prejudicial or Oppressive Conduct Be Reformed*, American Business Law Journal. Vol. 36, 1999.

〔19〕 See MODEL BUS. CORP. ACT. S 14.34.

〔20〕 参见朱锦清:《公司法学》(修订本),清华大学出版社 2019 年版,第 436 页。

产等基本事项,未能将股东压迫这一重要情形纳入其中。本轮公司法修订时注意到该问题,新《公司法》第89条第3款新增控股股东滥用权利的回购请求权,填补了立法对股东压迫规制的空白。就新《公司法》第89条第3款的规定来说,也并不能完全解决股东压迫问题。特别是回购主体为公司的前提下,极易形成股东滥权、债权人买单的局面。至于我国的公司司法解散制度仅针对公司僵局这一情形,作用有限。

从公司治理层面来看,股东利益冲突的实质是公司控制权的利益分配。因此,在坚持资本多数决这一基本原则时,在小股东利益保护上无论作出多少单项规定,对其终局利益保护始终存在瑕疵。换言之,股东利益冲突很难寄希望于具体的单项权利救济,为股东利益冲突提供一般条款救济成为公司法的需求。域外各个立法例均无一例外地肯定了对封闭式公司少数股东给予一般性保护的必要性,美国法在深厚的信义义务理论上提出股东间互负信义义务理论,将信义义务作为一个兜底性概念引入解决股东利益冲突问题更多是出于现实需要,而非理论完善。英国法则恰恰相反,在不承认股东间信义关系下,发展出不公平损害救济,这是议会为保护中小股东利益提供的法定救济的尝试,其目的在于调整公司事务应按照股东合理期待的方式被处理,救济内容包括了股东权利的实现机制和退出机制。该制度具有强涵摄性,涵盖较多的股东压制情形,作为一项一般性的股东救济制度,有“价廉物美”之效。[21]

3. 中小股东保护的终局性救济:新《公司法》第21条作为股东利益冲突救济的一般性条款

域外针对股东利益冲突的一般性股东救济制度的主要路径包括:(1)股东间互负信义义务,即通过广泛的信义义务内容保护中小股东。(2)压迫救济,不公平损害救济为典型。在不认可股东间信义义务的前提下以合理预期为标准产生的广泛的股东利益保护。二者在一定程度上都顾及了小股东加入公司时所秉持的合理期待,能较为全面有效地保护中小股东合法利益,殊途同归。信义义务本质利他性与股东自

〔21〕 参见翁小川:《受压迫股东的救济路径研究:股东受信义务与法定压迫救济制度》,载《比较法研究》2021年第4期。

利性的矛盾不可调和,将信义义务引入股东关系并非明智之选。不公平损害与我国的权利滥用概念不谋而合,比较借鉴英国法不公平损害能给我们带来不少启示。英国不公平损害的主要表现形式为:从管理层排挤、不提供信息、不正当的操纵持股、修改公司宪章、违反董事义务、过高薪酬、不分红、管理不善、程序不当等。[22] 此类不公平行为在我国公司法下常常因符合公司程式要求而隐身,法院以公司内部自治为由拒绝介入,忽视了内部股东利益冲突导致的内部倾轧。[23]

禁止权利滥用的界定在一定程度上表现为司法介入公司内部自治的界限。司法如何介入公司内部治理,在英美法中表现为多数股东行权受到衡平规则的约束。在大陆法系则表现为禁止权利滥用,就新《公司法》第21条来说,可以将禁止权利滥用作以下理解:一是确定其侵权行为性质,权利的行使构成不法侵权行为而承担的损害赔偿责任。[24] 二是明确权利行使的范围,权利范围的确定在一定程度上可以理解为法院利用法律赋予的自由裁量权对股东行权边界的一种干预。可以说,我国司法实践对尊重公司内部自治和股东权利保护处于失衡状态。具体表现为法院因新《公司法》第21条过于原则性和抽象性较少直接适用该条款解决股东利益冲突,加之新《公司法》并无一个统一的概念对以上股东压迫行为作出界定,股东权利保护效果不佳。该案中,小股东李某持有股权期间以及股权转让过程都在股东压迫背景下,股东压迫具有长期性、复合型,[25] 单靠单项救济措施未必能实现权利保护之效果。在有损失必有救济理念下,新《公司法》第21条成为解决股东利益的一般冲突条款具有正当性和合理性,其非常宽泛的禁止股东权利滥用兜底条款成为保护少数股东的最佳选择。具体而言,将新《公司法》第21条定位于股东利益冲突救济的一般性条款,统合新

---

〔22〕 See Sandra K. Miller, *How Should U. K. and U. S. Minority Shareholder Remedies for Unfairly Prejudicial or Oppressive Conduct Be Reformed*, American Business Law Journal, Vol. 36, 1999.

〔23〕 参见最高人民法院:郑某泉与余某明等与公司有关的纠纷二审民事判决书,案号:(2019)最高法民终469号,2019年8月2日。李某军诉上海佳动力环保科技有限公司公司决议撤销纠纷案,载《最高人民法院公报》2013年第2期。

〔24〕 参见林诚二:《民法理论与问题研究》,中国政法大学出版社2000年版,第10页。

〔25〕 参见李建伟:《司法解散公司事由的实证研究》,载《法学研究》2017年第4期。

《公司法》其他的禁止权利滥用条款，为股东权利保护提供完善一系列救济措施。在我国的单项股东权利保护并不周全的情况下，用更为抽象的一般性股东利益保护条款界定该条更为合适，将其作为中小股东保护的终局性救济，更能凸显新《公司法》第 21 条的兜底功能。

（三）本文所举案例中新《公司法》第 21 条的适用可能

1. 前股东具有诉讼主体资格

关于前股东身份是否可以作为适格主体提起诉讼这一问题，法院持否定态度。为此，二审法院选择绕道于侵权责任法，称李某作为侵权行为的受害人，其获得救济的权利与股东身份是否存续无关，认可李某为该案的适格主体。确定新《公司法》第 21 条作为股东利益冲突的一般性条款后，诉讼主体资格的范围应当如何确定成为一个新问题。为了尽可能地保护少数股东，2006 年《英国公司法》第 994 条第 2 项将该项权利拓展到股权已经转让或基于股份实施股份已经发生转换的非股东。[26] 这种处理思路在证券法上也有体现，为了实现救济效果肯定了前股东的诉权。[27] 就该案而言，若李某仍具有股东资格，其有可能通过股东代表诉讼追究控股股东的赔偿责任，即通过向控股股东追偿不公允的关联交易产生的赔偿责任，即可填平公司损失，也就是说公司的利益恢复到未受损害的状态，此时，小股东李某的损失股权价值降低得以恢复，故李某的损失有可能通过公司索赔得以填平。但在目前道清选煤公司现为一人公司，通化矿业集团作为侵权人受让了股份，李某已经丧失股东资格，在其持股期间因控股股东不公允关联交易产生的损害变成直接现实的损失，根本无法通过公司索赔填补其损失。在有损害必有救济理念下，赋予前股东李某诉讼主体资格具有正当性。前股东李某在实体法上享有损害赔偿请求权，在程序法上具备适格原告资格。

2. 派生诉讼不应成为股东权利保护的障碍

新《公司法》第 21 条作为解决股东利益冲突的一般性条款，如股

---

〔26〕 参见[英]保罗·戴维斯、莎拉·沃辛顿：《现代公司法原理》（下册），罗培新、赵渊、胡改蓉等译，法律出版社 2016 版，第 698 页。

〔27〕 最高人民法院《关于审理证券市场因虚假陈述引发的民事赔偿案件的若干规定》（已失效）也曾明确允许受到虚假陈述误导而卖出股票等证券、发生亏损的证券投资者起诉对虚假陈述负有责任的公司股东等侵权人。

东滥用权利造成公司利益和股东利益同时受损时,直接诉讼和派生诉讼的优先性应当如何判断。股东利益和公司利益与直接诉讼和派生诉讼密切相关,通化矿业集团不公允关联行为造成双层损害赔偿请求权,即当股东权利滥用造成公司利益受损,同时致使小股东利益受损,若股东基于新《公司法》第 21 条提起直接诉讼要求赔偿损失时,公司能否以派生诉讼的提起排斥股东的直接诉讼。2006 年《英国公司法》第 994 条规定若公司事务的执行以有可能不公平地对股东整体利益造成损害时,则股东有权向法院提出请求,要求法院提供救济。〔28〕 公司事务的处理对全部股东和部分股东不公平都可能构成不公平损害救济,当对全体股东利益造成不公平时,极易产生派生诉讼和直接诉讼的矛盾。当股东利益损害伴随公司利益损害时,《英国公司法》明确了股东可以利用不公平损害制度绕过 Foss v. Harbottle 原则,受害股东可以提起直接诉讼。甚至即使所有股东都受到了损害时,也可以针对该错误行为提起不公平损害诉讼。〔29〕 通化矿业集团作为道清选煤公司的控制人,指定高于市场价的价格向道清选煤公司销售原煤,损害了公司利益。公司仅有通化矿业集团和李某两位股东,通化矿业集团因道清选煤公司的损害获得收益,损害了李某的所有权利益。此时,虽然是公司受损,实质上只构成了小股东李某的损失。若坚持基于法律技术刻意区分直接损害和间接损失,既不合理也没有意义。该区分着眼于公司有没有遭受损害,在承认公司遭受损失后进而否认间接损害是不构成股东的利益损害,颇有刻舟求剑之感。进一步说,若坚持派生诉讼优先,李某因公司处于滥权股东控制,无须履行派生诉讼的前置程序,可能顺利提起派生诉讼。由于公司已被侵权股东控制,派生诉讼的结果归于公司,财产虽然名义属于公司,事实上又回到控制股东手中。公司财产分配又成为一个新的问题,因为控制股东可采用各种办法拒绝分配,反而制造新的纠纷。可以说,李某无法通过公司使其间接利益得以恢复。因此,如果受压迫股东无法通过公司索赔填补其损失,则股东实

---

〔28〕 Companies Act 2006, S. 994(UK).

〔29〕 Carrington Viyella Plc, Re(1983) 1. B. C. C. 98, 915.

际损失应被视为直接损害,应当允许股东提起直接诉讼,[30]才能更好地牵制股东和公司经营者的行为,也有利于合理的公司治理结构的形成。

3. 拓宽救济途径

该案中,二审法院指出,旧《公司法》第20条属于指引性规范,其责任追究需根据具体情况,依据相关法律予以确定。该用语表明行为人的责任需要依据其他法律规定确定。这一说法在实践中体现为新《公司法》第21条的援引案例多数在具体单项股东权益保护时,即更多的时候是股东提起其他请求诉讼时,将其作为违反法律规定的条款被引用,如撤销公司决议、确认公司决议无效、强制分红、强制公司解散等案件。在该案中,二审法院在确定新《公司法》第21条可以作为李某的请求权基础后,责任承担的法律具体援引了《侵权责任法》第6条和《民法通则》第106条的规定。在确定新《公司法》第21条为股东利益冲突的一般性条款后,其本身即可产生相应的法律效果——损害赔偿责任。[31] 为了最大程度实现该条的兜底价值,可以参考英国公司法不公平损害制度,立法授权法院通盘考量公司治理的整个情势,颁布合适的法令,为受压迫股东提供了多种形式的救济方式。我国《公司法》应当通过法律解释方式增加救济方式,以应对不同情形下的股东利益保护需求。因为无后果的法律规范相当于"老虎没有牙齿",完善的救济措施能为新《公司法》第21条"安上利齿",才能在中小股东保护上有所作为。司法实践已经尝试突破单一损害赔偿来解决股东间的利益冲突,如"南京安盛财务顾问有限公司诉祝某股东会决议罚款纠纷案"[32]中,法院直接根据旧《公司法》第20条第1款判决该罚款决议无效。具体而言,可以通过体系解释将《公司法》散落于各处的股东典型滥权行为的规制条款的法律效果解释到新《公司法》第21条,如决议

[30] 参见刘俊海:《论控制股东和实控人滥用公司控制权时对弱势股东的赔偿责任》,载《法学论坛》2022年第2期。

[31] 参见上海市第二中级人民法院:董某诉上海致达建设发展有限公司等滥用股东权侵权赔偿纠纷案,案号:(2008)沪二中民三(商)字第238号,2008年9月3日。法院依据旧《公司法》第20条第2款规定判定被告致达公司系滥用股东权利,判决致达公司应当对少数股东所受的损失承担赔偿责任。

[32] 参见南京安盛财务顾问有限公司诉祝某股东会决议罚款纠纷案,载《最高人民法院公报》2012年第10期。

无效、强制分红、强制回购、司法解散等。

四、结论

总结而言，本文所举案例相关纠纷背后的深层次问题是控股股东是否存在滥用权利、压迫小股东的事实。本文的前述分析表明，这一问题涉及新《公司法》第 21 条和第 22 条的理解问题，而若能将新《公司法》第 21 条是否能作为股东利益冲突的一般性救济条款，可为受压迫股东提供合适的救济。

在促进社会主义市场经济现代化、持续优化营商环境以及完善中小股东保护的立法目标下，新公司法对股东利益冲突问题予以了高度重视。例如，新《公司法》第 89 条第 3 款新增规定，控股股东滥用权利，严重损害公司利益和其他股东利益的，其他股东有权请求公司按照合理的价格收购股权。该条款为股东利益冲突救济提供了强有力的武器，一定程度上回应了股东利益冲突问题。不过，需要注意的是，该条仅适用于有限公司。实践中，不可忽视的是，上市公司控股股东、实际控制人滥用控制权，侵占上市公司资金、非法关联交易、虚假陈述、财务造假等违法行为也频频爆发。控股股东、实际控制人将公司视为自己获利的工具，严重损害了中小投资者合法利益。虽然，在公开市场，投资者可通过“用脚投票”的方式退出公司，但这种选择并不足以对短期主义形成威慑。事实上，为了有效平衡股东内部利益冲突，对控股股东和实际控制人相关滥权行为产生的损失，中小投资者也可适用新《公司法》第 21 条关于禁止股东权利滥用的规定予以救济。总的来看，面临复杂的长期的股东压迫行为，新《公司法》第 21 条关于禁止股东权利滥用的规定可以提供一个解决方案，以禁止股东权利滥用为基本要求，可以承接强制分红、决议无效、强制回购、司法解散等救济方法，从而为受压迫的股东提供更充分和灵活的救济。

（编辑：孙秀满　谢贵春）

《证券法苑》(2025)
第四十二卷,第205~225页

量化私募基金管理人违反信义义务的认定*

——上诉人陶某与被上诉人某某公司证券投资基金交易纠纷案评述

张墨洋**

摘要:私募基金管理人是否违反信义义务是私募基金纠纷的争议焦点。在量化私募基金的特殊背景下,认定管理人是否违反信义义务应充分考虑量化策略的特殊性,认定管理人是否尽到告知说明义务、谨慎勤勉执行量化策略义务、信息披露义务等。目前,我国相关监管规定及司法裁判规则未对上述问题作出明确规定。未来,需要结合实践需要,完善量化私募基金管理人信义义务的相关规则。

关键词:量化私募基金　私募基金管理人　告知说明义务　勤勉义务　信息披露义务

---

* 本文所讨论"量化私募基金管理人"仅指私募证券投资基金的管理人。

** 武汉大学国际法研究所博士研究生,研究方向:国际金融法、国际数据法。

量化私募基金是主要通过执行量化策略或者利用量化交易[1]实现投资的一类私募证券投资基金产品。近年来,随着量化交易在我国证券市场得到广泛关注和应用[2],量化私募基金随之受到热烈追捧。根据中国证券投资基金业协会(以下简称中基协)及WIND数据统计,截至2024年9月底,我国存续私募证券投资基金9.15万只,采用量化策略的1.13万只,占比达12%。与此同时,市场上也出现了投资者因所投资量化私募基金亏损而向基金管理人索赔的案件。相较于传统的投资管理方式,量化策略所使用的算法技术潜藏了不易公开、不够透明、较难理解等"算法黑箱"风险。[3] 在此情况下,如何在相关案件中准确认定量化私募基金管理人是否违反信义义务,值得讨论。

上海金融法院二审判决了一起案件,[4]其中涉及私募基金管理人采用量化辅助策略的特殊背景,且该案争议焦点主要集中于管理人是否尽到诚实信用义务、勤勉义务、信息披露义务等信义义务问题上。[5]

---

〔1〕 在我国监管规则语境中,"量化交易"属于"程序化交易"的下位概念。根据《证券市场程序化交易管理规定(试行)》及北京、上海、深圳证券交易所《关于加强程序化交易管理有关事项的通知》等相关监管规则规定,程序化交易是指通过计算机程序自动生成或者下达交易指令参与证券交易的行为,包括按照设定的策略自动选择特定的证券和时机进行交易的量化交易,或者按照设定的算法自动执行交易指令的算法交易以及其他符合程序化交易特征的行为。在实践中,市场一般也将程序化交易俗称为"量化交易"。本文不对"量化交易"作特别限定,所有"程序化交易"均属于本文所称"量化交易"。

〔2〕 参见吕桐弢:《我国证券市场量化交易的法律监管问题研究》,载蔡建春、刘绍统主编:《证券法苑》第36卷,法律出版社2023年版。

〔3〕 有学者将"算法黑箱"风险归纳为"算法作为商业秘密而不得公开""算法决策过程缺乏可解释性而无法公开""消费者认知有限使得算法即使公开也无法理解"3个方面。参见杨松、周楠:《数字金融的算法风险及其法律规制》,载《陕西师范大学学报(哲学社会科学版)》2024年第2期。也有学者认为"算法黑箱"风险主要包括"缺乏透明度"和"数据依赖性"。参见方元沂:《AI金融科技监管与金融消费者保护》,载《月旦法学杂志》2024年8月号。

〔4〕 参见上海金融法院:陶某与某某公司证券投资基金交易纠纷二审民事判决书,案号:(2024)沪74民终659号,2024年7月16日。

〔5〕 该案与量化策略使用相关的争议主要包括:一是基金合同约定量化辅助投资策略是否要求管理人开发量化软件实现程序化交易;二是管理人指定具有量化背景和非量化背景的两位基金经理但基金实际仅由非量化背景基金经理参与管理是否合规;三是管理人执行量化辅助策略是否符合基金合同约定;四是量化辅助策略底层记录是否应向投资者披露。

该案为前述问题的讨论提供了具体实践场景,具有一定典型意义。本文尝试对该案例进行分析评介。

一、案情简介

上诉人(原审原告):陶某

被上诉人(原审被告):某某公司

2021年12月,陶某与某某公司签订《××××私募证券投资基金合同》(以下简称《私募基金合同》),认购由某某公司担任管理人的契约型××××私募基金产品(以下简称案涉私募基金),认购金额101万元。根据《私募基金合同》的约定,案涉私募基金投资范围包括权益类、固定收益类金融产品及金融衍生品,投资策略为:"……通过量化模型辅助挖掘优质投资标的,组建投资股票池……根据量化选股系统监测所有事件类信息以及务合市场因子,自动发现市场定价偏差,根据预先设定的权重选择未来具有超额收益的股票……通过量化模型进行投资策略的开发,通过构建基于技术面和基本面的股票量化筛选模型,从允许投资的全部A股中筛选出具有Alpha扩张潜力的一篮子股票……"[6]

---

[6] 《私募基金合同》关于投资策略的完整表述为:"采取研究指导投资的思路,秉承价值投资理念,通过深入研究挖掘公司价值,投资于具有确定成长性的公司和价值低估的优质公司。通过量化模型辅助挖掘优质投资标的,组建投资股票池,构筑相对均衡的股票投资组合,避免投资组合异常波动,规避非系统性风险。通过基于优质股票池的有效主动管理获取优秀业绩和超额收益,并积极把握债券、货币市场投资机会,出于套期保值的目的引入股指期货对冲风险。根据量化选股系统监测所有事件类信息以及务合市场因子,自动发现市场定价偏差,根据预先设定的权重选择未来具有超额收益的股票,包括事件驱动策略与多因子选股策略。其中事件驱动策略包括:定向增发、股东高管增持、业绩报告以及成分股调入调出等。通过量化模型进行投资策略的开发,通过构建基于技术面和基本面的股票量化筛选模型,从允许投资的全部A股中筛选出具有Alpha扩张潜力的一篮子股票,通过金融工程的统计和分析方法验证所筛选出的一篮子股票关键指标的稳定性、行业分布的合理性、资金组合的流向与大盘资金流向的一致性等因素,最终构建出Alpha套利交易中的股票投资组合,同时用股指期货进行对冲,形成一个具体的Alpha策略,以便捕捉低风险的收益。根据宏观经济、市场情绪、资金流向以及量价信号所开发的多套择时模型。在上涨期时,综合择时系统可以快速捕捉到市场上涨机会暴露净多头寸,获取市场上涨收益。在下跌期时,择时系统则会通过股指期货迅速降低产品净头寸,保全投资收益。通过择时系统动态调整。"

《私募基金合同》同时约定,管理人指定李某、陈某为基金经理,并载明了二人简历。其中,李某简历提及李某自2013年起负责量化对冲产品的管理和策略的研发;陈某简历提及陈某具有资深的投资理财管理经验。2022年1月,案涉私募基金在中基协完成备案,陶某系唯一投资人。2022年9月,案涉私募基金管理人与托管人发布基金清算报告,因唯一投资人陶某要求全部撤回份额,该基金于2022年8月31日终止,托管户余额526,269.83元,扣除管理费、托管费、外包费等费用后余额518,729.79元。随后,案涉私募基金向陶某划款518,729.79元。

因投资受损,陶某向一审法院起诉,请求管理人赔偿其投资损失491,270.31元及相应利息。理由主要包括:一是案涉私募基金存在由案外人手机下单的交易记录,管理人违背诚实信用义务。二是管理人未尽到勤勉义务,导致陶某投资受损。三是管理人履行信息披露义务不到位。其一,陶某未收到过私募基金信息披露备份系统发送的登录账号密码等信息,无法登录该系统查看各类披露文件。其二,管理人未向陶某提供基金经理在基金投资管理工作中的工作沟通记录以及量化模型运行工作底稿,如运行测试报告、分析报告、参数记录等。

在案件审理过程中,法院查明:案涉私募基金在2022年1月至2023年8月底共计有2498条交易记录,其中显示手机登入10条(系通过案外人陈某父亲的手机下单)。2022年1月至9月,管理人于私募基金信息披露备份系统中按规定上传了月度报告、季度报告。此外,陶某自2022年1月5日至2022年2月28日曾在管理人处就职。

二、审判结论

(一)一审法院意见

一审法院认为,该案争议焦点为某某公司在管理案涉私募基金过程中是否尽到了诚实信用义务、勤勉义务、信息披露义务。

第一,关于管理人是否违反诚实信用义务。李某、陈某具有从业资格,符合担任基金经理的条件。案涉私募基金运行期间,仅10笔通过案外人陈某父亲的手机下单,考虑到2022年疫情封控的特殊因素,无法认定管理人将基金账户交给基金经理之外的案外人管理。

第二,关于管理人是否尽到勤勉义务。案涉私募基金管理人通过量化模型的逻辑对市场上的股票进行初步筛选,后通过人工二次筛选后进行下单交易,符合《私募基金合同》中载明的量化模型辅助挖掘优质投资标的,组建投资股票池等投资策略要求。

第三,关于管理人是否尽到信息披露义务。其一,《私募基金合同》载明可以通过相关系统等履行信披义务;投资人可通过登录相关系统查询。管理人已在系统披露了相关定期报告,陶某可登录相关网站查询披露信息。其二,私募基金投资者的知情权,在于检视管理人是否违背相关的约定义务和监管规定。案涉私募基金管理人已发布基金成立以来相关定期报告,投资人可通过相关报告了解资金的运作、处分和收支情况。陶某没有其他证据证明管理人违反法律规定的义务,不能要求管理人提供基金经理的工作沟通记录以及量化模型运行工作底稿。

综上,一审法院驳回了陶某全部诉讼请求。

(二)二审法院意见

陶某不服,向上海金融法院提起上诉,理由主要包括:一是管理人强调了李某的量化投资背景,但该基金实际由陈某主要负责,该行为违反了诚信义务。二是案涉私募基金相关量化策略不能进行买卖时点选择,且未开发量化软件实现程序化交易,不符合《私募基金合同》约定。三是一审法院关于管理人信息披露义务及其方式的认定错误。

上海金融法院二审认为,该案的争议焦点主要集中于管理人是否履行了勤勉义务,具体涉及基金经理参与投资管理、量化软件和量化策略、信息披露义务三方面问题。

第一,关于基金经理参与投资管理。投资决策不代表要亲自下单,设定选股指标、形成选股思路也可以是投资管理的一部分。同时,陶某虽主张其投资主要系信赖具有量化背景的基金经理李某,但未提供决定投资时的决策依据,如对李某历史业绩的查询、对比等,该主张不可信。

第二,关于量化软件和量化策略。其一,量化、量化交易并无精准、统一的定义。《私募基金合同》仅提及通过“量化模型辅助选股”,未明确要求管理人开发软件自动下单交易。其二,案涉模型选股后的指标中包括股票形态、特定事件等参数,这些可以作为广义上的买卖时点的选择。

第三,关于信息披露义务。其一,执行量化策略的相关记录并不是基金合同约定应向投资人陶某提供的记录。其二,相关记录涉及一定的商业秘密,在管理人提供了相关报告、具体交易结果数据的情况下,如果仍需背后的“底稿信息”,陶某需要先完成初步举证责任,证明这些交易结果有明显不当之处。

此外,上海金融法院还特别指出了该案的特殊背景,即陶某认购案涉私募基金后曾在管理人公司任职,这表明陶某并非普通的外部投资者,其完全有机会了解具体投资策略、选股情况、记录存档情况,如果不满意则可及时沟通、协商退出与中止交易以避免损失发生。

综上,上海金融法院驳回了陶某上诉,维持原判。

三、案件评析

私募基金管理人的信义义务是贯穿私募基金“募投管退”始终的关键。〔7〕 实践中,管理人义务范围的认定则是私募基金纠纷的主要疑难点之一。〔8〕 上述案例相关争议的核心即在于管理人是否违反了信义义务。以下分析主要围绕此展开。

(一)私募基金管理人信义义务的基本要求

信义义务是一个高度灵活、开放以及动态的理论体系。〔9〕 一般认

〔7〕 参见许多奇:《论全周期视野下私募基金管理人的信义义务》,载《武汉大学学报(哲学社会科学版)》2022 年第 5 期。

〔8〕 参见沈竹莺、杨晖、黄佩蕾、徐佳云:《私募基金纠纷的裁判逻辑与法律适用——基于上海法院 2014 ~2020 年案件审理情况分析》,载蔡建春、刘绍统主编:《证券法苑》第 36 卷,法律出版社 2023 年版。

〔9〕 参见徐化耿:《信义义务的一般理论及其在中国法上的展开》,载《中外法学》2020 年第 6 期。

为,信义义务源自信托法,核心包括忠实义务和注意义务。其中,前者要求受托人忠于受托目的和受益人的利益,后者强调受托人为实现受托目的以及提升受益人利益的能力和努力。[10] 关于私募基金管理人的信义义务,我国相关法律法规及行业监管规则并未对其具体内涵作出明确和清晰的界定。[11] 目前,各方已经形成了私募基金管理人负有信义义务的共识,但对相关义务的具体认识和表达各有千秋。[12] 为此,应先厘清私募管理人信义义务的基本要求。这涉及两个问题:一是私募基金关系的本质为何。二是我国法上基金管理人的“诚实信用、谨慎勤勉”“诚实信用、勤勉尽责”的具体内涵为何。

第一,关于私募基金关系的法律性质。司法实践中,不同法院在基金合同底层法律关系的判断上也存在差异,有的认定为存在信托关系,有的认定为委托关系。[13] 学术上对此也形成了不同的观点,有的主张应区分基金合同的具体约定予以区别认定,有的认为认定为信托关系为宜,还有的提出可以跳出信托或委托的理念之争,统一认定为

〔10〕 参见赵廉慧:《论信义义务的法律性质》,载《北大法律评论》2020年第1期。

〔11〕 相关法律法规及监管规则主要涉及:《证券投资基金法》,《私募投资基金监督管理条例》,中国人民银行、原中国银行保险监督管理委员会、中国证券监督管理委员会、国家外汇管理局《关于规范金融机构资产管理业务的指导意见》,《私募投资基金监督管理暂行办法》,《关于加强私募投资基金监管的若干规定》。本文将在后文中对相关规则涉及的具体内容进行介绍。

〔12〕 例如,有的主张,从私募基金全周期运行角度来看,私募基金管理人的信义义务主要包括了客观募集、审慎投资、适恰管理、有效退出4个方面。参见许多奇:《论全周期视野下私募基金管理人的信义义务》,载《武汉大学学报(哲学社会科学版)》2022年第5期。有的理解,从法经济学角度来看,忠实义务在信义义务体系中居于更核心地位,注意义务不过是忠实义务的注脚和同义反复,私募基金管理人的信义义务的具体内容要结合基金运行的具体阶段分别观察。参见李继霞、罗心晔:《我国私募基金管理人信义义务之检视》,载《新经济》2023年第3期。

〔13〕 参见上海金融法院综合审判一庭课题组、单素华等:《涉契约型私募基金案件法律适用疑难问题研究——以115篇类案数据分析报告为基础》,载《上海法学研究》2023年第8卷。

信义关系。[14] 事实上,符合相关监管规定要求、已在中基协备案的私募基金,其法律关系均应认定为信托关系。首先,从权利义务的实质来看,私募基金的投资者出于对管理人专业投资能力的信任,将其资金委托给管理人管理,相关资金独立于管理人自身的财产,管理人则以自己的名义为了投资者的利益进行投资。这符合《信托法》第2条[15]关于"信托"的定义。其次,从我国私募基金立法的基本立场来看,《证券投资基金法》(以下简称《基金法》)、《私募投资基金监督管理条例》(以下简称《私募条例》)均将《信托法》作为上位法,《基金法》第2条还特别规定,该法未规定的适用《信托法》。而且,相关行业监管规则也明确了私募基金的信托关系定位。[16] 再次,司法实践中被认定为委托关系的私募基金合同在严格意义上实际并非《基金法》《私募条例》及相

〔14〕 相关观点具体如下:第一种观点认为,投资者与管理人之间的法律关系要根据基金合同内容进行区分,在管理人义务问题上,构成信托关系的则应承担信托法上的义务,构成委托关系的则应尽到善良管理人义务,没有明确的则应以基金合同对于管理人义务的约定来判断。参见上海市高级人民法院课题组、茆荣华等:《私募基金纠纷法律适用问题研究》,载《法律适用》2023年第8期。与之类似的观点还包括,在资产管理产品的法律关系认定上,应具体分析资管内部的权利义务安排来判断,分类确定是委托还是信托,抑或处于中间形态的特殊合同,参见缪因知:《资产管理内部法律关系之定性:回顾与前瞻》,载《法学家》2018年第3期。第二种观点认为,从上位法和相关立法释义来看,《基金法》确立了投资者、管理人、托管人之间的信托法律关系,应依法认定私募证券投资基金的管理人和投资者之间构成信托关系。参见上海金融法院综合审判一庭课题组、单素华等:《涉契约型私募基金案件法律适用疑难问题研究——以115篇类案数据分析报告为基础》,载《上海法学研究》2023年第8卷。第三种观点认为,可以跳出信托或委托的理念之争,按照信义关系的构成要件和特征来判断,不同组织形式下的投资者与管理人之间都具有共通的法律关系,即信义关系。参见肖宇、王子康:《委托人指令与资产管理人责任边界:以信义义务为分析视角》,载《财经法学》2023年第1期。

〔15〕 《信托法》第2条规定,信托指委托人基于对受托人的信任,将其财产权委托给受托人,由受托人按委托人的意愿以自己的名义,为受益人的利益或者特定目的,进行管理或者处分的行为。

〔16〕 例如,对于契约型私募基金而言,中基协在《私募投资基金合同指引》的起草说明中,也曾明确指出"契约型基金本身不具备法律实体地位,其与基金管理人的关系为信托关系"。

关行业监管规则所规范的“私募证券投资基金”〔17〕。最后，信托关系虽然是信义义务的下位概念〔18〕，但信义关系在我国法中并无直接规定。故而，在司法实践中虽可采信义关系进行说理，但笼统地将信托关系认定为信义关系尚缺直接的法律规范基础。上述案例中，法院明确，私募基金法律关系的本质包含信托法律关系。应该说，这一裁判说明准确把握了私募基金法律关系的本质。

第二，关于我国法上私募基金管理人信义义务的具体内涵。信义义务的“车之两轮”是忠实义务和注意义务。〔19〕但我国法中并未明确提及私募基金管理人的这两项义务，相关立法所采用表述是“诚实信用、谨慎勤勉”以及“诚实信用、勤勉尽责”〔20〕。因而，我国法语境中，私募基金管理人的信义义务也通常被表述为忠实义务与勤勉义务。〔21〕就具体含义而言，忠实义务、勤勉义务内涵丰富，统摄了投资者适当性

---

〔17〕 有的案件中，法院将私募基金合同认定为委托理财合同，但其并不符合私募基金的监管规定，例如未进行管理人登记、备案等。参见广东省深圳市中级人民法院：柳某波、翟某晓清算责任纠纷二审民事判决书，案号：(2018)粤03民终20340号，2019年4月10日。该案涉及基金清算纠纷，但案涉基金未进行登记备案，法院故而认为该案属于以私募的形式进行的委托理财。

〔18〕 参见中基协：《〈声音〉2019年第9期基金管理人信义义务研究(上)》，载中基协官网，https://www.amac.org.cn/hyyj/sy/201907/t20190703_22786.html。

〔19〕 参见赵廉慧：《论信义义务的法律性质》，载《北大法律评论》2020年第1期。

〔20〕 具体而言，我国《基金法》第9条第1款规定，“基金管理人、基金托管人管理、运用基金财产……应当恪尽职守、履行诚实信用、谨慎勤勉的义务”。《私募条例》第3条第3款规定，“私募基金管理人管理、运用私募基金财产……应当遵守法律、行政法规规定，恪尽职守，履行诚实守信、谨慎勤勉的义务”。《私募投资基金监督管理暂行办法》第4条第1款规定，“私募基金管理人……管理、运用私募基金财产……应当恪尽职守，履行诚实信用、谨慎勤勉的义务”。中国人民银行、原中国银行保险监督管理委员会、中国证券监督管理委员会、国家外汇管理局《关于规范金融机构资产管理业务的指导意见》第2条则明确了“金融机构为委托人利益履行诚实信用、勤勉尽责的义务”。

〔21〕 一般理解，“诚实信用”可对应忠实义务，“谨慎勤勉”“勤勉尽责”则可对应注意义务。还需要特别注意的是，虽然采用了“诚实信用”的表述，但不可将之与合同法上的诚实信用原则对应，信托法上的忠实义务才宜与之对应。这是因为，信托法上的忠实义务与合同法上的诚实信用原则虽有一定联系，但二者区别显著：合同法上的诚实信用原则只要求当事人对对方利益给予合理的关注和照顾，本质是利己的；信托上的忠实义务要求受托人为了受益人利益行使，不考虑自身的利益，本质是利他。参见赵廉慧：《论信义义务的法律性质》，载《北大法律评论》2020年第1期。

义务、禁止利益冲突规则、公平交易规则、谨慎投资者标准等子规则,自然语言的局限性导致无法对忠实义务、勤勉义务进行准确定义。实践中,应注重把握其核心要义:忠实义务强调“克己为人”、勤勉义务强调为了投资者的最佳利益而“尽心尽力、专业审慎”〔22〕。由此,可在个案中衍生,丰富忠实义务、勤勉义务的行为标准。本文所举案例中,法院尝试对基金管理人的忠实义务、勤勉义务进行了阐释,相关裁判说理把握住了忠实义务、勤勉义务的核心,可为之后的类案裁判所参考。〔23〕

(二)私募基金采取量化策略时的告知说明义务

在基金募集阶段,私募基金管理人的信义义务主要体现为投资者适当性义务和告知说明义务。〔24〕 本文所举案例中,投资者并未提出关于这两项义务的具体主张。本文认为,管理人在案涉私募基金的销售

〔22〕 有代表官方的声音对私募基金管理忠实义务与勤勉义务的内涵进行了解释:忠实义务“要求受托人只能为受益人的利益而行事,不能从中为自己或其他人谋取利益,不能将自己的私利置于与受益人利益相冲突的位置”;勤勉义务“要求受托人尽心尽力、专业审慎,始终将投资者的利益最大化作为其受托活动的行为准则”。参见中基协:《落实行业信义义务保护投资者合法权益——协会党委书记、会长洪磊在首届“中小投资者服务论坛”上的讲话》,载中基协官网,https://www.amac.org.cn/xwfb/xhyw/201912/t20191228_15830.html,2024 年 10 月 18 日访问。

〔23〕 本文所举案例中,关于忠实义务,法院认为,该义务要求基金管理人忠诚地为基金投资者的利益行事,不得使基金财产及投资者的利益与其利益处于冲突状态,若有冲突,则应优先维护投资者利益。该义务主要体现为公平交易义务,包括禁止利益冲突规则、不谋利规则和诚实信用规则。关于勤勉义务,法院认为,该义务要求基金管理人在管理基金事务的过程中运用自身的专业知识、职业技能、丰富经验以及勤勉踏实从而达到法律所要求的程度,包括基金管理人在投前的尽职调查义务,或投资方向与合同约定相符,在基金财产发生重大损失风险后,按照合同的约定及时采取止损措施及时止损等。该义务要求基金管理人在进行经营决策时审慎、勤勉,并具有专业水平。

〔24〕 投资者适当性义务主要指管理人了解客户、了解产品、将适当的基金产品销售给合适的投资者等义务。告知说明义务主要强调管理人对所销售基金产品进行充分的说明和风险提示,以确保投资者在正确认识相关基金产品的基础上作出投资决策。理论层面,投资者适当性义务与告知说明义务的关系存在一定争议,有的认为后者是前者的组成部分,有的认为二者应予明确区分。本文支持二者应予区分的观点,但因本文所举案例不涉及投资者适当性义务认定问题,仅涉及告知说明义务认定问题,本文不对二者的关系问题作具体讨论。参见葛翔:《金融产品销售中告知说明义务与适当性义务——从缔约阶段切入》,载《地方立法研究》2022 年第 2 期;任自力:《金融机构适当性义务的规范逻辑》,载《法律适用》2022 年第 2 期。

过程中，对投资者陶某进行了风险评级，陶某填写了相关风险调查问卷，签字确认了其知晓且愿意承担案涉基金的风险，因此本文所举案例不涉及投资者适当性义务问题。但本文所举案例中涉及的量化策略理解争议，可能因投资者主张的侧重点不同而涉及告知说明义务问题。

1. 告知说明义务的问题识别与规范重点

本文所举案例中，投资者陶某关于量化策略应实现程序化交易，以及李某应直接参与基金管理的两项主张〔25〕，均反映出陶某与管理人对基金合同条款的具体理解不一致。此时，主张不同的侧重点将触及不同问题：一是若强调管理人未按照基金合同约定履行投资管理职责，争议核心是管理人是否勤勉。二是若强调管理人在募集阶段未充分告知投资者相关合同条款的含义，争议核心则是管理人是否尽到了告知说明义务。本文所举案例实际情况属于前者〔26〕，但如果陶某强调，管理人对投资策略的宣传使其产生了案涉基金就是要通过算法实现程序化交易且李某应主要负责基金运作，则应属于后者。此时，需要考察管理人在募集阶段是否对案涉基金产品进行了充分说明。

关于基金管理人告知说明义务的具体内涵，严格意义上，我国法上并无明确规定，部分涉及基金募集行为的规范虽与之相关，但并不具体。〔27〕 比较法上，英美法上并未严格区分告知说明义务与适当性义

---

〔25〕 陶某在诉讼中提出了相关主张：一是根据基金合同约定的投资策略，管理人应开发量化软件实现程序化交易；二是管理人指定李某、陶某两名基金经理，强调了李某的量化背景，但基金的实际仅由陈某具体操作。

〔26〕 从案件的实际情况来看，陶某并未特别提及其在募集阶段对投资策略的理解和认识，仅强调了其理解的投资策略与管理人实际的投资方式不一致，因此主要属于第一种情况。据此，审判法院将争议问题归纳为管理人勤勉义务的履行问题并无问题。

〔27〕 例如，《私募条例》第20条规定，“基金管理人……不得以虚假、片面、夸大等方式宣传推介……”又如，《私募投资基金募集行为管理办法》第23条规定，“募集机构应当采取合理方式向投资者披露私募基金信息，揭示投资风险，确保推介材料中的相关内容清晰、醒目”。不过，在司法政策层面，《全国法院民商事审判工作会议纪要》对金融机构销售金融产品的告知说明义务及其司法认定标准进行了规定。该纪要第76条规定，“告知说明义务的履行是金融消费者能够真正了解各类高风险等级金融产品或者高风险等级投资活动的投资风险和收益的关键，人民法院应当根据产品、投资活动的风险和金融消费者的实际情况，综合理性人能够理解的客观标准和金融消费者能够理解的主观标准来确定卖方机构是否已经履行了告知说明义务”。

务,因而也没有关于告知说明义务的具体内容的规定。[28] 不过,日本和我国台湾地区有关于告知说明义务的具体规范。《日本金融商品销售等相关法律》第 3 条、第 4 条规定了告知说明的具体内容。[29] 我国台湾地区"金融消费者保护法"第 10 条规定,在销售金融产品前,应向金融消费者充分说明相关产品的重要内容并充分揭示风险。[30]

结合前述信义义务的基本要求和比较法上的规定来看,管理人告知说明义务的规范要旨主要如下:第一,法理层面,管理人告知说明义务实质是忠实义务的细化,忠实义务强调将受托人利益置于优先位置。在募集阶段,了解产品是投资者的核心利益,故而必须要求管理人对基金产品进行充分说明,以使投资者形成正确认识。第二,履行标准层面,关键在于投资者与管理人在基金产品的核心要素上是否形成一致预期。如能证明管理人对于重要条款没有仔细说明,或者故意忽略部分重要条款的说明,投资者的预期产生偏差,则管理人未尽告知说明义务。还需要注意的是,管理人是否承担责任,还应结合特定投资者的个体因素对其是否实际产生预期偏差进行认定。因为,部分情况下,管理人虽未对重要条款进行充分说明,但投资者具备足够的专业水平,其自身即有能力对相关条款进行全面理解。比如,投资者是专业从事基金管理的人员。此时,虽然管理人告知说明义务可能未尽到位,但投资者实际并没有形成不一样的预期。[31]

---

〔28〕 参见葛翔:《金融产品销售中告知说明义务与适当性义务——从缔约阶段切入》,载《地方立法研究》2022 年第 2 期。

〔29〕 参见中国证券监督管理委员会组织编译:《日本金融商品交易法及金融商品销售等相关法律》,法律出版社 2015 年版,第 1251 - 1263 页。转引自葛翔:《金融产品销售中告知说明义务与适当性义务——从缔约阶段切入》,载《地方立法研究》2022 年第 2 期。

〔30〕 除此之外,我国台湾地区制定的"金融服务业提供金融商品或服务前说明契约重要内容及揭露风险办法"还对告知说明的内容进行了细化。参见李智仁:《金融服务业营销监理规范之台湾经验》。转引自葛翔:《金融产品销售中告知说明义务与适当性义务——从缔约阶段切入》,载《地方立法研究》2022 年第 2 期。

〔31〕 本文所举案例中,陶某在认购案涉私募基金后,曾在管理人某某公司任职,即属于这种情况。应认定其具有一定的专业背景和理解能力,上海金融法院在审判中特别指出了这一情况,进而认为其主张不可采信,也是准确把握了这一点。

2. 管理人对量化策略的告知说明义务

在基金管理人采取量化策略的背景下，管理人对量化策略的告知说明义务涉及量化策略的具体理解和相关推介行为的具体规范两方面问题。

第一，关于量化策略执行方式的认定。本文所举案例中，投资者与管理人对于量化策略的理解各执一词。上海金融法院则结合量化、量化交易、程序化交易等用词的含义，认可了管理人的主张。事实上，《私募基金合同》所描述的投资策略的核心是“通过量化模型辅助挖掘优质投资标的”，其包含两项关键要素：一是投资中对“量化模型”的使用；二是量化结果的“辅助”使用。该策略中，量化策略只是基金经理的辅助工具，至于具体如何投资仍由基金经理人工决定。因此，只要管理人运用了包括算法、计算机程序分析等工具，就符合该量化策略要求。

第二，关于采用量化策略的基金产品的告知说明标准。根据《全国法院民商事审判工作会议纪要》第76条的规定：其一，按照“理性人能够理解的客观标准”，由于量化策略的专业性较强，普通投资者一般情况下并不了解其运作原理，因此管理人应用通俗易懂的语言对量化策略执行的基本方式进行清晰的说明。其二，按照“金融消费者能够理解的主观标准”，如果可以证明特定的投资者对于量化知识有特别了解，管理人则可对投资者的相关主张进行抗辩。管理人告知说明义务的规范要旨是让投资者清楚相关基金产品的属性，确保投资者对基金产品形成正确认识，进而可根据其风险承受能力作出合理决策。因而，告知说明义务履行到位，即表明投资者与管理人对于基金的投资运作形成了一致预期。需要强调的是，这并非要求所有事项上都预期一致，重点在于涉及基金运作的关键事项是否预期一致。而按照中基协发布的《私募投资基金募集行为管理办法》（以下简称《私募募集办法》）第23条的规定，量化投资策略的执行方式显然是量化私募基金投资的关键要素。

本文所举案例中，《私募基金合同》所描述的投资策略相当复杂，其中包括“量化选股”“事件驱动策略”“多因子选股策略”“Alpha策略”等诸多专业术语。因此，不具备相关专业知识的投资者很难理解该策略具体会如何执行。与此同时,辅助选股和程序化交易是具有本质区别的两种投资方式,前者本质仍然是人工决策,后者本质则是通过计算机程序进行下单,属于计算机决策。这两种策略的投资风险显著不同,前者主要涉及人的决策的风险,后者则主要涉及计算机程序的执行、算法的编制是否正确等特殊风险。因此,如果陶某只是普通投资者〔32〕,若管理人未能对量化策略是否要采用程序化交易进行清晰说明,则属于违反告知说明义务。

3. 管理人对量化基金经理的告知说明义务

本文所举案例中,投资者与管理人之间就具有量化投资背景的李某是否应直接参与基金投资管理存在分歧。从基金合同履行的角度,具有量化投资背景的李某和没有特定背景的陈某均是《私募基金合同》中明确指定的基金经理,且《私募基金合同》并没有对二人在基金管理中的具体职责作出详细约定。故而,只要案涉基金的投资管理是由这二人而非其他第三人负责,管理人并不存在违反基金合同约定之处。至于二人在投资管理中的具体分工(比如,一人负责制定方向性的投资策略,一人负责具体的投资执行),并不是判断管理人是否有违基金合同约定的关键。上海金融法院也正是基于此种考虑,并未支持陶某的主张。但从管理人推介基金产品的角度,这一分歧实质也属于投资者与管理人对基金运作的预期产生了偏差,进而也落入了告知说明义务的讨论范畴。

就此而言,第一,量化私募基金管理人应告知投资者基金经理是否具有相关专业背景或知识。基金经理在私募基金的投资管理中发挥了重要作用,基金经理的专业背景、投资经验、历史业绩等是投资者决定是否投资的关键因素。按照《私募募集办法》第 23 条的规定,基金经理的人选属于必须告知投资者的基金合同要素之一。因此,管理人理应对所销售基金产品的基金经理安排作出说明。特别是在量化投资的背景下,基金经理是否具备专业的量化知识、是否具有量化投资经验,对于量化产品的实际运作有重要影响,也是投资者决定是否投资量化

〔32〕 前文已述,陶某在认购后曾在管理人某某公司任职,因而很难认为其完全没有专业知识,无法认为其是普通投资者。

私募产品的重要考量因素。量化投资是极具专业性的投资方式,具有较高的专业门槛,难以想象不具备相关知识或经验的人如何理解量化策略执行的逻辑,又如何根据相关结果进行投资管理。因此,管理人理应对基金经理是否具有量化专业知识或背景进行说明。当然,如果管理人告知了投资者相关量化产品的基金经理没有量化背景,而投资者仍然作出了决定投资的决策,此时管理人的告知说明义务已履行到位,投资者事后指责管理人未安排具有量化背景的基金经理参与投资则不具有合理性。

第二,基金经理的实际安排是否违反信义义务,关键仍然在于实际情况是否与投资者根据管理人的告知说明所形成的理性判断一致。本文所举案例中,陶某的主张是否合理,核心在于管理人的宣传推介是否足以让投资者形成基金必须由李某管理的理性判断。事实上,是否需要对特定事项进行特别说明存在两种视角。事前而言,主要是结合相关产品的特殊因素,判断管理人是否应履行更高强度的告知说明义务。〔33〕事后而言,主要是判断如果管理人已经履行了更高强度的告知说明义务,实际情况是否与投资者据此形成的理性判断一致。该案中,如果管理人在募集阶段特别强调基金将交由李某实际运作,投资者则将形成基金由李某主要管理的理性判断,若此后基金主要交由陈某负责,则投资者的理性判断与实际不一致,管理人并没有为了投资者利益最大化而行事。但如果管理人在募集阶段明确说明了基金将由李某、陈某两人负责,并对二人的背景进行了说明,投资者并不会形成必须由哪位基金经理主要负责基金管理的判断,管理人后续安排陈某主要负责基金管理并无问题。〔34〕

---

〔33〕 这就好比患者前往医院就医,若患者寻求的是专家号服务,则应由医院提前告知专家的特定背景,以便于患者进行选择,而普通号服务则不需要对医生的具体背景作提前说明。之所以采用医患关系举例,也是因为医患关系之间实质也适用信义义务。参见徐化耿:《信义义务的一般理论及其在中国法上的展开》,载《中外法学》2020 年第 6 期。

〔34〕 这也好比,需要手术的患者期望手术由 A 医生主刀,医院已告知手术将由 A 医生和其他医生共同主刀,此时患者并无预期 A 医生就必须全程为其主刀。不过,如果医院事先只告知患者手术将由 A 医生主刀,但实际该医生只是作了辅助工作,则医院的行为就有了可责性。

(三)投资管理阶段执行量化策略的勤勉义务

在基金投资管理阶段,管理人是否谨慎勤勉并充分发挥专业水平和能力,是投资者关注的核心问题之一。本文所举案例中,投资者与管理人关于投资执行上的争议主要集中在对量化策略的理解上,对此前文已作分析。引申的问题是,即使投资者与管理人对量化策略的理解一致,在量化策略的具体执行过程中,相关算法或者计算机程序也可能出现差错,基金经理对相关算法输出的结果也可能使用不当。此时,即需对管理人执行量化策略是否违反勤勉义务要求进行讨论。〔35〕

第一,关于量化策略执行的勤勉标准。其一,就涉及程序化交易的私募基金而言,现有监管规则中,《私募证券投资基金运作指引》第21条对私募基金采用程序化交易所应遵守的要求进行了规定,其中包括“管理人制定专门管理制度和合规风控制度”“有效执行程序化交易策略的研发、测试、验证、合规审查、上线等业务流程”等。据此,管理人对量化策略负有合规管理义务。遵守前述规定是管理人勤勉执行量化策略的基本要求。如果相关算法在执行中出现错误,比如代码错误、运算错误等,而管理人没有做好合规管理,则其执行量化策略未尽勤勉义务。其二,就量化策略只是辅助的私募基金而言,一方面,相关算法仍然可能出现运行错误,参照前述关于程序化交易的规定,管理人对量化策略所使用的方面也有一定合规管理要求,需要审查、验证相关算法的可靠性和稳定性。另一方面,由于量化结果只是投资决策的辅助参考,管理人也要尽量避免人为的错误,例如管理人错误理解了量化结果的含义等。此时,管理人应安排掌握量化知识背景的基金经理,且要充分发挥专业水平和能力,对量化策略的运算结果进行履行必要的筛查程序,从而作出合理的投资决策。

第二,关于司法实践中如何进行具体认定。实践中,问题的关键在于如何分配证明责任。对此,本文认为,执行量化策略是否谨慎勤勉的举证责任应由管理人承担,但投资者也需事先提供一定依据。一方面,量化策略所采用的算法技术具有高度不透明性,其在计算机中的执行

---

〔35〕 虽然本文所举案例不涉及这一问题,但可作未雨绸缪的讨论。

和运算过程难以被观察和知悉。[36] 就算相关算法执行的过程被以代码的形式展示出来，普通投资者也难以判断哪一步骤可能涉及差错。另一方面，即使相关差错已被发现，也存在被管理人隐瞒的道德风险。例如，在境外市场，美国证券交易委员会就曾对一家专门从事量化投资策略的投资顾问进行处罚，该公司在量化交易模式中隐瞒了一个重要的代码错误，且指示相关人员对此保持了沉默。[37] 综合来看，如果投资者主张量化策略出现错误，其很难具备充分举证的能力和条件。因此，从保护投资者的角度出发，将举证责任分配给管理人为宜。这也符合举证责任倒置的一般法理，即原告举证困难而其利益确有需要保护。[38] 需要注意的是，管理人举证责任倒置并不意味着投资者完全没有举证义务。事实上，举证责任倒置的法理也蕴含原告应就发动诉讼的特定事由承担证明责任的要求。[39] 因此，投资者也需要提供一定线索或依据，不能完全“空口无凭”地提出管理人执行量化策略有错误的主张。[40]

（四）执行量化策略底层记录的信息披露义务

信息披露义务是保障投资者知情权，落实信义义务基本要求的重要抓手。本文所举案例中，投资者主张管理人应向其提供量化策略执行的工作沟通记录以及量化模型运行的工作底稿。这些信息属于量化策略执行的底层记录，其是否应向投资者提供主要涉及信息披露义务的范围边界问题，需结合法定要求、约定要求以及司法中的证明责任等进行综合把握。

第一，法定要求方面，执行量化策略的底层记录不属于现行监管规

---

〔36〕 参见程雪军、赵畅：《从风险控制到风险规则：量化基金公司算法黑箱的规制进路》，载《中国科技论坛》2024 年第 4 期。

〔37〕 参见中基协：《境外算法交易监管处罚案例研究（上）——违反内控要求》，载《声音》2023 年第 7 期。

〔38〕 参见叶自强：《举证责任倒置规则的构成要素与适用》，载《河北法学》2011 年第 5 期。

〔39〕 参见王利明：《论举证责任倒置的若干问题》，载《广东社会科学》2003 年第 1 期。

〔40〕 需要注意的是，举证责任倒置有法定性，但目前我国相关制度并未就此作出规定，故而在司法实务中目前仍存在一定困难，有待未来在相关司法解释中予以明确。

则规定应予披露的内容。目前,《基金法》第95条[41],《私募条例》第31条[42],《私募投资基金监督管理暂行办法》第24条[43],中国人民银行、原中国银行保险监督管理委员会、中国证监会、国家外汇管理局《关于规范金融机构资产管理业务的指导意见》第12条[44]以及《私募投资基金信息披露管理办法》第3条[45]、第9条[46]等已对管理人应向投资者提供的信息范围进行了规定。[47] 据此,管理人应向投资者提供的法定信息主要集中在三方面:一是募集阶段私募基金产品的情况信息,如基金合同的主要条款内容等;二是投资运作阶段私募基金的

---

〔41〕《基金法》第95条规定,基金管理人、基金托管人应当按照基金合同的约定,向基金份额持有人提供基金信息。

〔42〕《私募条例》第31条规定,私募基金管理人在资金募集、投资运作过程中,应当按照国务院证券监督管理机构的规定和基金合同约定,向投资者提供信息。私募基金财产进行托管的,私募基金管理人应当按照国务院证券监督管理机构的规定和托管协议约定,及时向私募基金托管人提供投资者基本信息、投资标的权属变更证明材料等信息。

〔43〕《私募投资基金监督管理暂行办法》第24条规定,私募基金管理人、私募基金托管人应当按照合同约定,如实向投资者披露基金投资、资产负债、投资收益分配、基金承担的费用和业绩报酬、可能存在的利益冲突情况以及可能影响投资者合法权益的其他重大信息,不得隐瞒或者提供虚假信息。信息披露规则由基金业协会另行制定。

〔44〕中国人民银行、原中国银行保险监督管理委员会、中国证监会、国家外汇管理局《关于规范金融机构资产管理业务的指导意见》第12条规定,金融机构应当向投资者主动、真实、准确、完整、及时披露资产管理产品募集信息、资金投向、杠杆水平、收益分配、托管安排、投资账户信息和主要投资风险等内容。国家法律法规另有规定的,从其规定。……对于私募产品,其信息披露方式、内容、频率由产品合同约定,但金融机构应当至少每季度向投资者披露产品净值和其他重要信息。

〔45〕《私募投资基金信息披露管理办法》第3条规定,信息披露义务人应当按照中国基金业协会的规定以及基金合同、公司章程或者合伙协议(以下统称基金合同)约定向投资者进行信息披露。

〔46〕《私募投资基金信息披露管理办法》第9条规定,信息披露义务人应当向投资者披露的信息包括:(1)基金合同;(2)招募说明书等宣传推介文件;(3)基金销售协议中的主要权利义务条款(如有);(4)基金的投资情况;(5)基金的资产负债情况;(6)基金的投资收益分配情况;(7)基金承担的费用和业绩报酬安排;(8)可能存在的利益冲突;(9)涉及私募基金管理业务、基金财产、基金托管业务的重大诉讼、仲裁;(10)中国证监会以及中国基金业协会规定的影响投资者合法权益的其他重大信息。

〔47〕此外,中国证监会已于2024年7月就《私募投资基金信息披露和信息报送管理规定(征求意见稿)》公开征求意见,其中第3章对私募证券投资基金管理人的信息披露要求作出了规定。

投资情况信息，如投资标的、资产负债、投资收益分配、基金承担的费用和业绩报酬等；三是对于投资者权益可能产生影响的其他信息，如利益冲突、基金涉诉情况等。就量化策略执行的底层记录而言，其反映的是投资的具体执行过程，区别于前述规定侧重的投资表现和投资结果。

第二，约定要求方面，基金合同通常不会将执行量化策略的底层记录作为约定应予披露的内容。一方面，量化策略底层记录包含了量化的底层算法，这属于管理人的核心商业机密。[48] 一般情况下，管理人不会同意向投资者提供这部分信息。另一方面，对于普通投资者而言，即使基金合同约定应定期向投资者提供有关底层记录，对其了解基金运作情况意义也不大。量化策略的执行记录通常是数量极大的代码的运算过程，要验证这些运算过程是否存在差错需要高度的专业水平，普通投资者即使拿到这些记录，也难以理解。因此，通过披露相关量化底层记录来确保投资者了解基金运行的实际情况，其实并不现实。综合来看，量化私募基金合同通常往不会约定向投资者披露相关底层记录。就本文所举案例而言，相关基金合同事实上也没有作此约定。

第三，司法实践中，虽然管理人不负有相关法定义务、约定义务，但在诉讼中，投资者提出主张需要管理人提供底层记录，以判断相关量化策略执行是否勤勉。在此情况下，若投资者能够提供一定线索或依据，按照本文前述关于举证责任倒置的分析，管理人可能因承担证明责任而需要提供相关底层记录。此时，管理人提供相关信息是其在诉讼中的证明义务，严格意义上并非其关于基金投资运作的信息披露义务。

本文所举案例中，上海金融法院认为，管理人已按规定披露了相关定期报告，且基金合同对于披露相关底层记录没有明确约定，而投资者陶某没有提供任何线索，故管理人并无提供相关底层记录的义务。相关裁判说理在投资者知情权与管理人利益方面进行了合理平衡，可为

[48] 涉及商业秘密的信息在理论上不属于私募基金管理应披露的信息，被部分学者归为私募基金信息披露的“反向边界”。参见李建伟、李欢：《私募投资者知情权的路径、内容与完善建议》，载《经贸法律评论》2022 年第 2 期。

类案参考。

四、余论:量化私募基金管理人信义义务规则的完善

信义义务是基金行业的灵魂和根本。在量化私募基金领域,目前的监管重心主要集中在量化交易对市场的整体影响上,而对基金管理人推介、执行量化策略的信义义务问题关注不够。从本文所举案例来看,无论是行业监管规则,还是司法裁判规则,目前都没有对涉及管理人使用量化策略的情况进行明确规定。从更好保护基金投资者的角度,未来有必要结合具体实践需求,完善涉及量化私募基金信义义务标准的规则。

一是在规范内容层面,应充分考虑量化策略特殊特征及风险,明确量化私募基金管理人的行为标准及司法认定标准。其一,募集阶段,管理人应对量化策略执行的基金方式、基金经理的专业背景等进行充分的告知说明,确保投资者正确理解量化基金产品及其风险,与管理人形成一致预期。其二,投资运作阶段,管理人应谨慎勤勉执行量化策略,强化算法技术的内控管理,如有差错应立即纠正并告知投资者。其三,相关案件中,如果投资者根据一定线索主张相关量化策略执行有误,管理人应就其量化策略执行符合要求承担证明责任。其四,管理人推介或执行量化策略违反信义义务不必然导致管理人赔偿责任,相关违规行为与投资损失之间还应具有因果关系。

二是在落地路径层面,可根据基金相关法律法规的制修订计划,通过行政监管、自律监管、司法政策同向发力、综合施策。短期内,考虑到《私募投资基金监督管理暂行办法》尚待讨论修订,《私募投资基金信息披露和信息报送管理规定》尚未正式出台,可在相关规则中对有关内容予以规定。同时,中基协可结合实践,修订有关自律指引或者自律管理案例,对量化私募基金管理人的行为进行规范和引导。此外,法院系统可考虑挖掘实践案例,发布典型案例,明确涉及相关问题的司法处理标准。中长期而言,可考虑在《基金法》修订中,聚焦信义义务的履行,对私募基金管理人的行为规范作出原则性规定。同时,在积累一定

案例的基础上,可考虑在相关司法解释中统一明确涉量化私募基金的司法裁判规则。未来,我国基金行业还需继续培植崇尚信义义务的法治环境,真正在各类私募基金产品中落实信义义务要求。

（编辑:徐安安　姜沅伯）

【域外法制】

《证券法苑》(2025)
第四十二卷,第226~294页

"金融网红"的崛起[*]

[美]苏·S.关[**] 著
谢睿欣 许凯利 谢 林 王雪川[***] 译

摘要:随着社交媒体的发展,"金融网红"对股市的影响日益凸显。"金融网红"希望追求人气并

---

* Sue S. Guan, *The Rise of the Finfluencer*, 19 New York University Journal of Law and Business 489 (2023). 本文已获得作者的翻译授权。

** 苏·S.关是圣克拉拉大学法学院助理教授。作者非常感谢阿芙拉·阿夫沙里普尔(Afra Afsharipour)、大卫·鲍尔(David Ball)、汤姆·布劳尔(Tom Brower)、史蒂夫·戴蒙德(Steve Diamond)、丽莎·费尔法克斯(Lisa Fairfax)、吉尔·菲什(Jill Fisch)、梅里特·福克斯(Merritt Fox)、拉里·格罗斯腾(Larry Glosten)、埃里克·戈德曼(Eric Goldman)、迪普·古拉塞卡拉姆(Deep Gulasekaram)、布拉德·乔恩德普(Brad Joondeph)、唐·朗格沃特(Don Langevoort)、阿米莉亚·米亚扎德(Amelia Miazad)、金永明(Geeyoung Min)、威廉·穆恩(William Moon)、泰勒·奥乔亚(Tyler Ochoa)、梅内什·帕特尔(Menesh Patel)、唐·波登(Don Polden)、凯茜·桑多瓦尔(Cathy Sandoval)、大卫·斯洛斯(David Sloss)和大卫·约西夫恩(David Yosifon)的评论和有益的讨论。还要感谢来自法律与经济学研究所(ILE)青年教师商业和金融法研讨会、第二届亚太及中东女性法律学者年会,以及圣克拉拉大学法学院和加州大学戴维斯分校法学院教员研讨会的参与者提供的有益评论。

*** 译者分别为中国人民大学法学院硕士研究生、复旦大学法学院硕士研究生、厦门大学法学院环境与资源保护法学硕士研究生、清华大学法学院博士研究生。

推动个人品牌成长，其行为改变了原有的价格发现机制和股市信息生态。这提高了散户投资者的金融素养及参与度，促进了企业融资，但也滋生了股价泡沫，甚至因“金融网红”足以预测、控制交易模式而引发了欺诈和操纵。为规制潜在危害，现有的反欺诈和反操纵法律条款应当得到适用，同时还应当强化“金融网红”信息披露并给予正向激励，以提高“金融网红”信息质量。

关键词：“金融网红”　股票市场价格发现　欺诈操纵　信息披露

在当今充满网络模因（meme）的股票市场中，传统的信息交换和价格发现理论的可行性如何？对股票市场价格发现的传统理解侧重于交易者之间的“信息”的交换，这种信息通常与发行人未来现金流量的现值相关。本文探讨了那些通过社交媒体对投资决策施加巨大影响的“金融网红”（finfluencer）对这种理解的影响。

“金融网红”越来越多地在股票市场信息中牵线搭桥，而社交媒体使得这一行为变得前所未有的容易。本文探讨了“金融网红”崛起的两个影响。第一，“金融网红”不仅仅受寻求基本价值信息并从中获利的动机驱动，他们还致力于提高知名度，提供娱乐性内容，并致力于“品牌成长”。因为他们居中传递了传达给散户投资者的信息，并在这些投资者之间形成了强大的协调机制，所以“金融网红”的影响力塑造了反映在股票价格变动中的“信息”类型和动机。第二，“金融网红”拥有的影响力越大，他们就越能预测甚至控制其追随者的交易模式。从一个“金融网红”的角度来看，股票价格的变动可以变得更加可预测，这可能会削弱“金融网红”向其追随者提供有价值信息的动力，并诱使他们以牺牲追随者的利益为代价获利。

“金融网红”正在改变股票市场信息生态系统。本文通过借鉴市场微观结构和金融经济学，提供了一种针对价格发现、交易策略、公司行为和政策的影响的新的理解方式。

引　言

2022年12月,美国证券交易委员会(United State Securities and Exchange Commission,SEC)对8位社交媒体网红在Twitter和Discord平台上实施欺诈和操纵股市的行为提起了指控。[1] SEC执法部市场滥用单元的负责人表示,“被告利用社交媒体聚集了一大群新手投资者,然后通过不断地提供错误信息将他们加以利用,这种行为(为被告)创造了大约1亿美元的欺诈性利润”[2]。被告在社交媒体上有数十万名追随者,被告鼓励他们购买其已经买下的股票,然后被告在股价上涨后出售这些自己推广的股票。[3]

多年来,美国联邦和州证券监管机构一直在警告社交媒体上的投资欺诈行为。SEC已经警告投资者,要警惕那些在社交媒体上冒充合法市场信息来源的人,或者利用社交媒体参与“唱高散货”和其他操纵性计划的人。[4] 在2022年8月,代表美国、加拿大和墨西哥的州级和省级证券监管机构——北美证券管理协会,发布了一份关于“金融网红”的

---

[1] See *SEC Charges Eight Social Media Influencers in $100 Million Stock Manipulation Scheme Promoted on Discord and Twitter*, U.S. SEC. & EXCH. COMM'N (Dec. 14, 2022), https://www.sec.gov/news/press-release/2022-221; Complaint, SEC v. Constantin (S.D. Tex. 2022) (No. 22-cv-04306).

[2] U.S. SEC. & EXCH. COMM'N, 见前注[1]。

[3] 同上注。

[4] See *Social Media and Investment Fraud - Investor Alert*, SEC (Aug. 29, 2022), https://www.sec.gov/oiea/investor-alerts-and-bulletins/social-mediaand-investment-fraud-investor-alert(SEC发布了针对社交媒体上散布虚假或误导性信息的欺诈者的警告,并详细介绍了常见的诈骗手段); *Investor Bulletin: Social Sentiment Investing Tools - Think Twice Before Trading Based on Social Media* SEC (Apr. 3, 2019), https://www.investor.gov/introduction-investing/general-resources/news-alerts/alerts-bulletins/investor-bulletins-18(SEC向投资者通报了分析社交媒体数据的社交情绪投资工具的风险).

“知情投资者咨询”。[5] 以下是该咨询的摘要：

“金融网红”是指那些凭借其流行或文化地位，有能力通过在社交媒体上的推广或推荐影响他人财务决策过程的人。他们可能通过在社交媒体账户上发布帖子或视频来影响潜在买家，这些帖子或视频通常被设计得具有娱乐性，以便帖子或视频能与其他潜在买家分享。“金融网红”可能由提供产品或服务的企业、信息出现的平台，或未被披露的资助者支付报酬。虽然营销人员花钱邀请名人代言产品并不新鲜，但不同的是，这种轻松而高度情绪化的代言是在一个通常受到严格监管的行业中进行的，该行业对业绩表现和潜在利益冲突的披露有严格的规定。投资推广者通常必须向潜在投资者提供所有相关信息，以便潜在投资者作出知情的投资决策。“金融网红”正在试探受监管投资建议和受保护的自由言论的边界。[6]

当今股票市场的信息生态系统正在发生变化。散户交易对股票价格走势的影响日益增强，社交媒体正在塑造投资趋势，同时非传统实体在信息传播中扮演着中介角色。理解这些变化需要回答以下问题：今天，是谁或是什么在推动投资决策？本文认为，股票市场上有影响力的人物或“金融网红”日益成为推动力量，并且阐明了“金融网红”对股票市场信息和价格发现的影响。

“金融网红”一词指的是通过社交媒体影响力对投资者决策产生巨大影响的个人或实体。当今市场存在各种类型的“金融网红”，从像金·卡戴珊（Kim Kardashian）这样的名人到像埃隆·马斯克（Elon Musk）或

---

〔5〕 See NASAA, *Informed Investor Advisory*: *Finfluencers* (Aug., 2022), https://www.nasaa.org/64940/informed-investor-advisory-finfluencers/. 这种警告变得越来越常见。See, e.g., CA DEP'T OF FIN. PROTECTION AND INNOVATION, *Social Media Finfluencers – Who Should You Trust*? (Oct. 5, 2022), https://dfpi.ca.gov/2022/10/05/social-media-finfluencers-who-should-you-trust/（详细说明信任“金融网红”的风险）; VA STATE CORP. COMM'N, *SCC Cautions Virginians About Social Media "Finfluencers" Providing Financial Advice* (Sept. 8, 2022), https://scc.virginia.gov/newsreleases/release/SCC-Cautions-Virginians-About-Online-Finfluencers.（提供避免风险的建议，因为社交媒体正在取代传统的投资信息来源）; D. C. DEP'T OF INS., SEC. AND BANKING, *Beware of Financial Influencers*, https://disb.dc.gov/page/beware-financial-influencers（对“金融网红”分享的财务建议提出警告）.

〔6〕 See NASAA，见前注〔5〕。

瑞安·科恩(Ryan Cohen)这样的企业人物,再到在油管(YouTube)、抖音(TikTok)和其他社交媒体平台上拥有追随者的普通投资者。这些"金融网红"不是传统的金融分析师,他们的受众主要由散户投资者组成,[7]他们所传递的信息,通常聚焦于"民主化"金融或增加信息获取的渠道。下面描述了一些由"金融网红"驱动交易的例子。

在2021年年初,Reddit上的散户投资者围绕基斯·吉尔(Keith Gill)[用户名"咆哮的小猫"(Roaring Kitty)]团结起来,一度将GameStop的股价从每股4美元推高至大约500美元。吉尔从2019年在帖子中表示他将53,000美元投资于GameStop,并提出GameStop被低估了。用户们在Reddit上发布他们购买GameStop股票的帖子时,复述了吉尔的说法:"我喜欢这只股票。"即使GameStop的股价下跌,只要吉尔没有卖出,许多人就也会拒绝卖出,他们表示"如果咆哮的小猫还在,我也还在",同时用"钻石手"(diamond hands)来互相鼓励继续持有这只股票。

埃隆·马斯克在2021年1月26日发推文说"GameStonk!!"[8],结果GameStop的股价飙升了大约40%。[9]

2021年7月19日,瑞安·科恩发了一条推文,内容是他拿着筷子放在鼻孔里的照片。[10] 追随者们推测筷子意味着GameStop即将进行股

---

〔7〕 本文将使用"散户投资者"或"散户交易者"一词来指代那些直接为个人账户买卖股票的人,以区别于为机构账户买卖股票的机构投资者。See Adam Hayes, *Retail Investor: Definition, What They Do, and Market Impact*, INVESTOPEDIA (updated Feb. 17, 2021), https://www.investopedia.com/terms/r/retailinvestor.asp(将散户投资者定义为"非专业的市场参与者,通常他们的投资金额比大型机构投资者要小");Donald C. Langevoort, *The SEC, Retail Investors, and the Institutionalization of the Securities Markets*, 95 VA. L. REV. 1025(2009)[区分散户投资者(个人和家庭)与机构投资者].

〔8〕 Elon Musk (@elonmusk), TWITTER (Jan. 26, 2021, 4:08 PM), https://twitter.com/elonmusk/status/1354174279894642703? lang = EN.

〔9〕 See GameStop Corp. (GME) YAHoo! FIN. (Jan. 27, 2021), https://finance.yahoo.com/quote/GME? p = GME.

〔10〕 See Ryan Cohen (@ryancohen), TWITTER (Jul. 19, 2021, 7:48 PM), https://twitter.com/ryancohen/status/1417315406272864258? lang = EN.

票分割(科恩是 GameStop 董事会的主席)。[11]

在 2021 年末,史蒂文·加拉格尔(Steven Gallagher)因使用他的推特(Twitter)账户参与唱高散货计划而被逮捕,并被控以证券欺诈、电信欺诈和操纵罪。[12] 加拉格尔在 Twitter 上以账号@ AlexDelarge6553(以《发条橙》中的角色命名)积累了大量粉丝后,加拉格尔反复购买交易量小的低价股票,并发布虚假和误导性信息,鼓励他的追随者购买这些股票,使得他自己能够以高价出售他的股份。[13]

史蒂文·加拉格尔的唱高散货计划显然是非法的,他的虚假信息导致他的 Twitter 追随者购买股票并推高了价格。其他例子则没有涉及任何明显的非法性,没有传播任何虚假信息,甚至没有任何新信息,然而股价的反应就好像有新信息被传播一样。

"金融网红"引发了一场关于什么是构成市场变动的"信息"以及对这些信息的获取和控制的讨论。上述例子也提出了"金融网红"鼓励投资者对非信息或过时信息做出反应的可能性。那么,"金融网红"对投资偏好、价格发现以及投资者眼中"信息"之含义有何影响?"金融网红"是否有动机鼓励他们的追随者基于与公司基本面信息变化无

---

〔11〕 See Miriam Gottfried and Caitlin McCabe, *GameStop's Ryan Cohen Wants to Be More Than a Meme - Stock King*, WALL ST. J. (Nov. 19, 2022, 12:00 AM), https://www. wsj. com/articles/gamestops - ryan - cohen - wants - to - bemore - than - a - meme - stock - king - 11668834015; Joe Fonicello, *Ryan Cohen Splits Chopsticks* 2:1; PG - 13, GMEDD (Jul. 20, 2021), https://www. gmedd. com/tw/ ryan - cohen - splits - chopsticks - 21 - pg - 13/(对科恩的筷子推文的意义进行推测); *Ryan Cohen on Twitter*, REDDIT, https://www. reddit. com/r/Superstonk/comments/ontbnm/ryan_cohen_on_twitter/(对科恩推文的意义进行假设).

〔12〕 See U. S. v. Gallagher, No. 21 - mag - 10220 (S. D. N. Y.); Complaint, SEC v. Gallagher, No. 1:21 - civ - 08739(S. D. N. Y. filed October 26, 2021). YouTube 和其他"网红"的诈骗也发生在其他语境中。See Mara Leighton, *Thai Authorities Have Issued an Arrest Warrant Against a Popular YouTuber Accused of Scamming Followers out of $55 Million, Reports Say*, INSIDER (Aug. 31, 2022, 11:14 PM), https://www. insider. com/thai - influencer - youtu ber - nutty - arrest - warrant - multimillion - dollar - forex - scam - 2002 - 8("受害者表示,他们被诱骗向 Nutty 投资的部分原因是她在社交媒体账户上展示的高端生活方式,其中包括奢华假期、豪华汽车和名牌手袋").

〔13〕 See Complaint, SEC v. Gallagher, 见前注〔12〕.

关的原因进行交易?

市场微观结构和金融经济学的核心原则构成了本文所依赖的价格发现和信息规范框架。从规范的角度来看,股票市场有助于促进资本和风险在经济中的有效配置。[14] 股票价格提供了可以帮助改善公司治理的信号,随着时间的推移还有助于在股票和房产之间分配资源。[15] 规范框架通常假设一个狭窄的交易动机范围,这些动机产生股票价格的变动:投资者寻求有关发行者的基本价值信息,并通过使用贴现现金流分析等估值机制,交易该发行者的股票以从该信息中获利。[16] 在之前的一篇论文中,我探讨了今天的散户交易者如何通过低成本、社会化的形式协调,使这一情况变得复杂。[17] 我认为,散户交易的持续性越来越强,并且可以在更广泛的范围内显著影响股票价格、公司治理和市场运作。[18]

本文探讨了一个与当今股票市场相关且不断发展的方面:“金融网红”作为信息经纪人,其作用正日益增长。这种作用是双重的。首先,本文提供了对金融影响现象的描述性说明,详细阐述各种“金融网红”在股票市场上的影响,并建立了一个可以用来评估他们影响大小的金融影响分类体系。

其次,本文从理论上分析了“金融网红”如何使人们对于信息影响股价的传统认知变得更加复杂。“金融网红”的动机远不止于寻求基本价值信息,他们还寻求人气最大化、娱乐性以及“发展他们的品牌”等。此外,他们还越来越多地调节传达给散户投资者的信息,并提供了影响力巨大的协调机制,使得他们(及其追随者)的交易行为能够对股票价格产生影响,因此他们正在转变股票价格变动所体现的“信息”种类。

---

〔14〕 See Merritt B. Fox et al., *The New Stock Market* 33 – 47 (2019)(提供一个规范的框架,使股票价格促进资本和风险在经济中的分配).

〔15〕 同上注(描述了股票价格在指导管理决策、分配资源和风险方面的效用)。

〔16〕 同注〔14〕,p. 33 – 58(描述股票价格如何响应知情交易而变动)。

〔17〕 See Sue S. Guan, *Meme Investors and Retail Risk*, 63 B. C. L. REV. 2053 (2022)(分析散户交易对价格和市场的影响).

〔18〕 同上注。

接下来本文将结合证据和理论,说明更广泛的股票市场生态系统如何对此作出调整,这对资本流动产生了复杂的影响。“金融网红”可能会让其他市场参与者越来越觉得,即使由“金融网红”驱动的活动不参照传统的市场信息形式,也应该将这些行为视为信息丰富的活动。当其他市场参与者将“金融网红”驱动的活动纳入交易决策时,这些变化会被放大和加强,形成一个反馈循环。构成市场变动信息的界限可能会扩大。“金融网红”驱动的活动可能会影响公司的资本成本。通过制造或利用“金融网红”驱动的交易泡沫来进行的噪音交易可能成为一种合理的交易策略。公司可能会越来越多地通过与“金融网红”的合作伙伴关系来获取影响自身股价的盈利机会。

正面和负面的影响随之而来。一方面,“金融网红”可以提高散户投资者的金融素养,提高散户投资者的参与度和扩大其市场准入范围。另一方面,“金融网红”可以以可预测的方式影响大量追随者的交易。最终,他们向这些追随者提供有价值信息的倾向性可能会减弱,而以追随者为代价获利变得更加诱人。此外,如果“金融网红”不需要作出虚假或误导性的陈述就能产生价格变动,那么目前可用于保护受害者的法律救济措施就更少了。

本文的其余部分如下:第一部分讨论了“金融网红”的历史并提出了“金融网红”的分类法。虽然“金融网红”并不新鲜,但社交媒体显著扩大了他们的影响力。第二部分探讨了“金融网红”驱动交易的价格影响。第三部分提供了一个理论分析,说明“金融网红”驱动的交易如何影响股票价格所反映的信息。第四部分评估了更广泛的市场反应。第五部分考虑了这些变化的好处和危害。第六部分讨论了未来的发展方向。最后是一个简短的结论。

一、“金融网红”的分类

“金融网红”通过他们的社交媒体影响力对投资者的交易决策产生了巨大的影响。他们调节到达追随者的信息,塑造这些追随者的投资偏好和交易模式,并为大量交易者群体提供强大的协调机制,这使得他们

(以及追随者)的交易动机能够影响股票价格的变动。

虽然"金融网红"在股票市场上并不新鲜,但在社交媒体的推动下他们的影响力获得极大扩展,这是一个近期出现的现象。此外,社交媒体也为普通散户投资者提供了低成本、简便的机制,使之能够成为强大的"金融网红"。本部分第一节对历史上的"金融网红"进行了简要调查。第二节列出了当代社交媒体网红的几种类型:巨型、大型、中型和微型。第三、四、五节讨论了三种主要类型的"金融网红":名人型、身份型和普通型。

(一)"金融网红"的简要调查

金融影响这一现象既不新奇也不意外。有影响力的演讲者总是有着广泛的影响,有时甚至影响整个市场。[19] 近一个世纪前,也就是在1929 年股市崩盘之前,一位名叫伊万杰琳・亚当斯(Evangeline Adams)的占星家通过她从星图和占星术中得出的股票建议,在包括查理・卓别林(Charlie Chaplin)和 J. P. 摩根(J. P. Morgan)等名人和业余投资者中积累了可观的影响力。[20] 她曾发行过一份拥有十万订阅者的时事通讯。[21]

受金融影响力的影响一直是股票市场的一个完全合法的特征。例

---

〔19〕 这种影响并不局限于证券市场。在许多方面,"金融网红"只不过是更传统品牌网红的一种类型。1986 年,嘻哈乐队 Run – D. M. C. 推出了热门歌曲"My Adidas"。See Zak Maoui, *Run – DMC*: "*We were highly influenced by The Rolling Stones – we wanted to dress like Mick Jagger*", GQ MAGAZINE (Nov. 2, 2019), https://www.gq – magazine. co. uk/fashion/article/run – dmc – adidas – interview; Alvin Blanco, *Run – DMC* Recall '*My Adidas*' *Impact*, 25 *Years Later*, MTV (Nov. 11, 2011, 7:59 PM), https://www.mtv.com/news/sn2aa5/run – dmc – my – adidas. Run – D. M. C. 没有被付费来推广 Adidas。See Gary Warnett, *How Run – DMC Earned Their Adidas Stripes*, MR PORTER (May 27, 2016), https://www.mrporter.com/en – us/journal/lifestyle/how – run – dmc – earned – theiradidas – stripes – 826882. 热门作品的成功导致阿迪达斯运动鞋的人气激增,这促成了 Run – D. M. C. 与阿迪达斯品牌的合作关系。同上注。如今,社交媒体品牌网红众多,他们使用诸如 TikTok、Instagram 等平台。见下文第一部分第二节.

〔20〕 See *The Crash of* 1929: *Program Transcript*, PBS 7, https://wwwtc.pbs.org/wgbh/americanexperience/media/pdf/transcript/Crash – of_19 29_transcript.pdf(描述了亚当斯周围的以下情况).

〔21〕 同上注,p. 15.

如,媒体人物吉姆·克莱默(Jim Cramer)在美国消费者新闻与商业频道(CNBC)的《疯狂金钱》(Mad Money)节目中拥有一个股市分析平台已经有近20年时间。[22] 从更广泛的意义来说,金融分析师通常对一家公司的股票价格有着有据可查的影响。[23] 根据SEC的网站上的文章,“一个受欢迎的分析师仅仅提到一家公司,就可能暂时导致其股票上涨或下跌——即使公司的未来前景或基本面最近没有发生变化”[24]。的确,1990年的一项研究显示,1982~1985年,股票价格对在《华尔街日报》的“华尔街听闻”专栏发表的分析师建议有显著反应。[25] 同样,卖空者报告通常会导致所提及的公司的股票价格显著下跌。[26]

使用金融影响来实施欺诈或操纵也并非新鲜事。2005年,一家电话营销公司被SEC起诉,因为其以“拨错电话”为幌子,留下了数十万条旨在推销某些股票的欺诈性语音留言。[27] 这些股票的总市值飙升了大

〔22〕 Jim Cramer, *About Mad Money*, CNBC, https://www.cnbc.com/10418 9752/; Tyler Clifford, *The Evolution of Jim Cramer's Mad Money': From Stock Picking to Stock Educating*, CNBC, https://www.cnbc.com/2019/02/21/theevolution - of - cramers - mad - money - from - stock - picking - to - educating.html.

〔23〕 See *Analyzing Investor Recommendations*, U.S. SEC. & EXCH. COMM'N(Aug. 30,2010), https://www.sec.gov/tm/reportspubs/investor - publications/investorpubsanalystshtm.html(“分析师的推荐或报告可以影响公司股票的价格——特别是当这些推荐通过电视露面或其他电子和印刷媒体广泛传播时”).

〔24〕 同上注。利益冲突可能会出现,可能需要信息披露。

〔25〕 See Pu Liu et al., *Stock Price Reactions to The Wall Street Journal's Securities Recommendations*, 25 J. FIN. & QUANT. ANALYSIS 399, 400 (1990)(收集研究以证明股票价格对投资咨询实体提供的信息的反应性).

〔26〕 See Peter Molk & Frank Partnoy, *The Long - Term Effects of Short Selling and Negative Activism*, 2022 U. ILL. L. REV. 1, 53 [citing Peter Molk & Frank Partnoy, *Institutional Investors as Short Sellers?*, 99 B.U. L. REV. 837, 859 - 62 (2019)](讨论卖空交易的价格效应);Andrew Ross Sorkin et al., *A Short Seller Takes Aim at an Indian Corporate Giant*, N.Y. TIMES (Jan. 25, 2023), https://www.nytimes.com/2023/01/25/business/dealbook/shortseller - hindenburg - adani.html(在Hindenburg Research指控Adani集团操纵和欺诈之后,Adani集团的股价急剧下跌).

〔27〕 See *SEC Sues Telemarketers for Fraudulent "Wrong Number" Stock Tips*, U.S. SEC. & EXCH. COMM'N (May 3, 2005), https://www.sec.gov/news/press/2005 - 70.htm.

约1.79亿美元。[28] 最近,社交媒体留言板上的操纵者已经被采取了执法行动。[29] SEC曾发现,一个叫作Seeking Alpha的社交媒体网站上的作者为了操纵股票价格而发布欺诈性新闻。[30] 一项最近的研究也表明,Seeking Alpha等社交媒体网站上的操纵性卖空行为导致了股票价格的扭曲。[31]

金融影响活动引发了关于欺诈和操纵法律范围的棘手问题。2000年,SEC与15岁的乔纳森·莱伯德(Jonathan Lebed)就一起股市操纵计划达成和解,莱伯德通过在Yahoo! Finance留言板上推广交易量少的微型市值股票并出售这些股票获利。[32] 莱伯德发现使用感叹号和将全部字母大写能使他的信息看起来更令人兴奋,使他人能够产生更多的兴趣。[33] 这个案例引发了关于市场操纵禁令范围的重大问题研究。[34] 正如一位评论员指出的,没有基础的股票价格预测"听起来很像华尔街每天发生的事情"[35]。那时,华尔街分析师显然可以,并且也确实经常一边低估(其他)公司收益,一边推广那些他们帮助上市的公司的股票,

---

[28] 同前注[27]。

[29] See Shimon Kogan, Tobias J. Moskowitz & Marina Niessner, *Social Media and Financial News Manipulation* 2, 35 (Sept. 15, 2021) (unpublished manuscript), https://papers.ssrn.com/sol3/papers.cfm?abstract_id=3237763(研究表明,在社交媒体网络上发布的欺诈性文章增加了散户交易量,并且使得价格平均上升了8%,这是基于对171篇欺诈性文章的数据集分析得出的结果).

[30] 同上注,p. 1,2,7-8.

[31] See Joshua Mitts, *Short and Distort*, 49 J. LEGAL STUD. 287, 330 (2020)(揭示了通过匿名攻击和操纵性期权交易手段对股价进行操纵的行为) see also Petition for Rulemaking on Short and Distort from John C. Coffee Jr., Joshua Mitts, James D. Cox, Peter Molk et al., to Vanessa Countryman, Sec'y, U. S. SEC. & EXCH. COMM'N 3-7 (Feb. 12, 2020), https://www.sec.gov/rules/petitions/2020/petn4-758.pdf(请求SEC制定规则,禁止操纵性卖空行为).

[32] See *SEC Brings Fraud Charges in Internet Manipulation Scheme*, U. S. SEC. & EXCH. COMM'N (Sept. 20, 2000), https://www.sec.gov/news/press/2000-135.txt.

[33] See Michael Lewis, *Jonathan Lebed's Extracurricular Activities*, N. Y. TIMES (Feb. 25, 2001), https://www.nytimes.com/2001/02/25/magazine/jonathan-lebed-s-extracurricular-activities.html.

[34] 同上注。

[35] 同上注。

这种行为通常使他们获得可观的利润。[36] 评论员接着说:"如果华尔街分析师和基金经理以及出现在 CNBC 和美国有线电视新闻网上推广股票的公司首席执行官没有被指控试图操纵市场的罪责,那么操纵市场到底意味着什么?"[37]。同理,"当一位华尔街分析师能够让一家亏损数十亿美元的公司的股票价格在一天内上涨 50 点时,'人为提高'股票价格到底意味着什么?"[38]。

正如莱伯德的例子所体现的,社交媒体允许那些没有其他既定媒体平台的普通人对他们的追随者施加重大影响。社交媒体已经改变了"金融网红"的影响格局。接下来的部分将讨论这一点。

(二)巨型、大型、中型、微型网红

社交媒体孕育了一个数十亿美元的网红营销产业。[39] 传统的品牌网红今天可以分为几个类别:巨型、大型、中型和微型。他们在追随者数量、参与度和被(追随者)认可的可信度方面有所不同。

巨型网红通常是拥有超过一百万名追随者的明星,他们通常通过社交媒体收取数百万美元的推广费。[40] 然而,他们大量的追随者并不总是能转化为更高的参与度:追随者可能对巨型网红被付费推广的某些产

---

〔36〕 同上注。

〔37〕 同上注。

〔38〕 同上注。"正如我和其他人士所指出,界定操纵禁令的范围历来是一个极具挑战性的任务。" See, e. g., Merritt B. Fox et al., *Spoofing and Its Regulation*, 2021 COLUM. Bus. L. REV. 1244 (2022)(分析操纵规则);Daniel R. Fischel & David J. Ross, *Should the Law Prohibit "Manipulation" in Financial Markets*?, 105 HIA - v. L. REV. 503, 506 - 07 (1991)(主张"应该摒弃操纵这一概念",因为"操纵没有一个令人满意的定义") Steve Thel, *Regulation of Manipulation Under Section* 10(*b*): *Security Prices and the Text of the Securities Exchange Act of* 1934, 1988 COLUM. Bus. L. REV. 359, 378 - 79 (1988)(指出在联邦证券法下定义操纵行为的难度).

〔39〕 See Werner Geyser, *The State of Influencer Marketing* 2023: *Benchmark Report*, INFLUENCER MARKETING HUB (Feb. 7, 2023), https://influencermarketinghub.com/influencer - marketing - benchmark - report/(指出到 2023 年,网红行业预计将增长到大约 211 亿美元).

〔40〕 See *When to Work with Nano -, Micro - and Macro - Influencers*, IZEA (Feb. 25, 2022), https://izea.com/resources/nano - micro - macro - influencers/(描述不同类型的网红).

品持怀疑态度。[41] 大型网红通常拥有十万名到一百万名的追随者。[42] 他们可能是产出更专业内容(如专注于健身或股市建议)的社交媒体明星,拥有庞大的追随者群体。[43] 中型网红往往拥有一万名到十万名的追随者。[44] 微型网红通常拥有不到一万名的追随者。[45] 中型和微型网红通常与追随者有着更强烈的"个人"联系,更能吸引追随者参与,这一点远超大型网红。[46]

真实性和信任是影响力业务的核心。[47] 消费者像信任密友一样信任网红,并将真实性视为他们与网红互动的关键驱动因素。[48] 此外,网红营销确实是有效的。[49] 研究表明,网红广告能够显著增加"情感强度"并提高"记忆编码"。[50] 另一项研究发现,公司在网红营销上每花费一美元就能获得520%的回报。[51]

"金融网红"很大程度上也依赖相同的心理现象。他们赢得了追随

---

〔41〕 同上注。

〔42〕 同上注。

〔43〕 同上注;See Jacinda Santora, 12 *Types of Influencers You Can Use to Improve Your Marketing*, INFLUENCER MKTG. HUB (July 15, 2022), https://influencermarketinghub.com/types - of - influencers/(详细介绍不同类型的网红).

〔44〕 IZEA,见前注〔40〕.

〔45〕 同上注。

〔46〕 同上注。在其他情境中,政治团体利用中型和微型网红来影响政治话语和活动。See *Social Media Influencers and the* 2020 *U. S. Election*: *Paying 'Regular People' for Digital Campaign Communication*, U. TEX. AUSTIN CTR. FOR MEDIA ENGAGEMENT (Oct. 14, 2020), https://mediaengagement. org/research/social - media - influencers - and - the - 2020 - election/(解释社交媒体网红的协调网络是如何成为"政治运动的强大资产"的).

〔47〕 See Alexandra J. Roberts, *False Influencing*, 109 GEO. L. J. 81, 83 - 84 (2019).

〔48〕 See Gavin O'Malley, *Many Followers Trust Influencers' Opinions More Than Friends'*, DIGIT. NEWs DAILY (Aug. 21, 2019), https://www. mediapost. com/publications/article/339579/many - followers - trust - influencers - opin ions - more - th. html.

〔49〕 See Roberts,见前注〔47〕, p. 83 - 84(收集资料).

〔50〕 Blake Droesch, *What Does Your Brain on Influencer Marketing Look Like*?, INSIDER INTEL. (Aug. 26, 2019), https://www. insiderintelligence. com/content/your - brain - on - influencers - neuroscience - study - explains - the - effects - of - influencer - marketing.

〔51〕 Harrison Loew, *Influencer Marketing Benchmark Report* 2019, NEOREACH (Feb. 12, 2019), https://neoreach. com/influencer - marketingbenchmark - report - 2019/.

者的信任,对追随者的投资决策产生了重要影响。接下来的部分将探讨“金融网红”的类型以及他们与传统社交媒体品牌网红的关系。

(三)有公司付费的名人“金融网红”

最明显的“金融网红”类别是像金·卡戴珊这样的名人巨型网红。事实上,卡戴珊最近因为在社交媒体上推广一种加密资产而被罚款126万美元。[52] 与传统的巨型网红一样,名人巨型“金融网红”通常被某些公司付费来推广金融产品。他们通常不会传播一般性的投资建议。名人巨型“金融网红”并不是一个新现象,可以被理解为传统品牌网红的一个简单子集。

(四)身份名人“金融网红”

其他著名的巨型或大型“金融网红”则不为任何推广内容而收费,也可能不传播财务建议,甚至不推广任何特定的股市头寸。然而,由于他们的身份或个性,他们拥有巨大的影响力。埃隆·马斯克和瑞安·科恩是典型的例子。埃隆·马斯克被称为“爸爸埃隆”,瑞安·科恩被称为“爸爸科恩”。[53] 即使内容与股市或财务信息无关,他们的社交媒体活动也会影响追随者的活动进而引发价格变动。正如Chewy.com的创始人和GameStop董事会主席科恩所说的“我就是我;我只是做我自己”以及“我不想去猜测人们是如何解读的”[54]。

例如,科恩被称为“模因股之王”,他的推文通常被他近四十万名的追随者分析,作为未来企业决策或股价变动的线索。[55] “模因股”一词指的是像GameStop、AMC或Bed Bath & Beyond这样的公司的股票,这些股票已经成为“模因交易者”们在社交媒体的驱动下进行集体交易的

---

〔52〕 *SEC Charges Kim Kardashian for Unlawfully Touting Crypto Security*, U. S. SEC. & EXCH. COMM'N (Oct. 3, 2022), https://www.sec.gov/news/press-release/2022-183.

〔53〕 See Caitlin McCabe, *The Meme Lords Who Are Taking over the C-Suite*, WALL ST. J. (Aug. 27, 2021), https://www.wsj.com/articles/the-meme-lords-whoare-taking-over-the-c-suite-11630056603? mod=series_exchangeinternetpackage.

〔54〕 Gottfried & McCabe, 见前注〔11〕.

〔55〕 同上注;see *also* Fonicello,见前注〔11〕(对科恩的筷子推文的意义进行推测);Ryan Cohen on Twitter, 见前注〔11〕(对科恩推文的意义进行假设).

主要对象。而“模因交易者”是散户交易者的一个子集。[56]

2021 年 7 月 19 日,科恩在推特上发布了一张自己将筷子插在鼻孔里的图片。[57] 追随者推测筷子预示着 GameStop 即将拆股。[58] 2022 年 10 月 17 日科恩发布的一张与卡尔·伊坎(Carl Icahn)合影的图片,导致科恩的追随者推测该图片表明伊坎对 GameStop 的支持。[59] 2022 年 8 月,在科恩突然出售了他在 Bed Bath & Beyond 大约 10% 的股份后,Bed Bath & Beyond 的股价暴跌。[60] 科恩在大幅盈利的情况下出售了股份;而此前,散户投资者为响应科恩的文件而购买了约 7300 万美元的股票,因为该文件显示他没有出售那些价外看涨期权,这导致 Bed Bath & Beyond 的股价上涨了近 70%。[61]

许多身份型“金融网红”对传统金融行业不屑一顾,并自诩为“网络喷子”或“模因之王”。[62] 例如,在 2021 年 1 月 26 日,马斯克在推特上发表了“GameStonk!!”[63] 作为对这条推文的回应,GameStop 的股价飙

---

〔56〕 See, e. g., Guan, 见前注〔17〕;Dhruv Aggarwal, Albert H. Choi & Yoon - Ho Alex Lee, *Meme Corporate Governance* 7 - 8, EUROPEAN CORPORATE GOVERNANCE INSTITUTE (Feb. 14, 2023), https://ssrn.com/abstract = 4347885(将“模因交易者”描述为那些“受 Reddit 讨论驱动而进行交易,并引发‘空头挤压’攻击的人”,他们的行为并不是“传统意义上的投资。尽管这些交易者仅占散户投资者的一部分,但他们的数量庞大,足以在市场上对模因股票的价格产生影响”).

〔57〕 See Ryan Cohen (@ ryancohen), TWITTER (Jul. 19, 2021, 7:48 PM), https://twitter.com/ryancohen/status/1417315406272864258? lang = EN.

〔58〕 See Gottfried & McCabe, 见前注〔11〕; Fonicello, 见前注〔11〕.

〔59〕 See Ryan Cohen (@ ryancohen), TWITTER (Oct. 17, 2022, 8:30 PM), https://twitter.com/ryancohen/status/1582212373985005569? refsrc = Twsrc% 5Etfw% 7Ctwcamp% 5Etweetembed% 7Ctwterm% 5E1582212373985005569% 7Ctwgr% 5Ef5cf5fed2cf57294 c9cebce739al4fblaa3ab64e% 7Ctwcon% 5Es1 _ &refurl = https% 3A%2F%2Fwww.wsj.com%2Farticles%2Fgame stops - ryan - cohen - wants - to - be - more - than - a - meme - stock - king - 11668834015.

〔60〕 See Lauren Hirsch, *Bed Bath & Beyond Shares Plunge* 40 *Percent After Ryan Cohen's Exit*, N. Y. TIMES (Aug. 18, 2022), https://www.nytimes.com/2022/08/18/business/bed - bath - beyond - shares.html.

〔61〕 同上注。

〔62〕 See McCabe, 见前注〔53〕.

〔63〕 Musk, 见前注〔8〕.

升了大约40%。[64] 马斯克(在推特上有超过125万名的追随者)还曾发表过推文称“我认为特斯拉的股价太高了”[65]和“我正在考虑以420美元的价格将特斯拉私有化”[66],而420这个数字在流行文化中与吸食大麻有关。这样的信息使得特斯拉的股价出现了戏剧性的短期波动。另一个例子是,Barstool Sports的创始人大卫·波特诺伊(David Portnoy)在一次直播中,根据他从袋子里盲目选出的Scrabble字母牌购买股票。[67]

(五)普通投资者“金融网红”

普通散户投资者也可以通过在Twitter、YouTube、TikTok、Instagram或Reddit等社交媒体平台上发展追随者而成为“金融网红”,这些平台使成为这类网红变得相对容易。[68] 这些普通投资者通常是微型、小型或中型“金融网红”。由于他们通常不是基于其他原因而出名,所以经常通过向追随者展示他们的专业知识来建立影响力,例如,提供一般性投资建议。他们也可能会推广特定的股票或金融产品。大多数人以传播信息为目的,并且只有在建立了相当大的影响力之后,才会与公司成为付费合作伙伴关系。

举例来说,围绕GameStop的集体关注,可以说是促成了第一个“模因”股票,而这是由一位普通投资者“金融网红”发起的。在2021年年

---

〔64〕 See GameStop Corp. 见前注〔9〕.

〔65〕 Elon Musk (@elonmusk), TWITTER (May 1, 2020, 8:11 AM), https://twitter.com/elonmusk/status/1256239815256797184? refsrc = TWsrc %5Etfw.

〔66〕 Elon Musk (@elonmusk), TWITTER (Aug. 7, 2018, 9:48 AM), https://twitter.com/elonmusk/status/1026872652290379776.

〔67〕 See Akane Otani, *The New Stock Influencers Have Huge – and Devoted – Followings*, WALL ST. J. (Mar. 21, 2021, 5:30 AM), https://www.wsj.com/articles/the-new-stock-influencers-have-hugeand-devotedfollowings-11616319001; see also Matt Wirz, *Meme – Stock Traders Embrace Avaya Despite Wall Street Fears*, WALL ST. J. (Sept. 19, 2022, 8:00 AM), https://www.wsj.com/articles/meme-stocktraders-embrace-avaya-despite-wall-street-fears-11663540636(描述了活跃投资者Theo King的模因投资者追随者).

〔68〕 虽然本文关注的是股票市场中的网红,但网红在其他资产类别中非常活跃,例如加密货币和NFTs。See Connor Goodwin, *How TikTok Cryptocurrency Influencers Are Teaching a New Generation of Investors*, WALL ST. J. (May 21, 2021, 8:29 AM), https://www.wsj.com/articles/tiktok-cryptocurrency-influencers-investing-11621600121.

初,Reddit 用户向在 Reddit 上用户名为“咆哮的小猫”的基斯·吉尔聚集,吉尔自 2009 年以来已经向 GameStop 投资了 5.3 万美元。他发布的关于在 GameStop 的投资和宣传公司潜力的帖子,引发了极其活跃的交易,使 GameStop 的股价一度从 4 美元上涨到大约每股 500 美元。[69] 用户在 Reddit 上发布他们购买 GameStop 股票的帖子时,复述了吉尔的“我喜欢这只股票”的说法。[70] 即使 GameStop 的股价下跌,只要吉尔继续持有他的股份,许多人就拒绝出售,他们说“如果咆哮的小猫还在,我也还在”,并互相鼓励要有“钻石手”。[71]

许多其他普通“金融网红”已经存在多年。[72] 凯文·帕夫拉特(Kevin Paffrath)是一个网名为 MeetKevin 的 YouTube“金融网红”,他在 2022 年 11 月成功推出了 Meet Kevin Pricing Power ETF。[73] 海莉·萨克斯(Haley Sacks),被称为“道琼斯夫人”(Mrs. Dow Jones),创立了名为“金融很酷大学”(Finance Is Cool University)的公司,并拥有近 50 万

---

〔69〕 See Nathaniel Popper & Kellen Browning, *The 'Roaring Kitty' Rally: How a Reddit User and His Friends Roiled the Markets*, N. Y. TIMES (Jan. 29, 2021), https://www.nytimes.com/2021/01 /29/technology/roaring - kitty - redditgamestop - markets.html; Nicolas Vega, *Here's How Much Money You'd Have if You Invested $1,000 in GameStop During Last Year's Rally*, CNBC (Jan. 19, 2022), https://www.cnbc.com/2022/01/19/how - much - money - youd - have - ifyou - invested - 1000 - dollars - in - gamestop - in - 2021.html#: - :text = Jan., - 28%2C %202021%20 (Intraday&text = GameStop%20shares%20soared%20as%20 high,of%20its%20value%20by%20Jan).

〔70〕 See To the Moon, *Part 4: Diamond Hands*, WALL St. J. (June 13, 2021), https://www.wsj.com/podcasts/the - journal/to - the - moon - part - 4diamond - hands/c5e48f39 - 6ed6 - 414f - aOd6 - 0dc9986640ba; Noel Randewich, *GameStop Fan 'Roaring Kitty' to Tell Congress: 'I Like the Stock,'* REUTERS (Feb. 17, 2021, 6:23 PM), https://www.reuters.com/article/us - retail - trading - testimony - reddit - idUSKBN2AH2Y2(以“我喜欢这只股票”来概括咆哮的小猫的发言).

〔71〕 See Popper & Browning,见前注〔69〕.

〔72〕 See Dieter Holger, *The Financial Gurus Millennials Listen To*, WALL ST. J. (Mar. 13, 2020, 9:41 AM), https://www.wsj.com/articles/the - financialgurus - millennials - listen - to - 11584104190.

〔73〕 See Spencer Jakub, *Meet Kevin, the ETF*, WALL ST. J?. (Nov. 29, 2022), https://www.wsj.com/articles/meet - kevin - the - etf - 11669743728; *The Meet Kevin Pricing Power ETF*, STOCKHACK, https://www.mketf.com (last visited June 13, 2023).

名追随者。[74] 丹·奈特(Dan Knight)主持了一个名为"P. G. I. R."的播客,该播客在2021年2月被评为美国顶级投资播客,并位列全美前50的商业播客之列。[75] 罗斯·韩(Rose Han)和托里·邓拉普(Tori Dunlap)致力于创建针对女性的投资社区。[76] 在Instagram、TikTok和YouTube上,"金融网红"的例子比比皆是。[77] 截至2023年2月18日,TikTok上的#stocktok标签拥有超过30亿次观看。[78] 截至2023年4月2日,TikTok上的#fintok标签也拥有超过30亿次观看。[79] 带有#stocktok标签的内容包括股票提示、投资建议以及成功普通投资者的生活方式等。[80]

交易平台使普通"金融网红"越来越活跃,并扩大了"金融网红"的影响范围。例如,Commonstock自称为"一个放大最佳投资者的知识的社交网络,并通过实际跟踪记录来证实信号排除噪音"[81]。投资帖子获得点赞,这有助于散户投资者在所有的噪音、模因和恶意挑衅账户中识别有价值的信息,而这些账户在其他的平台上往往可以大行其道。[82]

---

[74] See Caleb Silver, *The Measure of Financial Influence with Mrs. Dow Jones*, INVESTOPEDIA (Aug. 22, 2022), https://www.investopedia.com/the-expresspodcast-episode-100-6501269.

[75] See Tara Siegel Bernard, *Trading Stock Tips on TikTok, Newbies Are Deeply Invested in Learning*, N. Y. TIMES (June 21, 2021), https://www.nytimes.com/2021/04/28/your-money/stocks-investing-tiktok.html.

[76] See Robbie Whelan, *The Social-Media Stars Who Move Markets*, WALL ST. J. (Aug. 27, 2021, 5:30 AM), https://www.wsj.com/articles/the-social-mediastars-who-move-markets-11630056601; See Tara Siegel Bernard, *From Her First $100K to 3 Million Followers*, N. Y. TIMES (Apr. 18, 2022), https://www.nytimes.com/2022/04/16/your-money/tori-dunlap-financial-influencers.html? searchResultPosition=1.

[77] See Whelan, 见前注〔76〕.

[78] See TIKTOK, https://www.tiktok.com/tag/stocktok? lang=EN (last visited Apr. 21, 2023).

[79] See TIKTOK, https://www.tiktok.com/tag/fintok? lang=EN (last visited Apr. 21, 2023).

[80] 同上注。

[81] COMMONSTOCK, https://commonstock.com/security (last visited Apr. 21, 2023).

[82] See Natasha Dailey, *Social-Investing App Commonstock Wants to Be the 'Bloomberg Terminal Of Main Street' and Weed Out the Meme-Stock Trolls*, Bus. INSIDER (Oct. 9, 2021, 9:05 AM), https://markets.businessinsider.com/news/stocks/commonstock-app-weed-out-meme-stock-trolls-retail-investors-reddit-2021-10(引用自Commonstock首席执行官兼创始人David McDonough).

Public Trading App 鼓励用户关注他们社交圈中的其他人,并模仿他们的投资组合。[83] Public 宣传自己是一个"由数百万投资者、创作者和分析师组成的社区"[84]。其他平台如 Zulutrade 和 FX Junction 也提供"复制"或"镜像"服务。[85] 例如,FX Junction 鼓励用户"成为一个信号提供者,赚取额外的钱或自动复制我们最优秀的成员的信号"[86]。

二、"金融网红"驱动的价格影响

上述分类法可以总结在表 1 中。

表 1 "金融网红"的分类

"金融网红"类型	是否被付费	影响力来源	是否意图传播信息	是否影响股票价格
名人型	通常是	名人地位	通常不是	是
身份型	通常不是	名人地位和潜在的股市业绩的结合	通常不是	是
普通型	有时是	业绩记录和专业度	通常是	是

我们可以做出一些观察。第一,社交媒体显著扩大了所有类型"金融网红"的范围:名人型、身份型,尤其是普通"金融网红"。普通"金融网红"可以轻松且低成本地获得影响力,这种影响力可能原本只属于名

[83] See, e. g. , PUBLIC, https://public. com/about - us (last visited Apr. 21, 2023) ("成员们通过一系列强大的工具控制自己的投资方式,并从数百万名投资者、创作者和分析师的社群中获得洞见").

[84] 同上注。

[85] See ZULUTRADE, https://www. zulutrade. com/ (last visited Apr. 21, 2023) ("轻松复制来自不同经纪商的顶尖表现交易者,实现您的投资目标!"); FX JUNCTION, https://www. fxjunction. com/ (last visited Apr. 21, 2023) ("成为一个信号提供者,赚取额外的钱或自动复制我们最优秀的成员的信号"); Christine Hall, *Public vs. Robinhood: Competitors Target Hottest Retail Trading App*, CRUNCHBASE (Feb. 18, 2021), https://news. crunchbase. com/fintech - ecommerce/public - vs - robinhoodcompetitors - take - aim - at - biggest - retail - trading - app/ (讨论 Robinhood 的社交和基于社区的竞争对手).

[86] FX JUNCTION, 见上注.

人和拥有传统媒体形式或金融权力的人。

第二,“金融网红”可以触及广泛的受众,并在这些投资者之间形成强大的协调机制,放大基于群体或协调机制的价格影响。与追随者建立信任是“金融网红”影响力的核心来源,这种影响力因散户交易者的广泛影响而得到加强。由于年轻的散户投资者越来越多地从社交媒体网站获取信息,散户交易者通常是“金融网红”追随者的主体。例如,研究表明,比起谷歌,年轻的投资者更信任社交媒体。谷歌自己的研究表明,大约40%的年轻人在谷歌搜索之前会先打开 TikTok 或 Instagram。[87] 除了期望看到他们的个人价值观在品牌中得到反映外,散户交易者也越来越寻求“金融服务中的社区、网络和自我教育,这些服务使投资成为一种有趣、娱乐性的活动”[88]。

第三,正如第三至四部分将进一步讨论的,“金融网红”的价格影响并不一定反映“金融网红”社交媒体内容的信息内容。也就是说,无论他们内容的所谓信息性如何,“金融网红”驱动的活动均影响股票价格的变动。

本部分将更详细地探讨社交媒体和金融影响的价格效应。第一节调查了“金融网红”驱动交易的价格影响证据。第二节探讨了散户交易的最新趋势如何放大“金融网红”的影响。

(一)“金融网红”价格影响的证据

毫无疑问,“金融网红”的活动可以影响价格。股票价格长期以来一直在响应华尔街分析师的建议(无论是否具有信息性)、名人的影响以及卖空者的报告。[89]

当前的证据不断证实金融影响活动与股价波动之间的紧密联系。以 2022 年 12 月 SEC 起诉的八名涉嫌欺诈和市场操纵的“金融网红”为

---

〔87〕 See Kalley Huang, *For Gen Z, TikTok Is the New Search Engine*, N. Y. TIMES (Sept. 17, 2022), https://www.nytimes.com/2022/09/16/technology/gen - ztiktok - search - engine.html.

〔88〕 Svati Kirsten Narula, *What Generation Z Wants From Financial Technology*, WALL ST. J. (Jan. 25, 2022), https://www.wsj.com/articles/generation - zfinancial - technology - 11642714326? mod = searchresultspos2&page = 1.

〔89〕 同第一部分第一节。

例,他们的行为对股价产生了显著的影响。被告购买了股票,并在社交媒体上向追随者推广这些股票,然后以追随者交易活动导致的虚高价格出售这些股票,[90]在不到三年的时间内累积了大约1亿美元的收入。[91]被告的社交媒体帖子导致一些股票价格上涨200%以上。[92]史蒂文·加拉格尔和迈克尔·贝克(Michael Beck)的社交媒体和交易活动也产生了类似的价格影响,后者在2022年2月因使用他的Twitter账号@BigMoney Mike6进行小盘股欺诈而被起诉。[93]

"金融网红"的影响当然不仅限于交易量少的小盘股。2022年8月,当瑞安·科恩出售他在Bed Bath & Beyond大约10%的股份(而获得显著利润)时,Bed Bath & Beyond的股价暴跌。[94]在之前,科恩提交的文件显示他持有大量价外看涨期权,散户投资者购买了大约7300万美元的股票,导致Bed Bath & Beyond的股价飙升了近70%。[95]与之类似,在埃隆·马斯克于2021年1月26日发推文"GameStonk!!"之后,[96]GameStop的股价应声上涨了约40%。[97]其他研究发现,马斯克在Twitter上的活动对股票和加密货币的价格变动都有贡献。[98]研究还发现,总统特朗普的推文显著影响股票价格,即使(推文)没有传播任

[90] Complaint, SEC v. Constantin et al., 见前注[1], ¶ ¶ 36 - 105.

[91] 同上注,p. 2.

[92] 同上注,p. 29.

[93] See Sealed Complaint, U. S. v. Gallagher, 见前注[12], P10; Complaint, SEC v. Gallagher, 见前注[12]; Complaint, SEC v. Michael M. Beck, a/k/a @ Big Money Mike 6, and Relief Defendant Helen P. Robinson, No. 2:22 - cv00812 (C. D. Cal. filed Feb. 7, 2022).

[94] See Hirsch, 见前注[60].

[95] 同上注。

[96] See Elon Musk (@ elonmusk), TWITTER (Jan. 26, 2021, 4:08 PM), https://twitter.com/elonmusk/status/1354174279894642703? lang = EN.

[97] See GameStop, 见前注[9].

[98] See, e. g., Sanjeev Metta et al., *Power of 280: Measuring the Impact of Elon Musk's Tweets on the Stock Market*, 21 USHUS - J. Bus. MGMT 17 (2022)(评估马斯克推文的价格影响);Lennart Ante, *How Elon Musk's Twitter Activity Moves Cryptocurrency Markets*, 186 TECH. FORECASTING & SOCIAL CHANGE (2023)(在47个与加密货币相关的埃隆·马斯克推特事件的样本中,发现显著的异常回报和交易量).

何新的信息。[99]

近期研究发现,对社交媒体和社交新闻平台的关注可以预测交易模式,包括收益和交易量增加情况。[100] Twitter 上关于过时股票新闻的帖子加速了这些股票价格的变动和回调,增加了流动性并缩减了买卖价差。[101] Seeking Alpha 的内容可以"强烈预测"股票收益和非预期盈利(earnings surprise)。[102] 此外,在社交媒体上走红的盈利(方式)可能产生负面的价格影响,而社交媒体的广泛使用通常可以影响市场质量。[103]

---

〔99〕 See Carl Ajjoub et al., *Social Media Posts and Stock Returns: The Trump Factor*, INT'L J. MANAGERIAL FIN. (2020)(分析特朗普在2016 年至2018 年提及上市公司的推特消息,发现其对股票价格有显著影响).

〔100〕 See, e. g., Ekkehart Boehmer et al., *Tracking Retail Investor Activity*, 76 J. FIN. 2249, 2303 (2021)(表明"可销售的散户订单流量可以预测未来股票收益的分布情况"); Selin Duz Tan & Oktay Tas, *Social Media Sentiment in International Stock Returns and Trading Activity*, 22 J. BEHAV. FIN. 221, 221 (2021)(证明 Twitter 情绪可以预测股票收益); Robert Jarrow & Siguang Li, *Media Trading Groups and Short Selling Manipulation* 36 (Oct. 31, 2021) (unpublished manuscript), https://papers. ssrn. com/sol3/papers. cfm? abstract_id = 3804130(阐述聊天室里的交易者如何通过影响交易影响股票价格); Michael S. Pagano et al., *How Did Retail Investors Respond to the COVID – 19 Pandemic? The Effect of Robinhood Brokerage Customers on Market Quality*, FIN. RSCH. LETTERS, Nov. 2021, at 1, 2 – 6(发现 Robinhood 用户的集体行为可以影响市场的整体表现); Jeremy Michels, *Retail Investor Trade and the Pricing of Earnings* 21 – 22 (Mar. 28, 2022)(unpublished manuscript), https://ssrn. com/abstract = 3833565(表明散户交易可以实质性地影响价格—收入关系,而与信息含量无关).

〔101〕 See Nitesh Chawla et al., *Information Diffusion on Social Media: Does It Affect Trading, Return, and Liquidity?* 4 – 7 (Dec. 1, 2021) (unpublished manuscript), https://papers. ssrn. com/sol3/papers. cfm? abstractid 2935138(发现信息传播与日内交易活动具有显著的相关性); Jim Kyung – Soo Liew & Tamis Budavari, *Do Tweet Sentiments Still Predict the Stock Market?* 12 – 13 (Aug. 8, 2016) (unpublished manuscript), https://papers. ssrn. com/sol3/papers. cfm? abstract_id = 282 0269(找到 Twitter 情绪预测市场收益的证据).

〔102〕 See Hailiang Chen et al., *Wisdom of Crowds: The Value of Stock Opinions Transmitted Through Social Media*, 27 REV. FIN. STUD. 1367, 1370, 1374 – 77 (2014); see also Kogan et al., 见前注〔29〕, p. 2,35(表明社交媒体网络上的虚假文章提高了散户交易量).

〔103〕 See Brett Campbell et al., *Earnings Virality*, 74 J. ACCT. & ECON. (forthcoming 2022) (manuscript at 6), https://papers. ssrn. com/sol3/papers. cfm? Abstract_id = 3800399(表明病毒式的盈利公告对市场质量产生负面影响,导致散户交易过度、价格效率降低,并加剧了信息不对称).

其他证据表明,其他市场参与者正在关注社交媒体、"金融网红"和散户交易。一项调查显示,截至2022年初,有85%的对冲基金和42%的资产管理公司一直在追踪散户交易留言板。[104] JP Morgan有一个产品跟踪散户交易趋势以及社交媒体上的情绪。[105] 正如JP Morgan全球现金股票交易联席主管所说,"如果你是专业投资者,你不能忽视来自散户的资金流……这是新兴的一个投资者阶层,而且实际上是一个能够正确把握主题的投资者阶层"[106]。

(二)"金融网红"与散户交易

正如我在其他地方探讨的,当今的散户交易越来越具有持续性,并且可能影响或预测未来的价格变动——与散户交易的信息内容无关。[107] 这是因为当今的散户交易者数量空前,协调性更强,能够更直接地进入市场,并使用新型低成本交易技术来促进交易的社交属性。[108]

散户交易者是追随"金融网红"的主力,这使"金融网红"成为散户投资者之间的有力协调者,并形成了一个增强价格影响的反馈回路。"金融网红"能够激发散户交易者的情感参与,正如传统品牌网红与其追随者之间的互动一样。近期的多种趋势正在进一步增强这种效应。[109]

第一,散户交易量是巨大的,有些账户显示,它已经达到了共同基金和对冲基金总和的体量,在所有交易中的占比从2020年初的15%到18%增加到2021年初的30%。[110] 散户投资者现在拥有多家公司的大

---

[104] See Caitlin McCabe, *Day Traders as 'Dumb Money'? The Pros Are Now Paying Attention*, WALL ST. J., (Jan. 16, 2022), https://www.wsj.com/articles/fund-managers-pay-attention-to-retail-day-traders-11642132135.

[105] 同上注。

[106] 同上注。

[107] See Guan,见前注〔17〕,p. 2055(讨论协调性散户交易的影响).

[108] 同上注。

[109] 对最近的散户投资趋势的更深入的研讨,同上注。

[110] See Sergio Alberto Gramitto Ricci & Christina M. Sautter, *Corporate Governance Gaming: The Collective Power of Retail Investors*, 22 NEV. L. J. 51, 73 (2021).

量股份。比如,大约 30% 的 Costco 股份,[111] 大约 40% 的苹果公司股份,[112] 超过 30% 的特斯拉股份和超过 80% 的 AMC 股份是由散户投资者拥有的。[113] 从更广泛的意义上看,研究发现散户交易对与非预期盈利相关的价格波动,以及更广泛的股市抛售和反转有所贡献。[114] 使用 Robinhood 这一最受散户投资者欢迎的交易平台的交易者,在 2020 年第二季度"股票回报率横截面变化"中占了 10%,尽管其市场份额仅为微不足道的 0.2%。[115] 另一项研究发现了一种交易策略,即在股票首次出现在 Robinhood Top 100 榜单后立即购买这些股票,并在两天后出售这些股票,这一交易策略实现了高达 458% 的回报率,与同期市场仅 24% 的回报率形成鲜明对比。[116]

第二,散户交易者越来越多地从点对点在线社交平台获取投资信息,包括社交媒体、讨论论坛以及其他散户交易者和"金融网红"。Seeking Alpha 这样的社交媒体平台和投资新闻网站向散户投资者传播信

---

[111] See *Costco Wholesale Corp Stock Ownership – Who Owns Costco*?, WALLSTREETZEN, https://www.wallstreetzen.com/stocks/us/nasdaq/cost/ownership (last visited Apr. 17, 2023).

[112] See *Apple Inc Stock Ownership – Who Owns Apple*?, WALLSTREETZEN, https://www.wallstreetzen.com/stocks/us/nasdaq/aapl/ownership (last visited Apr. 17, 2023).

[113] See Alex Morrell, *How AMC CEO Adam Aron Conquered Twitter, Embraced the Apes' of Reddit, and Won Over a New Generation of Investors*, Bus. INSIDER (Dec. 14, 2021), https://www.businessinsider.com/amc-adam-aron-twitterreddit-investors-meme-stock-2021-12; *Tesla Inc Stock Ownership – Who Owns Tesla*?, WALLSTREETZEN, https://www.wallstreetzen.com/stocks/us/nasdaq/tsla/ownership.

[114] See Michels, 见前注[100], p. 22(阐述了散户交易如何影响市盈率关系); Ethan Wolff-Mann, *Retail Investors Played a Big Role in Both Wild Market Rout and the Reversal, Data Suggests*, YAHoo! FIN. (Jan. 25, 2022), https://finance.yahoo.com/news/retail-investors-market-routand-reversal-160655523.html.

[115] See Philippe van der Beck & Coralie Jaunin, *The Equity Market Implications of the Retail Investment Boom* 1 (Swiss Fin. Inst., Rsch. Paper Series, 2021), https://papers.ssrn.com/sol3/papers.cfm?abstract_id=3776421.

[116] See Roberto Stein, *The Top 5 Predictable Effects of New Entries in Robinhood's* '100 *Most Popular' List* 1 (Sept. 17, 2020) (unpublished manuscript), https://papers.ssrn.com/sol3/papers.cfm?abstract_id=3694588.

息[117],并日益取代传统的财务信息来源,如卖方股票分析师研究。[118] 另一项研究发现,超过 50% 的千禧一代和“Z 世代”从 TikTok 和 Instagram 等社交媒体网站上获取财务建议,其中大多数人向“金融网红”寻求财务建议。[119] 的确,截至 2023 年 4 月 2 日,TikTok 上的 #stocktok和#fintok 标签已有超过 30 亿次观看。[120]

第三,散户交易的协调性日益增强。社交媒体在推动这一转变中发挥了巨大作用。通过社交媒体和社交投资平台,散户投资者能够更直接地获取信息,并能够以简单、低成本的方式相互沟通和协调他们的投资力量。例如,散户投资者在 2021 年 1 月联合起来支持 GameStop 的大量交易,并在 2020 年发起文化运动以“拯救”AMC,使其免于破产。[121]

社交交易技术使散户交易者在以协调的方式进行交易的同时作为一个

---

[117] See Chen et al. , 见前注[102],p. 1386(讨论社交媒体投资来源).

[118] See Michael S. Drake et al. ,*Social Media Analysts and Sell – Side Analyst Research*,27 REv. ACCT. STUD(forthcoming 2022) (manuscript at 1,7,30 – 31),http://www. utahwac. org/2020/Papers/moonUWAC. pdf(讨论社交媒体在市场中的“角色演变”,以及社交媒体股权研究对卖方股权研究的影响); see also Theresa Kuchler & Johannes Stroebel, *Social Finance*,13 ANN. REV. FIN. ECON. 37,45(2021)(论社会交往在财务决策中发挥的作用); Eric Chartier et al. , *Behavioral Finance: The Impact of Artificial Intelligence and Social Media Analytics* 2 – 3 (Feb. 27, 2021) (unpublished manuscript), https://papers. ssrn. com/sol3/papers. cfm? abstract_id = 3794039(讨论股票市场中的社交媒体网红).

[119] See *Gen Z Turns to TikTok and Instagram for Financial Advice and Actually Takes It, Study Finds*, CREDIT KARMA (July 13, 2021), https:// www. creditkarma. com/about/commentary/gen – z – turns – to – tiktok – and – instagram – for – financial – advice – and – actually – takes – it – study – finds.

[120] See #stocktok, TIKTOK, https://www. tiktok. com/tag/stocktok? lang = EN; %20 (last visited Apr. 2, 2023); #fintok, TIKTOK, https://www. tiktok. com/ tag/fintock? lang = EN (last visited Apr. 2, 2023).

[121] See,e. g. , Matt Turner, *A Meme Stock Is Born: How to Spot the Next Reddit Favorite*, BLOOMBERG (June 13, 2021), https://www. bloomberg. com/news/ articles/2021 – 06 – 13/a – meme – stock – is – born – how – to – spot – the – next – reddit – favorite; Erin Griffith, *No End to Whiplash in Meme Stocks, Crypto and More*, N. Y. TIMES (Nov. 8,2021), https://www. nytimes. com/2021/06/23/technology/ no – end – to – whiplash – in – meme – stocks – crypto – and – more. html. See generally MEME STOCK TRACKER, https://memestocks. org/ (last visited Apr. 22, 2023)[列举在 r/wallstreetbets(r/wallstreetbets 是 Reddit 网站上的一个社区论坛)上讨论的股票].

群体影响价格变得越来越简单。“金融网红”只是让这个过程更加容易。[122] 如上所述,像 Public、Commonstock 和 Zulutrade 这样的交易平台已经出现,它们通过鼓励散户投资者形成社区和模仿他人的交易来促进社交交易。[123] 这些平台鼓励无缝的“复制交易”或“镜像交易”,允许直接获取信息、反馈和沟通。[124] 与传统投资平台不同,这些交易平台使数百万名散户投资者能够直接相互联系并与“金融网红”联系。[125] 交易平台还以不太明显的方式鼓励社交交易。例如,散户投资者根据 Robinhood 的一百只最受欢迎的股票列表进行交易,实际上是在复制其他 Robinhood 用户的交易。这些用户在 Robinhood 的“Top 100”列表中新添加的股票购买可能性要高出 5—7 倍。[126] 轶事证据(anecdotal evidence)还表明,Robinhood 用户根据 Robinhood 应用程序上股票价格走势图的“斜率”进行交易,经常购买斜率最陡或价格涨幅最大的股票。[127]

交易平台还提供免费、零佣金交易,这使得散户和“金融网红”的协调更加容易。Aggarwal、Choi 和 Lee 的一项研究发现,在 2019 年 10 月零佣金交易成为常态时,某些模因股票出现了异常回报,这比 Reddit 推动的 GameStop 等股票集群早了一年多。[128] 他们还发现,在引入零佣金交易后,模因和非模因股票的交易量都有所增加。[129] 这意味着零佣金

---

〔122〕 See Dirk A. Zetzsche et al., *From FinTech to TechFin: The Regulatory Challenges of Data - Driven Finance*, 14 N. Y. U. J. L. & BUS. 393, 417 (2018)(讨论在较新的金融平台上的客户参与机会).

〔123〕 See Jiaying Deng et al., *Social Trading, Communication, and Networks* 1 - 2 (Paderborn Univ. Ctr. for Tax & Acct. Rsch., Taxation, Acct. & Fin. Working Paper, Paper No. 74, 2022), https://papers.ssrn.com/sol3/papers.cfm?abstract_id=3802038(讨论投资者将自己的账户与其他投资者联系起来的“复制交易”和“镜像交易”).

〔124〕 See Deng et al., 见前注〔123〕, p. 1 - 2.

〔125〕 同上注, p. 2.

〔126〕 See Stein, 见前注〔116〕, p. 1.

〔127〕 See UNSTRUCTURED Interview WITH ROBINHOOD USER IN SAN FRANCISCO, CALIFORNIA (Jan. 28, 2021)(讨论受访者使用 Robinhood 的情况,以及用户是否会因为 Robinhood 对 GameStop 交易的限制而转向其他平台).

〔128〕 See Aggarwal et al., 见前注〔56〕, p. 3 - 4, 16 - 17.

〔129〕 同上注, p. 19.

交易可以进一步促进散户对其他非模因上市公司的影响。[130]

零售(交易)协调并不总是有意的,但无意中相互协调的散户交易也足以影响价格。无意的协调可能是因为相同的信息源向散户交易者提供信息,或者是因为散户交易的社交属性加强了诸如羊群效应这样的认知偏差和现象,而这些偏差和现象在多种情境下已被证明会影响决策过程。[131] 研究表明,当投资者通过社交网络学习时,"狂热和理性的观点最终将主导舆论场,它们的影响力大小取决于意见领袖的追随者规模"[132]。这可以产生"社交网络溢出效应、网红和思想领袖的巨大影响、泡沫、高交易量的爆发、价格走势、基本面走势以及反转"[133]。散户投资者也倾向于在讨论论坛上形成"回音室"。[134] 这进一步扭曲和限制了他们接收到的信息,放大了他们的交易反应。通过这种方式,金融科技可

---

〔130〕 同上注,p. 4("此外,零佣金交易的出现及其在模因股票现象中的重要性意味着其他上市公司也可能发生更根本性的变化").

〔131〕 See generally Sushil Bikhchandani & Sunil Sharma, *Herd Behavior in Financial Markets*, 47 IMF STAFF PAPERS 279 (2001)(探讨羊群效应对市场的影响);Daniel Kahneman & Amos Tversky, *Prospect Theory: An Analysis of Decision Under Risk*, 47 ECONOMETRICA 263 (1979); Jill E. Fisch & Tess Wilkinson - Ryan, *Why Do Retail Investors Make Costly Mistakes? An Experiment on Mutual Fund Choice*, 162 U. PA. L. REV. 605, 620 - 23 (2014)(深入研究散户投资中常见错误的几个原因,包括投资不足、"幼稚的资产配置"以及过度投资于高费用基金);Donald C. Langevoort, *Behavioral Approaches to Corporate Law*, *in* RESEARCH HANDBOOK ON THE ECONOMICS OF CORPORATE LAW 442 (Claire A. Hill & Brett H. McDonell eds., 2012)(讨论公司法中的行为偏差);Claire A. Hill, *Why Financial Appearances Might Matter: An Explanation for "Dirty Pooling" and Some Other Types of Financial Cosmetics*, 22 DEL. J. CORP. L. 141 (1997)(描述公司用来改善其财务状况的会计方法). 与之相关的,众多学术文献深入研究了在线营销和沟通如何利用大数据、预测技术以及定向分析工具来吸引消费者,并影响他们的偏好。See, e. g., Helen Norton, *Manipulation and the First Amendment*, 30 WM. & MARY BILL RTS. J. 221, 228 - 29 (2021).

〔132〕 Lasse Heje Pedersen, *Game On: Social Networks and Markets* 1 (May 24, 2022) (unpublished manuscript), https://papers.ssrn.com/sol3/papers.cfm?abstract_id=3794616.

〔133〕 同上注。

〔134〕 同上注,p. 4; J. Anthony Cookson et al., *Echo Chambers*, 36 REV. FIN. STUD. 450, 450 - 56 (2023)(探讨投资者在 StockTwits 上接触到确认性信息的情况).

以加强反馈交易的效果。[135] 类似地，有些人可能会将社交网络中重复传播的信息误解为最新信息。[136] 这强调了叙事在驱动经济或交易行为中的重要性，它不仅能够引发连锁反应，还能增强价格的波动性。[137]

“金融网红”可以利用一些相同的行为偏差来最大化追随者的参与度，例如，使用一些鲜艳的图形和引人注目的内容。20 多年前，乔纳森·莱伯德发现使用感叹号和全大写字母使他的信息看起来更令人兴奋，并能够激发更多的兴趣。[138] Robinhood 因其有趣的用户界面而在散户交易者中占据主导地位，该用户界面包含了从鲜艳的图形到交易时屏幕上爆开的五彩纸屑等各种功能。[139] Robinhood 还利用股票彩票和其他游戏化方法来最大化用户参与度。[140] 正如一位 Robinhood 用户所说，尽管功能有限，他仍会坚持使用 Robinhood，仅仅因为“Robinhood 有最漂亮的用户界面（UI）”。[141] 相比之下，像 Fidelity 或 Chase 这样的平

---

〔135〕 See analogously Taha Havakhor et al., *Tech - Enabled Financial Data Access, Retail Investors, and Gambling - like Behavior in the Stock Market* 20 - 21 (Aug. 5, 2022) (unpublished manuscript), https://papers.ssrn.com/sol3/papers.cfm?abstract_id=3434812（阐述了 Yahoo！金融应用程序接口所支持的反馈交易如何影响散户交易）.

〔136〕 See Peiran Jiao et al., *Social Media, News Media and the Stock Market*, 176 J. ECON. BEHAV. & ORG. 63, 64 (2020).

〔137〕 See generally, e.g., Robert J. Shiller, *Narrative Economics: How Stories Go Viral and Drive Major Economic Events* (2019)（论故事对市场和经济的影响）；George A. Akerlof & Robert J. Shiller, *Animal Spirits: How Human Psychology Drives the Economy, and Why It Matters for Global Capitalism* (2009)（探讨心理学对经济的影响）；George A. Akerlof & Robert J. Shiller, *Phishing for Phools: The Economics of Manipulation and Deception* (2015)（讨论市场对欺骗和操纵的敏感性）；Bradford Cornell, *Making Sense of Tesla's Run - up*, ADVISOR PERSPS. (July 19, 2021), https://www.advisorperspectives.com/articles/2021/07/19/making - sense - of - teslas - run - up（阐述了叙事和反馈效应如何影响股票价格，投资者将股价上涨视为叙事真实性的证据）.

〔138〕 See Lewis，见前注〔33〕.

〔139〕 See Michael Wursthorn & Euirim Choi, *Does Robinhood Make It Too Easy to Trade? From Free Stocks to Confetti*, WALL ST. J., https://www.wsj.com/articles/confetti - free - stocks - does - robinhoods - design - make - trading - too - easy11597915801.

〔140〕 See, e.g., Tory Hobson, *Gamificationin the Most Delightful Way*, MEDIUM: PINCH PULL PRESS (Jan. 25, 2018), https://medium.com/pinch - pull - press/gamification - in - the - most - delightful - way - 504caf72clbc.

〔141〕 See Unstructured Interview with Robinhood User，见前注〔127〕.

台虽然功能强大,但可能会使人感到乏味和笨重。[142]

这些证据削弱了主流价格发现模型所主张的散户投资者基本上无法影响价格的观点。[143] 从微观结构理论得出的传统理解是,大多数散户投资者是信息不足的交易者,他们以特殊的、个人化的方式作出交易决策。[144] 总的来说,散户投资者在任何时候都有可能买入或卖出,这意味着他们的交易总量倾向于相互抵消。[145] 然而,现代散户投资者买入和卖出的可能性并不总是相等,因此他们的交易总量并不一定相互抵消。[146] 并且,散户投资者通过交易和社交媒体越来越多地参与协调行为。[147] 他们的交易因此更有持续性,并对价格产生更大的影响。[148]

"金融网红"的作用只是放大这些效应。而社交媒体实际上发挥了双重作用。一方面,它使各类"金融网红"能够扩大他们的影响范围和价格影响力。另一方面,它使"金融网红"能够利用日益增长的散户投资者价格影响力,而这种影响力本身也在社交媒体的推动下不断增强。

---

〔142〕 See, e. g., Logan Robison, *Robinhood vs Fidelity* 2021: *Best Stock Brokerage*?, INVESTING SIMPLE(Oct. 6,2021),https://www. investingsimple. com/ robinhood - vs - fidelity/; Nicole Casperson, *Robinhood Drops the Confetti*, *but Advisers Aren't Convinced*, INVESTMENTNEWS (Apr. 6, 2021), https:// www. investmentnews. com/robinhood - drops - the - confetti - but - advisers - arent - convinced/204828["如果有什么不同的话,正是大多数金融平台平淡无奇的体验为像 Robinhood 和 Stash Invest 这样充满活力和吸引力的平台打开了大门"(*quoting William Trout*, *Director*, *Javelin Wealth Management*)].

〔143〕 See Fox et al., 见前注〔14〕,p. 62(描述知情投资者和不知情投资者的区别,说明散户投资者一般被认为是不知情的).

〔144〕 同上注。个人投资者因需要支付即将到期的账单而买卖股票,这种情况是基于个人特定需求而非基于信息分析的决策实例。

〔145〕 同上注,p. 67.

〔146〕 See Guan, 见前注〔17〕.

〔147〕 See Iris ten Teije, *The Rise and Evolution of Social Investing*, FORBES (Feb. 17, 2022), https://www. forbes. com/sites/forbesfinancecouncil/2022/02/ 17/the - rise - and - evolution - of - social - investing/? sh = 29c9b8f462cc.

〔148〕 事实上,早在20世纪90年代,就有数据表明散户交易可能是系统性的和可协调的。See Brad M. Barber et al., *Systematic Noise*, 12J. FIN. MKTs. 547, 549 - 50 (2009). 知情交易者纠正这种噪音的能力可能是有限的,如果散户交易者引入了系统性噪音,那么这类噪音将反映在价格中。See J. Bradford De Long et al., *Noise Trader Risk in Financial Markets*, 98 J. POL. ECON. 703, 705 (1990)(表明噪音交易者可以限制套利策略的有效性).

这个反馈循环正在转变那些能够驱动股票价格变动的信息类型,这一点在后文中将进行讨论。

三、"金融网红"驱动的信息

金融经济学提供了一个价格发现的理论框架。该框架假定,得以激励交易决策的因素非常有限。投资者通常通过使用贴现现金流分析法等估值机制来寻找发行人的基本价值信息,接着对发行人的股票进行交易以从该信息中获利。〔149〕随着投资者进行交易,股票的价格也会随之变动,以反映相关信息。〔150〕

然而,得以激励"金融网红"的因素远远不局限于单纯地寻找基本价值信息。例如,他们追求人气最大化、娱乐性和"品牌成长"。他们还调节他们的追随者获得的信息,并提供强大的协调机制,使他们的(及他们追随者的)交易动机对股价走势产生影响。如果大多数"金融网红"的追随者是散户投资者,那么"金融网红"就会放大散户交易对股市的影响,从而也会放大散户交易动机的影响。此外,如果"金融网红"和散户交易者并未进行狭义的、传统的、信息发现意义上的贴现现金流分析,那么他们的行为就会改变股价变动所反映的"信息"类型。当其他市场参与者将"金融网红"驱动的动机纳入交易决策时,这些变化就会被放大。

本部分从理论上阐述了"金融网红"驱动的交易如何影响股价变动所反映的信息类型,以及"金融网红"驱动的交易如何与经济学上传统的价格发现理论相互作用。第一节阐述了微观结构和金融经济学的规范框架。第二节阐述了各种"金融网红"驱动的信息和动机如何影响股价。第三节评估了"金融网红"驱动交易的持久性。第四节和第五节考

---

〔149〕 See Fox et al., 见前注〔14〕,p. 33 – 58(描述了股票交易可以促进价格准确性和流动性的机制,这进而可以促进资本、资源和风险有效分配相关的经济和社会目标之实现).

〔150〕 同上注,p. 60 – 70(描述了价格发现机制或者使股票价格更准确的手段,如何在很大程度上受知情交易者和与其互动的流动性提供者之间的信息不对称所驱动)。

虑了“金融网红”驱动交易的长期信息性,同时也研究了当今股市中噪音与信号之间的微妙区别。

(一)传统的规范框架

股票市场及其监管在推进若干重要的经济和社会目标方面发挥着核心作用。这些目标是:(1)促进资本有效分配给经济中最好的新投资项目;(2)促进经济中现有生产力的高效运作;(3)促进资源在当期和未来间的有效配置,以最大限度地满足需要融资的企业获得实际投资的需求(用承诺的未来现金换取当期现金),以及储户为享受未来消费而放弃当前消费的需求(用当期现金换取承诺的未来现金);(4)促进持有证券相关的风险在投资者间有效分配,以使得风险规避型投资者以最小的负效用承受波动风险;(5)公平运作并培养整体的公平感。[151]

股票市场的两个特性——股价准确性和市场流动性——通过一些重要方式与这些目标相互影响。[152] 股价越准确、市场流动性越好,这些目标就越容易实现。股价准确性是指股价能否准确估算发行人未来的现金流。[153] 一般来说,更高的股价准确性将助长更多有益于社会的投资项目,有助于识别优秀的和拙劣的管理者,并促进上述其他目标的实现。[154] 市场流动性一般指交易成本和完成一笔交易的难易程度。[155] 市场流动性越好,交易就越容易进行而无须在交易前进行权衡;例如较大的交易往往会降低成交价。[156]

知情交易者以及与其交易的流动性提供者之间的信息不对称性,在很大程度上推动了价格发现机制的产生,这一机制使股价变得更加准

---

〔151〕 See Merritt B. Fox et al., *Informed Trading and Its Regulation*, 43 J. CORP. L. 817, 833 (2018).

〔152〕 同上注。[citing Thierry Foucault et al., Market Liquidity: Theory, Evidence, and Policy 31 (2013)].

〔153〕 同上注。

〔154〕 See Merritt B. Fox et al., *Stock Market Manipulation and Its Regulation*, 35 YALE J. ON REGUL. 67, 83 (2018)(解释了更高的股价准确性有助于将资本引导到更具社会效益的现实的投资项目中). 更高的股价准确性也会推动更好的管理决策,并提高投资者的公平感。同上注。

〔155〕 See Fox et al., 见前注〔14〕, p. 34.

〔156〕 同上注。

确。[157] 与市场上的其他交易者相比，知情交易者根据标的公司的优势信息进行交易。[158] 这些知情交易者识别出定价有误的股票，并根据自己的观点进行交易以获取利润。[159] 他们的交易会使股价向更准确的价格前进。[160] 此外，通过寻找和挖掘新信息——通常来自尚未反映在价格中的有关发行人的公开信息——知情交易者极大地促进了股价长期的准确性。[161] 相比之下，不知情的交易者进行交易的原因包括管理储蓄或调整投资组合，但并不根据发行人的信息进行交易。[162]

大部分关于股票市场及其参与者的讨论将散户投资者描述为不知情的交易者。[163] 由于他们每个人交易的原因（如延迟消费或调整投资组合）都不尽相同，与信息无关，因此可以假定不知情的交易者在总体上买入和卖出股票的数量大致相同。[164] 他们还可能被归类为根据错误信息进行交易的“错误”交易者。[165] 尽管“错误”交易者可能在总体上影响股票价格，但“反错误”交易者会在他们不相信发行人有新信息时进行交易，从而纠正股票价格的错误变动。[166]

这一框架在很大程度上排除了散户交易对价格产生重大影响的可能性，但如上所述，最新的迹象已经削弱了这些理论的有效性。此外，“金融网红”在散户追随者之间提供了强大的协调机制，大大增加了散户价格效应，反过来又扩大了“金融网红”和散户交易对价格发现的影响。下一节将详细介绍这一点是如何做到的。

（二）“金融网红”驱动的股价变动

由于“金融网红”调节并塑造市场对信息的理解，因此“金融网红”

---

〔157〕 同上注，p. 65 – 66.

〔158〕 同上注，p. 60.

〔159〕 同上注。

〔160〕 同上注，p. 70（展现了知情交易如何带来更准确的股票价格，因为流动性提供者会根据信息调整报价）.

〔161〕 同上注，p. 140（“基本价值知情交易的显著特征是，与其他……类型的知情交易不同，它所依据的信息在交易者自己的行为产生之前并不存在”）.

〔162〕 同上注，p. 80.

〔163〕 同上注，p. 62 – 63.

〔164〕 同上注，p. 62，67.

〔165〕 同上注，p. 63.

〔166〕 同上注。

产生的价格变动反映了他们交易背后的动机。这意味着，这种价格变动并不一定完全反映贴现现金流分析的结论，它们可能反映投资者的奇思妙想和个人偏好，而与传统理论所理解的信息无关。特别是，“金融网红”可以加速并放大股价将散户动机作为“信息”的过程。他们还有助于克服众多个人投资者之间难以协调这一传统问题，并在很大程度上塑造了这些投资者的偏好。

1. 文化偏好与个人价值观

举例来说，假设一家自动驾驶汽车公司的股票价格为每股 10 美元。“金融网红”和散户投资者很欣赏这家公司的使命，即为贫困社区生产自动驾驶汽车。因此，他们集体购买这一公司的股票，将股价推高到 15 美元。现在，15 美元的股价反映了“金融网红”及其追随者的文化偏好或个人价值观。

假设根据传统的贴现现金流分析法，最准确的股价是每股 13 美元。知情的投资者知道股票价格应该为每股 13 美元，因此会下达购买指令，将股价从 10 美元推高到 13 美元。然而，这部分利润完全可以通过“金融网红”驱动的交易来获取。因此，知情投资者在事前寻找表明股价被低估的信息的积极性会有所降低。

此外，如果“金融网红”驱动的价格变动并不持久，那么知情的反错误交易者可能会卖出股票，直到价格下降至每股 13 美元。但知情交易者清楚，“金融网红”驱动的价格效应具有持续性，知情交易者卖出可能不会影响价格，即便知情交易者发出了卖出指令，股价仍可能继续上涨。理性的知情交易者因此不会选择卖出股票。这可能会导致自动驾驶汽车股票在更长一段时间内保持虚高的价格。[167]

在“金融网红”的推动下，股价上涨到了每股 15 美元，与股票基本价

---

〔167〕 See Nicolae B. Gârleanu et al., *A Long and a Short Leg Make for a Wobbly Equilibrium* 1, 32 (Nat'l Bureau of Econ. Rsch., Working Paper No. 28824, 2021), https://www.nber.org/papers/w28824（讨论了如果价格上涨，做空如何放弃空头头寸）. 还有人建立了一个模型，展示了在与大型做空的动态博弈中，社交媒体上的交易者联盟如何影响股价。在这一博弈中，如果做空前股价过高，社交媒体交易者可以约束大型做空者并降低配置效率；但如果卖空前股价过低，则会提高配置效率。Jarrow & Li，见前注〔100〕.

值产生了大幅度的、持续的偏差。值得警惕的是,这种偏差反映了文化偏好和个人价值观,而未反映基于传统现金流分析的任何估值。

2. 付费推广

如果一些公司付钱给“金融网红”来推广股票,那么价格变动所提供的由“金融网红”驱动的信息信号除了反映传统信息和非传统信息外,还可能反映出基于广告的偏差。

举例来说,假设自动驾驶汽车公司的股票价格为每股 10 美元。该公司知道,“金融网红”能够引起人们对公司的浓厚兴趣,并影响散户和机构投资者的投资决策。所以公司付钱给某些“金融网红”,让他们为公司股票做宣传推广。通过宣传,股价上涨到了 13 美元。即使根据传统的贴现现金流分析法,最准确的价格也是 13 美元,但股价上涨不仅反映了传统的“信息”,也反映了单纯的广告推广。

这个故事的另一个版本可能是这样的。自动驾驶汽车公司花钱请“金融网红”推广其股票。在“金融网红”的推广下,股价从每股 10 美元涨到了 13 美元。这一次,假设基于传统方法,最准确的价格是每股 8 美元。那么广告推动的价格上涨导致股票价格明显偏离了基本价值。

就像在之前的例子中一样,如果“金融网红”驱动的交易不具有持久性,在这种情况下,知情的反错误交易者就会卖出股票,直到其价格降至 8 美元。但同样,知情交易者都明白,“金融网红”驱动的价格效应可能具有持续性。那么同样地,理性的知情交易者在这种情况下不会选择卖出股票,从而导致自动驾驶汽车股票在虚高价格上维持更长时间。[168]

如果这种由“金融网红”主导的交易模式及股价变动模式发生得足够频繁,那么股票价格将越来越多地反映这些其他类型的价值或特征——文化价值、社会偏好和基于广告的动机。

3. 人气的最大化

如今,尤其是普通的“金融网红”,也有动力将人气最大化。最大限度地提高人气可以增加“金融网红”对股价走势的影响,并增加广告和用户订阅的收入。

例如,社交交易平台 FX Junction 鼓励那些被批准为“信号提供者”

---

〔168〕 See Gârleanu et al.,见前注〔167〕,p. 30 – 31; Jarrow & Li,见前注〔100〕,p. 3.

的人通过填写个人资料来“引起注意”(“访问你的个人资料页面是潜在的跟单交易者在想查看你的更多个人信息时可以做的第一件事”);努力提升自己在“查找交易者”页面上的排名;通过在用户界面上发布观点和评论“让你的个人资料获得更多关注”;以及“通过在其他社交网络和论坛上分享你的业绩和其他信息,以在 FX Junction 上吸引更多投资者”。[169] 另一个例子是,Commonstock 交易平台的排行榜板块突出显示了顶级投资者和顶级追随者,[170] 以及“提及率”(这些投资者和追随者在平台上被提及的频率)。[171]

由于“金融网红”并不一定根据他们的投资业绩获得报酬,而是根据他们的影响力及浏览量、订阅者的数量获得报酬,因此他们的受欢迎程度可能与他们能否提供客观上有价值的投资建议没有什么关系。[172] 他们在社交媒体上发布的内容往往迎合了其追随者的偏好,侧重于推销昂贵的生活方式和名牌产品。[173] 他们的内容可能也反映了一定的社会趋势,例如,在“输惨了”板块发布股票投注损失惨重的情况,这在 Reddit 等论坛上就十分流行。[174] 至少,这些“金融网红”的动机通常并不完全是最大限度地提高投资回报或提高他们所传播的信息的质量。

“金融网红”传播的信息也可能受其追随者需求的影响。追随者的需求可以推动“金融网红”的信息经济,而不是“金融网红”的信息供给。如果追随者们不喜欢“金融网红”的某条信息,他们的集体反应可能会使该信息被彻底压制。比如说,当“金融网红”传播关于某家公司的负面信息时,就可能会出现这种情况。正如一位评论家所说,“网上有一种‘不发表言论就是投降’的看法,这真的很可怕,因为如果你说比特币或者特斯拉被高估了,或者什么流行的‘空头支票公司’(SPAC)被高估

---

[169] See *Become a Signal Provider*, FX JUNCTION, https://www.fxjunction.com/help/become - signaLprovider.

[170] See COMMONSTOCK, https://commonstock.com/leaderboard.

[171] See COMMONSTOCK, https://commonstock.com/trending.

[172] See Whelan, 见前注〔76〕.

[173] 同上注。

[174] See, e.g., *Part1: Largest WSB LOSS Porn Ever Posted!!!*, REDDIT, https://www.reddit.com/r/wallstreetbets/comments/pfirph/part _ 1 _ largestwsb _ loss _ porn _ ever _ posted/ (1.2k comments).

了,这些匿名账户里的恶意挑衅就会跳出来攻击你”[175]。不过,如果拥有大量追随者的“金融网红”只传播正面广告,他们的追随者就会倾向于购买股票,这往往会使股价虚高。诸如 Commonstock 等依赖于赞成票的生态系统可能会进一步扭曲“金融网红”对投资者的激励。推荐股票的理由以及可能出现的股价走势,可能会进一步偏离传统意义上的信息、价格准确性等理论,而更多地迎合追随者们的兴趣。

最后,为了在某些社交媒体平台上“名列前茅”,或以其他方式夸大自己的参与度,“金融网红”有可能尝试获取虚假粉丝。[176] 在某种程度上,更多的追随者增加了“金融网红”对股价的影响,这进一步切断了“好的”投资建议与价格走势之间的联系。也就是说,拥有大量的追随者可能并不代表其提供的建议或信息是有价值的,而可能只反映了一个虚假的数字。

(三)限制套利交易

“金融网红”会使其他交易者更难消除非财务交易造成的价差,这种价差本来可以通过套利交易的方式来消除。由于“金融网红”使股价更难受到知情交易的影响,其他交易者更难对价格进行套利,因此价格会更多地反映出由“金融网红”驱动的非财务价值。

举例来说,假设一家公司计划生产用于太空旅游的火箭飞船,公司股票价格为每股 13 美元。散户交易者和“金融网红”很喜欢这家公司自诩的使命,即“要把猩猩送上月球”。虽然这项技术仍处于早期开发阶段,该公司至少要再过十年才能生产出火箭飞船,但“金融网红”推动的交易却将股价推高到每股 16 美元。

假设根据贴现现金流分析法得出的最准确的股价为 12 美元。如果“金融网红”驱动的交易不具有持久性,那么此时知情的反错误交易者就会卖出股票,直到股价下跌至 13 美元。但知情交易者明白,“金融网红”驱动的效应可能具有持续性,因此知情交易者可能不会对价格产生影响,尽管知情交易者发出了抛售指令,但股价可能会继续非理性上涨。

---

[175] Whelan, 见前注[76].

[176] See Marit Hinnosaar & Toomas Hinnosaar, *Influencer Cartels* (2022), https://papers.ssrn.com/sol3/papers.cfm?abstract_id=3786617(研究了合谋夸大存在感的网红群体).

也就是说,他们知道,套利交易是无利可图的,套利根本不可能实现。因此,理性的知情交易者在这种情况下不会选择卖出股票,从而导致太空旅游公司的股票在虚高的价格上维持更长的时间,[177] 并让"金融网红"及其追随者对市场施加更大的影响。因此,来自"金融网红"的(通过股价波动得以施加的)压力会影响公司的决策,这种影响在其他投资者难以通过套利手段消除的情况下会变得更加持久。

(四)"金融网红"驱动的交易能否提供信息?

接下来的问题是:"金融网红"究竟更可能以对社会有益的方式丰富市场上的信息,还是因为引入了对社会无用的噪音而损害市场上的信息?虽然这是一个开放式的、经验主义的问题,但从理论的角度来看,答案很复杂:"金融网红"可能既增加了信息,也增加了噪音。事实上,信息型"金融网红"的活动与噪音型"金融网红"的活动之间的界限并不明显。

一方面,现有的规范框架指出,根据基本价值信息进行交易的交易者追求投资收益的最大化。要做到这一点,通常要靠寻找信息,因为参考更优质的信息进行交易,会带来更丰厚的收益。[178] 根据基本价值信息进行交易的交易者使股票价格变得更加准确。[179] 而本文所述的"金融网红"驱动的交易可以淡化收益与狭义上的信息之间的联系。收益可以与许多其他因素联系起来,例如情绪、影响力和广告推广。换句话说,如果市场对信息的定义仍然狭隘地局限于贴现现金流分析法,那么"金融网红"就会降低股票价格的准确性。[180] 此外,"金融网红"还可能会

---

〔177〕 See Gârleanu et al., 见前注〔167〕, p. 30 – 31(讨论了如果价格上涨,做空者如何放弃空头头寸).

〔178〕 See Fox et al., 见前注〔14〕, p. 70.

〔179〕 同上注, P36.

〔180〕 因此,一项研究发现,在没有基本面信息的情况下,社交媒体情绪对当日股票回报率产生了因果效应。See Xinjie Wang et al., *The Causal Relationship Between Social Media Sentiment and Stock Return: Experimental Evidence from an Online Message Forum*, 216 ECONOMICS LETTERS (2022). 还有学者研究了集体诉讼期间 Twitter 情绪对体育公司股价的潜在影响。See Karim Derouiche & Marius Cristian Frunza, *Study of Tweets' Sentiment Impact on Stock Prices During Class Actions: An Application to Sports Companies* (2020), https://papers.ssrn.com/sol3/papers.cfm?abstract_id=3653125.

稀释所有信息的影响，不论是优质信息还是劣质信息。[181]

另一方面，也有观点认为，“信息”和收益可以包括，甚至也应当包括投资者情绪等非财务因素。例如，如果散户投资者基于非金钱原因进行交易，或根据与未来现金流无直接关系的因素（如股票发行人的可持续性或文化价值）来选择股票，那么股票价格的变动就可能反映出这些因素。尽管传统理论可能并不认可这是“信息”，但从广义上讲，这依旧可以被理解为与公司价值有关的信息。[182]

“金融网红”可以通过有益于社会的方式扩大“信息量”，这正是因为他们不受狭义的传统估值方法的影响。例如，假设一家航空燃料公司的股票价格为每股 10 美元。“金融网红”和散户投资者都很欣赏该公司致力于生产“零碳排放”航空燃料的做法。根据贴现现金流计算，该公司最准确的股价是每股 8 美元，因为该公司正处于亏损状态，而且普通航空燃料的价格要低得多，也自然更有市场竞争力。但“金融网红”及其追随者致力于推广并持有这些得以应对气候变化的公司的股票。因此，他们成群结队地购买，将股价推高到 15 美元。现在，这 15 美元的股价反映了“金融网红”及其追随者的环保偏好。

尽管贴现现金流分析可能会认为每股 15 美元的价格并不“准确”，但“虚高的”价格也确实反映了一定的社会或文化现实，即相当一部分投资者更愿意青睐那些以应对气候变化为目标的公司。股价上涨可能会使公司以更低的成本筹集到资金，给更多的项目提供资金支持并最终实现盈利，从而使其“深层的”价值更接近其较高的股价。这样一来，每股 15 美元的价格就不再显得虚高了，而更能够反映公司未来的现金流——因此似乎更加准确。

通过这种方式，“金融网红”不仅能影响价格走势，还能影响社会和

---

[181] See Shimon Kogan et al.，见前注[29]，p. 35（发现在欺诈事件曝光后，社交媒体平台上的所有新闻，包括合法新闻，都遭受了质疑）.

[182] 在相关背景下，关于 ESG 评级与股票回报之间的关系存在争议。See，e. g.，George Serafeim & Aaron Yoon，*Stock Price Reactions to ESG News：The Role of ESG Ratings and Disagreement*（Jan. 13，2021），https://ssrn.com/abstract = 3765217（研究了 ESG 评级是否会影响股票价格）；Florian Berg et al.，*The Economic Impact of ESG Ratings*（Sept. 4，2022），https://ssrn.com/abstract = 4088545（研究了 ESG 评级对股票回报、基金持有量和公司行为的影响）.

市场对信息的看法。这样,“金融网红”及其追随者对市场得以产生重大影响。

(五)噪音与信号

当然,噪音与信号之间的界限很模糊,这是股票市场的长期特点。噪音是不可避免的,老练的投资者和稚嫩的投资者都可能会因此造成非理性和低效率。[183] 大量文献探讨了套利者在面临长期噪音风险或基本面风险时对抗噪音交易者的有限能力。[184] 也就是说,人们早已认识到,噪音可能具有持续性。在什么情况下,传统意义上的“噪音”会变成“信息”? 从某种程度上说,“金融网红”的行为是交易的另一个前哨,反映了这种复杂关系。

本文第一部分中莱伯德的例子很能说明问题。正如一位评论家所指出的,莱伯德的股票推广策略与华尔街分析师的股票推广并无本质区别。[185] 也就是说:“当一个华尔街分析师可以让一家亏损数十亿美元的公司的股票价格在一天之内上涨50个点时,股票价格的‘人为抬高’到底意味着什么?”[186] 这就对其他更知名的“金融网红”的活动提出了更多疑问。诸如媒体名人吉姆·克莱默或做空公司兴登堡研究公司(Hindenburg Research)会声称自己在传播信息,但埃隆·马斯克和瑞安·科恩等身份名人“金融网红”则通常不这么说,而普通“金融网红”则往往会这样说。但以上这些“金融网红”都会产生价格效应,这模糊了噪

〔183〕 See, e. g. , Bikhchandani & Sharma, 见前注〔131〕, p. 282, 289 – 90 (讨论了群体行为如何影响市场); Ryan Bubb & Prasad Krishnamurthy, *Regulating Against Bubbles: How Mortgage Regulation Can Keep Main Street and Wall Street Safe – From Themselves*, 163 U. PA. L. REV. 1539, 1545 – 48 (2015) (考虑了泡沫时期中理性行为的局限性). 这牵涉到关于有效市场假说的争论。有学者认为,价格并不反映基本价值,而只是反映供求关系的交叉点。See, e. g. , Ronald J. Gilson Reinier H. Kraakman, *Market Efficiency after the Financial Crisis: It's Still a Matter of Information Costs* (Feb. 11, 2014), https://ssrn. com/abstract = 2396608 (讨论了2008年金融危机后的信息效率和有效市场假说); Sanford J. Grossman & Joseph E. Stiglitz, *On the Impossibility of Informationally Efficient Markets*, 70 AM. ECON. REV. 393, 404 – 05 (1980) (提出了一个蕴含了“均衡的失衡”的模型).

〔184〕 See De Long et al. , 见前注〔148〕, p. 705 (阐释了噪音交易者如何制约套利策略的有效性).

〔185〕 See Lewis, 见前注〔33〕.

〔186〕 同上注。

音和信号之间的界限。考虑到各种可能性,市场上的其他参与者会如何反应?下一部分将讨论这个问题。

四、"金融网红"的信息生态系统

经济学家罗伯特·席勒(Robert Shiller)认为,参与投机市场的一种策略是采用"凯恩斯选美比赛理论":选择其他人会选择的股票,选择其他人认为其他人会选择的股票,以此类推。[187] 根本上说,投资者应着眼于预测其他投资者的偏好,而不一定要根据自己的偏好进行交易。"金融网红"可以缩短这一过程。"金融网红"不仅能预测投资者的偏好,还能在一定程度上控制这些投资者的偏好,并塑造可能影响股价走势的信息类型。

本部分通过考察"金融网红"的活动对其他市场参与者的激励作用和对资本流动的影响,进一步探讨"金融网红"对股市生态系统的影响。本部分将尝试从现象和理论两方面回答一系列问题。首先,其他市场参与者会将"金融网红"驱动的交易视为信息还是噪音?其次,如果他们将其视为噪音,他们是否能够识别和避免这些噪音?第一节和第二节讨论了这两个问题。接下来的几节将评估更广泛的市场效应,首先会在第三节和第四节中讨论"金融网红"的激励机制。第三节阐述了一个核心见解:"金融网红"的追随者的行为之可预测性和可控性。第四节讨论了"金融网红"和其他市场参与者制造泡沫的动机。第五节和第六节探讨了企业的因应,包括企业"金融网红"和由"金融网红"的偏好塑造的管理决策。第七节探讨了对融资的影响。第八节讨论了为应对"金融网红"的活动而新创的金融产品,比如某些交易型开放式指数基金(cxchange traded fund,ETF)。第九节探讨了更广泛的市场影响。

---

〔187〕 See, e. g., Robert J. Shiller, *The Beauty Contest That's Shaking Wall St.*, N. Y. TIMES (Sept. 3, 2011), https://www.nytimes.com/2011/09/04/business/economy/on-wall-st-a-keynesian-beauty-contest.html (认为根据凯恩斯的观点,投机市场的最佳策略是选择其他人会选择的股票,以及其他人认为其他人会选择的股票).

(一)如果将“金融网红”的活动视为信息

其他市场参与者可能会认可“金融网红”驱动的交易能够提供信息。也就是说,如果“金融网红”驱动的交易可以预测或推动股价变动,那么无论其与贴现现金流的关系如何,其他人都会认为这一过程可以提供信息。这是因为,其他市场参与者会更理性地根据“金融网红”的活动来调整自己的行为。其他知情投资者在评估一家公司的“价值”时,可能会将该公司的模因股票的地位、文化使命或在“金融网红”中的受欢迎程度纳入考量因素。当这些知情投资者与流动性提供者进行交易时,以及当流动性提供者基于从交易对手处感知获取的信息调整报价时,股票价格变动将反映这些投资者所掌握的信息。这些信息可能会越来越多地反映价值,包括由“金融网红”驱动的价值,而这些价值并不一定与贴现现金流挂钩。

以上文假设的太空旅游公司为例。该公司股票的传统估值为每股12美元。假设该公司目前的股价为每股13美元。过去的经验表明,公司虚高的股价具有持续性,这可能会让那些在评估公司股价准确性时通常会进行贴现现金流分析的交易者将“‘金融网红’炒作”的可能性纳入考虑范围。这样一来,他们得出的结论是,“‘金融网红’炒作”会提高他们的估值,或者至少会将他们对股价的预测定为每股14美元。此时,他们非但没有卖出股票(根据传统分析,他们可能会卖出股票,因为传统分析表明股票价值被高估了),反而还买入股票,他们相信价格会上涨,以反映“金融网红”驱动的交易。最后价格确实上涨到了每股14美元。这样一来,如果这些交易者系统地给这类“金融网红”的因素赋予一定的权重,那么股价走势就会越来越多地反映这些因素。而且,如果较高的股价能使公司筹集到资金来为更好的项目提供资金支持,那么公司的价值可能会上升到与其股票价格相匹配的地步,使最初的价格上涨显得更有依据。

相似地,如果股票价格越来越多地反映出广告或赞助促成的决策,其他市场参与者也会根据预期调整自己的行为。当投资者与流动性提供者进行交易时,以及当流动性提供者基于从交易对手处感知获取的信息调整报价时,股票价格变动将反映这些投资者所掌握的信息。这些信息可能会越来越多地反映价值,而这些价值并不一定与贴现现金流挂钩。

(二)如果将"金融网红"的活动视为噪音

市场可能会将"金融网红"驱动的交易视为噪音。他们可能会寻求从金融流言者驱动的交易中获利,但不会认真考虑"金融网红"的受欢迎程度、炒作或文化价值等因素作为信息的表征。然而,即使市场将"金融网红"驱动的交易视为噪音,其他市场参与者能否有效地避开噪音,这一问题仍然值得考虑。

其他市场参与者尝试规避"金融网红"带来的噪音的能力可能较为有限,因为参与"金融网红"驱动的交易,甚至试图成为"金融网红",都有可能获利。现有文献探讨了"理性地驾驭泡沫"的交易策略。[188] 可预测的投资者情绪和有限的套利能力是评估是否成功驾驭泡沫的因素。[189] 正如上文所讨论的,这两个因素都适用于"金融网红"驱动的交易。因此,不论是对于老练的投资者还是稚嫩的投资者来说,参与"金融网红"制造的噪音或泡沫,可能都是理性选择,甚至是最佳选择。

例如,如果迷幻药行业被"金融网红"炒得沸沸扬扬,那么不管是对于老练的投资者还是稚嫩的投资者来说,购买迷幻药行业的股票可能是一种理性的交易策略,至少在短期内是这样。事实上,越来越多的证据表明,其他交易者也在关注社交媒体。对冲基金和大型金融机构越来越多地审视社交媒体和散户投资者的活动,[190] 从而进一步巩固了散户和"金融网红"对市场的影响。2022 年 10 月初,Reddit 上的交易者越发担心瑞士信贷(Credit Suisse)的财务健康状况,加剧了人们对这家银行可

---

〔188〕 See, e. g., Stefan Nagel & Markus Konrad Brunnermeier, *Hedge Funds and the Technology Bubble* (June,2003), https://ssrn. com/abstract = 423940 (阐释了由于套利交易的局限性和投资者情绪的可预测性,理性投资者驾驭泡沫可能是最优选择); Nadja Guenster et al., *Riding Bubbles* (Dec. 9, 2009), https://ssrn. com/abstract = 1071670.

〔189〕 See Nagel & Brunnermeier, 见前注〔188〕.

〔190〕 See Caitlin Ostroff & Paul Vigna, *Wall Street Is Looking to Reddit for Investment Advice*, WALL ST. J. (Aug. 27, 2021), https://www. wsj. com/articles/wall - street - is - looking - to - reddit - for - investment - advice - 11630056648? mod = Series_exchangeinternetpackage.

能像雷曼兄弟(Lehman Brothers)一样倒闭的猜测。[191] 因此,瑞士信贷的股价在2022年10月3日下跌了12%。[192]

(三)可预测的价格变动

上述讨论强调了一个核心观点:如果"金融网红"能够控制、影响或单纯预测其追随者的交易导致的价格变动,他们就能从这些交易中获利。"金融网红"无须参与欺诈或操纵市场的行为,也不一定需要传播有价值的信息,就能够预测其追随者的交易并从中获利。"金融网红"只需发布推文、帖子或进行交易,他们的追随者就会蜂拥而至,股票价格也会随之变动。

回顾埃隆·马斯克的"Gamestonk!!"推文和瑞安·科恩出售Bed Bath & Beyond公司股票的例子,[193] 这两个例子均不涉及投资建议或者与GameStop或Bed Bath & Beyond的任何陈述,也都没有明显的欺诈或操纵的意图。然而,这两个例子都涉及股价的大幅波动:GameStop暴涨40%,Bed Bath & Beyond暴涨70%,然后在科恩出售后暴跌。[194]

因此,"金融网红"可能不需要传播任何投资建议或有价值的信息,就能引发追随者进行一系列可预测的交易。虽然没有发生不法行为,但从可预测的模式中获利是很诱人的。因此,"金融网红"的动机可能会被扭曲,这可能限制或降低投资者获得的信息质量。

(四)制造泡沫

能够控制偏好并从可预测的价格变动中获利,可能会促使"金融网红"将资产价格推离其基本价值,从而制造价格泡沫。虽然可能存在一定的声誉风险,但如果"金融网红"的追随者被引导在合适的时机低买高卖,这可能会成为"金融网红"得以获得丰厚收益的一个策略,使"金融网红"积累更多的追随者,变得更加成功。如前文所述,对其他交易者

---

[191] See Caitlin McCabe, *How a Social – Media Frenzy Around Credit Suisse Rattled Its Stock*, WALL St. J. (Oct. 5, 2022), https://www.wsj.com/articles/how – a – social – media – frenzy – around – credit – suisse – rattled – its – stock – 11664978035.

[192] 同上注。

[193] See Elon Musk (@elonmusk), TWITTER (Jan. 26, 2021, 4:08 PM), https://twitter.com/elonmusk/status/1354174279894642703? lang = EN; Hirsch, 见前注〔60〕.

[194] See GameStop, 见前注〔9〕; Hirsch, 见前注〔60〕.

而言,试图驾驭这些泡沫可能也是合理的。

例如,假设一些迷幻药公司的股票都是低价股,交易量很小,这意味着通过交易引起价格变动相对容易。一位在社交媒体上拥有大量粉丝的“金融网红”大肆炒作迷幻药行业,比如他声称迷幻药将越来越多地应用于主流医疗领域。该“金融网红”已经购买了这些迷幻药公司的大量股票,并告诉他的粉丝,之前对这些公司的投资已经获得了丰厚的收益。炒作的结果是,“金融网红”的追随者们也纷纷加入,导致迷幻药公司股票的价格大幅上涨。此时,“金融网红”出售自己的股票,赚取巨额收益。当然,“金融网红”的一些追随者也会获得可观的收益。

这个简单的例子再次说明,由于追随者的活动是可预测的,因此获利是完全可能的,甚至还挺简单。它还说明,“金融网红”不需要发表虚假的或误导性的言论就能引起股价波动。简单的炒作就可以,并且一定会反映在股价走势上。一些评论家将此称为“炒作—抛售”操纵,指出“如果市场上至少有一个天真的交易者,而且不诚实的造谣行为成本不低,那么知情交易者在不知情的交易者中进行夸大的炒作可能是最佳选择”[195]。

另一种情况也有可能发生:对冲基金或其他复杂的主体可以在社交媒体平台上匿名发帖,成为假名或匿名的“金融网红”。这样,他们就能促成甚至创造泡沫,并从中获利。假设有一家极为关注社交媒体战略的对冲基金。该对冲基金意识到,“金融网红”可以制造炒作、推动泡沫。因此,对冲基金的员工积极在社交媒体上用假名发帖,积累粉丝,成为假名的有影响力的人。该对冲基金一直密切关注散户对自动驾驶汽车的兴趣。其在一家新兴的自动驾驶汽车公司中持有大量股份,其股票价格为每股 3 美元,交易量相对较小。在这种情况下,该对冲基金作为假名的“金融网红”,很容易在其追随者中激发起对自动驾驶汽车公司的兴

〔195〕 Nevzat Eren & Han N. Ozsoylev, *Hype and Dump Manipulation* (Nov., 2006), https://ssrn.com/abstract=948814(介绍了一种经济模型,使“炒作—抛售”操纵得以持续).

趣（不一定需要传播任何虚假或误导性信息）。自动驾驶汽车公司股票的竞购压力可能会增加，从而导致价格上涨，该对冲基金可能会因此大幅获利。

同样，金融影响的可预测性和影响范围也会使其成为一种有吸引力的盈利策略。此外，制造泡沫可能为市场注入更多噪音，同时将这种噪音伪装成价格影响背后的信息。

（五）企业“金融网红”

同样，企业及其管理层也有可能受到激励去发展企业的追随者，从而影响公司的股票价格。例如，埃隆·马斯克多年来一直拥有巨大的影响力。通过这种方式，公司可以更好地控制其股价中包含的信息类型。

我们可以想想特斯拉的历史。截至 2022 年 3 月，散户投资者持有了特斯拉约 38% 的股份。[196] 特斯拉的股价历史可以被理解为反映了散户交易者的力量不断增强，赶走了做空者，而这主要是受马斯克的影响。正如我在其他地方探讨过，散户协调买盘出现得越多，越能够降低做空交易的预期收益能力。[197] 最近的报告表明，特斯拉的做空者正在“放弃”。[198] 根据最近的统计，特斯拉的空头仓位为 1.1%—3.2%，这是自 2010 年特斯拉上市以来的最低水平。[199] 然而，传统指标表明，特斯拉的股价严重偏高。[200]

---

[196] See *Tesla Inc Stock Ownership - Who Owns Tesla?*，见前注〔113〕.

[197] See Guan，见前注〔17〕，p. 2057.

[198] See Thyagaraju Adinarayan & Esha Dey, *Many Tesla Short Sellers Are Giving Up*, BLOOMBERG (Oct. 4, 2021), https://www.bloomberg.com/news/articles/2021-10-04/tesla-short-sellers-flee-as-musk-s-carmaker-sets-deliveryrecord.

[199] 同上注。

[200] See Ian Bezek, *Tesla Vanquished the Short Sellers, but Risks Remain*, NASDAQ (Oct. 1, 2021), https://www.nasdaq.com/articles/tesla-vanquished-theshort-sellers-but-risks-remain-2021-10-01（特斯拉的净收入为 6.90 亿美元，即每股净收益 0.64 美元，其市值高达 7500 亿美元；而丰田的净收入为 210 亿美元，即每股净收益 15 美元，其市值却仅 2500 亿美元）.

企业已经在积极利用社交媒体来传播信息。[201] 例如,有些公司会在 Twitter 上雇佣代笔者。[202] 一位 Tiktok 上的“金融网红”在发布了如何通过 Betterment(一个投资机器人顾问平台)成为百万富翁的视频后,Betterment 的注册人数激增。[203] 一项分析了社交媒体内容的研究证实,在“先消费后还款”的信贷模式中,出借人会在 Tiktok 上与潜在消费者互动。[204] 公司也正在与有影响力的人合作,以接触更年轻的投资者群体。当然,这样做也有风险:公司可以在社交媒体论坛上得到宣传,但也同样可能遭到恶意挑衅账户的抨击。[205]

(六)企业决策

“金融网红”的信息生态系统的覆盖面变得越来越广。根据传统理论,股票价格可以为管理者提供信号,并帮助他们将有限的现实资源分配给能带来更多收益的项目。[206] 大量文献对这一动态进行了评估。[207] 如果价格体现了非财务价值方面的、“金融网红”驱动的偏好

---

〔201〕 See, e. g. , Press Release, U. S. SEC. & EXCH. COMM'N, *SEC Says Social Media OK for Company Announcements if Investors Are Alerted* (Apr. 2, 2013), https://www. sec. gov/news/press – release/2013 – 2013 – 51htm [解释称,“公司可以依照《公平披露规则》(简称‘FD 规则’),使用 Facebook 和 Twitter 等社交媒体公布关键信息,只要已提醒投资者将使用哪些社交媒体来传播此类信息即可”].

〔202〕 See Mattathias Schwartz, I Made $200,000 Last Year Ghostwriting Tweets for Superstar VCs. It Takes Me 5 Hours a Week. Here's How I Found My Clients and Built a Booming Side Hustle from Scratch, Bus. INSIDER (Oct. 12, 2022), https://www. businessinsider. com/twitter – ghostwriter – silicon – valley – vc – venture – found er – san – francisco – 2022 – 10.

〔203〕 See Misyrlena Egkolfopoulou, *Wall Street Influencers Are Making $500,000, Topping Even Bankers*, BLOOMBERG (Sept. 17, 2021), https://www. bloomberg. com/news/articles/2021 – 09 – 17/social – media – influencers – income – advertising – wall – street – products#xj4y7vzkg? leadSource = Uverify% 20wall? leadSource = uverify% 20wall.

〔204〕 See Nikita Aggarwal et al. , *#Fintok and Financial Regulation*, 54 ARIZ. ST. L. J. 333, 341 (2023).

〔205〕 See, e. g. , Tautachrome, Inc. , *Tautachrome (OTC: TTCM) Targets Criminal Stock Trolls and Forums that Protect Them* (Feb. 25, 2022), https://www. globenewswire. com/en/news – release/2022/02/26/2392603/0/en/Tautachrome – OTC – TTCM – Targets – Criminal – Stock – Trolls – and – Forums – thatProtect – Them. html.

〔206〕 See Fox et al. , 见前注〔151〕,p. 833 – 34 (讨论了股票价格的信号效应).

〔207〕 See, e. g. , Fox et al. , 见前注〔154〕,p. 83(citations omitted) (汇总了文献来源).

等信息,那么企业管理者的决策也将反映这些偏好,以应对这些价格变动。因此,管理者的决策可能会进一步反映散户或"金融网红"驱动的偏好。[208]

举个例子,假设一家公司正在考察两个项目。项目 A 的净现值为 80 美元,项目 B 的净现值为 100 美元。项目 A 涉及与埃隆 · 马斯克的合作,而项目 B 不涉及与任何人的合作。这两个备选的项目公布后,尽管项目 A 的净现值较低,但一位特别有影响力的"金融网红"还是积极推广项目 A,因为该"金融网红"知道他的追随者很喜欢与埃隆 · 马斯克及特斯拉相关的内容。尽管项目 A 的净现值比项目 B 低,但由于该"金融网红"的作用,选择项目 A 可能会使公司股价大幅上涨。推广项目 A 的理由可能多种多样,比如项目 A 更具有可持续性或有更好的生态影响。总的来说,如果我们认为价格当然可以或应当反映非财务价值,那么这些理由并没有问题,而且可能对社会有益。公司在选择项目时,可能只是简单地考虑了非财务价值。换句话说,如果公司对项目 A(可能更具可持续性或在其他方面更有益于社会)给予溢价,那么这些非财务价值就可能具有了财务价值。

公司还可能故意选择更容易吸引"金融网红"和散户投资者的项目,以吸引他们的注意。[209] 鉴于年轻消费者往往更希望品牌反映他们

[208] 企业决策偏好促进 ESG 目标的项目,这一趋势就是一个例证。See, e. g. , Sharon Hannes et al. , *The ESG Gap*, HEBREW UNIV. OF JERUSALEM LEGAL STUD. RSCH. PAPER SERIES No. 23 - 4, 8 - 11 (Dec. 5, 2022), https://papers.ssrn.com/sol3/papers.cfm? abstract_id = 4293914 (描述了企业界对 ESG 越来越多的关注,并考虑支持者的理由——长期价值最大化、利益相关者主义和投资者的社会偏好,认为企业在单纯追求利润最大化之外,还应追求 ESG 目标的达成).

[209] See, e. g. , Matt Levine, *Opinion*, *Meme Activists Come for Macy's*, BLOOMBERG (Nov. 4, 2021), https://www.bloomberg.com/opinion/articles/2021 - 11 - 04/macy - s - targeted - by - meme - activists [citing Letter from Guy Phillips, Managing Member, NuOrion Advisors, LLC, to Jeffrey Gennette, Chairman & Chief Exec. Officer, Macy's, Inc. (Nov. 4, 2021), https://nuorionadvisorsbusiness.files.wordpress.com/2021/11/letter - to - m - chairman - 3.pdf](考虑了公司如何通过与电动汽车公司和加密货币合作等策略来吸引模因投资者).

的价值观,因此这样做可能会越来越明智。[210]

(七)获得融资

股票价格也会影响公司的融资能力。“金融网红”驱动的活动可能会改变公司的资金成本,这既有积极影响,也有消极影响。

一方面,如果发行人的股价被扭曲,那么其资金成本将无法反映其基本生存能力。脆弱的基本面可能无法阻止一家公司在“金融网红”的推动下轻松、廉价地筹集资金。[211] 但是那些基本面较强但缺乏“金融网红”支持的公司却可能更难筹集到资金。[212]

另一方面,对于那些聚焦于使项目在未来为社会创造价值的公司,“金融网红”驱动的交易可以帮助它们更容易地获得融资。例如,一家致力于应对气候变化但目前处于亏损状态的公司,可能就会从“金融网红”的活动中受益。在“金融网红”的召集下,融资成本可能会降低,这将使该公司能够为更多项目提供资金。如果这些项目能够盈利,公司的“基本价值”就会向其更高的股价靠拢。因此,较高的股价将成为公司未来现金流的参考,而不会被认为虚高。

---

〔210〕 See Narula, 见前注〔88〕. 例如,一位激进投资者于 2021 年 11 月致信梅西百货公司,内容如下:“梅西百货公司的股价被严重低估,需要采取紧急行动来释放价值。我们相信,通过采取以下讨论的战略,梅西百货公司的价值将超过每股 75 美元。……梅西百货公司应与电动汽车公司(如特斯拉、卢西德或瑞维安)建立合作关系,在梅西百货公司 100 家顶级地标商店(如先驱广场、马歇尔菲尔德、联合广场)的一楼展示其产品,并利用其庞大的停车场建立电动汽车充电网络……我们相信,与电动汽车公司的直接合作将为梅西百货公司带来巨大的客流量。此外,梅西百货公司应立即宣布他们正在与各种加密货币平台合作,以实现数字支付。”Letter from Guy Phillips to Jeffrey Gennette, 见前注〔209〕,p. 1.

〔211〕 例如,AMC 筹集了 10 亿美元,而 GameStop 筹集了 170 万美元。根据 AMC 剧院投资者关系新闻稿,AMC 自 2020 年 12 月中旬以来筹集了 9.17 亿美元的新投资资金(Jan. 25, 2021), https://investor. amctheatres. com/newsroom/news - details/2021/AMC - Raises - 917 - Million - of - Fresh - Investment - Capital - Since - Mid - December - of - 2020/default. aspx; See Myles Udland, *GameStop Gives Investors* 1.6 *Billion Reasons to Care About the Meme Trade: Morning Brief*, YAHOO! NEWS (June 23, 2021), https://news. yahoo. com/game - stop - gives - investors - 16 - billion - reasonsto - care - about - the - meme - trade - morning - brief - 091020855. html.

〔212〕 See Jill E. Fisch, *GameStop and the Reemergence of the Retail Investor*, 102 B. U. L. REV. (forthcoming Oct. ,2022) (manuscript at 16 - 17), https://papers. ssrn. com/sol3/papers. cfm? abstract_id = 4049896 (指出了对资金成本的影响).

(八)"金融网红"的金融产品

"金融网红"不仅着眼于投资者对现有金融产品的偏好,还能刺激金融工具供给的扩大,以满足投资者不断变化的需求。这些创新,或额外的或新的金融工具,也体现了扩张语境下的"信息"之意。

凯特·贾奇(Kate Judge)曾撰文论述投资者驱动的创新现象,即这种创新的出现体现了投资者在评价各类金融工具时,除了关注风险调整后的收益,还对其他方面有所重视。[213] 这些创新可能包括重新包装现金流或者依靠创新性的衍生工具。[214] 正如贾奇所指出的,从历史上看,ETF的出现主要就是为了满足投资者对低成本、多样化投资选择的需求。[215] 此外,"迎合投资者利益的基金迅速崛起,将环境或社会方面的价值观融入其投资策略,这是投资者驱动创新的一个典型例子"[216]。

"金融网红"已经在创造迎合散户投资者偏好的金融产品。例如,YouTube上的"金融网红"凯文·帕夫拉特已经申请推出三只ETF,分别命名为"Meet Kevin All In ETF""Meet Kevin Select ETF""Meet Kevin Moderate ETF"。[217] 这些ETF积极追求模因回报,赌市场的势头和情绪可以预示未来的收益。[218] 其中四只基金——SFYF、FOMO、BUZZ和MEME——在选择股票时,除关注其他指标外,还关注网络社交媒体的

〔213〕 See Kathryn Judge, *Investor - Driven Innovation*, 8 HARV. Bus. L. REV. 291, 293 (2018)(对金融创新如何满足投资者需求进行了分析).

〔214〕 同上注。

〔215〕 同上注,p. 326 - 27.

〔216〕 同上注,p. 319 - 20; see also Hannes et al., 见前注〔208〕,p. 2, 8 - 11(注意到,至2025年对ESG的投资预计将达到50万亿美元,2022年有一半以上的投资者投资于ESG产品,并描述了企业界对ESG关注的增加,考虑了支持者的理由——长期价值最大化、利益相关者主义和投资者的社会偏好——认为企业在单纯追求利润最大化之外,还应追求ESG目标的达成).

〔217〕 See Jakub, 见前注〔73〕.

〔218〕 See Michael Wursthorn, *Meet the ETF Portfolio Managers Trying Their Luck with Meme Stocks AMC and GameStop*, WALL ST. J. (June 19, 2021), https://www.wsj.com/articles/meet - the - etf - portfolio - managers - trying - their - luckwith - meme - stocks - amc - and - gamestop - 11624110383; see also Lan Anh Tran, *What's in a Meme ETF*?, MORNINGSTAR (Oct. 8, 2021), https://www.morningstar.com/articles/1060452/whats - in - a - meme - etf.

讨论情况和是否有较高的做空兴趣。[219]

“金融网红”驱动的价格也会影响包含某些股票的股票指数，以及包含这些股票或指数的基金。例如，罗素 2000 指数就因 AMC 和该指数中的其他模因股票的交易而出现大幅波动。[220] GameStop 和 AMC 在价值 250 亿美元的先锋小型股价值 ETF 和 SPDR 标普 1500 动量倾斜 ETF 中均有投资。[221] 特斯拉于 2020 年底被纳入标准普尔 500 指数，这意味着数十亿美元的指数资产现在也持有特斯拉的股票。[222] 由于被动型投资在许多方面仍主导着美国的投资格局，这些基金的交易价值巨大，[223] 因此指数的变化可能顺势对与这些指数挂钩的基金产生重大影响。[224]

（九）市场影响和资本流

“金融网红”驱动的交易将对信息和股票市场产生持续性的影响。这是因为“金融网红”放大了社交媒体对散户交易的影响，也因为越来越多的其他市场参与者可能会理性地参与“金融网红”驱动的交易，或

---

〔219〕 See Tran, 见前注〔218〕（注意到 SFYF 包含了其自营经纪客户持有的 50 种最受欢迎的股票；BUZZ 和 MEME 根据社交媒体影响力来选择股票，而 MEME 则考虑了高利空因素）.

〔220〕 See Kristine Owram, *Russell* 2000 *Swells*; *Investors Await Update on AMC*, *GameStop*, BLOOMBERG NEWS (June 5, 2021), https://www.bloomberg.com/news/articles/2021-06-05/russell-2000-swells-investors-await-update-on-amcand-gamestop; see also Gunjan Banerji & Michael Wursthorn, *You May Own AMC Stock After Its* 2,850% *Gain and Not Even Know It*, WALL ST. J. (June 2, 2021), https://www.wsj.com/articles/amc-rally-accelerates-as-stock-pricemore-than-doubles-11622656821.

〔221〕 See Banerji & Wursthorn, 见前注〔220〕.

〔222〕 See Peter Santilli, *Tesla Stock Joins the S&P* 500: *A Game Changer*, WALL ST. J. (Dec. 21, 2020), https://www.wsj.com/graphics/tesa-stock-joins-thesp500/.

〔223〕 See, e.g., *SPDR S&P* 1500 *Momentum Tilt ETF*, WALL ST. J., https://www.wsj.com/market-data/quotes/etf/MMTM（显示了 SPDR 标普 1500 动量倾斜 ETF 中交易资产的估值）; see Dawn Lim, *Index Funds Are the New Kings of Wall Street*, WALL ST. J. (Sept. 18, 2019), https://www.wsj.com/articles/index-funds-are-the-new-kings-of-wall-street-11568799004（凸显了指数基金的巨大交易价值）.

〔224〕 See Sam Potter & Claire Ballentine, *AMC Drama Is Exposing Risks in* $11 *Trillion World of Indexing*, BLOOMBERG NEWS (June 5, 2021), https://www.bloomberg.com/news/articles/2021-06-05/amc-drama-is-exposing-risks-in-li-trillion-world-of-indexing; see also Banerji & Wursthorn, 见前注〔220〕.

者改变他们的财务决策以应对或期待"金融网红"驱动的活动。这些现象越是明显,推动股价变动的信息类型的变化就越大——特别是当区分信息和噪音变得越发困难时。

股市的基本功能很简单,就是促进融资。虽然噪音是市场不可避免的组成部分,但准确的价格有助于更顺利地筹集资金,从而使创造最大社会价值的公司以更低的成本获得更多的资金。一方面,"金融网红"会扭曲价格,对公司治理、资本筹集、证券诉讼和市场信心产生负面影响。[225] 另一方面,更积极的是,"金融网红"可能会使资本更多地流向单纯反映非传统类型信息或价值的项目,就像众多投资者对企业 ESG 承诺所给予的关注一样。[226] 这可能需要通过企业项目的选择、流向"金融网红"ETF 的投资或对"金融网红"驱动的交易的理性参与来实现。

五、"金融网红"的长期益处和危险

"金融网红"驱动的活动以复杂的方式与股市信息生态系统相互作用。本部分探讨了"金融网红"的长期影响。第一节和第二节讨论了"金融网红"的益处,包括提高金融素养和增加散户投资者的市场参与度。第三节探讨了可能削弱益处且扰乱价格的动机偏离。第四节讨论了约束"金融网红"的困难,第五节探讨了欺诈与操纵的可能性。

(一)提高金融素养

"金融网红"可以帮助提升金融素养,这一点至关重要,因为散户投资者不断参与股票市场的同时必须涉猎大量信息。利用传统品牌网红所依赖的信任和参与度,"金融网红"可以充当教育者的角色,接触到对

---

〔225〕 See Guan,见前注〔17〕(详细说明了散户交易如何影响价格,并顺势对定价和公司治理产生影响).

〔226〕 See Judge,见前注〔213〕; Hannes et al.,见前注〔208〕,p. 2(注意到,至 2025 年对 ESG 的投资预计将达到 50 万亿美元,2022 年有一半以上的投资者投资于 ESG 产品). 还注意到,在证券市场欺诈诉讼中,非财务和社会问题与信息披露的关系日益密切。See Kevin S. Haeberle, *Fraud - on - the - Market Liability in the ESG Era*, L. & ECON. CTR. AT GEO. MASON 22 - 041 (Feb. 28, 2023), https://ssrn.com/abstract=4198386(认为 ESG 信息披露值得重新考虑当前市场欺诈理论的范围).

传统金融建议有抵触情绪的投资者。[227]

此类情况已经出现。投资平台如 Betterment、Wealthfront, 甚至 Fidelity,都已经与“金融网红”开展合作。[228] 在不同社交媒体平台上都存在教育性的“金融网红”,既有通过分析推广特定股票者,也有传播一般投资技巧者。[229] 许多散户投资者转向 TikTok 或 Instagram 等平台来了解股票市场。[230] “金融网红”道·琼斯女士创办了传播市场技巧与信息的平台“金融很酷大学”。[231] “金融很酷大学”网站的陈述如下:

嗨,富翁,怎么了? 是我,海莉,也就是道·琼斯夫人,你被“网络钓鱼”了! 是的,一直以来你可能认为理财是不可能的事,但结果证明,你只是没有遇到合适的老师。现在,我来了! 我即将揭示我个人用来致富(以及保持富有)的所有财富秘密。从零开始。让我带你走进财务新世界,你会发现,当你具备金融素养时,生活可以多么充实和激动人心。[232]

如此,“金融网红”能大大提高散户投资者的金融素养,而这是一个众所周知难以实现的重要目标。[233] 事实上,尽管一些研究指出,近期新的散户投资者往往更年轻、收入更低且更加多元化,但也必须注意到,对许多美国人来说,参与股票市场仍然遥不可及(并与收入、教

---

[227] See Taylan Yalcin et al., *Sustainability Influencers: Between Marketers and Educators*, 28 Bus. F. (Mar. 28,2021), https://papers.ssrn.com/sol3/papers.cfm?abstract_id=3800316; Egkolfopoulou, 见前注〔203〕.

[228] See Egkolfopoulou, 见前注〔203〕; Tara Siegel Bernard, *Trading Stock Tips on TikTok, Newbies Are Deeply Invested in Learning*, N. Y. TIMES (June 21, 2021), https://www.nytimes.com/2021/04/28/your-money/stocks-investing-tiktok.html?searchResultPosition=2.

[229] See Bernard, 见前注〔228〕.

[230] 同上注。

[231] See Caleb Silver, *The Measure of Financial Influence with Mrs. Dow Jones*, INVESTOPEDIA (Aug. 22, 2022), https://www.investopedia.com/the-expresspodcast-episode-100-6501269.

[232] See FINANCE Is Cool, https://university.financeiscool.com/p/start-here (last visited Apr. 17, 2023).

[233] See, e.g., Fisch & Wilkinson-Ryan, 见前注〔131〕, p. 605, 609(探讨投资不足、等权配置以及投资费率高基金作为散户投资中常见错误的原因).

育、年龄和种族高度相关)。[234] 因此,许多"金融网红"旨在直接吸引那些历来很少参与股票市场的群体。例如,32 岁的罗斯·韩是 YouTube 和 Instagram 上的"金融网红",她说:"如果你打开 CNBC,看到的都是上了年纪的白人,你会很难与他们产生共鸣,因为你长得不像他们;我的很多追随者也不像他们……作为一名女性,女性更信任我,因为她们更愿意向我这样的人学习,而不是向金融领域工作者学习。"[235] 多莉·邓拉普(Tori Dunlap)与其他一些女性"金融网红"一起,旨在帮助女性在投资社区中相互接触,同时进行金融教育。[236] 邓拉普与一款名为"Treasury"的应用程序合作,这是为"她的'第一个 10 万美元'(邓拉普的金融素养公司)社区提供的投资教育平台,它将非评判性的讨论、无专业术语的教育视频和文章以及工具结合在一起,让投资者轻松了解和管理其投资"[237]。

随着年轻的散户投资者越来越多地通过社交媒体网站寻找信息,这种情况尤为明显。如前所述,研究表明,约 40% 的年轻群体在使用谷歌之前会先使用 TikTok 或 Instagram。[238]

(二)提高散户投资者参与度

"金融网红"还可以通过影响股东治理,促进投资者更直接地参与

---

[234] See Mark Lush et al., *Investing* 2020:*New Accounts and the People Who Opened Them*, NORC UNIV. CHI. (Feb., 2021); Lydia Saad & Jeffrey M. Jones, *What Percentage of Americans Owns Stock?*, GALLUP (May 12, 2022). See also Fox et al., 见前注〔38〕, p. 1290 – 91(指出对市场的消极观念可能会减少散户投资者的市场参与度); see also Lydia Saad, *U. S. Stock Ownership Stays at Record Low*, GALLUP (May 8, 2013), http://news.gallup.com/poll/162353/stock – ownership – stays – record – low.aspx(论述"担心只要失业问题仍然是国家问题,市场就仍然风险过高",至少部分导致了股票持有量的低点); Michael Lewis, *Flash Boys: A Wall Street Revolt* 200 – 01 (2014) (将低股票持有量与对市场不公平的看法联系起来); see also Editorial, *The Hidden Cost of Trading Stocks*, N. Y. TIMES (Jun. 22, 2014), http://www.nytimes.com/2014/06/23/opinion/best – execution – and – rebates – for – brokers.html(解释精明的和日常的投资者在股票市场中并未得到平等对待).

[235] Whelan, 见前注〔76〕.

[236] See Bernard, 见前注〔75〕.

[237] TREASURY, https://treasury.app/herfirst100k/investing – 101 – workshop? source = Homepage (last visited Apr. 24, 2023).

[238] See Huang, 见前注〔87〕.

公司治理,尤其是当“金融网红”驱动的交易越来越多地影响公司决策时。换言之,由于散户投资者的活动会对价格和公司结果产生实际影响,他们参与股票市场和公司治理的积极性会更高。这可能会形成一个反馈回路:随着散户投资者的更多参与,公司可能会更直接地与散户投资者沟通,从而激励更多散户投资者参与公司治理。

正如我与其他学者另文讨论的,散户投资者大大提高了积极参与公司和利益相关者治理的能力。[239] 他们的社交媒体与交易平台降低了获取信息的成本,促进了散户投资者参与治理。[240] 因此,一些评论家认为,散户投资者可能会在股东和公司治理方面促成实质性的转变。[241] 另一位评论家指出,散户投资者参与度的提高有利于经济发展,原因在于他们能够通过直接投资和与公司的接触来改善管理问责制。[242] “金

〔239〕 See Guan, 见前注〔17〕. 散户投资者历来被认为不太愿意参与投票。See Ricci & Sautter, 见前注〔110〕,p. 80 – 81. 最近,学者开始质疑这一观点。See Sarah C. Haan, *Corporate Governance and the Feminization of Capital*, 74 STAN. L. REV. 515, 601 (2022); Jacob H. Russell, *Which Investors to Protect? Evolving Conceptions of the American Shareholder*, 1900 – Present, in CAMBRIDGE HANDBOOK OF INVESTOR PROTECTION (Arthur B. Laby ed., forthcoming 2022) (manuscript at 43 – 44). 社交媒体也在改变这一观念。See Seth C. Oranburg, *A Little Birdie Said: How Twitter Is Disrupting Shareholder Activism*, 20 FORDHAM J. CORP. & FIN. L. 695, 696 (2015); Ricci & Sautter, 见前注〔110〕,p. 85; Fisch, 见前注〔212〕 (manuscript at 32) (讨论散户股东在利益相关者治理中的作用,鉴于“散户股东不仅仅代表,他们还体现员工、客户、社区以及整个社会的利益”); see Alon Brav et al., *Retail Shareholder Participation in the Proxy Process: Monitoring, Engagement, and Voting*, 144J. FIN. ECON. 492 (2022).

〔240〕 See Ricci & Sautter, 见前注〔110〕, p. 83 – 88 (探讨了散户股东治理); Katja Langenbucher & Fizza Hasan, *GameStop – A Case for Empowering Retail Investors?: A Comparative Glance at the US. and the EU*, in SELBSTBESTIMMUNG: FREIHEIT UND GRENZEN 400 – 01 (Ante G. I. T6lle et al. eds., 2021) (探讨散户投资者如何协调行动以监督管理层并参与股东治理).

〔241〕 See Ricci & Sautter, 见前注〔110〕,p. 83 – 88; Langenbucher & Hasan, 见前注〔240〕. *But see* Aggarwal et al., 见前注〔56〕[基于投票、股东提案和 ESG 指标,发现很少有证据表明模因(meme)股票公司的散户股东导致了更加“民主”的治理体系].

〔242〕 See Fisch, 见前注〔212〕 (manuscript at 4).

融网红”驱动的交易可能促进社会导向性撤资与投资,[243] 一些学者指出,散户投资者甚至可以通过激进投资带来价值。[244]

在某些方面,这种情况已经在发生。高管们,(他们中的)一部分是“金融网红”,正在积极寻找散户投资者,使其参与股东治理。[245] 公司和企业“金融网红”可以在 Clubhouse(语音房)等平台上与散户投资者直接沟通,“Clubhouse 是一种基于语音的新型社交网络——世界各地的人们聚集在一起,实时交谈、倾听并相互学习”[246]。Robinhood 最近为其用户提供了一个平台,使用户能够与其他投资者以及公司进行交流。[247] 在特斯拉 2021 年第二季度的财报电话会议上,有 2000 多名用户在该平台上

[243] See Catharina Janz et al., *Does ESG Information Impact Individual Investors' Portfolio Choices? – Evidence from an Experiment* (Jan. 21, 2023), https://ssrn.com/abstract=4332893 (发现 ESG 信息影响散户投资者的组合选择); Qianqian Li et al., Retail Investors and ESG News, Jacobs Levy Equity Mgmt. Ctr. for Quantitative Fin. Rsch. Paper Series (Mar. 10, 2023), https://ssrn.com/abstract=4384675 (发现散户投资者在认为 ESG 新闻对公司业绩具有财务实质意义的情况下,会关注这类新闻). 这将与更广泛的 ESG 运动保持一致。See Hannes et al, 见前注〔208〕,p.3, 8–10(指出预计到 2025 年,ESG 投资将达到 50 万亿美元,超过一半的投资者在 2022 年已投资 ESG 产品。同时阐述 ESG 理念在企业界的日益盛行,并探讨支持者的论证依据——长期价值最大化、利益相关者主义和投资者对社会责任的偏好——认为企业除了追求利润最大化外,还应致力于实现 ESG 目标).

[244] See Ricci & Sautter, 见前注〔110〕,p.91–92.

[245] See Nina Trentmann, *Connecting with Small Shareholders Remains a Challenge for Companies*, WALL ST. J. (Feb. 7, 2022), https://www.wsj.com/articles/connecting-with-small-shareholders-remains-a-challenge-for-companies-11644229801.

[246] CLUBHOUSE, https://www.clubhouse.com/ (last visited May 18, 2023); Matt Phillips, *Hungry for Investors*, *Some Companies Woo the Little Guy*, N. Y. TIMES (Apr. 14, 2021), https://www.nytimes.com/2021/04/13/business/stock-market-investors.html; *AMC Entertainment Holdings, Inc.'s (AMC) CEO Adam Aron on Qi* 2021 *Results – Earnings Call Transcript*, SEEKING ALPHA (May 6, 2021), https://seekingalpha.com/article/4425374-amc-entertainment-holdings-inc-s-amc-ceoadam-aron-on-ql-2021-results-earnings-call.

[247] See Lauren Solberg, *Robinhood Enters the Realm of Proxy Voting*, MORNINGSTAR (Oct. 6, 2021), https://www.morningstar.com/articles/1060879/robinhood-enters-the-realm-of-proxy-voting.

对一个问题点赞(代表了367,000股特斯拉股票)。[248] 马斯克回答了该问题,特斯拉随后将此问题发布在平台上。[249] 在AMC2021年度股东大会之前,AMC的数千名投资者在Reddit上讨论了投票策略。[250] 散户投资者拥有AMC超过80%的股份,这意味着他们可以对公司产生重大影响。[251] 尼古拉公司(Nikola Corporation)和卢西德集团(Lucid Group)最近都利用Reddit和YouTube等社交媒体渠道,在股东投票前与散户投资者进行互动,一次甚至直接与一位"金融网红"进行互动。[252]

就像推动一些ETF和教育平台的创建一样,"金融网红"也可能会推动某些针对散户投资者股东的投票平台的建立。正如一位评论家所言,散户投资者对公司的直接零售投资可以使他们更有可能了解公司情况,[253]而为原本被排除在外的散户投资者提供投票平台将改善股东投票过程。[254] 投票平台将使散户投资者更容易投票,激励公司和委托表决权征集公司(proxy solicitation firms)直接触达交易者,并和他们分享信息。[255] 此类公司信息共享的增多使散户投资者更了解情况,更有可

---

〔248〕 同上注。问题为:"埃隆曾表示,特斯拉将在年末向其他电动汽车开放超级充电站网络。您能否分享更多关于这将如何构建的细节?是否会是特定的品牌?他们会促进网络的增长吗?"(引用自Robert. M.,散户投资者,特斯拉)。

〔249〕 同上注。

〔250〕 同上注,p. 83 n. 276.

〔251〕 See Aron,见前注〔246〕. 由于他们的绰号"猿",这些投资者在2021年也开始领养大猩猩。See Jason Murdock, *Wall Street Bets Users Adopt* 3,500 *Gorillas*, *Raise* $377,000 *for Charity*, NEWSWEEK (Mar. 18,2021), https://www.newsweek.com/reddit-wallstreetbets-members-adopt-gorillas-charity-raisemoney-update-1577148.

〔252〕 See Steve Lipin & Keilley Banks, *Getting Out the Retail Vote: Targeting Reddit and New Social Tools in Proxy Solicitations* (Sept. 3,2022), https://corpgov.law.harvard.edu/2022/09/03/getting-out-the-retail-vote-targetingreddit-and-new-social-tools-in-proxy-solicitations/("使用新渠道和工具反映了投资者群体性质的变化,其中许多人正通过Robinhood和其他新平台进行投资,并在Reddit、StockTwits、YouTube、Twitter等平台上交流评论").

〔253〕 See Fisch & Wilkinson-Ryan,见前注〔131〕(manuscript at 31).

〔254〕 See Jill E. Fisch, *Standing Voting Instructions: Empowering the Excluded Retail Investor*, 102 MINN. L. REV. 11, 12-19 (2017).

〔255〕 同上注,p. 46。

能投票,从而创建一个反馈循环。[256] 同样,传递型投票(pass – through voting)的兴起也促成了大量对便于触达散户投资者的基础设施投资,这可能表明人们越来越愿意考虑对投资者很重要的社会或文化价值。先锋集团(Vanguard)正在启动一项计划,即为个人投资者提供更多的股票选择权,[257] 黑岩集团(Blackrock)也在实施类似的计划。[258]

为散户投资者投票提供便利,鼓励更多知情投资者参与,可以带来更多好处,包括提高投资者金融素养,增强市场公平性和可进入性。如文中其他部分所述,散户投资者还可以增加交易者的多样性,这有助于抵消其他交易群体的社会有害行为,例如主动管理者的羊群效应或对冲基金、日内交易者的投机交易。[259] 因此,散户投资者有可能减少市场波动,正如过去几年中散户投资者在市场下跌期间的购买活动所证明的那样。[260]

(三)动机偏离

如上文所述,随着"金融网红"的影响力越来越大,追随者越来越多,他们可以更容易地预测或控制交易模式。这种预测能力可能会激发与提供有价值股市信息相悖的动机。

一个核心矛盾出现了。"金融网红"越是积极地传递信息,就越能培养追随者的信任感,也就越能为追随者带来更多价值。然而,"金融网红"更有可能从不法、操纵行为,以及单纯预测和影响追随者行为的能力

---

[256] 同上注。

[257] See Silla Brush, *Vanguard to Test Giving Retail Investors More Voting Power*, BLOOMBERG (Nov. 2, 2022), https://www.bloomberg.com/news/articles/2022 – 11 – 02/vanguard – to – test – giving – retail – investors – more – voting – power. 编校注:pass – through voting 指的是投资机构就特定表决事项征询其投资者的意见,并根据投资者意见形成投资机构的表决意见。

[258] See Blackrock, *Empowering Investors through Voting Choice* (Nov., 2022), https://www.blackrock.com/corporate/literature/publication/votingchoice – factsheet.pdf.

[259] See, e.g., Bikhchandani & Sharma, 见前注〔131〕, p. 279 – 80, 303 (讨论投资经理如何以及为何引发羊群行为); Nerissa C. Brown et al., *Analyst Recommendations, Mutual Fund Herding, and Overreaction in Stock Prices*, 60 MGMT. Sc. 1, 3 (2014) (发现基金经理羊群效应导致价格不稳定); Bubb & Krishnamurthy, 见前注〔183〕, p. 1540, 1545 (探究在泡沫期间理性行为的局限性); Fisch, 见前注〔212〕(manuscript at 4) (探讨散户交易者参与的益处).

[260] See Wolff – Mann, 见前注〔114〕.

中获利,因为以牺牲追随者的利益为代价来牟利的诱惑力更大。同时,“金融网红”掌握着特定类型的非公众信息,如掌握着一条信息易被炒作的相关特征,或是他们下一步选择推广的内容,他们可以先于其追随者或其他市场参与者进行交易。这类信息和活动难以观察和预测,因此“金融网红”的个人知识尤为宝贵。

由于“金融网红”充当信息瓶颈,左右着股价中反映的“信息”类型,因此他们的动机可能会发生偏离,传递给投资者的信息可能受限或质量不佳。“金融网红”可能会撒谎、制造泡沫、将信息保密更长时间,或者只在信息过时(“金融网红”已对其进行交易)后才发布。

(四)约束“金融网红”

向追随者直接推销产品的传统品牌网红通常会从公司获得报酬。在某种程度上,这些网红有动力如实评价,因为他们的声誉直接影响其未来获得有偿推广和接触更多消费者的能力。[261] 但即便如此,消费者也很难对传统品牌网红的失实陈述和不良行为进行适当的惩戒。[262]

如果他们分享的是投资建议或市场信息,那么网红的声誉与诚实表现之间的联系可能会更少。当传统品牌网红推广产品时,他们的追随者可以对产品进行测试,评估网红的诚实度和可信度。但是众所周知,投资建议的评估非常困难。传统经纪人和财务顾问的行为和表现已经难以监管。如果“金融网红”不仅出售投资信息,还出售更多无形产品,如基于模因的娱乐性质或反向内容,那么评估工作就更加困难。[263]

因此,追随者可能更加无法有效约束“金融网红”的行为。基于此,从“金融网红”的角度来看,操纵、欺诈或事先制造泡沫的成本可能较低,因为“金融网红”内容的价值较难衡量与测算,至少在追随者中的声誉风险方面是如此。此外,与兴登堡研究公司(Hindenburg Research)等

---

〔261〕 See Zijun Tian, *How Should Firms Cooperate with Honest Influencers*? (July 26, 2022), https://ssrn.com/abstract=4173460 (解释网红们重视自己的可靠性); Amy Pei & Dina Mayzlin, *Influencing the Influencers* (Sept. 10, 2021), https://ssrn.com/abstract=3376904 (探究公司和网红之间的各种关联).

〔262〕 See Roberts, 见前注〔47〕, p. 100–01 (记录不满的消费者所面临的困难).

〔263〕 See Daniel Bradley et al., *Bucking the Trend: The Informativeness of Analyst Contrarian Recommendations*, 43 FIN. MGMT. 391 (2014) (发现市场对逆向的分析师建议反应更大).

公司或吉姆·克莱默等个人不同,"金融网红"提供错误信息的后果可能严重性更低。社交媒体的相对匿名性也可能为"金融网红"提供一种保护。众多研究已经深入分析了网络匿名性对行为的负面影响。同样地,个人独立的声誉有可能减轻声誉受损的影响。例如,埃隆·马斯克发布非资讯性推文而引发股价波动时,或许不会面临严重的声誉损失。[264]

(五)欺诈和操纵

在最糟糕的情况下,"金融网红"可能会参与欺诈或操纵。成功的欺诈需要散布虚假信息,诱使他人以可预测的方式进行交易,使操纵者从由此产生的价格变动中获利。成功的操纵需要预测价格走势,或以可预测的方式影响价格走势,操纵者也同样可以利用由此产生的价格变动进行交易,并从中获利。"金融网红"尤其有能力在其追随者中引导价格变动交易。如果一群听从"金融网红"建议的交易者能够推动股价变动,而"金融网红"又能控制此类变动,那么"金融网红"就能低买高卖,以牺牲追随者的利益为代价赚取大量金钱。

近年来,一些由"金融网红"发起的大型唱高散货计划已被公之于众。2021 年年末,史蒂文·加拉格尔因使用其 Twitter 账户参与唱高散货计划而被逮捕并被控证券欺诈、电汇欺诈和操纵罪。[265] 加拉格尔在 Twitter 上以@ AlexDelarge6553(以《发条橙》中的角色命名)的用户名积累了大量追随者,他反复购买交易量小的低价股票,并发布虚假和误导性信息,鼓励其追随者购买这些股票,使其能够以高价出售股份。[266] 同样,在 2022 年 2 月,SEC 指控迈克尔·贝克使用其 Twitter 用户名@ BigMoneyMike6 进行低价股欺诈。[267] 在 2022 年 12 月,SEC 指控八名

---

〔264〕 See, e. g., Maria Konnikova, *The Psychology of Online Comments*, NEW YORKER (Oct. 23, 2013), https://www.newyorker.com/tech/annals-of-technology/the-psychology-of-online-comments.

〔265〕 See Sealed Complaint, U. S. v. Gallagher, 见前注〔12〕, p. 1-3; Complaint, SEC v. Gallagher, 见前注〔12〕, p. 3-4.

〔266〕 See Sealed Complaint, U. S. v. Gallagher, at 2; Complaint, SEC v. Gallagher, 见前注〔12〕, p. 6.

〔267〕 See Complaint, SEC v. Beck, at 6.

社交媒体网红在 Twitter 和 Discord 上进行欺诈和股市操纵。[268] 根据 SEC 执法部门市场滥用部门的负责人称,"……被告利用社交媒体聚集了一大群新手投资者,然后通过不断地提供错误信息将他们加以利用,这种行为(为被告)创造了大约 1 亿美元的欺诈利润"[269]。被告在社交媒体上获得了数十万名追随者,鼓励他们的追随者购买被告已经购买的股票,然后在股价上涨后出售这些推广的股票。[270]

当然,唱高散货计划并非新鲜事;[271] 社交媒体只是让欺诈和操纵更容易得逞。[272] 乔希·米茨(Josh Mitts)已经识别出社交媒体操纵的另一种新近表现形式:对上市公司进行匿名空头攻击,随之而来的是价格下跌与后续回升。[273] 在这些情况下,追随者根据"金融网红"或在投资

---

〔268〕 See U. S. SEC. & EXCH. COMM'N, 见前注〔1〕; Complaint, SEC v. Constantin et al., 见前注〔1〕, p. 2.

〔269〕 See U. S. SEC. & EXCH. COMM'N, 见前注〔1〕.

〔270〕 同上注。

〔271〕 See, e. g., Fox et al., 见前注〔151〕, p. 111 – 12(讨论各种类型的股市操纵行为);Tom C. W. Lin, *The New Market Manipulation*, 66 EMORY L. J. 1253, 1292(2017)("不道德的参与者如今能够借助新媒体与金融科技的手段,在空前的范围内散播错误数据、虚假新闻及有瑕疵的信息,从而干扰乃至扭曲金融市场,而这一市场的良性运转正依赖于信息的准确性")[first citing Zohar Goshen & Gideon Parchomovsky, *The Essential Role of Securities Regulation*, 55 DUKE L. J. 711, 714 (2006); and then citing Sabrina Tavernise, *As Fake News Spreads Lies, More Readers Shrug at the Truth*, N. Y. TIMES(Dec. 6, 2016), https://www.nytimes.com/2016/12/06/us/fake-news-partisan-republican-democrat.html].

〔272〕 See Thomas Renault, *Market Manipulation and Suspicious Stock Recommendations on Social Media* (2017), https://papers.ssrn.com/sol3/papers.cfm?abstract_id=3010850(分析针对小市值公司的 Twitter 信息,并发现与唱高散货策略相符的证据); David Skillicorn & David Nam, *Detecting Stock Market Manipulation from Online Forums* (2022), https://papers.ssrn.com/sol3/papers.cfm?abstract_id=4041038(利用社交媒体帖子的语言构建唱高散货计划的预测模型); Christian Leuz et al., *Who Falls Prey to the Wolf of Wall Street? Investor Participation in Market Manipulation* (2017), https://papers.ssrn.com/sol3/papers.cfm?abstract_id=3082266(分析参与唱高散货计划的不同类型个体的特征); Jean-Yves Delort et al., *The Impact of Manipulation in Internet Stock Message Boards* (Oct. 30, 2009), https://ssrn.com/abstract=1497883; Sanjiv Sabherwal et al., *Do Internet Stock Message Boards Influence Trading? Evidence from Heavily Discussed Stocks with No Fundamental News*, 38 J. Bus. FIN. & ACCT. 1209 (2011)(发现在线留言板在某些情况下可以预测交易行为).

〔273〕 See Mitts, 见前注〔31〕.

网站 SeekingAlpha.com 上匿名作者传播的信息进行交易。[274] “金融网红”能够凭借其在社交媒体上的声誉和影响力,通过后续的散户交易引发价格波动。

为进一步说明通过金融影响进行欺诈或操纵的容易程度,大家可以设想一家制药公司的股票每股价格为两美元,其交易量很低,这意味着通过交易引起价格波动相对容易。一个拥有相当数量社交媒体追随者的“金融网红”告诉他的追随者们,该公司有一种药物即将获得 FDA 批准。这是一个谎言。“金融网红”已经以每股两美元的价格购买了大量股票。听到这个谎言后,其追随者纷纷涌入购买股票,直到股价达到每股 5 美元。此时,“金融网红”卖出其所有股票,每股赚取了 3 美元的利润。这个谎言被揭穿后,股价回落到两美元,许多在高价买入的追随者却已经遭受了重大损失。

这个例子说明,由于追随者的行为可预测,有利可图的操纵或欺诈不仅是可能的,而且很简单。因此,“金融网红”崛起带来的一个主要问题是他们聚集追随者的能力以及利用他们获利的动机。那些受害者可能包含在损失了大量资金后退出市场的散户投资者。[275] 本可以投资股市的人可能会遭受储蓄的减少,这可能导致更广泛的负面宏观经济影响。[276] 公司也可能因为“金融网红”的活动而声誉受损。[277]

六、未来方向

本部分探讨了未来的发展方向。我们如何增加金融影响力的益处

---

〔274〕 See, e.g., 同上注,p.310(指出市场在两种情况下可能相信一个化名者:一是从作者此前的预测平均来看没有出现回撤的情况;二是作者没有历史记录的情况).

〔275〕 See Fox et al., 见前注〔38〕,p.1290 -91(讨论由于对市场的负面看法,散户市场参与度可能会降低); see also Saad, 见前注〔234〕(描述了股票持有量低迷,至少部分原因是“担心只要失业仍然是一个全国性问题,市场的风险就仍然太大”); Lewis, 见前注〔234〕,p.200 -01(将低股票持有率与对市场不公平的看法联系起来); see also N.Y. TIMES, 见前注〔234〕(解释股票市场如何区别对待精明投资者和普通投资者).

〔276〕 See Fox et al., 见前注〔38〕,p.1290 -91(指出如果公众认知难以根除且损害市场运作,那么可能需要政策回应).

〔277〕 See Roberts, 见前注〔47〕,p.99.

并降低其危险性?尽管对改革的全面阐述超出了本文的范围,但本部分还是进行了初步探讨。

一方面,激励“金融网红”产出有价值的信息至关重要。另一方面,证券市场中现有的禁令为防止明显的欺诈和操纵提供了充分保障。然而,针对合法但质量低下的信息的保护目前并不健全,应予以慎重考虑。本部分第一节讨论了现有的针对欺诈和操纵的禁令。第二节考虑要求“金融网红”提供更健全的披露。第三节评估了激励优质信息提供的方式。

(一)规范欺诈和操纵行为

证券法中的反欺诈和反操纵条款禁止证券市场中明显非法的不当行为。[278] 监管机构和法院主要依靠《1934 年美国证券交易法》的两项条款来保护投资者免受欺诈和操纵之害:第 10b 条及其配套规则 10b-5 和第 9a 条。[279]

第 9a 条第 2 款禁止对证券进行“一系列交易”,包括:(1)“造成实际或明显的活跃交易”或影响其价格;(2)“为诱使他人购买或出售该证券”。[280] 第 10b 条禁止违反 SEC 规则,在证券交易中使用“任何操纵性或欺骗性手段”。[281] 第 10b-5 条规定,与买卖任何证券有关的下列行为均属违法:(1)使用任何手段、阴谋或诡计进行欺诈;(2)对相关事实作出任何不真实的陈述,或遗漏陈述一项必要的重要事实,该事实使所作出的陈述在当时的情况下会产生误导;(3)从事任何对任何人构成或将构成欺诈或欺骗的行为、做法或经营过程。[282]

第 9a 条的核心在于操纵者的目的,因为购买或出售证券必然会产生实际交易,且往往会影响证券价格。第 10b-5 规则在很大程度上被

---

〔278〕 相比之下,其他人则撰文探讨了“金融网红”在责任承担方面的困境,并提出了创新性的方法来惩戒不当行为人。同上注。

〔279〕 Securities Exchange Act of 1934, 15 U.S.C. §§78i(a)(2), 78j(b).

〔280〕 同上注。§78i(a)(2).

〔281〕 同上注。§78j(b).

〔282〕 Employment of Manipulative and Deceptive Devices, 17 C.F.R. §240.10b-5 (2021).

用于监管欺骗和虚假陈述。[283]

社交媒体上的唱高散货计划很容易落入此类规定的范畴。然而,可以想象在应用这些规定时会遇到困难,比如一个“金融网红”仅是简单地披露公司股票的财务状况,或者随机从包里掏出拼字游戏牌来决定自己的交易。如果投资者声称自己因瑞安·科恩交易 Bed Bath & Beyond 的股票而蒙受损失,或因波特诺伊随机选择的股票而购买了风险性股票并蒙受损失,那么他们可获得的救济是有限的。在此情况下,不存在虚假陈述,即使存在操纵意图也很难证明。换言之,如今的“金融网红”能够轻易地从追随者可预测的交易行为中获利,而不会触犯反欺诈或反操纵法。仅仅从其他交易者的行为中获利并不违法;这样做是股市中所有交易行为的基础。

换言之,反欺诈法和反操纵法可以有效地用于禁止和惩罚明显非法的欺骗和操纵活动。[284] 这将保护投资者免受最恶劣形式的“金融网红”不当行为的侵害。但是,合法但具有潜在危害性的行为需要更具创造性的应对措施,这一点将在下文中讨论。

(二)“金融网红”披露

信息披露有助于阻止不良行为或至少减轻危害。在传统的品牌推广背景下,研究表明,如果消费者知道网红的内容是被赞助的,他们会更严格地看待这些内容,并认为其说服力较弱。[285] 在更广泛的证券领域,

---

[283] *Chiarella v. United States*,445 U. S. 222,234 – 35 (1980)(“第 10b 条被恰当地描述为一个包罗万象的条款,但它所涵盖的必须是欺诈行为”). Fox et al. ,见前注〔154〕, p. 118 n. 122 {See, e. g. , Schreiber v. Burlington N. ,Inc. ,472 U. S. 1. 8 n. 6 (1985)[“国会在第 10b 条中使用了‘操纵性或欺骗性’一词,我们在该条款的背景下解释‘操纵性’时认为其需要具备虚假陈述”(引用省略)]; Santa Fe Indus. ,Inc. v. Green,430 U. S. 462,476 (1977)[“操纵‘通常是指那些旨在通过人为影响市场活动来误导投资者的行为,例如洗售、对敲交易或操纵价格’(引用省略)”]; Ernst & Ernst v. Hochfelder,425 U. S. 185,199 (1976)[“‘操纵性’一词在与证券市场相关时,几乎是一个专门术语。它意味着通过控制或人为影响证券价格,故意或蓄意进行的欺骗或欺诈投资者的行为”(引用省略)].

[284] 如果实质性被广泛定义,这尤其适用。

[285] See Roberts, 见前注〔47〕,p. 99 – 100 (collecting sources).

信息披露在市场运作中发挥着核心作用。[286] 同时,信息披露的局限性也已被广泛讨论。[287]

证券市场上的大多数披露是针对公司的,而不是针对"金融网红"的。这种区别可能至关重要。投资者可能会觉得公司层面的信息披露令人困惑,理解起来具有挑战性,他们可能会对"金融网红"的特定信息披露作出更有效的反应。意识到"金融网红"的帖子是赞助的,可能会使受众更具批判性和怀疑性地看待内容。[288] "金融网红"披露其有偿推广信息可使其追随者感觉更了解情况,并鼓励他们对信息进行批判性评估,从而进一步促使金融素养和散户投资者参与度提高。

---

〔286〕 See, e. g. , Goshen & Parchomovsky, 见前注〔271〕, p. 756 – 57(讨论披露与治理之间的关系).

〔287〕 See, e. g. , Robert A. Prentice, *Moral Equilibrium: Stoch Brokers and the Limits of Disclosure*, 2011 WIs. L. REV. 1059, 1061 – 68 (2011)(探讨股票经纪人披露的失败);James Fallows Tierney, *Investment Games*, 72 DUKE LJ. (forthcoming 2022 – 2023)(manuscript at 1, 6), https://papers. ssrn. com/sol3/papers. cfm? abstract_id = 3916407(认为"复杂的金融中介"在现代证券法下很大程度上控制了投资者保护).

〔288〕 "披露应谨慎使用。关于交易层面披露效果的文献相当丰富,其中很大一部分表明,这类警告通常无效,甚至可能适得其反。" See, e. g. , Steven M. Davidoff Claire A. Hill, *Limits of Disclosure*, 36 SEATTLE U. L. REv. 599, 599 – 604 (2013)(讨论披露的局限性,包括对复杂投资者的局限性);Prentice, 见前注〔287〕, p. 1061 – 68. For example, companies like AMC and Hertz expressly warned investors that their stock might be worthless. See Joe Wallace, AMC *Shares Sink on Stock Sale Plan and Warning to Buyers*, WALL ST. J. (Jun. 3, 2021), https://www. wsj. com/arti – cles/meme – stocks – gyrate – after – amc – files – to – sell – more – shares – 11622721750; Hertz Glob. Holdings, Inc. , Prospectus Supplement to Prospectus Dated June 12, 2019 (Registration Statement No. 333 – 231878)(June 15, 2020)["我们正在根据美国法典第11篇第11章(《破产法》)进行重组,这已经导致并可能继续导致我们的普通股价值下降,甚至可能使我们的普通股变得一文不值。投资我们的普通股涉及高度风险"]. 这些警告并未阻止散户投资者购买该股票。See Virginie Montet, *AMC Completes Large Stock Offering Despite Blunt Investor Warning*, YAHOO! NEws (June 3, 2021), https://news. yahoo. com/amc – completes – large – stock – offering – 183303685. html (注意到尽管AMC警告"在这种情况下,我们劝告您不要投资我们的A类普通股,除非您已准备好承担全部或大部分投资损失的风险,AMC仍筹集了近6亿美元")[quoting AMC, Prospectus Supplement to Prospectus Dated December 30, 2020 (File No. 333 – 251805)(Jan. 25, 2021)].

此外,还有其他类型的披露可供考虑。[289] 例如,社交媒体平台可以公布曾被罚款或被采取法律措施的"金融网红"名单,就像美国金融业监管局的"经纪人检查"(Broker Check)数据库提供经纪人的资质和违规信息一样。[290] 如果社交媒体公司认为用户更喜欢可信"金融网红"所在的平台,那么他们可能会自愿采取此种做法。同样,正如企业界越来越重视对社会或环境目标的承诺,也可以鼓励公司或对冲基金披露社交媒体活动。[291] 在非金融领域,用以规制线上有害和操纵性活动的各种工具已被提出:限制自动播放和无限滚动、严格的默认隐私设置以及其他内容中立的限制。[292] 还有人主张,如消费者金融保护局(the Consumer Financial Protection Bureau)等此类金融监管机构应该参与社交媒体内容分析,以监控消费者、网红和市场活动,将 TikTok 等平台视为"现代投诉箱"。[293]

---

[289] "虽然这超出了本文的范围,但需要注意的是,监管'金融网红'的内容可能涉及《1940 年投资顾问法》下的某些第一修正案问题。根据该法,该法管理投资建议和顾问,只要是通过'定期和广泛发行的出版物'传播的金融建议,个人就无须在该法下注册。2021 年 10 月,Robinhood 向美国证券交易委员会提交的意见认为,无论是通过文字还是其他传播方式(如动画和图形),数字互动实践传达的是思想和信息,因此构成受第一修正案保护的言论,并且基于其传播内容的努力来监管数字互动实践将因此面临严格的第一修正案审查,而这种法规很少能通过。" See also, e. g., Norton, 见前注〔131〕("探讨第一修正案保护与操纵之间的交集"). Norton 探讨了操纵性言论被禁止的程度,并指出最高法院的商业言论理论并未涉及那些操纵性但不具欺骗性的商业言论。同上注,p. 233. Norton 提议法院应将其理论扩展至包括"操纵性"的商业言论。同上注。虚假或误导性的言论不受第一修正案保护。See Cent. Hudson Gas Elec. Corp. v. Pub. Serv. Comm'n, 447 U. S. 557, 563 – 64 (1980).

[290] See Broker Check, FINRA, https://brokercheck.finra.org/.

[291] See, e. g., Hannes et al., 见前注〔208〕, p. 8 – 10(描述了企业界对 ESG 日益关注的趋势,并考虑了支持者的理由——长期价值最大化、利益相关者主义和投资者的社会偏好——认为企业应在简单的利润最大化之外追求 ESG 目标). 关于 ESG 承诺的有效性存在广泛的争论。同上注,p. 3(指出"呼吁促进 ESG 目标的言辞与实际推进 ESG 目标之间存在巨大差距"); Dorothy Lund & Elizabeth Pollman, *The Corporate Governance Machine*, 121 COLUM. L. REV. 2563; Marcel Kahan & Edward Rock, *Systemic Stewardship with Tradeoffs*, (N. Y. U. L. Econ Rsch, Working Paper No. 22 – 01, 2022), https://ssrn.com/abstract=3974697.

[292] See, e. g., Norton, 见前注〔131〕, p. 241 – 42 (collecting sources).

[293] See Nikita Aggarwal et al., *#Fintok and Financial Regulation*, 54 ARIz. ST. L. J. 333, 337(2023).

作者认为,这也可能抑制掠夺性行为。[294]

关于受赞助的“金融网红”活动,1933 年《美国证券法》第 17b 条包含反兜售条款,禁止在未披露报酬或报酬金额的情况下推销证券。[295] SEC 最近与一些名人就其在社交媒体上非法推广加密货币达成和解,这些名人未披露他们(就推广行为)收取了报酬。[296] 法院还认为,新闻撰稿人有义务披露其在某些股票市场的经济利益。[297] 当然,经纪人和投资顾问要遵守详细的监管制度,包括披露、报告、营销等多方面的规定。[298] 这些规定也适用于他们的社交媒体活动。然而,大多数“金融网红”不是注册财务顾问,可能不受上述许多法规的约束,尤其在其内容不收取报酬的情况下。

一些司法管辖区已开始发布有关社交媒体金融内容的建议。迄今为止,SEC 对注册投资顾问或经纪人使用社交媒体的调查是有限的。[299] 其他司法辖区的金融监管机构已开始发布与社交媒体上的金融建议有关的指导意见,通常是阐明金融内容可能违反相关法规的情况。[300] 例

[294] 同上注。

[295] See 15U. S. C. § 77q(b).

[296] See U. S. SEC. & EXCH. COMM'N, 见前注[52];U. S. SEC. & EXCH. COMM'N SEC Charges, *NBA Hall of Famer Paul Pierce for Unlawfully Touting and Making Misleading Statements about Crypto Security*, (Feb. 17, 2023), https://www. sec. gov/news/press – release/2023 – 34;U. S. SEC. ExCH. CoMM'N, SEC *Charges Crypto Entreprreneur justin Sun and his Companies for Fraud and Other Securities Law Violations* (Mar. 22, 2023), https://www. sec. gov/news/press – release/2023 – 59 [charging Lindsay Lohan, Jake Paul, DeAndre Cortez Way (Soulja Boy), Austin Mahone, Michele Mason (Kendra Lust), Miles Parks McCollum (Lil Yachty), Shaffer Smith (Ne – Yo), and Aliaune Thiam (Akon)].

[297] See Mitts et al. , 见前注[31], p. 5 (collecting cases).

[298] See U. S. Sec. & Exch. Comm'n, Request for Information and Comments on Broker – Dealer and Investment Adviser Digital Engagement Practices, Related Tools and Methods, and Regulatory Considerations and Potential Approaches; Information and Comments on Investment Adviser Use of Technology to Develop and Provide Investment Advice (Aug. 27, 2021), https://www. sec. gov/rules/other/2021/34 – 92766. pdf, p. 33 – 35 (征求关于数字互动投资实践的意见).

[299] 同上注, p. 1.

[300] See DELOITTE, *Regulatory Posture on Social Media Advertising and Finfluencers* (June 28, 2022), https://www2. deloitte. com/gu/en/pages/finan cial – services/articles/regulatory – posture – social – media – advertising – finfluen – cers. html (总结了新西兰金融市场管理局、欧洲证券和市场管理局、澳大利亚证券和投资委员会、新加坡金融管理局等监管机构提供的指导).

如,欧洲证券和市场管理局(European Securities and Markets Authority)于2021年10月发布的一份声明明确了社交媒体上的投资建议违反《欧盟市场滥用条例》的后果。〔301〕 同样,澳大利亚证券和投资委员会(Australian Securities and Investments Commission)于2022年3月发布的一份信息表警告称,具有金融影响力的社交媒体网红可能会违反《2001年澳大利亚公司法》。〔302〕

(三)更好的"金融网红"信息

从更广泛的角度来看,重要的是激励"金融网红"生成更好的信息。当然,理解何为"好"信息仍是一项挑战。即使对传统投资者而言,信息也在不断发展,已经超越了财务报表分析的范畴。〔303〕 因此,正如前文所讨论的,市场对"信息"理解的边界可能值得扩展。

如果得到有效利用,"金融网红"和社交媒体可以在向散户投资者传播有用信息方面发挥重要作用,这将扩大散户投资者群体,并有助于解决更广泛的金融素养和公平性问题。〔304〕 因此,应该利用"金融网红"增强声誉、建立信任和吸引更多追随者的动机,促使"金融网红"提供有价值的信息。在类似情况下的研究发现,社会监督可能会促使财务报告

---

〔301〕 See EUR. SEC. & MKTs. AUTH., *ESMA's Statement on Investment Recommendations on Social Media* (Oct. 28, 2021), https://www.esma.europa.eu/sites/default/files/library/esma70-154-2780_esmas_statement_on_investment_ recommendations_on_social_media.pdf.

〔302〕 See AUSTL. SECS. &INVS. Comm'n, *Discussing Financial Products and Services Online* (Mar., 2022), https://asic.gov.au/regulatory-resources/financial-services/giving-financial-product-advice/discussing-financial-products-and-ser vices-online/.

〔303〕 See, e.g., U.S. SEC. & Exch. COMM'N, *SEC Says Social Media OK for Company Announcements if Investors Are Alerted* (Apr. 2, 2013), https:/ www.sec.gov/news/press-release/2013-2013-51htm(澄清公司可以使用社交媒体传播信息,以符合《公平披露条例》的规定).

〔304〕 通过提高社交媒体传播信息的质量,可以缓解散户投资者所面临的公平性问题和其他结构性劣势。股票价格"公平性"的理论概念并不评估每个投资者是否获得正回报。对公平性的评估通常取决于它如何影响市场参与者的事前财富状况。See Fox et al., 见前注〔38〕, p. 1263. 此外,公平价格通常仅被定义为反映所有公开可用信息的价格。当然,感知到的公平性可以显著影响散户投资行为。See Fox et al., 见前注〔14〕, p. 49-54.

产生更好的信息内容。[305] 如果历史上提供有价值信息的“金融网红”能在追随者中产生更多信任和参与，这些“金融网红”可能会受到激励从而继续提供有价值的信息，提供质量低劣的信息的动机会被抑制。

激励“金融网红”生成有助于提高价格准确性的优质信息，不仅会使散户投资者受益，也会有利于市场的价格发现机制。对那些将教育作为其平台重要组成部分的“金融网红”，可以给予额外的奖励。例如，监管机构可以考虑与诸如“金融很酷大学”这样的平台合作，以警惕误导信息。

如上所述，公司和机构投资者可以考虑直接与“金融网红”和散户投资者沟通。实现这一点的一种方式是通过投票平台。比如，先锋集团和黑岩集团已经推出了计划，为个人投资者提供了更多关于其股份的选择。[306] 增加参与度和沟通可以促进更好的信息共享，同时提高金融素养。[307] 此外，公司和机构投资者还可以通过直接的散户沟通方式接触到“金融网红”和散户投资者。公司越来越多地改变其沟通策略，包括直接与散户投资者对话、在社交媒体上发布内容，以及监控散户交易平台。[308] 而随着接触和沟通渠道的扩大，也可以增加公司或机构在作出金融决策时将“金融网红”和散户投资者所重视的社会或文化价值观加

---

〔305〕 See Fox et al.，见前注〔38〕，p. 1368（讨论 Seeking Alpha 作者可能如何受到激励提供优质信息）；see also Jonathan Clarke et al.，*Fake News*，*Investor Attention*，*and Market Reaction*，32 INFO. Sys. RsCH. 35，49 – 51（2021）（证明在 Seeking Alpha 平台上，假新闻比真实新闻更能吸引注意力）；Paulo B. Goes et al.，“*Popularity Effect*” *in User – Generated Content*：*Evidence from Online Product Reviews*，25 INFO. Sys. RsCH. 222，236（2014）（指出更多的客观评论是由于更多的观看量）. 当然，正如其他人在披露背景下所讨论的那样，社会监控也可能阻碍理性决策。同行活动可能导致更多的自我监控和更好的结果，但也可能加剧非理性行为。See Davidoff Hill，见前注〔288〕，p. 603，632（discussing the limits of disclosure）［citing Judith Chevalier & Glenn Ellison，*Career Concerns of Mutual Fund Managers*，114 Q. J. EcoN. 389，389（1999）］.

〔306〕 See Brush，见前注〔257〕；Blackrock，见前注〔258〕；Martha Carter et al.，*Be Careful What You Wish For*，HARV. L. SCH. F. ON CORP. GOVERNANCE（Dec. 28，2022），https：//corpgov. law. harvard. edu/2022/12/28/be – careful – what – you – wish – for/.

〔307〕 See Fisch，见前注〔212〕（manuscript at 31）.

〔308〕 See Trentmann，见前注〔245〕.

以考虑的意愿。

最后,可以考虑为“合格”的“金融网红”建立数据库。例如,金融规划标准委员会(Financial Planning Standards Board)最近向国际证券委员会组织散户市场行为特别工作组(International Organisation of Securities Commissions Retail Market Conduct Task Force)提供了建议,建议为“金融网红”建立一个监管“沙盒”(sandbox)并发布参与的“金融网红”的名单。[309]

结　论

本文记录了“金融网红”在当今股票市场的崛起,分析了“金融网红”驱动的交易如何与传统的价格发现规范框架相互作用,并评估了“金融网红”的利弊。

“金融网红”正在通过放大散户交易的影响力和扩大股价反映的“信息”类型来扰乱当今股票市场的信息生态系统。市场必须重新考虑股价中包含的信息,以及控制或塑造这些信息的主体。实体经济中的资本流动正受到复杂的影响,可能越来越多地流向反映非传统类型信息或价值观的项目。尽管“金融网红”可以通过提高金融素养和增加散户投资者参与惠及市场,但他们也可能有扭曲的动机去制造泡沫或从事欺诈和操纵行为。尽管证券法能够惩罚明显的非法行为,但其他改革应该集中于改善沟通与信息。

(编辑:徐安安　姜沅伯)

〔309〕 See Sonia Rach, *Finfluencers' Are the Supply Filling a Demand*, FIN. TIMEs (Aug. 25, 2022), https://www.ftadviser.com/your-industry/2022/08/25/fin fluencers-are-the-supply-filling-a-demand/.

《证券法苑》(2025)
第四十二卷,第 295 ~339 页

破产隔离结构化:通过法律重新分配风险*

[美]史蒂芬·L. 施瓦茨** 著　马学荣*** 译
胡继晔**** 校

摘要:破产隔离结构化(bankruptcy - remote

---

* Steven L. Schwarcz, *Bankruptcy - Remote Structuring: Reallocating Risk Through Law*, 97 The American Bankruptcy Law Journal 2023 (A Quarterly Journal of the National Conference of Bankruptcy Judges). 本文翻译已获得授权。

** 杜克大学法学院的斯坦利·A. 斯塔(Stanley A. Star)特聘法律与商业教授,国际治理创新中心高级研究员。作者感谢肯尼斯·艾约特(Kenneth Ayotte)、斯图尔特·本杰明(Stuart Benjamin)、卡罗琳·塞科特(Caroline Cecot)、杰里米·C. 克雷斯(Jeremy C. Kress)、科琳·H. 麦克唐纳(Colleen H. McDonald)、乔世桐(Shitong Qiao)、罗伯特·K. 拉斯穆森(Robert K. Rasmussen)、乔纳森·西摩(Jonathan Seymour)、迈克尔·辛科维奇(Michael Simkovic)、亚瑟·威尔马斯(Arthur Wilmarth),以及参加杜克大学法学院教师研讨会的人员的宝贵意见;感谢米歇尔·娄(Michelle Lou)、卡梅伦·欧文(Cameron "Cam" Irwin)、布伦丹·赖查特(Brendan Reichart),特别是宋楚蓉(Chorong Song)的宝贵研究协助。作者还感谢来自富勒-珀杜(Fuller - Perdue)的资助。

*** 宁夏职业技术大学商学院副教授,中国政法大学法学博士。本文翻译中,参考了作者撰写的原文以便于读者更好地理解其本意。

**** 中国政法大学商学院金融系教授,博士生导师。

structuring),是一种具有潜在公共政策影响的法律策略,其对一系列重要的结构化融资至关重要。通常,破产隔离结构化寻求更优化地重新分配风险的渠道,包括减少信息不对称和将更高的风险分配给追求收益的投资者,从而使企业实现多样化和降低融资成本。在现实中,破产隔离结构化有时会产生负外部性。本文对破产隔离结构化进行了规范性分析,研究了当事人应在多大程度上拥有重新分配破产风险的权利。同时也研究了外部因素应如何限制合同自由,以及如何改革破产隔离结构化以减少负外部性。

关键词:破产隔离　结构化　分配风险　信息不对称　负外部性

引　言

破产有很多含义。在商业上,它指的是一个公司、项目或其他实体的财务状况,因不能支付其到期债务或根据破产法而成为案件的主体。[1] 在美国,破产法主要由联邦《破产法典》(Bankruptcy Code)管辖,[2]其目的是重组有可能生存的实体和清算其他实体。[3]

破产隔离意味着实体受到有效保护[4]而不受实体内部或外部因

〔1〕 破产(bankruptcy),《布莱克法律词典》(第11版,2019年)。另见11 U.S.C. §§301,303(h)(1)。术语"案例"(case)和"程序"(proceeding)通常可以互换使用,尽管美国破产法倾向使用"案例"。See In re Royal, 197 B.R. 341, 345 (Bankr. N.D. Ala. 1996).

〔2〕 《美国法典》第十一章。破产法还可以包括某些与普通法破产相关的程序,例如为债权人利益而进行的转让和破产接管(receiverships)。See Gregg Cartage & Storage Co. v. United States, 316 U.S. 74, 80 (1942). 本文对破产法的引用应被视为包括这些程序。

〔3〕 《美国法典》第十一章规范重组,而《美国法典》第七章规范清算。在其他条件相同的情况下,那些业务本身良好但债务过高(好公司,坏资产负债表)的实体最适合重组。例如,见DIP(债务人自行占有,又名经管债务人,Debtor – in – Possession)评级标准、惠誉评级(2020年11月30日),https://www.fitchratings.com/research/corporate – finance/dip – debtor – in – possession – rating – criteria – 30 – 11 – 2020(阐释对破产企业的贷款评级标准)。

〔4〕 鉴于破产所固有的法律不确定性,即便是最好的保护,也只能使破产成为一种遥远的可能性。在实践中,这些不确定性阻止了大多数实体被视为"破产证据"。See Forrest Pearce, *Bankruptcy – Remote Special Purpose Entities and a Business's Right to Waive its Ability to File for Bankruptcy*, Emory Banker, Vol. 28, 2012(解释General Growth的SPE是如何进入破产的,尽管有各种规定旨在使其破产隔离).

素的影响。这些因素可能会阻止其支付到期债务,或者可能使其成为破产程序的主体。[5] 内部因素包括经营企业的正常风险,如支出超过收入的风险。外部因素包括与实体关联公司相关的风险。就像今天的大多数实体一样,关联风险对于隶属于大型企业集团的部分实体而言尤其重要。[6]

破产隔离结构化,是用于实现破产隔离的法律策略,对各种重要商业和金融风险投资至关重要。在证券化、项目融资、担保债券、石油天然气和矿产生产付款以及其他类型的结构性融资交易的投资者中,价值数万亿美元的未偿付证券[7]要求发行证券的实体和交易本身的结构都要被构建为破产隔离。[8] 公共服务委员会和其他监管机构也要求许多公用事业[9]和其他公共必要的公司能够被结构化,在这种情况下,结

[5] See David F. Forti & Allison M. Whip, "*Bankruptcy Remote" Special Purpose Entities in Commercial Mortgage Lending: Characteristics, Enforcement and Limitations*, ABA (Fall 2020), https://www.americanbar.org/groups/real_property_trust_estate/publications/ereport/rpte-ereport-fall-2020/bankruptcy-remote/[将破产隔离的主要目标描述为确保"抵押财产及其财务和法律结构基本上可以被框住,然后进行评估,这样框外的东西(如关联公司的破产)就不会产生不利影响"].

[6] See Melvin Aron Eisenberg, *Megasubsidiaries: The Effect of Corporate Structure on Corporate Control*, Harvard L. REV, vol. 84, 1971, pp. 1571(描述大型子公司的发展以及发展背后的法律和经济原因);See Patrick L. Cusato, *The Economically Dominant Subsidiary: When Can Shareholders Maintain Control*, SYRACUSE L. REV, Vol. 37, 1986, pp. 949(最近,子公司的使用有了巨大的增长).

[7] 仅在美国,2020年证券化发行总额就达到约4.24万亿美元。Jordan E. Yarett, Evan R Berman & Nicole D Martin, *Structured Finance and Securitisation in the United States: overview*, PRACTICAL L. COUNTRY Q & A (June 1, 2021), https://uk.practicallaw.thomsonreuters.com/5-501-4117? transitionType=Default&contextData=(sc.Default). 同年,全球未偿还的项目融资贷款总额约为2776亿美元,在美国约为883亿美元。Project Finance 2021, CHAMBERS & PARTNERS (Nov. 4, 2021) https://practiceguides.chambers.com/practice-guides/project-finance-2021.

[8] 例如,See Adam B. Weissburg & John Matthew Trott, *Special Purpose Bankruptcy Remote Entities*, L. A. LAW, Jan, 2004, pp. 12.(认识到在结构性融资交易中,贷款人通常要求破产隔离)这些类型的融资交易将在下文第一部分第一节中描述。

[9] 公用事业一般是指产生或以其他方式向公众提供电力、清洁水和通信等必需品的私营部门公司。73B C. J. S. Public Utilities § 1.

构化有时被称为“环形护栏”（ring－fenced），以隔离破产。[10]

破产隔离结构化可以提供有价值的经济收益。这些收益包括通过发挥风险分配机制的功能以及减少信息不对称从而优化资源利用。[11] 例如，一个破产隔离实体的投资者承担了与该实体的资产或现金流相关的风险，但很少承担与该实体的关联公司或普通业务运营相关的风险。破产隔离结构化的风险分配可以使该实体对投资者更具吸引力，从而降低其资本成本。[12] 为了进一步降低资金成本，破产隔离实体往往被结构化，以将更高的风险分配给追求收益的投资者。[13] 在较低的借贷成本下，实体可以追求更广泛的项目和商业机会，例如，潜在地增加就业和股东财富。[14]

破产隔离结构化也可以鼓励富有成效的风险承担和创新。它能使一家公司从事在公司集团内被认为风险太大的事业。它还能使寻求投资于某一特定项目或技术开发的投资者可以投资于一个只专注于该项目或开发的破产隔离实体，而不是承担与经营业务更广泛相关的风险。因此，破产隔离结构化有助于确保有前景的新企业获得足够的资本和关注度。

从事破产隔离结构化设计的各方通常寻求更为优化地重新分配风

---

〔10〕 See Steven L. Schwarcz, *Ring－Fencing*, S. CAL. L. REV, Vol. 87, 2013, pp. 105－106. 护栏的描述见下文第一部分第二节。

〔11〕 同上注，第 72 页，第 89－91 页。

〔12〕 See Kenneth Ayotte & Stav Gaon, *Asset－Backed Securities: Costs and Benefits of "Bankruptcy Remoteness"*, REV. FIN. STUD, Vol. 24, 2011, pp. 1329｛认为 LTV Steel 决定［In re LTV Steel Co., 274 B. R. 278. (Bankr. N. D. Ohio 2001)］(Bankr. N. D. Ohio 2001)｝. 对证券定价的影响表明，破产隔离可以显著降低借贷成本。见后注〔112〕－〔114〕和附文（讨论其他来源）。

〔13〕 这是实体在优先—次级结构中发行不同类别的证券而导致的。Kathryn Judge, Fragmentation Nodes, A Study in Financial Innovation, Complexity, and Systemic Risk, STAN. L. REV, Vol. 64, 2012, pp. 673－676.

〔14〕《利率如何影响投资?》，载美国银行（2022 年 3 月 1 日），https://www.usbank.com/financialiq/invest－your－money/investment－strategies/how－do－interest－rates－affect－investments.html（描述了更低的借贷成本如何刺激投资并创造股票市场的收益）. See Kate Marino, How Higher Borrowing Costs Hit Corporate America, AXIOS (May 17, 2022), https://www.axios.com/2022/05/17/higher－borrowing－costs－corporate－america（报告称，在美国联邦储备系统暗示加息 5 个月后，“高收益”公司的借贷活动“已经跌落悬崖”）.

险的方式。[15] 但在现实中,这种结构化交易会将风险从签约方转移到公众身上,从而造成负外部性。[16] 例如,有人指责破产隔离证券化交易因无意中造成系统性金融风险而引发了 2007—2008 年国际金融危机。[17]

本文对破产隔离结构化进行了规范性分析,考察了各方当事人在多大程度上有权根据合同重新分配破产风险。这是第一篇从公共政策的角度进行分析的文章——研究破产法政策应如何限制合同自由;也从成本收益分析的角度——审查外部性应如何限制合同自由。[18] 这篇文章还呈现了为何成本效益分析(cost - benefit analysis,CBA)不应局限于简单的卡尔多 - 希克斯效率[19](Kaldor - Hicks efficiency),而应当将公共利益与社会成本相权衡。

为此,本文第一部分提供了一个破产隔离结构化的类型分析,解释了最广泛使用的破产隔离结构化的类别。第二部分从公共政策的角度分析了破产隔离结构化,重点是促进这种结构的合同自由和这种结构可

---

[15] 例如,See Katherine J. Baudistel, *Bankruptcy - Remote Special Purpose Entities: An Opportunity for Investors to Maximize the Value of Their Returns While Undergoing More Careful and Realistic Risk Analysis*, S. CAL. L. REV, vol. 86, 2013, pp. 1314(解释在结构性融资中使用 SPE 的原因是将风险分配给不同的当事人).

[16] See James A. Swaney, *Externality and Community*, 15 J. ECON. ISSUES 615, 615 (1981)[外部性是第三方效应或无补偿副作用(uncompensated side effects,即对于出现的副作用并没有任何补偿的意思。——译者注)的同义词,通常被定义为私人成本和社会成本之间的差异](原文中强调).

[17] 例如,See Ronald S. Borod, *Belling the Cat: Taming the Securitization Beast Without Killing It*, REV. BANKING & FIN. L, vol. 31, 2012, pp. 644 - 647. See Jason H. P. Kravitt et al., *Some Thoughts on Financial Regulatory Reform Adopted in Response to the Financial Crisis of* 2008/9, REV. BANKING & FIN. L, vol. 37, 2018, pp. 784 - 785(观察到毫无疑问,证券化——或者更确切地说,证券化的实施方式——在引发危机方面发挥了重要作用;但是,如果适当和明智地利用,证券化是所谓"实体经济"的重要资金来源,因此,"监管者和行业应该达成一致,未来监管的目标应该是改善证券化的做法,而不过度限制创新和反应能力,这是自证券化诞生以来的标志").

[18] Ayotte & Gaon,见前注[12],第 1302 页(在有限的交易背景下,分析破产隔离的经济学)。

[19] 见下文注释[106] - [107]及相关文本(描述卡尔多—希克斯效率)。卡尔多—希克斯效率强调从整体收益角度来审视改变的必要性,即当改变带来的整体收益高于成本时,这种改变是积极的。参见石一峰:《〈民法典〉下破产管理人待履行合同选择权的双重限制》,载《法学家》2023 年第 2 期。——译者注

能损害的破产法政策之间的紧张关系。第三部分从成本收益的角度分析了破产隔离结构化,平衡了这种结构化的公共利益及其社会成本。第四部分研究了如何改革破产隔离结构化以降低这些成本,从而努力实现净正收益(net positive benefits)。

这篇文章的范围排除了某些行业游说的(industry lobbied)以及有些独特的(如果不是被误导的话[20])、法定重新分配破产风险的权利。[21]例如,它排除了取消对飞机和与航运有关抵押品赎回权的法定权利,尽管破产法规定了中止取消赎回权和其他强制执行行动。[22] 它还排除了对衍生品和相关合同的当事方强制执行终止净额结算(close - out netting)[23]的法定权利,尽管有上述中止强制执行行动的规定。[24]

---

〔20〕 See Steven L. Schwarcz & Ori Sharon, *The Bankruptcy - Law Safe Harbor for Derivatives: A Path - Dependence Analysis*, WASH. & LEE L. REV, Vol. 71, 2014, pp. 1715(认为尽管《美国法典》第十一章第555—562条的豁免条款——参考下注〔22〕、〔24〕和附文——声称是为了减少系统性风险,但实际上可能加剧这种风险).

〔21〕 这篇文章的范围也排除了在构建制造企业的融资子公司时偶尔使用某些破产隔离技术。

〔22〕 比较11 U.S.C. § 1110(允许对飞机和与航运有关的抵押品取消抵押品赎回权)与11 U.S.C. § 362(自动中止取消抵押品赎回权的行动)。§1110豁免是设备制造商游说的结果。Title XI Bankruptcy Reform: Hearing on S. 1992 and S. 1993 Before the Subcomm. on Merchant Marine of the S. Comm. On Com., Sci., and Transp., 99th Cong. 82 (1986)(商务部声明)(承认11 U.S.C. § 1110"只是因为'设备制造商的大力游说'而被纳入本法典"的说法).

〔23〕 终止净额结算是指在合同存续期间内,若交易一方发生包括破产在内的违约事件,守约方有权提前终止主协议项下所有金融衍生品交易,对交易盈亏轧差计算,以确定应由一方支付给另一方的单一金额。参见曹媛媛、刘煜珅:《尽快明确终止净额结算机制在中国的法律适用》,载《清华金融评论》2020年第2期。——译者注

〔24〕 见11 U.S.C. §§ 555 - 562(规定了这些豁免)。§§555 - 562的豁免是由国际掉期和衍生品协会(International Swaps and Derivatives Association, ISDA)游说的,该协会是领先的衍生品行业贸易组织。见关于ISDA, INT'L SWAPS & DERIVATIVES ASS'N, https://www.isda.org/about - isda(https://perma.cc/3TKD - XF3F)。一般来说,见Gina - Gail S. Fletcher, *Engineered Credit Default Swaps: Innovative or Manipulative?*, N.Y.U.L. REV, vol. 94, 2019, pp. 1073(讨论ISDA).

一、破产隔离结构化的类型

这一部分解释了已经发展起来的两类破产隔离结构:[25]结构性金融交易,如证券化和项目融资,以及对公用事业和其他公共必要公司进行护栏(the ring - fencing)管理。

(一)结构性金融

对于结构性金融交易,破产隔离结构化的核心目标是通过创建证券发行特殊目的实体(每一个都是"SPE"[26],即 special purpose entities)来重新分配风险,这些实体在没有经营业务所固有的破产风险的情况下,可以根据特定的现金流吸引投资。[27] 除了欧洲的担保债券之外,[28]这种结构化主要依赖于合同。证券化和项目融资是结构化金融交易的缩影。

1. 证券化。在典型的证券化中,交易的资金提供者(出资人)从抵押贷款公司等产生这些资产的公司(发起人)处购买一批贷款池或其他支付权(金融资产),然后,将其出售给 SPE。[29] SPE 为这些资产支付商定的市场价(market - value price),通过向投资者发行债务证券来筹集所需资金;这些证券可以从金融资产的收款中偿还。[30] SPE 证券的投资者承担与金融资产相关的风险,但他们不承担与出资人或发起人相关

---

〔25〕 见前注〔8〕—〔10〕及附文。

〔26〕 SPEs 有时被称为特殊目的机构,或 SPVs,这两个词是同义的。为了最大限度地降低经营风险和交易成本,SPE 的组织文件通常严格限制其商业目的和功能。

〔27〕 See John A. Pearce II & Ilya A. Lipin, *Special Purpose Vehicles in Bankruptcy Litigation*, 40 HOFSTRA L. REV. 177, 179 (2011). 有关将破产隔离应用于结构化融资交易的更注重实践的讨论, See Committee on Securitization and Structured Finance of the Business Law Section of the American Bar Association, White Paper on Bankruptcy Remoteness (将刊登于 THE BUSINESS LAWYER 2022 - 23)。

〔28〕 见后注〔53〕-〔54〕及附文(讨论担保债券,在欧洲,有时是根据法定的安全港来构建的)。

〔29〕 See Steven L. Schwarcz, *What is Securitization? And for What Purpose?*, S. CAL. L. REV, Vol. 85, 2012, pp. 1292 - 1293.

〔30〕 同上,第 1293、1295 - 1298 页(解释 SPE 的金融资产如何作为主要支付来源)。SPE 的债务证券通常被称为资产支持证券(ABS)。当特别由抵押贷款组成的金融资产支持时,这些债务证券通常称为抵押贷款支持证券 (MBS)。同上,第 1292 页(确定 ABS 和 MBS 为证券)。ABS 是 Ayotte 和 Gaon 教授对破产隔离的经济分析的主题,见前注〔12〕。

的破产风险。〔31〕

证券化交易以两种方式重新分配这些破产风险:一是将 SPE 本身结构化,使其远离破产;二是将金融资产的转让作为破产法规定对 SPE 的"真实出售"。〔32〕 将 SPE 本身结构化以远离破产,就必须保护其免受可能成为破产案件主体的所有三种方式的影响:自愿破产、〔33〕非自愿破产〔34〕和实质性合并。〔35〕

保护 SPE 免于自愿破产的影响,通常是通过限制 SPE 可以选择申请破产的情况来实现的,这是一个公司治理问题。例如,SPE 的公司章程或其他组织文件通常需要一名或多名独立董事的同意,这些独立董事的利益与 SPE 证券的投资者一致,以便用于授权自愿申请破产。〔36〕 保护 SPE 免受非自愿破产的影响,通常是通过将 SPE 的债权人限制为其证券投资者来实现的。〔37〕

保护 SPE 不受实质性合并的影响可能稍微复杂一些。〔38〕 实质性合并是破产法的一项公平原则,它允许法院在特定的情况下,可以将原本法律上独立的公司或其他实体的资产和负债进行合并。〔39〕 破产法院在

〔31〕 见 Baudistel,前注〔15〕,第 1314 - 1315 页。

〔32〕 见 Pearce & Lipin,前注〔27〕,第 179 页;See Thomas J. Gordon, *Securitization of Executory Future Flows As Bankruptcy - Remote True Sales*, 67 U. CHI. L. REV. Vol. 67, 2000, pp. 1317 - 1318.

〔33〕 见 11 U. S. C. § 301。

〔34〕 见 11 U. S. C. § 303。

〔35〕 见后注〔39〕—〔46〕及附文(讨论实质性合并)。

〔36〕 See Steven L. Schwarcz, Structured Finance, *A Guide to the Principles of Asset Securitization* § 3:2.1, at 3 (3d ed. 2002).

〔37〕 同上。§ 3:3,第 21 - 22 页。

〔38〕 实质性合并可以允许向 SPE 出售金融资产的公司的债权人直接对 SPE 的资产主张索赔。通过将 SPE 的资产纳入破产案件,实质性合并还可能会强制破产法自动中止 SPE 债权人从这些资产中获得偿付的权利。

〔39〕 实体或一个公司在法律上独立于其股东、母公司和附属公司的原则,是美国公司法的基本原则之一。Dole Food Co. v. Patrickson, 538 U. S. 468 (2003). 只有在少数情况下,美国法律才允许企业承担责任——尽管其组成实体在法律上是独立的,但在经济上一体化的企业整体承担责任。Lynn LoPucki, *The Death of Liability*, YALE L. J, Vol. 106, 1996, pp. 67. 最有名的例子是"刺破公司面纱(piercing the corporate veil)"。实质性合并被比喻为用类固醇(steroids)刺穿公司面纱。See Steven L. Schwarcz, *Collapsing Corporate Structures: Resolving the Tension Between Form and Substance*, BUS. LAW, Vol. 60, 2004, pp. 109(分析何时企业责任应优先于实体责任).

考虑每个案件的相关事实后评估实质性合并。[40] 他们考虑待合并的实体之间的关系的本质,审查这些实体之间是否有实质性的相同之处。[41] 如果法院确定存在这种实质性的相同,那么应该如何裁决有两派观点。一方采用平衡测试(a balancing test),另一方则更多地采用“无害”测试(a “do – no – harm” test)。

平衡测试目前在华盛顿特区巡回法院[42]以及第十一巡回法院和第九巡回法院适用。[43] 如果其益处“大大超过了坏处”,该测试允许实质性合并。[44] “无害”测试目前被适用于第二巡回法院和第三巡回法院。[45] 该测试承认公平补救措施不应该被用来伤害无辜的当事人,只有在实际上没有债权人受到伤害的情况下,才允许进行实质性合并。[46] 因此,保护 SPE 不受实质性合并的影响,通常是通过保持 SPE 与出资人和发起人之间的公平交易形式来实现的。[47]

实现证券化交易的破产隔离,还要求将金融资产从发起人和出资人转移到 SPE,根据破产法将其构建为“真实出售”。[48] 这种出售方式赋予了 SPE 使用从金融资产中收取的现金向投资者支付其证券的权

〔40〕 Eastgroup Props., 935 F. 2d at 249; citing In re Auto – Train Corp., 810 F. 2d 270 (D. C. Cir. 1987). 虽然实质性合并通常发生在关联实体破产的情况下,但即使一些实体没有破产,法院也可以下令进行实质性合并。例如,Sampsell v. Imperial Paper & Color Corp., 313 U. S. 215 (1941)(将公司的资产与股东的资产合并)。5 William Miller Collier, *Collier on Bankruptcy* ¶ 1100. 06[3], at 1100 44 to 46 (15th ed. 1989).

〔41〕 为此,法院通常会考虑与平衡一系列因素,它们来自 In re Vecco Constr. Indus., 4 B. R. 407, 410 (Bankr. E. D. Va. 1980)。具体讨论见 5 William Miller Collier, *Collier on Bankruptcy* ¶ 1100. 06[3] (15th ed. 1989).

〔42〕 In re Auto – Train Corp., 810 F. 2d 270 (D. C. Cir. 1987).

〔43〕 Eastgroup Props. v. S. Motel Ass'n, 935 F. 2d 245, 249 (11th Cir. 1991); Bonham v. Compton (In re Bonham), 229 F. 3d 750, 766 n. 11 (9th Cir. 2000).

〔44〕 同上。

〔45〕 See In re Augie/Restivo Baking Co., Ltd., 860 F. 2d 515 (2d Cir. 1988); In re Owens Corning, 419 F. 3d 195 (3d Cir. 2005).

〔46〕 In re Owens Corning. 419 F. 3d.

〔47〕 证券化和结构性金融委员会,美国律师协会商法分会,*Bankruptcy Remoteness: A Summary Analysis*, The Business Lawyer (forthcoming Summer 2022).

〔48〕 见前注〔32〕及附文。

利。[49] 构建一个“真实出售”的复杂性与本文的分析论证无关,只是为了观察到这种构建是可行的。[50]

2. 项目融资。项目融资交易重新分配了破产风险,因此投资者只承担与创收项目产生的现金流有关的风险。[51] 在一个典型的项目融资中,出资人创建了一个 SPE 项目公司(通常投资一些股权),该公司发行证券以建设项目,如发电厂或收费公路。这些证券的投资者(有时可能是最初贷款的银行)从完工项目产生的现金中得到偿还,例如,从发电厂的电力销售或从收费公路的车辆通行费中得到偿还。因此,投资者承担了项目建设和其他相关的风险,[52]但他们不承担任何与出资者有关的破产风险。[53]

3. 其他类型的结构性金融交易。其他类型的结构性金融交易是证券化或项目融资的变种。例如,担保债券交易与证券化交易相似,但也有重要区别。[54] 此外,特别是在欧洲,担保债券交易往往是在法定的安全港下构建的。[55]

生产—支付交易与项目融资相似,但生产—支付交易的项目通常是一个包含特定矿物的矿或油气生产设施,所开采的矿物和碳氢化合物被

---

〔49〕 Structured Finance,见前注[36],§4:1,at 4-3.

〔50〕 同上。第4章。

〔51〕 See Carl S. Bjerre, Project Finance, Securitization and Consensuality, DUKE J. COMP. & INT' L, Vol. 12, 2002, pp. 413(在结构性融资交易中,贷款人依赖于在法律上与借款人分开的资产来偿付,从而不受与借款人可能破产有关的某些风险的影响).

〔52〕 政府有时会帮助补贴有公共价值项目的建设风险。例如,美国国际发展金融公司(The U. S. International Development Finance Corporation, DFC)“投资于包括能源、医疗保健、关键基础设施和技术在内的各个领域”,包括为项目融资建设风险提供保护。DFC 的目标是“使美国在全球发展舞台上成为更强大、更有竞争力的领导者……”见 https://www.dfc.gov/who-we-are。

〔53〕 当一个 SPE 证券收益被用于建造产生租金的住宅或商业房地产项目时,这种交易通常被称为房地产证券化。不过,从技术上讲,这种交易可以被视为一种项目融资。

〔54〕 See Steven L. Schwarcz, *Securitization, Structured Finance, and Covered Bonds*, J. CORP. L, Vol. 39, 2013, pp. 129(比较证券化和担保债券交易).

〔55〕 See Ralf Burmeister et al., *Overview of Covered Bonds*, in ECBC EUROPEAN COVERED BOND FACTBOOK 85, 97-98 (Wolfgang Kälberer et al. ed., 2009).

出售,以产生收入来支付 SPE 项目公司的证券。[56] 资金提供者创建(通常投资一些股权)SPE 项目公司,该公司发行证券以建设该项目。这些证券的投资者从销售已完成项目的矿物所产生的现金中得到偿还。因此,投资者承担与建设、采矿和销售矿物相关的风险,包括矿物定价风险,但他们不承担与资金提供者相关的任何破产风险。

(二)护栏

"护栏"(ring - fencing)指的是重新分配破产风险,以保护公共事业、银行和保险公司。[57] 公用事业委员会和其他州的监管机构通常要求对公用事业公司进行护栏,例如,合法地将它们的风险资产和业务与公用事业功能分开。[58] 英国还要求对零售银行业务进行护栏。[59] 美国的联邦监管机构已经考虑,但不要求对银行和其他具有系统重要性的金融机构进行护栏,以降低系统性风险。[60] 美国领先的保险标准制定和监管支持组织主张增加保险公司的护栏。[61]

因为护栏是在不同的行业环境中提出的,所以对护栏的定义并不

---

〔56〕 例如,See Charles E. Harrell et. al., *Securitization of Oil, Gas, and Other Natural Resource Assets: Emerging Financing Techniques*, BUS. LAW, Vol. 52, 1997, pp. 893. Cf. 26 C.F.R. § 1.636 - 3(a)(定义生产付款).

〔57〕 护栏(ring - fencing)有时也被称为"环形护栏"(ring fencing)。

〔58〕 例如,See Charles E. Peterson & Elizabeth M. Brereton, UTAH STATE DEP'T OF COMMERCE, Report ON RING - FENCING 35 - 39 (Sept. 2005), available at http://www.psc.utah.gov/utilities/telecom/05docs/0505301/Dir%20Test%20C%20Peterson%20DPU%20Exhibit%2010.1.doc(总结要求公用事业公司设置护栏的选定的州法).

〔59〕 See The Financial Services (Banking Reform) Act 2013, Part 9B § 142.

〔60〕 例如,前美国联邦储备系统理事 Daniel K. Tarullo,建议对大型外国银行和具有系统重要性的金融机构的美国业务设置护栏。Jonathan Spicer, *Update 2 - Fed's Tarullo urges global action on regulating banks*, REUTERS, February 22, 2013, available at http://www.reuters.com/article/2013/02/23/usa-fed-tarullo-regulation-idUSL1N0BMDRM20130223.

〔61〕 参见 Daniel Schwarcz 在美国众议院保险、住房和社区机会小组委员会关于"保险监督和立法建议"(Insurance Oversight and Legislative Proposals)的证词,2011 年 11 月 16 日[批评全国保险专员协会(National Association of Insurance Commissioners, NAIC)提出的对保险集团监管采取"窗户和墙壁"(windows and walls)的建议]。该方法的描述见 https://www.naic.org/documents/index_smi_group_solvency_windows_and_walls.pdf.

一致。[62] 然而，它的所有定义都包括破产隔离的关键要素：保护一个实体免受内部和外部因素的影响，这些因素可能阻止它偿还到期债务，或者可能使其成为破产案件的主体。[63] 因此，“护栏最常见的功能是保护公司不受负债和其他与破产有关的风险的影响”。[64] 护栏的其他功能侧重于使实体能够在到期时偿还债务。这些其他功能包括“确保（一个实体）能够在独立的基础上运作，即使其附属公司倒闭，保护（一个实体）不被其附属公司利用——基本上保护被围住（ring - fenced）的公司业务和资产，（并）限制公司的风险活动和投资”[65]。

在美国，护栏最常见的应用是保护公用事业（utilities）。[66] 公用事业通常通过控股公司结构运营，在这种结构中，母公司拥有公用事业子公司的股份。[67] 这种结构提供了灵活性，因为母公司不一定作为公用事业公司受到监管，从而使公司集团能够以更优惠的条件筹集资金。[68] 尽管如此，随着控股公司越来越多地将其投资分散到风险更高的（非公用事业）资产上，失败的情况在增加。[69] 由此产生的母公司破产让公用

〔62〕 护栏，见前注〔10〕，第 71 - 72 页。

〔63〕 见前注〔5〕—〔6〕及其附文。

〔64〕 护栏，见前注〔10〕，第 73 页。

〔65〕 同上，第 73 - 74 页（引文省略）。对关联公司风险的保护反映了越来越多地使用控股公司的结构，在这种结构中，公用事业公司通常是一个或多个运营公司的子公司，这些公司可能从事风险较大的交易。比较护栏，前注〔11〕，第 74 页，与前注〔7〕及附文（相比）。（观察到关联公司风险“对于作为较大公司集团一部分的实体来说尤其重要，正如当今大多数实体是这样”）

〔66〕 见 Peterson & Brereton，前注〔58〕，第 35 - 39 页（总结了马里兰州、威斯康星州、弗吉尼亚州、俄勒冈州和新泽西州的立法，这些立法使用护栏技术来实现公用事业公司的破产隔离）。

〔67〕 See Richard D. Cudahy & William D. Henderson, *From Insull to Enron: Corporate (Re) Regulation After the Rise and Fall of Two Energy Icons*, ENERGY L. J, Vol. 26, 2005, pp. 57.

〔68〕 同上（还解释了为什么控股公司结构可以使得企业集团吸引和培养更大的工程人才库）。

〔69〕 See Fred Grygiel & John Garvey, Fencing in the Regulated Utilities, Public Utilities Fortnightly, Aug, 2004, pp. 32.

事业的子公司也面临破产。[70] 为了减轻这种风险，公用事业公司通常被保护起来，以避免破产。[71] 这种护栏的条款，包括实现护栏的合同方式，通常是由公用事业的监管机构规定的——通常是州公用事业委员会。[72]

二、从公共政策的角度分析破产隔离结构化

第一部分已经表明，结构性金融交易和护栏都依赖于破产隔离结构化来重新分配破产风险。除了某些担保债券交易外，这种结构化交易主要是通过合同实施的。[73] 本部分表明，通过对破产法定计划的妥协，破产隔离结构化创造了合同自由和破产法政策之间的紧张关系。[74] 本部分还分析了这种紧张关系以及平衡合同自由和法定政策的必要性。

---

〔70〕 例如，Public Citizen, *Changes in the Financial Health of the Electric and Natural Gas Utility Industries Since the PUHCA Hearings of* 2001, March, 2004, http://www.citizen.org/documents/industryhealth.pdf（讨论2003年由PUHCA豁免或"非公用事业"企业导致的破产浪潮）。

〔71〕 见 Grygiel & Garvey，前注〔69〕，第32页。

〔72〕 同上。例如，1997年，安然（Enron）收购了波特兰通用电气公司（Portland General Electric, PGE），该公司由俄勒冈州公用事业委员会（Oregon Public Utility Commission, OPUC）监管。见 Peterson & Brereton，前注〔66〕，第13页。（推荐在犹他州使用护栏，并在波特兰通用电气公司的案例中讨论俄勒冈州成功使用护栏的情况）安然和PGE之间的合并是以OPUC规定的条款为前提的，该条款（除其他外）规定PGE必须由安然在破产隔离化结构中持有。同上，第15页。当安然最终申请破产时，这些护栏措施保护了PGE免于破产。Miles H. Mitchell et al., MD. PUB. SERV. COMM'N, Commission Staff Analysis of Ring-Fencing Measures for Investor-Owned Electric and Gas Utilities 14 (Feb. 18, 2005), available at http://webapp.psc.state.md.us/Intranet/Reports/RevisedRing-FencingReport.pdf（推荐在马里兰州使用护栏，并在波特兰通用电气公司的案例中讨论俄勒冈州成功使用护栏的情况）。

〔73〕 见前注〔29〕及其附文。

〔74〕 这种紧张关系涉及围绕破产的更广泛的合同问题。See Steven L. Schwarcz, *Rethinking Freedom of Contract: A Bankruptcy Paradigm*, 77 TEX. L. REV, Vol. 77, 1999, pp. 515.

(一)合同自由

一般来说,法律保护合同自由,因为自愿谈判应该为合同各方带来经济上有益的结果。[75] 然而,合同自由通常受到三个限制:家长式管理(paternalism)、公共政策和外部性(externalities)。[76] 通常,合同各方当事人都富有经验,家长式管理不应适用于本文的商业合同环境。然而,公共政策和外部性施加的限制可能适用于商业合同,包括破产隔离结构化。

接下来的部分将研究破产法中的公共政策强加给破产隔离结构化的限制。[77]

(二)破产法政策

公共政策可以限制合同自由。[78] 在破产隔离结构化的背景下,相关政策是法定的:由《破产法典》[79]或其他编纂破产法的法规所体现的破产法政策(以下简称法定政策)。学者构建了这样一种分析框架,即破产法中的哪些规则应被视为"违约"规则("default" rules),当事人应能够围绕这些规则订立合同,以及哪些规则对于法定破产计划至关重要,应被视为强制性规则。[80] 在更广泛的范围内,法院为作出这一决定提供了一些指导:应当允许当事人围绕一项法定计划订立合同,只要这

---

[75] See Michael J. Trebilcock, *The Limits of Freedom of Contract* 7 (1993)(注意到"如果观察到双方自愿进行私人交易,必须假定双方都认为交易可能会使他们更富裕,否则他们不会进行交易").

[76] 见前注[74],第535-539页。

[77] 此后文章的第三部分研究了外部性施加的限制。

[78] 见前注[75]及其附文。

[79] 回顾一下,该法典编纂了美国破产法。见前注[3]及附文。

[80] See Robert K. Rasmussen, *Debtor's Choice: A Menu Approach to Corporate Bankruptcy*, 71 TEX. L. REV, Vol. 71, 1992, pp. 52;61-72(认为将破产法本质上视为一套强制性规则是不正常的,因为合同法中的大多数规则是默认规则,并且"人们必须为援引强制性规则提供正当理由").

种合同不会“使法令的目的无效”或妨碍法令旨在实现的立法政策。[81]

在破产隔离结构化中，各方围绕相关破产法定方案签订合同，以保护实体免受可能阻止其偿还到期债务或可能使其成为破产案件主体的因素的影响。[82] 该合同是否使法定计划的目的无效或妨碍了法定政策的实施呢？

破产隔离结构化会影响两项基本的法定政策：平等分配和债务人恢复（debtor rehabilitation）。[83] 在一定程度上，结构化保护实体免受可能阻止其偿还到期债务因素的影响，这不应使破产法的目的失效或阻碍这些政策中的任何一项。相反，这将有助于该实体避免债务违约。这些法定政策不应该适用于在债务到期时支付其债务的实体。[84]

相比之下，保护实体免受可能使其成为破产案件主体的因素影响的

---

〔81〕 例如，See Barrentine 诉 Arkansas – Best Freight Sys.，Inc.，450 U. S. 728，740（1981）（认为《公平劳动标准法》规定的权利“不能通过合同来剥夺或放弃”，如果这样做“‘会使法规的目的无效’，并阻碍其旨在实现的立法政策”）。Gilmer v. Interstate/Johnson Lane Corp.，500 U. S. 20，26 – 8（1991）（认为根据《就业年龄歧视法》在联邦法院提出索赔的权利可以通过合同放弃，以支持仲裁协议，因为只要一个人可以在仲裁法庭上有效地提出他的法定诉讼理由，该法规的基本目的和政策就不会受到影响）. 参阅 Alan Schwartz，*A Contract Theory Approach to Business Bankruptcy*，107 YALE L. J，Vol. 107，1998，pp. 1840（认为强制性规则只有在以下情况下才是合理的：有必要保护制度本身的完整性，或者在当事方本身无法自行达成有效结果时，强制性规则能够提高事后效率）。

〔82〕 见前注〔4〕–〔5〕及其附文。

〔83〕 这是破产法（包括法典在内）所依据的两项基本政策。见《重新思考合同自由》，前注〔74〕，第 542 页。［引用 Report of the Commission on the Bankruptcy Laws of the United States，H. R. Doc. No. No. 93 – 137，pt. 1，at 75（1973）］分配平等意味着破产法通常尊重非破产法规定的偿付优先权。债务人恢复意味着破产法通常有利于重组公司，至少是那些经营良好但负债过多的公司。

〔84〕 See 11 U. S. C. 303（h）（1）（有效地将非自愿破产限制在通常不能偿还到期债务的实体上）. 自愿破产申请没有明确的条件，但能够偿还到期债务的实体很少自愿申请破产；流动性不足似乎是申请破产的主要原因。See Marc Martos – Vila & Zongtao Shi，*Bankruptcy Filings During and After the COVID – 19 Recession*，BUS. L. TODAY（Mar. 16，2022）（注意到“经济衰退会充分降低流动性，使得债务人无法在到期时履行债务义务，可能需要法院驱动的解决方案”）；Jean Murray，*Common Reasons Why Companies Go Bankrupt*，SMALL BUS.（July 8，2019），https://www.thebalancesmb.com/why – do – businesses – go – bankrupt – a – crisis – of – liquidity – 3974597（将流动性不足确定为申请破产的主要原因）.

破产隔离结构设计可能会损害上述法定政策。这种结构可能会损害平等分配的政策,因为优先偿还 SPE 证券的投资者,而不是偿还资金提供者和发起人的债权人。[85] 尽管有平等分配的政策,但是,通常会尊重破产前的合同重新分配还款优先权。例如,《破产法典》规定,“排序居次协议在(破产)案件中可根据(本法)执行,其程度与此类协议在适用的非破产法中的可执行性相同”[86]。它还承认了抵押品的优先权。[87] 因此,破产隔离结构不应该妨碍平等分配的法定政策。[88]

类似地,破产隔离结构化可能会通过潜在地剥夺出资人和发起人已转移到 SPE 的金融资产,以损害债务人恢复(rehabilitation)政策。[89] 然而,这种结构化不应妨碍该法定政策,因为 SPE 向发起人支付——而出资人反过来向发起人支付——购买金融资产的议定市场价。[90] 此外,通过促进结构化金融交易,破产隔离结构化可以通过向经济上可行但无法借款的出资人和发起人提供必要的流动性来促进债务人恢复。[91] 因

〔85〕 见前注〔30〕—〔31〕和〔49〕及附文(解释 SPE 证券的投资者承担与金融资产相关的风险,但他们不承担与资金提供者或发起人相关的破产风险)。

〔86〕 11 U. S. C. § 510(a).

〔87〕 例如,See 11 U. S. C. § 1129(b)(2)(A)(确认有担保债权的优先权)。

〔88〕 如果国会通过反弃权条款明确排除它们,以禁止缔约方围绕联邦法定计划签订合同。例如,See United States v. Mezzanatto, 513 U. S. 196, 200 - 01 (1995),然而,破产隔离结构化不应该牵涉到法典中的任何反豁免条款。

〔89〕 见前注〔32〕,Pearce & Lipin 及附文。

〔90〕 见前注〔30〕及附文。在极少数情况下,根据 11 U. S. C. 364,申请破产重组的公司在获得债务人持有融资之前,可能需要立即获得流动性来支付员工和其他费用。为了避免清算,法院有时允许这样的公司,如果可行的话,暂时使用破产隔离(bankruptcy - remote)SPE 的资金——因此可以说有利于债务人恢复而不是远离破产(bankruptcy remoteness)。例如,在申请破产后,LTV 钢铁公司对其证券化融资质疑,认为向 SPE 的转让并不是真正的出售,因此,它应该能够根据破产法提供充分的保护,使用 SPE 的资金作为“现金抵押”。In re LTV Steel, Inc., No. 00 - 43866, 2001 Bankr. LEXIS 131(Bankr. N. D. Ohio Feb. 5, 2001),在 *4 - *7. LTV 主张,如果不这样做,公司可能不得不停止运营,从而危及员工的工作和退休福利,并对当地经济产生不利影响。破产法院允许 LTV 在真实的销售问题解决之前使用这些集合(collections)。同上,* 5 - * 6。

〔91〕 See Steven L. Schwarcz, *Securitization Post - Enron*, 25 CARDOZO. L. REV, Vol. 25, 2004, pp. 1539.

此，破产隔离结构化也不应该阻碍债务人恢复的政策。[92]

（三）平衡合同自由和破产法政策

可见，破产隔离结构化似乎并没有使破产法的目的失效，也没有妨碍其法定政策。所以，从公共政策的角度来看，应该允许当事人以合同方式参与破产隔离结构化。[93]

然而，这是一个规范性的分析。例如，在美国，如果在特定的情况下法院仍然发现签订破产隔离合同阻碍了法典的政策，即美国宪法的最高条款（supremacy clause）——该条款在相关部分规定"美国的法律……应是国家的最高法律"[94]——这将使法院能够宣布该合同结构无效。这反映了《破产法典》是联邦法律，因此是美国联邦法律的一部分，而合同法是州法律。[95]

接下来第三部分分析，尽管有合同自由，但破产隔离结构化的外部性——包括其产生系统性金融风险的可能性——是否应该限制合同结构化。

三、从成本收益的角度分析破产隔离结构化

外部性（externalities），或对第三方的伤害，也会限制合同自由。[96] 破产隔离结构化可以产生外部性。[97] 然而，并不是所有的外部性都会

---

〔92〕 法院似乎也不愿意发现围绕法定计划签订合同会阻碍法定政策的实施。重新思考合同自由，前注〔74〕，第 538 页。See Martin v. Spring Break '83 Productions, L. L. C., 688 F. 3d 247, 255 – 56 (5th Cir. 2012)（解决员工的公平劳动标准法索赔的私人协议是有效的）.

〔93〕 上述分析侧重于当前执行的破产隔离结构化。本文并未涉及是否应允许各方以合同方式参与未来可能以非常不同的方式执行的破产隔离结构化。

〔94〕 U. S. Constitution, Art. VI, Para. 2.

〔95〕 参见，例如，Xuan – Thao Nguyen, *Contract Impossibility from the Spanish Flu of* 1918 *to the Covid* – 19 *Pandemic*, 76 N. Y. U. ANN. SURV. AM. L. Vol. 76, 2021, pp. 779（说明合同法是州法）.

〔96〕 见前注〔75〕及附文。

〔97〕 见前注〔16〕，〔17〕Ronald 文及附文。

阻碍合同的执行；许多合同会产生外部性，但却被强制执行。[98] 在审查外部性时，关键问题是哪些外部性，以及在什么情况下应该使合同执行失败。[99] 不幸的是，“确定这些（外部性）影响中的哪些影响，如果是负面的，在限制当事人相互签订合同的能力时应该予以考虑，这形成了重大的概念性问题”[100]。

无可讳言，无关紧要的外部性不应该算作对合同自由的限制。例如，企业承担风险会产生无数的外部性，但法律只试图限制实质性的外部因素。[101] 要考虑到所有的外部性根本是不可行的。[102] 此外，法律一般只在收益大于成本的情况下才试图限制实质性的外部性。[103]

破产隔离结构化肯定会产生实质性的外部性。[104] 然而，这本身不应该自动挫败破产隔离结构化的执行。公共政策分析通常通过权衡一个项目的收益和成本来评估其（至少是经济上的）优点。[105] 同样，本文建议，破产隔离结构化的优点也应该通过 CBA 来评估。

传统上，CBA 与卡尔多 - 希克斯的效率模型类似，[106] 其权衡成本和

---

[98] 重新思考合同自由，见前注[74]，第 551 - 52 页。

[99] 同上，第 552 页。

[100] Trebilcock，见前注[75]，第 20 页。

[101] See Stephen M. Bainbridge, *Corporation Law and Economics*, New York, Foundation Press, 2002, pp. 425（观察到公司行为产生的重要外部性应该“通过一般福利立法、侵权诉讼和其他形式的监管加以约束”）.

[102] 例如，See Lisa Grow Sun & Brigham Daniels, *Externality Entrepreneurism*, U. C. DAVIS L. REV, Vol. 50, 2016, pp. 321（举例说明补偿由石油泄漏引起的二阶外部性的困难：“溢出的石油可能会污染本地的贝类存量，这反过来又会损害当地渔民的生计，伤害了其他不再受渔民光顾的当地企业，这导致了更多的裁员和经济困境，从而降低当地的财产价值，大幅削减当地学校的预算……”）。

[103] See Exec. Order No. 12866, 58 Fed. Reg. 51,735 (Oct. 4, 1993)（要求所有联邦机构对每项“主要”规则进行成本效益分析）.

[104] 见下文第三部分第二节。

[105] 见前注[103]及附文。

[106] 例如，See Matthew D. Adler & Eric A. Posner, *Implementing Cost - Benefit Analysis When Preferences Are Distorted*, 29 J. LEGAL STUD, Vol. 29, 2000, pp. 1108（说明传统上 CBA 与卡尔多 - 希克斯效率相似）。

收益,而不考虑谁支付成本和谁获得收益。[107] 这种模式对于政府对成本和收益进行中立评估是有意义的,比如决定在哪里建一个新机场或是否颁布新的法规。然而,在破产隔离结构化中,合同当事人都支持并且从项目中显著地获益。[108] 从公共政策的角度来看,对这些私人行为的公正评估应该权衡与社会相关的成本和收益。[109] 这与当代经济理论相一致,即"政策必须基于社会成本和收益,而不是狭隘的私人成本和收益"[110]。因此,本文根据企业破产隔离结构化的公共利益及其公共或"社会"成本(其外部性)来进行破产隔离结构化的 CBA。[111]

接下来,第一节研究这些公共利益,第二节研究这些社会成本,第三节则平衡这些利益和成本。因为收益和成本会因合同是针对结构性金融还是护栏而有很大差异,因此讨论会相应地分成两部分。此外,护栏的讨论侧重于公用事业,这是它最常见的应用。[112]

---

[107] See Richard A. Posner, Economic Analysis of Law § 1.2, at 13 – 14 (9th ed. 2014) [观察到交易是卡尔多 – 希克斯有效的,即使"赢家"(例如,债务人和订约债权人)不补偿"输家"(例如,不同意的债权人和任何其他非签约的第三方)]. See Richard Posner, *Cost – Benefit Analysis: Definition, Justification, and Comment on Conference Papers*, pp. 318 – 319 (Matthew D. Adler & Eric A. Posner, eds.) (观察到"卡尔多 – 希克斯意义上的效率——把馅饼做大,而不用担心切片的相对大小如何变化——是一种社会价值").

[108] 见前注[75]。

[109] 见前注[18](注意到尽管对私人契约的分析,包括对破产的私人契约的分析,往往只考虑私人的利益和成本,寻求社会福利最大化的 CBA 也应该考虑到破产隔离结构化的社会利益和成本)。

[110] Anat R. Admati, *The Missed Opportunity and Challenge of Capital Regulation*, NAT' L. INST. ECON. REV. No. 235, R4, R5 (Feb. 2016). See Caroline Cecot, *Who Benefits from Cost – Benefit Analysis?*, NOTICE & COMMENT (Oct. 13, 2021), available at https://www.yalejreg.com/nc/symposium – reviving – rationality – part – 10/(从福利经济学的角度论证,CBA 可以而且应该考虑监管收益和成本的社会相关分配). Matthew D. Adler, *Benefit – Cost Analysis and Distributional Weights: An Overview*, 10 REV. ENV' T ECON. AND POL' Y, Vol. 10, 2016, pp. 264 (认为 CBA 应该考虑到分配问题). 上文提到的公共利益和社会成本当然是指净公共利益和净社会成本。这种区别对于破产隔离结构化来说可能是微不足道的。

[111] 尽管本文在下文中提到了"公共利益"和"社会成本",但术语"公共"和"社会"之间并无区别。

[112] 见前注[66]及附文。关于护栏的某些其他成本效益分析,见 Ring – Fencing, 前注[10],第 99 – 104 页。

(一)公共利益

1. 结构性金融。破产隔离的结构性融资使企业能以更低的成本和更优惠的利率进入资本市场。[113] 一些因素——包括隔离破产风险,[114]减少信息不对称,[115]以及使资金来源多样化[116]——有助于降低成本。[117] SPE 的债务证券投资者不必担心与资金提供者或发起人有关的破产风险。他们只需要评估 SPE 所购买的金融资产的信誉和质量。[118]基于同样的原因,穆迪、标准普尔和惠誉等信用评级机构对 SPE 的债务证券的评级往往高于对其资金提供者的债务证券的评级。[119] 相比之

---

[113] See Meredith S. Jackson, *Leap of Faith: Asset - Based Lending to Asset - Backed Securitization—A Case Study*, 2 STAN. J. L. BUS. & FIN, Vol. 2, 1995, pp. 196; Pearce & Lipin,前注〔27〕,第 186 页(2011). 也见前注〔12〕及附文。这些更低的成本和更有利的利率在很小程度上被交易成本所抵销。见 Pearce & Lipin,前引,第 190 页(注意到破产隔离结构化涉及交易成本,包括律师费和评级机构费)。

[114] 见前注〔6〕及附文。

[115] See Edward M. Iacobucci & Ralph A. Winter, *Asset Securitization and Asymmetric Information*, J. LEGAL STUD, Vol. 34, 2005, pp. 161. See Salman Shah & Anjan V. Thakor, *Optimal Capital Structure and Project Financing*, J. ECON. THEORY, Vol. 42, 1987, pp. 209(注意到投资者不需要考虑资金提供者的信誉或整体现金流;他们只需要评估 SPE 的现金流生成能力).

[116] See James J. Croke, Jr., *Project Finance and Securitization: A Natural Hybrid*, *Transnat' L Law*, Vol. 18, 2004, pp. 161 - 162[观察到结构性融资的"结构提供了利用额外资金来源的能力,以获得更好和可能更便宜的资金,(并)提高资金来源的多样性"].

[117] 根据莫迪尼亚尼 - 米勒(Modigliani - Miller)资本结构无关性原则,破产隔离的额外保护可以使企业以较低的成本进入资本市场,这一事实表明,这些额外保护是以企业的资产负债表债权人为代价的,他们现在面临更大的风险。我在后面会表明,这些债权人实际上并没有面临更多的风险。见后注〔146〕—〔151〕及附文。从概念上讲,不相关原则假设市场是完美的,因此是不现实的;破产隔离结构化有助于纠正真实市场的信息不对称的缺陷。见前注〔115〕及附文。

[118] 例如,See Adriana Z. Robertson, *Shadow Banking, Shadow Bailouts*, DEL. J. CORP. L, Vol. 43, 2019, pp. 459。另见 James A. Rosenthal & Juan M. Ocampo, *Analyzing the Economic Benefits of Securitized Credit*, J. APPLIED CORP. FIN, Vol. 3, 1988, pp. 32(解释证券化交易中的风险暴露更为有限,因为投资者确切地知道他们承担什么风险)。

[119] 例如,见 STRUCTURED FINANCE,前注〔36〕,§(引脚引用)[注意到"(SPE)发行的证券,根据交易的结构,可能比发起人直接发行的证券具有更高的投资评级"]。

下,由于破产风险,即使是传统的担保融资也可能成本高昂,[120]尤其是公司的杠杆率很高或者其债务证券的评级低于投资级别时。[121]

多样化的资金来源还能增加进入资本市场的机会。[122] 例如,信用评级勉强为投资级的×公司,无法以经济有效的方式向资本市场投资者出售额外的债务证券。由×公司发起的 SPE 却仍然可以经济有效地发行额外的债务证券,×公司间接获得资金。这里有两点原因:SPE 有着不同知名度,并且,由于破产隔离,其债务证券很可能拥有更高的信用评级。[123]

正如所观察到的那样,以更低的成本和更优惠的利率进入资本市场的机会,可以提供宝贵的经济收益,包括使企业能够追求更广泛的项目和商业机会,潜在地增加就业和股东财富[124]并最终降低消费者成本。[125] 此外,破产隔离提供的保护可以鼓励生产性的冒险和创新。[126]更为概括地讲,人们普遍认为,证券化在支持经济增长方面发挥着重要作用。[127] 例如,贷款证券化使贷款人能够将其现有的贷款货币化,从而

---

〔120〕 破产会在几个方面破坏对抵押品的保护。例如,自动中止中止了有担保债权人的所有止赎和其他强制执行行动。11 U. S. C. § 362。债务人也被授权在破产案件中继续使用抵押品。11 U. S. C. § 363。如果债务人无法以其他方式获得破产融资,只要现有的有担保债权人得到充分的保护,法院就可以批准对担保品的优先留置权,以确保这种融资——这是一个有些模糊和灵活的概念。比较 11 U. S. C. § 364(d)(1)(使破产法院能够批准优先留置权)与 11 U. S. C. § 361(3)(前提是充分保护包括现有抵押品的"不容置疑的等价")。

〔121〕 信用评级提供了一种措施,根据证券发行人的财务实力、前景和过去历史来比较不同债务证券的信用度。投资级债务证券是指那些被标准普尔或穆迪评为"BBB –"或更高的债务证券。*What Does Investment Grade Mean*, INVESTOPIA(Jan. 21,2021), https://www. investopedia. com/ask/answers/what – does – investment – grade – mean/.

〔122〕 见前注〔116〕及附文。

〔123〕 参见前注〔118〕—〔119〕及附文和后注〔231〕—〔232〕及附文。(解释为什么 SPE 的债务证券可能比其资金提供者的债务证券具有更高的信用评级)

〔124〕 见前注〔12〕—〔14〕及附文。

〔125〕 例如, See Steven Todd, *The Effects of Securitization on Consumer Mortgage Costs*, REAL ESTATE ECON, Vol. 29, 2002, pp. 29(发现证券化似乎降低了抵押贷款发起费用,"为消费者节省了大量资金").

〔126〕 见前注〔14〕—〔15〕及附文。

〔127〕 例如, See IMF, *Securitization*: *The Road Ahead*, IMF Staff Discussion Note (Jan. 2015).

起到货币乘数的作用,使其能够提供更多的贷款。[128] 更为概括地说,一项研究估计,"相对于担保资产的价值,证券化产生了近 14% 的价值增长",由于违约风险降低,发行的债务总量增加了 15%。[129] 当公司风险较高时,证券化可以使担保资产的价值增加 20% 甚至更高。[130]

相比之下,由破产隔离项目融资交易组成的结构性金融子集包括许多上述益处以及其他主要益处。与其他形式的结构性融资一样,项目融资让发起人能够以更低的成本和更优惠的利率更多地进入资本市场。[131] 例如,如果"新项目的规模是资金提供者的一半,年波动率为 40%,单独融资给发起人带来的收益占项目价值的 13%",大部分收益来自破产隔离结构化的有限责任。[132]

除了这些共享的利益之外,项目融资经常被用来促进关键基础设施项目的建设,如发电厂和收费公路。[133] 项目融资也有助于为可再生能源项目融资。[134] 从这个意义上来说,项目融资的公共利益与下文讨论的护栏相似,[135] 其保护重要公用事业。

2. 护栏。对公用事业设置护栏的许多益处是显而易见的:它有助于保护公用事业的持续运行,从而为公众提供诸如电力、清洁水和通信等必需品。[136] 公共服务委员会通常对公用事业进行监管,并且通常需要

---

〔128〕 See Devon R. Tucker, *Not All Securitizations Are Equal: Risk Retention for Commercial Mortgage – Backed Securitization in an Era of Deregulation*, N. C. BANKING INST, Vol. 23, 2019, pp. 306.

〔129〕 See Hayne E. Leland, *Financial Synergies and the Optimal Scope of the Firm: Implications for Mergers*, Spinoffs, and Structured Finance, J. FIN, Vol. 62, 2007, pp. 797.

〔130〕 同上,第 798 页[研究 SIFMA 数据,并尝试估算国家和/或全球成本节约——降低借款成本(其持续了数年),抵销(一次性)交易成本——通过证券化、担保债券、项目融资和其他结构性融资交易。引用]。

〔131〕 见前注〔113〕及附文。

〔132〕 See Leland,见前注〔129〕,第 799 – 80 页.

〔133〕 见前注〔51〕—〔53〕及附文。

〔134〕 See Bjarne Steffen, *The Importance of Project Finance for Renewable Energy Projects*, ENERGY ECON, Vol. 69, 2018, pp. 287.

〔135〕 见本文"三(一)2. 护栏"。

〔136〕 见前注〔9〕。

通过通知和听证会来实施护栏,[137]这一事实证明了其公共服务的性质。

具有讽刺意味的是,许多公用事业的垄断地位[138]增加了护栏的益处。必须保护垄断性公用事业以免受破产风险,因为根据定义,它是其服务领域内唯一能够提供其特定必需品的实体。这种缺乏可替代性的相关性,可以通过比较英国和美国的银行体系来说明。[139] 尽管这两个国家的银行都提供重要的公共金融服务,但在英国,给银行设置护栏的需求比美国重要得多。美国的银行市场是高度竞争的。[140] 因此,即使一些银行倒闭,其他银行也可以提供替代的银行服务。然而,英国银行业市场——特别是零售银行服务——的竞争要弱得多。这种差异有助于解释为什么英国现在要求对零售银行业务设置护栏,而美国却不要求。[141]

---

〔137〕 例如,见纽约州公共服务委员会任务声明,available at http://www3.dps.ny.gov/W/PSCWeb.nsf/ArticlesByTitle/39108B0E4BEBAB3785257687006F3A6F? 开放文档(纽约州公共服务部的主要任务是确保纽约州的居民和商业消费者以公正合理的价格安全获得安全、可靠的电力、天然气、蒸汽、电信和水服务。该部门力求激励创新、策略基础设施投资、消费者意识、可行的竞争市场,以及以高效和环保的方式使用资源)。

〔138〕 例如,See David Roberts, *Power Utilities are Built for the 20th Century. That's why they're Flailing in the 21st*, VOX (Sept. 8, 2015)(将公用事业公司定性为垄断供应商).这篇文章无意批评公用事业公司是否应该是垄断企业。

〔139〕 缺乏可替代性也是与系统性风险传递相关的一个因素。See IMF et al., Guidance to Assess the Systemic Importance of Financial Institutions, Markets and Instruments: Initial Considerations, 13 (Oct. 2009), https://www.imf.org/external/np/g20/pdf/100109.pdf (https://perma.cc/TB2P-XJWN); Basel Committee on Banking Supervision, Consultative Document: *Global Systemically Important Banks: Assessment Methodology and the Additional Loss Absorbency Requirement* 1 (July 2011) https://www.bis.org/publ/bcbs201.pdf(https://perma.cc/VAA2-U5Y6).

〔140〕 例如,*The Nation's Most, and Least, Competitive Banking Markets*, AM. BANKER, May 9, 2011, http://www.americanbanker.com/issues/176_89/competitive-banking-markets-1037222-1.html(发现美国银行业市场整体上是高度竞争的)。

〔141〕 见 Steven L. Schwarcz, *Regulating Financial Change: A Functional Approach*, MINN. L. REV, Vol. 100, 2016, pp. 1494 n. 221[我理解这个 n. 是说引用内容位于脚注中,所以在页码之外保留了 n. 221](解释说,由于英国银行业的竞争性较弱,对英国银行设置护栏的理由比对美国银行设置护栏的理由更有说服力)。

护栏也可以通过建立模块化来防范系统性风险。[142] 金融系统是高度复杂的,而在复杂系统中失败几乎是不可避免的。[143] 然而,混沌理论(chaos theory)——更专业的说法是复杂的适应性系统理论——认为,复杂性系统可以通过限制失败的后果而变得更加成功。[144] 实现这一目标的方法之一是通过"模块化"(modularity)对系统进行解耦(decoupling),从而减少系统中一个部分的故障将系统性地引发另一个部分故障的可能性。[145] 护栏创造了一定程度的模块化,其通过帮助确保被设置护栏的公司的一个或多个附属公司的失败不会导致公司失败。

(二)社会成本

1. 结构性金融。破产隔离结构化会产生社会成本,尽管它并不会直接损害第三方。从理论上讲,它可能会造成直接损害,因为结构性金融交易[146]使侵权债权人和资金提供者及发起人的其他无担保债权人[147]的权利,从属于 SPE 证券投资者的权利。[148] 然而,在实践中,这些无担保债权人应该受益,因为融资为其资金提供者和发起人的债务人提供了

---

[142] 护栏还可以通过减少恐慌来帮助降低系统性风险。护栏,见前注[11],第 95 - 96 页。金融恐慌是系统性风险的常见触发因素。Steven L. Schwarcz, *Regulating Complexity in Financial Markets*, WASH. U. L. REV, Vol. 87, 2009, pp. 248. See Dan Awrey, *Complexity, Innovation and the Regulation of Modern Financial Markets*, HARV. BUS. L. REV, Vol. 2, 2012, pp. 267 - 277(分析了金融创新如何增加金融市场的复杂性并导致金融冲击).

[143] See *Regulating Complexity in Financial Markets*,见前注[142].

[144] 同上。

[145] 同上。

[146] 回顾一下,破产隔离结构化促进了结构性融资交易。见前注[9]及附文(破产隔离对结构性融资交易至关重要)。

[147] 因为从优先受偿的角度来看,侵权行为债权人的债权与其他无担保债权人的债权同等并按比例分配[见 11 U. S. C. § 726(a)(2)],上述关于破产隔离结构化是否直接损害第三方的分析应同样适用于这些债权人。

[148] 这种"结构上的从属关系"之所以发生,是因为作为一个法律上独立的实体,SPE 的资产在破产时实际上是资金提供者和发起人的债权人无法触及的。Baudistel,见前注[15],第 1314 页。

低成本的流动性。[149] 经验证据证实了这种益处。[150] 这些无担保债权人也没有预期会受到伤害。例如,与无担保债权人订立合同时,很少会订立禁止或限制债务人从事结构性金融交易的合同。[151]

尽管如此,破产隔离结构化可能会增加系统性金融风险,从而间接产生外部性。[152] 增加这种风险的一种方法是在 SPE 和其资金提供者之间建立一定程度的法律上的分离(legal separateness),这可以保护出资人避免承担由 SPE 的行为带来的成本,同时允许出资人参与任何有利可图的收益。这可能会产生道德风险,[153] 促使资金提供者参与或促使其 SPE 从事高风险活动。例如,据说安然公司利用 SPE 参与了常常被认为

---

〔149〕 例如,See Steven L. Schwarcz, *The Easy Case for the Priority of Secured Claims in Bankruptcy*, DUKE L. J, Vol. 47, 1997, pp. 482 - 483(解释了为什么新资金优先融资有利于非签约债权人,尽管他们处于从属地位)。

〔150〕 见安然事件后的证券化(Securitization Post - Enron),前注〔30〕,第 1563 - 1565 页(表明证券化交易对债券定价有积极影响)。

〔151〕 同上(发现资金提供者和发起人的债权人通常不会试图签订可能阻止结构性融资交易的负面质押或限制性销售契约)。但参阅 Heather Hughes, *Property and the True - Sale Doctrine*, U. PA. J. BUS. LAW, Vol. 19, 2017, pp. 888(描述了对证券化的批评,包括认为它"涉及从无担保债权人那里提取补贴,通过成本外部化人为压低利率")。假设没有直接的损害,这篇文章不需要讨论这种损害是否应该进一步限制破产隔离结构化。See In re South Estate Fin. Assoc., 212 B. R. 1003, 1005 (Bankr. M. D. Fla. 1997)(对其他债权人产生不利影响的破产放弃不太可能被执行). Caroline Cecot & Robert W. Hahn, *Incorporating Equity Concerns in Regulation* 1 (George Mason Univ. L. & Econ. Rsch. Paper Series, Paper No. 22 - 19, 2022), https://papers. ssrn. com/sol3/papers. cfm? abstract_id = 4093224(基于公平理由反对直接伤害群体).

〔152〕 虽然传统上 CBA 是从直接成本开始的,但它也可以包括间接成本。参阅 *Cost - Benefit Analysis: How It's Used, Pros and Cons*, in INVESTOPEDIA, available at https://www. investopedia. com/terms/c/cost - benefitanalysis. asp(注意到 CBA"可能包括"间接成本)。Tim Stobierski, How to do a Cost - Benefit Analysis and Why It's Important, HARV. BUS. SCHOOL ONLINE (Sept. 5, 2019), available at https://online. hbs. edu/blog/post/cost - benefit - analysis(指出:"在计算成本时,你可能会从直接成本开始……但是,同样重要的是,要超越显而易见的。"还包括间接成本).

〔153〕 道德风险是人们受到保护以免受其冒险行为负面后果,但因为诱惑而去冒更大的风险。BOUVIER LAW DICTIONARY 710 (2011 Compact Edition, Stephen Michael Sheppard, ed.) Mark V. Pauly, *The Economics of Moral Hazard: Comment*, AM. ECON. REV, Vol. 58. 1968, pp. 535.

具有高商业风险的交易。[154] 在其他条件相同的情况下,风险更高的企业活动会增加系统性风险。[155]

破产隔离结构化还可以通过促进结构化融资交易来增加系统性风险。[156] 有人认为,这些交易会阻碍贷款人的监督,从而导致更多的贷款风险,最终导致更大的违约率。[157] 特别是,证券化在一定程度上取决于贷款并证券化(originate - to - distribute,OTD)模式,在这种模式下出资人发放贷款的目的是在证券化交易中出售它们。[158] 由于贷款发起者不持有贷款,因此不承担贷款最终表现的风险,OTD 模式被认为鼓励他们发放风险更高的贷款。[159] 这种风险较高的贷款被指责为造成了住房抵

---

〔154〕 See Deborah L. Rhode & Paul D. Paton, *Lawyers, Ethics, and Enron*, STAN. J. L. Bus. & Fin, Vol. 8, 2002, pp. 13. See Judith Schönsteiner, *Irreparable Damage, Project Finance and Access to Remedies by Third Parties*, in GLOBAL PROJECT FINANCE, HUMAN RIGHTS AND SUSTAINABLE DEVELOPMENT 278 - 316 (Sheldon Leader & David Ong eds., 2011)(解释项目融资交易可能会产生环境、劳动力、社会和政治成本,但受影响的社区拥有有限的法律追索权,因为他们不是合同方); Ted Bridis, *PNC Settles With SEC on Off - Balance - Sheet Deals*, WASHINGTON POST (June 3, 2003), https://www.washingtonpost.com/archive/business/2003/06/03/pnc - settles - with - sec - on - off - balance - sheet - deals/f31333b4 - 0a48 - 453b - ad77 - 0896df42233f/(华盛顿邮报 2003 年 6 月 3 日的报道称,PNC 银行与 SEC 达成和解,为其不当使用 SPE 支付 9000 万美元的赔偿和 2500 万美元的罚款).

〔155〕 例如, FIN. CRISIS INQUIRY COMM'N, The Financial Crisis Inquiry Report: Final Report of the National Commission on the Causes of the Financial and Economic Crisis in the United States xvii - xix (2011); Christine Hurt, The Duty to Manage Risk, 39 J. CORP. L. 253, 254 - 57 (2014)(认为大多数导致金融危机的行为代表了企业的过度冒险)。See Luc Laeven, Lev Ratnovski & Hui Tong, Bank Size and Systemic Risk, IMF Staff Discussion Note (May 2014)(描述大型银行如何更有可能参与风险更高的活动,从而导致市场失灵).

〔156〕 见前注〔142〕。

〔157〕 例如, See Vitaly M. Bord & João A. C. Santos, *The Rise of the Originate - to - Distribute Model and the Role of Banks in Financial Intermediation*, FED. RES. BANK ECON. POL'Y REV, July, 2012, pp. 21.; Antje Berndt & Anurag Gupta, *Moral Hazard and Adverse Selection in the Originate - to - Distribute Model of Bank Credit*, J. MONETARY ECON, Vol. 56, 2009, pp. 741 - 742。

〔158〕 Berndt & Gupta, 见前注〔157〕。

〔159〕 同上。See Yi - Hui Wang & Han Xia, *Do Lenders Still Monitor When They Can Securitize Loans?*, R. FIN. STUD, Vol. 27, 2014, pp. 2354(考察 OTD 模式是否阻碍了贷款人监督).

押贷款违约率高,从而导致了金融危机。[160]

此外,结构性融资交易会因增加复杂性和促进资产负债表以外的融资,从而有损披露。"(某些结构性融资)交易的复杂性(可能)会导致信息披露不充分,从而触及联邦证券监管的核心……"[161] 此外,由于 SPE 发行的债务证券不一定需要在资金提供者的资产负债表上披露,结构性融资交易可以促进资产负债表外的融资,[162] 从而用来隐藏发起人的实际负债。[163] 如果为了保护自己的商业信誉,资金提供者感到被迫——即使它没有法律义务——偿还 SPE 的债务以避免违约,这可能会变得格外有问题。例如,这种情况发生在 2006—2007 年,当时主要银行为了保护自己的声誉,支付或承担了其发起的资产支持商业票据渠道 SPE(asset - backed - commercial - paper - conduit SPEs)和结构化投资工具 SPE(structured - investment - vehicle SPEs)的数千亿美元的债务。[164] 如果这种意外的债务足够大,并且是由银行或其他具有系统重要性金融机构(Systemically

---

[160] Berndt & Gupta,见前注[157]。

[161] Steven L. Schwarcz, *Disclosure's Failure in the Subprime Mortgage Crisis*, UTAH L. REV, Vol. 3, 2008, pp. 1113.

[162] 负责制定公认会计原则(见后注[217])的财务会计准则委员会(FASB)最初允许表外融资,只要发起人将转让资产的控制权交给了 SPE。FASB 第 140 号声明。最近,FASB 发布了第 166 号和第 167 号声明,更严格地要求与 SPE 相关的各方评估他们是否有权指导对 SPE 经济业绩的影响最大的活动(例如服务),以及是否有权获得利益或吸收对特设机构有重大影响的损失。同时满足上述要求的一方必须在其资产负债表上合并 SPE。

[163] See Shalanda H. Baker, *Unmasking Project Finance: Risk Mitigation, Risk Inducement, and an Invitation to Development Disaster?*, TEX. J. OIL GAS & ENERGY L, Vol. 6, 2011, pp. 311 - 312[观察到 SPE 的使用"使资金提供者能够最大限度地减少风险,包括与(一个)项目相关的环境和人权风险,因为资金提供者不直接参与项目"].

[164] 例如, See Linda Allen & Anthony Saunders, *Risk Management in Banking*, in THE OXFORD HANDBOOK OF BANKING 160, 162 (Allen N. Berger et al. eds., 2015)(解释说,"汇丰银行吸收了 450 亿美元的资产",这些资产被持有在破产隔离工具中,"以保护其声誉");Anatoli Segura, *Why Did Sponsor Banks Rescue Their SIVs? A Signaling Model of Rescues* 2 (June 16, 2014)(未发表的手稿), http://ssrn.com/abstract=2552475(观察到"大多数资金提供银行介入并拯救"了他们赞助的资产支持商业票据管道,"即使他们没有合同义务这样做",并且"监管机构将这些和类似的自愿支持决定归因于资金提供者的声誉担忧").

Important Financial Institutions,SIFI)引起的,它可能会引发金融冲击[165]或恐慌[166],从而增加系统风险。

期限转换的违约风险也会增加系统性风险。[167] 这是由长期项目的短期资金(通常是有利可图的[168])导致的资产负债错配,[169]这是结构性融资交易的常见做法。[170] 当长期项目的现金流不足以支付到期的短期负债时,就会产生违约风险。[171]

最后,结构性融资交易会增加系统性风险,因为它将基础金融资产的风险从这些资产的出资人和发行人扩大到了投资于 SPE 证券的金融机构。[172] 正如金融危机所显示的,即使是高度集中的单一类别资产的损失,在次贷危机中,抵押贷款和抵押贷款支持证券也导致全球众多投

---

[165] See Awrey,见前注[142](讨论金融冲击及其后果).

[166] 一般来说,See Daniel M. Covitz, Nellie Liang & Gustavo A. Suarez, *The Evolution of a Financial Crisis:Panic in the Asset – Backed Commercial Paper Market*, FED. RSRV. BD. (Aug. 18, 2009), https://www. federalreserve. gov/pubs/feds/2009/200936/200936pap. pdf。金融恐慌是系统性风险的一个常见触发因素。见前注[142]。

[167] 通常, See Gary Gorton & Andrew Metrick, *The Flight from Maturity*, J. FIN. INTERMEDIATION, Vol. 47, pp. 1(解释与期限转换相关的违约如何成为金融危机的主要原因)。

[168] 为长期项目提供短期资金的理由包括短期债务证券的利率低于长期贷款的利率,从而使该活动有利可图。Steven D. Simpson, *The Banking System: Commercial Banking – Economic Concepts in Banking*, INVESTOPEDIA, https://www. investopedia. com/university/banking – system/banking – system2. asp (https://perma. cc/WSS6 – UNNX).

[169] See Jeanne Gobat et al., *The Net Stable Funding Ratio: Impact and Issues for Consideration* 3 (INT'L. MONETARY FUND, Working Paper No. 14/106, 2014), https://www. imf. org/external/pubs/ft/wp/2014/wp14106. pdf (https://perma. cc/9P89 – VMZP).

[170] See Sandra Krieger, *Shadow Maturity Transformation and Systematic Risk*, FED. RESERVE BANK NEW YORK (Mar. 8, 2011)(描绘了 1985 年至 2010 年包括证券在内的资产的期限转换量), available at https://www. newyorkfed. org/medialibrary/media/newsevents/speeches/2011/slides_030811. pdf.

[171] 同上,第 4 – 6 页和第 10 – 12 页。See GARY B. GORTON, *Slapped by the Invisible Hand: The Panic of* 2007, Oxford, Oxford University Press, 2010(认为期限转换违约导致了金融危机的发生).

[172] 例如,See Viral V. Acharya, Philipp Schnabl, & Gustavo Suarez, Securitization without Risk Transfer, J. FIN. ECON, Vol. 107, 2013, pp. 515。

资于这些资产支持证券的金融机构破产(或濒临破产,若不是政府救助的话)。[173]

然而,上述关于破产隔离结构性融资交易的社会成本的讨论,并不完全适用于这些交易的项目融资子集。尽管项目融资像证券化一样,在SPE和它的出资人之间建立了一定程度的法律分离,但是出资人通常以一定数量的有意义的股权对SPE进行资本化。[174] 这在一定程度上有助于协调出资人及其SPE的利益,从而减轻道德风险,并减少从事高风险活动的动机。[175] 另外,项目融资交易通常不涉及OTD模式,而OTD模式被认为是鼓励更高风险的贷款。[176] 因此,项目融资交易似乎不会像证券化交易那样显著地增加系统金融风险,因此它们的社会成本应该比证券化交易要低得多。

2. 护栏。对公用事业设置护栏的唯一实质性成本应该是与设置护栏结构有关的交易成本,包括法律成本。这些成本可以被看作社会成本,因为它们通常是由公用事业的客户支付的。[177] 特别是当(在作者的经验中很常见)公用事业已经在运营时,交易成本可能会很高,因为公用事业的现有结构,以及至少是与附属公司的合同必须进行修改。[178] 此外,对一个正在运营的公司(如公用事业公司)进行护栏的交易成本相比那些与构建破产隔离SPE相关的交易成本本质上要复杂得多——因此也高得多,根据定义,作为"特殊目的"实体,其商业目的和功能受到

---

〔173〕 例如,See Tracey Sandilands, *Effect of Recession on Small Businesses*, CHRON, https://smallbusiness.chron.com/effect-recession-small-businesses-61164.html (last accessed June 15, 2022)(报告称,仅仅一类金融资产的失败就可能引发一系列事件,将整个经济推向衰退)。

〔174〕 见前注〔50〕—〔51〕及附文。

〔175〕 参阅前注〔151〕—〔152〕及附文(讨论资金提供者及其SPE的利益不一致如何产生道德风险并鼓励高风险活动)。

〔176〕 参阅前注〔156〕—〔157〕及附文(讨论了OTD模式)。

〔177〕 见后注〔181〕。

〔178〕 参阅前注〔63〕—〔64〕及附文(注意到公用事业公司护栏涉及,除其他事项外,确保公用事业公司即使在其附属公司破产的情况下也能独立运营,并保护公用事业公司不被其附属公司利用)。

严格限制。[179]

尽管如此,对公用事业设置护栏的决定通常需要得到公用事业监管机构——公共服务委员会的批准。[180] 由于护栏成本将由公用事业的公共消费者支付,[181] 任何这样的批准(或要求)几乎肯定会涉及关于护栏有效性的公开监管听证。

(三)平衡公共利益和社会成本

如前所述,以下平衡在结构性融资和护栏之间分叉为两种。它还将项目融资区分为结构性融资的一个子集。

1. 结构性融资。破产隔离结构性融资具有宝贵的公共利益,包括让公司以更低的成本和更优惠的利率进入资本市场,发挥类似货币乘数的作用。这反过来又鼓励生产性冒险和创新,使企业能够追求更广泛的项目和商业机会,可能增加就业和股东财富,并最终降低消费者成本。[182] 但是,这些公共利益的价值很难量化。它们多少有些抽象和不具体,而

---

〔179〕 见前注〔25〕及附文。根据作者的经验,对于证券化交易而言,与构建破产隔离 SPE 相关的交易成本约为 100 – 200,000 美元,对于项目融资交易来说,则要高出数倍。这些成本对于项目融资来说更高,因为 SPE 从事的业务有限(例如,建造和运营一个发电厂),并且可能需要获得政府的许可和运营批准。相比之下,为一个正在运营的银行集团设置护栏的成本可能是个天文数字。例如,汇丰银行可能为其英国附属银行设置护栏支付了高达 15 亿英镑。Rory Milbank, *Ring – fencing*: *The Current State of Play*, DRS (June 14, 2018), https://drs – als. com/ring – fencing – the – current – state – of – play/. 英国的银行声称,对其业务设置护栏会带来巨大的成本,而不会给其客户带来明显的好处。Sudip Kar – Gupta, *Banks Say Ring – Fencing Plans Flawed and Costly*, REUTERS (July 13, 2011, 8:09 AM), https://www. reuters. com/article/uk – britain – banks/banks – say – ring – fencing – plans – flawed – and – costly – idUKTRE76C2HU20110713. See Lawrence G. Baxter, *Betting Big*: *Value*, *Caution and Accountability in an Era of Large Banks and Complex Finance*, REV. BANKING & FIN. L, Vol. 31, 2012, pp. 786(探索大银行范围和规模的效率,并确定它们仍然开放且很难衡量).

〔180〕 上一段中的观点是基于作者作为专家顾问和专家证人的经验——在 Baltimore Gas & Electric 被 Exelon Corp . 收购设置护栏和 Oncor Electric 被 Hunt Brothers 领导的财团收购设置护栏。

〔181〕 参阅 Peterson & Brereton,前注〔58〕,第 10 页(解释说护栏公用事业可能导致纳税人支付更高的成本)。

〔182〕 见前注〔112〕—〔129〕及附文。

且似乎没有“任何人都可以据以作出可靠估计的历史数据”[183]。

相比之下,破产隔离结构化融资反而通过增加系统性金融风险,以外部性的形式产生社会成本。正如第二节第一部分所讨论的那样,SPE与其资金提供者之间的法律分离会造成道德风险,促使资金提供者从事或促使其SPE从事高风险活动。OTD模式也被认为不利于对贷款人的监管,这导致了更高的贷款风险,并最终导致更高的违约率。结构性融资可能会损害信息披露,既因为其复杂性,也因为它为资产负债表外的融资提供了便利,而表外融资可能会掩盖公司的实际负债。SPE融资模型通常基于期限转换,这会造成资产负债错配,从而增加违约风险。此外,破产隔离结构性融资可能会扩大金融资产的风险。[184]

尽管所有这些因素都可能导致系统性风险,但很难量化社会成本,因为人们无法预测破产隔离结构化融资实际上会在多大程度上导致系统性金融崩溃。[185] 然而,假设这样一场金融崩溃的成本接近金融危机的成本——据估计超过22万亿美元,以此来测试这些成本的限度是可能的。[186] 例如,如果破产隔离结构化导致系统性金融崩溃的可能性提高10%,其潜在社会成本可能粗略估计为2.2万亿美元。然而,如果破产隔离结构化导致系统性金融崩溃的可能性增加50%,那些成本可能粗略估计为11万亿美元。这巨大的差异反映了对“在系统性风险情况

---

〔183〕 John C. Coates IV, *Cost - Benefit Analysis of Financial Regulation: Case Studies and Implications*, YALE L. J, Vol. 124, 2015, pp. 976 - 977.

〔184〕 见前注〔152〕—〔172〕及附文。

〔185〕 See John H. Cochrane, *Challenges for Cost - Benefit Analysis of Financial Regulation*, J. LEGAL STUD, Vol. 43, 2014, pp. 563(强调评估金融市场监管的成本和收益的挑战).

〔186〕 See Eleazar David Melendez, *Financial Crisis Cost Tops 22 Trillion, GAO Says*, HUFFINGTON POST (Feb. 14, 2013, 7:49 PM ET), https://www.huffingtonpost.com/2013/02/14/financial - crisis - cost - gao_n_2687553.html (https://perma.cc/GE7K - RXXF). *The Cost of the Crisis*, BETTER MARKETS (July, 2015), https://bettermarkets.org/wp - content/uploads/2021/07/Better - Markets - Cost - of - the - Crisis_1.pdf[估计金融危机的代价约为20万亿美元(按国内生产总值损失计算),不包括其他劳动力或止赎统计数据,如与危机前的估计相比,中高工资行业减少了200万个工作岗位].有些人认为,这些估计可能略高,因为住房和资产价值的损失不是永久性的。见Cochrane,前注〔184〕,第570页。

下进行 CBA 的可行性”的更普遍关注。[187]

鉴于上述量化破产隔离结构性融资的公共利益价值的困难,以及上述试图量化社会成本的巨大差异,最好(正如本文已经做的那样)对这些利益和成本进行分类,而不打算得出它们如何平衡的结论。例如,当根据《多德 - 弗兰克法》第 619 条公布“沃尔克规则”(Volcker Rule)时,美国货币监理署(OCC)就采用了这种方法,[188] 有人甚至把这种方法追溯到本杰明 · 富兰克林(Benjamin Franklin)。[189] 为超越这种方法,本文第四部分稍后提出了对破产隔离结构化的改革,以减少结构性融资的外部性,并在这些改革的基础上重新审视 CBA 的平衡。

与一般的结构性融资相比,项目融资交易更有可能产生超过社会成本的公共利益。与其他结构性融资交易一样,项目融资使资金提供者有更多机会以更低的成本和更优惠的利率进入资本市场。然而,与其他交易不同的是,项目融资还通过促进电厂和收费公路等关键基础设施项目的建设,提供了重大的公共利益。[190] 此外,项目融资交易似乎没有像其他结构性融资交易那样显著地增加系统性金融风险。[191]

2. 护栏。护栏的公共利益——特别是公用事业的护栏——几乎肯

---

〔187〕 Frederick Matthew Norchi, *Deference Debate and the Role of Cost - Benefit Analysis in Financial Regulation: MetLife v. Financial Stability Oversight Council*, N. C. BANKING INST, Vol. 21, 2017, pp. 272 - 273.

〔188〕 同上。又见 Office of the Comptroller of the Currency, *Analysis of* 12 *CFR Part* 44, U. S. DEP'T TREASURY (Mar. 2014), http://www.occ.gov/topics/laws - regulations/legislation - of - interest/volcker - analysis.pdf(http://perma.cc/BA7 - R4PG).

〔189〕 Franklin 在给 Joseph Priestly 关于是否接受一个著名的图书馆员职位的建议中写道:“当这些困难的情况发生时,它们是困难的,主要是因为当我们在考虑这些情况时,所有赞成和反对的理由并没有同时出现在头脑中……为了克服这一点,我的方法是,用一条线将半张纸分成两列,一列写优点,另一列写缺点……当我有……把所有的优点和缺点都集中在一个视图中时,我会努力估计它们各自的权重……虽然理由的分量不能像代数数量那样精确,但当每一个理由都被单独地、相对地考虑,并且整体摆在我面前时,我认为我可以更好地判断,并且不太可能做出轻率的步骤……” *From Benjamin Franklin to Joseph Priestley*, 19 *September* 1772, Founders Online, NATIONAL ARCHIVES, https://founders.archives.gov/documents/Franklin/01 - 19 - 02 - 0200.

〔190〕 见前注〔130〕—〔135〕及附文。

〔191〕 见前注〔173〕—〔175〕及附文。

定超过其社会成本。其中许多益处是显而易见的：它有助于保护公用事业的持续运营，从而为公众提供诸如电力、清洁水和通信等必需品。[192] 为公用事业设置护栏的唯一实质性成本是交易成本。[193] 虽然交易成本可能很高，[194] 但通常由管理公用事业的公共服务委员会[195] 在通知和听证之后，作出对公用事业设置护栏的决定，这一事实提供了有益的成本收益平衡的初步证据。

四、改革破产隔离结构化以减少外部性

接下来，本文研究了如何改革破产隔离结构化以减少其外部性，从而重新平衡成本和收益，以实现净正收益。在结构性金融的背景下，破产隔离结构化可以产生道德风险、阻碍贷款人监督、损害信息披露、产生到期转换违约风险和扩大金融风险，[196] 从而产生与系统性风险有关的外部性[197]。基于上述风险，考虑可能的改革如下。

（一）减少道德风险

减少因 SPE 与其出资人[198] 之间的法律上的分离而产生的道德风险是困难的。例如，要求出资人用股权将其 SPE 资本化，像项目融资中所做的那样，[199] 这取决于所需股本的数量，成本可能会很高。此外，在证券化的背景下，投入 SPE 的资本越多，给予 SPE 投资者的追索权也越

〔192〕 见前注〔135〕—〔144〕及附文。

〔193〕 见前注〔176〕及附文。

〔194〕 见前注〔178〕及附文。

〔195〕 见前注〔136〕及附文。

〔196〕 见前注〔151〕及附文（观察到破产隔离结构化可以通过增加金融系统性风险间接创造外部性）。

〔197〕 见前注〔144〕—〔171〕及附文。

〔198〕 见前注〔152〕—〔154〕及附文。

〔199〕 见前注〔50〕—〔51〕和〔173〕—〔174〕及附文（注意这可以减轻道德风险，减少从事高风险活动的动机）。

多,则该结构被视为破产隔离的可能性就越少。[200] 另外,监管可以让出资人和 SPE 的管理者对过度的风险承担责任。然而,刑事起诉是不太可能的,[201] 甚至对个别管理者处以罚款也可能是困难的。[202] 而且,可能也很难区分合法的和过度的冒险行为,为了避免风险而犯的错误可能在经济上是有害的,因为公司需要冒险来保持竞争力。[203]

(二)加强对贷款人的监督

从理论上讲,可以对 OTD 证券化模式进行改革,以加强对贷款人的监督。[204] 《多德 - 弗兰克法》和类似的欧盟后金融危机监管已经聚焦于这一改革,规定了风险自留(risk - retention)的要求。其要求在证券化交易中被出售的贷款的发起人和资金提供者在这些贷款的风险中,应保留对这些贷款风险的最低限度的非对冲头寸(通常是 5%),从而协调贷款

---

〔200〕 例如,Structured Finance,见前注〔35〕,§4:2,第 6 页(指出,对于证券化,"确定真实销售的最重要因素似乎是应收款项受让人对转让人的追索权的性质和范围。随着追索程度的增加,法院发现认定真实销售的可能性就会降低")。参阅前注〔31〕和〔47〕—〔49〕及附文(讨论破产隔离真实销售)。

〔201〕 See Interview by Frontline with Lanny Breuer, *Head of Criminal Div.*, U. S. Dep't of Justice(Nov. 30,2012)(强调是后面加的),http://www.pbs.org/wgbh/pages/frontline/business - economy - financial - crisis/untouchables/lanny - breuer - financial - fraud - has - not - gone - unpunished/. 正如这篇文章一样,Breuer 建议民事责任是更合适的补救办法:"如果你能证明你……公开了你的贪婪,你公开了(并披露了)你的陈述可能不准确的事实(而另一方接受或不在乎),我认为我们……应该为你值得的每一分钱起诉你吗? 我认为我们应该为你所值的每一分钱起诉你。"同上。即使是在金融危机后,当许多人对过度冒险提出担忧时,对个人的起诉也很罕见。例如,见 Colin Maher, 注:*Crisis Not Averted*: *Lack of Criminal Prosecutions Leave Limited Consequences for Those Responsible for the Financial Crisis*, NEW ENG. J. ON CRIM. & CIV. CONFINEMENT, Vol. 39, 2013, pp. 462。

〔202〕 See Steven L. Schwarcz, *Excessive Corporate Risk - Taking and the Decline of Personal Blame*, EMORY L. J, Vol. 65, 2015, pp. 541 - 551(讨论对管理人员个人实施民事处罚的困难).

〔203〕 See Gabriel Jiménez, Jose A. Lopez & Jesús Saurina, *How Does Competition Impact Bank Risk - Taking*? 2 (Fed. Reserve Bank of S. F. Working Paper Series, Paper No. 2007 - 23, 2007), http://www.frbsf.org/economic - research/publications/working - papers/2007/wp07 - 23bk.pdf[认为银行间的竞争加剧会增加参与风险承担的必要性:"(银行业)的竞争应该……鼓励(银行)追求风险更高的政策,以试图维持(他们)以前的利润"].

〔204〕 见前注〔156〕—〔159〕及附文。

人和投资者的利益。[205]

但是,目前尚不清楚这些风险自留要求是否足以加强对贷款人的监督或提高贷款质量。即使在金融危机之前,这些贷款发放者和出资人通常也保留了基础贷款的大量风险(通常超过5%)。[206] 他们这样做,除了其他原因外,是为了表明他们向投资者出售证券的质量。[207] 具有讽刺意味的是,这种信号创造了一种新的信息失灵(information failure),该信息失灵不是典型的信息不对称,而是由复杂性引起的相互错误信息问题:出资人和投资者都不总是完全理解风险——特别是那些与基础贷款的高杠杆再证券化相关的风险。[208]

为了帮助解决这一复杂性和相互错误信息的问题,欧盟创建了一个支持简单、透明和标准化(simple, transparent, and standardized,STS)证券

---

〔205〕 例如,See Dodd - Frank Act, 15 U. S. C. §78o - 11(c)(1)(B) (2012);Proposal for a Regulation of the European Parliament and of the Council, at 14, 31 - 32, COM (2015) 472 final (Sept. 30, 2015)(提议对欧盟的证券化实施类似的风险自留要求)。媒体经常将风险自留要求称为保持"游戏中的皮肤"。

〔206〕 See Ryan Bubb & Prasad Krishnamurthy, *Regulating Against Bubbles: How Mortgage Regulation Can Keep Main Street and Wall Street Safe—From Themselves*, U. PA. L. REV, Vol. 163, 2015, pp. 1589 - 1593; Matthew C. Turk, *Regulation by Rulemaking or by Settlement?*, REV. BANKING & FIN. L, Vol. 37, 2018, pp. 882.

〔207〕 See Bubb & Krishnamurthy,见前注〔207〕,第1590 - 1591页;Turk,见前注〔207〕,第882页。事实上,资金提供者通常投资于他们安排的交易中最初级的"股权"部分,认为将自己的资金投入第一亏损的位置会表明交易的质量,也将产生额外的价值。See Michael S. Gibson, *Understanding the Risk of Synthetic CDOs* 17 (Fed. Reserve, Fin. & Econ. Discussion Series, Working Paper No. 36, 2004), https://www.federalreserve.gov/pubs/feds/2004/200436/200436pap.pdf(https://perma.cc/JG95 - D6CD)(解释说,基于这些原因,CDO资金提供者通常会保留部分股权,同时也是为了限制信息不对称).

〔208〕 Regulating Complexity in Financial Markets,前注〔143〕,第241 - 42页。See Andrew G. Haldane & Vasileios Madouros, *Speech at the Federal Reserve Bank of Kansas City's 366th Economic Policy Symposium: The Dog and the Frisbee*, 149 (Aug. 31, 2012)(观察到"复杂性具有外部性类型的属性,使风险更难以监控和管理").

化交易的监管框架。[209] 例如,在金融危机之前,许多证券化交易中发行的证券在复杂和高杠杆的"ABS""CDO"交易中被"再证券化"。[210] 这些交易中发行的再证券化证券的偿还"对现金流变化极其敏感",以至于当"现金流假设被证明是错误的时,许多这些(证券)违约或被降级"。[211] 这反过来不仅引发了对证券化的普遍信心丧失,也引发了对信用评级和所有高评级债务证券价值的信心丧失。[212] STS 框架有力地抑制了这些类型的复杂交易。[213]

此外,STS 监管框架通过降低对其中投资者的监管资本要求,利用激励和抑制措施来鼓励而不是强制 STS 交易。[214] 该框架对什么可以称为 STS 交易的灵活定义有助于提供在允许创新与降低复杂性之间的平衡。[215] 美国的立法者应该考虑类似的改革。

---

〔209〕 一般来说,见 Simple, Transparent, and Standardised (STS) Securitisation Notifications, ESMA, https://www. esma. europa. eu/policy - activities/securitisation/simple - transparent - and - standardised - sts - securitisation(2022 年 6 月 16 日最后访问)。Regulation (EU) 2017/2401, as amended by Regulation (EU) 2021/557 (SECR). 另见 Christian Noyer, *The Financing of the Economy in the Post - Crisis Period: Challenges and Risks for Financial Stability*, in FINANCIAL STABILITY REV. 7, 9 (Banque de Fr. ed., 19th ed. 2015)(解释欧盟如何实施振兴证券化市场的举措)。

〔210〕 术语"ABS""CDO"指的是债务抵押债券的证券化。

〔211〕 *What is Securitization*?,前注〔29〕,第 1285 页。

〔212〕 同上。

〔213〕 同上,第 1285 - 1286 页(以安然为例)。

〔214〕 Register for STS Notifications, ESMA, https://registers. esma. europa. eu/publication/searchRegister? core = esma_registers_stsre(最后一次访问是 2022 年 6 月 16 日)(发布符合 STS 要求的所有证券化的列表).

〔215〕 STS 框架包括要求:(1) 基础金融资产的真实出售或类似转让;(2) 这些金融资产必须满足简明要求,包括同质性、信用度(例如,没有违约,不是来自无力偿还的债务人或有不良信用记录的债务人),并且不构成已经证券化的金融资产;(3) 利率和汇率风险必须被对冲;(4) 除了进行这种对冲外,金融资产不能像"合成"证券化那样得到衍生品的支持;(5) 交易文件必须明确规定服务机构和后备服务机构的义务、职责和责任,以确保金融资产的有效和持续服务,还必须包括有助于及时解决不同类别投资者之间冲突的明确规定;(6) 投资者必须收到金融资产预期收款的现金流模型,并得到与被证券化的金融资产基本相似的金融资产的历史违约、拖欠和损失表现信息的支持。See Commission First Status Report on Capital Markets Union, at 2 - 3,21, SWD (2016) 147 final (Apr. 25, 2016), https://ec. europa. eu/info/system/files/ cmu - first - status - report_en. pdf [https://perma. cc/MY8F - J84Z].

(三)提高财务透明度

至少有两种方法可以提高财务透明度:减少资产负债表外融资被用来隐藏公司实际负债的情况,以及总体上简化结构性融资披露。

会计是披露公司财务状况、收入和盈利能力的一种特殊形式。美国证券交易委员会(The Securities and Exchange Commission,SEC)通过授予财务会计准则委员会(Financial Accounting Standards Board,FASB)颁布公共会计准则的权力,将对会计披露的控制权委托给了独立的[216]私人组织FASB。[217] 这些标准构成了公认会计原则(generally accepted accounting principles,GAAP)的基础,而公认会计原则又被用作遵守联邦证券法的监管依据。[218] 归根结底,FASB负责提高资产负债表的透明度。

尽管如此,SEC的工作人员已经采取措施,试图减少公司利用SPE和资产负债表外融资来掩盖公司实际负债的情况。重要的是,工作人员发布了一份报告(《工作人员报告》),[219]该报告基于从200个发行人的不同样本的SEC文件中收集的数据,重点关注了两个主要问题:资产负

[216] See Financial Accounting Standards Board, Facts About FASB, available at http://www.fasb.org/facts/facts_about_fasb.pdf(指出"FASB是独立于所有其他商业和专业组织的结构的一部分").

[217] 同上,第1页[指出:"自1973年以来,财务会计准则委员会(FASB)一直是私营部门中制定财务会计和报告标准的指定的组织。这些准则规范了财务报告的编制。它们被美国证券交易委员会(Financial Reporting Release No. 1, Section 101)和美国注册会计师协会(Rule 203, Rules of Professional Conduct, as amended May 1973 and May 1979)正式承认为权威性的准则。根据1934年的证券交易法案(Securities Exchange Act of 1934),美国证券交易委员会(SEC)有法定权力为上市公司制定财务会计和报告标准。然而,纵观其历史,美国证券交易委员会的政策一直是依靠私营部门来履行这一职能,只要私营部门表现出有能力为公众利益履行这一职责。"]

[218] 公认会计原则通过减少证券发行人和投资者之间的信息不对称来促进对证券法的遵守。例如,见Jjoel Seligman, The Transformation of Wall Street 70 (1995)(认为联邦证券法的主要功能是纠正信息不对称);Marc I. Steinberg, Understanding Securities Law 1 (1996)(毫无疑问,联邦证券法的核心焦点是信息披露,从而为股东和市场提供足够的信息来作出相关决策)。

[219] Report and Recommendations Pursuant to Section 401(c) of the Sarbanes – Oxley Act of 2002 on Arrangements with Off – Balance Sheet Implications, Special Purpose Entities, and Transparency of Filings by Issuers (June 15, 2005). 由于SEC的委员们没有正式批准该报告,因此工作人员报告不是SEC的正式报告。

债表外安排和 SPE 的使用程度,以及证券发行人的财务报表是否透明地反映了这些安排的经济性。

《工作人员报告》(The Staff Report)认为,支持证券化能够使发行人提高流动性、管理风险和/或获得成本更低的融资。[220] 然而,它警告说,“交易和交易结构主要是出于会计和报告方面的考虑,而不是出于经济方面的考虑”。[221] 它建议通过 FASB 更改会计准则和提高财务报告流程参与者的意识来阻止这些交易。[222]

提高金融透明度的第二种方法是总体简化结构性融资的披露。STS 的监管框架[223]应该有助于使信息披露更加有效,但在更为复杂的证券化交易中,披露偶尔会失败。[224] 本文再次建议美国考虑实施这样一个监管框架。[225]

(四)降低到期转换违约风险

因为 SIFI 违约可能造成系统性后果,《多德 - 弗兰克法》和类似的欧盟后金融危机监管,通过对被指定为 SIFIs 的公司施加流动性要求来解决到期转换违约风险。[226] 但是,这些流动性要求通常并不适用于结构性融资交易中使用的 SPE,这些 SPE 不是 SIFIs(系统重要性金融机构)。[227] 这就产生了一个监管层面的挑战:SPE 到期转换是否也应受到监管? 如果是,应如何监管?

尽管个别 SPE 违约不会产生系统性后果,但金融危机表明,对于持

---

〔220〕 同上,第 42 页。

〔221〕 同上,第 3 页。

〔222〕 同上,第 3 页。例如,《工作人员报告》指出,如果投资者仍然被误导或没有足够的信息来了解发行人的活动,那么在技术上遵守财务报告要求的情况就不能令人满意。同上。

〔223〕 见前注〔208〕—〔214〕及附文。

〔224〕 见前注〔160〕及附文。

〔225〕 参阅前注〔213〕—〔214〕及附文(提出这一建议)。

〔226〕 《巴塞尔协议Ⅲ》的流动性要求对系统重要性金融机构规定“净稳定融资比率”,以帮助降低到期转换将导致违约从而引发系统性经济崩溃的风险。见 Gobat,前注〔169〕,第 3 页。参阅前注〔163〕—〔165〕及附文(定义 SIFIs)。

〔227〕 See Jeremy C. Kress, Patricia A. McCoy & Daniel Schwarcz, *Regulating Entities and Activities: Complementary Approaches to Nonbank Systemic Risk*, S. CAL. L. REV, Vol. 92, 2019, pp. 1466 - 1467(讨论结构性融资和其他形式的影子银行的兴起,这增加了到期转换活动).

有相同类型基础金融资产的 SPE 而言,违约往往是与金融危机相关的。[228] 结构性融资交易往往依赖于相对有限的类别,因此,可能是高度相关的金融资产类型。[229] 这一事实表明,即使单一资产类别的价格大幅下跌,也可能导致多个 SPE 违约。这很可能会产生系统性的后果。

为了防范这种风险,监管者应该考虑对结构性融资中使用的 SPE 至少施加一些流动性要求。这些流动性要求不需要类似于对 SIFIs 施加的复杂要求。[230] 例如,监管机构可能会从资产支持商业票据 SPE 经常使用的流动性保护措施中得到启发。这些 SPE 通常投资于长期金融资产,如抵押贷款,通过发行短期公司期票(又名"商业票据")来为购买这些金融资产提供资金,这些期票通常短至 30 天到期。[231] 作为对该商业票据授予高信用评级的条件,信用评级机构要求 SPE 有效管理其到期转换违约风险。[232]

资产支持商业票据 SPE 通常采取两个步骤来遵守该条件。首先,他们仔细监测每月到期的商业票据,并安排用基础金融资产的现金收款和发行新商业票据的收益相结合的方式来偿还该商业票据。[233] 其次,他们签订合同,要求银行和其他信誉良好的流动性提供者在 SPE 因市场动荡而无法出售新发行的商业票据时,必须购买这些票据。[234] 因为流动性提供者没有义务从破产的 SPE 购买商业票据,[235] 所以他们只承担时

---

[228] 例如,See John Geanakoplos, *Leverage Caused the* 2007 – 2009 *Crisis*, in Systemic Risk in the Financial Sector: Ten Years After the Global Financial Crisis (Douglas Arner, Emilios Avgouleas, Danny Busch, & Steven L. Schwarcz, eds.; 2019)。在金融危机中,相关的基础金融资产是抵押贷款。

[229] 同上,引脚引用(pin – cite)。

[230] 参阅前注[226]和附文(讨论巴塞尔协议Ⅲ的 SIFI 流动性要求)。

[231] See Thomas K. Hahn, *Commercial Paper*, 79 FED. RES. BANK RICH. ECON. Q. 45, 45, 47 (1993). See Fitch Inv. Serv., Corporate Asset Funding Co., Inc., STRUCTURED FINANCE, June 15, 1992, at 81, 83[描述企业资产基金公司(CAFCO),一家 70 亿美元的资产支持商业票据 SPE].

[232] See Fitch Inv. Serv,同上,第 83 页。

[233] 例如,见 Eureka Securitization Incorporated, MOODY'S INVESTORS SERV., Dec. 3, 2004, at 6 – 7(说明 Citibank 是一家价值 100 亿美元的 ABCP 管道的行政代理,执行此类监控以帮助避免到期缺口)。

[234] 例如,See Fitch Inv. Serv,前注[232],第 83 页。

[235] 同上。

间风险,即金融资产的现金收款和商业票据的短期到期之间的暂时错配。因为流动性提供者不承担信用风险,所以他们向 SPE 收取很少的费用。[236] 这样就能以很低的交易成本提供保护,防止到期转换的违约风险。同样的方法可以作为一种经济上可行的选择来监管 SPE 期限转换的违约风险。

(五)减少金融风险的扩大

结构化融资交易可以将基础金融资产的风险从这些资产的资金提供者和发行人扩大到投资于 SPE 证券的金融机构。[237] 如果这些基础资产的一个或多个类别是高度相关的,这种风险的扩大可能会变得具有系统重要性——比如发生在次贷危机中的住宅抵押贷款。[238] 由于结构性融资交易通常依赖于相对有限的基础资产类别,[239] 因此高度的相关性实际上是可能的。

监管者至少可以通过两种方式遏制这种金融风险的扩大。首先,他们可以要求结构化融资中使用的 SPE 持有更多样化的金融资产。多样化可以适用于 SPE 单独持有的资产[240] 或者不同 SPE 持有的资产。[241] 然而,多样化不可能是一个完整的答案,因为资产相关性并不总是可预见的。例如,在金融危机中,许多证券化交易是由看起来非常多样化的基础金融资产支持的;然而,行业观察人士并未能看到这些资产的某些类别之间的相关性。[242] 相关性并不总是可以提前发现的。[243]

---

[236] 根据作者的经验,流动性提供者通常收取 5 到 15 个基点(一个基点为 1/100 个百分点)的费用。

[237] 见前注[171]—[173]和附文。

[238] 见前注[227]—[228]及附文。

[239] 同上。

[240] 例如,每个 SPE 可能被单独要求持有多样化的资产组合。

[241] 例如,如果 SPE - A 持有一类资产,SPE - B 可能被要求持有不同类别的资产,从而在 SPE 之间形成资产多样化。

[242] *Regulating Complexity in Financial Markets*,见前注[143],第 223 页(讨论了不同类型的抵押贷款之间未被识别的相关性)。

[243] 同上,第 227 - 228 页。例如,“在 20 世纪 70 年代末和 80 年代初,投资者没有认识到移动房屋贷款与石油价格之间的潜在相关性。俄克拉何马州的石油繁荣吸引了大量的石油工人涌入,创造了全国增长最快的移动房屋贷款市场。当油价暴跌时,俄克拉何马州的钻探活动停止,导致大量失业,并造成移动房屋贷款的普遍违约”。同上。

其次,监管机构也可以尝试减少这种金融风险的扩大,激励结构性融资中使用的SPE持有更高质量的金融资产,这些资产不太可能违约。《多德-弗兰克法》在一定程度上采用了这种方法。如果SPE的基础金融资产是合格住宅抵押贷款(Qualified Residential Mortgages,QRM),它允许在证券化交易中出售的贷款的发起人和出资人避免必须遵守某些风险自留要求[244]——这是基于借款人偿还抵押贷款的能力和某些其他相关因素的考虑而做出的一种指定。[245] 然而,基于两个原因,《多德-弗兰克法》的方法只能部分地减少金融风险的扩大。第一,它仅仅适用于单一类别的金融资产,即抵押贷款。第二,不必遵守风险保留要求可能会导致动力不足;正如后面所讨论的那样,该法案的风险自留要求似乎是一种伪装,因为它只是作为一项法律规定,重申了长期以来的市场要求。[246]

原则上,监管者可以超越这些限制,比如要求结构化融资中使用的SPE持有更高质量的金融资产,并严格界定这些资产的合格类别和资格。然而,实际上,这在政治上可能不可行。可能,至少在一定程度上,由于相信私营企业可以比政府更有效地构建其融资结构,所以政府对支持私营部门金融交易的抵押品进行微观管理的先例相对较少。[247] 这可能有助于解释为什么《多德-弗兰克法》对SPE持有QRMs的激励作用不大。[248]

---

〔244〕 见前注〔205〕-〔206〕和附文(描述那些风险自留要求)。

〔245〕 2 CFR § 1026 (2015).

〔246〕 见前注〔205〕—〔206〕及附文。

〔247〕 除了前面提到的QRM指令外,作者所知道的唯一此类限制是大萧条后美国联邦储备系统颁布的G、U、T和X条例。例如,U条例要求银行为使借款人能够购买公开交易的股票而提供的贷款,必须由价值至少两倍于贷款金额的抵押品担保——实际上是100%的超额抵押——或者贷款人必须独立核实借款人有能力偿还贷款。See 12 C.F.R. § 221 (2015). G、U、T和X条例的效力仍未解决。比较Gikas A. Hardouvelis, *Margin Requirements*, *Volatility*, *and the Transitory Component of Stock Prices*, AMER. ECON. REV, Vol.4, 2001, pp.3(发现在大萧条后,保证金水平与股票市场波动性和超额波动性之间存在统计学意义上的显著负面相关性)与Peter Fortune, *Margin Lending and Stock Market Volatility*, NEW ENGLAND ECON. REV, Vol.4, 2001, pp.3(发现"积极的保证金贷款政策的实际价值是有限的")。

〔248〕 见前注〔245〕及附文(观察到避免必须遵守风险自留要求可能会提供不足的动机)。

(六)基于这些改革重新审视成本收益分析

本节根据上述改革重新审查破产隔离结构化的 CBA,以减少结构化融资的外部性。上述对外部性减少的估计充其量是粗略的,事实上,任何包含外部性的因素都会使 CBA“变得更加复杂”。[249] 批评者也可能认为,这些估计是任意的,因为它们不是基于经验数据产生的,而其他估计可能会产生不同的结果。此外,一些学者质疑将 CBA 应用于金融监管的可行性,因为识别和模拟监管的间接或系统成本的框架仍未开发。[250]

因此,本文并不打算明确这些改革是否会——甚至可能——将破产隔离结构性融资的社会成本降低到其公共利益水平以下。尽管如此,这些改革应该使这些利益更有可能超过成本。此外,鉴于破产隔离结构性金融交易是普遍存在且不可避免的现实,即使这些改革仅仅将另一场金融崩溃的风险降低哪怕 10%,也可以节省数万亿美元。[251]

尽管本文没有对破产隔离结构化的公共利益和社会成本进行量化的 CBA,但任何此类分析都会引发一个相关的问题:量化的平衡是否应该是一个简单的不等式(inequality),以评估收益是否超过成本,或者平衡是否应该通过要求一定的安全边际而被修改——有效地应用预防原则。在最强有力的形式中,预防原则要求对造成重大危害的活动进行严格监管,除非该活动可以被证明是安全的。[252] 但是,如果这种方法强加了很高要求的举证责任,以证明被监管的活动是安全的话,可能会导致效率低下的结果。[253]

---

〔249〕 See Cass R. Sunstein, *Laws of Fear: Beyond the Precautionary Principle*, Cambridge, Cambridge University Press, 2005, pp. 150.

〔250〕 See John C. Coates IV, *Towards Better Cost – Benefit Analysis: An Essay on Regulatory Management*, L. & CONTEMP. PROBS, Vol. 78, 2015, pp. 8 – 9.

〔251〕 金融危机 22 万亿美元的估计成本的 10%(见前注〔187〕)是 2.2 万亿美元。

〔252〕 See Hillary J. Allen, *A New Philosophy for Financial Stability Regulation*, Loy. U. Chi. L. J, Vol. 45, 2013, pp. 195.

〔253〕 同上,第 196 页 n. 90(解释说,“监管者将受到最强形式的预防原则的阻碍”,因为它所强加的“高得不可思议的举证责任”将阻碍新的活动及其利益)。See Cass R. Sunstein, *Beyond the Precautionary Principle*, U. PA. L REV, Vol. 151, 2003, pp. 1003(认为最强有力的预防原则几乎没有提供什么实际指导,因为即使是监管一项活动的选择也有风险).

预防原则的另一种形式需要一定的安全边际,以表明特定活动的风险是有保证的。[254] 要求安全边际的理由是,当灾难性的伤害可能导致"巨大的二次损失"时,由于伤害的社会放大作用,这些损失往往比事先的计算要高得多。[255] 例如,由于环境灾难可能引发深远的社会危害,安全边际经常被用于环境政策分析中。[256]

同样地,系统性崩溃可能带来巨大的次级社会成本,其范围远远超出金融市场参与者。[257] 基于这个原因,任何关于破产隔离结构化的量化 CBA 都不应局限于简单的不等式(inequality),更确切地说,应通过要求保留一定的安全余地来调整成本效益分析的平衡性,以表明这些公共利益明确超过了社会成本。[258]

结　论

破产隔离结构化是一种具有潜在公共政策影响的法律策略,对各种重要的商业和融资企业至关重要。它可以通过有效地重新配置破产风险来提供有价值的经济收益。但与此同时,通过将风险从合同方转移到公众身上,它可能会产生负外部性。

本文研究了在何种程度上,当事人应该有权利使用破产隔离结构化

---

〔254〕 同上,第 1014 页。

〔255〕 See Cass R. Sunstein, *The Catastrophic Harm Precautionary Principle*, ISSUES LEGAL SCHOLARSHIP, Vol. 6, 2007, pp. 6(主张在存在"具有巨大二次损失的风险"的情况下,适用"更强有力的灾难性伤害预防原则"). Sunstein 教授将安全边际比喻为监管保险的"溢价"。同上,第 1 页。

〔256〕 例如,See Cass. R Sunstein, *Irreversible and Catastrophic*, CORNELL L. REV, Vol. 91, 2006, pp. 845[解释说,《清洁空气法》(Clean Air Act)要求环境保护局在制定空气质量标准时要有一个安全边际,这可以理解为努力防止不可逆转的灾难性的伤害].

〔257〕 Steven L. Schwarcz, *Systemic Risk*, Geo. L. J. Vol. 97, 2008, pp. 206.

〔258〕 一个有点类似的测试是要求公共利益大大超过社会成本。见 *Excessive Corporate Risk - Taking and the Decline of Personal Blame*, 前注〔203〕,第 566 页(建议在公司承担风险分析中使用"大大超过"的要求,因为该要求"不仅仅将证明承担风险的活动应该被允许的责任转移给公司的管理者,它还通过增加一个安全边际来增加负担")。

来重新配置风险。为此,本文从公共政策的角度分析了破产隔离结构化,重点关注了促进结构化的合同自由和破产隔离结构化可能损害的破产法政策之间的紧张关系;同时,从成本收益的角度,平衡了破产隔离结构化的公共利益和其外部性。从政策的角度来看,本文发现破产隔离结构化既没有阻碍破产法政策,也没有使法律的目的失效。然而,从成本收益的角度来看,答案将更加复杂。

本文认为,对破产隔离结构化的 CBA 应该只平衡社会成本和公共利益。然后,其表明对于破产隔离结构的子集,包括基本公用事业(如自来水厂)的护栏和对其他关键基础设施项目(如发电厂)的保护,公共利益可能超过社会成本。相比之下,更通用的破产隔离结构化,如证券化,其社会成本和公共利益更难量化。

虽然这种更通用的结构化可以提供有价值的公共利益,比如让企业以更低的成本更多地进入资本市场,并发挥货币乘数的作用,但其利益过于抽象和不具体,难以可靠地估计。此外,通过增加系统性金融风险,这种更通用的结构化可能会以外部性的形式产生社会成本,而这些成本无法在一个有意义的范围内被量化。本文对这些公共利益和社会成本进行了分类,但没有得出它们如何平衡的结论——这种方法具有重要的监管先例。[259]

本文还研究了如何改革破产隔离结构化以减少其外部性。尽管这篇文章建议进行改革,以让这种结构的公共收益更有可能超过其社会成本,但人们仍然无法可靠地得出这些利益会超过这些成本的结论。即使这些收益有可能超过这些成本,本文进一步认为,成本收益的平衡也不应仅限于简单的不等式。因为如果破产隔离结构化导致系统性金融崩溃,社会成本可能是灾难性的,所以平衡应该需要一些预防性的安全边际,例如表明公共利益明显大于社会成本。

当然,上述 CBA 是规范性的。目前的现实是,破产隔离结构化被广

---

〔259〕 见前注〔187〕及附文。[观察该方法在沃尔克规则(Volcker Rule)的 CBA 中的使用,并比较 Benjamin Franklin 对该方法的使用。]沃尔克规则是美国金融监管改革法案的一项重要内容,包括不完全禁止自营交易、可以保留利率和外汇掉期衍生品交易、有条件的允许商业银行从事对冲基金、私募股权基金交易等。参见《美国实施沃尔克规则的最新进展与启示》,载《国际金融研究》2011 年第 9 期。——译者注

泛使用且不可避免。尽管在计算成本收益平衡方面存在不确定性，但监管者应考虑采用本文所提出的改革建议。通过减少外部性，这些改革可以将破产隔离结构化的社会成本削减数万亿美元。[260]

（编辑：韩励豪　姜沅伯）

---

〔260〕 本文的分析也间接地揭示了当事人围绕破产签订合同的权利应该是什么，以及合同自由应受到哪些限制等基本问题。见 *Rethinking Freedom of Contract*，前注〔74〕（还研究了这些问题，并解释了它们可能出现的更广泛的背景）。当事人应该有权围绕破产签订合同，如果该合同既不妨碍破产法的政策，也不使其目的无效。对围绕破产签订合同的成本效益分析应该平衡其社会成本和公共利益。即使很难有意义地量化这些成本和收益，但在没有得出它们如何平衡的结论的情况下，尝试对它们进行分类可能仍然是有用的。此外，如果成本可能是灾难性的，比如导致系统性金融崩溃，那么任何平衡都需要某种预防性的安全边际，例如，显示公共利益明显大于社会成本。最后，对围绕破产签订合同的权利的任何分析，都应包括审查如何完成订约以最大限度地减少其外部性。即使这不能实现明确的成本效益平衡，但如果这种合同不可避免地发生，则可能有助于降低成本。

《证券法苑》(2025)
第四十二卷,第340~377页

澳大利亚股东查阅权制度检视:兼评中国股东查阅权制度*

赵金龙**

摘要:股东查阅权是缓解公司治理中信息不对称问题的重要手段。澳大利亚的股东查阅权制度融合普通法与成文法,形成了独特架构。《2001年澳大利亚公司法》明确股东查阅权及程序,法院裁决中强调"善意"和"正当目的",并严格限制查阅信息的使用以保护公司利益。法院还通过附属裁决施加保密义务来协调股东查阅权与持续披露制度。相比之下,中国公司法明确赋予股东查阅权,并要求遵守相关法律以保障公司合法利益。中国制度提供更直接和具体的规范,澳大利亚制度更注重法院自由裁量权的作用。澳大利亚的经验对中国具有启示,即通过增强法律灵活性平衡股东权利与公司利益。

关键词:股东查阅权　公司法　普通法

* 本文系浙江省哲学社会科学规划课题《股东积极主义理论与制度路径研究》(23NDJC044Z)成果。

** 法学博士,温州大学法学院教授。感谢堪培拉大学法学院高级讲师付建荣(Jenny Fu)博士为本文撰写提供部分澳大利亚股东查阅权资料以及提出宝贵的评论和建议。文中所有的观点和可能存在的错误均由作者本人负责。

一、问题的提出

股东知情权，亦即股东获取公司信息的权利，是现代公司治理的重要组成部分。在实践中，这种权利具有多重含义。首先，作为公司所有者，股东不仅有权了解公司经营情况，而且有必要了解，以确保其权益得以有效维护。其次，股东作为公司治理的监督者，应有权获取、检查、核实和咨询公司的信息。最后，将公司股份视为金融产品时，股东作为消费者，亦有权了解和知悉有关证券的信息。[1] 在公司治理结构中，股东相较于公司管理层在获取公司经营和财务信息方面处于劣势，这种信息不对称使股东利益面临显著风险。唯有掌握充分的公司信息，股东方能作出明智决策，有效行使其权利，保护自身及公司的合法权益。

解决信息不对称的路径多种多样，涵盖股东查阅公司非公开信息、企业信息公示和强制信息披露等。各国股东知情权体系存在较大差异，具体成效也有不同。大陆法系国家通常包括公司法上的股东查询权、公司检查权，以及证券法上的强制信息披露权，[2] 而普通法系国家则通常未作这种区别规定。从具体效果来看，大陆法系国家的股东质询权实施力度相对较弱，其有效性不如普通法系国家通过资本市场和资本民主制度实现的治理效果。[3]

在澳大利亚，股东在被登记为公司成员后被称为“成员”。实际上，任何登记在公司成员名册上的人都是成员，无论他们是否为董事或高管。因此，在成文法中，“股东查阅权”被纳入更广泛的“成员查阅权”之中。尽管澳大利亚与美国、英国、加拿大等国同属普通法系，但这些国家在股东知情权制度上存在显著差异。具体来说，澳大利亚的公司法与英国相似，相较于其他利益相关者，更强调股东的治理权利，

---

〔1〕 参见赵金龙：《股东民主论》，人民出版社 2013 年版，第 76 页。

〔2〕 参见李建伟：《论英国公司股东知情权制度》，载《社会科学》2009 年第 12 期。

〔3〕 参见邓峰：《普通公司法》，中国人民大学出版社 2009 年版，第 389 - 392 页。

并对股东利益予以高度重视。[4] 在公司治理的实践中,澳大利亚对股东利益的关注程度远超过美国。[5] 此外,《2001 年澳大利亚公司法》的适用范围非常广泛,涵盖了公司、证券及其他金融产品,展现出"大公司法"的特征,[6] 因此,股东知情权的实现也受到类似于其他法域中证券法和金融法规范的影响。同时,基于历史和法律传统的原因,澳大利亚的股东查阅权制度融合了成文法与普通法的互动,展现了其独特的法律经验与教训。

本文首先介绍澳大利亚股东查阅权的理论基础及其法律发展演变,接着分析澳大利亚现行股东查阅权的成文法规定及司法实践。随后,本文探讨股东查阅权制度中的两个核心问题:其一,股东查阅权与公司商业秘密保护之间的平衡;其二,股东查阅权与公司信息披露制度的协调。最后,本文简要分析中国 2023 年《公司法》中的股东查阅权制度,并与澳大利亚的相关制度进行比较,以期加深对中国股东查阅权制度的理解,并从比较中获取适用性的启示。作者认为,对澳大利亚股东查阅权制度的检视,有助于从国际视角及比较法角度更深入地理解股东查阅权制度,并为全球公司法理论与实践的研究提供重要的参考价值,这也是本文撰写的核心目的之一。

二、澳大利亚股东查阅权理论依据及法律发展

(一)普通法中股东查阅权的理论依据

在澳大利亚,股东查阅权是一个复杂且多维度的法律概念,其法律基础源于普通法与成文法的交织互动。普通法对股东查阅公司文件(books)的权利采取了一种严格限制的立场,这主要基于以下两个核心理论:公司所有权与经营权的分离原则,以及公司法人格的独立性

[4] 参见[美]克里斯多夫·M. 布鲁纳:《普通法世界的公司治理:股东权力的政治基础》,林少伟译,法律出版社 2016 年版,第 63 页。

[5] 参见黄辉:《现代公司法比较研究:国际经验及对中国的启示》,清华大学出版社 2011 年版,第 70-74 页。

[6] 同前注[5],黄辉书,"自序"第Ⅴ页。

理论。

首先，公司所有权与经营权分离原则。这一原则是公司治理的基本结构，即公司经营管理权由董事会行使，而股东的角色则主要限于其对股份的所有权。在这一框架下，股东通常被排除在公司日常管理之外，因此从逻辑上不具备直接查阅公司文件及内部信息的必要性。[7]然而，在某些特定情况下，例如股东合理怀疑公司存在违法行为或董事会滥用职权时，股东可以依法请求查阅相关信息，以维护其合法权益。赋予股东广泛的查阅权可能对公司管理层造成巨大负担，导致管理资源过度耗费，影响公司核心职能的有效执行。例如，频繁的查阅请求可能需要公司管理层投入大量时间和精力来准备相关文件，甚至可能需要聘请法律顾问以确保信息披露的合规性，从而增加运营负担。此外，这类查阅请求还可能导致公司敏感信息的泄露，进而损害公司整体利益。因此，严格限制股东查阅权有助于维护公司管理效率、降低不必要的诉讼成本，并保护公司商业秘密，从而确保公司治理的稳定性和有效性。

其次，公司法人格独立性理论。在普通法体系中，公司被视为独立的法人实体，拥有独立的财产、权利能力和行为能力，并独立承担民事责任。这种法人格独立性意味着公司资产属于公司自身，而非任何单个股东的私人财产，因此股东无权直接查阅公司的内部信息。这种法人格独立性明确了公司与股东之间的权利界限，防止股东对公司事务的不当干预，从而保障公司独立运作和管理的高效性。这一独立性原则也强化了公司内部信息的专有性，使其成为公司的专有资产，而非任何股东的个人财产。在公司法发展的历史中，股东权益曾被视为通过持有股份间接享有公司财产的受益权（equitable interest），[8]但现代公司法逐渐弱化了这一物权属性，转而更加重视合同权的框架。根据这一观念，股东查阅权并非一项固有或当然的权利，而是需通过成文法或法院的具体授权来实现。

---

〔7〕 See Automatic Self – Cleansing Filter Syndicate Co. Ltd. v. Cunninghame (1906); NRMA v. Parker (1986) 11 ACLR 1.

〔8〕 See Peter J. Norman, *Access to Corporate Information*, Companies & Securities Law Journal, Vol. 4, 1986.

在普通法的背景下，股东查阅权的行使受到严格的法律限制，不仅是为了保护公司的商业秘密和提高管理效率，更在于贯彻公司法人格独立的基本原则。因此，股东在行使查阅权时，通常需要通过法律程序和法院的审查，以确保其行为符合善意和正当目的。此类法律程序的设置有助于在股东知情权与公司整体利益之间实现平衡，避免因股东的过度查阅而对公司经营造成不利影响，最终维护公司治理的稳定性和公平性。

（二）股东查阅权的法律发展

澳大利亚的法律体系起源于英国普通法，股东查阅权也承袭了这一传统。在普通法框架下，股东查阅权并非普遍的权利，而是受到严格的限制，法院仅在某些特定且较为罕见的情况下才会承认该权利。这种严格限制奠定了后来成文法发展的基础，使股东查阅权的法律框架从普通法的隐性规则逐步转向更加明确的成文法规定。通常，这些特定情形包括股东成为涉及其个人利益的法律争议的当事人，且查阅公司文件（books）对于解决股东与公司之间的财务纠纷或管理层滥用职权等争议至关重要。在司法实践中，严格限制股东查阅权的立场首次在 Edman v. Ross（1922）案中得到体现。[9] 在该案中，原告是私人公司的股东兼董事，因怀疑公司财务报表有问题而申请查阅公司账目。法院最初拒绝了这一请求，理由是原告未能提供充分的查阅理由，但后来改变决定，基于原告的董事身份及履行职责的必要性，准许了查阅申请。法院的理由是原告同时担任公司董事，查阅公司文件为董事履行职责所必需。

如上所述，普通法对股东查阅权的严格限制有其合理性，但在实际公司治理中却引发了诸多批评。1979 年，澳大利亚参议院常务委员会发布报告指出，作为依据联邦或州政府法律设立的企业，商业公司理应受到法律的监管以服务公众利益。该报告强调了公众有权知晓公司是否按照良好规范运营，并指出现有普通法可能未能充分满足公共透明

---

〔9〕 See Edman v. Ross（1922）S. R.（N. S. W.）351.

度的需求。[10] 为此，该报告建议引入更加透明的法律监管措施，例如定期财务报告披露、董事会决策审计以及强制性信息公开等，以确保公司的运营透明，公众和股东可以了解公司合规情况。

在上述报告的推动下，1985 年澳大利亚通过公司法修正案，首次在《1981 年澳大利亚公司法》中以成文法形式规定了股东查阅权，即第 265B 条。[11] 该修正案显著扩大了股东查阅权的适用范围，明确规定股东可以通过注册公司审计人员或法律执业者作为代理人查阅公司文件（books），并赋予股东在公司管理不当或潜在违法行为情形下获得查阅权的机会，从而加强了对股东权益的保护。与此前普通法中对股东查阅权的严格限制相比，此次修正标志着从隐性规则到成文法显性规定的重要转变。第 265B 条明确赋予股东向法院申请查阅公司文件的权利，但其请求必须出于"善意"且具有"正当目的"，[12] 这需要法院对申请人动机进行判断。在这一框架下，尤其是在涉及公司收购等控制权转移的情形中，股东查阅权案件逐渐增多。[13]

然而，第 265B 条"几乎没有提供适用原则指导"，[14] 使得法院在适用该条款时面临解释上的困难。由于缺乏明确的适用标准，法院在不同案件中对"善意"和"正当目的"的理解往往有所不同。例如，在某些案件中，法院更倾向于严格审查申请人的动机，以确保查阅行为不会对公司利益造成不利影响；而在其他案件中，法院则更加注重股东维护自身权益的合理性。这种多样化的解读导致了司法实践中的不一致性。1987 年 Unity APA Ltd. v. Humes Ltd. (No. 2) 案[15] 对这一模糊

---

[10] See Freedom of information, *Report of the Senate Standing Committee on Constitutional and Legal Affairs*, A. G. P. S. Canberra, 1979, pp. 268.

[11] See The Parliament of the Commonwealth of Australia House of Representatives, *Companies and Securities Legislation (Miscellaneous Amendments)* 1985 *Explanatory Memorandum*. 几年后，《1989 年澳大利亚公司法》第 319 条取代第 265B 条，但实质内容未变。

[12] See Re Claremont Petroleum N. L. (1989) 8 ACLC 56.

[13] See Humes Ltd. v. Unity APA Ltd. (No. 1) (1986) 11 ACLR 641; Re AugoldN. L. (1987) 2 Qd R 297; Barrack Mines Ltd. v. Grants Patch Mining Ltd. (1988) 1 Qd R 606; Intercapital Holdings Ltd. v. M. E. H. Ltd. (1988) 6 ACLC 1068.

[14] See Re Claremont Petroleum N. L. (1989) 8 ACLC 56, 58.

[15] See (1987) VR 474.

性作出了较为明确的解释。法院在该案中大胆地认定股东拥有查阅公司股份登记册的绝对权利。[16] 这一裁决及同期其他类似案件奠定了后续司法裁决的基调,将第 265B 条下的成文法查阅权视为“补救性”(remedial)措施,赋予法院在先前无法处理的情形下作出查阅裁决的自由。这种观点至今仍影响着成文法查阅权的解释。[17]

《1981 年澳大利亚公司法》第 265B 条与普通法实践形成了鲜明对比:该条款并未直接规定股东查阅权的具体内容,而是赋予股东向法院申请查阅的资格,从而将决定权交由法院。在这一过程中,股东需承担证明“善意”和“正当目的”的责任,而法院则扮演关键的守门人角色,拥有广泛的裁量权以区分哪些申请是合理的,哪些是无价值的。

为简化公司运作程序,1998 年澳大利亚通过《公司法审查法》,对公司法进行根本性的修订,其核心在于重新构建股东查阅权制度。该改革具体反映在《2001 年澳大利亚公司法》第 247A 条至第 247D 条中,旨在降低股东通过诉讼获得查阅权的门槛,从而增强对股东的法律保护。第 247A 条为股东提供了新的渠道,股东可以通过向法院申请获准查阅公司文件的权利,并且不再需要满足极其严格的条件,仅需证明申请出于“善意”且目的正当。第 247B 条则规定了法院准予查阅申请时可能附加的辅助裁定,增强了法院对查阅权案件的灵活性。第 247C 条强化了对公司信息保密性的保护,要求查阅人及其代理人对查阅所得信息承担保密义务。第 247D 条作为“可替代性规则”(replaceable rule),允许董事会或股东大会通过决议授权公司成员查阅文件,但这一规则可能在资本多数决的背景下限制小股东的实际查阅权。

整体来看,1998 年的法律改革进一步丰富了股东查阅权的法律框架,不仅显著提升了其可操作性和透明度,还在股东权利与公司管理之间建立了更为平衡且明确的机制,从而促进了公司治理的有效性和公平性。

---

〔16〕 See Corporations Act 2001 (Cth) s. 173.

〔17〕 See Tim Bowley & Jennifer G. Hill, *Shareholder Inspection Rights: Lessons from Australia*, Journal of Corporate Law Studies, Vol. 22, 2022.

三、澳大利亚现行股东查阅权制度及司法实践

根据《2001 年澳大利亚公司法》,股东查阅权的规定涵盖了申请查阅主体、查阅对象、法院自由裁量权、具体查阅裁决以及其他查阅途径等内容。作为普通法系国家,澳大利亚的股东查阅权制度展现了成文法与普通法的深度互动。例如,法院在裁决是否授予查阅权时,既要遵循《2001 年澳大利亚公司法》的具体条款,也要参考普通法中的善意原则和正当目的标准。这种成文法与普通法结合的机制,使得司法实践既有明确的法律依据,又保留了一定的灵活性,以适应复杂的商业环境。

(一)申请查阅主体

根据《2001 年澳大利亚公司法》第 247A 条的规定,两类主体有资格向法院提起诉讼申请查阅公司文件。第一类主体为公司成员及通常意义上的股东。《2001 年澳大利亚公司法》第 231 条规定了成为公司成员的两条路径,一是在公司成立初记录于公司申请登记表,二是公司成立后其姓名/名称登记于公司成员名册。第二类主体是由法院授权、向法院申请,或《2001 年澳大利亚公司法》第 237 条许可有资格向法院申请,以公司名义提起或干预公司诉讼的个人。这种诉讼性质上类似于股东代表诉讼,但其适用对象范围更广。根据《2001 年澳大利亚公司法》第 236 条,代表诉讼提起人可以是公司或其关联公司的成员、前成员或有资格被登记为公司或其关联公司成员的个人,以及公司高管或前高管。在法律程序方面,《2001 年澳大利亚公司法》第 247A 条第 4 款赋予法院授权申请人本人或其他人代表申请人本人查阅公司文件的资格。另外,根据第 247A 条第 2 款的规定,除非法院另有裁决,否则获得查阅授权者有权复制查阅的公司文件。

由此可见,《2001 年澳大利亚公司法》对申请查阅主体的范围定义十分广泛,涵盖公司股东、关联公司股东、前股东以及有资格登记为公司或关联公司股东的个人。[18] 此外,根据《2001 年澳大利亚公司法》

---

〔18〕 在澳大利亚,这些人只有在查阅目的涉及股东代表诉讼时,才能成为主体。

第247A条,成员或代表其行使权利的第三方均可获得法院授权查阅公司文件。需要注意的是,只有正式注册为公司成员的股东才有资格依据《2001年澳大利亚公司法》第247A条申请查阅公司文件,包括在公司股份登记册上登记为股东的个人。而通过代名人(nominee)持有股份的投资者,即使享有股份的实际权益,由于《2001年澳大利亚公司法》将其排除在"成员"范畴之外,也不享有查阅权。这一规定体现了商法中的外观主义法理,强调形式上的法律关系而非实际受益人的权益。

值得注意的是,关于"前股东"的查阅权,法院通常不会准予那些在申请裁决前已处置股份的申请人查阅公司文件。[19] 法院在作出查阅公司文件的命令时,通常要求申请人在法院作出命令的日期仍为公司成员。如果申请人在提交申请后法院作出裁决前已处置其股份,则他们不再符合作为成员申请查阅文件的法律要求。此外,法院在考虑是否授予查阅权时,会评估申请人是否具有善意以及是否存在正当目的。如果申请人在法院裁决前已不再是公司成员,这可能会影响法院对其善意和正当目的的评估,因为申请人已不再具有直接的利益关系。

综上所述,法院通常不会准予已处置股份的申请人查阅公司文件,因为这既不符合公司法规定的成员身份要求,也可能影响法院对申请人善意和正当目的的评估。这种严格的成员身份要求反映了法律对保护公司商业秘密及防止滥用查阅权的重视,同时确保查阅权的行使与股东的直接利益挂钩,维护公司治理的稳定性和保护其他股东的合法权益。因此,该规定在实践中不仅有助于防止滥用查阅权,还有效维护了公司治理的稳定性,保护了现有股东的整体利益。

(二)查阅对象

《2001年澳大利亚公司法》对股东查阅权的立法设计体现了保障股东知情权的系统性和前瞻性。根据《2001年澳大利亚公司法》第247A条至第247D条的规定,股东查阅权的范围涵盖了公司文件、成员名册、财务报告及其他相关记录,展示了较为全面和包容的立法策略。《2001年澳大利亚公司法》将股东查阅的对象定义为"公司文件"

---

〔19〕 Supra note 17.

(books)，这一概念在法律文本中被赋予了广泛且具体的含义，涵盖了公司运营中的各类关键记录，远超传统财务报表和账簿的狭隘范畴。

根据《2001年澳大利亚公司法》第9条，"公司文件"涵盖多种记录和文件，包括：(1)公司的成员名册；(2)各类信息记录；(3)无论以何种形式编制、记录或存储的财务报告或财务记录；(4)各种形式的文件或文档。法律对"财务记录"的详细界定进一步扩展了其适用范围，包括传统的发票、收据、支付命令、支票等原始记录文件，以及财务报表编制和调整过程中产生的各类工作底稿。这种详细的界定确保了股东能够获取足够的信息，以评价公司经营状况和管理层决策的合理性。

综上所述，《2001年澳大利亚公司法》对股东查阅对象的规定极为广泛，不仅涵盖传统意义上的公司财务信息，还包括公司运营中的各种关键信息记录，如成员名册、合同文件、决议记录以及其他重要运营资料。此外，财务报告和记录的形式并不局限于纸质形式，现代的电子或数字记录同样在查阅范围之内。这种宽泛且灵活的定义方式，不仅很好地适应信息化和数字经济的时代需求，还确保股东在数字化背景下的知情权能够得到有效保障。例如，允许股东查阅电子形式的财务记录及其他数字文件，展现了法律应对企业信息管理现代化需求的适应能力，从而有效维护股东的合法权益。

(三)法院自由裁量权

《2001年澳大利亚公司法》第247A条赋予公司成员向法院提起诉讼请求查阅公司文件的权利，股东是否能够查阅的最终决定权取决于法院，这是法院自由裁量权的法律依据。第247A条第1款规定，法院在决定是否授权查阅时，必须确信申请人善意并具有正当目的。需要特别强调，"善意"和"正当目的"构成准予查阅的必要条件，并不是充分条件。法院保留自由裁量权，在考虑其他相关因素后，即使申请人符合这些基本条件，法院仍然可以拒绝授权查阅。[20] 这种规定确保法院能对查阅公司文件严格把控，使得查阅申请不损害公司合法利益。

---

〔20〕 Supra note 17.

1."善意"与"正当目的"的认定

在适用《2001年澳大利亚公司法》时,"善意"与"正当目的"的认定构成准予股东查阅公司文件的重要因素。相较于普通法,该法在放宽公司成员申请查阅权条件方面作出显著调整。然而,该法没有明确界定"善意"与"正当目的",而是将其交由法院自由裁量,这为防止股东滥用查阅权干预公司经营管理提供了司法保障。

实践中,对于这些因素的解读及应用,法院的态度随着时间推移而有所变化。早期的裁决倾向于采用客观标准对申请人的目的正当性进行评判,同时也考虑申请人心态这一主观因素。[21] 然而,一些判例更倾向于将"善意和正当目的"解释为一个综合测试,不过更强调"正当目的",因为"更多考虑善意而非目的正当性具有人为性"。[22]

在 Acehill Investments Pty Ltd. v. Incitec Ltd. (2002) SASC 344 案中,Debelle 法官对《2001年澳大利亚公司法》第247A条的适用提供了清晰的解释和指导,包括三个主要原则:(1)"善意"与"正当目的"应被视为一个综合概念,其评估应基于客观标准;(2)"善意"与"正当目的"的证明责任由查阅申请人承担;(3)如果申请人目的是保护其某项具体或个人的法定权利,如考虑提起股东欺压诉讼、调查可能对投资产生不利影响的交易或考虑收购要约等情形,则可以视为符合《2001年澳大利亚公司法》第247A条的要求。为证明"善意"与"正当目的",申请人必须明确阐述其查阅的实际目的,表明其申请旨在促进一个具体的、非虚构的、合理的目标。[23] 此外,这一目的还必须与申请人的股东身份密切相关或有合理的联系。[24] 这种对于"善意"与"正当目的"的严格解读和要求,强化了公司治理的法律框架,

---

〔21〕 See Re Augold NL (1987) 2 Qd R 297.

〔22〕 See Barrack Mines Ltd. v. Grants Patch Mining Ltd. (No. 2) (1988) 1 Qd R 606; Knightswood Nominees Pty Ltd. v. Sherwin Pastoral Co. Ltd. (1989) 15 ACLR.

〔23〕 See Ingram atf Ingram Superannuation Fund v. Ardent Leisure Ltd. [2020] FCA 1302, [78]. See also Rasley (Singapore) Pte Ltd. v. Financial & Energy Exchange Ltd. [2020] FCA 1462, [28]; Rinehart v. Rinehart [2020] NSWSC 68, [537], [539].

〔24〕 See R v. Merchant Tailors' Co. (1831) 2 B. & Ad. 115, 129; 109 ER 1086, 1091 (per Taunton J). See also Mesa Minerals Ltd. v. Mighty River International Ltd. (2016) 241 FCR 241, [22].

确保股东查阅权不被滥用,有助于在保护公司利益与增强透明度之间取得平衡。

法院在评估股东查阅公司文件申请时,通常从“善意”与“正当目的”两个维度审慎判断。在司法实践中,法院认定下列情形中的查阅目的具有正当性:(1)因为合理怀疑董事违反职责而申请查阅公司文件;[25](2)公司章程中设有股份优先购买条款(preemption clause)时,出让方股东为评估其股份价值而请求查阅公司文件;[26](3)查阅目的是调查公司运营中未解释的异常情形(unexplained irregularities),如财务管理异常、涉嫌关联交易或公司未提交财务报告;[27](4)请求调查特定财务信息未披露或存在误导性披露的情形;[28](5)股东对于董事会决议(如公司重大重组)是否符合公司章程提出异议而要求查阅公司文件。[29]

重要的是,只要有正当目的且居于主要地位,即使申请人还有其他次要目的,也不影响法院作出裁决。至于申请人是否对董事持有敌意,或者其通过查阅获取的公司内部信息是否可能使其获得相较于其他股东更多的信息,这些因素不应影响法院裁决。[30] 这一原则的核心在于,只要申请人主要目的正当,即使查阅可能为申请人带来其他利益,也不应将其视为影响法院裁决的关键因素。这种做法体现了对股东合法利益的保护,同时也保证公司的合理治理和透明度。

在下列情形中,法院判定存在不正当目的:(1)公司成员为有利于公司竞争者试图通过查阅公司文件获取公司秘密;[31](2)查阅公司文件只是便利股东进行要约收购;[32](3)查阅公司文件是为通过成员身

---

〔25〕 See Humes Ltd. v. Unity APA Ltd. (No 1).

〔26〕 See Service Pty Ltd. (1994) 13 ACSR 658.

〔27〕 See Yarra Australia Pty Ltd. v. Burrup Holdings Ltd. (2010) 80 ACSR 641.

〔28〕 See London City Equities Ltd. v. Penrice Soda Holdings Ltd. (2011) 84 ACSR 573.

〔29〕 See Humes Ltd. v. Unity APA Ltd. (No. 1) (2000) 34 ACSR 245.

〔30〕 See Mesa Minerals Ltd. v. Mighty River International Ltd. (2016) 241 FCR 241, [22].

〔31〕 See Knightswood Nominees Pty Ltd. v. Sherwin Pastoral Co. Ltd. (1989) 15 ACLC 151.

〔32〕 See Re AugoldNL (1987) 5 ACLC 286; Barrack Mines Ltd. v. Grants Patch Mining Ltd. (1988) 6 ACLC 97; Garina Pty Ltd. v. Action Holdings Ltd. (1989) 7 ACLC 962.

份克服法律职业特权的障碍;〔33〕(4)申请查阅只为挑战董事经营决策智慧。这意味着,成员只是对公司行为的商业价值有所保留,或希望对公司经理的商业判断进行事后评估,或者成员只是出于好奇或多管闲事,试图将自己置于与董事相同的信息地位。〔34〕 在上述情形中,要特别关注最后一种。根据两权分离理论,普通法承认公司管理职能授予董事会,股东不能经常干预公司经营决策,这有益于提升公司经营效率。因此,当股东查阅申请涉及公司管理事项时,法院一般不愿干预,因为这会要求法官在缺少明确法律要求的情形下为己所不欲之事,例如审查董事商业判断。〔35〕 根据商业判断原则,"对于董事没有个人利益冲突的商业决策行为,法院不应在事后以自己的判断去替代董事当时的判断。其主要原因是,法官不是董事,而且,法院在事后进行审查,难免有'事后诸葛亮'之嫌,这样不利于鼓励董事积极进取,承担正当的商业风险"〔36〕。澳大利亚股东查阅权司法实践表明,申请人仅对管理层决定不满或者持有异议远远不够,〔37〕还须使法院相信其有查阅公司文件的权利,例如申请人要求查阅的信息属于"公司应当通知他们的"事项,〔38〕或者申请人须证明他们有对公司"过去或者将来不当或者不良行为调查的理由"〔39〕。此外,不正当目的还包括申请人申请目的为证实公司已经破产或者无力偿还债务,〔40〕或者申请人申请目的与其作为公司成员的资格没有关系等。〔41〕

---

〔33〕 See Czerwinski v. Syrena Royal Pty Ltd. (No. 1) (2000) 34 ACSR 245. 申请人试图通过第 247A 条的查阅权规避在其他法律诉讼中提出的法律职业特权主张,或者作为开示程序的替代品,目的是获取公司竞争对手的机密信息,属于"不当"目的之一,因此法院不会授权查阅。

〔34〕 See Re Augold NL (1987) 2 Qd R 297; Praetorin Pty Ltd. v. TZ Ltd. (2009) 76 ACSR 236, [36] - [37]; Ingram atf Ingram Superannuation Fund v. Ardent Leisure Ltd. [2020] FCA 1302, [59]; Praetorin Pty Ltd. v. TZ Ltd. (2009) 76 ACSR 236, [64].

〔35〕 See Re Augold NL (1987) 2 Qd R 297.

〔36〕 同前注〔5〕,黄辉书,第 109 - 200 页。

〔37〕 See Praetorin Pty Ltd. v. Tz Ltd. (2009) 76 ACSR 236.

〔38〕 See Czerwinski v. Syrena Royal Pty Ltd. (No. 1) (2000) 34 ACSR 245.

〔39〕 See ntercapital Holdings Ltd. v. MeH Ltd. (1988) 13 ACLR 595.

〔40〕 See Keenfern Pty Ltd. v. Thorlock International Ltd. (2002) 20 ACLC 1,322.

〔41〕 See Garina Pty Ltd. v. Action Holdings Ltd. (1989) 7 ACLC 962; Bride & Anor v. Commissioner for Corporate Affairs & Ors (1987) 7 ACLC 1,202.

2. 法院准予查阅的最终自由裁量权

在实践中,法院在决定是否准予股东查阅公司文件时享有显著的最终自由裁量权(overriding discretion)。即使申请人能够充分证明其行为"善意"和查阅"目的正当",最终的查阅授权仍然完全依赖于法官自由裁量。[42] 《2001 年澳大利亚公司法》第 247A 条的表述明确体现,法院"只有在"信服申请人的善意和正当目的的情形下"才可"作出裁决,而非在符合这些条件情形下"必须"作出裁决。这表明,即便申请人满足所有表面上的要求,法院在裁决是否授权查阅时依然拥有高度的自主性和判断力。然而,法院行使最终自由裁量权依据的原则并不清楚,这一问题值得进一步认真考量。[43]

如果法院确信查阅适当(appropriate)而准予查阅,查阅范围仅限于与查阅目的合理相关的文件(books)。[44] 对此,法院明确表示,根据法定查阅条款,自由裁量不仅包括是否准予查阅,还包括查阅文件范围。[45] 此外,根据《2001 年澳大利亚公司法》第 247A 条的规定,除非法院另有裁决,否则被准予查阅者可以复制相关资料。

(四)其他查阅权及获取公司信息路径

根据澳大利亚成文法和普通法,成员或董事取得查阅权还包括下列情形:(1)《2001 年澳大利亚公司法》第 247D 条规定,董事会决议或股东大会决议可以授予股东查阅权。理论上,这些决议只要不违反法律强制性规定就有效,应当得到承认和尊重。这一规定契合公司自治理念,也反映出公司内部自我管理和自主决策的重要性。(2)《2001 年

[42] 这意味着即使申请人能够证明其行为善意、目的正当,法院也可以拒绝准予查阅权。在 Knightswood Nominees 案中,Brookings 法官指出两种拒绝情形:(1)申请人提交的证据不足以使法院认为有干预必要。(2)法院认为即使准予申请人查阅权,查阅人也不会通过查阅取得任何有用结果。See Knightswood Nominees Pty Ltd. v. Sherwin Pastoral Co. Ltd. (1989) 15 ACLC 151. See also Vinciguerra v. MG Corrosion Consultants Pty Ltd. (2007) 61 ACSR 583, [37]; Rasley (Singapore) Pte Ltd. v. Financial & Energy Exchange Ltd. [2020] FCA 1462, [33]; Rinehart v. Rinehart [2020] NSWSC 68, [30], [545].

[43] Supra note 17.

[44] See Re Style Ltd. (2009) 255 ALR 63, [71].

[45] See Majestic Resources NL v. Caveat Pty Ltd. [2004] WASCA 201, Templeman J, [21] (Malcolm CJ and Wheeler J concurring).

澳大利亚公司法》第168条、第169条规定,公司成员享有查阅成员名册的法定权利。根据这些条款,公司有义务维护公司成员名册,记录每个成员及其所持股份的基本信息。第173条则规定,成员名册应当允许所有公司成员无偿查阅,这确保股东获取公司成员信息的透明度和可用性。(3)股东或其他利害关系方可以通过民事或刑事诉讼中证据开示程序查阅公司文件。这种情形下,诉讼当事人有权查阅包括公司文件在内的诉讼争议相关材料。(4)董事获得公司信息有法定权利和普通法权利两种路径。[46]《2001年澳大利亚公司法》第198F条规定,董事可以在任何合理时间查阅公司文件(除了财务记录),以用于董事是一方当事人的或拟以善意提起的或有理由相信将会对其提起的法律诉讼;对不再担任董事的人的查阅权而言,该权利在此后7年内持续有效。前董事可以查阅公司文件(包括财务记录),以用于其是一方当事人的或拟以善意提起的或有理由相信将会对其提起的法律诉讼,并且前董事可以复制查阅的公司文件。在普通法上,查阅权被视为董事受托责任的应有之义,受到法院严格保护,尽管有系列判例施以不同程度的限制。(5)母公司成员可以寻求查阅母公司与其子公司交易相关的公司文件,[47]但是不能申请查阅子公司文件,这对处理集团公司内部事务尤为重要。[48]

《2001年澳大利亚公司法》还为成员甚至公众提供了获取公司信息的其他机制,主要包括成员在股东大会上提问、成员获取公司章程和会议记录副本、任何人查阅公司保存的登记册、任何人查阅澳大利亚证券和投资委员会(ASIC)保存的信息和登记册、董事获取公司信息的权利。[49] 对于上市公众公司,《2001年澳大利亚公司法》规定持续信息披露制度以便成员与公众获取公司信息以应对信息不对称问题。

---

〔46〕 See R. P. Austin & I. M. Ramsay, *Ford, Austin and Ramsay's Principles of Corporations Law*(16*th ed.*), Sydney, LexisNexis Butterworths, 2015, pp. 846 – 851.

〔47〕 See Intercapital Holdings Ltd. v. MEH Ltd. (1988) 13 ACLR 595.

〔48〕 Roman Tomasic, Stephen Bottomley & Rob McQueen, *Corporations Law in Australia* (2d ed.), the Federation Press, 2002, pp. 434. 根据澳大利亚公司法,只有公司成员可以查阅本公司内部文件,母公司作为子公司成员可以查阅子公司文件。母公司成员并非子公司成员,因此,不可以查阅子公司文件。

〔49〕 Supra note 46.

四、澳大利亚股东查阅权与公司商业秘密保护的平衡

股东查阅权是一项独立的股东权利,表征着股东个人利益。公司信息属于公司法人独立"财产"范畴,其中商业秘密对公司的重要性不言自明。在现实经济生活中,股东查阅权与公司商业秘密保护之间难免存在冲突。如果公司成员不是董事或者高管,那么他对公司不承担信义义务,无义务保守公司商业秘密。如果作为查阅人的股东不当使用或者向他人泄露查阅所获的公司内部信息,往往会对公司经营造成严重负面影响,这也是公司董事不愿股东查阅公司文件的原因之一。

《2001 年澳大利亚公司法》试图通过规范被授权查阅人及其代理人的查阅行为寻求成员查阅权与公司商业秘密保护之间的平衡,具体规定在第 247B 条、第 247C 条。根据《2001 年澳大利亚公司法》第 247B 条的规定,法院作出第 247A 条项下裁决的同时,可以作出它认为适当的其他任何辅助裁决,包括对查阅人如何使用查阅获得的文件及文件复制权作出限制,使申请人承担保密义务。在 Re Humes Ltd. 案中,法院对胜诉申请人作出如下限制:(1)查阅人只能将查阅所得信息披露给申请人指派的 4 名董事;(2)该 4 名董事只能与法律顾问讨论该信息,讨论目的只限于决定是否向法院申请允许查阅人使用该信息;(3)如果申请人在查阅后 28 天内没有向法院申请使用该信息,所有文件及副本要归还公司。[50] 与之相似,在 Tinios v. French Caledonia Travel Service Pty Ltd. 案中,法院限制申请人对查阅所得信息的使用,明确该信息只能用于能够对特定股份价值提出意见的情形。[51] 需要明确,对查阅权的限制不是法院准许查阅裁决的标准配置内容。这意味着,不能因为公司担心通过有正当目的查阅所得的信息会被以非正当方式利用,就理所当然地对所得信息的使用予以限制。查阅公司文件可能使申请人因其他目的而获益,但是这一事实不足以构成法院作

[50] See Re Humes Ltd. (1987) 5 ACLC 64.

[51] SeeTinios v. French Caledonia Travel Service Pty Ltd. (1994) 12 ACLC 622.

出限制裁决的充分条件。[52]

值得注意的是,法院的裁决具有强大的法律效力,根据澳大利亚联邦及各州法律规定,当事人违反法院裁决可能构成藐视法庭罪。[53]《2001年澳大利亚公司法》第247C条对代表申请人查阅公司文件的第三人披露所掌握公司信息的限制非常严格。根据《2001年澳大利亚公司法》第247条第2款的规定,代表申请人查阅公司文件信息的人不得向ASIC或者申请人本人之外的任何人披露其在查阅期间获得的任何信息。违反该条规定会构成一项严格责任犯罪。严格责任犯罪完全取决于犯罪人是否有特定违法行为,而不要求证明其是否有犯罪动机。[54] 2001年澳大利亚公司法对于公司信息保护的力度从上述刑事责任规定上可窥见一斑。

总体上,一方面,澳大利亚公司法规定的成员查阅权主体范围广泛,查阅对象宽泛,这有利于成员通过获取公司信息保护自身合法权益。另一方面,公司法赋予法院极大自由裁量权,严格限制查阅获得信息的使用,甚至通过赋予查阅人刑事责任给予大力保护。由此可知,澳大利亚公司法试图通过法院自由裁量寻求成员查阅权与公司商业秘密保护之间的平衡,这确实符合普通法系的传统。

五、澳大利亚股东查阅权制度与上市公司持续披露制度的协调[55]

1994年,澳大利亚实施持续披露制度,这是为上市公司建立的一套强制信息披露机制,旨在确保及时向市场披露对股价或公司价值具有重大影响的所有信息。该制度通过《公司法》的法律规定和澳大利亚证券交易所的上市规则共同发挥作用,该上市规则第3.1条规定上市公司必须在获得重要信息后立即向市场报告。澳大利亚证券交易所

---

〔52〕 See Acehill Investments Pty Ltd. v. Incitec Ltd. (2002) SASC 344.

〔53〕 See *Legal Services Board* v. *Forster* (No. 2) [2012] VSC 633, [43].

〔54〕 See Criminal Code 1995 Section 6.1.

〔55〕 Supra note 17.

将这些信息通过市场公告平台公开发布,确保所有投资者能够平等获取公司重大信息,从而减少选择性披露和内幕交易的风险,促进市场诚信与效率。然而,持续披露制度并不要求公司披露所有已知的重要信息,因为全面披露可能损害公司的合法商业利益,或者导致“尚未成熟”信息的披露,反而对股东和公众不利。因此,法律设立例外条款,以在信息透明度和公司利益保护之间取得平衡。

尽管持续披露制度提供了广泛的公开信息,但它并不能保证公司会披露所有可能影响股东决策的重要信息。在这种背景下,《2001 年澳大利亚公司法》第 247A 条为个别股东提供了法定查阅权,允许股东申请查阅公司非公开信息,以便更深入地了解公司运作或具体事务。尤其是在上市公司披露不充分时,股东可通过查阅权弥补信息需求的缺口。在 2017 年至 2020 年的 15 起股东查阅申请案件中,有 6 起涉及上市公司。在这些案件中,股东要求取得信息评估公司私募融资是否违法,〔56〕以及在股东大会前获取代理投票信息。〔57〕这表明在持续披露制度无法完全满足股东的信息需求时,《2001 年澳大利亚公司法》第 247A 条规定的查阅权成为股东获得信息的有力补充。

《2001 年澳大利亚公司法》第 247A 条规定的查阅权允许个别股东获取未公开信息,这与持续披露制度旨在确保市场主体信息平等的原则存在冲突。持续披露制度的核心目标是通过公开信息来保障所有市场参与者在决策时的信息平等,以防止个别投资者利用非公开信息获益。然而,当个别股东依据《2001 年澳大利亚公司法》第 247A 条申请查阅公司文件时,可能会获得未向其他股东或公众披露的敏感信息,从而产生信息不对称问题。在 Praetorin Pty Ltd. v. TZ Ltd. 案〔58〕中,一位股东试图查阅一项涉及公司宣布的融资交易协议,以评估该交易的适当性并决定是否继续持有公司股份。Barrett 法官认为该查阅目的与持续披露制度的目标相悖,因为该制度旨在确保所有投资者在决策时处于同等信息地位,而不是为个别股东提供优势信息,因此法官拒绝了该股

〔56〕 See Leadenhall Australia Pty Ltd. v. Cape Lambert Resources Ltd. (2018) 125 ACSR 484.

〔57〕 Sun Hung Kai Investment Services Ltd. v. Metals X Ltd. (2019) 139 ACSR 361.

〔58〕 (2009) 76 ACSR 236.

东的查阅请求。Smartec Capital Pty Ltd. v. Centro Properties Ltd. 案[59]中再次突出了类似的担忧,Barrett 法官指出,在上市公司已履行持续披露义务的情况下,个别股东再行查阅公司信息的需求应受到谨慎对待,以维护市场公平性和透明度。[60]

尽管股东查阅权与持续披露制度之间存在政策上的紧张,但可以通过《2001 年澳大利亚公司法》第 247A 条对查阅权提出的“善意”和“正当目的”要求来协调这两者的关系。在 Smartec 案中,Barrett 法官认同申请人不必指明具体的法律错误或诉讼理由,[61]但申请人仍需就公司不当行为提供令人信服的合理解释。[62] 在 Smartec 案中,申请人提出了六项“关注”作为查阅依据,法院经过严格审查后仅认可其中一项,确保查阅申请符合“善意”和“正当目的”标准,从而避免对市场诚信政策的冲击。在符合该标准的情况下,股东的查阅请求既可以合法获取未公开的信息,又有助于发现公司可能存在的不当行为,对公司治理和市场诚信具有积极意义。同时,为防止信息被滥用,法院可以附加保密和使用限制条款。[63] 此外,某些在非上市公司中视为正当的查阅目的(如用于决定是否交易公司股份),在上市公司情境下可能不被接受,因为持续披露制度旨在防止信息不对称带来的交易优势,所以法院在批准上市公司股东查阅时会更加谨慎,以避免破坏市场诚信与公平性。

六、比较法视角下中国股东查阅权制度述评

中国股东查阅权制度历经《公司法》数次修改和最高人民法院《关

[59] (2011) 83 ACSR 461.

[60] (1987)2 Qd R 308 -9.

[61] Smartec Capital Pty Ltd. v. Centro Properties Ltd. (2011) 83 ACSR 461.

[62] See Explanatory Memorandum, Companies and Securities Legislation (Miscellaneous Amendments) Bill 1985 (Cth), [3 -56].

[63] 根据《2001 年澳大利亚公司法》第 247B 条,法院有权作出辅助性裁决。这种股东也受到《2001 年澳大利亚公司法》第 7.10 部分下内幕交易法律约束。

于适用〈中华人民共和国公司法〉若干问题的规定(四)》(以下简称《公司法解释四》)推动而不断进步,尤其2023年12月修订的《公司法》(以下简称新《公司法》)对股东查阅权作出了新的规定,为股东权利行使和保障提供了坚实的法律依据。根据新《公司法》第57条,有限责任公司股东享有查阅、复制公司章程、股东名册、股东会会议记录、董事会会议决议、监事会会议决议以及财务会计报告的权利。此外,股东亦可要求查阅公司的会计账簿和凭证,但需向公司提出书面请求并阐明目的。如果公司有合理理由认为此类查阅可能损害公司的合法利益,它可以拒绝提供查阅,并需自股东提出书面请求之日起15日内书面答复股东并说明理由。此举允许公司对可能的不正当查阅目的进行必要防范。值得注意的是,如果公司拒绝提供查阅,股东可以向人民法院提起诉讼。公司法进一步明确,股东在查阅时可以委托专业机构进行,并且在查阅和复制过程中,必须遵守关于保护国家秘密、商业秘密、个人隐私及个人信息等相关法律、行政法规的规定。关于股份有限公司,新《公司法》第110条规定,股东有权查阅、复制公司章程、股东名册、股东会会议记录、董事会会议决议、监事会会议决议、财务会计报告,对公司的经营提出建议或者质询。连续180日以上单独或者合计持有公司3%以上股份的股东要求查阅公司的会计账簿、会计凭证的,适用新《公司法》第57条第2款、第3款、第4款的规定。公司章程对持股比例有较低规定的,从其规定。股东要求查阅、复制公司全资子公司相关材料(包括会计账簿、会计凭证)的,适用前两款的规定。上市公司股东查阅、复制相关材料的,应当遵守《证券法》等法律、行政法规的规定。

此外,基于股东查阅权的固有权性质,[64]《公司法解释四》第9条明确否定公司章程或股东协议对股东查阅权的实质性剥夺。但在澳大利亚,股东查阅权是一种诉讼申请权,并且股东大会或董事会有权根据公司章程规定允许或否决股东查阅公司文件,而无须给出任何理由。

---

〔64〕 我国学者认为股东知情权属于固有权。参见刘俊海:《公司自治与司法干预的平衡艺术:〈公司法解释四〉的创新、缺憾与再解释》,载《法学杂志》2017年第12期;李建伟:《股东知情权边界的利益衡量》,载《暨南学报(哲学社会科学版)》2022年第6期;周友苏:《中国公司法论》,法律出版社2024年版,第283页。

从股东权利保护视角看，《公司法解释四》的相关规定比澳大利亚公司法对股东更为友好。

中国新《公司法》中股东查阅权制度的内容，相较于以往规定更为具体和细致，有助于确保法律适用的一致性。《公司法解释四》对股东查阅权主体、“不正当目的”的界定、股东查阅权边界、查阅对象与行使方式以及查阅相关人滥权的法律责任等进行了补充解释。新《公司法》吸收和借鉴了司法实践经验与理论研究成果，其价值和意义值得肯定。尽管如此，这些规定仍存在完善的空间。〔65〕在当前立法背景下，结合其他法域实践审视和解释中国股东查阅权制度，有助于公司法律进步与司法适用。

（一）股东查阅权主体

在中国和澳大利亚的公司法体系中，股东查阅权的主体范围和实践应用展现了不同法域的特点和对公司治理的不同理解。《公司法解释四》在中国公司法领域的一个显著创新是明确确认前股东的查阅权。这一规定旨在实现利益平衡，同时为避免前股东滥用诉讼权，要求前股东承担权益受损的举证责任，并将其查阅对象限制为持股期间的特定公司文件。然而，在司法实践中，仍有一些问题亟待明确，例如隐名股东（实际出资人）的查阅权、前股东的查阅权，以及代理人独立行使查阅权的合法性。

1. 隐名股东是否享有查阅权？

对于隐名股东是否享有查阅权，中国学界存在不同观点。有人认为，实际出资人原则上不享有查阅权，因为其并非公司的法定股东；但如果存在名义股东授权实际出资人作为代理人行使查阅权的有效委托，实际出资人可依此享有查阅权。〔66〕也有学者主张应给予实际出资人查阅权，鉴于隐名持股的合法性已被中国司法机关认可，作为股份的

〔65〕 参见刘俊海：《公司自治与司法干预的平衡艺术：〈公司法解释四〉的创新、缺憾与再解释》，载《法学杂志》2017年第12期。

〔66〕 参见葛伟军：《股东知情权的法律框架：英国法为比较对象》，“权利信息冲突之维——论道股东知情权”中外商法论坛（第三期）学术会议论文，2018年4月于重庆。

真正所有人,实际出资人应享有查阅公司相关文件的权利。[67] 在中国的司法实践中,大多数判决认为隐名股东(实际出资人)不能直接行使股东知情权,只能通过名义股东行使股东知情权。然而,也有个别法院的判决支持隐名股东(实际出资人)直接行使股东知情权。[68] 值得注意的是,《公司法解释四》和新《公司法》对此均未作出明确规定。这种法律层面的空白导致司法裁量空间较大,容易引发法院在判决上的不一致性,进而影响法律适用的统一性。此外,如果未能妥善解决隐名股东的查阅权问题,可能会削弱实际出资人对公司经营状况的监督,影响出资人对投资安全的信任,甚至在一定程度上影响股东权利保护的公平性和法律的权威性。

在澳大利亚的公司法中,公司成员和登记的股份所有人,而非受益所有人,都有权向法院申请查阅公司文件。[69] 受益所有人不享有查阅权是因为法律形式主义原则强调法律关系的外在表现,即法律上的权利和义务应基于正式的法律登记,而非隐性的受益所有权。这一规定旨在确保公司事务的公开性和透明性只限于法律确认的主体,以避免信息披露的泛滥和公司治理的复杂化,并严格遵循法律形式主义原则。从商法外观主义的角度来看,考虑到保护市场交易秩序,拒绝赋予实际出资人查阅权似乎更加合理。因此,两国在股东查阅权的规定和实践上,体现了对公司治理和股东利益保护的不同取向和权衡,也反映了法律适用的灵活性和文化差异性。

2. 前股东的查阅权

《公司法解释四》第 7 条第 2 款规定:"公司有证据证明前款规定的原告在起诉时不具有公司股东资格的,人民法院应当驳回起诉,但原告有初步证据证明在持股期间其合法权益受到损害,请求依法查阅或者复制其持股期间的公司特定文件材料的除外。"由此可见,法律赋予已退出公司的前股东在特定情况下的股东查阅权,适用于其在未退出

〔67〕 参见黄辉:《〈公司法〉修订背景下的股东知情权制度检讨:比较与实证的视角》,载《比较法研究》2023 年第 3 期。

〔68〕 参见唐青林、李舒主编:《公司法司法解释四裁判综述及诉讼指南》,中国法制出版社 2017 年版,第 115 – 118 页。

〔69〕 Supra note 17.

公司时合法权益受到损害的情形。这种规定具有合理性,赋予前股东查阅权是诚实信用原则在公司法领域的必然要求,不仅有助于规范公司治理,还为前股东提供了对显失公平的股权转让合同行使撤销权的机会。〔70〕

相比之下,澳大利亚《2001 年公司法》同样明确前股东在特定条件下享有查阅权。根据该法第 247A 条,向法院申请查阅公司文件的主体可以包括公司成员和有权提起股东代表诉讼的个体,这些主体包括现任、前任成员,或那些尚未被记入公司股东登记册但已经受让公司股票的人。尤其是前任成员,如果因公司内部欺压行为而终止股东身份,他们可以根据该法第 234 条提起股东欺压诉讼,进而间接获得查阅公司文件的权利。当公司运营方式违反所有成员的利益或对特定股东或股东集团不公平时,股东、前任股东(如果涉及他们不再为公司成员的情形)及被 ASIC 认可的个体可以对公司提起诉讼。〔71〕 如果胜诉,法院可以根据《2001 年公司法》第 233 条作出任何它认为合适的裁决。需要注意的是,澳大利亚法院通常不会准予已处置股份的申请人查阅公司文件,因为这不符合《2001 年澳大利亚公司法》对成员身份的要求,也可能影响法院对申请人善意和正当目的的评估。这意味着,在提起股东查阅权诉讼后、法院作出裁决前丧失股东身份者,不会被准予查阅公司文件。

综上所述,中澳两国的法律均体现了对前股东权益的保护,赋予前股东在特定条件下查阅公司文件的权利。这种规定符合诚实信用原则,既维护了前股东的合法权益,也有助于促进公司治理的规范化。《公司法解释四》通过具体条款明确了前股东在持股期间受到损害时可以申请查阅相关文件,从而为前股东提供了法律救济途径,有助于防范显失公平的股权转让,并增强公司内部治理的透明度。相比之下,澳大利亚《2001 年公司法》则允许前股东提起股东查阅权诉讼,并在具体案件中通过法院的裁量权进行调节。

---

〔70〕 参见刘俊海:《新公司法的制度创新:规范内涵与合规治理》,中国法制出版社 2024 年版,第 249 – 250 页。

〔71〕 See 2001 Corporation Act S. 232.

未来，立法者可以考虑进一步明确隐名股东的查阅权规则，以减少司法裁量的不确定性，从而提升法律适用的一致性。此外，还可以加强对前股东权利保护的具体措施，以确保股东在退出公司后依然能够得到合理的权益保障。这些改进将有助于提高公司法在股东权利保护方面的全面性和有效性，进一步推动公司治理的现代化与公平性。

3. 代理人单独行使股东查阅权问题

关于这一问题，我国新《公司法》修订前并未规定代理人可以单独行使股东查阅权。《公司法解释四》第10条第2款则规定，行使查阅权的股东可以在会计、律师或者其他中介从业人员的协助下查阅公司文件，其中要满足两个条件：其一，股东需要在场；其二，中介从业人员辅助查阅。这意味着，鉴于公司财务信息的复杂性和专业性，中国司法实践只承认辅助查阅制度。这种辅助查阅相比之前的法律具有进步性，有利于股东行使权利以及其权益保护。

然而，不允许中介从业人员单独查阅不符合法理逻辑。股东权利委托他人或代理人行使在法理上具有充分的正当性。这首先体现在股东权利的财产权性质，股东权利具有可转让性和可委托性，类似于财产管理的委托行为。现行法律如新《公司法》已经确认了股东权利的委托行使，包括分红权和表决权。通过委托专业人士或代理人行使权利，可以提高公司治理效率，减轻管理负担，同时确保股东权利的有效实现。此外，这一做法符合公司法中的诚实信用原则，确保公司管理层在处理股东事务时遵循公平和诚信的原则，从而更好地保护股东的合法权益，完善公司治理结构。股东查阅权的委托行使也具有同样的正当性和合理性。通过委托专业的中介机构单独行使查阅权，不仅可以显著提高信息获取和分析的效率，还能确保查阅过程的专业性和独立性。这种安排能够有效减少公司和股东的时间和资源浪费，维护公司治理的透明度和公正性，同时在保密义务的约束下保护公司的商业秘密和整体利益。《公司法修订草案（第三稿）》第56条对2018年《公司法》第33条进行修改，增加可以委托会计师事务所和律师事务所等中介机构查阅的规定，且没有要求股东必须在场，这具有合理性。[72] 新《公司

〔72〕 同前注〔67〕，黄辉文。

法》第 57 条第 3 款明确规定,股东可以委托会计师事务所、律师事务所等中介机构查阅公司会计账簿、会计凭证。应当说,新《公司法》规定更加科学和合理,充分凸显了对股东权利的细致保护。

在澳大利亚,股东本人或者代理人皆可申请查阅公司文件。根据《2001 年澳大利亚公司法》第 247A 条第 4 款的规定,法院可以授权申请人本人或其他人代表申请人本人查阅公司文件。同时,立法对代理人查阅公司文件规定了严格法律责任。根据《2001 年澳大利亚公司法》第 247 条第 2 款,代表申请人查阅公司文件信息的人不得向 ASIC 或者申请人本人之外的任何人披露其在查阅期间获得的任何信息;违反该条规定会构成一项严格责任犯罪。这种法律安排旨在在保障股东查阅权与保护公司信息安全之间实现平衡。

中国和澳大利亚在股东查阅权的委托行使上,都体现了对股东权利的高度重视和对公司治理效率的关注。虽然两国在具体实施上有差异,但核心理念一致,即通过专业人士或代理人的介入,确保股东权利的有效行使,同时维护公司的正常运营和信息安全。澳大利亚公司法对代理人的定义较宽泛,允许股东选择任何代理人,而中国公司法明确规定委托对象必须是专业机构,如会计师事务所或律师事务所,这在实际操作中更能保障信息的准确性和权威性,但也增加了公司对保密义务的要求和监督成本。澳大利亚的制度依赖法院监督,通过司法介入确保代理人的善意和正当目的,从而维护市场诚信和透明度,但可能增加股东的诉讼成本。总体来看,中澳两国在股东查阅权委托行使制度上虽路径有异,但均体现出在保障股东权利与维护公司运营秩序之间寻求平衡的理念。澳大利亚通过法院授权机制,实现代理查阅的规范化与司法可控,强调权利正当性与程序保障;中国则在新《公司法》第 57 条中,明确允许股东委托专业中介机构(如会计师事务所、律师事务所)单独查阅公司账簿,突破了以往仅限“辅助查阅”的限制,显著降低行权门槛,提升了专业效率与程序便利性,尤其适用于中小股东维权实践。两者相较而言,中国制度在查阅效率与专业保障方面更具优势,澳大利亚则在查阅目的审查与信息安全控制方面展现出更强的制度精度。为防范委托查阅在实践中可能被滥用,中国可在高风险或争议情形下引入适度的司法审查机制作为补充,以增强制度的可控性与信赖度；而澳大利亚可探索在信息敏感性较低的场景中（如年度财务报表、股东名册），允许经授权的中介机构直接代行查阅，以减轻司法负担，提升制度的操作效率与适应性。

（二）股东查阅对象问题

股东是否有权查阅原始凭证和记账凭证一直是学界和实务界争论的焦点，这一争议主要源于信息透明度与公司隐私保护之间的冲突。中国2018年《公司法》第33条虽然明确股东有权查阅会计账簿，但并未对股东是否可以查阅原始凭证和记账凭证作出明确规定，这导致司法实践中裁判标准不一。《公司法解释四（征求意见稿）》曾明确规定，有限责任公司股东享有查阅原始凭证和记账凭证的权利。该征求意见稿第16条规定，当股东起诉请求查阅公司的会计账簿以及与之相关的记账凭证或原始凭证时，应依法予以受理。同时，该条款还规定，如果公司能够证明股东查阅此类凭证存在不正当目的，可能损害公司合法利益，法院应驳回股东的诉讼请求。这表明，立法者试图通过明确和扩展股东查阅权的客体范围，为股东提供更为全面的信息获取渠道，其动机在于解决信息不对称问题，增强公司治理的透明度，进而保护中小股东的合法权益。这一政策背景反映了立法者对股东权利保护的重视及其对公司治理结构的深远影响。然而，最终通过的《公司法解释四》删除了相关规定，使得股东查阅权的客体范围再次成为未决的法律问题。

《公司法解释四》第7条为股东查阅权的客体范围提供了重要的法律指引。该条第1款规定，当股东依据2018年《公司法》第33条、第97条或公司章程提起诉讼，请求查阅或复制公司的特定文件材料时，人民法院应予以受理。值得注意的是，这里的“公司特定文件资料”不仅包括原第33条或第97条所规定的文件和材料，还应包括公司章程中规定的其他文件资料。这意味着，如果公司章程中规定的文件材料范围超出2018年《公司法》的规定，这些额外材料也应纳入股东查阅权的客体范围。[73] 从这一角度来看，会计凭证可被视为属于这类“特定文件材料”。

股东查阅权或知情权制度的设计初衷是应对股东与公司管理层间

〔73〕 同前注〔66〕。

的信息不对称问题,保护股东合法权益,并便于股东行使权利。与会计账簿相比,会计凭证能更真实地反映公司交易情况,从而成为股东准确了解公司运营状况、监督公司经营管理的更为可靠的材料。[74] 因此,会计凭证作为股东知情权的基础性材料,对于实现股东的知情权及其他合法权益至关重要。[75] 这意味着,"允许股东查阅原始会计凭证及其相关基础性材料是允许股东查阅会计账簿的逻辑必然"[76]。此外,鉴于中国当前公司治理的现状,尤其是在公司会计账簿真实性存疑的背景下,允许股东查阅会计凭证具有积极的现实意义。因此,中国新《公司法》明确肯定会计凭证作为股东查阅对象,既体现了法律适用的进步性,也适应了公司治理现状的需要。

澳大利亚公司法对股东查阅的公司文件(company books)的界定相对宽松,涵盖公司成员信息、各种其他信息记录以及所有形式的公司财务信息,包括但不限于原始凭证和记账凭证。值得注意的是,澳大利亚公司法允许财务报告或财务记录以任何形式存在,从而涵盖各种电子和数字形式的信息记录。这种对公司法的解读与应用,体现了对信息时代与数字经济背景下企业运营需求的敏锐理解和适应,有助于提升信息披露的透明度和可及性。澳大利亚的公司法规定可以为中国公司法的发展提供有益的借鉴,尤其是在电子化和数字化背景下,对公司文件的理解和规定应更加广泛和包容。[77] 中国新《公司法》正式肯定了电子会议、电子营业执照以及国家企业信用信息公示系统的运用,但与其他市场经济发达国家的公司立法相比,仍存在显著差距。公司法现代化的一个关键方面是信息化,如果不能充分全面地体现信息化,公司法难以称之为"现代化"。随着信息技术的快速发展和企业数字化转型的加速,如何在保护股东合法权益的同时适应数字经济的新要求,成为中国公司法未来发展的重要议题。

---

〔74〕 参见孙箫:《股东查阅权的范围及拓展》,载《河北法学》2010 年第 8 期。

〔75〕 参见李建伟:《股东知情权边界的利益衡量》,载《暨南学报(哲学社会科学版)》2022 年第 6 期。

〔76〕 郭顺强、刘惠斌:《有限公司股东知情权的客体》,载《人民司法》2022 年第 2 期。

〔77〕 参见赵金龙:《网络技术推动下的公司法律制度创新研究》,法律出版社 2020 年版,第 53 - 95 页。

(三)股东查阅权的穿越行使问题

股东穿越行权,即母公司股东对子公司文件的查阅权,一直是公司法学术界讨论的热点问题。所谓“股东穿越行权”,是指母公司股东基于其股东身份,要求查阅由母公司控制的子公司的相关文件的权利。该问题的核心在于如何平衡股东的合法权益保护与公司集团化运作的需求。学界普遍认为,为了保护母公司股东的合法权益,应当赋予其查阅子公司文件的权利,以弥补信息不对称的不足。[78]为解决这些问题,各国公司法纷纷建立了规制公司集团关系的相关法律制度,其中包括对股东穿越行使查阅权的规定。[79]

中国原《公司法》未明确规定母公司股东对子公司文件的查阅权,这在一定程度上造成了法律的空白,妨碍了股东有效行使其权利并保障自身权益。这种法律空白限制了股东在公司集团结构中的监督能力,并可能导致少数股东权益受到侵害。为应对这一实践需求,中国新《公司法》首次明确了母公司股东对子公司资料的查阅权,规定有限责任公司和股份有限公司的股东有权查阅、复制全资子公司的相关材料。当前立法将穿越查阅的范围限制于“全资子公司”,其原因在于全资子公司与母公司之间利益的一致性较强,从而降低了信息滥用和商业秘密泄露的风险。这种限制确保了法律规则的明确性和可操作性,同时减少了对子公司独立性和商业秘密保护的负面影响。中国新《公司法》对母公司股东查阅子公司资料权利的明确规定,不仅填补了原《公司法》的法律空白,也在一定程度上提升了公司治理的透明度和效率。在公司集团日益复杂的背景下,这一立法进步有助于增强对股东合法权益的保护,并进一步促进公司集团治理的规范化和现代化。

如前文所述,澳大利亚公司法允许母公司股东查阅与母公司和子

---

〔78〕 参见袁达松、王喜平:《股东查阅权穿越:母公司股东权益保护的利器——相关美国法理论、实践及我国制度的构建》,载《东方法学》2010 年第 4 期;王淼、王国平:《母公司股东知情权穿越行使的正当性基础及制度设计》,载《东南学术》2014 年第 6 期;王建文:《论我国股东知情权穿越的制度构造》,载《法律科学(西北政法大学学报)》2019 年第 4 期。

〔79〕 参见赵旭东:《新公司法重点热点问题解读:新旧公司法比较分析》,法律出版社 2024 年版,第 246 页。

公司交易相关的母公司文件,但不允许直接查阅子公司文件。相比之下,中国新《公司法》在母公司股东查阅权的规则设计上更具优势,尤其是在复杂且多样化的公司集团运作环境中,中国的规定更有助于母公司股东获取全面的信息,从而更好地保护其权益。

(四)股东查阅权与公司类型的相关性

在2013年之前,中国《公司法》仅赋予有限责任公司股东查阅权,而未明确给予股份有限公司股东相应的权利。这种立法安排源于立法者的假设,即股份有限公司,特别是上市公司,通过信息披露制度已经提供了足够的公司信息,因此股东无须额外查阅内部文件。然而,这种立法选择显然忽视了股东获取特定信息的权利和需求,导致实践中存在显著不足。学界对此提出了广泛批评,认为即使股份有限公司,尤其是上市公司,承担了较为全面的信息披露义务,这些披露也并不能完全取代股东的查阅权。〔80〕 股东查阅权不仅是股东获得信息的基本手段,更是确保股东有效行使其权利的重要保障。因此,未明确赋予股份有限公司股东查阅权的立法安排是存在缺陷的。

这一问题一直持续到2016年《公司法解释四》的出台。《公司法解释四》第7条第1款明确规定,股东查阅权不再因公司类型的不同而受到限制,从而确保有限责任公司和股份有限公司股东在查阅权上的平等地位。这一规定的重要意义在于,它消除了原有立法中的不平等,确保了所有公司类型的股东都能享有相同的权利保护。此后,新《公司法》第57条和第110条进一步明确了有限责任公司和股份有限公司股东的查阅权,标志着中国公司法在股东权利保护方面迈出了重要一步,反映了立法理念的进步和完善。

从权利的性质来看,股东查阅权是一项固有权利,不应因公司类型的差异而被区别对待。因此,中国公司法历史上基于公司类型不同而对股东查阅权作出差异化规定的做法缺乏科学性和合理性。此外,学界还指出,我国新《公司法》中的公司分类标准在客观性和严谨性方面

---

〔80〕 参见施天涛:《公司法论》,法律出版社2014年版,第206页。

存在不足。[81] 例如,有限责任公司与股份有限公司之间的分类标准模糊,缺乏明确的区分依据,导致实际操作中难以统一适用,从而对股东权利的保护产生了不一致性。这种分类标准的不一致性在实践中引发了混淆,进一步加剧了股东权利保护的不平衡。

与中国相比,澳大利亚在股东查阅权方面始终秉持平等对待的原则。《2001 年澳大利亚公司法》未对私人公司(proprietary company)与公众公司(public company)进行区别对待,所有公司股东均可通过公司决议、公司章程规定或法院授权获得查阅权。这种平等赋予股东查阅权的立法安排,不仅有助于统一法律的适用,增强股东权利的可预期性,还在保护股东权益和促进公司治理透明度方面发挥了积极作用。澳大利亚的立法经验表明,平等对待不同类型公司股东的查阅权是实现股东权利充分保护的有效途径,我国立法和司法实践可以借鉴和完善。例如,《2001 年澳大利亚公司法》第 247A 条明确规定,股东可通过法院申请查阅公司的账簿和文件,确保股东的知情权不因公司类型而受到影响。

(五)查阅的正当目的和不正当目的的抗辩

在中国公司法中,股东查阅权的行使涉及正当目的与不正当目的抗辩的问题,这是公司法律制度中平衡股东知情权与公司保密需求的核心环节。虽然中国《公司法》并未直接定义股东查阅的正当目的,但明确规定“不正当目的”可以作为公司拒绝股东查阅的合理依据。2013 年《公司法》第 33 条第 2 款以及新《公司法》第 57 条第 2 款规定,公司可以基于合理理由拒绝股东查阅会计账簿的请求,并要求公司在收到股东书面请求后的 15 天内以书面形式答复并说明理由。然而,对于何为“不正当目的”,在司法实践中仍存在较大的解释分歧。

为统一法律适用并消除解释上的分歧,《公司法解释四》第 8 条列举了常见的“不正当目的”情形,包括股东与公司主营业务存在实质性竞争关系、股东可能向第三方泄露信息从而损害公司利益,以及股东曾

---

〔81〕 学者认为,以公开义务为标准对公司分类比较客观严谨。我国对有限责任公司和股份有限公司的划分不够严谨,应当按照公开义务对我国公司法规定的公司重新分类,分为开放公司和封闭公司。参见朱锦清:《公司法学》(上),清华大学出版社 2017 年版,第 16 - 17 页。

因泄露公司信息而损害公司利益的情况,此外还有其他可能构成不正当目的的情形。与《公司法》相比,《公司法解释四》提供了更为具体的指引,有助于法院在纠纷裁决中作出一致的判断。尽管如此,法律适用中的难题依然存在,因为上述列举的情形难以涵盖经济生活中的所有复杂情况。同时,“股东有不正当目的的其他情形”的规定为法院自由裁量提供了空间,但也增加了裁判结果的不确定性。这种法律设计虽然赋予法院一定的灵活性来应对复杂情形,但也可能导致裁判结果的不一致性和不可预测性。这对于具有长期成文法传统的中国法院而言,确实构成了一定的挑战。

在澳大利亚的法律体系中,股东查阅权的正当目的主要分为两大类:一是维护股东在公司中的合法权利,二是对公司可能存在的违法行为或违反公司章程的行为进行调查。《2001 年澳大利亚公司法》要求申请人证明其行为出于善意并且查阅公司文件具有正当目的,但并未对“善意”和“正当目的”作出明确界定。澳大利亚普通法在界定“正当目的”和“不正当目的”方面提供了具体细致、丰富多样的判例,为其他法域提供了有价值的参考。相比之下,中国的法律实践在《公司法解释四》中对“不正当目的”进行了较为明确的规定。实证研究表明,《公司法解释四》中的部分内容已经通过实践检验,证明是有效的。为进一步提高股东查阅权的实际操作性,建议中国未来的立法中吸收《公司法解释四》的有效内容,并继续通过司法解释提供更多的指导,例如规定更多“不正当目的”抗辩的类型。此外,可以考虑提供一份不构成“不正当目的”的情形清单,以便为股东查阅权的行使提供更清晰的指引。〔82〕

鉴于中国司法实践通常依循立法规定的路径,因此最适宜的方法是在立法层面对“正当目的”进行类型化或作出更为具体的规定,或者由最高人民法院发布规范性文件或指导性案例,对“正当目的”和“不正当目的”作出进一步的司法解释和指导,从而切实提高股东查阅权案件的可操作性和判断的明确性。这种方法有助于确保股东查阅权的有效行使,同时保护公司的合法利益,确保法律适用的精确性和公正性。通过立法和司法解释的完善,中国能够有效平衡股东的信息获取需求与公

〔82〕 同前注〔67〕,黄辉文。

司正当的保密要求，从而推动公司治理结构的进一步健全和透明化。

（六）股东查阅权的剥夺问题

在公司法理论中，出资瑕疵与股东资格是两个相对独立的法律问题。出资瑕疵涉及违反出资义务，可能导致股东承担违约责任，并限制其财产性权利的行使；而股东资格的取得则取决于多种因素，包括股东名册登记、公司章程的规定、实际出资情况、股东享有的权利及履行的义务等。如前文所述，股东查阅权作为股东的固有权，与出资瑕疵并无实质性联系。中国《公司法》并未明确规定在何种情况下可以剥夺股东的查阅权，而《公司法解释四》第 9 条则明确，如果公司章程或股东间协议实质性剥夺了股东根据公司法规定查阅或复制公司文件的权利，公司据此拒绝股东的查阅或复制请求，人民法院不应予以支持。这一规定的合理性在于，股东知情权属于其固有权利，且公司法中关于股东知情权的规定具有强制性，因此章程或股东间协议实质性剥夺股东知情权不具合法性。〔83〕

在司法实践中，法院裁决明确指出，出资不足、抽逃出资、股东委派人员任职、公司主张资料遗失、诉讼时效经过以及司法鉴定等情形均不应成为剥夺股东查阅权的理由。〔84〕 根据《公司法解释四（征求意见稿）》第 14 条规定，公司不得以出资存在瑕疵为由，拒绝该类股东查阅、复制公司文件材料。对此，在征求意见过程中，支持限制股东知情权的观点认为，股东权利（包括知情权）应与出资比例挂钩，而出资瑕疵影响股东权利义务的对等性，因此为平衡公司利益，可以对出资瑕疵股东的知情权予以限制。对于这一看法，本文不予赞同，主要基于以下几点理由：（1）股东知情权是股东固有权，不应仅依赖于其出资情况。这一权利使股东能够获取必要的公司信息，以便于对公司管理和运营进行有效监督和评估。（2）股东的出资义务与其享有的股东权利彼此独立。即便存在未足额出资或迟延出资等瑕疵，也不应影响股东作为公司成员的基本权利。（3）股东知情权的行使有助于提高公司运作的

〔83〕 参见李建伟：《构建各方权责利平衡的股东知情权诉讼规则》，载《人民法院报》2017 年 9 月 1 日，第 2 版。

〔84〕 同前注〔68〕，唐青林、李舒书，第 126－131 页。

透明度,并防止管理不善。若剥夺存在出资瑕疵的股东的知情权,将削弱对公司管理层的监督和问责,从而损害公司和其他股东的整体利益。(4)如果公司仅因为股东存在出资瑕疵就剥夺其知情权,这种做法可能被滥用为排除不便或不受欢迎股东的手段,进而损害公司治理的整体性。因此,最终的《公司法解释四》未采纳此类全面剥夺股东知情权的做法,更符合公司法实践的合理性和合法性。

对于股东委派人员任职、公司主张资料遗失、诉讼时效经过、司法鉴定以及公司提供部分材料查阅等情形,均不应作为剥夺股东查阅权的理由,具体分析如下:(1)股东委派人员任职行为。公司可能认为,股东已经通过委派代表(如董事或监事)参与公司管理,因此无须直接查阅公司文件。然而,这一理由不足以剥夺股东的查阅权。股东查阅权是基于其股东身份的法定权利,不因其委派人员在公司中担任职务而受到限制。(2)公司主张资料遗失。如果公司声称相关文件或资料已经遗失或无法提供,这同样不应成为拒绝股东查阅的理由。公司负有妥善保管重要文件的法定义务,并应为股东查阅提供便利,资料遗失不能成为公司逃避义务的借口。(3)诉讼时效经过。在某些情况下,公司可能以诉讼时效已过为由拒绝查阅请求。然而,股东查阅权作为股东的固有权利,不受普通诉讼时效限制,其目的是确保股东能够及时了解并监督公司的运营状况,这一需求与诉讼时效无关。(4)司法鉴定。同样地,除非公司法有特别规定,否则司法鉴定不应成为限制或拒绝股东查阅权的先决条件。(5)公司已提供部分材料查阅。公司可能声称已提供部分关键材料,因此无须再提供更多信息。然而,如果所提供的材料不足以让股东全面了解公司的经营情况,这种做法显然是不充分的,股东有权获取足够的信息以行使知情权和监督权。总之,股东查阅权是基于其公司股东身份的法定权利,不应因上述理由被不合理地限制或剥夺。

相比之下,《2001 年澳大利亚公司法》未对剥夺股东查阅申请权的具体情形作出明确规定。只要申请人属于法律认可的主体,且其查阅目的被认定为善意且正当,法院就可根据具体情况自由裁量是否准予查阅。这种灵活性为法院提供了更大的操作空间,以在个案中平衡各方利益。

总体而言,中澳两国在处理股东查阅权的剥夺问题上,各有其独特的法律框架和实践路径。中国公司法通过明确规定保障股东的固有权利，避免公司通过章程或协议实质性剥夺股东的知情权，这在保护股东权利方面具有强制性和明确性。而澳大利亚公司法则更注重法院的自由裁量，灵活处理具体情形，以实现各方利益的平衡。这种差异体现了两国法律制度在股东知情权保护上的不同理念与实践方式，对于公司治理的完善各自提供了有益的经验和视角。

（七）股东查阅权与公司商业秘密保护的平衡

在中国，2019年12月29日之前的《公司法》及《公司法解释四》在股东行使查阅权后的公司商业秘密保护方面存在不足，主要表现为：(1)缺乏具体规定赋予法院限制查阅人使用或复制查阅所得信息的自由裁量权。(2)对于股东及其委托的会计师、律师等专业人员在行使知情权后泄露公司商业秘密的情况，《公司法解释四》第11条仅规定了相应的民事责任，即“股东行使知情权后泄露公司商业秘密导致公司合法利益受到损害，公司请求该股东赔偿相关损失的，人民法院应当予以支持。根据本规定第十条辅助股东查阅公司文件材料的会计师、律师等泄露公司商业秘密导致公司合法利益受到损害，公司请求其赔偿相关损失的，人民法院应当予以支持”。(3)中国《刑法》规定了侵犯商业秘密罪，但其犯罪构成要件较为严格，既需要满足客观要件，又需具备主观上的故意，还要求泄露行为给公司造成重大损失。基于这些严格的条件，判定股东及辅助查阅人员构成侵犯商业秘密罪以保护公司商业秘密存在较大难度。这些不足导致股东查阅权的行使与公司商业秘密保护之间难以实现平衡，公司对股东查阅其文件信息的积极性受到影响。

中国新《公司法》第57条第4款规定，股东及其委托的会计师事务所、律师事务所等中介机构查阅、复制有关材料，应当遵守有关保护国家秘密、商业秘密、个人隐私、个人信息等法律、行政法规的规定。根据该条款的规定，股东查阅权的行使及信息的使用受到诸多法律、法规、规章的限制，其中包括但不限于《保守国家秘密法》及其实施细则、《关于国家秘密载体保密管理的规定》、《反不正当竞争法》、最高人民法院《关于适用〈中华人民共和国反不正当竞争法〉若干问题的解释》、《民法典》有关个人隐私和个人信息保护的规定、《网络安全法》对网络环境下个人信息的保护要求、《个人信息保护法》以及工业和信息化部及公安部等相关部门针对特定领域的个人信息保护规定。这些法律和法规构成了中国公司信息和个人信息保护的法律框架,为股东及其委托的中介机构在查阅和复制公司材料时提供了明确的遵循标准。股东在行使查阅权时需特别注意不得侵犯这些法律法规保护的国家秘密、商业秘密以及个人隐私和个人信息,这些法律法规的刚性和严格性显著增强了公司对其信息的保护力度。

相较之下,《2001 年澳大利亚公司法》在股东查阅权的制度设计上更加体现普通法系的灵活性,赋予法院在商业秘密保护方面的广泛自由裁量权。澳大利亚公司法并不特指代理人为“专业人士”,因此股东可以更灵活地选择代理人来行使查阅权。在处理股东查阅权案件时,澳大利亚法院强调“善意”和“正当目的”,并通过司法介入对查阅信息的使用和泄露进行严格限制。这种灵活性不仅使法院能够根据具体情况灵活裁定,也确保了商业秘密在司法程序中的有效保护。法院可以通过附属裁决施加保密义务和限制使用,以在股东查阅权与公司商业秘密保护之间实现平衡。

综上所述,中国的股东查阅权制度通过明确的法律规定,为股东查阅权的行使和信息保护提供了清晰的法律框架,但在灵活性和具体实施方面仍存在一定限制。而澳大利亚的制度依赖于法院的自由裁量权,具有较大的灵活性,能够根据具体情况对查阅权的行使和商业秘密的保护进行调整。

(八)股东查阅权与上市公司持续披露制度的协调

股东查阅权涉及个别股东获取公司内部信息,而上市公司持续披露制度则旨在保障所有市场参与者平等获取信息。在协调这两者关系时,至关重要的是如何平衡股东知情权与市场公平性,以确保信息获取的透明度和一致性。首先,通过合理平衡股东权利与市场公平性,可以在实现股东知情权的同时维持市场的公平与透明。其次,这种协调能够有效防止股东滥用查阅权,尤其是股东通过查阅权获取尚未公开的敏感信息,从而避免内幕交易和市场操纵的风险。最后,股东查阅权与持续披露制度的协调有助于提升公司治理质量和运营透明度,增强投资者信心和市场效率,对于建立公平、透明、高效的资本市场具有重要意义。

在中国，股东查阅权与上市公司持续披露制度均有法律依据。新《公司法》第110条第4款规定，上市公司股东查阅、复制相关材料时，应遵守《证券法》等相关法律和行政法规的规定。《证券法》第83条则明确规定，信息披露义务人所披露的信息应当同时向所有投资者披露，禁止提前向任何单位和个人泄露，除法律、行政法规另有规定的情况外。任何单位和个人不得非法要求信息披露义务人提供尚未披露的依法需要披露的信息，提前获知此类信息的任何单位和个人应保密，直至依法披露。《证券法》第84条第1款还规定，除依法必须披露的信息外，信息披露义务人可自愿披露与投资者决策相关的信息，但不得与依法披露的信息相冲突或误导投资者。

在现行法律框架下，股东在行使查阅权时需维护市场的透明性与公平性。新《公司法》第110条第4款对上市公司股东查阅权进行了边界设定，要求股东查阅公司资料时应遵守《证券法》等法律、行政法规的规定，以平衡个别股东查阅权与所有投资者平等获取信息的权利，防止因查阅权行使而妨碍上市公司的信息披露义务。同时，《证券法》第83条明确了信息披露的公平原则，确保所有投资者平等获得信息，避免信息不对称的产生，进而维护市场的透明度和公平性。因此，股东查阅权并非不受限制，特别是在涉及未公开的敏感信息时。然而，股东仍然可以要求公司提供依法不需公开披露的信息，例如会计账簿、会计凭证等“相关材料”，以便对公司管理和运营进行有效监督而不破坏信息披露的整体框架。此外，《证券法》第84条第1款所提到的自愿信息披露也是一个需要考虑的因素。基于这一背景，股东的查阅应排除公司已自愿公开的信息，以避免重复和可能的冲突。

在澳大利亚，股东查阅权与上市公司持续披露制度的协调体现了法律实践中的复杂性。持续披露制度旨在确保市场参与者能够公平地获得公司重要信息，以促进市场的透明度和诚信，但这并不意味着所有重要信息都应完全公开。此时，《2001年澳大利亚公司法》第247A条所规定的股东查阅权作为补充机制，赋予股东更深入了解公司内部运作的权利。根据《2001年澳大利亚公司法》第247A条，股东查阅权的行使需符合“善意”和“正当目的”的要求，这在法律和持续披露之间形成了平衡。这意味着股东在合理担忧公司运作时，有权获取相关内部信息,从而有效监督公司,并促进市场的诚信。然而,这也带来了协调上的挑战,特别是在私人信息与上市公司信息披露目的之间可能存在冲突。因此,法院在审理查阅请求时,需在保密性与透明度之间进行权衡,以避免破坏市场诚信。为防止滥用,法院可通过附属裁决对信息的保密性和使用进行限制,以确保查阅权的合理行使。这反映了澳大利亚法律在股东权益保护与市场诚信维护之间寻求平衡的努力,体现了其在应对市场和公司治理问题时的适应性和灵活性。

综上所述,中国与澳大利亚在协调股东查阅权与上市公司持续披露制度方面各有特色。中国的《公司法》与《证券法》通过形成综合的法律协调机制,实现了股东查阅权与市场透明度的平衡,要求股东在查阅公司资料时遵守《证券法》等相关规定,以维持市场公平。中国的查阅权制度的优势在于法律界限的明确性和结构化,能够较好地平衡股东权利与市场的公平性。然而,其劣势在于缺乏应对复杂情况的灵活性。相对而言,澳大利亚法律框架更侧重于实践中的灵活性和适应性。《2001 年澳大利亚公司法》第 247A 条赋予股东的查阅权不仅允许更深入的公司内部审查,还要求善意和正当目的,以避免滥用查阅权和保护市场诚信。在应对复杂的市场情况时,澳大利亚的查阅权制度展现了更大的灵活性和适应性,允许法院根据案件的具体情况自由裁量。澳大利亚的实践对中国在处理股东查阅权与市场透明度之间的紧张关系方面具有一定启示性。中国可考虑增加更多的灵活性,例如在司法实践中增加对"正当目的"认定的更具体和实际的指导,并在处理股东查阅请求时考虑市场的整体透明度和公平性,以确保法院在个案中作出更具针对性的判断,同时保障市场的整体健康与效率。

结 语

股东知情权在公司治理中具有举足轻重的作用。它不仅是股东财产权与控制权的重要支撑,更在提升决策透明度与公平性方面发挥着关键桥梁作用。信息的获取为股东提供了作出判断的基础,无论是投资决策、董事会成员选举,还是对企业交易的同意或否决,均需依赖充分的信息。在缺乏信息的情况下,股东的财产权和控制权的实际价值将大大降低。因此,确保股东知情权的有效实施,是公司法精细化的核心目标之一。澳大利亚股东查阅权制度的特点在于,成文法规定相对详细,同时赋予法院在司法裁判中较大的自由裁量权,并在股东查阅权与公司商业秘密保护之间实现了较为平衡的安排。中国的股东查阅权制度在新《公司法》及其司法解释中取得了显著进步,特别是在扩宽股东查阅权的主体范围、明确“不正当目的”的定义以及在查阅权行使过程中强化法律责任等方面。这些改进显著增强了对股东权利的保护,并提升了法律适用的一致性和可操作性。然而,与澳大利亚法律制度相比,中国在股东查阅权的法律细节和司法操作方面仍存在改进空间,特别是在平衡股东权利与公司商业秘密保护、适应信息技术发展带来的信息形式变化,以及扩展法律规范的灵活性方面。未来的法律发展应当更加注重这些方面,以进一步完善股东知情权制度,促进公司治理的透明、公平与有效。

(编辑:严　琦　赵　宇)

《证券法苑》(2025)
第四十二卷,第378~468页

公司治理和资本女性化*

[美]萨拉·C.哈恩** 著

---

* Sarah C. Haan, *Corporate Governance and the Feminization of Capital*, 74 Stan. L. Rev. 515 (2022). 本文翻译已获得作者授权。本文翻译工作得到2024年度中国青少年研究会研究课题立项课题“算法时代青少年数字权益的保障与发展研究”(2024A03),中央民族大学2024年度“学术团队引领计划”项目“数智时代企业合规智能化法律规制研究”(2024XSYL23),中央民族大学2024年度“道中华研究生课程建设专项”项目“‘道中华’内容融入研究生经济法课程建设研究”(GRSCP202418),中央民族大学2024年度“一流本科课程”建设项目“经济法”(KC2402)的经费支持。

** 华盛顿与李大学法学院法学教授。作者感谢以下人士慷慨而周到的评论:阿夫拉·阿夫沙里普尔(Afra Afsharipour)、亚历山德拉·安德霍夫(Alexandra Andhov)、玛格丽特·M.布莱尔(Margaret M. Blair)、娜奥米·卡恩(Naomi Cahn)、琼·卡彭(June Carbone)、克里斯汀·斯加拉拉塔·钟(Christine Sgarlata Chung)、理查德·丘塞德(Richard Chused)、亚伦·A.迪尔(Aaron A. Dhir)、吉尔·E.菲施(Jill E. Fisch)、卡罗拉·弗莱德曼(Carola Frydman)、杰弗里·N.戈登(Jeffrey N. Gordon)、琼·麦克劳德·海明威(Joan MacLeod Heminway)、詹妮弗·希尔(Jennifer Hill)、埃里克·希尔特(Eric Hilt)、安德鲁·詹宁斯(Andrew Jennings)、克里斯汀·N.约翰逊(Kristin N. Johnson)、南希·莱维特(Nancy Levit)、安·M.利普顿(Ann M. Lipton)、格雷戈里·A.马克(Gregory A. Mark)、维罗妮卡·鲁特·马丁内斯(Veronica Root Martinez)、玛莎·T.麦克卢斯基(Martha T. McCluskey)、本杰明·米恩斯(Benjamin Means)、比尔·纳尔逊(Bill Nelson)、I·S.纳尔逊(I. S. Nelson)、查克·奥凯利(Chuck O'Kelley)、詹

薛前强*** 万 超**** 译

摘要:20世纪初,美国上市公司中女性股东的比例非常小。到1956年,女性已经在个人股东中占据多数。本文综合一系列历史信息,揭示一个被忽视的公司历史维度——资本的女性化,或者说是美国上市公司股东从男性多数到女性多数的转变。文章记录了20世纪上半叶女性股东的比例,描述了商业领域对这一趋势的反应,并探讨了通过机构投资者的中介持股机制兴起对公司控制权性别政治的影响。文章认为,20世纪早期的性别政治帮助形成了公司治理理论的基本思想,特别是关于股东角色的认识。

关键词:公司治理 股东权益 资本女性化

一、引言

1951年,美国国际电话电报公司(AT&T)成为美国第一家拥有100万名股东的公司。[1]公司以一场宣传活动来庆祝这一里程碑,他们让第100万名股东——一对共同购买股票的密歇根夫妇——坐飞机前往

姆斯·帕克(James Park)、伊丽莎白·波尔曼(Elizabeth Pollman)、马克·罗(Mark Roe)、达伦·罗森布卢姆(Daren Rosenblum)、诺亚·A.罗森布卢姆(Noah A. Rosenblum)、劳拉·A.罗森伯里(Laura A. Rosenbury)、丹尼尔·索科尔(Daniel Sokol)、费思·斯蒂维尔曼(Faith Stevelman)、珍妮丝·M.特拉夫莱特(Janice M. Traflet)、安德鲁·弗斯坦(Andrew Verstein)、哈韦尔·威尔斯(Harwell Wells)、鲍勃·赖特(Bob Wright)、拉里·扎卡arias(Lary Zacharias)。本文作者感谢弗朗西斯·路易斯法律中心(Frances Lewis Law Center)的资助,以及富兰克林·L.伦格(Franklin L. Runge)、亚历克斯·张(Alex Zhang)和法律系学生萨沙·霍伊特(Sasha Hoyt)出色的研究协助。最后,作者感谢《斯坦福法律评论》(Stanford Law Review)的编辑们,尤其是梅根·R.伊佐(Megan R. Izzo)、泰勒·尼古拉斯(Taylor Nicolas)和丹妮尔·泰勒·罗伊巴尔(Danielle Tyler Roybal),感谢他们为本文的发表所付出的非凡努力。

*** 中央民族大学法学院讲师,法学博士。

**** 中央民族大学民商法学研究生。

〔1〕 See AT&T Fetes 1,000,000th Stockholder, L. A. TIMES, May 16, 1951, at A9; see also Thomas P. Swift, *Million Mark Near in A. T. & T. Holders: 75 - Year - Old Company Will Be First to Boast that Number of Owners of Its Shares*, N. Y. TIMES, Apr. 22, 1951, at F1.

纽约进行宣传之旅。[2] 宣传活动照片显示,该公司总裁勒罗伊·威尔逊(Leroy Wilson)向年轻的汽车推销员布雷迪·丹顿(Brady Denton)出示了股权证,这对夫妇的学龄儿子们在一旁观看。在他们身后,股票的共同所有人多萝西·丹顿(Dorothy Denton)站在那里,被威尔逊伸过去的手臂遮住了部分视线,她面带微笑地注视着摄像机镜头。[3] 这张照片庆祝了一对年轻夫妇进入股东阶层,但它也描绘了多萝西在交易中被边缘化的形象。全国各地的报纸都在纪念这一事件,并宣布美国国际电话电报公司股东阶层的民主化:它已经成为"美国的缩影,包括农民、商人、职员、机械师、牧师、商户(merchants)、教师、家庭主妇、医生、律师、公务员、退休人员、遗孀、乡亲邻里"[4]。

但这幅图景——摆拍的照片,强调"农民"和"商人"的股东职业列表,甚至美国国际电话电报公司选择已婚夫妇作为第100万名股东都具有误导性。到1951年,美国国际电话电报公司的大多数个人股东是女性。[5] 她们的人数几乎以2∶1的比例超过了男性个人股东。[6] 事实上,至少

[2] See AT&T Fetes 1,000,000th Stockholder, 同前注[1].

[3] See Million Now Own Telephone Stock: Couple Buys 7 Shares at $1078 and Company Gives Gala Tour of New York, N. Y. TIMES, May 16, 1951, at 42. 在美国国际电话电报公司为庆祝这一时刻而举办的晚宴上,美国国际电话电报公司的董事亚瑟·佩吉(Arthur Page)对丹顿说,就好像他是这对夫妇股票的唯一所有者一样。See Arthur W. Page, Director, Am. Tel. & Tel., Speech Presented at the Millionth Stockholder Celebration of the American Telephone and Telegraph Company: Trusteeship in Business (May 15, 1951)(作者存档)("丹顿先生,您将自己的积蓄托付给了美国国际电话电报公司,美国国际电话电报公司与世界上其他地方的公司有哪些不同?").

[4] Harold Walsh, *March of Finance*: AT&T Milestone Points Up Democracy of Ownership, L. A. TIMES, May 17, 1951, at A10; see also *One in a Million*!, CHI. TRIB., May 16, 1951, at 49; *Bell System Has Millionth Stockholder*, POST (Big Stone Gap, Va.), May 17, 1951, at 4.

[5] See Walsh, 同前注[4]; AM. TEL. & TEL. CO., ANNUAL REPORT 1950, at 15 (1951)(以下简称 AT&T 1950 ANNUAL REPORT); Lewis H. Kimmel, BROOKINGS INST., Share Ownership in the United States: A Study Prepared at The Request of the New York Stock Exchange 15 & n. 13 (1952).

[6] See Wayne Oliver, AT&T To Make History with Millionth Holder, DAYTON DAILY NEWS, Apr. 10, 1951, at 27(报告称美国国际电话电报公司股东有24.42万名男性和48.37万名女性);Walsh, 同前注[4]。这些数据不包括夫妻联名账户,而夫妻联名账户约占美国国际电话电报公司股东的23%。

从1910年起,美国国际电话电报公司的女性股东数量就超过了男性股东。[7] 早在1948年,美国国际电话电报公司就披露其43%的股票由女性持有,大大超过了男性持有的26%。[8] 1951年,女性个人股东持有1200万股股票,[9]约占美国国际电话电报公司的41%——如果算上共同持有的股票,则更多。无论按人头还是按股份计算,女性都是美国国际电话电报公司最大的股东群体。[10]

同年,《纽约时报》(The New York Times)将美国国际电话电报公司

---

〔7〕 See AM. TEL. & TEL. CO., ANNUAL REPORT OF THE DIRECTORS OF AMERICAN TELEPHONE & TELEGRAPH COMPANY TO THE STOCKHOLDERS FOR THE YEAR ENDING DECEMBER 31, 1910, at 17 (1911)(以下简称 AT&T 1910 ANNUAL REPORT); AT&T 1950 ANNUAL REPORT, 同前注〔5〕, p. 15; *Women Stockholders: Feminine Army of* 310,000 *Holds Stock in* 252 *Corporations*, BROOKLYN DAILY EAGLE, Feb. 1, 1914, at 21; see also Julia C. Ott, When Wall Street Met Main Street: The Quest for an Investors' Democracy 154 (2011)(描述了20世纪20年代美国国际电话电报公司股东女性化).

〔8〕 See AM. TEL. & TEL. CO., ANNUAL REPORT FOR THE YEAR 1948, at 9 (1949)(以下简称 AT&T 1948 ANNUAL REPORT)(注意到还有12%的资金由联名账户持有); see also *Purely Gossip—ATT Shareholders*, WALL ST. J., Mar. 17, 1941, at 15(报告称,截至1940年底,美国国际电话电报公司42%的股票由女性持有,30%由男性持有,5%为联名账户,21%由受托人和机构持有,其余股票以券商的名义持有).

〔9〕 这一关于女性持股的统计数据在1951年5月被广泛报道,可能源于美国国际电话电报公司关于其第一百万名股东的宣传材料。See, e. g., *Bell Telephone Fetes Millionth Stockholder*, ARLINGTON HEIGHTS HERALD, May 18, 1951, at 2; *Private Ownership*, DAILY REPUBLICAN (Kane & Mt. Jewett, Pa.), May 21, 1951, at 4; see also AM. TEL. & TEL. CO., ANNUAL REPORT 1951, at 35 (1952)(以下简称 AT&T 1951 ANNUAL REPORT). 共同持有的股票通常是指由已婚夫妇持有的股票,在20世纪50年代指的是一男一女。See Wayne Oliver, AT&T Shortly Expects Its Millionth Stockholder, AUSTIN STATESMAN, Apr. 10, 1951, at A-8(将共同持股描述为"男人和女人"之间的共同持股).

〔10〕 正如下文所详述的,美国国际电话电报公司是20世纪50年代初庆祝具有里程碑意义的股东的几家大型上市公司之一。在每一次庆祝活动中,公司都会围绕具有里程碑意义的股东(一位年轻、白人、男性、已婚、中产阶级劳动者)组织一场公共关系活动。同后注〔405〕及其附属说明。事实上,在1952年,美国股东中男女比例持平,而且大多数在50岁或以上。KIMMEL, 同前注〔5〕, p. 89-92(提供股东统计数据). 这些庆祝活动展示的是理想化的股东形象,而不是准确的形象。

4 月在曼哈顿总部举行的股东大会描述为“女士日”。[11] 出席会议的股东中至少有一半是女性。[12] 在会上,著名的股东积极主义者(shareholder activist)、美国商界女性股东联合会(Federation of Women Stockholders in American Business)的创始人威尔玛·索斯(Wilma Soss)做了简短的发言。[13] 她指出,女性不仅占美国国际电话电报公司股东的 48%,而且在其近 65 万名员工中占 60% 以上。[14] 索斯认为,美国国际电话电报公司董事会中应该有女性代表,公司也将从中受益。她提名了一位内华达州的女商人进入董事会,这位女商人拥有的美国国际电话电报公司股份是公司所有 17 位董事股份总和的一半。[15] 索斯的提名是一种抗议姿态,因为出席会议的代表股份不足,无法赢得投票,所以现场提名不可能成功。

当索斯结束对她的提名人的陈述时,另一名女性凯瑟琳·柯蒂斯

---

〔11〕 See Women Enliven Meeting of A. T. & T. But Their Move to Make One of Them a Member of Board of Directors Loses, N. Y. TIMES, Apr. 19, 1951, at 58(以下简称 Women Enliven Meeting)(“昨天是市值 120 亿美元的美国国际电话电报公司股东年会的‘女士日’,但她们却屈居第二”).

〔12〕 同上注;See Charles F. Speare, *Stock Market Shows Vitality in Face of Unsettled News*, MUNCIE STAR, Apr. 22, 1951, at 31(注意到“女性的出席是会议的一个显著特点”). 在前一年的会议上,一些报纸报道称,女性股东的人数“远远超过”男性股东。See, e. g., *Pride of Ownership*, KNOXVILLE NEWS – SENTINEL, Apr. 30, 1950, at 36.

〔13〕 See *Nomination of Grandmother to AT&T Board Defeated*, DAYTON DAILY NEWS, Apr. 20, 1951, at 40; *Broadway Revue*, COUNCIL COMPASS (Council of W. Elec. Tech. Emps., Newark, N. J.), May 1951, at 1. 想了解更多关于索斯的情况, see Janice Traflet, *Queen of the Corporate Gadflies: The Unstoppable Wilma Soss*, 119 FIN. HIST. 20, 21 – 23 (2016).

〔14〕 See Women Enliven Meeting, 同前注〔11〕; Nomination of Grandmother to AT&T Board Defeated, 同前注〔13〕; J. R. Nevarez, *A Few “Firsts” That Russia Won’t Claim*, L. A. TIMES, July 17, 1951, at A5(注意到美国国际电话电报公司有 65 万名员工,大约 25 万名员工拥有超过 20% 的美国国际电话电报公司股票).

〔15〕 See Nomination of Grandmother to AT&T Board Defeated, 同前注〔13〕。被提名人特雷莎·诺贝尔(Theresa Noble)曾担任美国丝纺公司(American Silk Spinning)董事会主席;see also Women Stockholders Want Board Member, MIA. DAILY NEWS, Apr. 5, 1952, at 12 – B(将诺贝尔描述为“一家纺织公司的财务主管”).

(Cathrine Curtis)——她领导着另一个女性投资者组织——站起来发言。[16] 柯蒂斯向董事会提名了第二位女性候选人。[17] 和索斯一样,柯蒂斯明白她的候选人没有机会当选。当公司总裁转向其他话题时,选票被分发了出去,随后女性候选人的落选和17名男性候选人的成功当选得到了确认。[18]

但是会议还没有结束。威尔逊总裁邀请另一位投资者艾拉·阿隆斯塔姆(Ella Aronstam)介绍她提交的提案,供股东们审议。[19] 阿隆斯塔姆援引美国证券交易委员会(SEC)在9年前颁布的一项规则,要求美国国际电话电报公司将她的决议添加到公司在会议召开前要发送给上百万名股东的材料中。[20] 该公司已将阿隆斯塔姆的提案写入委托投票书中,同时指示股东投票反对她的提案。[21]

阿隆斯塔姆身材瘦小、头发花白,是一位来自布鲁克林的退休教师,拥有100股股票。[22] 她的提案要求公司增加一名董事会成员,并由一

---

〔16〕 See Broadway Revue, 同前注〔13〕; *Women Guard Funds: Investors Learn Finance*, S. F. EXAM'R, Oct. 25, 1938, at 16(将柯蒂斯确定为美国女性投资者公司的创始人和全美总监); Charles F. Speare, *Rail Stocks Reach New High Average; Market Trading Up*, MUNCIE STAR, May 25, 1952, at 30(将柯蒂斯确定为该组织的"首脑").

〔17〕 See Broadway Revue, 同前注〔13〕, p. 1.

〔18〕 See *Increase Earnings and Reduce Debt: AT&T Fiat*, S. F. EXAM'R, Apr. 19, 1951, at 26; Broadway Revue, 同前注〔13〕("威尔逊指示工作人员向股东分发选票。在投票过程中,总裁宣读了他关于公司状况的说明").

〔19〕 See Fred Klann, *Off the Beaten Path: From 2 Employees to 602,466*, MOLINE DAILY DISPATCH, Mar. 22, 1951, at 19; Broadway Revue, 同前注〔13〕, p. 3-4[暗示作家范妮·赫斯特(Fannie Hurst)代表阿隆斯塔姆发言].

〔20〕 See SEC Rule X-14A-7, Exchange Act Release No. 3347 (Dec. 18, 1942), 7 Fed. Reg. 10,655, 10,656 (要求提交报告的公司在委托投票说明书中印制股东提案).

〔21〕 See *A. T. &T. Shies from Women as Directors*, CHI. TRIB., Mar. 17, 1951, at 29; see also *New Fight Planned to Seat Woman on AT&T Directorate*, S. F. EXAM'R, Mar. 14, 1951, at 30.

〔22〕 See Robert H. Prall, *Ella Girds for the Second Round: Little Woman vs. Big Business*, N. Y. WORLD-TEL. & SUN, Apr. 17, 1951, at 22(报道称,阿隆斯塔姆身高四英尺九英寸,体重103磅). 文章指出,阿隆斯塔姆的提议在委托投票说明书上发表后,一位"康涅狄格州的农民"给她寄了一封信,让她继续回家纺织,因为美国国际电话电报公司的管理层干得不错,"没有女人来捣乱"。

名女性来填补该空缺。[23]她在会议前告诉记者,“我不指望这次能通过决议,但我们会好好争取的”[24]。计票结果显示,有100多万股美国国际电话电报公司股票被投支持阿隆斯塔姆的提案——仅占投票股份总数的5%多一点。[25] 管理层将其收集到的所有委托投票对该提案投了反对票。[26]

美国国际电话电报公司1951年的年会充满活力——包括女性,占主导地位的股东群体,踊跃发言,提出决议,并要求获得代表权——在许多方面都是当时的典型表现,尽管这有悖于我们今天对公司历史的理解。[27]

在20世纪上半叶,女性在美国上市公司个人股东中的比例持续增

---

〔23〕 同上注;See *A. T. &T. Meeting Told Company Is Striving to Increase Earnings*, WALL ST. J., Apr. 19, 1951, at 18.

〔24〕 Prall, 同前注〔22〕。

〔25〕 See Increase Earnings and Reduce Debt: AT&T Fiat, 同前注〔18〕。超过1800万股投了反对票。

〔26〕 See AT&T Shies from Women as Directors, 同前注〔21〕。

〔27〕 See, e. g., Saw Dawson, *Influence of Women in Business Increasing*, L. A. TIMES, Mar. 14, 1950, at 25(“女同胞们最近发现,只要提出问题,就能在股东大会上找到乐趣”). 在此期间,女性一直积极参与股东管理。例如,1943年首批利用美国证券交易委员会(SEC)的股东提案规则的13人中就包括哈里特·斯奇普韦思(Harriett Skipwith),她拥有白缝纫机公司(White Sewing Machine)3700股普通股,并提交了6份与公司治理相关的提案。See Rolf Enno Wubbels, *Regulation of Stockholder Proxies* 106 tbl. 4 (1949) (Ph. D. thesis, New York University) (作者存档). 大约在这个时候,美国无线电公司、通用汽车公司和美国钢铁公司等几家公司的年会现场提名了女性董事会候选人。See Andy Logan, *Hoboken Must Go*!, NEW YORKER, Mar. 17, 1951, at 34, 48; *U. S. Steel Annual Meeting Covers Girth, Mirth, Women—and Upturn in Business*, WALL ST. J., May 4, 1954, at 11. 在其他公司,股东在股东大会上提出了女性董事的要求。See, e. g., STANDARD OIL CO. (N. J.), Stenographic Report of the Annual Meeting of the Stockholders 25 – 26 (1947); 950 *at Its Stockholders' Meeting, A Record in History of A. T. &T.*, N. Y. TIMES, Apr. 20, 1950, at 45. 股东们要求女性在公司董事会中占有一席之地的提案已在以下委托投票说明书中公布:Alex Smith & Sons Carpet Co. (1950), the American Radiator & Standard Sanitary Corp. (1950 and 1951), Bayuck Cigar, Inc. (1950 and 1951), Borden Co. (1951), and AT&T (1951)。See Frank D. Emerson & Franklin C. Latcham, *The SEC Proxy Proposal Rule: The Corporate Gadfly*, 19 U. CHI. L. REV. 807, 817 (1952) (建议概述). 1966年,索斯在国际商业机器公司(IBM)年会上“顽固地继续尝试提名一位女性董事”,结果被强行赶出会场。Traflet, 同前注〔13〕, p. 21 – 22。

长,直到1952年至1956年的某个时候,女性成为多数股东。[28] 政府机构、记者、投资公司以及纽约证券交易所(NYSE)在过去60年间进行的特别研究都记录了这一趋势。1956年,纽约证券交易所发布了第一份综合研究报告,发现在美国公共资本市场上,女性股东占多数。[29] 但是这一趋势在学术文献中几乎没有得到认可——包括经济学、公司法和商业管理文献,学者研究并发表了关于不断扩大的股东阶层和股东在公司组织中的作用的信息的三个学科。这种沉默与20世纪50年代以来对机构持有者崛起所给予的关注形成了强烈的反差,当时女性持股达到了一个高峰。[30]

女性在整个市场中的多数地位可能没有个别公司持股女性化(feminization of shareholding)那么重要。在1929年股市崩盘之前,在美国规模最大、最具影响力的一些上市公司中,女性股东人数超过男性股东人数,包括美国国际电话电报公司、美国通用电气公司(General Electric)和宾夕法尼亚铁路公司(Pennsylvania Railroad)——这些"蓝筹股"公司的首席执行官和董事组成了公司领导层的精英骨干。[31] 随着公司股东性别的变化——这一过程在股灾前就已开始,并在股灾后仍在继续——这些男性看着他们的管理领导层对越来越多的女性(股东)负责。这种变化不仅在股东名单上表现得很明显,在现实世界的股东大会上也表现得很明显,女性的参与越来越多,女性的声音也越来越清晰。但是,持股女性化发生在美国历史上的一个时期,由于当时普遍存在的性别偏见,女性被普遍认为不适合参与商业经营。

在整个20世纪上半叶,几家大型上市公司追踪并披露了自己股东的性别,金融媒体也撰写了大量文章,宣称女性投资者的数量和普通股持股能力(common stockholding power)不断增长。商业专家对女性角色的扩张表示担忧,但他们有时也认为女性股东的涌入对公司组织具有重

〔28〕 同后注〔222〕—〔224〕及相关说明。

〔29〕 N. Y. STOCK EXCH., Who Owns American Business? 1956 Census of Shareowners 6 (1957)(以下简称N. Y. STOCK EXCH., WHO OWNS AMERICAN BUSINESS?).

〔30〕 见后文第二部分第五、第八节。

〔31〕 同前注〔7〕(AT&T);同后注〔145〕(General Electric);同后注〔189〕(Pennsylvania Railroad)。

要意义。公司法学术界从未承认,在这一早期阶段,广泛持股公司的控制权从股东转移到了管理者手中,恰逢股东阶层的性别也发生了变化。本文讲述了一个被遗忘的资本女性化的故事〔32〕——上市公司股东从男性占多数转变为女性占多数——并认为20世纪早期的性别政治在塑造公司治理理论中发挥了作用。〔33〕本文列出的证据表明,除此之外,持股女性化还促使公司法专家将股东视为"被动"的行为者,并证明了将权力从股东转向公司管理者的合理的法律和做法。

在20世纪早期的几十年里,美国规模最大的公司的所有权变得"非常分散"。〔34〕在传统的叙事中,股权分散导致"被动"股东失去了控制权,而新的和日益壮大的技术官僚管理者队伍则获得了控制权。〔35〕所

〔32〕 本文关于20世纪初资本"女性化"的论点,隐含着对"资本"(capital)含义的争论。尽管经济学家可能认为资本仅仅是一种投入——一种用于生产的资产,但本文将资本视为一群人类行为者,就像我们有时用"劳动"(labor)来指公司中的工人,用"管理"(management)来指管理公司的人一样。用"资本"来指代公司组织中的人类行为者是有用的,因为它使法律理论家能够专注于通过公司形式塑造集体企业的社会关系。本文描述了在对女性的性别歧视普遍存在的时期,一个主要类别的公司行为者的"女性化"。为了弄清公司法和理论是如何应对这一变化的,本文探讨了资本范畴背后的人类身份。事实上,法律学术界将自然人股东(风险承担者)转化为非人格化利益的手法掩盖了权力如何通过公司组织表达出来。Cf. Martin J. Sklar, *The Corporate Reconstruction of American Capitalism*, 1890 – 1916, at 7 (1988)("资本主义形式的财产……是一种复杂的社会关系……涉及与法律和政治秩序以及更广泛的合法性体系、普遍的争强好胜的道德和行为准则以及权力等级密不可分的权力体系")。

〔33〕 20世纪末,《哥伦比亚法律评论》(Columbia Law Review)上的一篇重要文章研究了"社会规范与《公司法》的相互关系",包括"文化态度",并得出结论:"公司行为者信仰体系的变化导致规范的转变。这些转变反过来又转化为公司制度和公司法的结构。"Melvin A. Eisenberg, *Corporate Law and Social Norms*, 99 COLUM. L. REV. 1253, 1254, 1292 (1999). 虽然艾森伯格(Eisenberg)的研究并未将性别视为社会规范的来源,但本文表明,关于性别差异的文化态度与现代公司法的演变息息相关。See generally Patricia Yancey Martin, *Gender as Social Institution*, 82 SOC. FORCES 1249, 1266 (2004)(认为用性别来构建社会关系是有用的,"主要是因为性别广泛存在并与其他社会领域交织在一起").

〔34〕 See Alfred D. Chandler, JR., The Visible Hand: *The Managerial Revolution in American Business* 9 – 10 (1977); see also Frederick H. Wood, *The Small Investor and Railroad Ownership and Management*, 11 PROC. ACAD. POL. SCI. CITY N. Y. 433, 433 (1926)("在过去的20年中,18家公司的股东人数每年都增加约一倍")。

〔35〕 See, e. g., Adolf A. Berle, JR. & Gardiner C. Means, *The Modern Corporation and Private Property* 59 (1932)(说明所有权和控制权的分离)。

有权和控制权的分离反映了集中化的公司管理战胜了分散的小股东。[36] 这种分离框架为公司治理理论引入了“独立领域”的二分法,不仅沿用至今,而且成为现代公司法的基础。近年来,一些学者对所有权与控制权分离的时间提出了质疑。[37] 然而,几乎每个人都同意,所有权最终确实与控制权分离了——而降低由此产生的“代理成本”已经成为现代公司法的单一焦点。[38] 事实上,将所有权与控制权的分离视为自然发生和不可避免的选择,导致公司法在“强管理者”和“弱所有者”阵营长期交战的框架下运行了近百年。[39] 本文是公司法学术界第一篇试图用股东性别研究揭示这些叙事的文献。

阿道夫·伯利(Adolf Berle, Jr.)和加德纳·米恩斯(Gardiner Means)在1932年出版的《现代公司与私有财产》(*The Modern Corporation and Private Property*)一书中提出了被动股东的概念。[40] 该书认为,除其他外,股东被动论依赖于性别刻板印象,可能歪曲了包括许多女性在内的

---

〔36〕 同上注。

〔37〕 See, e. g., Eric Hilt, *The Berle and Means Corporation in Historical Perspective*, 42 SEATTLE U. L. REV. 417, 420 (2019)(指出“与19世纪70年代甚至19世纪20年代的上市公司相比,伯利和米恩斯所研究的20世纪30年代公司中所有权与控制权的分离程度较低”); Brian Cheffins & Steven Bank, *Is Berle and Means Really a Myth*?, 83 BUS. HIST. REV. 443, 445 -58 (2009)(文献综述).

〔38〕 See, e. g., Jan Fichtner, Eelke M. Heemskerk & Javier Garcia - Bernardo, *Hidden Power of the Big Three? Passive Index Funds, Re - concentration of Corporate Ownership, and New Financial Risk*, 19 BUS. & POL. 298, 301 (2017)(描述了“一个压倒性的共识,即自20世纪下半叶以来,美国的公司所有权基本上是分散的”); Michael Klausner, *Fact and Fiction in Corporate Law and Governance*, 65 STAN. L. REV. 1325, 1326 (2013)(将代理成本分析描述为“当今公司法和公司治理的主要分析框架”);Lyman Johnson & David Millon, *Corporate Law After Hobby Lobby*, 70 BUS. LAW. 1, 14 (2014/2015)(断言“对代理成本的固执已在公司法学术界生根发芽”). 为代理成本流派作出了早期的重要贡献, see Michael C. Jensen & William H. Meckling, *Theory of the Firm: Managerial Behavior, Agency Costs and Ownership Structure*, 3 J. FIN. ECON. 305, 357 (1976).

〔39〕 See generally Mark J. Roe, *Strong Managers, Weak Owners: The Political Roots of American Corporate Finance* (1994)(讨论这一框架的起源).

〔40〕 See Berle & Means, 同前注〔35〕, p. 347 -48. 如下文第三部分第二节进一步详细描述的那样,伯利和米恩斯并未提出股东被动性的概念,但他们在很大程度上负责在美国公司理论家中普及这一概念。

小股东积极参与股东治理的愿望。在20世纪上半叶,典型的股东只持有几家公司的股票。[41] 由于只在少数几家公司拥有治理权,股东有时间和资源关注公司治理事项。有证据表明,股东也存在兴趣。[42] 然而,在此期间,公司法朝着不再强调股东集体行动机制的方向发展。将股东的被动性视为自然和不可避免的选择帮助公司法放弃了以控制权为基础的改革,而这种改革本可以赋予股东权力。然而,股东的被动性将公司法推向了以市场为基础的解决方案,新政(New Deal)证券立法正式确定了这一趋势。[43] 被动性理论帮助证明了公司权力备受瞩目地从股东(包括许多女性在内的群体)向公司管理层(完全由男性组成的群体)转移的合理性。

尽管如今大多数股票由大型机构(如资产管理公司和保险公司)持

---

〔41〕 See, e. g., TEMP. NAT'L ECON. COMM., 76TH CONG., *Investigation of Concentration of Economic Power: The Distribution of Ownership in the 200 Largest Nonfinancial Corporations*, at xvii (Comm. Print 1940)(指出,平均每位股东持有"约2.5家公司"的股票). 将近20年后,纽约证券交易所发现,平均每位股东只持有3.5家公司的股票,少于1956年的平均水平,当时平均每位股东持有4.25家公司的股票。N. Y. STOCK EXCH., *Share Ownership in America*: 1959, at 5 (1959). But see Harold S. Sutton, *Who Are a Company's Stockholders? Utility Company Survey Discloses Wide Ownership in All Classes*, 87 TRS. & ESTS. 9, 9 (1948)[表明1948年对纽约联合爱迪生公司(Consolidated Edison Company of New York)股东的调查发现,5%的人不拥有其他股票;12%的人拥有两到三只其他股票;37%的人拥有三到十只其他股票;51%的人拥有十只以上其他股票].

〔42〕 同后注〔362〕—〔368〕及相关说明。

〔43〕 莫顿·霍维茨(Morton Horwitz)将"股东作为'最终所有者,相当于公司合伙人和业主'的'传统观点'开始转变"的时间定为世纪之交。Morton J. Horwitz, *The Transformation of American Law, 1870 - 1960: The Crisis of Legal Orthodoxy* 95 (1992)[quoting A. A. Friedrich, *Stocks and Stock Ownership*, in 14 ENCYCLOPÆDIA OF SOCIAL SCIENCES 403, 403 (E. Seligman ed., 1934)]; 同上注, p. 100("现代决策倾向于强调大公司事务管理中的董事绝对主义……")[quoting Howard Hilton Spellman, *A Treatise on the Principles of Law Governing Corporate Directors* 5 (1931)]. 阿里拉·杜布勒(Ariela Dubler)认为,纽约立法机构于1933年废除了普通法婚姻,部分原因是该原则所依据的"女性依附的社会法律惯例"已经与女性在经济中不断变化的地位"脱节"。Ariela R. Dubler, *Wifely Behavior: A Legal History of Acting Married*, 100 COLUM. L. REV. 957, 997 - 98 (2000). 杜布勒的研究表明,在20世纪二三十年代,女性不断演变的社会和经济角色是如何重塑家庭法的——这一过程与本文所讨论的公司法转变过程相似,并且是同时发生的。

有,但在20世纪上半叶却并非如此,当时大多数股票由个人持有。[44] 在这几十年里,自然人股东——男女个人以及夫妻联名账户——占股东的绝大多数。[45] 例如,在1951年,美国国际电话电报公司的上百万名股东中有96%是个人。[46] 当时股东被视为公司的成员或"所有者",而股东的自然人身份对于股东在公司组织中的权利和利益具有重要意义。因此,尽管在此期间整个市场上所有女性拥有的股票从未多于男性,但包括性别在内的股东身份,对公司组织而言非常重要。[47] 直到20世纪50年代,一些公司仍在按比例(股份)和按人头(股东)报告股东投票结果,这反映出他们继续坚持股东被视为自然人的传统观点。[48] 大多数专家认为,向机构持股的转变发生在20世纪70年代或更晚的时期,尽

〔44〕 See Iman Anabtawi & Lynn Stout, *Fiduciary Duties for Activist Shareholders*, 60 STAN. L. REV. 1255, 1275 (2008)(解释说,在1932年,"大多数股东是个人"); Janette Rutterford, *The Shareholder Voice: British and American Accents*, 1890 - 1965, 13 ENTER. & SOC. 120, 121 (2012)("直到20世纪六七十年代,个人股东的数量远远超过机构投资者,并且在许多公司中,个人股东拥有绝大多数股份"); Roe, 同前注〔39〕, p.6(指出"在伯利 - 米恩斯时代,股东大多是个人"); Edwin Burk Cox, *Trends in the Distribution of Stock Ownership* 1 (1963)("1957年底,个人直接拥有70%的公司流通股,且未被其他公司拥有").

〔45〕 例如,1948年对大型制造公司的调查发现,91%的普通股股东是个人,这些个人(男性、女性和联名账户)平均持有59%的已发行股票。*Who Owns "Big Business"? Analysis of Stockholdings in Largest Corporations*: Part 1—Manufacturing, 87 TRS. & ESTS. 5, 6 (1948)(分析62家公司的数据).

〔46〕 See AT&T 1951 ANNUAL REPORT, 同前注〔9〕, p.21.

〔47〕 不过,在个别公司中,女性持有的股票确实多于男性。同后注〔270〕—〔272〕及相关说明(描述了在美国国际电话电报公司和美国钢铁公司,女性持股比例如何超过男性)。

〔48〕 See, e.g., Standard Oil CO. (N. J.), *Stenographic Report of the Annual Meeting of the Stockholders* 45 n. *, 46 (1948)(提供按比例和人均计算的选票总数). 此外,一些公司继续采用口头表决来决定股东大会上提出的实质性提案,实际上是给每个股东一票。例如,1946年,当新泽西标准石油公司(Standard Oil New Jersey)的一名股东提出将半年期分红改为季度分红的表决提案时,股东现场投票表决解决了这一问题。See Standard Oil CO. (N. J.), *Stenographic Report of the Annual Meeting of the Stockholders* 24 (1946). 提案未获通过。同上注, p.25.

管这在早期就被认为是一种趋势。[49] 20 世纪中叶后的中介持股本身就带有性别色彩。由于中介持有人是由男性管理的[50],因此通过他们持有散户股票一定程度上恢复了男性对女性股票的投票控制。

如何解释20 世纪上半叶女性持股的兴起?[51]尽管可能有许多因素发挥了作用——包括女性在参与政治治理受到限制的时候,她们可以而且确实参与了大公司的股东治理——但本文强调的是经济学解释。虽然女性在劳动力市场上受到性别歧视,但股票的股息支付并不因股票所有者的身份而变化。[52] 也就是说,女性的资本回报并不因其性别而打折扣。女性将资本投资于股票可以期待获得公平的回报,而将资本投资于劳动却不能,这一事实可能鼓励女性在可能的情况下储蓄和投资于股票。[53] 劳动力和资本市场上性别歧视的动态影响可能有助于解释为什么在20 世纪上半叶美国女性作为普通股股东的数量超过了男性。[54]

股东的种族也与这个历史有关。在 20 世纪上半叶,绝大多数美国

---

[49] See, e. g., David M. Kotz, *The Significance of Bank Control over Large Corporations*, 13 J. ECON. ISSUES 407, 409 (1979)("1929 年,金融机构持有的美国公司流通股不到1/10,而到1974 年,金融机构持有的美国公司流通股已超过1/3");Cox, 同前注[44], p. 2(注意到"在 19 世纪 50 年代,机构投资者在市场中的重要性不断增加",但也注意到"在1960 年,个人投资者仍然是最重要的股票持有者群体");J. A. Livingston, *The American Stockholder* 246 –47 (1958)(认识到机构投资者的重要性).

[50] 同后注[282]—[286]及相关说明。

[51] 本文只是回答这一重要问题的初步尝试,这个问题值得我们用较长的篇幅来探讨。一部更长的著作将有助于解释20 世纪美国女性从何处获得财富(例如,通过继承、雇佣劳动或其他方式),以及女性如何和为何储蓄或投资这些财富,尤其是考虑到当时存在的性别规范、对女性财产所有权的法律限制、男女预期寿命的差异以及女性被排除在政治之外等因素。

[52] See generally Alice Kessler – Harris, *Out To Work: A History of Wage – Earning Women in the United States* (2003)(描述美国劳动力市场中的性别歧视).

[53] 同后注[173][描述了 1929 年《好管家》(Good Housekeeping)杂志上的一篇理财建议文章,文章揭示了20 年代女性的经济现实与女性的投资风险承受能力之间的关系]。当然,股票的回报率要高于债券。由于女性基本上被排除在高薪工作之外,因此女性在终身创收方面的选择比男性少,这可能促使一些女性依赖股票的高回报作为财富增长的主要手段。

[54] See, e. g., *Women Outrank Men Stockholders*: Corporation Canvass Shows They Predominate in Many of the Largest, N. Y. TIMES, Aug. 12, 1927, at 26(以下简称Women Outrank Men Stockholders); *Woman' sInvestment Invasion: Overtopping Facts and Figures* (pt. 2), WALL ST. J., Aug. 12, 1927, at 15.

股东可能是中等收入和富有的白人男女。一些女性股东是继承财富的受益人,而另一些女性股东则是在劳动力市场上赚取收入的投资者,劳动力市场不仅存在性别隔离,还存在种族隔离。[55] 遗憾的是,有关这一时期股东种族和民族的数据并不多。不过,可以合理地推断,持股女性化是由种族歧视和偏见造成的。

本文第一部分综合了一系列历史资料中的信息,呈现出一部关注性别的 20 世纪持股史。它为商业史、女性史、公司法、社会经济学和资本主义研究等领域都作出了原创性的重要贡献,同时也是一部引人入胜但可能会让读者感到惊讶的"失落的历史"[56],因为直到现在,人们还很少认识到女性在 20 世纪早期的公司资本主义中扮演了任何重要角色。

第二部分探讨了这段历史对公司法理论中一些基本理念的影响。其中包括所有权和控制权分离、"被动"股东、利益相关者主义、法律对"平均"或"合理"投资者原型的依赖以及董事会的组成。正如本文所述,女性成为美国上市公司股东的主体,不仅是在公司理论发展的关键时期,而且也是美国文化认为女性"不适合"在商业管理中发挥作用的时候。[57] 综合来看,这些事实为现代公司法的知识基础提出了新的解释。

二、资本女性化

一位华尔街律师在 1929 年写道:"我们正处于一个股票广泛发行的

---

[55] 当然,白人家庭的财富代代相传反映了美国几个世纪的种族歧视和奴隶制所带来的经济优势。See, e. g. , Stephanie E. Jones - Rogers, *They Were Her Property: White Women as Slave Owners in the American South*, at xvii (2019)(探讨"奴隶主女性如何投资于美国奴隶制及其市场并从中获利").

[56] Debora L. Threedy, *Feminists & Contract Doctrine*, 32 IND. L. REV. 1247, 1252 n. 28(1999)("女权主义的项目之一就是恢复女性'失去的'历史").

[57] See William Z. Ripley, *Main Street and Wall Street* 129 (1927)(断言女性"接受的培训不适合管理公司——撇开性别这一点不谈").

时期。"[58]"成千上万的新持有者都是中等收入的人。"[59]如今,人们对持股量增长的记忆大多是这样的:作为一种社会经济转型,它将持股从最富有的阶层扩展到中等收入的美国人。[60] 但这也与调动女性的财富息息相关。虽然商业历史学家并没有这样的表述,但持股的扩大反映了持股性别长达数十年的转变——资本的女性化,而在此之前数十年,上市公司的劳动者或管理层中女性所占比例就已经很大。[61]

本部分依靠一系列历史资料,包括公司报告、政府报告、报刊文章以及股东大会的记录和照片,勾勒出从 20 世纪初到 20 世纪中叶机构投资兴起之前,美国上市公司股东的性别分布情况。女性作为公司股东的历史可以追溯到更早。早在 1900 年之前的历史记录中就有女性持股的记载。[62] 例如,1791 年纽约银行特许成立时,194 名股东中至少有 12 名是女性。[63] 她们总共只持有该银行总股份的 6.7%,但一位名叫坦伯兰斯·格林(Temperance Green)的女性是该银行的第二大股东。[64] 一本早期的美国公司法专著指出,一个公司"可以同时由男性和女性组成,前

---

[58] John H. Sears, *The New Place of the Stockholder* 215 (1929).

[59] 同上注。

[60] 茱莉亚·奥特(Julia Ott)记录了 20 世纪最初几十年的大规模投资运动。See Julia Ott, *What Was the Great Bull Market? Value, Valuation, and Financial History*, in *American Capitalism: New Histories* 63, 71 (Sven Beckert & Christine Desan eds. 2018)(描述第一次世界大战后"关于大规模投资承诺"的新说法);Ott, 同前注[7], p. 7(探讨"大众投资现象"及其政治意义).

[61] 事实上,在美国上市公司的公司管理层中,女性从未占到很大比例。See Deloitte Glob. Ctr. for Corp. Governance, *Progress at a Snail' S Pace: Women in the Boardroom—A Global Perspective* 38 – 39 (7th ed. 2022)(报告称 2021 年,美国女性占董事会席位的 23.9%,占首席执行官的 5.7%).

[62] 18 世纪和 19 世纪的证据汇总。see Robert E. Wright, *Financial Exclusion: How Competition can Fix a Broken System* 233 – 46 (2019).

[63] Allan Nevins, *History of the Bank of New York and Trust Company: 1784 to 1934* app. at xi – xiii (1934). 该资料列出了 1791 年纽约银行成立时的女性股东名单:Julia Bunyan (2.5 股); Jane Byrne (1.5 股); Mary Daubney (3 股); Temperance Green (25 股); Maxwell & Berry, Attorneys for Ann Robertson (5 股); Unus McIvers (1 股); Ann Mullen (3 股); Mary Phillips (1 股); Sarah Robinson (3 股); Helena Scott (1.5 股); Ann Van Horne (1 股); Cornelia Van Horne (1 股). Id. app. at xiii.

[64] See id. app. at xi, xiii. 格林持有 25 股;只有一位股东"亚历克斯·罗伯逊(Alex. Robertson)"持有更多股份——34 股。(注意,这里假设"罗伯逊"是一名男子).

提是它的制度不与女性的条件和谦逊相抵触"[65]。1849年宾夕法尼亚州的一项法令禁止居住在会议地点10英里内的股东委托他人投票,女性除外。[66] 1877年,《银行家杂志和统计登记册》(The Bankers' Magazine and Statistical Register)发表了一份关于纽约市中心10家国家银行股东性别的小型调查,报告称女性约占股东的41%,持有31%的股份。[67] 到1878年,宾夕法尼亚铁路公司已经有很多的女性股东了,因此该公司按性别分配股息;女性股东可以比男性早一天收到付款。[68]

读者可能会惊讶地发现,一些上市公司追踪了自己股东的性别,并在年度报告中披露。20世纪初,一些政府机构也追踪和报告了股东的性别,特别是对制造业和国家银行。知名财经记者也对股东性别进行了报道,甚至进行了调查性报道。这些做法表明,公司及政府领导们认为股东的性别很重要——有关股东性别的信息有助于了解公司本身。

(一)新世纪女性股东

20世纪初,一些政府机构开始追踪和报告公司股东的性别情况。

---

〔65〕 Joseph K. Angell & Samuel Ames, *A Treatise on the Law of Private Corporations Aggregate* 51 n.1 (Morton J. Horwitz & Stanley N. Katz eds. Arno Press 1972) (1832); see also A. B. Johnson, *Advantages and Disadvantages of Private Corporations*, 23 MERCHS.' MAG. 626, 630 (1850)(注意到"一些"股东"是女性").

〔66〕 Act of Apr. 7, 1849, ch. 909, § 4, 1849 Pa. Laws 1173, 1174.

〔67〕 这是作者在本文研究时发现的最早发表的股东性别研究报告。See *Females as Stockholders in National Banks*, BANKER'S MAG. & STAT. REG., June 1877, at 987, 987. 到19世纪70年代,女性在股票投机者中已经非常普遍,以至于可以用她们自己的名字来认购。See John T. Flynn, *How to Make Money in Wall Street*, WOMAN'S HOME COMPANION, Jan. 1930, at 25, 26[将女性投机者称为"瓢虫"(ladybulls)];"*Mudhens*": *How the Brokers' Clerks Designate the Female Stock-Operators*, CHI. DAILY TRIB., Nov. 15, 1876, at 2["泥人"(Mudhens)是券商职员对从事股票投机这种迷人但不确定的游戏的女性的一种委婉而奇特的称谓].

〔68〕 See *Giving Women Stockholders Precedence*, N. Y. TIMES, Dec. 1, 1878, at 2; see also Little Schuylkill Navigation R. R. & Coal Co., Advertisement, N. AM. (Phila.), Jan. 8, 1884, at 3(为公司在即将到来的日期"亲自支付给女性股东"的股息做广告).

马萨诸塞州和新泽西州都追踪了州内制造业公司的股东性别。[69] 在马萨诸塞州，女性股东的比例接近1/3。[70] 而在新泽西州，女性股东的比例较低，1900年为16.2%，到1906年增长到21.4%。[71]

至少从1897年到1921年，美国货币监理署（OCC）定期报告国家银行股东的性别情况。[72] 例如，1904年，美国货币监理署报告国家银行约

〔69〕 See, e. g., Mass. Bureau of Stat. of Lab., *The Annual Statistics of Manufactures* 1898, At 5, 9 (1899); *Bureau of Stat. of Lab. and Indus. of N. J.*, *Twenty – Fifth Annual Report of the Bureau of Statistics of Labor and Industries of New Jersey for the Year Ending October* 31*ST*, 1902, at 18 tbl. 1 (1903)（以下简称 NEW JERSEY TWENTY – FIFTH ANNUAL REPORT）.

〔70〕 女性所占的比例不是个人股东的1/3，而是所有股东（包括信托公司和其他机构投资者）的1/3。从1898年到1905年，女性股东的比例从31.65%到33.35%不等。See Mass. Bureau of Stat. of Lab.，同前注〔69〕，p. 7；Mass. Bureau of Stat. of Lab.，*The Annual Statistics of Manufactures* 1899，at 81（1900）；Mass. Bureau of Stat. of Lab.，*The Annual Statistics of Manufactures* 1900，at 75（1901）；Mass. Bureau of Stat. of Lab.，*The Annual Statistics of Manufactures* 1901，at 53（1902）；Mass. Bureau of Stat. of Lab.，*The Annual Statistics of Manufactures* 1902，at 54（1903）. 这些统计数据包括在马萨诸塞州注册的私人控股和上市交易的制造公司。

〔71〕 NEW JERSEY TWENTY – FIFTH ANNUAL REPORT，同前注〔69〕，p. 16 tbl. 1；Bureau of Stat. of Lab. And Indus. of N. J.，*Twenty – Ninth Annual Report of The Bureau of Statistics of Labor and Industries of New Jersey for the Year Ending October* 31*ST*，1906，at 17（1906）.

〔72〕 See Off. of the Comptroller of the Currency，*Report of the Comptroller of the Currency*，Dec. 5，1904，BANKERS' MAG.，Jan. 1905，at 62，63（以下简称 Comptroller Report of Dec. 5，1904）；Ellen M. Henrotin，*Women in Finance*，NAT'L MAG.，October 1897，at 51，53 – 54（表明财政部早在1897年就开始追踪国家银行股东的性别）. 1921年后，财政部办公室发布的国家银行报告不再对男女股东进行分类。这些报告可在网上查阅。See *Annual Report of the Comptroller of the Currency*：1863 – 1980，FRASER，https://perma.cc/5TWU – BPEQ（archived Feb. 12，2022）. 比较1904年和1921年的报告可以发现，1904年7月，女性占全国银行股东的32.80%，而到1920年底，这一比例仅为30.58%。See Comptroller Report of Dec. 5，1904，同前注〔63〕；OFF. of the Comptroller of the Currency，*Annual Report of the Comptroller of the Currency to the Second Session of the Sixty – Seventh Congress of the United States* 62（1921）（以下简称 COMPTROLLER ANNUAL REPORT 1921）. 但女性的持股比例有所增长：1904年，女性拥有21.04%的股份，1920年为22.15%。See Comptroller Report of Dec. 5，1904，同前注〔63〕；COMPTROLLER ANNUAL REPORT 1921，同前注〔62〕.

有1/3的股东是女性。[73]

1909年11月,当糖业托拉斯调查成为头条新闻时,有报道称美国制糖公司(American Sugar Refining Company)的股东中有一半是女性。[74]几个月后,当铁路费率受到抨击时,报纸也发表了类似的报道,称纽黑文铁路公司(New York, New Haven & Hartford railroad company)的女性股东人数众多。[75] 有一篇报道称,该铁路公司的高管"据说对上一份报告

---

〔73〕 See Annual Report of the Comptroller of the Currency to the Third Session of the Fifty - Eighth Congress of the United States 17 (1904). 1904年的数据表明,在一些地区,女性在国家银行股东中所占的比例远远高于其他地区。例如,在新英格兰各州(康涅狄格州、缅因州、马萨诸塞州、新罕布什尔州、罗得岛州和佛蒙特州),女性占所有股东的近43%。同上注〔86〕tbl. 11.

〔74〕 See American Sugar Refining Co.: Women Make Up About Half the Stockholders as Shown at the First of the Year, WALL ST. J., Nov. 20, 1909, at 5(注意到女性股东占50.20%); Congress May Probe the Sugar Scandal: Revelations Give Cannon a Chance to Square Accounts with Parsons, It Is Said, N.Y. TIMES, Nov. 17, 1909, at 2(描述了即将于1909年11月29日在曼哈顿联邦法院对美国制糖公司高管进行的审判).两年后,美国制糖公司代理总裁埃德温·阿特金斯(Edwin Atkins)告诉Hardwick委员会,公司在新英格兰地区的1.8万名股东中,有1万名是女性,其中许多是"女学生"。Sugar Trust Good Now: Committee Also Told Women Are Principal Owners, BALT. SUN, June 13, 1911, at 11. 据乔治·罗伯(George Robb)估计,1910年"20%—25%"的美国股东是女性。George Robb, *Ladies of the Ticker: Women and Wall Street From the Gilded Age to The Great Depression* 8 (2017).

〔75〕 See, e. g., *More Women than Men: Interesting Statistics About the New Haven Stockholders*, BOS. GLOBE, June 21, 1910, at 13("根据1910年5月1日的官方统计,纽黑文铁路公司的女性股东多于男性股东");*Women Holding New Haven Stock: Females Number 7087 and the Male Shareholders 5746*, BRIDGEPORT EVENING FARMER, June 16, 1910, at 5(报道相同).铁路公司的管理者发布这些数据可能是为了影响6月18日颁布的《曼恩—埃尔金斯法案》(Mann - Elkins Act),该法案影响了铁路公司提高费率的能力。See Mann - Elkins Act, ch. 309, 36 Stat. 539 (1910). 有关纽黑文铁路公司女性股东的后期数据,see N. Y., New Haven & Hartford R. R. Co., *General Statement of the Affairs of The New York, New Haven, and Hartford Railroad Company, for the Year Endingjune* 30, 1914, at 33 (1914)(载有可追溯到1912年的数据);*New Haven Shows Broad Distribution of Its Shares: Average Holdings on January* 1, 1914 *Were* 59.9 *Shares Against* 69 *Shares in* 1913, WALL ST. J., Apr. 13, 1914, at 2(说明1914年女性股东的人数仍多于男性股东);*Women as Shareholders. With Guardians and Trusts Have* 60 *Per Cent. of the New Haven Stock.*, N.Y. TIMES, Mar. 22, 1912, at 11(纽黑文铁路公司的22106名股东中有60%是"女性、信托人和监护人").

感到相当震惊,该报告显示女性股东的数量比男性多出5%"[76]。编辑指出,"在这个时候,该铁路公司只希望头脑最灵活的商界男性参与其事务,而高管们私下也承认,女性持有者的比例过高构成了威胁"[77]。

第一次关于女性持股的主要调查报道出现在1913年,当时《纽约时报》和《华尔街日报》(The Wall Street Journal)都公布了来自主要公司股东名单调查的性别数据。[78]《纽约时报》的研究发现,在193家公司中,

---

〔76〕 *Railroads Fears Women*, MONTGOMERY TIMES, June 30, 1910, at 2.

〔77〕 同上注。另一家报纸在报道同一事件时写道,纽黑文铁路公司的官员们"很有理由感到兴奋","因为如果女性们要求在董事会议上占有一席之地,可能会发生什么事情"。Announcements, MT. CARMEL MORNING REG., July 1, 1910, at 4.

〔78〕 See How American Stocks Are Owned.: Corporations Representing Eight Billion in Capital Give Details About the Holdings of Investors, the Speculative Supply of Stocks, and Amounts Held Here and Abroad., in N. Y. TIMES, ANN. FIN. REV. AFR4, AFR4 (1913)(以下简称How American Stocks Are Owned)(断言,从1900年到1912年,193家大公司中"以女性名义持有的股票数量""翻了两番");Owners in Six Companies Increased 12.3% This Year: In Twelve Years Capitalization Increased 81.5 Per Cent and Number of Stockholders 204.7 Per Cent, WALL ST. J., Oct. 4, 1913, at 1[提供美国制糖公司、新泽西标准石油公司、宾夕法尼亚铁路公司、美国国际电话电报公司和美国橡胶公司(United States Rubber)的数据];In 63 Corporations Women Own Nearly 166,000 Shares: The Hand That Rocks the Cradle Already Has the Suffrage at the Corporation Polls, WALL ST. J., Oct. 25, 1913, at 2(以下简称In 63 Corporations Women Own Nearly 166,000 Shares). 两家报纸此前都发表过关于女性股东的文章,但这些文章只提供了临时性的数字。See, e. g., *Giving Women Stockholders Precedence*, N. Y. TIMES, Dec. 1, 1878, at 2(报道称,根据宾夕法尼亚铁路公司助理财务主管的说法,"可能有50万美元"的股息是在一个专门为女性支付股息的日子支付给女性股东的);Many Holders of Stocks: Shares of Various Corporations Very Widely Distributed, N. Y. TIMES, July 14, 1899, at 1(以下简称Many Holders of Stocks)[报告称,国际汇款公司"约二分之一的股东"是女性;纽约联合天然气公司(Consolidated Gas Company of New York)"约30%的股东"是"女性和儿童";"哈莱姆铁路公司(Harlem Railroad)相当一部分股东"是"女性、储蓄银行和遗产受托人"];Many New Holders of Railroad Stock: Recent Depression in Prices Brought Many Buyers of Railway Securities, N. Y. TIMES, Sept. 23, 1907, at 12(报告称宾夕法尼亚铁路公司有2.51万名男性股东和2.24万名女性股东);28,000 Women Stockholders: They Own $148,000,000 of Pennsylvania Road Shares—6117 Since Last Year, N. Y. TIMES, Nov. 28, 1908, at 1(以下简称28,000 Women Stockholders)(报告称宾夕法尼亚铁路公司的女性股东"约有2.8万");*Women in Wall Street*, N. Y. TIMES, Dec. 12, 1909, at SM2(报道宾夕法尼亚铁路公司近2.5万名女性股东和国家银行10.4万名女性股东);Country's Shareholders Show Heavy

超过40%的个人股东是女性;女性几乎持有了公司1/6的股票。〔79〕一些投资者对女性大量涌入持股的情况持怀疑态度。正如其中一人解释的那样,“女性,众所周知的贫穷投资者,现在在公司的股票账簿上的人数比以往任何时候都多”,这意味着这些公司的股票“脱离了过去在市场上保护它们的手”〔80〕。

第二年,《华尔街日报》发表了一项针对美国公司股东的大型研究结果。〔81〕在199家有性别分类数据的工业和公用事业公司中,女性股东占40%。〔82〕在55家铁路公司(和1家航空公司)中,女性股东

Increase in 10 Years: Since 1901, Shareholders of Railroad and Industrial Corporations Have Been Trebled, WALL ST. J., July 29, 1911, at 2(声称“大公司的30%—50%的股东是女性”); Heavy Gains in Shareholders Are Reported by Corporations: Great Northern Shows Remarkable Increase and Has 6,263 Women Share – Holders As on List, WALL ST. J., Aug. 3, 1911, at 1[报道称,大北方铁路公司(Great Northern Railway)的女性股东。自1901年以来增长了超过1000%]; Shareholders of Corporations Continue to Show Increases, WALL ST. J., Aug. 4, 1911, at 1[声明在1901年,波士顿码头公司(Boston Wharf)的5万股股票中,“大部分由受托人和女性持有”]; Corporation Shareholders Now Nearing the One Million Mark: Feature of To – Day's Installment is Report of Erie Railroad, Revealing 10,000 Shareholders, WALL ST. J., Aug. 11, 1911, at 2 (“据估计,女性拥有主要公司35%的已发行股份”); Railroad and Industrial Corporations with \$9,000,000,000 Capitalization Owned by 873,000 Shareholders, WALL ST. J., Aug. 31, 1911, at 6 (注意到,在其他统计数据中,“美国制糖公司约50%的股东是所谓的较弱性别”).

〔79〕 See How American Stocks Are Owned, 同前注〔78〕, at AFR4.

〔80〕 *Of Interest to Investors*, 8 INVESTMENT 231, 278 (1913).

〔81〕 See In 252 Corporations Women Shareholders Number 310,000, of Whom 130,000 Are Railroad Shareholders and 180,000 Are Industrial Investors, WALL ST. J., Jan. 31, 1914, at 8; Tabulation of Corporation Stockholders: Table No. 1—Railroad Corporations, WALL ST. J., Feb. 28, 1914, at 8 (以下简称 Tabulation of Corporation Stockholders: Table No. 1); Tabulation of Corporation Shareholders: Table No. 2—Industrial, Public Utility and Miscellaneous Corporations, WALL ST. J., Apr. 4, 1914, at 6(以下简称 Tabulation of Corporation Shareholders: Table No. 2).

〔82〕 See Tabulation of Corporation Shareholders: Table No. 2, 同前注〔81〕。1913年的数据显示,女性在16家公司中占多数,占报告股东性别数据的公司的近8%: Adams Express (55.0%), American Bank Note (51.1%), American Express (51.1%), American Sugar Refining (52.9%), AT&T (52.5%), Cambridge Gas Light (55.2%), D. L. & W. Coal (50.7%), Eastman Kodak (65.2%), Kings Co. Electric Light & Power (50.5%), Mergenthaler Linotype (53.8%), National Biscuit (51.9%), Newark Consolidated Gas (50.7%), Otis Elevator (52.0%), Pennsylvania Salt Manufacturing (60.0%), Union Natural Gas Corp. (51.5%), and United Fruit (50.2%). 同上注。

占39.5%。[83]《华尔街日报》的数据显示,在股东人数众多的公司中,女性股东所占比例更高:在股东人数少于500人的工业公司中,女性股东所占比例为29.7%,而在股东人数超过2000人的公司中,42.2%的股东是女性。[84]《华尔街日报》1914年发布的最新数据显示(涵盖200家工业、公用事业和铁路公司,这些公司基本上是重叠的),女性股东的比例为41%。[85]

尤其是铁路行业,女性投资者的人数相对较多。[86] 宾夕法尼亚铁路公司是美国规模最大、最具影响力的铁路公司,[87] 1896年该公司有

---

〔83〕 See Tabulation of Corporation Stockholders: Table No. 1, 同前注〔81〕。Women were a majority of stockholders at the Cleveland, Cincinnati, Chicago & St. Louis Railway. 同上注。1912年有一组较小的40家公司的按性别分类的数据;在这组数据中,女性股东占40.1%。同上注。

〔84〕 See Tabulation of Corporation Shareholders: Table No. 2, 同前注〔81〕。铁路公司也有类似的情况,但不太明显。在股东人数少于500人的铁路公司中,女性股东占33.5%,但在股东人数超过2000人的铁路公司中,女性股东占40%。Tabulation of Corporation Stockholders: Table No. 1, 同前注〔81〕。

〔85〕 See *European Holdings of American Securities*, WALL ST. J., Nov. 9, 1914, at 7(提供截至1914年6月30日的女性股东数据)。除了前注〔82〕中提到的公司之外,1914年的数据还确定了10家女性占多数股东的公司:American Book (56%), American Telephone & Cable (56.5%), Massachusetts Electric Company (52%), National Carbon (53%), Northwest Yeast (55%), Standard Oil California (65%), Standard Oil Indiana (65%), Standard Screw (55%), Union Oil of California (53%), and Western Union (51%). 同上注。

〔86〕 据报道,最早的女性股东数量超过男性的铁路公司之一是乔治亚州铁路和银行公司(Georgia Railroad and Banking Company),在1908年,该公司拥有494名女性股东和345名男性股东。See Frank Fayant, *The Real Owners of America*, 12 APPLETON'S MAG. 664, 667-68 (1908); Frank M. Fayant, Real Owners of America Shown in Stock Holdings: Banks, Railroads, *Industrials and Other Corporations Largely in Hands of the Small Investors*, WALL ST. J., Nov. 21, 1908, at 6. 在19世纪末,巴尔的摩和俄亥俄铁路公司(Baltimore and Ohio Railroad)最有影响力的股东是一位女性。See Editorial Notes, 29 WOMAN'S J. 417, 417 (1898). 1926年,《纽约时报》确定艾玛·肯尼迪(Emma Kennedy)为北太平洋铁路公司(Northern Pacific Railroad)和大北方铁路公司的最大个人股东。James Chief Owner of Northern Roads: His Corporations Head Lists of Stockholders—Three Women Among Leading Twenty., N. Y. TIMES, June 12, 1927, at E11.

〔87〕 See George Brooke Roberts, *Ten Pages*, PHILA. TIMES, Feb. 1, 1897, at 4(将宾夕法尼亚铁路公司描述为"欧洲大陆最大的公司");see also Gardiner C. Means, *The Diffusion of Stock Ownership in the United States*, 44 Q. J. ECON. 561, 563 (1930)(认定宾夕法尼亚铁路公司是美国最大的3家公司之一,也是前三名中唯一一家铁路公司).

40%的女性股东,[88]在1913年和1927年,女性股东暂时成为多数一方。[89] 20世纪20年代,南太平洋铁路公司(Southern Pacific Railway)女性股东的人数也超过了男性,[90]联合太平洋铁路公司(Union Pacific)、南部铁路公司(Southern)、诺福克西部铁路公司(Norfolk and

---

[88] See Solomon Huebner, *The Distribution of Stockholdings in American Railways*, 22 ANNALS AM. ACAD. POL. & SOC. SCI. 475, 486 (1903)("宾夕法尼亚铁路公司报告称,其40%的股东是女性").到1900年,艾奇逊,托皮卡和圣塔菲铁路公司(Atchison, Topeka and Santa Fe Railroad)1/4的股东是女性。See *Women as Stockholders*, MINERS' J. (Pottsville, Pa.), June 18, 1900, at 2.这些比例与同期英国铁路公司最近的一项研究结果大致一致。See Graeme G. Acheson, Gareth Campbell, Áine Gallagher & John D. Turner, *Independent Women: Shareholders in the Age of the Suffragettes* 3 (Queen's Univ. Ctr. for Econ. Hist., Working Paper No. 2018-09, 2018)(发现在英国女性参政运动期间,"女性代表了我们样本中每个铁路公司约30%至40%的股东").

[89] 宾夕法尼亚铁路公司女性股东的兴衰可以通过报纸和其他出版物的报道来追溯。See Pennsylvania Dividends. *How Widely the Distribution of Profits This Month Will Spread—Many Women Stockholders.*, WALL ST. J., May 17, 1907, at 6(报告1907年46.20%的股东是女性);28,000 Women Stockholders,同前注[78](1908年47.70%为女性);*Wide Distribution of Pennsylvania Railroad Stock*, 71 INDEPENDENT 616, 667 (1911)(1911年47.02%为女性);In 63 Corporations Women Own Nearly 166,000 Shares,同前注[78](1913年超过50%的女性);*Woman's Ownership of Corporations*, CURRENT OP., Apr. 1914, at 304, 304(1914年48%为女性);*Foreign Liquidation in Railroad Securities: Statistics So Far Indicate Small Selling Abroad, but Later Returns May Show a Change*, WALL ST. J., Jan. 28, 1916, at 2(1916年女性占48.60%);Pennsylvania Railroad Shareholders 105,630: Increase of 8635 from November a Year Ago, WALL ST. J., Dec. 2, 1918, at 2(1918年女性占49.30%);H. W. Schotter, *The Growth and Development of the Pennsylvania Railroad Company: A Review of the Charter and Annual Reports of the Pennsylvania Railroad Company* 1846 *to* 1926, INCLUSIVE 441 (1927)(1926年年底女性占49.85%);Woman's Investment Invasion: Overtopping Facts and Figures (pt.2),同前注[54](1927年女性占50.38%);A. K. Darby, *Influence of Women Gains in Corporations.*, EVENING SUN (Balt.), Dec. 16, 1927, at 50(1927年年底女性占50.68%);WRIGHT,同前注[62], p.239[指出宾夕法尼亚铁路公司"被称为'衬裙线'(Petticoat Line),因为它超过一半的股东是女性"]. The percentage of women shareholders fell again in 1929. See *Women Hold Less Stock in Pennsylvania Road*, OLEAN EVENING TIMES, Nov. 25, 1929, at 8(将下跌归因于"最近雇员的股票分配").

[90] See Women Outrank Men Stockholders,同前注[54][指出南太平洋铁路(Southern Pacific Railway)股东45.53%为女性,44.99%为男性].

Western railroads)女性股东接近半数。[91]女性在铁路股东中的高比例很早就被认为对铁路公司的公司治理有影响。这被视为增加了管理者的"信托负担",因为女性被认为依赖男性来经营公司。[92]《铁路时代公报》(Railway Age – Gazette)认为女性是铁路公司股东中"一个庞大的依附阶级"[93]。它断言,女性是"两个意义上的依附阶层——经济上的和精神上的"[94]。

路易斯·布兰代斯(Louis Brandeis)在1914年出版的《别人的钱》(Other People' s Money)一书中三次提到女性股东。[95] 布兰代斯写道,投资者对银行专家的依赖与日俱增,"因为女性和其他不参与管理的人,已经成为大型公司股票和债券所有者的很大一部分"[96]。后来,布兰代斯强调了女性股东的激增与小投资者普遍缺乏能力之间的联系。他写道:

小投资者,特别是女性投资者,持有我们公司证券的比例越来越高,通常会根据银行的推荐买入。小投资者没有,而且在大多数情况下也无法自行查明事实,并据此对所提供证券的稳健性作出适当判断。即

---

[91] See, e. g. , *Union Pacific Stockholders*: *Women* 43% *of* 51,016 *Stockholders*, WALL ST. J. , Apr. 25, 1924, at 4(注意到女性占股东总数的43%); S. Ry. Sys. , Advertisement, *Woman Becomes a Partner in American Business*, ATLANTA CONST. , Feb. 21, 1929, at 6(强调几乎一半的股东是女性); Women Outrank Men Stockholders, 同前注[54][报告诺福克西部铁路公司(Norfolk and Western Railway)48.66%的股东是女性].

[92] See *Broadening Basis of Confidence*, WALL ST. J. , Nov. 30, 1908, at 1(这表明,在宾夕法尼亚铁路公司,"信托负担更大了,因为它的持有者……是女性"). 多年来,公司管理者一直在表达这一观点。See, e. g. , *Traction Control Plan to Be Revised*: McAneny Heeds Expert Views on the Need of Changes in Placing Responsibility, N. Y. TIMES, Dec. 13, 1921, at 5[引用布鲁克林城市铁路(Brooklyn City Railroad)副总裁H. 霍巴特·波特(H. Hobart Porter)的话:"大约有一半的股东是女性,因此,我们董事和高级管理人员负有不同寻常的责任"].

[93] *Half the Stockholders Are Women*, ST. LOUIS DAILY GLOBE – DEMOCRAT, Feb. 26, 1912, at 7[概述《铁路时代公报》上未注明日期的声明].

[94] 同上注。

[95] See Louis D. Brandeis, *Other People' S Money*: *And How the Bankers Use It* 8, 133, 199(1914).

[96] 同上注, p. 8.

使这些投资者掌握了事实，他们也缺乏形成正确判断所必需的商业经验。[97]

大约在同一时间，著名的法律专著《库克谈公司》（Cook on Corporations）[98]（第7版）作者威廉·库克（William Cook）也给出了类似的评价。多年前，库克曾宣称，“公司问题”是“那个时代最大的社会问题之一”，并认为解决方案在于重振股东在公司治理中的作用。[99] 在20世纪初，商业专家们普遍认为股东赋权是解决公司问题的关键。1905年，《华尔街日报》在其头版宣称，“任何能增加股东对公司积极管理的兴趣的措施”，都值得尝试。[100]

然而，到了20世纪10年代，库克和其他专家正在改变他们对股东赋权价值的看法。1914年，就在布兰代斯出版了《别人的钱》之后，库克认为，公司的改革者不应该依赖于股东更积极的参与。他不屑一顾地写道：“你还不如让空中的云来推动铁路机车呢。”[101] “股东人数众多，分布广泛，其中许多是女性和庄园主。他们盲目地、自动地将自己的代理权交给任何有控制权的人。即使他们的信任被滥用，他们也束手无策，只能自认倒霉。”[102] 布兰代斯和库克的著作将20世纪10年代女

[97] 同上注，p. 199－200. 布兰代斯还指出，女性在美国制糖公司的股东中占多数，在两大铁路公司的股东中占近一半。同上注，p. 8.

[98] See William W. Cook, *A Treatise on the Law of Corporations Having a Capital Stock* (Little, Brown & Co. 7thed. 1913) (1887).

[99] See William W. Cook, *The Corporation Problem: The Public Phases of Corporations, Their Uses, Abuses, Benefits, Dangers, Wealth, and Power, With a Discussion of the Social, Industrial, Economic, and Political Questions to Which They Have Given Rise* 87－91, 118 (New York, G. P. Putnam's Sons 1891); see also Walter Werner, *Management, Stock Market and Corporate Reform: Berle and Means Reconsidered*, 77 COLUM. L. REV. 388, 391 (1977)（阐明了库克的理念，即股东“需要在选择董事会和监督其行动时发出更有效的声音”，并描述了库克支持累积投票权的主张、股东随意罢免董事的权力、股东对股息的批准以及股东获取更多信息的权利）.

[100] See *The Old Colony Way*, WALL ST. J., June 3, 1905, at 1（建议股东选择地区代表参加年度股东大会，或者“股东可以通过邮寄方式对重要的政策问题投票”）.

[101] William W. Cook, *A Plan for the Nationalization of Railroads*, 24 YALE L. J. 370, 374(1915).

[102] 同上注。

性持股的兴起与股东的从属地位和无助感联系在了一起。[103] 两人都建议,公司法不应该努力赋予股东权力,而是应将权力转移到其他地方。[104]

大约在这个时候,报纸还流行一种"性别战争"的持股隐喻,暗指女性对政治公民身份的要求。《华尔街日报》在其头版写道:"如果将美国制糖公司的股票持有者召集在一起,女性聚集在一边,男性聚集在另一边,后者会发现自己显然寡不敌众。"[105] 这句话将女性和男性股东想象成战场上的对手,捕捉到了那个时代性别政治的某些特征。[106] 当时,女性在巨大的反对声中为争取作为公民在政治选举中的投票权而斗争。[107] 直到1920年,女性才赢得这一权利——而且只是基于关键一票。[108] 然而,在1968年之

---

〔103〕 之前和之后的其他著作也有类似的联想。Johnson, 同前注〔65〕, p. 630(指出当一个公司有许多"法人团体成员"时,"其中有些是女性,有些是婴儿,还有不少是年迈的富人,他们希望从财产管理中解脱出来"). *Natl. Conduit Shareholders Missed Opportunity*: Failure to Take Action Jeopardizes the Remaining Equity, WALL ST. J., Oct. 27, 1922, at 8(声称股东"由于未能采取一致行动保护自己的利益而逐渐失去他们的权益","在所有股东中,略低于50%的女性持有少量股份").

〔104〕 See BRANDEIS, 同前注〔95〕, p. 92, 188(主张"公共性"和"非集中性",而不是增强股东权能);Cook, 同前注〔101〕, p. 374(提议将铁路国有化,而不是赋予股东权力)。在至少两起有记录的实例中,据称公司已采取措施清除女性股东,其中一家公司的清除对象包括亚洲股东。See Adams Express Company Wants Its Own Stock. Sends Letters to Stockholders Offering to Pay 190 a Share for Holdings, N. Y. TIMES, Dec. 12, 1901, at 1 [描述亚当斯快递(Adams Express)只针对女性股东的股票回购计划]; "Freeze Out" Charged Against Big Oil Co.: Minority Stockholders Make Serious Allegations About Officers of Hercules Oil Refining Co., L. A. REC., Jan. 16, 1904, at 3(以下简称"Freeze Out" Charged Against Big Oil Co.)[描述了一起股东诉讼,指控大力神炼油公司(Hercules Oil Refining)的管理层和董事发起了一项"摆脱所有女性和华人股东"的计划].

〔105〕 Million and a Quarter Owners in 327 Companies, WALL ST. J., Apr. 4, 1914, at 1.

〔106〕 See Robb, 同前注〔74〕, p. 59(描述了女性投资者如何被视为"入侵男性空间").《纽约时报》在讨论1913年女性持股情况时预测,"增长速度之快,表明女性很快就会出现在公司董事会中",并指出这种增长"表明最近在对待女雇员方面制定更慷慨政策的原因"。How American Stocks Are Owned, 同前注〔78〕, at AFR4.

〔107〕 See generally Olivia Coolidge, *Women' S Rights*: *The Suffrage Movement in America*, 1848–1920 (1966)(描述了1920年之前的选举权运动的历史).

〔108〕 See Sandra Day O' Connor, Essay, *The History of the Women' s Suffrage Movement*, 49 VAND. L. REV. 657, 668 (1996)[描述了24岁的田纳西州代表哈利·伯恩(Harry Burn)所投的一票如何导致了第19条修正案的通过].

前,在一些州,她们继续被排除在陪审团之外,这反映出女性在公共领域的权力继续受到限制。[109]

在20世纪10年代,商业作家们已经在考虑大量女性股东对管理控制的影响。《华尔街日报》指出,女性股东参加股东大会“并不常见”,但报道称,“许多女性出席”了某家“知名公司”的1912年年会,并指出这些女性“对公司表现出不同寻常的兴趣”[110]。1914年,《华盛顿先驱报》(Washington Herald)头条新闻宣称,“女性可以控制资本的公共事业”[111]。文章指出,女性拥有“足够多的华盛顿铁路(Washington Railway)和电力公司(Electric Company)、资本牵引公司(Capital Traction Company)和华盛顿天然气公司(Washington Gas Company)股份,足以推翻当前的管理层”[112]。

从1916年初开始,《华尔街日报》在九篇系列报道中再次关注股东的

---

[109] 第19条修正案没有规定女性有资格担任陪审团,一些司法管辖区继续将她们排除在外。例如,1921年,女性有资格成为新泽西州法院的陪审员,直到1936年年底才被排除在该州的联邦陪审团之外。See Comment, Women Jurors, 71 U. S. L. REV. 61, 76 – 77 (1937). 当伯利和米恩斯于1932年出版《现代公司与私有财产》一书时,在马萨诸塞州、佛罗里达州、马里兰州、弗吉尼亚州、佐治亚州、得克萨斯州以及其他许多州,女性仍被排除在州法院陪审团之外。William B. Aycock, *Courts—Jury—Exclusion of Women from the Jury List*, 25 N. C. L. REV. 334, 336 n. 11 (1947)(列出了直到1947年还不允许女性担任陪审团成员的16个州). 直到1968年,女性才有资格在密西西比州法院担任陪审员。See *Women on Mississippi Juries*, N. Y. TIMES, June 15, 1968, at 33. 直到1994年,美国联邦最高法院才明确指出,仅以性别为由剔除陪审员违反了《平等保护条款》(Equal Protection Clause)。See J. E. B. v. Alabama ex rel. T. B., 511 U. S. 127, 129 (1994)(裁定在一宗有关将男性排除在陪审团之外的案件中,仅以性别为由强制罢免陪审员违反了平等保护条款).

[110] *Women Stockholders*, WALL ST. J., Apr. 26, 1912, at 3. 在1917年杜邦公司(DuPont Company)的一次股东大会上,由于“女性股东在场”,禁止吸烟。See Seventy – One Per Cent. of Du Pont Stock Voted Against Purchase by Company of Disputed Shares; Great Victory for Defendants, EVENINGJ. (Wilmington, Del.), Oct. 10, 1917, at 1.

[111] Women Could Control Public Utilities of Capital: Own Sufficient Stock to Overturn the Present Managements, WASH. HERALD, Mar. 1, 1914, at 20(资本变化).

[112] 同上注。

性别,这些文章共同构成了另一项关于股东统计的大型研究。[113] 在这些文章中,《华尔街日报》报道称,1916 年初,女性股东人数占大型铜公司[114]和大型石油公司的 35%、[115]工业和杂项(miscellaneous)公司的 37%[116]、烟草公司的 40%[117]、有线(wire)公司的 55%。[118] 女性股东占美国通用电气公司股东的 48%[119]和国际汇款公司(Western Union)股东的 59%。[120] 她们还占美国运通公司(American Express)股东的 51%[121]和伊士曼柯达公司(Eastman Kodak)股东的 62%。[122] 虽然自 1914 年《华尔街日报》股权研究仅过去了两年,[123]但这些数据显示女性股东的比例有

〔113〕 前一年,《华尔街日报》还公布了纯净石油公司(Pure Oil Company)、国际橡胶和造纸公司(International Rubber and Paper)以及富国银行(Wells Fargo & Company)等公司股东的性别数据。See, e. g., *European Holdings of American Securities*: Various Companies Report Small Holdings of Their Stock Abroad, WALL ST. J., Jan. 18, 1915, at 5; *European Holdings of American Securities*, WALL ST. J., Jan. 23, 1915, at 7.

〔114〕 See *Stock Ownership of the Copper Companies*: On January 1 Six Had 14,765 Share-Owners, Against 15,642 Last June, WALL ST. J., Feb. 5, 1916, at 2. 数据的列报有点混乱,因为有些公司将普通股股东和优先股股东分开列报,并增加了第三类"女性股东"。因此,不清楚女性股东持有的是优先股还是普通股,抑或两者都持有。尽管如此,《华尔街日报》还是将这些公司的股东总数纳入了女性股东比例的计算,因此报告的比例低于报告股东性别数据的公司的真实比例。在上文中,作者使用的是期刊报告的百分比。有些公司根本没有报告 1916 年的女性股东人数。

〔115〕 See Oil Companies Stock Ownership Off 6%: Total of 38,733 Shareowners on Jan. 1 Compared with 41,055 June 30, WALL ST. J., Feb. 8, 1916, at 6.

〔116〕 See *Stock Ownership in Industrial Companies*: Twenty-Two Corporations Show an Increase of 6.6% in 18 Months, WALL ST. J., Mar. 20, 1916, at 7(以下简称 Stock Ownership in Industrial Companies).

〔117〕 See *Stock Ownership of the Tobacco Companies*: *Small Foreign Holdings*, WALL ST. J., Feb. 7, 1916, at 3.

〔118〕 See *Stock Ownership in the Wire Companies*: Four Telephone and Telegraph Corporations, Stock 209,060,700, Had 27,757 Stockholders Jan. 1, an Increase of 33% in Eighteen Months, WALL ST. J., Feb. 9, 1916, at 5(以下简称 Stock Ownership in the Wire Companies).

〔119〕 See Stock Ownership in Industrial Companies, 同前注〔116〕.

〔120〕 See Stock Ownership in the Wire Companies, 同前注〔118〕.

〔121〕 See *Stockownership Figures for 12 Industrials*: Corporations Named Including Miscellaneous Show a Gain of 4% for Eighteen Months, WALL ST. J., Mar. 6, 1916, at 2.

〔122〕 See Stock Ownership in Industrial Companies, 同前注〔116〕(似乎同时包括普通股股东和优先股股东).

〔123〕 同前注〔81〕—〔85〕及相关说明。

了显著增长，并证实了《华尔街日报》读者对股东性别的持续兴趣。

(二)作为股东积极主义者的女性

路易丝·德·科文·鲍文(Louise de Koven Bowen)是一位芝加哥银行家的女儿，她利用自己在几家大公司持有的大量股份来改善公司的劳工政策，从而成为股东积极主义的早期先驱。[124] 鲍文是一名社会改革家和伊利诺伊州女性选举权运动的领导者，大约在1911年，她开始代表普尔曼公司(Pullman Company)的工人提出要求，她也是该公司的股东。[125] 鲍文的回忆录出版于1926年，提供了有关她的股东积极主义的独特的第一手资料。[126] 在听说工人安全条件极差后，鲍文组织了其他普尔曼公司的股东，收集了他们的不满，并多次写信给公司的总裁，威胁要“反对……分享利润，因为工人的工作条件很差”[127]。普尔曼公司的管理层作出了回应，花费巨资为工人建造了一所医院并聘请了医生；鲍文报告称，工人的健康状况有所改善，她发现自己的积极主义的结果“最令人满意”。[128]

正如她所说的那样，“我的胜利让我感到兴奋”，鲍文在国际收割机公司(International Harvester Company)开始了一场新的积极主义运动。该公司的女员工在公司的麻绳厂彻夜工作，[129] 鲍文在给公司总裁的信中抗议了这一做法，她被告知，总裁“认为他们不应该在夜间雇用女性，但所有其他董事都不这么认为，既然有股东反对，他将向董事会提出此事”[130]。之后，国际收割机公司结束了这种做法，于是鲍文提出了另一个要求：“约定女性的最低工资。[131]”国际收割机公司落实了这个要求。鲍文接着参

---

[124] 今天，我们将鲍文的积极主义定义为环境、社会和公司治理(ESG)积极主义，因为它与社会目标相关。有关鲍文积极主义的信息有三个来源：Alice Hamilton, *What a Pullman Stockholder Did*: Made Managers Look Out for Men's Health, MERIDEN MORNING REC., June 3, 1912, at 7; *What One Woman Stockholder Did*, INTER OCEAN (Chi.), Nov. 24, 1912, at 6; and Louise Dekoven Bowen, *Growing Up With a City* 166 – 67 (1926).

[125] See Bowen，同前注〔124〕，p. 166.

[126] 事实上，鲍文在书中描述其股东积极主义的一章名为“女性参政论者和股东”，明确地将政治选举权和公司选举权联系在一起。同上注，p. 157 – 70.

[127] 同上注，p. 166 – 67.

[128] 同上注，p. 167.

[129] 同上注。

[130] 同上注，p. 167 – 68.

[131] 同上注，p. 168.

加了美国钢铁公司(U. S. Steel)的股东运动，该运动旨在取消12小时工作制，但据报道，该运动因美国参加第一次世界大战而失败。[132] 在她的回忆录中，鲍文描述了她的股东积极主义哲学：

股东是他们所持股的公司的合伙人；如果他们对雇员的工作条件漠不关心，他们就会像实际雇主一样负有责任。虽然很难了解自己所持股的公司的详细情况，但总是有可能获得这种知识，并在所有股东都被邀请参加的公司年度会议上提出抗议或予以批准。[133]

鲍文自己的积极行动是在幕后而非股东大会上进行的。媒体报道称，普尔曼公司的管理层曾问她："如果你对公司的看法如此糟糕，为什么不卖掉股票，让你的良心得到解脱？"[134] 鲍文拒绝接受华尔街规则的这一早期表述——不满的投资者应该干脆地离开——她回答说，她将"保留她的股票，并做一些事情来改善为她工作的人的条件"[135]。

（三）股权分散与大牛市

20世纪20年代的牛市刺激了投资者，并将华尔街置于大众想象的中心。[136] 从各方面来看，女性作为投资者踊跃参与，[137] 包括广场酒店(Plaza Hotel)和华尔道夫酒店(Waldorf – Astoria)在内的著名的纽约

---

〔132〕 同上注，p. 169 – 70.

〔133〕 同上注，p. 170；同上注，p. 165 – 66("我不禁感到，作为一名股东，我的收入来自这些公司的利润，我至少要对我经常意识到的不满负部分责任，而且在我看来，作为一名股东，我应该为劳动人民创造更好的条件").

〔134〕 What One Woman Stockholder Did，同前注〔124〕，p. 124.

〔135〕 同上注。

〔136〕 20世纪20年代，股票持有量大幅增长；奥特写道，"在这十年间，拥有股票的美国家庭数量可能增长了16倍之多"。Ott，同前注〔60〕，p. 63 – 64. 第一次世界大战后，拥有上市公司股票的美国人数量急剧上升，其中有几个因素，包括：自由债券(Liberty Bond)运动，该运动让数百万美国人开始接触证券投资；投机商(bucket shop)行业的终结，这让资金可以在全国性证券交易所进行投资；员工股票购买计划的普及。Robb，同前注〔74〕，p. 67 – 70；Ott，同前注〔60〕，p. 82("在大牛市期间，公司股票分销商推出了营销、广告和公关活动，借鉴战争贷款的先例，将股票所有权与政治和经济自由联系在一起")；Harwell Wells, *The Modernization of Corporation Law*, 1920 – 1940, 11 U. PA. J. BUS. L. 573, 586 – 88 (2009)(讨论了20世纪20年代股票投资的兴起)。此外，1913年颁布的联邦所得税也有助于鼓励美国人购买股票和债券。Robb，同前注〔74〕，p. 69.

〔137〕 See Robb，同前注〔74〕，p. 67(指出，在第一次世界大战期间和随后的十年中，"女性作为投资者的重要性继续快速增长"，股东人数也在增长).

酒店都为女性投资者预留了套房。[138] “女性入市”的说法开始流行，券商开始雇佣女性向女性客户销售股票、债券并提供投资建议。[139] 正如历史学家茱莉亚·奥特(Julia Ott)所解释的那样，女性投资者的理念“凸显了大牛市的现代性和包容性”[140]。但她指出，那些使用“女性入市”比喻的人“试图化解”它可能带来的“激进影响”，这大概是因为女性作为股东的角色仍存在争议。[141] 亨利·克利斯(Henry Clews)在19世纪创建了华尔街券商亨利·克利斯(Henry Clews & Co)，他一直“激进地反对女性参与商业世界”，直到接近他生命的尽头，他才承认自己犯了错误。[142] “女性投资者不仅成为现实，”他在1922年左右断言，“而且……我希望不久能看到她在国家公司的管理中发挥作用。”[143]

1923年，欧文·杨(Owen Young)和美国通用电气公司总裁杰拉德·斯沃普(Gerard Swope)一起访问了该公司总部，并向该公司的一群工头发表了讲话。[144] 一名记者后来讲述了杨如何谈到美国通用电气公司一半以上的股东是女性这一显然众所周知的事实。[145] 杨指出，“公司

---

〔138〕 See Gordon Thomas & Max Morgan - Witts, *The Day the Bubble Burst: A Social History of the Wall Street Crash of* 1929, at 71 - 73, 204 - 05 (1979); see also Eunice Fuller Barnard, *Ladies of the Ticker*, 227 N. AM. REV. 405, 406 (1929)(将女性投资者描述为“速记员、女继承人、商业女性、家庭主妇”);Robb, 同前注〔74〕, p. 74 - 75(提供女性交易室的详细描述).

〔139〕 See Ott, 同前注〔7〕, p. 186 - 88; see Robb, 同前注〔74〕, p. 71.

〔140〕 Ott, 同前注〔7〕, p. 187.

〔141〕 同上注, p. 187 - 88.

〔142〕 See Henry Clews, 65 *Years Notable in Wall Street*: Among Recognized Factors Before Arrival of Vanderbilt, Gould, Fisk, Sage or Rockefeller, WALL ST. J., Feb. 2, 1923, at 9(这表明克利斯的转变发生在1920年到1922年).

〔143〕 同上注。

〔144〕 See Herman Bernstein, *Owen D. Young: The New Type of America's Industrial Genius*, *An Interview*, 2 MCCLURE' SMAG. 384, 385 (1926).

〔145〕 同上注。美国通用电气公司在这一时期的年度报告中披露了按性别分类的股东数据。根据这些数据，1921年女性股东的人数首次超过男性股东，但到1923年底，女性股东的比例已降至43%。Compare Gen. Elec. Co., *Thirtieth Annual Report of the General Electric Company* 8 (1922)(以下简称GEN. ELEC. CO. THIRTIETH ANNUAL REPORT), with Gen. Elec. CO., *Thirty - Second Annual Report of the General Electric Company* 10(1924). 1921年是美国通用电气公司在其年度报告中披露女性股东确切人数的最后一年；此后它只报告了百分比或大致估计数字。See, e. g.,

里所有的男人都在为女人工作,无论是在车间里还是在家里”。这引起了人们的笑声。[146]这则轶事很有启发性,不仅因为它证明了美国通用电气公司内部普遍知道女性是公司股票的主要持有者,还因为它表明男性公司领导人有时会公开拿女性持股开玩笑,认为这颠覆了传统的性别角色。当然,这句玩笑话的意思是,女性应该在家庭中表达权威,而不是在公司中。

其他公司领导人则暗示,女性股东是公司资本主义面临的一个问题。《巴伦》(Barron's)杂志创始人克拉伦斯·巴伦(Clarence Barron)认为,“作为股东,遗孀和孤儿是公司的诅咒”[147]。同年,通用汽车公司掌门人阿尔弗雷德·斯隆(Alfred Sloan, Jr.)写道,他担心在某些时候,“股权的分散必然会削弱公司的实力,因为它剥夺了某个人(man)或某一群人(group of men)在管理方面的重大利益,对这些人或群体来说,公司的成功事关个人和重大利益”[148]。尽管斯隆没有直接提到女性,但他的用词暗示了一种性别含义。在1926年,他就知道女性股东正在涌入自己的公司。在更早的几年前,《华尔街日报》曾报道称,通用汽车公司的股东中大约有1/4是女性。[149]到1928年,通用汽车公司38%的

Gen. Elec. CO., *Forty – Second Annual Report: General Electric Company* 14 (1934)[1933年12月29日,共有188,316人持有普通股和特殊股,其中女性约占一半(不包括公司、机构等)].

[146] See Bernstein, 同前注[144], p. 385.

[147] C. W. Barron, *Wall Street Sermons*: Orphanitis, or the Disease that Kills Big Corporations, WALL ST. J., Aug. 18, 1926, at 1. 巴伦认为,股权分散将公司送进了“孤儿寡母的停尸房”。“正是这个停尸房吞噬了新英格兰的铁路”,他争辩道。“如果商人(business men)拥有纽黑文铁路公司和哈特福德铁路公司(Hartford Railroad),他们会为自己的财产和利润而战”。同前注。

[148] Alfred Pritchard Sloan, Jr., *Modern Ideals of Big Business: An Article on the New Leadership—As Described to French Strother*, 52 WORLD' S WORK 694, 697 (1926).

[149] See *General Motors Stockholders*, WALL ST. J., Nov. 30, 1921, at 8(提供这个统计数据,并注意到截至1921年10月,女性占所有普通股股东的21%,拥有“全部已发行股票”的6%). 不久之后,《纽约时报》报道称,1920年10月5日至1921年4月15日,通用汽车公司的股东人数大幅增加。据《时代》周刊(Time)报道,在此期间,女性普通股股东的人数增加了一倍多,从3459人增加到8110人——增加了4651人。Gen. Motors Common Now Owned by 37,787: Number of Shares Held by 8,110 Women on April 15 was 1,467,368, Average 180 Each., N. Y. TIMES, June 29, 1921, at 24. 随后,在1921年4月至10月,又有2114名女性股东成为通用汽车公司普通股、优先股和债券的所有者,使女性股东的总人数增加到17,230人。Many Women in General Motors: At Last Statement 17,230 Women Were Holders of Stock, EVERY EVENING (Wilmington, Del.), Nov. 30, 1921, at 12. From October 1920 to October 1921, then, the increase in women shareholders for General Motors exceeded 6000.

股东都是女性。到20世纪40年代末,女性已经成为该公司个人股东的绝大多数。[150]

《华尔街日报》称,女性会投资于提供女性使用的产品和服务的公司"很好理解",如国家饼干(National Biscuit)、美国制糖、美国国际电话电报等公司。[151] "但是,女士们为什么投资空气制动器、钢铁厂、铅制造的公司呢?"[152]一个反复出现的主题是,只有当公司提供女性使用的产品和服务时,女性才有作为股东的合理性。一位早期写过关于股东的书的作者写道:"在某些类别公司中,尤其是那些经营家居产品、食品和服装的公司,女性股东应占据重要地位,因为这些公司希望发展'股东—客户'理念。"[153]然而,在美国许多主要行业中,女性作为股票投资者仍然十分普遍,这从根本上挑战了人们对性别、商业和金融经济的刻板印象。[154]

颇有影响力的哈佛大学经济学家威廉·雷普利(William Ripley)对

---

〔150〕 See *Women Hold Stock*, L. A. TIMES, Apr. 22, 1928, at 8(指出女性持有通用汽车公司全部流通资本的13%以上);*Big Concerns' Stockholders All Over U. S.*, CHI. SUNDAY TRIB., May 1, 1932, at A7 (表明1930年底通用汽车公司40%的普通股股东是女性);*Many Women Holders of Stocks in Big Business*, L. A. TIMES, Mar. 26, 1936, at 14 (指出在1935年底,女性占通用汽车公司所有股东的47%);Gen. Motors Corp., Fortieth Annual Report 1948, at 22 (1949)(注意到在1948年底,83%的通用汽车公司的股东是个人,其中56%是女性).

〔151〕 See *Woman' sInvestment Invasion: Quality Preferences* (pt. 5), WALL ST. J., Sept. 9, 1927, at 14.

〔152〕 同上注。

〔153〕 Sears, 同前注〔58〕, p. 61. 同样的想法也出现在对女性董事的呼吁中。1931年,《旧金山检查官》(San Francisco Examiner)的一篇文章认为,作为这些公司的董事会成员,"符合条件的女性无疑可以为公司盈利做出宝贵贡献",如"食品和纺织品公司,这些公司生产的产品主要销售给女性"。*Who Owns American Business?*, S. F. EXAM' R, June 16, 1931, at 24. 在新泽西标准石油公司1950年的股东大会上,一位股东说:"他们还告诉你,国家乳业公司(National Dairy)已经让一位女性进入董事会。我认为,既然它是一家全国性的牛奶公司,让一位女性进入董事会是件好事。我不认为石油行业需要女性董事……"Standard Oil CO. (N. J.), Annual Meeting: June 7, 1950, at 20 (1950). 四年后,美国钢铁公司的一位股东反对提名一位女性进入董事会:"在美国钢铁公司拥有一家尼龙制造子公司之前,钢铁工作不适合穿衬裙的人。"U. S. Steel Annual Meeting Covers Girth, Mirth, Women—and Upturn in Business, 同前注〔27〕.

〔154〕 同后注〔160〕。

女性股东的批评尤其直接。[155] 在他看来,股东治理不如政治治理更适合女性参与,而在第19项修正案赋予女性在政治选举中投票的权利7年后,他才表达了这一观点:

普通股东完全没有资格积极参与管理。令人吃惊的是,在许多大公司中,半数以上的股东是女性——在美国电话公司1926年的36.6万名股东中有20万名是女性。这些人所接受的培训并不适合直接管理公司——抛开性别这种有争议的话题不谈,更别说在政治领域了。这些商业问题远不像政府领域的问题那么简单,那么道德,也不那么吸引人。[156]

然而,与雷普利的观点相矛盾的是,在获得政治选举投票权之前,女性就已经赢得了股东选举投票权。[157] 雷普利认为女性只适合"直接管理""简单""道德"的事情,反映了那个时代普遍的性别刻板印象。[158]

---

[155] 尽管雷普利是一位杰出的公司法学者,但在美国公司法中,他仍然是一个令人不安的人物。他在种族人类学方面的著作与他在经济学方面的研究一样具有影响力;雷普利在1899年出版的《欧洲种族》(The Races of Europe)一书中提出了"头颅指数",即现代版的"骨相学"。See William Z. Ripley, *The Races of Europe: A Sociological Study* 37 – 57 (New York, D. Appleton & Co. 1899). 麦迪逊·格兰特(Madison Grant)在其《伟大种族的消逝》(The Passing of the Great Race)一书的参考书目中肯定了雷普利的工作。See Madison Grant, *The Passing of the Great Race: Or, the Racial Basis of European History* 281 (4th Rev. Ed. 1921); see also Allan Chase, *The Legacy of Malthus: The Social Costs of the New Scientific Racism* 96 (1977)(描述了科学种族主义的倡导者如何利用雷普利的"头颅指数"作为"摧毁犹太人、意大利人、斯拉夫人和其他非雅利安人的理由").

[156] See Ripley, 同前注[57], p. 129 – 30. "distaff side"指的是女性(现在已不为人知)。See Distaff, OXFORD ENG. DICTIONARY (last updated Dec. 2021), https://perma.cc/X2Y5 – PQQX (to locate, select "View the live page")(除其他外,将"distaff"定义为"象征女性性别、女性权威或统治权"); see also, e. g., William Shakespeare, *Richard* Ⅱ act 3, sc. 2, ll. 117 – 18 (Paul Yachnin & Anthony B. Dawsoneds. ,2011), https://perma.cc/HW99 – M9SY (to locate, select "View the live page")["(A)gainst thy state; Yea distaff – women manage rusty bills…"].

[157] 例如,自1851年起,纽约就通过法规赋予已婚女性投票选举股票的权利。See Act of June 30, 1851, ch. 321, 1851 N. Y. Laws 616(授权"可以是任何成立为法人公司成员或股东的已婚女性在董事及受托人的选举中投票").

[158] See, e. g., Sara M. Evans, *Born for Liberty: A History of Women in America* 71 – 72, 179 (Free Press 1997) (1989)(描述了19世纪关于"女性道德优越感"的刻板印象的起源,以及在20世纪20年代,女性如何开始打破"维多利亚时代的道德束缚").

1927年,《华尔街日报》以"女性投资入侵"(Woman's Investment Invasion)为题,发表了一个由五部分组成的系列报道,延续了其10年前报道中的性别之争隐喻。[159] 这些报道详细记录了特定公司中女性股东比例不断增长的情况。[160] 例如,美国钢铁公司向《华尔街日报》报告,从1917年到1927年的10年里,它的男性股东增长了10.6%,而女性股东

---

[159] 同前注[105]-[106];See *Woman's Investment Invasion: Pioneering Picturesqueness* (*pt.* 1), WALL ST. J., Aug. 11, 1927, at 15; *Woman's Investment Invasion: Overtopping Facts and Figures* (*pt.* 2), 同前注[54]; *Woman's Investment Invasion: Outstanding Personalities* (*pt.* 3), WALL ST. J., Aug. 27, 1927, at 8; *Woman's Investment Invasion: Ownership Distribution* (*pt.* 4), WALL ST. J., Aug. 31, 1927, at 11; *Woman's Investment Invasion: Quality Preferences* (*pt.* 5), 同前注[151]. 在"新政"出台之前的几年里,女性"入侵"商业的观点在有关商业的著作中反复出现。See, e. g., Louis D. Brandeis, *Our New Peonage: Discretionary Pensions*, 73 INDEPENDENT 71, 71 (1912), reprinted in *Business—A Profession* 71 (William S. Hein & Co. 1996) (1914)(描述"女性入侵工业");Carol Bird, *Women to Rule in the Financial World*: Wealth of the Near Future, and with It the Command of Industry, to Be in Hands of Fair Sex if Present Trend Continues, Says Mrs. Bessie Q. Mott, of the General Federation of Women's Clubs, WASH. POST, Feb. 26, 1928, at SM10[引述贝西·莫特(Bessie Q. Mott)的话说,"人们总觉得女性……永远不会涉足"金融领域,"然而她已经并正在"];Women Invading Every Business: Even Professions Thought Sacred to Males Find Feminine Job Seekers, TRIBUNE (Scranton, Pa.), July 22, 1924, at 3(观察到"多年来一直禁止女性入侵的男性商业圣地……如今正被开拓性的女性四处入侵");Alice E. Cutter, *Bond HousesAid Women Investors*: Entry of Fair Sex into World of Business Compels Special Service to Cater to Needs, S. F. EXAM'R, Oct. 6, 1924, at 16(说"今天我们从各行各业都发现女性入侵商界"); *Each Career an Individual Problem*, AUSTIN STATESMAN, Mar. 9, 1924, at 8(引用一位著名女性的话说:"我不赞成女性入侵商界,除非经济上有必要").

[160] See *Woman's Investment Invasion: Pioneering Picturesqueness* (pt. 1), 同前注[159][描述华尔街女性的出现,并详细介绍维多利亚·伍德霍尔(Victoria Woodhull)和坦尼·克拉夫林(Tennie C. Claflin)的情况]; *Woman's Investment Invasion: Overtopping Facts and Figures* (*pt.* 2), 同前注[54](总结了许多公司的股东性别数据);*Woman's Investment Invasion: Outstanding Personalities* (*pt.* 3), 同前注[159][报道关于早期女性投资者的故事,如凯瑟琳·威尔金森(Catherine Wilkinson)和赫蒂·格林(Hetty Green)];*Woman's Investment Invasion: Ownership Distribution* (*pt.* 4), 同前注[159](例如,指出联合太平洋铁路公司43%的股东是女性);*Woman's Investment Invasion: Quality Preferences* (*pt.* 5), 同前注[151][例如,在美国烟草公司(American Tobacco),女性占普通股东的40%,作为优先股股东的数量超过男性]。

的人数则增长了25.4%。[161] 在一年的时间里,国家饼干公司的股东名单增加了3359人,其中有2030名女性。[162]

联合太平洋铁路公司董事长罗伯特·洛维特(Robert Lovett)告诉《华尔街日报》,他怀疑已发表的报告低估了女性股东的数量。[163] 他解释说,公司和记者从股东名单中确定股东的性别——他们只是简单地计算了女性股东的数量。[164] 然而,洛维特指出,在典型的股东名单上,许多名字都用首字母缩写代替了名,而用首字母缩写的名"总是被一致地"认为是一个男性的名字。[165] 洛维特认为,由于一些女性股东也用首字母缩写代替了她们的名,女性股东在股东名单中所占的比例要高于公布的统计数据。[166]

---

〔161〕 See *Women Outrank Men Stockholders*, 同前注〔54〕(引用美国钢铁公司披露的信息,即10年间"男性增加了7921人,女性增加了10,950人");*Woman' sInvestment Invasion: Overtopping Facts and Figures* (*pt.* 2), 同前注〔54〕. 在通用汽车公司,1920年10月至1921年10月的一年时间里,有6000多名女性成为股东。同前注〔149〕。

〔162〕 See *Women Outrank Men Stockholders*, 同前注〔54〕。

〔163〕 See *Woman' sInvestment Invasion: Quality Preferences* (*pt.* 5), 同前注〔151〕。

〔164〕 See, e. g. , id. On naming practices for the registration of stock, see Frederick A. Wiseman, *Stock Issue Problems—Registering Subscriptions*, CORP. PRAC. REV. , Mar. 1929, at 12, 22(注意到女性股东应以"Miss"或"Mrs"为前缀,已婚女性应使用自己的名字,而不是丈夫的名字).

〔165〕 See *Woman' s Investment Invasion: Quality Preferences* (*pt.* 5), 同前注〔151〕("当股权证用首字母缩写代替所有者的'名'时,官方总是一律认为该证书是以男性的名义签发的——因此,就出现了……女性股东的名单必然是一份其中的姓名无可争议地仅为女性的名单,而男性股东的名单则是一份确定的男性加上所有首字母缩写不确定的姓名的名单"). see also *Women Stockholders Growing in Power*, ST. LOUIS GLOBE - DEMOCRAT, Aug. 12, 1927, at 12[将1927年的系列报道描述为"《华尔街日报》的哈里·阿洛韦(Harry Alloway)对大公司进行了一次调查"]. 商法教授J. S. 尼尔森(J. S. Nelson)根据亲身经历证实,这种性别假设在21世纪依然存在。See, e. g. , Hannah Sparks, *Microsoft Patents New Software That Can Detect When Employees Are Lazy*, N. Y. POST (updated Dec. 3, 2020, 3:04 PM), https://perma. cc/C56K - F7CM(错误地假设法学教授尼尔森是男性).

〔166〕 See Woman' s Investment Invasion: Quality Preferences(pt. 5), 同前注〔151〕. 此外,女性可能是信托股票的主要受益人。虽然这在当时似乎是一个普遍的假设,但作者并没有找到关于这一时期信托受益人性别的实证研究。由于信托股票由受托人而非受益人投票,公司将其与个人拥有的股票分开分类。See Lillian Doris & Edith J. Friedman, *Corporate Meetings, Minutes, and Resolutions: Containing Forms and Precedents as Well as a Commentary Upon the Legal Principles Involved in Questions*

《沃特伯里共和党人报》(Waterbury Republican)指出,如果这种趋势继续下去,"我们将达到一个地步,即我们最庞大的产业由女性所控制"[167]。《巴伦》杂志对这种说法嗤之以鼻:"《沃特伯里共和党人报》所假定的那种衬裙(petticoat)式多数派的前景或可能性微乎其微。"《巴伦》写道,并对女性使用了一个常见的贬义词。[168]女性持股"在这些报纸读者的一生中,都不可能成为决定性的投票因素"[169]。女性在股东中的代表"就像她们行使选举权一样,"《巴伦》认为,"她们中不足25%的人愿意不厌其烦地去登记"[170]。

在大崩盘的前夕,女性作为经纪人、投资者和股东都非常活跃。[171]纽约有22家券商有女性合伙人,洛杉矶有9家,旧金山有3家,费城有2

Requiring Corporate Action 21 – 22(rev. ed. 1941)(讨论以信托方式持有的股票如何投票). 即使信托股票的受益人大多是女性,但有权对股票进行投票的受托人很可能是男性。在一些司法管辖区,早在20世纪40年代,法律就要求受托人亲自对股票进行表决——代理人是无效的——这很可能意味着许多以信托方式持有的股票根本就没有进行过表决。同上注[26],p. 142(收集案件)。

[167] *Stock and Votes for Women*, BARRON'S, Aug. 29, 1927, at 12(提供《沃特伯里共和党人报》的评论);Darby, 同前注[89], p. 50(指出女性"如果她们选择汇集不同公司的股份,就可以在董事选举中发挥巨大影响力").《独立报》(Independent)认为,《华尔街日报》关于女性股东的调查结果具有"社会意义","女性比男性更多愁善感。意识到他们对美国工业的控制,他们可能会在资本和劳动者的关系上产生一些有趣的变化"。*Editorial*, *The Sexes in Industry*, 119 INDEPENDENT 221, 221 (1927). 相比之下,苏利文·克伦威尔律师事务所(Sullivan & Cromwell)的一位公司法律师反对无投票权的普通股,他承认,"承认所有普通股股东的投票权可能会导致员工或客户拥有更大的控制权",但他认为,"改变法律的社会后果……将是有益的"。Eustace Seligman, *The Relation of Law to the Modern Developments in Property Ownership*, PROC. ACAD. POL. SCI. CITY N. Y. 442, 443 (1926).

[168] See *Stock and Votes for Women*, 同前注[167].

[169] 同上注。

[170] 同上注。

[171] 1931年,《纽约晚报》(New York Evening Post)发表了一份关于44家大公司股东性别的原始研究报告,这些公司包括铁路公司、工业公司和公用事业公司,时间跨度为1928年至1931年这四年。研究得出的结论是,在这些公司的股东中,女性约占41%。See Otto W. Helbig, *Women's Holdings Rise in Stock Lists*, N. Y. EVENING POST, June 13, 1931, at 1 (financial section).

家。[172] 中等收入的女性正在购买普通股。[173] 女性还通过参与股东大会,宣称自己在股东治理中发挥了积极作用,特别是在员工保护方面。[174] 一位作家预测,当牛市的历史被书写时,它将承认“女性第一次在这个国家大规模地成为经济上的人”,也就是成为“庞大的新贸易资

---

〔172〕 See Flynn, 同前注〔67〕, p. 26; Robb, 同前注〔74〕, p. 76(20 世纪 20 年代,女股票经纪人的人数增加了四倍多). 例如,纽约证券交易所的主要竞争对手纽约联合证券交易所(已于 1926 年关闭)明确禁止其会员“以任何方式迎合或鼓励”女性进行证券交易。CONSOL. STOCK EXCH. OF N. Y., BY - LAWS art. Ⅲ, § 15, reprinted in Regulation of the Stock Exchange: Hearings on S. 3895 Before the S. Comm. on Banking & Currency, 63d Cong. app. at 783 (1914).

〔173〕《好管家》为一位年轻的丧偶母亲提供了如何投资其 1.5 万美元积蓄的建议,为这一趋势提供了一个缩影。See Ruth Boyle, *Your Money's Worth: A Widow's $15,000*, GOOD HOUSEKEEPING, Jan. 1929, at 96, 209. 该杂志咨询了两位投资顾问,一位是男性,另一位是女性。同前注。强调保本的男性顾问只推荐债券;他建议的投资每年将产生 775 美元的收益。同前注。而那位女性顾问似乎很关心这位遗孀未来的经济前景和独立性,建议她进行风险更大、“有望增值”的投资。同前注。她主张在遗孀的投资组合中加入优先股和普通股,这样的组合每年可获得 805 美元的收入。同前注。本文揭示了性别政治如何影响给投资者的建议和投资者的选择,以及 20 世纪 20 年代女性的经济现实是如何与女性的投资风险承受能力相关联。同前注。

〔174〕 See, e. g., *Fight Is On. Fitchburg Stockholders in Session*, BOS. GLOBE, Mar. 21, 1900, at 5[描述在菲奇堡铁路公司(Fitchburg Railroad)股东的一次特别会议上,300 名与会者中有近 20 名女性,其中一位女性股东弗兰奇(French)女士发言并提出了一项动议,后来又撤回了该动议];Pay for Jobs Lost Through Merger. Women Stockholders of Steamboat Company Remember Faithful Employes [sic]., NEW - YORK TRIB., Oct. 15, 1904, at 1(描述了两位女性股东坚持将合并收益留给失业工人的情况);supra Part I. A(描述鲍文的积极主义);*Make Appeal for Carmen*: Mrs. Evans Proposes Arbitration., BOS. DAILY GLOBE, June 25, 1912, at 10[描述波士顿高架铁路公司(Boston Elevated Railway)的一位女性股东批评管理层有关劳资关系的决定,并要求公司允许其员工成立工会];B. & M. *Holds Its Annual Meeting*: Mr Bogigian Demands Facts and Figures, BOS. GLOBE, Oct. 10, 1917, at 11(描述了波士顿高架铁路公司年会上的两位女性股东,其中至少有一位发言);Am. Tel. & Tel. Develops Along Normal Lines: Increase in Capital Necessary to Take Care of Contingencies Coupled with the Continued Growth, WALL ST. J., Mar. 29, 1923, at 2(在美国国际电话电报公司的 1923 年年会上,“有很多女性”);Stalemate Ends Final Parley. Traction Interests Fail to Reach Compromise., CIN. ENQUIRER, Feb. 9, 1924, at 20[描述了一个由 4000 多名“女性股东”组成的“保护协会”,以“保护”辛辛那提街道铁路公司(Cincinnati Street Railway)的“权利”].

本家阶级"中公认的一部分。[175]

(四)现代公司与私有财产

1932年,法学教授伯利和经济学家米恩斯出版了美国公司法中最有影响力的著作:《现代公司与私有财产》。[176] 两人在1927年到1932年合作写了这本书。[177] 他们著作的一个核心观点是,随着美国的生产性财富向大型上市公司集中,公司的所有权和控制权正在分离。[178] 他们写道,"经济权力""越来越容易集中在少数公司管理层的手中"[179]。没有哪家公司比美国国际电话电报公司更能体现所有权和控制权的分离,"这也许是公司制度最先进的发展"[180]。《现代公司与私有财产》还多次将分散的小股东描述为"被动代理人"、"被动所有者"和"被动财产"的所有者。[181]

1. 性别与"管理控制"下的公司

伯利和米恩斯在书中用了很大篇幅对1930年年初美国200家规模

---

〔175〕 See Barnard, 同前注〔138〕, p. 406(着重号后加).

〔176〕 See Berle & Means, 同前注〔35〕. In 1991, 彼得 · 德鲁克(Peter Drucker)称《现代公司与私有财产》是"美国商业史上最具影响力的著作"。Peter F. Drucker, *Reckoning with the Pension Fund Revolution*, HARV. BUS. REV., Mar. – Apr. 1991, at 106, 114.

〔177〕 See Thomas K. McCraw, *In Retrospect: Berle and Means*, 18 REVS. AM. HIST. 578, 580 – 81 (1990)(书评)。

〔178〕 See Berle & Means, 同前注〔35〕, p. 3.

〔179〕 同上注, p. 9.

〔180〕 同上注, p. 3;同上注, p. 4 – 5("如果连实质性的少数股权都不存在,所有权和控制权就几乎完全分离了,如美国国际电话电报公司,据报道其最大的持有人拥有的公司股票不到1%").美国国际电话电报公司是伯利和米恩斯"最喜欢的例子",他们在书中记录了这一趋势,在1927年至1932年,该公司是女性股东比例最高的美国公司之一。McCraw, 同前注〔177〕, p. 582(将美国国际电话电报公司描述为伯利和米恩斯"最喜欢的例子");Helbig, 同前注〔171〕.

〔181〕 Berle & Means, 同前注〔35〕, p. 66("被动代理");同上注, p. 346 – 48("被动财产"和"被动财富");同上注, p. 354 – 56 ("被动财产所有者"、"被动财产的所有者"和"被动所有者"); cf. Jennifer G. Hill, *Images of the Shareholder— Shareholder Power and Shareholder Powerlessness*, in RESEARCH HANDBOOK ON SHAREHOLDER POWER 53, 57 (Jennifer G. Hill & Randall S. Thomas eds., 2015)(描述"典型的伯利和米恩斯描述的股东无能为力的形象").后文第三部分第二节讨论了伯利和米恩斯对"被动"一词的使用、该词的起源和性别意义,以及它对公司法理论的持续影响。

最大的公司的"控制权"进行了分类。[182] (下文第三部分将详细探讨该书的其他一些重要贡献)作为他们实证分析的一部分,伯利和米恩斯确定了21家"已知"处于管理控制下的公司,因为这些公司的股票十分分散。[183] 表1提供了这21家公司股东性别的数据。在这21家公司中,有12家的股东性别数据至少在1920年至1932年公布过一次。在这12家公司中,有6家公司女性股东的数量超过了男性股东,另外6家公司中女性股东的比例很大,从37%到"接近一半"不等。[184] 在剩下的9家公司中,有7家公司在1920年前至少公布过一次股东性别数据(但在1920年之后没有);在上述所有7家公司中,1920年前报告的女性股东比例都很高,从密苏里 - 堪萨斯 - 德克萨斯铁路公司(Missouri - Kansas - Texas Railroad)的25.34%(1913年)到纽约中央铁路公司(New York Central Railroad)的45.7%(1916年)。数字均精确到最接近的小数位。

表1 伯利和米恩斯确定的21家处于"管理控制"之下的公司

公司名称	女性股东
美国国际电话电报公司(AT&T)	1910年女性人数超过男性[185]
西联电报公司(Western UnionTelegraph)	1914年女性人数超过男性[186]
美国通用电气公司(General Electric)	1921年女性人数超过男性[187]

[182] 他们发现,在所分析的200家公司中,有44%的公司的管理层拥有"最终控制权"。Berle & Means, 同前注[35], p. 94. 这组公司包括"管理层控制——无单一重要股票权益"(下文表1中分析的那组公司)、"大多数股票被认为是广泛分布的,工作控制权要么由大量少数股东持有,要么由管理层持有,想必是后者",以及从三类公司中抽取的一个子集:"通过拥有重要的少数股权实现少数控制——剩余股权据信分布广泛"、"由两家或两家以上少数利益共同控制——大型公众利益"和"由其他公司共同控制——实际上没有公共利益"。Berle & Means, 同前注[35], p. 90 - 118.

[183] 同上注, p. 94, 107 - 09 tbl. 7.

[184] 尽管1921年美国通用电气公司的女性股东人数超过了男性股东,但后来女性股东的比例有所下降。同前注[145](描述美国通用电气公司年度报告中公布的股东性别数据)。

[185] AT&T 1910 ANNUAL REPORT, 同前注[7], p. 17. 涉及序号,尊重原文,图表中注释仍以脚注形式存在。——译者注

[186] *Stock Ownership in the Wire Companies*, 同前注[118].

[187] Gen. Elec. CO. Thirtieth Annual Report, 同前注[145], p. 8(报告数据显示女性占所有股东的50.15%);see also Herman Bernstein, *Owen D. Young: The New Type of America's Industrial Genius*, 2 MCCLURE'S 384, 385 (1926).

续表

公司名称	女性股东
圣塔菲铁路公司(Atchison, Topeka and Santa Fe Railway)	1926 年女性人数超过男性〔188〕
宾夕法尼亚铁路公司(Pennsylvania Railroad)	1927 年女性人数超过男性〔189〕
南太平洋铁路公司(Southern Pacific Railway)	1927 年女性人数超过男性〔190〕
摩与俄亥俄铁路公司(Baltimore and Ohio Railroad)	1929 年女性占 44%〔191〕
大北方铁路公司(Great Northern Railway)	1931 年女性占 44%〔192〕
北太平洋铁路公司(Northern Pacific Railway)	1931 年女性占 43%〔193〕
联合太平洋铁路公司(Union Pacific Railroad)	1931 年女性占 43%〔194〕
美国南方铁路公司(Southern Railway)	1929 年女性"近一半"〔195〕
美国钢铁公司(U. S. Steel)	1930 年女性占 37%〔196〕

〔188〕 *Atchison's Stock Is Widely Held*, WALL ST. J., Sept. 1, 1926, at 3["在拥有艾奇逊公司(Atchison)股票的个人股东中,25,939 人为男性,共持有 1,375,984 股;30,083 人为女性,共持有 995,357 股。"].

〔189〕 *Woman's Investment Invasion: Overtopping Facts and Figures* (*pt.* 2), 同前注〔54〕; A. K. Darby, *Union Trust Company Directors to Consider Increasing Capital Stock*, BALT. EVENING SUN, Dec. 16, 1927, at 50. By 1932, the percentage of women stockholders of the Pennsylvania Railroad had dropped to 43%. *P. R. R. Stockholders Up*, WALL ST. J., Feb. 26, 1932, at 1.

〔190〕 *Women Outrank Men Stockholders*, 同前注〔54〕(报告称 45.53% 的股东为女性,44.99% 为男性).

〔191〕 See *Women Hold* 41 *Pct. of America's Wealth*, BURLINGTON FREE PRESS & TIMES, Dec. 27, 1929, at 18.

〔192〕 See *James Heads List of Great Northern*, WALL ST. J., May 18, 1931, at 5.

〔193〕 同上注。

〔194〕 See Helbig, 同前注〔171〕.

〔195〕 See S. Ry. Sys., Advertisement, BRISTOL HERALD COURIER, Feb. 20, 1929, at 5; S. Ry. Sys., Advertisement, ATLANTA CONST., Feb. 21, 1929, at 6.

〔196〕 See Flynn, 同前注〔67〕, p. 25; see also William H. Crow, *Some Aspects of Extensive Stock Distributions*, 4 CORP. PRAC. REV. 46, 54 (1932)(指出 1931 年女性股东占美国钢铁公司股东的 36%).

续表

公司名称	女性股东
纽约中央铁路公司(New York Central Railroad)	1916 年女性占 45.70% [197]
特拉华 - 哈德逊铁路公司(Delaware & Hudson)	1913 年女性占 45.65% [198]
波士顿高架铁路公司(Boston Elevated Railway)	1901 年女性占 40.48% [199]
芝加哥和西北铁路公司(Chicago and North Western Railway)	1913 年女性占 39.18% [200]
芝加哥、密尔沃基、圣保罗和太平洋铁路公司(Chicago, Milwaukee, St. Paul and Pacific Railroad)	1914 年女性占 39% [201]
纽约联合煤气公司(Consolidated Gas Co. of New York)	1913 年女性占 37.80% [202]
密苏里 - 堪萨斯 - 得克萨斯铁路公司(Missouri - Kansas - Texas Railroad)	1913 年女性占 25.34% [203]
电力债券与股份公司(Electric Bond and Share)	数据不足
圣路易斯 - 旧金山铁路公司(St. Louis - San Francisco Railway)	数据不足

数据显示,受管理层控制的公司与女性股东比例较高的公司之间存在相关性,但伯利和米恩斯并未注意到这一现象。事实上,尽管当时有关女性股东角色日益重要的数据已广为流传,但他们的书中完全没有提及女

[197] See *Stock Ownership in Forty - Five Railroads*, WALL ST. J., Feb. 11, 1916, at 7; see also C. M. Keys, *People Have Faith in American Stocks Despite Conflict*, ELMIRA STAR - GAZETTE, Oct. 10, 1914, at 10(估计 1914 年女性股东占 37.5%).

[198] See Tabulation of Corporation Stockholders, Table No. 1—Railroad Corporations, WALL ST. J., Feb. 28, 1914, at 8.

[199] See *Stock List's Increase*, BUFF. EVENING NEWS, Apr. 19, 1901, at 4.

[200] See Tabulation of Corporation Stockholders, Table No. 1, 同前注[81].

[201] See *European Holdings of St. Paul Stocks Over 7%*, WALL ST. J., Oct. 8, 1914, at 5. At the time, this was the Chicago, Milwaukee and St. Paul Railroad.

[202] See Tabulation of Corporation Shareholders, Table No. 2, 同前注[81].

[203] See Tabulation of Corporation Shareholders, Table No. 1, 同前注[81].

性持股这一主题。[204] 女性的缺席尤其值得注意,因为伯利和米恩斯曾告诫人们:“所有权从少数管理者手中转移到多数投资者手中,这就产生了一个问题:这些众多的投资者可能是谁,他们来自哪些收入阶层——换句话说,现在国家产业的所有者是谁。”[205] 伯利和米恩斯没有回答他们自己提出的问题。[206] 这些“众多投资者”是谁? 女性所占比例越来越大。

2. 客户股东

伯利和米恩斯确实简要地认为,“两个相对较新的发展”“在很大程

---

[204] 伯利和米恩斯确实在宾夕法尼亚铁路公司的二十大股东中发现了两位女性。See Berle & Means, 同前注〔35〕, p. 85 tbl. 10. 他们肯定知道女性股东的比例在不断增长。例如,在《现代公司与私有财产》出版的那年4月,《公司实践评论》(Corporate Practice Review)断言,“在大多数上市公司的股东总数中,女性占30%至50%”。Crow, 同前注〔196〕, p. 54. 前一年,《华尔街日报》发表文章披露,IBM的大多数股东是女性,通用食品公司48%的股东是女性(包括个人和共同持股),宾夕法尼亚铁路公司超过10万名女性股东拥有该公司1/3的股票。See *I. B. M. Holders Gain*: *Increase* 20% *During* 1930, WALL ST. J., Jan. 30, 1931, at 7; *General Foods Holders*: About 48% of 44,400 Owners of Company Shares Are Women, WALL ST. J., June 19, 1931, at 17; *Pennsylvania Average Holdings*, WALL ST. J., Oct. 27, 1931, at 9. 伯利和米恩斯指出,他们依靠报纸作为所研究公司股票持有情况的信息来源,这表明他们会看到有关女性化趋势的新闻报道。See Berle & Means, 同前注〔35〕, p. 91.

[205] Berle & Means, 同前注〔35〕, at 59.

[206] 人们可能会认为,20世纪二三十年代的法律现实主义者——伯利和米恩斯有时被归为这一群体——会注意到女性成为股东的“社会现实”。然而,正如威廉·布拉顿(William Bratton)所指出的,学者对于伯利和米恩斯是否真的是法律现实主义者存在分歧。See William W. Bratton, *Berle and Means Reconsidered at the Century's Turn*, 26 J. CORP. L. 737, 740 - 41 (2001). 在很大程度上,公司法文献对20世纪20年代股权分散的描述——完全忽略了女性——可以追溯到一些经济学家的研究成果,其中包括米恩斯,他在20世纪10年代和20年代研究了股权分散。See, e. g., Gardiner C. Means, *The Diffusion of Stock Ownership in the United States*, 44 Q. J. ECON. 561, 591 (1930)(发现“在战争期间和战后不久,股权的大量分配,增加了股东的数量和中等收入者在公司产业中所占的比例”). 米恩斯则从社会经济阶层的角度阐述了股权分散,从未直接讨论过女性股东。See, e. g., 同上注, p. 571(将“富人”与“穷人”的持股进行对比). 米恩斯的研究扩展了H. T. 沃肖(H. T. Warshow)于1924年发表的分析报告,该报告仅简要讨论了女性股东问题。See H. T. Warshow, *The Distribution of Corporate Ownership in the United States*, 39 Q. J. ECON. 15, 33 n. 2 (1924)(描述了作者与国家饼干公司之间的通信,其中该公司提出了女性股东的问题).

度上促进了股东数量的增加——客户持股和雇员持股”[207]。他们对客户持股的讨论可能仅仅是暗指女性股东。[208] 20 世纪 10 年代和 20 年代的证据表明,一些商业专家把女性股东归为“客户股东”一类,或者用这个词委婉地指代女性。毕竟,女性作为客户而非股东参与商业活动才符合性别刻板印象。[209] 女性股东对公司的价值往往体现在她们的消费购买方面,而不是股东管理或商业监督。例如,1918 年,沃德麦基饼干公司(Ward & Mackey Biscuit)发布了一则广告,宣称“我们需要女性股东”,因为女性“购买了 90% 的商品”。广告解释道:

是女性在决定家里应该买什么,不应该买什么。我们希望女性和男性一样成为我们的股东,因为女性选择和购买家庭面包——如果她们拥有本公司的股份,她们自然会一直要求本公司提供优质面包产品。[210]

10 年后,美国国家饼干公司也持类似观点。该公司的秘书声称,“只有一个类别的股东,我们真正需要跟踪,那就是女性股东,因为她们是公司产品的真正购买者”[211]。10 年后,一位学者写道,鉴于约 85% 的零售采购是由女性完成的,公司高管“很快意识到”女性持股的重要性。[212] 伯利和米恩斯用几段文字讨论了“客户持股”,但没有提及女性,声称客户持股“似乎可能会影响相当大比例的股权”。[213]

(五)女性成为多数

在《现代公司与私有财产》出版后,股东阶层的女性化仍在继续,且有增无减。20 世纪 30 年代和 40 年代的研究发现,女性在股东中所占的

[207] Berle & Means, 同前注〔35〕, at 56.

[208] 同前注〔59〕(但也讨论了“如何在收入较少、雇员和当地男性客户中寻找新的公司证券市场”)。

[209] See Ott, 同前注〔7〕, at 166(客户所有权计划“将股票所有权与消费及其传统上的女性内涵联系在一起”).

[210] See Ward & Mackey Biscuit Co., Advertisement, We Want Women Stockholders— We Need Them More Than We Need Their Money, PITT. PRESS, Mar. 12, 1918, at 12.

[211] Warshow, 同前注〔206〕, at 33 n. 2; SEARS, 同前注〔58〕, at 61(“对于一些公司,特别是经营家居用品、食品和服装的公司,在分类时应突出女性股东,因为这些公司希望发展股东—客户理念”).

[212] See Crow, 同前注〔196〕, at 54.

[213] Berle & Means, 同前注〔35〕, at 56.

比例越来越大。[214] 1939年,孟山都化学公司(Monsanto Chemical Corporation)发表了一份关于"典型的美国城市"俄亥俄州辛辛那提市股东的详细研究报告,该报告指出该市有60名女性股东和43名男性股东。[215] 这些女性股东包括教师、秘书、退休人员、家庭主妇、医生、音乐家、摄影师和当地公司的财务主管。[216] 虽然女性股东的数量超过了男性股东,但报告中出现了更多的男性股东,甚至还用一位股东的丈夫的照片代替该女性股东。[217]

《华尔街日报》1949年报道,"女士们""在许多公司会议上成为人

---

〔214〕 例如,弗雷泽·杰尔科公司(Frazier Jelke & Co.)1936年的一项研究发现,在27家"代表性"公司中,48%的股东是女性。*Half of Stockholders of 27 Companies Women*, BOS. GLOBE, Mar. 24, 1936, at 15; see also Mary Sydney Branch, *Women and Wealth: A Study of the Economic Status of American Women* 53 (1934)(指出"女性平均占股东的43%"). 1948年对主要制造公司的研究报告显示,在31家有普通股股东性别数据的公司中,有23家公司的女性股东人数超过了男性股东。根据这些数据推断,调查报告的作者估计,在120家公司的调查样本中,"女性占所有普通股股东的51%"。*Who Owns "Big Business"? Analysis of Stockholdings in Largest Corporations*: Part 1—Manufacturing, 同前注〔45〕, at 7. 次年发表的一项研究发现,各大银行的情况与此类似。在66家有按性别分类的持股数据的银行中,有31家银行的女性股东超过了男性股东;在62家有按性别按比例分类的持股数据的银行中,有11家银行的女性股东超过了男性股东。*Who Owns Big Business? Analysis of Stockholdings in Largest Corporations*: Part 2—Banking, 88 TRS. & ESTS. 208, 209–10 (1949). 1949年对公用事业公司的另一项研究发现,"大多数"公司报告称,女性拥有"已发行普通股的40%至50%",并估计女性占公用事业公司个人股东的44%。*Who Owns Big Business? Analysis of Stockholdings in Largest Corporations*: Part 3—Utilities; Transportation, 88 TRS. & ESTS. 600, 600 (1949). 1939年和1940年初对美林证券公司(Merrill Lynch)洛杉矶分部的一项研究发现,在其2828个客户账户中,有25%属于女性。Edwin J. Perkins, *Wall Street to Main Street: Charles Merrill and Middle-Class Investors* 153 (1999).

〔215〕 See *Who Owns Monsanto in Cincinnati? A Typical American City—The Middletown of Monsanto*, MONSANTO MAG., Jan. 1939, at 18, 18–20(以下简称 Who Owns Monsanto in Cincinnati?); Howard A. Marple, *Who Owns Monsanto*, MONSANTO MAG., Jan. 1939, at 4, 4–5(指出孟山都化学公司有4300名男性股东、4084名女性股东和2708名"其他股东",其中包括387个共同持股).

〔216〕 See *Who Owns Monsanto in Cincinnati?*, 同前注〔215〕, at 20–30. 照片中显示的所有股东似乎都是白人;从描述来看,他们都是中产阶级或富人。

〔217〕 路易丝·甘布尔(Louise Gamble)的丈夫塞西尔·甘布尔(Cecil Gamble)代替她出现在一张照片上。照片的说明清楚地表明,拥有孟山都化学公司股票的是路易丝·甘布尔,而不是塞西尔·甘布尔。同上注, p. 29.

们关注的焦点”。[218] 纵观这个时代,公司管理者们参加年会,与公司的“老板们”——越来越多的女性——面对面交流。[219] 同时期的大公司年会照片——美国国际电话电报公司、通用汽车公司、美国钢铁公司——显示有大量女性出席,成为将女性描述为积极参与者的第一手资料,女性不仅是董事会代表,而且是所有商业事务的积极参与者。[220]

1954 年,美国证券交易委员会主席将投资速度及其社会影响比作“西部大开发的热潮”。[221] 当基思·丰斯顿(G. Keith Funston)于 1951

---

〔218〕 See *Owners Arise! Annual Meetings Draw Record Attendance and Pointed Questioning*, WALL ST. J., Apr. 27, 1949, at 1. 1948 年一项关于制造业公司股东的调查显示,“不仅在淑女型公司中,而且在铜矿开采、炼油、钢铁、烟草和飞机制造等崎岖的、有时变化多端的公司中”,女性股东的比例之高均令人吃惊。*Who Owns "Big Business"? Analysis of Stockholdings in Largest Corporations*: Part 1— Manufacturing, 同前注〔45〕, at 7.

〔219〕 这一时期的一些报道称,参加年会的女性人数与男性持平或超过男性。See, e.g., *Also Rationed*: *Gen. Foods Head Cites Policy on Dividends*, WASH. POST, Apr. 15, 1943, at 16 (报道通用食品公司 1943 年的年会“出席的女性人数与男性人数相当”); *Women of Steel Give Top Brass a Hard Time*, LIFE, Mar. 13, 1950, at 46, 46 (指出在 1950 年美国钢铁公司的股东大会上,女性占与会者的一半以上); see also George Koether, *GM's Fifty Years of Men*, Money and Motors, LOOK, Jan. 7, 1958, at 14, 23(将股东描述为董事的“老板”).

〔220〕 See *Stockholders Have Share in Management Policy*, N.Y. DAILY NEWS, May 21, 1950, at 14[载有十张照片,展示了许多女性出席美国无线电公司的 1950 年年会的情况]. See, e.g., *Salaries of Rail Heads Attacked*: Usually Passive Stockholders of Pennsylvania Heckle Management at Meeting, OAKLAND TRIB., Apr. 13, 1933, at 21(描述宾夕法尼亚铁路公司的女性股东就高管薪酬问题“嘲笑”管理者); Feminine Delegation Turns Borden Meeting into Labor Forum but Stockholder's Request Brings News of Big Gain in Earnings, WALL ST. J., Apr. 16, 1936, at 8; Gifford Assails A. T. &T. Report: Telephone Firm President Hits Rate Cut Study as "Misleading," EVENING STAR (D.C.), Apr. 20, 1938, at A17(描述了一位女性股东在美国国际电话电报公司年会上的发言,其中提到美国国际电话电报公司的“40 万名女性股东”); Woman Investor, A. T. &T. at Odds on Equipment Sale, WASH. POST, Mar. 15, 1945, at 14; Koether, 同前注〔219〕, at 23(载有一张通用汽车公司 1957 年年会上女性观众的照片).

〔221〕 See Ralph H. Demmler, Chairman, SEC, Address Before the Pittsburgh Chapter of the American Society of Corporate Secretaries, Pittsburgh, Pennsylvania 2 (Jan. 13, 1954) (作者存档)。

年掌舵纽约证券交易所,他所做的第一件事就是委托进行股东普查。[222] 这一举措发展成为一个系列,记录了持股的性别和社会经济人口结构变化。第一次股东普查报告称,1952 年,在美国各市场上拥有上市公司股份的男性和女性数量大致相同。[223] 而在 1956 年、1959 年、1962 年和 1965 年的历次后续普查中,女性股东的数量都超过了男性股东。[224] 在第一次股东普查结果公布后,加州大学的经济学家威廉 · 克拉姆(William Crum)在《哈佛商业评论》(Harvard Business Review)上建议公司将股东性别数据的公开披露标准化。[225] 克拉姆没有对该建议作出解释,在文章中也没有对该建议进行讨论。[226] 显然,对于《哈佛商业评论》的读者来说,股东性别信息的作用是不言而喻的。

学者倾向于认为,女性主要是通过继承获得股票所有权,或者男性

〔222〕 See Jonathan A. Brown & Howard C. Bronson, *New York Stock Exchange Research Program on Share Ownership*, 8 J. FIN. 129, 129 – 30 (1953).

〔223〕 See Kimmel, 同前注〔5〕, at 90(说明美国有 323 万名女性股东和 326 万名男性股东);同上注, p. 75("在估计的 2740 万股普通股中,约有 1030 万股或 37.5% 是以女性名义持有的。相比之下男性的相关数据为 1020 万股和 37%");Wubbels, 同前注〔27〕, at 3(讨论了一项不明的"近期调查",该调查发现 51% 的股票持有者为女性).

〔224〕 See N. Y. STOCK EXCH. ,WHO OWNS AMERICAN BUSINESS?, 同前注〔29〕, at 6 (显示 1956 年女性占个人股东的 51.6%); N. Y. Stock Exch. , *Share Ownership in America*: 1959, at 9 (1960) (以下简称 N. Y. STOCK EXCH. , SHARE OWNERSHIP IN AMERICA: 1959) (显示 1959 年女性占个人股东的 52.5%); N. Y. Stock Exch. , *The* 17 *Million*: 1962 *Census of Shareowners in America* 6 (1963) (以下简称 N. Y. STOCK EXCH. , THE 17 MILLION) (显示 1962 年女性占个人股东的 51%); N. Y. Stock Exch. , *Shareownership* U. S. A. : 1965 Census of Shareowners 6 (1966) (显示 1965 年女性占个人股东的 51%). 从 1954 年开始,纽约证券交易所发起了一场广告运动,"经常刊登丈夫和妻子在一起谈论股票的画面,妻子们明确希望她们看似更有知识的配偶做出投资决定"。Janice M. Traflet, *A Nation of Small Shareowners*: *Marketing Wall Street After Worldwar* Ⅱ, at 153 (2013).

〔225〕 See Editorial, *A Proposal to American Business*, HARV. BUS. REV. , May – June 1953, at 33, 34 – 35; W. L. Crum, *Analysis of Stock Ownership*, HARV. BUS. REV. , May – June 1953, at 36, 37.

〔226〕 See Crum, 同上注, at 36(笼统地建议有关"公司个人股东的其他特征"的数据可能有用).

基于税收原因将股票放在妻子名下。[227] 在1978年,美国国际电话电报公司股票和债券部的负责人就对《纽约时报》说:“这些女性股东就像一群遗孀。”[228] 言下之意,女性不是“真正的”股东,没有参与公司事务的能力和兴趣。[229] 但这些观点依赖于性别刻板印象,而忽视了女性作为经济参与者不断变化的角色。[230] 除其他因素外,“用自己的收入购买投

---

〔227〕 See *Who Owns American Business*?,同前注〔153〕(由于继承和赠与,如今女性在股东名单上的比例如此之大).米恩斯在早期的一项关于股权分散的研究中,考虑了男性富豪出于纳税目的将股票登记在妻子名下的问题。Means, 同前注〔206〕, at 582. 米恩斯的研究以所得税申报表为基础,宣称从1916年到1921年,股票所有权发生了“近乎革命性的转变”:他发现,在1916年,非常富有的人拥有57.2%的公司股票,而到了1921年,这一比例仅为36.8%,而同期“中小收入个人”的持股比例则从21%上升到44%。同上注, p.573 – 74. 在进行分析时,米恩斯考虑了所得税数据是否被扭曲的问题,因为男性为了节税而在家庭成员(包括妻子)之间分配股票。同上注,p.582. 他的结论是,不到1/8——“可能”不超过1/20——的所有权转移归因于已婚夫妇将收入分开并分别报税。同上注, p.584. 米恩斯将第一次世界大战期间和战后中低收入美国人的股票持有率上升归因于几个因素:对收入最高的纳税人征收附加税、低收入工人获得更多收入以及自由债券(Liberty Bond)运动。同上注, p.585.

〔228〕 N.R. Kleinfeld, A.T.&T. *Stockholders*: *Valuing Stability and Yield*, N.Y. TIMES, Apr. 17, 1978, at D1.

〔229〕 See For an example, see J.A. Livingston, *Funston Abets Myth That Women Control Wealth*, WASH. POST, June 26, 1959, at B8(承认“统计数据的一面”,但认为“许多女性只是名义上拥有股票”,因为“我们社会中的女性有足够多的工作——养育子女和操持家务”).学术统计学家埃德温·伯克·考克斯(Edwin Burk Cox)利用1960年的数据发表了一份重要的股东统计研究报告,公开拒绝承认已婚女性为合法股东。考克斯写道:“女性成为股票的合法所有者,往往只是因为她们的丈夫选择以这种方式登记股票。从任何实际意义上推断这些女性是股票持有人都是一种误导。”Cox, 同前注〔44〕, at 13. 考克斯认为,对于夫妻共同持有的股票,“也许只应该根据丈夫的特征来将持有的股票归入一个类别”。同前注。考克斯继续将女性和性别从他的统计分析中删除;他只提供了公司关于股东年龄、收入和职业的数据。考克斯在设计自己的调查时,要求的是“户主”的年龄、收入和职业数据,而不是股东本人的数据。同上注,p.171 – 72. 如果有男户主的话,家庭中女性持有的股票将被归为男户主所有。

〔230〕 例如,历史学家指出,在第一次世界大战期间,储蓄债券将数百万美国人引入证券市场,通过“将投资与公民的义务和权利等同起来”,鼓励女性和男子投资大公司。Ott, 同前注〔7〕, at 76; 同上注,p.76 – 99 (描述了第一次世界大战期间美国的战争贷款计划,并指出“女性、劳工、非裔美国人和种族的协会”“对后方的金融动员尤为重要”).

资证券的独立商业女性的崛起”,也促使女性越来越多地以股东身份参与商业活动。[231]

在股东普查中,纽约证券交易所对股东进行了调查,以了解他们最初是如何获得股票的。1952 年,该调查发现,只有不到 1/3 的女性股东主要通过继承或赠与获得股票;大多数女性是受利益驱动而购买股票,和大多数男性一样。[232] 1959 年的股东普查调查了新股东——1956 年以来首次购买股票的人——发现只有 17% 的新女性股东的股票是继承而来,[233] 有整整 1/4 的新女性股东通过雇主获得了股票;[234] 而通过经纪人购买股票的新女性股东是最大一部分。[235] 有一个原因可能有助于解释为什么大量女性投资普通股。由于性别歧视,与男性相比,女性的工资劳动报酬很低。[236] 但是,无论性别如何,所有股东的股息都是一样的。女性对普通股的投资可以期待公平的回报,这一事实可能鼓励女性在可能的情况下储蓄和投资。因此,性别歧视本身可能在资本女性化过程中发挥了作用。虽然目前还没有多少历史研究来了解女性为何在这一时期大量购买股票,但这一趋势的很大一部分可能归因于这一时期美

---

〔231〕 See Who Owns American Business?, 同前注〔153〕.

〔232〕 See Kimmel, 同前注〔5〕, at 121 – 22.

〔233〕 See N. Y. STOCK EXCH., SHARE OWNERSHIP IN AMERICA: 1959, 同前注〔224〕, at 9.

〔234〕 同上注。新的女性股东中有很大一部分是通过其雇主获得股票的,这一点并不奇怪;女性正快速加入劳动者大军。See Barbara R. Bergmann, *The Economics of Women's Liberation*, CHALLENGE, May 1, 1973, at 11, 12(“1950 年至 1970 年,男性工作人数增加了 15%,而女性工作人数增加了 70%”).

〔235〕 See N. Y. STOCK EXCH., SHARE OWNERSHIP IN AMERICA: 1959, 同前注〔224〕, at 9.

〔236〕 关于美国女性雇佣劳动的历史,see generally Alice Kessler – Harris, *Out to Work: A History of Wage – Earning Women in the United States* (1982)(提供了全面概述); Shennette Garrett – Scott, *Banking on Freedom: Black Women in U. S. Finance Before the New Deal* 79 (2019)[圣卢克银行(St. Luke Bank)是美国第一家也是唯一一家由黑人女性经营的银行];Bergmann, 同前注〔234〕, at 14(认为“对女性的歧视是导致女性遭受职业隔离、收入低的一个重要因素”).

国女性的工作、储蓄和投资习惯。[237]

第二次世界大战后,女性股东开始宣传资本女性化,试图利用资本的力量。让女性进入董事会的股东运动始于20世纪40年代末,并持续了多年,但1954年因美国证券交易委员会缩小了股东提案规则的范围而遭受挫折。[238] 威尔玛·索斯(Wilma Soss)自称是"女性经济投票权运动"的领导者,[239]并谈到女性"有权进入大公司的董事会",因为她们在股东名册中占主导地位。[240] 然而,女性将其持有的大量股份转化为管理权力的努力却遇到了阻力。

新泽西标准石油公司(Standard Oil New Jersey)股东大会会场上的一场交流揭示了这个时代公司权力的性别动态。从1947年到1952年的每一次年会上,股东都纷纷要求公司增加一名女性董事。[241] 每年,新泽西标准石油公司的高级管理人员都给出同样的答复:公司并不歧视女性,但从未有合格的女性自荐。

当这个问题在1953年的会议上再次被提出时,一位恼怒的股东指出,这家公司有"10.9万名女性股东和9万名男性股东"。她说,"这看起来很荒谬,居然没有一个女性有足够的理智进入董事会"[242]。新泽西

---

[237] See Cf. Christine Sgarlata Chung, *From Lily Bart to the Boom - Boom Room: How Wall Street' s Social and Cultural Response to Women Has Shaped Securities Regulation*, 33 HARV. J. L. & GENDER 175, 204 (2010)(指出,20世纪30年代的"有限统计数据""让人怀疑遗孀/孤儿的故事情节是否反映了所有女性的股市经历").另一个可能的因素是世纪之交女性俱乐部运动的兴起。一位作家认为,通过让女性负责女性俱乐部的投资,这一趋势"教育许多女性以更广泛的视角看待财务状况和涉及的伦理问题,使她们了解如何处理他人的钱"。Henrotin, 同前注〔72〕, at 54.

[238] See *Adoption of Amendments to Proxy Rules*, *Exchange Act Release* No. 34 - 4979, 19 Fed. Reg. 246, 246 (Jan. 14, 1954). 有关股东提案机制的更多讨论, see Sarah C. Haan, *Shareholder Proposal Settlements and the Private Ordering of Public Elections*, 126 YALE L. J. 262, 272 - 74 (2016).

[239] See Michael Norman, *Wilma Porter Soss*, 86, *A Gadfly at Stock Meetings of Companies*, N. Y. TIMES, Oct. 16, 1986, at B20.

[240] See Logan, 同前注〔27〕, at 34.

[241] 除了文中引用并在下文中引用的1953年文字记录外,作者还查阅了新泽西标准石油公司1945年至1952年股东年会的简要速记记录。

[242] 这次交流的文字记录发表在该公司寄给股东的1953年年度会议简要速记记录中。Standard Oil CO. (N. J.), Annual Meeting: May 28, 1952, at 19 - 20 (1953).

标准石油公司董事长弗兰克·艾布拉姆斯(Frank Abrams)重申了公司一贯的回答:“当我们找到一位女性,她可以为我们在董事会面临的问题做出贡献,并帮助我们解决问题,我们将很高兴得到她的帮助。”然后他说:

我知道有很多事情我们看不到,女人却不会错过。我想说的是,她们首先会从我们的室内装潢开始,这可能不太好,但我知道她们在很多方面都会有所帮助。但总的来说,我认为,平心而论,我们还没有发现一个女人能做出男人那样的贡献。[243]

他的话不仅暴露了公然的性别歧视,而且还透露出一位公司领导者的自信,他知道自己对公司权力杠杆的控制——公司法赋予他的控制权——允许他肆无忌惮地侮辱主要股东群体。

事实上,在这一时期人们一直认为女性是低质量的股东。1949 年,一位男性作家指出,“许多”美国投资者是“不谙金融的女性……对工业及其问题知之甚少。如果她们要真正成为公司大家庭的一员,就必须接受‘教育’”[244]。1948 年,通用食品公司(General Foods)的董事会主席克拉伦斯·弗朗西斯(Clarence Francis)在公司的《股东新闻》(Stockholder News)上斥责公司的女性股东。弗朗西斯承认,“从记录上看”,女性是该公司的“所有者”。[245]“但是”他问女性股东:“你对自己公司的成功到底有多大兴趣?”[246]弗朗西斯说,他“感到不安和震惊”的是,“最近在你们这些女性股东中”进行的一项调查显示,女性股东平均只能说出三种通用食品公司的产品。[247]弗朗西斯显然忽略了调查的隐

---

[243] 同上注, p. 20.

[244] John Beachy Slocum, *The Use of Public Relations Activities by Management as a Means of Securing Stockholders' Cooperation* 10 (Aug. 1949) (M. B. A. thesis, University of Southern California) (ProQuest). 另一个例子是,美联社(Associated Press)1948 年的一篇文章描述了女股民“权衡各种小道消息”以形成对公司的看法,并引用了一位女性的话:“年度报告中的图片和颜色‘很不错,但对我来说不同的数字太多了’。” *Women Stockholders Ignore Annual Reports*, DESERET NEWS (Salt Lake City, Utah), July 8, 1948, at 8A.

[245] See Slocum, 同前注〔244〕, at 67. 在当时,女性股东以 3:2 在数量上超过了男性股东。同上注, p. 86.

[246] 同上注, p. 67(引自 1948 年春季给通用食品公司股东的通讯).

[247] 同上注。

含发现,即女性股东主要是将公司作为一种投资而非消费品的来源。

财经专栏作家 J. A. 利文斯顿(J. A. Livingston)在他 1958 年的著作《美国股东》(The American Stockholder)中写道:"你会读到,女性是我们公司的多数所有者。"[248]"因此,我们被告知永远不要低估女性的经济实力。但必须悄悄地说,我们也不应该高估女性的能力。"[249]利文斯顿是耶鲁大学著名公司法教授贝莱斯·曼宁(Bayless Manning)的"私人朋友",曼宁在《耶鲁大学法律杂志》(The Yale Law Journal)上发表了一篇关于利文斯顿的书的重要评论。[250] 在评论中,曼宁尖锐地批评了公司民主运动,指出其"几乎所有"的"纲领"——包括董事会中"增加女性在董事会中的代表人数"——"都可以在 1900 年的改革运动中找到相似之处",比如"女性选举权"。[251] "如今对第 19 条修正案提出任何质疑都是勇敢之举,"曼宁打趣道;他说,否则,"这些政治改革的成功",如公投和比例代表,"充其量是有争议的"。[252] 曼宁赞同利文斯顿对女性股东的尖锐言论,并在一旁补充了自己关于女性选举权的观点——同时也是一种学术上的支持——这让女性股东并不重要的观点更加可信。[253]

女性"经济选举权"运动的先驱威尔玛·索斯(Wilma Soss)持不同的观点。[254] 索斯断言:"女性拥有公司却不能在其中获得高级职位,这

---

[248] LIVINGSTON, 同前注〔49〕, at 14.

[249] 同上注, p. 33("家庭主妇股东对蛋奶酥和垃圾处理的兴趣将超过对公司民主运动的兴趣")。

[250] See Bayless Manning, Review: The American Stockholder, 67 YALE L. J. 1477, 1477 (1958)(书评); Melvin A. Eisenberg, *The Structure of the Corporation: A Legal Analysis* 26 (1976).

[251] See Manning, 同前注〔250〕, at 1486 - 87.

[252] 同上注, p. 1487.

[253] 曼宁(Manning)的书评用了数页篇幅详细介绍了 1952 年和 1956 年纽约证券交易所的股东调查结果,但却只字未提女性——这显然是在回避调查结论,即 1952 年大约一半的个人股东是女性,而 1956 年,女性占个人股东的大多数。同上注, p. 1478 - 81。调查本身将这些结果视为头条新闻。1964 年,曼宁成为斯坦福大学法学院院长。*Chronology of SLS Leadership*, STAN. L. SCH., https://perma.cc/T7C3 - REC7 (archived Feb. 12, 2022).

[254] See Norman, 同前注〔239〕.

是一个可耻的事实。”[255]索斯的积极主义强调了女性的经济力量，并试图组织女性股东采取集体行动。[256] 她为自己的组织——美国商界女性股东联合会——招募了杰出的女性担任管理人员和受托人。其中包括露丝·布莱恩·欧文（Ruth Bryan Owen）[前国会女议员威廉·詹宁斯·布莱恩（William Jennings Bryan）的女儿]，内莉·泰勒·罗斯（Nellie Tayloe Ross）（前怀俄明州州长，1953年之前一直担任美国铸币局局长）和乔治亚·尼斯·克拉克（Georgia Neese Clark）（美国第一位女财务主管）。[257] 在20世纪50年代初，该联合会的成员估计有1500名男性和女性。[258]

索斯的女权性质的股东积极主义为百老汇戏剧《纯金凯迪拉克》（The Solid Gold Cadillac）提供了灵感，该剧由普利策奖得主、剧作家乔治·考夫曼（George Kaufman）和霍华德·泰奇曼（Howard Teichmann）共同创作。[259] 该剧以股东大会为开端和结尾，并以一个名叫劳拉·帕特里奇（Laura Partridge）的人物为中心，该人物以索斯为原型，拥有美国通用产品公司（General Products Corporation of America）的10股股票。在该剧的开头，帕特里奇出现在公司的年会上，对公司高级管理人员的高薪提出疑问。董事会宣布休会，并为帕特里奇提供了一个高薪的管理职位。她欣然接受，并成为公司第一位股东关系部主管。该剧的最后片段显示，帕特里奇迷惑了成千上万的女性股东，让她们向她授予了代理

---

[255] *Pressure Group*, NEW YORKER, June 25, 1949, at 15, 16. 索斯断言，她的目标不仅是让女性进入公司董事会，还要让她们“担任行政和管理职位”。*Mouthpiece for Women! Organization Formed to Promote Interests of Feminine Shareholders in Industry*, CIN. ENQUIRER, June 14, 1947, at 2 - B.

[256] See *Federation Leader Wants More Say for American Women in Business*, BILLINGS GAZETTE, June 18, 1950, at 14（“通过在美国工业中的持股，女性现在拥有巨大的经济力量，男性也知道这一点。问题是，女性并不知道这一点，当她们发现时，却害怕使用自己的力量。现在是时候了”）.

[257] See Logan, 同前注[27], at 45.

[258] 同上注。

[259] See The play was published as Howard Teichmann & George S. Kaufman, The Solid Gold Cadillac (1954). See Robert E. Wright & Janice Traflet, *This Was the Real Life "Fearless Girl"*, HIST. NEWS NETWORK (July 30, 2017), https://perma.cc/B6NS - CPLF（断言电影“松散地基于”索斯的生平改编）.

权,从而有效地控制了公司。1956 年,哥伦比亚电影公司(Columbia Pictures)发行了电影版《纯金凯迪拉克》,由酷似年轻威尔玛·索斯的朱迪·霍利迪(Judy Holliday)主演,并获得了金球奖(Golden Globe)提名。虽然这部电影标志着对女性作为股东的文化认可达到了一个高潮,但它以帕特里奇与公司高级管理人员结婚为结局,并将一个关于女性持股权力的故事变成了一段幸福的爱情。

(六)按比例持股与资本女性化

已公布的女性持股数据主要披露的是女性股东的比例,而不是女性所持股份的比例。因此,遗憾的是,我们只能部分了解 20 世纪中叶以前按比例持股的性别差异。从现有的数据来看,在整个市场中,女性持有的股票似乎从未超过男性。然而,有证据表明,在某些公司的某些时期,女性确实比男性拥有更多的股票。

关于女性持股的信息很少,但有些公司却有这方面的信息。例如,1919 年宾夕法尼亚铁路公司便独一无二地按性别分类公布了持有量数据,当时公布的是月度数据。[260] 在 12 个月的时间里,宾夕法尼亚铁路公司的女性股东比例略有下降,而女性持股比例有所上升:到当年年底,女性持有 30.15% 的股票。[261] 20 世纪 20 年代,至少有一家主流报纸公布了通用汽车公司的一些持股数据;1921 年,女性几乎占通用汽车公司普通股股东的 22%,但只持有 8.70% 的普通股。[262]

1952 年以前对女性按比例持股的研究分析了小型、不具有代表性的公司群体的数据。1934 年发表的一项研究提供了 20 多家工业和铁路

---

〔260〕 See *Women Buy More Stock*: *Own* 30.15 *Per Cent of Capital of Pennsylvania Railroad*, PHILA. EVENING PUB. LEDGER, Jan. 7, 1920, at 22.

〔261〕 同上注;see also Atchison Stockholders, PITT. POST, Sept. 11, 1926, at 18(发现在 56,022 名个人股东中,25,939 人为男性,拥有 1,375,934 股;女性股东人数为 30,083 人,但在普通股和优先股共 3,565,823 股中仅拥有 995,357 股).

〔262〕 《华尔街日报》报道的百分比被错误地四舍五入,这表明该刊物试图淡化女性股东的比例。General Motors Stockholders, 同前注〔149〕. 女性在优先股中的持股比例更高——女性占持有人的 45%,拥有 37.6% 的优先股。同前注;see also American Smelting Control Rests with Smaller Owners: Four - Fifths the Stockholders Have Fifty Shares or Less and Have Ten Shares or Under, WALL ST. J., Aug. 3, 1922, at 7(显示在美国冶炼公司,女性持有的普通股和优先股合计占 20%).

公司的数据。[263] 女性持股从沃尔格林公司(Walgreen Co.)股份的9.40%左右到斯威夫特公司(Swift & Co.)股份的35%;总体而言,女性拥有22.50%的股份。[264] 1948年对制造业公司进行的一项调查,分析了18家报告股东性别的公司的普通股持有数据,发现女性总共持有这些公司28%的普通股,包括个人和共同持股。[265]

1952年为纽约证券交易所准备的这项研究发现,女性股东的平均持股量低于男性股东的平均持股量,而且作为一个整体,女性股东的持股量也低于男性股东。[266] 1954年通用磨坊公司(General Mills)的持股

---

〔263〕 See Branch,同前注〔214〕, at 52 -53.

〔264〕 同上注,p.53.

〔265〕 See *Who Owns "Big Business"? Analysis of Stockholdings in Largest Corporations*: Part 1—Manufacturing,同前注〔45〕, at 5, 7. 统计学家考克斯报告说,在1947年至1957年,男性持股比例减少了"约20%",女性持股比例"略有下降",而联名持有的股票有所增加(比例未公开),因此1957年个人持有股票的总比例(男性、女性和联名账户合计)"仅略低于"1947年的比例。Cox,同前注〔44〕, at 92 -93. 这一趋势表明,已婚男性逐渐减少了以个人名义持有的股票,而增加了与妻子共同持有的股票。考克斯的研究结果来自最多8家至少有5万名记录在案的股东的单个公司数据。同上注,p.72 -73. 考克斯显然掌握了他所研究的公司中男性和女性所持股票的比较数据,但他没有披露这些数据。他也没有将自己的数据作为大公司整体代表来呈现。同上注,p.73 -74.

〔266〕 See Kimmel,同前注〔5〕, at 75("男性每持有或拥有4股上市公司普通股,女性就持有不到3股");同上注, p.76(估计男性"每持有普通股的平均股数"若为167股,女性的平均股数就为121股)。从1952年到1965年,纽约证券交易所的普查提供了一些关于女性与男性相对持股量的数据,但由于每次普查涉及的公司不同,使用的方法也不同,因此无法对这些数据进行有效比较。1952年纽约证券交易所的研究估计,记录在案的女性股东拥有27%的普通股,而男性拥有36.7%。同上注, p.76. 另有7.6%的股份由联名账户持有。同上注。1956年的普查发现,女性股东拥有22.6%的普通股,而男性股东拥有27.8%。N. Y. STOCK EXCH., WHO OWNS AMERICAN BUSINESS?,同前注〔29〕, at 27. 联合账户拥有另外7%的股份。同前注。1959年,纽约证券交易所普查提供了普通股和优先股的合并数据,发现性别差距有所缩小:女性拥有19.7%的股份,男性拥有22.7%的股份。N. Y. STOCK EXCH., SHARE OWNERSHIP IN AMERICA: 1959,同前注〔224〕, at 34. 联名账户占总份额的7.2%。同前注。到20世纪60年代,许多富有的美国人开始将股票投资转入共同基金。1966年对同时投资于共同基金的男性和女性直接持有的公司股票进行的一项研究发现,对于普通账户持有人而言,男性持有股票的市值中位数几乎是女性持有股票市值中位数的两倍。See INV. CO. INST., The Mutual Fund Shareholder: A Comprehensive Study 46 (1966). 该研究还对"积累计划持有者"进行了性别分类,结果同样显示,与女性相比,男性的持股市值中位数更高。同上注第47页(资本变化)。

可能是那10年间蓝筹上市公司的典型情况:通用磨坊公司的女性股东超过男性股东,但男性股东拥有更多的股票。女性持有的股份占通用磨坊总股份的20.9%,而男性股东持有26.9%,二者相差6个百分点。[267]

不过,在一些特别大的公司,女性有时确实比男性拥有更多的股票。我们知道,在1948年,女性持有的美国国际电话电报公司的股票超过了男性,因为该公司在其年度报告中公布了这一信息。[268] 在美国钢铁公司,1950年首次报告女性普通股股东人数超过男性,1956年首次报告女性持有的普通股超过男性。[269] 至少在1978年之前,女性在美国钢铁公司持有的普通股一直多于男性。[270] 然而,即使在女性集体持有更多股票的公司,女性也很难将其持有的股票转化为管理权力——下文第三部分第五节将详细讨论这个问题。

(七)种族与资本女性化

尽管许多组织都在跟踪和公布有关股东性别的数据,但没有一家对股东的种族进行类似的研究。[271] 因此,20世纪上半叶有关种族和持股

〔267〕 See Charles B. Forbes, *Bullis Sees Bright Future*, MIA. DAILY NEWS, Aug. 29, 1954, at 10 – D(报道称通用磨坊公司由9963名股东持有,其中42.3%为女性,持有20.9%的股票;男性股东占37.3%,持有26.9%的股票). 银行和公司(占股东的4.7%)拥有36.6%的股份;受托人和监护人(占股东的31.2%)拥有10.5%的股份。同上注。这一数据强调了蓝筹上市公司(如通用磨坊公司)不仅拥有高比例的女性股东,而且还拥有大量的机构投资者。20世纪50年代,这些大公司的持股情况开始发生变化,从"女性股东接管"转变为"机构股东接管"。同前注〔49〕;见后文第二部分第八节。

〔268〕 See AT&T 1948 ANNUAL REPORT, 同前注〔8〕, at 9.

〔269〕 See Compare U. S. STEEL, 1949 ANNUAL REPORT 20 (1950), with U. S. STEEL, 1950 ANNUAL REPORT 19 (1951); U. S. STEEL, 1955 ANNUAL REPORT 21 (1956), with U. S. STEEL, 1956 ANNUAL REPORT 21 (1957).

〔270〕 为了获得这些数据,作者分析了美国钢铁公司1956年至1978年的年度报告。U. S. STEEL, 1956 ANNUAL REPORT, 同前注〔269〕, at 21; U. S. STEEL, 1978 ANNUAL REPORT 21 (1979). 有理由怀疑,即使到了1978年,女性持有的普通股数量仍然多于男性:美国钢铁公司当年年度报告中的数字几乎与1977年报告的数字相反,而在1979年,女性的持股数量再次超过男性,这表明可能存在转录错误。See U. S. STEEL, 1977 ANNUAL REPORT 9 (1978); U. S. STEEL, 1979 ANNUAL REPORT i (1980).

〔271〕 See Some of the earliest estimates of stockholders' race were published in the 1960s. See, e. g., 1/4 – *Million Negroes Own Stock Shares*, PITT. COURIER, July 10, 1965, at 12.

的证据记录很少。[272] 然而,我们知道两件事:(1)种族歧视和相关差异大大减少了非白人美国人投资证券的财力,特别是与美国白人相比;[273]

---

[272] 20世纪30年代,至少有一家黑人股票经纪公司在华尔街运营;到1949年,纽约证券交易所的成员亚伯拉罕公司(Abraham)在哈莱姆地区开设了办事处。See Juliet E. K. Walker, *The History of Black Business in America: Capitalism, Race, Entrepreneurship* 259 (1998). 1964年成立了一个全国性的黑人股东组织——美国黑人及同盟股东会(Negro and Allied Shareowners of America)。See *Shareholders' Unit Maps Rights Drive*, ALA. TRIB., Jan. 17, 1964, at 3. 其创始人、纽约人约翰·西维亚(John Silvera)声称,美国黑人拥有数百万股股票。同前注。1965年末,俄亥俄州克利夫兰市一家由黑人拥有的投资经纪公司进行的调查发现,1952年约有2.5万名美国黑人拥有股票,到1964年底,这一数字已增至25万多人。See 1/4 – Million Negroes Own Stock Shares,同前注〔271〕, at 12. 哈韦尔韦尔斯(Harwell Wells)记录了民权领袖巴亚德·鲁斯汀(Bayard Rustin)如何在20世纪40年代末拥有美国灰狗巴士公司(Greyhound Bus)的股票。See Harwell Wells, *Shareholder Meetings and Freedom Rides: The Story of Peck v Greyhound* 2 (Temp. Univ. Beasley Sch. of L., Leg. Stud. Working Paper No. 2021 – 29, 2021). 此外,新泽西标准石油公司1951年公布的照片显示,在参观公司研究中心的股东中有3名黑人男子。STANDARD OIL CO. (N. J.), ANNUAL MEETING (1951)(在出版物末尾无编号的光洁页面上展示了这些照片)。一位参加美国国际电话电报公司1966年股东大会的《纽约人》(New Yorker)记者写道,他观察到"只有两名"黑人股东出席会议。John Brooks, *A Reporter at Large: Stockholder Season*, NEW YORKER, Oct. 8, 1966, at 159, 162.

[273] See, e. g., Francine D. Blau & John W. Graham, *Black – White Differences in Wealth and Asset Composition*, 105 Q. J. ECON. 321, 332 – 134 (1990)(分析20世纪70年代的数据并得出结论,继承和"其他种族代际转移"是影响种族贫富差距的最大因素);Victor Perlo, *Economics of Racism* U. S. A.: *Roots of Black Inequality* 52 – 53 (1975)(估计1945年黑人家庭收入中位数是白人家庭收入中位数的55.3%); James D. Smith, *White Wealth and Black People: The Distribution of Wealth in Washington*, D. C., in 1967, in THE PERSONAL DISTRIBUTION OF INCOME AND WEALTH 329, 350 – 51, 353 (James D. Smith ed., 1975)(认为代际转移有助于解释财富方面的种族差异,并指出黑人持有的股票和债券占其财富的比例相对较小); see also Ramona Martin, One in Every Nine Montgomerians is a Stockholder; Investments Total Estimated $60 – $100 Million Annually, MONTGOMERY ADVERTISER, Jan. 2, 1963, at 2("尽管亚拉巴马州蒙哥马利地区黑人人口众多,但这里的黑人股票客户数量却微乎其微");Angel Kwolek – Folland, *The African American Financial Industries: Issues of Class, Race and Gender in the Early 20th Century*, BUS. & ECON. HIST., Winter 1994, at 85, 91("直到20世纪20年代,都很难区分出一个独立的黑人经济中产阶级").

(2)在此期间,一些非白人美国人确实拥有公司股票,包括一些黑人女性。[274] 基于种族和性别的歧视交织在一起,大多数非白人女性在购买和持有股票方面面临特别大的挑战。[275] 例如,在美国国际电话电报公司,数以千计的女性股东通过旨在鼓励员工持股的计划获得了股票,但直到20世纪50年代,黑人女性才被聘为电话接线员。[276] 就业方面的种族歧视塑造了股东的种族构成,进而决定了公司组织的种族构成。

本文认为,股东身份影响了公司理论和公司领导人对股东在公司组织中的适当角色的看法。股东的性别通常可以从股东名单中辨别出来;虽然可能性不大,但对于一些股东来说,种族也可能是可以辨别的。[277] 我们没有理由认为,股东的种族身份不会影响公司领导人对股东治理的看法,只要公司领导人知道他们的种族身份。[278] 对这一时期股东种族的进一步研究将揭示公司法中权力的种族化表达。[279]

---

〔274〕 1936年,当美国证券交易委员会以证券欺诈罪起诉经纪人霍华德·罗伯茨(Howard Roberts)时,一位指证他的投资者是"受雇于一家百货公司的有色人种电梯女工"。Charles C. Willson, Exchange Act Release No. 564, 1936 WL 885, at *3 (Apr. 2, 1936). 新泽西标准石油公司1957年出版的小册子上刊登了一张照片,其中包括一名黑人女性股东的形象。Standard Oil CO. (N. J.), 75th Annual Meeting 23 (1957).

〔275〕 正如申内特·加勒特·斯科特(Shennette Garrett – Scott)所解释的,"在美国资本主义中……种族和性别作为排斥和差异的范畴相互加强"。Garrett – Scott, 同前注〔236〕, at 4.

〔276〕 关于美国国际电话电报公司中女性和雇员持股的讨论,参见前注〔14〕及相关说明。PERLO, 同前注〔275〕, at 133 – 34(指出美国国际电话电报公司在其大部分历史中"蓄意和公开地奉行只接受白人的政策").

〔277〕 姓名和个人头衔或尊称可能会提供有关股东种族、民族或宗教的线索。

〔278〕 "Freeze Out" Charged Against Big Oil Co., 同前注〔104〕(描述了20世纪初的一起诉讼,指控一家加州公司的高管和董事试图排斥亚裔股东)。一些股东的种族可能已为公司管理者所知。例如,大公司通常会向自己的员工出售股票,我们可以假设公司掌握了自己员工的种族信息。

〔279〕 关于种族和公司法交叉领域的学术成果,see generally Veronica Root Martinez, *A More Equitable Corporate Purpose*, in RESEARCH HANDBOOK ON CORPORATE PURPOSE AND PERSONHOOD 47, 47 – 66 (Elizabeth Pollman & Robert B. Thompson eds., 2021); Richard R. W. Brooks, *Incorporating Race*, 106 COLUM. L. REV. 2023 (2006); Thomas W. Joo, *Race, Corporate Law, and Shareholder Value*, 54 J. LEGAL EDUC. 351 (2004); and Cheryl L. Wade, *Racial Discrimination and the Relationship Between the Directorial Duty of Care and Corporate Disclosure*, 63 U. PITT. L. REV. 389 (2002).

（八）资本女性化的终结

到了20世纪60年代，机构投资者的力量日益壮大，成为商业领域一大热点。[280] 一位同时代的专家质疑，"强调机构投资者的重要性与日俱增"似乎与数据不一致，因为数据显示，到1957年，机构持股量的增长幅度相当小。[281] 但是，当这位专家对机构投资者的说法提出疑问时，他也忽视了女性股东的崛起，只研究了股东的收入、年龄和职业，而没有研究股东的性别。目前还不清楚为什么在20世纪50年代和60年代撰写股东研究文章的学者大多忽视了女性股东的崛起，即使女性股东的比例以及女性在某些公司的持股比例达到了顶峰。

机构投资很早就受到学者的关注，并一直持续至今。中介的性别效应受到的关注较少。随着美国女性像男性一样将股票投资转移到基金中，基金管理者就可以行使对这些女性所持股票的投票控制权，而他们几乎都是男性。[282] 1950年后，养老基金的数量有所增加，但在其不断增

---

〔280〕 关于机构投资的第一部重要著作于1965年出版。See Daniel Jay Baum & Nne B. Stiles, *The Silent Partners: Institutional Investors and Corporate Control* 6 (1965)（"在纽约证券交易所上市的普通股中，机构持股已从1949年约占交易所上市股票总数的12%上升到1963年底的20%以上……"）. 美国证券交易委员会于1971年发布了第一份关于机构投资者的研究报告。See SEC, *Institutional Investor Study Report*, H. R. DOC. NO. 92 – 64, pt. 8, at v, xii (1971); id. pt. 5, at 2345. 从那时起，机构投资的兴起就成为公司法中的一个重要叙事。记录这一兴起的文章包括 Ronald J. Gilson & Jeffrey N. Gordon, *The Agency Costs of Agency Capitalism: Activist Investors and the Revaluation of Governance Rights*, 113 COLUM. L. REV. 863 (2013); Roberta Romano, *Less Is More: Making Institutional Investor Activism a Valuable Mechanism of Corporate Governance*, 18 YALE J. REG. 174 (2001); and Bernard S. Black, *Shareholder Passivity Reexamined*, 89 MICH. L. REV. 520 (1990).

〔281〕 See Cox, 同前注〔44〕, at 2. 波士顿大学统计学家考克斯写道：在1949年到1957年，机构投资者（包括保险公司、投资公司、非营利机构、非保险养老基金和互助储蓄银行）的持股量占纽约证券交易所上市股票价值的比例从12.4%上升到15.3%。这8年间，最常被认为提高了机构投资相对重要性的机构——投资公司和养老基金——的增长极为迅速。然而，机构所有权的相对重要性只上升了不到3个百分点。同上注。

〔282〕 See Peter H. Huang, *How Do Securities Laws Influence Affect, Happiness, & Trust?*, 3 J. BUS. & TECH. L. 257, 274 (2008)（"美国共同基金业从1945年的73只基金发展到2002年的8000只基金"）. 基金管理者至今仍以男性为主。See, e. g., Amrutha Alladi & Gabrielle Dibenedetto, *The Percentage of U. S. Female Fund Managers Is Exactly Where It Was in* 2000, MORNINGSTAR (Mar. 15, 2021), https://perma.cc/87XK – E552; Jeff Sommer, *Who Runs Mutual Funds? Very Few Women*, N. Y. TIMES (May 4, 2018), https://perma.cc/QK9B – KRFT.

长的资产中,投资于公司股票的比例越来越大。[283] 不过它们的许多受益者是女性,而基金管理者几乎都是男性。[284]

尽管机构投资的兴起以前从未被理解为按性别重新调整权力,但事实正是如此。除了将女性所持股票的投票控制权交还给男性之外,机构投资的兴起还导致资本女性化逐渐淡出公众的视野,并最终淡出人们的记忆。在很短的时间内,女性占美国上市公司股东的大多数,甚至是上市公司大多数股票的持有者。[285] 随着中介机构的兴起——一位证券交易委员会官员称之为股市的"去散户化"[286]——女性在股东中又回到了少数派地位。事实上,纽约证券交易所在 1980 年进行股东普查时发现,股东的性别已恢复为男性占多数,尽管比例很小。[287]

公司法文献广泛地记录了机构投资的兴起以及持股重新集中于少

---

〔283〕 See, e. g., John H. Matheson & Brent A. Olson, *Corporate Law and the Longterm Shareholder Model of Corporate Governance*, 76 MINN. L. REV. 1313, 1355 (1992) ("州和地方养老金系统对普通股的投资从 1970 年的 101 亿美元激增到 1986 年的 1502 亿美元,到 1990 年估计达到 2400 亿美元"); Paul P. Harbrecht, *Pension Funds and Economic Power* 7 (1959)(指出 1951 年至 1954 年是养老金"增长最快的时期",根据美国证券交易委员会的调查,"拥有自我管理计划的公司数量增加了约三分之一").

〔284〕 See Editorial, *Time for Real Diversity in Asset Management*, PENSIONS & INVS. (Apr. 30, 2018), https://perma.cc/4MP7 – BRLR(报告称,在参加该组织 2017 年"最佳理财工作场所"项目的 61 家公司中,女性仅占行政人员的 25%).

〔285〕 同前注〔222〕—〔224〕及相关说明(描述了 20 世纪 50 年代和 60 年代纽约证券交易所的股东普查,证实了这一结论)。

〔286〕 See Donald C. Langevoort, *The SEC, Retail Investors, and the Institutionalization of the Securities Markets*, 95 VA. L. REV. 1025, 1026 (2009) [quoting Brian G. Cartwright, Gen. Couns., SEC, *The Future of Securities Regulation*, Speech at the University of Pennsylvania Law School Institute for Law and Economics (Oct. 24, 2007)], https://perma.cc/EUL9 – S3CE.

〔287〕 See N. Y. Stock Exch., 1 *Report on Direct Ssareownership in Sixteen U. S. Oil Companies: A Study of Their Demographic Characteristics* 7 (1981), reprinted in *Legislation Affecting Oil Merger Proposals: Hearing on S. 2362 Before the Subcomm. on Energy & Mineral Res. of the S. Comm. on Energy & Nat. Res.*, 98th Cong. 793 (1984)(指出根据纽约证券交易所 1980 年的股东普查,51% 的个人股东为男性).

数机构持有人的情况。[288] 据估计，机构投资者持有美国股市上市公司约80%的已发行股票。[289] 虽然公司法文献对资本“机构化”的权力和控制影响进行了大量探讨，[290]但从未描述或探讨过20世纪女性持股的兴起，也从未承认这种重新集中具有性别影响。[291]

机构投资的兴起掩盖了股东的性别，这有助于将资本女性化从记忆中抹去。当个人通过中介机构持有股票时，股东名单上就不能确定股票

---

〔288〕 See For some examples, see Lucian Bebchuk & Scott Hirst, *The Specter of the Giant Three*, 99 B. U. L. REV. 721, 725 -26 (2019); and Edward B. Rock, *Institutional Investors in Corporate Governance*, in THE OXFORD HANDBOOK OF CORPORATE LAW AND GOVERNANCE 363, 364 - 66 (Jeffrey N. Gordon & Wolf - Georg Ringe eds., 2018). 如果我们观察按比例持股情况，趋势就很明显了。1940年，机构投资者仅持有5.9%的上市公司股份。Raymond A. Enstam & Harry P. Kamen, *Control and the Institutional Investor*, 23 BUS. LAW. 289, 297 (1968). 到1966年底，这一比例上升到17%，同上；到1990年底，机构投资者持有53%的股票。Bernard S. Black, *Agents Watching Agents: The Promise of Institutional Investor Voice*, 39 UCLA L. REV. 811, 827 (1992).

〔289〕 See Patrick Jahnke, *Ownership Concentration and Institutional Investors' Governance Through Voice and Exit*, 21 BUS. & POL. 327, 328 (2019); cf. Fiona Scott Morton & Herbert Hovenkamp, *Horizontal Shareholding and Antitrust Policy*, 127 YALE L. J. 2026, 2029 (2018)(将这一数字定为70%).

〔290〕 Langevoort, 同前注〔286〕(将制度化描述为“过去30年左右”中“由共同基金、养老基金、保险公司、银行信托部门等进行投资的转变”).

〔291〕 例如，美国最大的机构投资者之一——加利福尼亚州教师退休基金系统(California State Teachers Retirement Fund System)(以下简称CalSTRS)为加利福尼亚州近100万名公立学校教师的退休储蓄进行投资，其中70%为女性。Dana Brakman Reiser & Anne Tucker, *Buyer Beware: Variation and Opacity in ESG and ESG Index Funds*, 41 CARDOZO L. REV. 1921, 1983 (2020)(指出CalSTRS是“美国三大公共养老基金”之一); CalSTRS at a Glance, CALSTRS, https://perma. cc/G49K - L67Y (archived Feb. 8, 2022)(注意到CalSTRS有97.5万名成员和受益人); CAL. STATE TCHRS.' RET. SYS., CALSTRS Demographic Study Survey Fact Sheet 1 (2019), https://perma. cc/D6YT - J79U (指出CalSTRS中70%的成员为女性). 但在2018年，CalSTRS非行政投资人员中仅有36%为女性。See CALSTRS, *Diversity in the Management of Investments: 2019 Annual Progress Report* 11, https://perma. cc/ LFM7 - L67K (archived Feb. 8, 2022)。有关机构投资的性别影响的罕见提及，see Kristin N. Johnson, *Banking on Diversity: Does Gender Diversity Improve Financial Firms' Risk Oversight?*, 70 SMU L. REV. 327, 363 -64 (2017)(指出机构股东代表着“多样化的选民”，并以CalSTRS为例，说明女性占主导地位的机构投资者可能会要求增加女性在公司董事会中的代表性).

的实际持有人,因此无法得知此人的性别。机构投资者不分男女,因此他们日益增长的重要性往往使股东性别问题变得过时。总体而言,机构投资者的重要性(和投票权)不断上升,使得自然人投资者(无论性别)被边缘化。20世纪70年代和80年代,当伯利和米恩斯从法律和经济学的角度重新审视应受指责的被动股东,并将其描述为理性的被动股东时,其性别起源已不复存在。直到现在,公司历史中的这些性别因素一直隐藏在人们的视线之中。

三、资本女性化的影响

第二部分综合了各种来源的证据,重新梳理历史,突出女性在现代公司资本主义发展中作为股东的角色。证据表明,在20世纪,女性最初只是少数股权投资者,但后来成为个人股东的多数,首先是美国国际电话电报公司等领先的上市公司,然后是在20世纪中叶前后的整个股权资本市场。[292] 女性“入侵”股权成为报纸对美国公司报道的次要情节。[293] 当时的主要商业思想家,包括路易斯·布兰迪斯(Louis Brandeis)、欧文·杨(Owen Young)、威廉·雷普利(William Ripley)、阿尔弗雷德·斯隆(Alfred Sloan, Jr.)和J. A.利文斯顿(J. A. Livingston),都认为女性股东比例的增长与她们对美国公司更广泛的看法有关。然而,20世纪最有影响力的公司理论专著《现代公司与私有财产》却只字未提女性。[294] 部分由于这一重要的遗漏——部分由于资本女性化在机构投资者崛起时期已不再明显——公司法学科从未将性别问题视为与其重要理念演变相关的问题。然而,任何一位公司法专家都知道,公司法的基本理念是在20世纪上半叶——资本女性化时代——形成的。

本部分将第二部分提出的新历史与公司法中的一些基本理念相结合,探讨女性持有大量股份的现实——以及20世纪初关于女性和性别

---

〔292〕 参见前文第二部分第一、第五节。

〔293〕 同前注〔159〕—〔160〕及相关说明;同前注〔74〕—〔80〕。

〔294〕 参见前文第二部分第四节。

差异的观点——在形成这些理念的过程中可能发挥了怎样的作用。[295] 接下来的五节与其说是深入研究,不如说是调查;在一篇文章中,不可能从各个角度探讨所有观点。本部分探讨了公司治理的"独立领域"(所有权和控制权的分离)、股东天生"被动"的观点、利益相关者主义、公司法中的"平均"或"合理"投资者的观点,以及女性在公司控制中的角色。它勾勒出21世纪历史、性别和公司法交叉领域研究议程的轮廓。该研究议程为我们指明了一个更准确的过去视角,以及对公司法所体现的权力的久违透视。

(一)性别与所有权和控制权的分离

公司法的核心问题之一是"所有权和控制权的分离",这一理念通常被认为是出自《现代公司与私有财产》一书。[296] 伯利和米恩斯用分离的隐喻来论证公司的"旧财产关系"被打破,私有财产的"原子"正在分裂成两个对立的阵营。[297] 在大公司的组织结构中,伯利和米恩斯观察到"所有权的放弃与重组"本身。[298] 公司所有权正在分解为"其组成部分——控制权和实益所有权"。[299] 一组人代表"控制权",而另一组人代表"所有权"。

所有权和控制权的分离被称为"美国公司治理的基础性不稳定因

---

〔295〕 See John C. Coffee, Jr., *The Rise of Dispersed Ownership: The Roles of Law and the State in the Separation of Ownership and Control*, 111 YALE L. J. 1, 3 (2001)(确定了"路径依赖论",并将其概括为"历史很重要,因为它制约着机构变革的方式").

〔296〕 See, e. g., Eric W. Orts, *Corporate Law and Business Theory*, 74 WASH. & LEE L. REV. 1089, 1091 (2017)("大量公司法学术文章将伯利和米恩斯著名的'所有权与控制权分离'作为分析的核心出发点").《现代公司与私有财产》对公司法思想发展的影响概述,Bratton,同前注〔206〕(探讨《现代公司与私有财产》中阐述的观点的"持久性",尤其是所有权与控制权的分离)。

〔297〕 See Berle & Means,同前注〔35〕, at 2, 8(描述了"财产原子的解体").

〔298〕 同上注, p. 8.

〔299〕 同上注(注意到公司所有权此前"囊括了手动处置的全部权力,完全享有实物资产的使用权、孳息权、收益权")。

素”。[300] 这个概念在法律和经济学领域被广泛接受,并由此形成了代理成本理论,该理论认为“强势”管理者和“弱势”所有者之间产生的代理问题是公司组织效率低下的主要问题。[301] 在20世纪80年代,尤金·法玛(Eugene Fama)和迈克尔·詹森(Michael Jensen)将这种范式重新定性为“决策和风险承担职能的分离”,即代理问题产生于“决策代理人”和“剩余索取者”之间。[302] 无论是赞同伯利和米恩斯表述的学者,还是倾向于法玛和詹森契约论方法的学者,都将降低代理成本作为公司法的核心目的。[303]

伯利和米恩斯并未将分离前提引入公司治理。[304] 事实上,在伯利和米恩斯出版他们的书之前的几十年里,商业思想家们一直在讨论公司所有

---

〔300〕 See Mark J. Roe, *The Inevitable Instability of American Corporate Governance*, in 1 The History of Modern U. S. Corporate Governance 3, 4 (Brian R. Cheffins ed., 2011); see also Harwell Wells, *The Birth of Corporate Governance*, 33 SEATTLE U. L. REV. 1247, 1252 (2010)(“几乎所有公司治理定义的关键都在于需要建立机制,最大限度地减少所有权和控制权分离所造成的问题”).

〔301〕 See Fichtner et al., 同前注〔38〕, at 301(描述了伯利和米恩斯的研究如何“导致人们认识到作为现代公司治理理论基础的委托代理问题”);Gilson & Gordon, 同前注〔282〕, at 870; Roe, 同前注〔39〕, at 5 – 6(采用强势管理者—弱势所有者框架).

〔302〕 See Eugene F. Fama & Michael C. Jensen, *Separation of Ownership and Control*, 26 J. L. & ECON. 301, 301, 312 (1983)(得出结论,这一范式是“长期困扰公司研究者的所有权与控制权分离问题”).

〔303〕 See, e. g., Bernard Black & Reinier Kraakman, *A Self – Enforcing Model of Corporate Law*, 109 HARV. L. REV. 1911, 1920 (1996)(认为公司法“一般被理解为很大程度上具有经济功能……这可被描述为……将通过公司形式使得订立合同的交易成本和代理成本之和最小化”);Faith Stevelman, *Going Private at the Intersection of the Market and the Law*, 62 BUS. L. 775, 896 (2007)(结合“伯利和米恩斯的著名著作”描述了交易成本经济学对公司法的影响,并指出“公司法的作用是建立一种组织制度,从总体上降低代理成本,但同时又不产生新的代理成本”).

〔304〕 See Wells, 同前注〔300〕, at 1255(“大约在1900年,我们首次发现所有权和控制权在现代公司中分离的流行观点”);Wells, 同前注〔136〕, at 588; McCraw, 同前注〔177〕, at 578 – 79. Indeed, Jerome Frank alluded to this idea in his 1933 review of the book. Jerome Frank, *Book Review*, 42 YALE L. J. 989, 990 (1933).

权与控制权的关系。[305] 例如,1904 年,塔尔科特·威廉姆斯(Talcott Williams)写了一篇关于公司“所有权扩散”的文章,并指出“控制权和所有权不再紧密结合”。[306] 就像威廉姆斯所使用的那样,关于所有权和控制权的“结婚”和“离婚”的隐喻,将公司控制类比为配偶关系。[307] 威廉姆斯撰文指出控制权和所有权正在脱钩,近 30 年之后,伯利和米恩斯通过使用实证数据来显示公司控制权是如何集中在少数人的手中,从而为这一观点注入了新的活力。重要的是,伯利和米恩斯还普及了控制权和所有权分离是因为“被动的”股东“放弃”了对公司的控制,并为他们观察到的变化赋予了道德价值。[308]

尽管分离前提作为理解公司组织的概念框架在公司法中被广泛接

---

[305] 有人将所有权与控制权分离的起源追溯到亚当·斯密(Adam Smith)的《国富论》(The Wealth of Nations)。See, e. g., Herbert Hovenkamp, *Neoclassicism and the Separation of Ownership and Control*, 4 VA. L. & BUS. REV. 373, 374 (2009); Wells, 同前注〔300〕, at 1251(“亚当·斯密在《国富论》中指出,在他看来,管理者与所有者之间的利益分歧是公司有效运作所面临的一个无法克服的难题”); David Finn, *The Corporate Oligarch* 13 – 14 (1969). 亚历山大·布莱恩·约翰逊(Alexander Bryan Johnson)是纽约州尤蒂卡的一位富有的银行家,他是另一位早期的思想家,认为“公司利益与其管理者利益之间的天然对立”是“公司最难以消除的危险”。Johnson, 同前注〔65〕, at 629. 不过,史密斯(Smith)和约翰逊(Johnson)都没有使用分离隐喻来描述他们所观察到的问题。

[306] See Talcott Williams, *The Corporation*, in Organized Labor and Capital: The William L. Bull Lectures for the Year 1904, at 67, 118, 122 – 23 (1904)。其他早期例子,see Kavanaugh v. Kavanaugh Knitting Co., 123 N. E. 148, 151 (N. Y. 1919); and Seligman, 同前注〔167〕, at 442(“开展业务的公司形式的突出特点是控制权与所有权的其他属性分离”).

[307] See Frank,同前注〔306〕, at 991 n. 5(描述了“股票所有权与公司控制权的分离”); Henry W. Ballantine, *Ripley's Indictment of Corporate Skullduggery*, 17 CALIF. L. REV. 35, 38 (1928)(书评)[指出雷普利在其著作《主街和华尔街》(Main Street and Wall Street)中“强烈反对所有权与控制权的分离”]; W. H. S. Stevens, *Stockholders' Voting Rights and the Centralization of Voting Control*, 40 Q. J. ECON. 353, 385 (1926)(认为无表决权股票“会进一步加剧已经过于广泛的所有权与管理权的分离”).

[308] See Berle & Means, 同前注〔35〕, at 355; 同上注, p. 355 – 56 (指出控制权集团“已将社会置于要求现代公司不仅为所有者或控制权服务,而且为全社会服务的地位”).

受,但伯利和米恩斯还是受到了批评。[309] 从《现代公司与私有财产》出版到现在,学者一直认为,在控制大公司的人和拥有大公司股票的人之间,从未出现过真正的"分离"或明确的界限。[310] 相反,批评者认为,股东和控制者是重叠的群体。马克思主义经济学家尤其反对这种分离前提。例如,保罗·斯威兹(Paul Sweezy)认为,"实际发生"的情况是"绝大多数所有者被剥夺了控制权,而只有一小部分所有者获得了控制权"[311]。其他批评人士则广泛质疑公司法对"股东—管理者关系"的短视关注。[312]

所有权和控制权分离框架本身类似于性别差异的"分离领域"——在伯利和米恩斯时代,所有美国人都熟悉这种划分,几乎将生活的所有

---

〔309〕 See Cheffins & Bank, 同前注〔37〕, at 466(讨论了对伯利和米恩斯分离前提的"大量批评"). 在获得诺贝尔经济学奖一年后,乔治·斯蒂格勒(George Stigler)与克莱尔·弗里德兰(Claire Friedland)共同撰写了一篇批判《现代公司与私有财产》及其分离前提的文章。George J. Stigler & Claire Friedland, *The Literature of Economics: The Case of Berle and Means*, 26 J. L. & ECON. 237, 237 (1983). 斯蒂格勒和弗里德兰认为,"大多数有表决权的股票是公司的最终控制权,即使这些股票分散在许多所有者手中……从终极意义上讲,所有权和控制权是不可分割的"。同上注, p. 248. 他们还得出结论,数据显示"没有明确的证据表明管理层主导的公司与所有者主导的公司在伯利和米恩斯的分离前提下有很大的不同"。同上注, p. 259.

〔310〕 See, e. g., Dalia Tsuk Mitchell, *Shareholders as Proxies: The Contours of Shareholder Democracy*, 63 WASH. & LEE L. REV. 1503, 1520 n. 52 (2006).《现代公司与私有财产》出版几年后,临时国家经济委员会(Temporary National Economic Committee)对美国上市公司的经济权力集中情况进行了一项重要研究,得出的结论(与伯利和米恩斯的研究结果相反)是:"在一般公司中,大部分投票权集中在不超过1%的股东手中。"TEMP. NAT'L ECON. COMM., 同前注〔41〕, at xvii.

〔311〕 Paul M. Sweezy, *The Theory of Capitalist Development: Principles of Marxian Political Economy* 262 (1942).

〔312〕 See Margaret M. Blair, *Rethinking Assumptions Behind Corporate Governance*, CHALLENGE, Nov. - Dec. 1995, at 12, 17("公司治理讨论……只关注股东与管理者之间的权力关系,重点不对").

方面都划分为"公共"(男性)和"私人"(女性)。[313] "分离领域"意识形态将事物想象为男性与女性的双边划分:强势与弱势、主动与被动、理性与感性等。[314] 1872 年,美国联邦最高法院法官约瑟夫·布拉德利(Joseph Bradley)在一份同意意见书中认可了"分离领域"意识形态,肯定了伊利诺伊州最高法院的观点,即"上帝设计性别占据不同的行动领域"是一个"不言而喻的真理"。[315] 正如伯利和米恩斯所提出的那样,所有权和控制权的分离将公司治理重新设想为类似的划分。一方面是经营该公司的"主动"男性管理者。另一方面是"被动"股东,他(她)们除了收取股息支票外几乎没有任何作用,其中包括大量女性。后来,在

---

〔313〕 See Evans, 同前注〔158〕, at 183(将 20 世纪 20 年代的公司办公室描述为"一个公共环境,在这个环境中,男性和女性被赋予不同的、不平等的角色,类似于他们在家中的传统角色");O' Connor, 同前注〔108〕, at 658 ("特定性别领域的概念源于这样一种信念,即女性天生从属于男性,几乎可以肯定智力低于男性,在生理上也不适合商业和政治的严格要求。即使到了世纪之交,法律仍然坚定地奉行性别关系的独立领域理论");Henry Clews, *Woman in Politics, Nature, History, Business and the Home*, in Financial, Economic, and Miscellaneous Speeches and Essays 315, 315 (1910)(断言"男人和女人被创造出来是为了在生活中履行独立和独特的职能",并批评女性参与商业和政治). Clews, the founder of a New York brokerage firm, was one of the oldest and most venerated members of the NYSE. *The Great Banking House of Henry Clews & Co.: Its Magnitude and Success*, N. Y. TIMES, Jan. 1, 1886, at 4 (将该公司描述为"光荣和当之无愧的繁荣",并追溯到 1877 年). 查尔斯·奥凯利(Charles O' Kelley)认为,我们对伯利等公司理论家的了解,由于对他们写作的环境"普遍缺乏历史知识"而变得模糊不清。Charles R. T. O' Kelley, *Berle and the Entrepreneur*, 33 SEATTLE U. L. REV. 1141, 1171 (2010). 尽管今天大多数美国人会对"独立领域"的意识形态感到后怕,但毫无疑问,在伯利和米恩斯的生活中,这种意识形态是一种占主导地位的社会框架。

〔314〕 正如一位作家所说"自古以来,在所有事物中都会发现两个原则,一个是主要原则,另一个是次要原则;一个是主动原则,另一个是被动原则,即表现为太阳和月亮、白天和黑夜、火和水、能量和物质、男人和女人等的'一对对立面';男人是主动原则,女人是被动原则"。See Elizabeth E. Goldsmith, *Suffrage Unnatural*, N. Y. TIMES, Feb. 21, 1915, at 1.

〔315〕 See Bradwell v. State, 83 U. S. 130, 132 (1872)(情况说明);同上注, p. 139, 141 (Bradley, J., concurring).

担任公司法教授期间,伯利改用“被动接受”一词来描述股权的功能。[316]在纽约证券交易所首次公布调查结果,确定大多数美国个人股东为女性之后的第二年,伯利断言,“公司‘被动接受’的一方”是“无能为力的”。[317]

《现代公司与私有财产》出版后,政治理论家詹姆斯·伯纳姆(James Burnham)将分离的前提与持股性别直接联系起来。在1941年出版的一本颇有影响力的著作《管理革命》(The Managerial Revolution)中,伯纳姆写道,女性持股人数的增加表明,资本家正在退出“经济过程中任何形式的积极和直接参与”[318]。伯纳姆的说法呼应了伯利和米恩斯的观点,即股东的被动性包括选择“放弃”控制权。[319] 伯纳姆写道,女性的持股凸显了公司“合法所有者”(股东)和“生产工具”之间日益扩大的“差距”,因为“无论生物学上有什么优点,女性在实际经济过程中并没有发挥真正的主导作用是不争的事实”[320]。

分离的前提有助于证明公司权力从普通股(由不断扩大的女性群体持有)转向男性管理者的合理性。从1890年到1930年,许多著名的公

---

[316] See A. A. Berle, JR., *Economic Power and the Free Society* 7 (1957)(“股东的业务主要是收取”).“被动”指股东收取股息,但也有性别的含义。在第三版中,《牛津英语词典》中“被动”的历史性定义包括“指定、与被动性角色有关或具有该角色特征的人”。Passive, OXFORD ENG. DICTIONARY (3d ed. 2005).

[317] See Berle,同前注〔316〕, at 7; N. Y. STOCK EXCH., WHO OWNS AMERICAN BUSINESS?,同前注〔29〕, at 6(发现1956年女性占个人股东的51.6%).后几代公司法学者并不认同“被动”股东没有作用的观点。相反,一代法律经济学者将股东描述为剩余索取权人,他们在以专业化为特征的公司结构中发挥着重要的风险承担功能。See, e. g., Ronald J. Gilson & Charles K. Whitehead, *Deconstructing Equity: Public Ownership, Agency Costs, and Complete Capital Markets*, 108 COLUM. L. REV. 231, 231-32 (2008); Fama & Jensen,同前注〔302〕, at 308.马克·罗(Mark Roe)这样总结道:“美国大公司与众不同的治理结构……通常被视为专业化带来的自然经济结果:股东将专门承担风险,但希望实现多元化,而公司需要专业化、职业化的管理。”Roe,同前注〔39〕, at ix.

[318] James Burnham, *The Managerial Revolution: What is Happening in the World* 101 (1941).

[319] See Berle & Means,同前注〔35〕, at 338(“股东放弃了对其财富的控制权”).

[320] Burnham,同前注〔318〕, at 101.伯纳姆(Burnham)将女性持有股票的作用降到最低,断言(没有证据)以女性名义登记股票“通常是一种帮助保全财富的法律手段”。同上注。

司理论家认为,赋予股东权力是改革公司治理和解决“公司问题”的关键。[321] 伯利在其职业生涯之初,曾主张采取一些战略,赋予股东集体行动的权力,以遏制管理者的权力。[322] 然而,当他和米恩斯出版《现代公司与私有财产》时,伯利已经改变了他的观点。[323] 在那本书中,伯利和米恩斯断言,对于股票流动性强的公司来说,股票市场——而不是股东——将约束公司管理。[324] 管理专家沃尔特·沃纳(Walter Werner)认为,伯利和米恩斯的书“彻底背离了以前的观点”,认为“股东在市场中的权利与他们在公司中的权利是不可分割的”,从而使股票市场“成为保护股东的关键”。[325] 在这里,我们看到了仅在几年后颁布的新政证券法(New Deal securities laws)的起源,该法将市场监管和公司信息披露——而不是股东赋权——视为改革大公司的关键。[326] 当然,市场是作为一种非政治性——甚至是平等主义——的机制被引入的,以约束管理者,同时也使个人股东的自然人身份变得无形,使股东的性别变化变

〔321〕 See Cook, 同前注〔99〕, at 118; see also Harwell Wells, *A Long View of Shareholder Power: From the Antebellum Corporation to the Twenty - First Century*, 67 FLA. L. REV. 1033, 1057 - 58 (2015)(描述了始于19世纪晚期的累积投票运动).

〔322〕 See Bratton, 同前注〔206〕, at 751 - 52(概述了伯利的早期工作,包括他建议信托公司将“许多小的持股汇集到一个机构中,这个机构的规模如此之大,以至于股东保护”是可行的)[quoting Adolf A. Berle, JR., *Studies in the Law of Corporate Finance* 39(1928)]; Richard S. Kirkendall, *A. A. Berle, Jr.: Student of the Corporation*, 1917 - 1932, 35 BUS. HIST. REV. 43, 48 (1961)(“在26岁时,伯利的思绪就已经飘到了改变工业权力位置的想法上”);Ripley, 同前注〔57〕, at 133(描述伯利曾提议通过建立“完全代表股东利益”的委员会来改革公司治理).

〔323〕 See Bratton, 同前注〔206〕, at 752 - 53(描述了伯利与米恩斯的合作如何改变了他“对监管的态度”,以及伯利如何“放弃了自我监管的方式,转而支持政府对公司活动的控制”).

〔324〕 See Berle & Means, 同前注〔35〕, at 287(“从经济学角度看,各种所谓的‘法定权利’或经济压力可能导致管理层为股东做好事,而这些权利或压力本身只是个人手中不确定的期望。但经过汇总、公共市场的解释和证券交易所的评估,它们确实具有具体的、可衡量的价值;股东必须而且事实上也确实在关注这一价值”).

〔325〕 Werner, 同前注〔99〕, at 397.

〔326〕 达利娅·津克·米切尔(Dalia Tsuk Mitchell)认为,在20世纪20年代,像伯利和雷普利这样的公司法学者选择了“保护股东的目标”,而不是“相信股东是积极的代理人”。Mitchell, 同前注〔310〕, at 1511(“给予股东有意义的发言权的首次尝试以保护而非赋权告终”). 后来,“1933年和1934年的《证券法》并未试图赋予股东权力或保护股东。它们的目标是强化健康自由市场的理想”。同上注, p. 1512.

得无关紧要。

20 世纪 90 年代,马克·罗伊(Mark Roe)对美国独特的公司结构提出了一种新的政治解释,这种解释以这一时期的历史为基础。[327] 在他的叙述中,美国的法律和政治"分割"了银行、保险公司和共同基金等中介机构,阻止它们积累大量股票并行使对公司的控制权。[328] 罗伊认为,美国人作出这些政治选择的部分原因是他们不信任私人权力的积累,他还认为,这些政治选择有助于解释为什么美国公司最终拥有大量分散的股东。[329] 罗伊的著作具有开创性,因为他承认政治选择影响了美国公司结构的演变。他的观点与当时流行的"自然选择"理论相悖,该理论将公司结构描述为自然发生的经济压力和"组织适应"的产物。[330] 罗伊的书《强势管理者、弱势所有者》(*Strong Managers, Weak Owners*)假定了分离前提,并未探讨个人股东身份与政治故事的相关性。由于缺乏承认女性是股东中一个重要子群体的历史叙事,罗伊只能部分解释"政治如何创造了支离破碎的伯利-米恩斯(范式)公司"。[331]

性别政治可能是导致支离破碎的伯利-米恩斯(范式)公司出现的另一个因素。本文的第二部分展示了 20 世纪初的几十年股权分散的原因,其中至少部分原因是女性对公司股票的需求。当时女性的政治和法律地位有助于解释这一过程。例如,尽管女性在 1920 年之前被排除在政治公民身份之外,但在 19 世纪中期,即使是已婚女性也被视为有投票权的公司"公民"。因此,如果女性希望与男性平等地参与公共领域的决策,持股就提供了这样的机会。事实上,有证据表明,在 1920 年之前,一些女性积极参与了大公司的股东治理,当时她们被排除在由男性主导的其他形式的组织治理之外,1920 年之后,女性的角色在公共生活中扩大仍然存在争议。[332] 此外,女性的工资因其性别而打折扣,[333] 而她们

---

〔327〕 See Ror, 同前注〔39〕, at ix - x, 26.

〔328〕 同上注, p. 26.

〔329〕 同上注。

〔330〕 同上注, p. 285 - 87.

〔331〕 同上注, p. 287. 相当合理的是,罗伊并没有声称他的分析完全解释了伯利-米恩斯(范式)公司的崛起。

〔332〕 同后注〔360〕—〔365〕及相关说明。

〔333〕 See Bergmann, 同前注〔234〕, at 11 - 12("女性职业隔离的经济结果是低工资").

的股票回报率则没有打折扣。这可能会鼓励女性,特别是工薪女性,将持股视为一种独具吸引力的经济活动形式。最后,19 世纪中后期颁布的一些已婚女性财产法赋予已婚女性以其名义持有股票并投票的权利,这可能会鼓励女性及其家庭将女性的财富用于持股。[334]

综合所有这些因素,我们可以看到一个与罗伊所描述的情况相辅相成的故事。虽然美国的法律和政治在不断演变,以防止机构投资者积累大宗持股权力,但它们也在不断发展,使得持股对几代美国女性来说是一种特别有吸引力的投资。公司管理者可能会将女性投资者的小额持股视为反击公众反公司情绪的政治基础。[335] 其结果是,股东阶层不仅壮大了,而且呈女性化的趋势。

美国股东身份的变化为公司结构问题——尤其是所有权与控制权的分离——注入了性别政治。它鼓励公司领导人在公司结构中看到一种概念性的"分离",将两个要素——所有者和管理者——具体化,事实上,这两个要素是按性别划分的。所有者包括女性,但管理者完全是男性。

此外,股东阶级身份的变化也可能影响了公司领导人对遏制管理权力的最佳方式的看法——这也是当时的主要问题之一。对女性经商能力不足、情感化决策和顺从性格的刻板印象促成了一种趋势,即公司领

〔334〕 See, e. g. , Act of June 30, 1985, ch. 321, 1851 N. Y. Laws 616(规定已婚女性可拥有以其名义持有的公司股票并投票).

〔335〕 See, e. g. , *The Heaviest Sufferers in New Haven*, FIN. WORLD, Apr. 18, 1914, at 3, 3(指出纽黑文铁路公司的女性股东比男性股东多,并断言"如果不是基于其他原因,而是因为这些女性的困境,她们中的许多人没有技能,无法在生活中打拼,那么所有思想正常的人都会自然而然地'帮助'恢复这条路以前的繁荣和声誉");*A Tax Problem*, OUTLOOK (N. Y.), Apr. 5, 1913, at 763, 764(报道称"人们熟悉的'为孤儿寡母股东求情'经常被用来反对监管公司的法案"). 还有证据表明,公司管理者可能认为小股东是可取的,因为他们有助于确保管理者自身的持续控制权,这一理由也可能促使管理者鼓励女性持股。See, e. g. , *Many Holders of Railroad Stock*, N. Y. TIMES, Sept. 23, 1907, at 12["铁路管理者认为广泛发行股票是非常可取的。据说梅伦(Mellen)总裁在计划再次大量发行纽黑文公司股票时,所关注的问题之一就是确定条款,确保新股票由股东认购,而不是落入任何投机集团手中……"].

导人逐渐改变了他们对大公司股东治理的看法。[336] 到20世纪30年代中期,很少有公司法学者主张支持股东采取集体行动。[337] 而通过新政证券法监管的股票市场的中性机制,作为约束管理者的一种手段,正日益受到青睐。[338] 现在,在21世纪,所有者和管理者之间的"神话之战"在公司法学界受到了越来越多的批评,这表明可能是时候重新评估分离的前提、起源以及其对公司法和理论的持续价值了。[339]

---

〔336〕 在大量女性股东出现的同时,随着公司设立员工股票购买计划和发放股票红利,员工股东的人数虽有所减少,但仍有显著增长。因此,从1900年到1960年,持股人口的变化不仅带来了女性持股,也带来了越来越多的劳工声音。See generally Matthew T. Bodie, *Labor Interests and Corporate Power*, 99 B. U. L. REV. 1123 (2019)(讨论劳工与公司组织和权力的关系).

〔337〕 威廉·道格拉斯(William Douglas)是最后一批这样做的人之一,他在担任美国证券交易委员会主席的3年前就提出,"必须制定某种方法,将分散无序的股东和其他投资者动员起来,形成一个积极有力的团体,以便在金融领域建立一支称职的、值得尊敬的巡逻队"。William O. Douglas, *Directors Who Do Not Direct*, 47 HARV. L. REV. 1305, 1307 (1934); see also Alden Whitman, *William O. Douglas Is Dead at* 81; *Served* 36 *Years on Supreme Court*, N. Y. TIMES, Jan. 20, 1980, at 1(概述了道格拉斯的生平和工作).

〔338〕 另一个受到追捧的想法是"独立董事"。一些进步时代的公司法专家建议由政府挑选董事,以公共利益为重管理铁路公司。See, e. g. , William W. Cook, *Industrial Democracy or Monopoly? How American Railways Can Be Taken Over for the People Safely and Easily*, 38 MCCLURE'S MAG. 352, 355 (1912). 法学教授I. 莫里斯·沃姆瑟(I. Maurice Wormser)于1931年重新提出了这一观点。See I. Maurice Wormser, *Frankenstein, Incorporated* 139 (1931). 几年后,道格拉斯在《哈佛法律评论》上发表了一篇重要文章,提倡独立董事。Douglas, 同前注〔337〕, at 1322("我们的出发点和落脚点都是假定董事是商业道德和法律的受托人;他们行使的权力是信托权力"); see also William O. Douglas, Comm'r, SEC, Address Before the Bond Club of New York: Democracy in Industry and Finance 12 (Mar. 24, 1937)(作者存档)(讨论如何鼓励"代表公众利益的董事",并提出可能的解决方案"董事轮换原则和设立所谓的公众董事"). 1940年《投资公司法案》(The Investment Company Act)规定投资公司必须有独立董事;同年,美国证券交易委员会建议董事会审计委员会由非管理层董事组成。See Roberta S. Karmel, *Independent Corporate Board: A Means to What End*, 52 GEO. WASH. L. REV. 534, 538, 545 (1984)(描述其中一些进展); McKesson & Robbins, Inc. , Exchange Act Release No. 2707, (Accounting Series Release Transfer Binder) Fed. Sec. L. Rep. (CCH) ¶ 72,020 (Dec. 5, 1940)(推荐独立审计委员会).

〔339〕 See, e. g. , J. B. Heaton, *Corporate Governance and the Cult of Agency*, 64 VILL. L. REV. 201, 202 (2019)(将分离描述为"神话之战",主张终结"代理崇拜").

(二)"被动"的病理学

伯利和米恩斯分离理论的核心思想是股东们正变得"被动"。[340] 他们写道,造成这种变化的因素是股票所有权的分散。[341] 由于股东的股份规模小而无法向管理层施加压力或控制管理层,这就是被动的条件。因此,虽然"被动"一词可能会让现代读者认为持股人选择无所作为,但伯利和米恩斯用它来描述分散持股本身。[342] 在他们的描述中,持有少量被广泛持有的股票实际上是"被动"的,而这种被动性正是股东在公司中失去权力而公司管理者却获得权力的原因。[343]

当伯利和米恩斯用"被动"一词来描述分散的股东时,他们并不是在重申对20世纪二三十年代的常见表述。[344] 伯利和米恩斯是最早在学术文献中将分散持股表述为本质上被动的学者之一。他们这样做,也

---

[340] See Berle & Means, 同前注〔35〕, at 66("最根本的是,股票所有权的地位已从主动代理人变为被动代理人");另见同上注,第346-347页("被动财产……赋予其拥有者在公司中的利益,但实际上不赋予他们对公司的控制权,也不涉及任何责任……它包括个人与公司之间的一系列关系,涉及个人对公司的权利,但几乎不涉及对公司的有效权力")。

[341] 同上注, p.84("当最大的单一权益仅为百分之一的零头时……没有一个股东能够仅凭其持有的股份就对管理层施加重要压力,或利用其持有的股份作为一个相当大的核心来积累控制权所需的多数票").

[342] See Accord Black, 同前注〔290〕, at 813("在伯利—米恩斯的范式中,股东的被动性是不可避免的"); Frank H. Easterbrook & Daniel R. Fischel, *Voting in Corporate Law*, 26 J. L. & ECON. 395, 397 (1983)("伯利和米恩斯认为,股东无能为力是所有权分散的必然结果").

[343] See Berle & Means, 同前注〔35〕, at 338("股东放弃了对其财富的控制。他成了资本的提供者,成了纯粹的风险承担者,而最终的责任和权力则由董事和'控制'来行使"). 多年后,伯利在一本个人著作中阐述了他对"美国被动财产制度"的观点。Adolf A. Berle, The American Economic Republic 36-59 (1963). 他认为,"被动财产"广泛分配的"代价"是"个人自由和个人自我实现能力不可容忍的损失"。同上注, p.55. 另一部分学者认为,伯利-米恩斯(范式)公司为股票所有者"创造了经济和政治依赖关系"。Allen Kaufman, Lawrence Zzcharias & Marvin Karson, *Managers vs. Owners: The Struggle for Corporate Control in American Democracy* 3 (1995).

[344] 事实上,在金融领域,"被动"一词历来被用来指不支付利息的债券或债务。Passive, OXFORD ENG. DICTIONARY (2ded. 1989).

是在重提女性是不活跃股东的老套路。[345] 例如,1907 年,《辛辛那提问询报》(The Cincinnati Enquirer)就报道说该市的银行家们面临着一个“棘手的问题”:太多的股票处于“被动的手中”。[346] 文章描述了辛辛那提市的银行家们“仔细阅读股东名单”后发现,一些银行“被一群只想收取股息而对银行‘不感兴趣’的股东所‘淹没’”。[347] 有一家银行大约有300 名股东:

研究发现,女性占了股东总数的近一半。股东群体被划分为居民和非居民女性、居民活跃商业男性、非居民男性、退休居民男性、庄园主、其他银行(竞争者)和公司。结果表明,与被动股东的持股量相比,主动股东的持股量相对较少。全市几乎没有一家银行不是由大量女性和庄园主持有股票的。[348]

这段话表明,男性股东在商业活动中可以“活跃”,但女性总是保持“被动”,这种差异具有重要意义。这段话强调了被动不仅与女性有关,而且对股东来说是一种不好的品质,最终对公司不利。[349]

在伯利和米恩斯构建被动股东的过程中,他们的导师、前哈佛大学教授威廉·雷普利(William Ripley)的影响显而易见。[350] 在 1927 年出

---

[345] 在《现代公司与私有财产》出版之前,“被动”股东的概念已偶尔出现在各种著作中。See, e. g., State ex rel. Nicomen Boom Co. v. N. Shore Boom & Driving Co., 107 P. 196, 199 (Wash. 1910) (Mount, J., dissenting). 此外,1926 年,W. H. S. 史蒂文斯(W. H. S. Stevens)提到股东的“消极态度”,他们不参加年会,“无法准确解释公司损益表和资产负债表的含义或意义”,“很少或根本不关注公司事务”——至少只要公司支付股息。Stevens, 同前注[307], at 384 - 85. 与当时的其他学者一样,史蒂文斯认为被动股东既不聪明,也不积极。

[346] See *Bankers Have a Tough Problem*, CIN. ENQUIRER, Feb. 19, 1907, at 5.

[347] 同上注。

[348] 同上注。

[349] 事实上,持股的“被动”特质经常被无端地以负面措辞加以描述。See, e. g., Frank H. Easterbrook & Daniel R. Fischel, *The Proper Role of a Target's Management in Responding to a Tender Offer*, 94 HARV. L. REV. 1161, 1171 n. 27 (1981)(认为“股东的自身利益导致了他们的无知和被动”).

[350] 至少有一位评论家将伯利和米恩斯的著作描述为雷普利著作的延伸。See Robert S. Stevens, Book Review, 18 CORNELL L. Q. 634, 634 (1933)(将《现代公司与私有财产》描述为“从根本上说是根据收集到的数据,对同一问题的进一步、更详细和最新的研究”,雷普利曾在之前的著作中探讨过这一问题,并指出伯利和米恩斯承认“他们欠雷普利的情”).

版的《主街和华尔街》(*Main Street and Wall Street*)一书中,雷普利对比了股东委托投票和股东"被动参与管理",并对"将股票广泛分配给员工和公司产品的消费者"——这可能指的是女性[351]——如何"突出"了"普通股东"的"无效性"表示遗憾。[352] 在同一本书中,雷普利公开蔑视女性股东,认为她们"没有受过良好的训练——只因性别这个毫无意义的问题——不适合直接管理"公司。[353] 伯利和米恩斯并没有对女性股东表示同样的公开蔑视,但他们称小股东不负责任,并将现代的、广泛持股的公司与早期的公司资本主义进行了对比,后者"股东人数很少;他们可以并且确实参加了会议;他们是(男性)商人;他们的投票意义重大"[354]。

当然,同时代的读者可能会把"被动"这个词理解为"女性化"。在当时,被动性与对女性的刻板印象密切相关,通常与男性的"积极"性格形成对比。[355] 1922 年,一位演讲者在《华盛顿邮报》(The Washington Post)上发表的讲话中说:"被动是女性的强大力量。"[356] 直到 1989 年,

---

[351] 参见前文第二部分第四节。

[352] See Ripley, 同前注〔57〕, at 94, 108;同上注, p. 97(描述了"公司股东的温顺").

[353] 同上注, p. 129 – 30.

[354] Berle & Means, 同前注〔35〕, at 135 n. 14, 354. 关于早期对股东的道德批判, see Samuel Untermyer, *Reasons and Remedies for Our Business Troubles: An Address Delivered Before the Commercial Club and the Pittsburgh Industrial Development Commission at Pittsburgh* 15 (May 22, 1914)(认为股东"理应受到支配这些公司的人的这种待遇",因为他们"傲慢"和"犯罪的惰性").

[355] See For one example, see Kenneth E. Boulding, *The Organizational Revolution: A Study in the Ethics of Economic Organization* 92 (1953). See also, e. g., Nikki Mandell, *Will the Real Businessman/Businesswoman Stand Up?: The Historical Implications of Regendering Business Success in the Early Twentieth Century*, 15 ENTER. & SOC'Y 499, 501 (2014)(指出"女性天生被动"的假定如何在按性别隔离职业方面发挥作用). 从 19 世纪到至少 20 世纪中叶,在有关女性股东的讨论中,将女性描述为"弱势性别"的情况也很常见。For an example, see Charlotte A. Cleveland, *Report of the Finance Committee.*, WOMAN'S J., Nov. 25, 1876, at 379, 379[引用新泽西农民国民银行(Farmer's National Bank of New Jersey)行长卡尔(Carr)法官的话].

[356] *Woman's Work Passive Says Mrs. M'Cormick*, WASH. POST, Jan. 26, 1922, at 3 [引用艾迪斯·洛克菲勒·麦考密克(Edith Rockefeller McCormick)的话:"世界的工作是由两股力量完成的,积极的和消极的……女性代表铁路的铁轨——消极力量,而男人则是发动机,即积极力量"].

《牛津英语词典》(Oxford English Dictionary)还明确定义了"被动",其中定义为"与女性角色有关或与女性角色特征有关"。[357] 在20世纪初的几十年里,女性天生被动的观念在确定女性可从事的有偿工作类型和职业道路方面发挥了重要作用。[358]

当然,在20世纪10年代、20年代和30年代,大公司的股东往往不参加年会,提交委托书,或以其他方式参与股东治理。在伯利和米恩斯之前,这通常被描述为"缺席持股"(absentee shareholding),这归因于公司法和惯例,如亲自出席股东大会和委托制度,使股东参与变得极为困难。[359] 伯利和米恩斯将"被动"股东(女性)的崛起与缺席持股的治理问题混为一谈。

无论如何,我们有很多理由怀疑小股东是否选择了不参与公司治理。该时期的证据表明,小股东试图参与其中。1913年,美国还原和精炼公司(U. S. Reduction and Refining Company)的年会只有一位女性股

---

〔357〕 See Passive, OXFORD ENG. DICTIONARY (2d ed. 1989). 1933年出版的早期版本省略了对"女性"的提及,但包含了与第二版类似的定义,将"被动"理解为"在没有抵抗或反对的情况下接受或接受某物;容易屈服于或服从于外力或影响,或他人的意志;顺从"。Passive, OXFORD ENG. DICTIONARY (1sted. 1933); see also Passive, Century Dictionary: An Encyclopedic Lexicon of The Eng. Language (rev. and enlarged ed. 1914)(将"被动"定义为,除其他外,"接受;不抵抗;不反对;不抵抗地接受或承受:如,被动服从").

〔358〕 正如一位历史学家所说,"性别分析揭示了工作场所等级制度中女性处于下层、男性主宰上层的自然化过程"。Mandell, 同前注〔355〕, at 501-02.

〔359〕 See, e. g., Louis D. Brandeis, *Cutthroat Prices—The Competition That Kills*, HARPER'S WKLY., Nov. 15, 1918, at 10, 12(描述了"拥有无数雇员、缺席所有权和金融家控制权的巨型公司"对"我们的民主构成了严重威胁"); Thorstein Veblen, *Absentee Ownership and Business Enterprise in Recent Times: The Case of America* 4 (1923); Sears, 同前注〔58〕, at 216(指出"典型股东的缺席和冷漠态度"); 同上注, p. 8[引用社会科学家亨利·沃德(Henry Ward)的用语]; cf. Lucian A. Bebchuk & Assaf Hamdani, *Federal Corporate Law: Lessons from History*, 106 COLUM. L. REV. 1793, 1804 (2006)(将股东的"被动性"部分归因于"背景法律规则通常使股东难以干预"). 即使在他对路易斯K.利格特公司(Louis K. Liggett Co.)诉李(Lee)案的史诗般的异议中,布兰代斯(Brandeis)大法官反复引用并赞同伯利和米恩斯关于所有权与控制权分离的观点,但他继续避免使用"被动性"的措辞。See 288 U. S. 517, 568-69 (1933) (Brandeis, J., dissenting)(保留"缺席所有权"一词); Douglas, 同前注〔339〕, at 1317(使用"缺席所有权"而非"被动所有权").

东到场,《华尔街日报》发表了一篇短文,描述了她正在寻找公司的高管和董事没有举行的会议。[360] 在随后的几十年里,随着持股比例的扩大,股东大会的出席率也不断攀升。例如,早在1945年,美国国际电话电报公司的股东就曾因(会场)空间不足而被拒之门外。[361] 由于越来越多的股东希望积极参与辩论,会议的时间也越来越长。[362] 1952年,《华尔街日报》的一名记者随机采访了3名前来参加标准石油公司在印第安纳州举办的年会的股东,其中一位女士驱车350英里前来参加会议。[363]

---

〔360〕 See U. S. Reduction & Refining: Annual Meeting, Supposed to Be Held in Jersey City, Did Not Materialize, WALL ST. J., Apr. 28, 1913, at 6.

〔361〕 See Labor Group's Plans Lose at A. T. &T. Meet, WASH. POST, Apr. 19, 1945, at 14(描述了"大约50到100名"股东"无法进入美国国际电话电报公司的会议室——挤得水泄不通"). 美国国际电话电报公司1949年的会议只有700名股东参加,到1953年,数百名股东被派往分会场观看电视会议。*For Whom the Bell Toils*, COUNCIL COMPASS (Council of W. Elec. Tech. Emps., Newark, N. J.), May 1949, at 1, 1; *A. T. &T. Holders View Annual Meeting on TV*, WALL ST. J., Apr. 16, 1953, at 20. 1953年的出席人数报告从1200人到1800多人不等。Compare *A. T. &T. Holders View Annual Meeting on TV*, supra, with *Wish You Were Here*, COUNCIL COMPASS (Council of W. Elec. Tech. Emps., Newark, N. J.), May 1953, at 1, 1, 3. 美国国际电话电报公司在新泽西州纳特利的马戏团帐篷里举行了1953年年会。I. T. &T. Takes Annual Meeting to Stockholders, WALL ST. J., May 6, 1955, at 9. 同年,美国航空公司在拉瓜迪亚机场的机库中召开了年会;有1800名股东参加。*The Stockholder's Voice*, WALL ST. J., May 22, 1953, at 4. "每年都有越来越多的股东参加年会",美国通用电气公司的一位高管在1954年说道。Doyle F. Smee, *Mr. Stockholder*: Encouraged by Industry, He Plays a Bigger Part at Annual Meetings, WALL ST. J., Apr. 19, 1954, at 1. 当年,该公司的"庞大"会议接待了2455名股东。Alfred R. Zipser, Jr., G. E. Profits Set Peak in Quarter at $48,029,000, Up 42% in Year, N. Y. TIMES, Apr. 21, 1954, at 45. 尽管有些会议有数千名股东参加,但出席者仅占股东总数的一小部分。1949年,《华尔街日报》指出,"出席人数稀少、评论寥寥无几仍是大多数公司会议的典型特征"。*Owners Arise! Annual Meetings Draw Record Attendance and Pointed Questioning*, 同前注〔218〕.

〔362〕 例如,美国国际电话电报公司的1948年年度股东大会长达两个小时。*Corporate Democracy*, COUNCIL COMPASS (Council of W. Elec. Tech. Emps., Newark, N. J.), May 1948, at 1, 6-7. 1949年的会议持续了四个半小时。*Owners Arise! Annual Meetings Draw Record Attendance and Pointed Questioning*, 同前注〔218〕. 其1950年的年会持续了将近七个小时。950 at Its Stockholders' Meeting, a Record in History of A. T. &T., N. Y. TIMES, Apr. 20, 1950, at 45.

〔363〕 See Pickets Bar Holders of Indiana Standard from Annual Meeting, WALL ST. J., May 2, 1952, at 2.

1961 年,2 万名股东出席了美国国际电话电报公司在芝加哥举行的年度股东大会——人数超过了棒球赛季开幕时的出席人数。[364] 许多类似的故事表明,尤其是在大萧条之后,股东们一直在努力探索如何参与大公司的治理,但没有找到明确的方法。[365] 在此期间,大多数小股东并没有持有多元化的股票组合。[366] 由于只在少数几家公司拥有治理权,股东就有可能把注意力集中在经济公民权上。公司治理实践阻碍了他们的参与,缺乏交通和通信技术(这些技术可能允许远方的股东出席会议或投票表决自己的股份)阻碍了他们的发展。

被动论对美国公司治理理论和法律的演变产生了持久的影响。[367] 通过将分散股权定性为内在被动,伯利和米恩斯对被动股东比喻的普及使人们无法认真考虑公司法是如何阻止小股东参与治理的。[368] "被动"一词本身已被广泛应用于公司法和证券法的法学研究中,其含义广泛适用于公司董事会、股东和投资策略。例如,弗兰克·伊斯特布鲁克(Frank Easterbrook)和丹尼尔·菲舍尔(Daniel Fischel)提出了收购法中的"管理被动规则"。[369] 最近的一种学术趋势将指数投资描述为"被

〔364〕 See Sylvia Porter, *Sylvia Porter Says: Annual Meetings Taking On More Serious Aspect*, RICH. TIMES - DISPATCH, Mar. 28, 1963, at 43.

〔365〕 例如,股东积极主义者推动召开地区股东大会,以鼓励更多股东参与。通用磨坊公司于 1939 年和 1940 年在纽约、旧金山、底特律和洛杉矶等大城市举行了首次此类会议。公司报告称,旧金山地区约有一半的股东参加了在该市举行的会议。See Lon Hughes, *General Mills, Inc.*, *Stockholders Meet Here*, S. F. EXAM'R, Dec. 12, 1939, at 29(注意到通用磨坊公司的股东有一半以上是女性); *Owners Invited*, TIME, Jan. 29, 1940, at 59, 60(结论是"这一实验似乎更有可能证明,现代股东虽然是公司的受益者,但大多完全无法扮演老式的经营者角色").

〔366〕 同前注〔41〕。

〔367〕 1932 年《现代公司与私有财产》出版后,股东的被动性成为公司法和公司理论的一个重要主题。See, e. g., Chester Rohrlich, Law and Practice in Corporate Control 8 (1933)(描述了"主动控制和经营公司的人与被动等待分红的人之间的分离").

〔368〕 伯利和米恩斯在书中讨论了公司法的变化,这些变化剥夺了股东的权力。Berle & Means, 同前注〔35〕, at 153 - 88. 然而,他们并不赞成修改公司法以重新赋予股东权力。

〔369〕 See Easterbrook & Fischel, 同前注〔342〕, at 1177 - 78, 1198 - 99.

动”投资。[370] 在一篇颇有见地的文章中,阿德里亚娜·罗伯逊(Adriana Robertson)认为,将股票市场指数描述为“被动”掩盖了关于它们的重要事实。[371] 包括伯纳德·布莱克(Bernard Black)在内的一些学者认为,“公司治理的标准模式夸大了被动性”[372]。

20世纪70年代法经济学运动兴起,它接受了股东的被动性,并将其重新塑造为“理性冷漠”。这种观点认为,分散股东的“自然”被动性证明了“搭便车问题”,可以用经济人(homo economicus)的激励机制来解释。[373] 在20世纪80年代,弗兰克·伊斯特布鲁克和丹尼尔·菲舍尔解释说:

多数股东是寻求流动性持股的被动投资者。他们对公司管理兴趣不大,也没有动力去了解管理的细节……因为其他股东可以免费蹭任何一位股东的“监督”,因此每位股东都认为被动符合自身利益。[374]

伯利和米恩斯将被动性问题化,将其视为应受指责的股权贬值,证明股东丧失特权是合理的。法经济学运动将被动性重新想象为过度扩张、追求福利最大化的投资者的理性决策。[375] 被动已经不再是一个问题,而已经成为一个问题——“资源有限”的问题的解决方案。一旦以

---

〔370〕 See, e. g., Jill Fisch, Assaf Hamdani & Steven Davidoff Solomon, *The New Titans of Wall Street: A Theoretical Framework for Passive Investors*, 168 U. PA. L. REV. 17, 19, 58 (2019)(将“被动管理基金”描述为“不会作出基于信息的交易决策”的基金); See generally Dorothy S. Lund, *The Case Against Passive Shareholder Voting*, 43 J. CORP. L. 493, 494 (2018)(将“被动管理基金”描述为“被动基金”); Fichtner et al., 见前注〔38〕, at 298-99(使用“被动管理基金”一词指“廉价的指数共同基金和交易所交易基金”,这些基金“寻求复制股票指数,同时最大限度地降低费用率”).

〔371〕 See Adriana Z. Robertson, *Passive in Name Only: Delegated Management and "Index" Investing*, 36 YALE J. REG. 795, 797 (2019)(“美国股市指数远非被动,而是代表了其管理者深思熟虑的决策”).

〔372〕 Black, 同前注〔290〕, at 822.

〔373〕 See Black, 同前注〔282〕, at 522(“大多数现代公司学者,尤其是那些具有法经济学倾向的学者,认为股东的被动性是不可避免的”).

〔374〕 See Easterbrook & Fischel, 同前注〔342〕, at 1171.

〔375〕 See, e. g., John C. Coffee, Jr., Robert Jackson, Jr., Joshua R. Mitts & Robert E. Bishop, *Activist Directors and Agency Costs*, 104 CORNELL L. REV. 381, 443 (2019)(“被动投资者之所以被动,是因为他们在逻辑上更倾向于流动性而非控制权”).

这种方式重新认识,被动似乎就变得合理,甚至是可取的了。[376] 公司法不再需要担心如何解决股东被动性问题,而可以专注于降低代理成本。商法学者开始反思"理性被动"股东的问题。[377] 反过来,股东的理性被动导致了他们降低控制权;法经济学学者解释说,理性股东唯一关心的是股价。[378]

20 世纪六七十年代中介机构的兴起使投资从散户持股中转移出来,不仅掩盖了股东的性别,还使男性投资管理人重新获得投票控制权。它还鼓励将多元化作为一种投资策略,这将"理性被动"的股东变成了自我实现的预言。在 1960 年以前,大多数股东持有相对较少的公司的股票,而多元化投资者持有许多公司的股票。随着其股票投资组合中公司数量的增加——在缺乏集体行动机制的情况下——普通投资者最终确实持有太多公司的股票组合,无法积极参与所有公司的股东治理。[379] 因此,不重视公司层面的治理最终确实成为现代投资的一个特点。

今天,商法学者将管理资本主义时代描述为一个小股东同时缺乏参与公司事务的"能力"和"倾向"的时代。[380] 这一历史版本忽略了在公

---

[376] See, e. g. , Stephen M. Bainbridge, *In Defense of the Shareholder Wealth Maximization Norm: A Reply to Professor Green*, 50 WASH. & LEE L. REV. 1423, 1430 n. 20 (1993)(认为在"大公司"中"要求股东积极参与公司管理"将"导致混乱").

[377] See Gilson & Gordon, 同前注〔280〕, at 895("与标准的伯利 - 米恩斯范式一样,受益所有人在理性上是被动的;治理权对他们来说价值不大").

[378] 拉尔夫·温特(Ralph Winter)在 1977 年告诉参议院的一个小组委员会,"美国的绝大多数股东并不认为股东权力对他们来说是一个非常重要的问题,当然也不认为股东权力与他们的投资收益有什么直接关系"。*The Role of the Shareholder in the Corporate World*: Hearings Before the Subcomm. on Citizens and S' holders Rights and Remedies of the S. Comm. on the Judiciary, 95th Cong. 80 (1977) (statement of Ralph K. Winter, Jr. , Professor of Law, Yale University); see also James D. Nelson, *The Freedom of Business Association*, 115 COLUM. L. REV. 461, 497 (2015)(指出股东的被动性"导致个人股东重视他们投资的公司,主要甚至完全是为了这些公司承诺的工具性财务回报").

[379] See One articulation of the standard view is found in Bainbridge, 同前注〔378〕, at 1430 n. 20("股东希望成为持有多种股票的被动投资者。完全分散投资的股东既没有时间也没有资源去积极监督某家公司的经营情况或其他股东的偿付能力").

[380] See Brian R. Cheffins, *The Rise and Fall (?) of the Berle – Means Corporation*, 42 SEATTLE U. L. REV. 445, 447 (2019); Easterbrook & Fischel, 同前注〔342〕, at 397(指出伯利和米恩斯认为"被动投资者既没有意愿也没有能力进行管理").

司治理理论的早期发展过程中,性别偏见可能影响了人们对股东的看法——股东的能力及其是否适合股东治理。关于小股东"不负责任"、[381]"温顺"、[382]"懒散"、[383]"软弱"、[384]需要教育[385]以及"没有资格挑战管理层的判断"[386]的观点与对女性的负面刻板印象如出一辙,而女性在小股东中占有很大比例。有证据表明,"被动的女性—积极的男性"这一刻板印象甚至扭曲了人们对分子生物学的科学认识。[387] 可以毫不夸张地得出这样一个结论,历史上这一时期普遍存在的性别偏见促使男性公司领导人认为小股东不适合在股东治理中发挥作用,部分原因是其中有如此多的女性。

如今,几乎没有任何迹象表明被动股东的比喻保留了性别编码的含义。21 世纪的公司法学者在论述"被动股东"时,不太可能有意赋予该词性别歧视的含义。然而,公司法理论将受益于对文献中如此普遍的被动与主动二分法的深入思考。这种二分法可能掩盖了一些股东对积极参与上市公司管理的兴趣。事实上,对这一比喻的性别起源的思考可能会揭示股东积极主义目前(和正在兴起)的流行趋势,这一趋势破坏了股东只关心股票价格的传统观点,而这一观点通常被认为是事实。

---

[381] See Berle & Means, 同前注[35], at 354.

[382] See Sears, 同前注[58], at 62.

[383] 同上注。

[384] See Eugene V. Rostow, *To Whom and For What Ends Is Corporate Management Responsible?*, in THE CORPORATION IN MODERN SOCIETY 46, 54 (EdwardS. Mason ed., 1959).

[385] See Slocum, 同前注[244], at 10.

[386] *Corporate Democracy*, COUNCIL COMPASS (Council of W. Elec. Tech. Emps., Newark, N. J.), Jan. - Mar. 1954, at 4, 4.

[387] 例如,生物学家多年来一直误解受精过程,因为他们认为(男性)精子是受精过程中的攻击者,而(女性)卵子只是"被动"的接受者。20 世纪 80 年代的研究推翻了这种将人类行为定型归因于分子过程的描述。See Evelyn Fox Keller, *Gender and Science: Origin, History and Politics*, 10 OSIRIS 27, 34 - 35 (1995) [quoting Emily Martin, *The Egg and the Sperm: How Science Has Constructed a Romance Based on Stereotypical Male - Female Roles*, 16 J. WOMEN CULTURE & SOC'Y 485, 489 (1991)]; Martin, supra, at 492 [描述了错误的叙述如何"在约翰霍普金斯大学(Johns Hopkins University)的生物物理学实验室中被改写——将卵子从被动方转变为主动方"].

(三)性别与利益相关方

伯利和米恩斯在书的结尾处问:谁应该获得工业的利润?[388]他们的回答体现了商业法中的一种发展趋势,即把公司领导人塑造成"工业政治家",并授权他们根据他们自己对社会最佳利益的理解来经营公司。[389]

伯利和米恩斯不仅认为被动股权是"不负责任的",而且认为"被动财产的所有者通过放弃对主动财产的控制和责任,放弃了公司应以其唯一利益经营的权利"[390]。换句话说,伯利和米恩斯认为,股东的被动性证明了不再将股东利益视为首要利益的合理性,从而开辟了股东利益从属于其他群体(如员工和消费者)利益的可能性。作为对股东被动性的惩罚,伯利和米恩斯将股东从公司中心转移到边缘,并赋予公司管理者平衡股东利益与其他利益相关者利益的权力。这是股东权利的重大损失,伯利和米恩斯也承认了这一点。

将股东利益从首要地位降到与员工和其他利益相关者利益同等的地位,在今天被称为"利益相关者主义"。[391] 尽管"利益相关者主义"一词在管理资本主义时期没有被使用,但那个时代的许多公司领导人和公

---

[388] See Berle & Means, 同前注[35], at 340 - 44.

[389] See Henry Hansmann & Reinier Kraakman, *The End of History for Corporate Law*, 89 GEO. L. J. 439, 444 (2001)(描述了"20 世纪 30 年代至 60 年代一个重要的规范性思想,该流派推崇赋予大型商业公司管理者大量自由裁量权的优点",这些管理者将"引导商业公司以服务于公众利益的方式行事"); Herrymon Maurer, *Great Enterprise: Growth and Behavior of the Big Corporation* 268 (1955)[将美国通用电气公司董事长欧文·杨(Owen Young)述为"工业政治家"].

[390] Berle & Means, 同前注[35], at 354 - 55; 同上注, p. 356(指出控制集团"已将社会置于要求现代公司不仅为所有者或控制者服务,而且为全社会服务的地位").

[391] 关于利益相关主义及其含义的讨论, See generally Kevin V. Tu, *Socially Conscious Corporations and Shareholder Profit*, 84 GEO. WASH. L. REV. 121, 123, 127 - 32 (2016)(将利益相关主义定义为:由于公司"对社会负有更广泛的义务。董事应考虑员工、客户、债权人、环境和社区等非股东利益相关者的利益,并平衡这些利益与利润目标").

司法学者支持那些在今天被称为“利益相关者价值观”的观点。[392] 伯利和米恩斯写道，对上市公司的控制“几乎是必要的”，要使其“发展成为一个纯粹中立的技术官僚机构，平衡社会不同群体的各种诉求，并根据公共政策而非私人贪婪分配给每个群体一部分收入”[393]。

一旦我们将资本女性化推向前台，伯利和米恩斯对“被动”股权的描述——它削弱了股权，股东的被动证明了他们利益的从属性——似乎就强化了那个时代普遍存在的性别偏见的主题。[394] 在接下来的几十年里，被动性理论为管理者掌握公司控制权以及公司资源从股东向其他群体（如劳工）转移提供了理由。在这两种情况下，权力和盈余都从包括许多女性的群体转移到只有少数女性的群体。

2019年8月，商业圆桌会议发表了一份由181位顶级公司的首席执行官签署的公开声明，将利益相关者主义重新纳入全国性对话。[395] 该声明表达了为公司所有利益相关者而不仅仅是股东创造价值的承诺。针对商业圆桌会议的声明以及随后发生的事件（包括新冠疫情和2020年股市暴跌），越来越多的文献对公司治理的利益相关者理论进行了研究。[396] 这些文献明确指出，与管理资本主义时期流行的利益相关者理

---

〔392〕 关于利益相关者价值观的早期阐述，Marple，同前注〔215〕，at 12（“美国孟山都公司或任何其他由成千上万人和组织拥有的公司的管理职能，就像民主国家的管理职能或政府职能一样——符合每一个相关者的利益”）. 关于“利益相关者价值观”一词最近的使用情况，see Jayne W. Barnard, *At the Top of the Pyramid: Lessons from the Alpha Women and the Elite Eight*, 65 MD. L. REV. 315, 316, 318 (2006)［制订和讨论“利益相关者敏感性指数”（资本变化）］.

〔393〕 Berle & Means，同前注〔35〕，at 356.

〔394〕 See Cf. Mandell，同前注〔355〕，at 503（注意到“维多利亚时代将男子气概与公司独立相提并论，而20世纪则将男子气概与管理地位相提并论”）.

〔395〕 See *Our Commitment*, BUS. ROUNDTABLE (Aug. 19, 2019), https://perma.cc/65QU-S4DG; see also Cathy Hwang & Yaron Nili, *Shareholder-Driven Stakeholderism*, UNIV. CHI. L. REV. ONLINE (Apr. 15, 2020), https://perma.cc/M4RP-QZTB.

〔396〕 See Hwang & Nili，同前注〔395〕；Colin Mayer, *Shareholderism Versus Stakeholderism—A Misconceived Contradiction* 1 (ECGI Working Paper Series in L., Working Paper No. 522/2020, 2020); Lucian A. Bebchuk & Roberto Tallarita, *The Illusory Promise of Stakeholder Governance*, 106 CORNELL L. REV. 91, 94 (2020).

论一样,这种新的利益相关者理论通过公司治理来表达权力。[397] 它提出了一种关于公司盈余应如何分配以及公司内部谁的利益应占主导地位的理论。在评估有关利益相关者利益的新主张时,公司理论家应回顾资本的女性化,并考虑通过公司治理表达权力的性别性质。即使在今天,女性在公司管理者中也只占很小的比例,[398] 这表明,赋予公司管理者权力的利益相关者方法将产生性别化的结果。但是,重新平衡股东和管理者之间的权力对性别的影响还没有得到很好的理论解释,尤其是因为机构投资者也是由男性管理者主导的。

(四)性别与"普通"股东

最早应用于公司法的经济学推理大多建立在对"普通"股东利益的假设之上。贝莱斯·曼宁(Bayless Manning)在 1958 年断言"普通投资者"是"经济投资者","普通股对普通投资者的吸引力在于其独特的经济特征——更大的回报、投机潜力和通胀对冲"[399]。此外,"理性投资者"的原型给金融监管蒙上了一层阴影。[400] 女性符合这些范例吗?随着股东中的女性数量增长超过男性,商业专家延续了股票以男性为主的神话,避而不谈"故事的数据支撑"。[401] 像曼宁这样的顶尖商业专家,根据他们自己对"普通投资者"身份的假设进行推理,鉴于女性大量持股的现实,我们可能会问,女性被排除在故事之外是否重要。

---

[397] See, e. g., Grant M. Hayden & Matthew T. Bodie, *Reconstructing the Corporation: From Shareholder Primacy to Shared Governance* 159 (2020)(认为"利益相关者理论似乎满足于当前的权力结构").

[398] See Aaron A. Dhir, *Challenging Boardroom Homogeneity: Corporate Law, Governance, and Diversity* 37 (2015)("占人口微弱多数的女性在《财富》500 强董事会中占据的席位略低于 17%,仅占董事会主席职位的 3.1%").

[399] Manning, 同前注〔250〕, at 1492.

[400] See Tom C. W. Lin, *Reasonable Investor(s)*, 95 B. U. L. REV. 461, 466 – 68 (2015); Joan MacLeod Heminway, *Female Investors and Securities Fraud: Is the Reasonable Investor a Woman?*, 15 WM. & MARYJ. WOMEN & L. 291, 293 (2009).

[401] See Livingston, 同前注〔229〕(承认"统计数字的一面",但认为"许多女性只是名义上拥有股票",因为"我们社会中的女性有足够多的工作——养育子女和操持家务").

1. 塑造男性持股形象

在20世纪50年代和60年代,许多重要的商业组织将持股问题错误地描述为男性的事业。这样的例子比比皆是。1955年,三家重要的公司公开庆祝了具有里程碑意义的股东的加入,就像美国国际电话电报公司在1951年庆祝了其第100万名股东的加入一样。[402] 这些公司是通用汽车公司、新泽西标准石油公司和美国通用电气公司,这三家公司都选择了一名男性股东来庆祝,尽管这三家公司的女性股东都多于男性股东。事实上,这三家公司具有里程碑意义的股东都有一组特殊的人口统计学特征:他(he)是白人、已婚、年轻人和中产阶级,并且在这些特征中,至少有两家公司强调的是孩子的父亲。[403] 新泽西标准石油公司庆祝了其第30万名股东的加入——俄克拉何马州一家子公司的23岁的白人男性员工——而在年会上拍摄的照片中,他与不具名的妻子在一起[404]。

然而,在同一次会议的晚些时候,新泽西标准石油公司的总裁承认,公司的股东中女性多于男性,“以相当大的多数”。[405] 所有这些公司都在通过将其“普通”股东描述为男性来积极塑造公司的公众形象。

纽约证券交易所1962年的股东普查提供了另一个例子。股东普查的主要结果之一是,女性股东的数量超过了男性股东。读者翻开光鲜亮丽的报告页面,会发现有7个人的照片(略),他们的形象在整个出版物

〔402〕 同前注〔1〕—〔2〕。

〔403〕 通用汽车公司的第50万名股东在年会上与他未透露姓名的妻子和儿子一起接受了表彰。See GEN. MOTORS CORP., *Proceedings at Annual Meeting of Stockholders* 25 – 26 (1955). 新泽西标准石油公司的第30万名股东在该公司的年会上受到表彰,董事长在会上明确表示,他19个月大的女儿与祖父母一起留在家中。See STANDARD OIL CO. (N. J.), *73rd Annual Meeting* 12 (1955). 美国通用电气公司在一次广告活动中宣传其第300位股东威廉·罗伊施(William Roesch)的庆祝活动,但没有包括他和妻子是否有子女的信息。广告刊登在1955年7月至12月的《大西洋月刊》(Atlantic Monthly)和1955年5月29日的《纽约时报》上。Gen. Elec. Co., Advertisement, Highlights from a Report to the Largest Meeting of Share Owners Ever Assembled, ATL. MONTHLY, July – Dec. 1955, at 5 – 6; Gen. Elec. Co., Advertisement, Highlights from a Report to The Largest Meeting of Share Owners Ever Assembled, N. Y. TIMES, May 29, 1955, at 112.

〔404〕 See STANDARD OIL CO. (N. J.), 同前注〔403〕, at 12(描绘这对夫妇).

〔405〕 同上注, p. 15.

中反复出现,标题解释说:“在许多方面,这本小册子中出现的七个人的照片是当今美国股票持有者的缩影。”[406]但照片上的7位股东中,有6位是男性。

这些照片严重扭曲了读者对美国持股性别构成的印象。显然,这样做的目的是把持股说成是男人的事,尽管该刊物自己的研究通过实证证明,大多数个人股东是女性。

2. 女性在性别平等方面的经济利益

作为股东,女性的利益过去(现在)可能与男性的利益相似。[407] 但女性股东至少在一个记录在案的领域表达了特殊的兴趣:有关性别平等的公司政策。特别是在第二次世界大战后,女性股东利用股东积极主义试图为女性开辟公司管理机会。20世纪初,女性普遍遭受经济歧视,这促使她们作为公司的“所有者”,在公司内部追求如今被广泛认为的“社会”目标。[408]

例如,除了让女性进入董事会的运动之外,积极主义者索斯还对要求女雇员在55岁退休的公司政策提出挑战——这比男性退休年龄早了10年,比女性有资格领取社会保障福利的年龄早了5年。虽然女性股东的努力最终未能使公司董事会向女性开放,但有证据表明,积极主义者成功地改变了一些公司基于性别的退休政策。[409]

关于“普通”股东的假设抹杀了女性,也抹杀了股东治理中的这些“社会”利益。当贝莱斯·曼宁(Bayless Manning)断言“普通投资者”是“经济投资者”时,他可能是正确的,但他错就错在假定这种利益仅限于股票价格[410]和经济回报。那个时代基于性别的不公平公司政策对女

---

[406] N. Y. STOCK EXCH., THE 17 MILLION, 同前注〔224〕, at i.

[407] 本文的研究没有发现20世纪上半叶按性别进行的股东权益研究。

[408] See, e. g., Virginia Harper Ho, *Risk – Related Activism: The Business Case for Monitoring Nonfinancial Risk*, 41 J. CORP. L. 647, 650 (2016)(将董事会多样性描述为“通常被认为是小众投资者的‘社会’目标”的几个主题之一).

[409] See *Women Stockholders Ready for New Fight*, DAYTON DAILY NEWS, Sept. 2, 1951, at 2(描述了新泽西标准石油公司就女性强制退休年龄问题的斗争,最终公司将年龄要求提高到60岁);Standard Oil CO. (N. J.), 70*th Annual Meeting* 15 – 17 (1952)(纪念股东大会上关于将女性法定退休年龄提高到65岁的讨论).

[410] See Manning, 同前注〔250〕, p. 1492.

性而言是经济问题。

(五)女性与公司控制

本文开篇介绍了美国国际电话电报公司1951年召开的股东大会,会上女性股东以女性在该公司大量持股和就业情况为由,要求董事会有女性代表。[411] 至少从1910年起,美国国际电话电报公司的女性股东数量就超过了男性,而且至少从1933年起女性股东就一直要求董事会性别多元化。[412] 然而,女性股东等待了将近40年,才等到管理层提名第一位女性候选人进入美国国际电话电报公司董事会,而这显然是对该公司备受瞩目的性别歧视指控的回应。[413] 美国国际电话电报公司的故事揭示了在20世纪的大部分时间里,当女性股东试图利用其持有的大量股份在上市公司中获得管理权力时所面临的持久抵抗。

1949年,高盛集团董事长以及美国通用电气公司等30多家大公司的董事西德尼·温伯格(Sidney Weinberg)在《哈佛商业评论》上写道,他认为"没有理由不把有能力的女性选入董事会,尤其是现在一些公司的女性股东比男性股东还多"[414]。温伯格曾在通用食品公司董事会与马乔里·波斯特·戴维斯(Marjorie Post Davies)并肩工作多年,后者是

---

[411] 同前注[9]—[27]。

[412] 同前注[7];Merryle Rukeyser, *Women Would Aid Business as Directors*, PITT. SUN TELEGRAPH, Apr. 18, 1933, at 25.

[413] 美国国际电话电报公司管理层提名进入董事会的第一位女性是凯瑟琳克利里(Catherine Cleary)。See Gene Smith, *Woman Nominated to A. T. & T. Board*, N. Y. TIMES, Feb. 18, 1972, at 47. 当时,美国国际电话电报公司正在与备受瞩目的女性就业歧视指控作斗争。See Abbott Combes, *EEOC Bias Report Calls AT&T "Largest Oppressor of Women"*, WASH. POST, Dec. 2, 1971, at A1; FCC Orders Hearing on Charges That AT&T Discriminates in Hiring, WALL ST. J., Jan. 22, 1971, at 10.

[414] Sidney J. Weinberg, *A Corporation Director Looks at His Job*, 27 HARV. BUS. REV. 585, 587 (1949). 温伯格继续说道:"此外,作者认为最好能了解女性的观点,特别是对于直接与女性客户打交道的公司而言。"同上。根据温伯格的讣告,他"非常受欢迎,曾一度担任31个董事会的董事,其中大多数是最蓝筹的公司"。Alden Whitman, *Sidney J. Weinberg Dies at 77; "Mr. Wall Street" of Finance*, N. Y. TIMES, July 24, 1969, at 1.

美国大型公司的首批女董事之一。[415] 戴维斯因带领通用食品公司成为冷冻食品行业的先驱(获利颇丰)而备受赞誉,她于1936年获得了通用食品公司董事会的席位,因为她是该公司最大的股东。[416]

在20世纪50年代初,国际汇款公司和美国无线电公司两家大型上市公司,应女性股东的要求,在董事会中增加了一名女性成员。自20世纪以来,国际汇款公司的股东一直按性别平均分配,但该公司正遭遇投资者的严重不满。[417] 1950年,在较为年轻的新总裁沃尔特·马歇尔(Walter Marshall)上任后不久,该公司董事会增加了托马斯·爱迪生(Thomas Edison)的女儿马德琳·爱迪生·斯隆(Madeleine Edison Sloane)为董事会成员。[418] 同年,在成为女性投资者的积极主义目标之后,[419]美国无线电公司将韦尔斯利学院前校长米尔德丽德·麦克菲·霍顿(Mildred McAfee Horton)纳入了其子公司国家广播公司(National Broadcasting Company)的董事会。[420] 霍顿的任期被认为是成功的,1951

---

〔415〕 通用食品公司1936年和1951年的年度报告显示,戴维斯和温伯格都是公司董事。GEN. FOODS CORP., 1936 *Annual Report* 11 (1937); GEN. FOODS CORP., 1951 *Annual Report* i (1952).

〔416〕 See *Sales and Earnings of General Foods Gain in 1st Quarter*, WALL ST. J., Apr. 9, 1936, at 1. 戴维斯作为首位女性加入通用食品公司董事会的消息登上了《华尔街日报》头版。同前注; see also *Mrs. Marjorie Merriweather Post Is Dead at 86*, N. Y. TIMES, Sept. 13, 1973, at 50.

〔417〕 See *Many Holders of Stocks*, 同前注〔78〕(报告称"国际汇款公司约有二分之一的股东是女性"); *European Holdings of American Securities*, WALL ST. J., Sept. 7, 1914, at 5(报道称1914年6月30日,国际汇款公司登记有14,144名股东,其中有7175名女性); *Shouting Enlivens Annual Meetings of Nation's Firms*, DES MOINES SUNDAY REG., May 8, 1949, at 55(以描述国际汇款公司年会上的"焰火"为开头); *Owners Arise! Annual Meetings Draw Record Attendance and Pointed Questioning*, 同前注〔218〕[描述了在国际汇款公司1949年的年会上,股东积极主义者路易斯·吉尔伯特(Lewis Gilbert)如何"询问国际汇款公司为何不应清算"].

〔418〕 See *First Woman Is Named to Western Union Board*, CHARLOTTE NEWS, Oct. 26, 1950, at 43; *Walter P. Marshall Elected President of Western Union*, CHI. TRIB., Dec. 22, 1948, at 39.

〔419〕 See Logan, 同前注〔27〕, p. 48(描述了索斯为提名一位女性进入美国无线电公司董事会所做的努力).

〔420〕 See *R. C. A. Elects Woman to Board of Directors*, BALT. SUN, Oct. 6, 1951, at 16.

年10月,美国无线电公司将霍顿纳入其董事会。[421]

因此,到1951年,三家大公司的董事会中都有了一名女性:一家是由于纯粹的持股实力(通用食品公司),另一家是拥有大量女性股东且股东表达不满的公司(国际汇款公司),还有一家显然是为了阻止女性股东积极主义运动而采取行动的公司(美国无线电公司)。

20世纪50年代,还有两家美国大公司因代理权争夺战而出现了女性董事。在这两起代理权争夺战中——1954年的纽约中央铁路公司代理权之争和1955年的蒙哥马利·沃德公司(Montgomery Ward)代理权之战——试图获得公司控制权的董事在其董事会名单中加入了一名女性,以吸引女性股东的选票。在纽约中央铁路公司,起义者赢得了胜利,莱拉·贝尔·艾奇逊·华莱士(Lila Bell Acheson Wallace)成为该公司的第一位女性董事。[422] 在蒙哥马利·沃德公司,现任总裁通过与卡车司机工会在最后一刻达成的协议保住了控制权,该工会承诺投票支持管理层。尽管如此,起义者还是在九人组成的董事会中赢得了三个席位。[423] 广告主管柏妮丝·菲茨·吉本(Bernice Fitz - Gibbon)当选了其中一个席位,但只任职了1年。[424]

大约在这个时候,"简阿姨"(Aunt Janes)一词成为小股东的常见俚语,反映了小股东中有很大比例是女性。[425] 虽然该词最终被贬义化,但它起源于纽约中央铁路公司代理权争夺战中的一个有利语境。为了在这场势均力敌的竞争中赢得控制权,罗伯特·杨(Robert R. Young)需

---

[421] See Id.; *Madam Director*, TIME, Oct. 15, 1951, at 112, 112.

[422] See David Karr, Fight for Control 34, 38 (1956).

[423] 同上注, p. 165 – 66.

[424] 同上注, p. 165, 168; Richard J. H. Johnston, 3 *of* 9 *Ward Seats Won by Wolfson*, N. Y. TIMES, May 4, 1955, at 23.

[425] See Karr, 同前注[422], p. 15, 27, 35, 38[讨论"简阿姨"(Aunt Janes)在纽约中央铁路公司代理权争夺战中的作用]; *Aunt Janes and Millionaires*, LIFE, June 7, 1954, at 34; Lewis D. Gilbert, *Dividends and Democracy* 7, 99 (1956). 到20世纪80年代,"简阿姨"和相关的"米莉阿姨"(Aunt Millie)已被视为贬义词。See, e. g., John Downes & Jordan Elliot Goodman, *Barron's Finance & Investment Handbook* 205 (2003)(将"米莉阿姨"定义为"对不成熟投资者的贬义词").

要该公司的女性股东投票支持他的收购要约。[426] 因此,他在董事会候选人名单中增加了一名女性,并赢得了选票。“杨的胜利证明,往往是‘简阿姨’掌握胜利的关键”,一位学者承认。[427]

20 世纪 50 年代初,女性如何在美国一些最重要的上市公司获得董事会席位的故事,揭示了性别和公司权力的一些重要问题。在 20 世纪中期,女性只有通过利用她们的股权,才能在公司董事会中获得代表权;公司控制权的争夺对女性来说是一个机会,但首先要通过男性公司领导人作出提名女性进入董事会的决定。在这些情况之外,女性对代表权的要求都遭到了源于性别偏见的抵制。[428]

事实上,有证据表明,女性对美国国际电话电报公司董事会代表权的要求,导致该公司停止了在公司报告中披露股东性别数据的长期做法。从 1910 年到 1950 年,美国国际电话电报公司每年都会在年报中公布女性股东的比例,只有少数例外。[429] 然而,在 1951 年 4 月的股东大会上,女性积极主义者引用了这一数据来支持她们对董事会性别多元化的诉求后,美国国际电话电报公司再次开始不公布股东中女性的比例——只有 1960 年的一次例外(公布)。[430] 这种不披露有助于掩盖美国国际电话电报公司股东的性别,也可能削弱了股东积极主义者提出女性董事会代表诉求的能力。

进入 21 世纪以来,越来越多的文献对上市公司董事会中缺乏女性

---

〔426〕 See Gerald M. Loeb, *It Is the Time of the Proxy*, EVENING SUN (Balt.), Apr. 22, 1968, at C5.

〔427〕 See Karr, 同前注〔422〕, p. 38.

〔428〕 关于董事会女性候选人性别偏见的例子,同前注〔153〕。

〔429〕 作者对美国国际电话电报公司 1900—1985 年的年度报告进行了审查,发现美国国际电话电报公司在 1910 年至 1926 年报告了其股东的性别信息;在 1927 年和 1928 年省略了按性别分类的数据;在 1929 年报告了股东的性别信息;在 1930 年和 1931 年省略了按性别分类的数据;然后在 1932 年至 1950 年持续报告了按性别分类的数据。1951 年初出版的美国国际电话电报公司 1950 年年度报告是除 1960 年年度报告之外最后一份包含股东性别数据的年度报告。AT&T 1950 ANNUAL REPORT, 同前注〔5〕, p. 15; AM. TEL. & TEL. CO., *Annual Report* 1960, at 7 (1961) (以下简称 AT&T 1960 ANNUAL REPORT)(报告称 42% 的股份拥有者为女性;21% 为男性;31% 为联名账户;6% 为“其他”).

〔430〕 AT&T 1960 ANNUAL REPORT, 同前注〔429〕, p. 7.

董事的问题进行了探讨。这些文献提出了一系列解释和解决方案,但很少从历史中寻找问题的线索。资本女性化为这一问题增添了新的维度,它表明,即使在女性被广泛认为在股东占重要甚至占主导地位时,社会力量和性别政治也限制了她们行使公司控制权的能力。资本女性化及其随后从记忆中抹去的现象,让我们看到了公司权力性别本质的长期问题。这些现象也揭示出,我们仍有重要的、令人惊讶的教训要从我们自己的历史中吸取。

四、结论

现代公司资本主义从一开始就涉及女性对股份所有权的实际参与。在20世纪公司资本主义的三个相互关系群体——劳动、资本和管理中,资本是第一个出现大量女性参与的群体。相比之下,女性直到20世纪下半叶才成为工薪劳动者的主要组成部分,直到20世纪末,女性劳动力人数才达到接近男性的水平。[431] 在同一时期,女性从未担任过相当比例的管理职位,尤其是在公司的高层。[432] 通过综合现代公司资本主义的历史,承认女性为主要股东群体,本文对公司法文献做出了重要的原创性贡献。它表明,股市的出现和发展改变了女性作为经济参与者的角色,让她们不仅有机会作为风险承担者为公司进行投资和融资,还可以通过股份投票参与公司管理,而且女性人数的不断增加和积极参与股东治理对同时代的公司领导人产生了影响。

---

〔431〕 See Victor R. Fuchs, *Women's Quest for Economic Equality* 12 (1988)("自1947年以来,女性在就业人口中所占的比例每年都在增加,只有1953年例外,当时只下降了微不足道的十分之二个百分点。从1947年的28%开始,1957年上升到32%,1967年上升到36%,1977年上升到41%,1987年上升到45%");*Civilian Labor Force by Sex*, U. S. BUREAU LAB. STAT., https://perma.cc/G87P-KGVC (archived Mar. 24, 2022)(根据当前人口调查数据显示,2000年女性占美国平民劳动者的46.5%).

〔432〕 See Terry Morehead Dworkin & Cindy A. Schipani, *The Role of Gender Diversity in Corporate Governance*, 21 U. PA. J. BUS. L. 105, 108 (2018)(指出在2017年,女性仅占财富1000强公司董事会席位的19.8%);Fuchs, 同前注〔431〕, p. 14(指出"大约三分之二"的女性在"高级专业和管理职业"中的增长发生在1975年之后).

女性在上市公司持股中的重要作用很可能影响了美国公司治理的发展道路。虽然本文并没有试图将这种影响的方方面面一一罗列,但它提出了一些切中现代公司法理论核心的基本问题。根据本文提供的历史证据,公司法必须重新审视一些熟悉的观点。所有权与控制权的分离真的是公司组织的核心划分吗?所有者必须是"弱者",而管理者必须是"强者"吗?在股东人口结构不断变化的情况下,公司法为何偏向于以市场为基础的解决方案,而不是以股东的集体行动作为遏制管理者权力的手段?持股条件真的天生就很被动吗?在美国上市公司中,女性股东人数首次超过男性股东人数近70年后,为何女性仍在很大程度上被排除在这些公司的管理层之外?历史记录表明,20世纪初女性大量拥有股份,塑造了现代公司法的轮廓,直到现在,这些轮廓一直被隐藏在人们的视线之外。

(编辑:朱锡俊　谢贵春)

征稿启事

《证券法苑》是上海证券交易所主办、面向国内外公开连续出版的法学学术著作,并已被中国社会科学评价中心收录为中文社会科学引文索引数据库(CSSCI)来源出版物。《证券法苑》致力于繁荣资本市场法治研究,弘扬资本市场法治理念,推动资本市场法治建设,促进资本市场健康稳定发展。

《证券法苑》坚持学术性与实践性并重、现实性和前瞻性兼顾,紧紧围绕我国资本市场的改革发展,密切关注资本市场法治动态,集中研究资本市场立法、监管执法和司法等法治活动,深入剖析资本市场法律制度和法律关系,积极探讨资本市场法治建设中的重点、难点、热点问题。

《证券法苑》设置"理论前沿""专题研究""名家论坛""热点追踪""制度研究""市场监管""域外法制""法学随笔""案例评析"等栏目,每卷根据实际情况略有不同。

2017 年起,《证券法苑》计划每季度出版一卷,视稿件质量全年出版 3~4 卷,诚邀各界惠赐稿件。现就征稿相关事项说明如下:

一、征稿范围

《证券法苑》选题范围包括:证券法、公司法、金融法等的法理研究,资本市场法治发展动态研究,资本市场监管的法律研究,资本市场创新的法律研究,资本市场典型法律案例研究,境外资本市场法律制度研究等。特别是,在党中央、国务院要求加强监管、防范风险、推动资本市场高质量发展的背景下,欢迎就中国特色资本市场监管与制度问题开展深入探讨研究。

参考选题如下(可不受此限):

1. *新《公司法》实施*:2023 年《公司法》修订通过后,上市公司控股股东、实际控制人等"关键少数"的规制路径,公司治理机构的职权与设置,非上市公众公司监管制度,股份发行与转让制度的改革方向,公司集团化趋势下的法律应对策略。

2. 发行上市全链条监管制度:注册制制度创新与实践评估,上市公司监管与退市、中介机构规范从业等制度的实践情况、法律问题与对策,注册制司法保障的法律问题探讨分析。

3. 信息披露制度:信息披露制度的完善方向,如何提高信息披露制度的针对性和有效性,如何界定和分配信息披露法律责任,自愿性信息披露制度的逻辑与完善建构。

4. 证券交易制度:多层次市场上市、交易、登记结算、转板制度体系完善,交易技术发展(另类交易、程序化交易、高频交易、暗池交易等)对传统证券交易制度的挑战与监管对策。如何通过交易制度设计与强化交易监管,助力投资者公平交易权益维护。

5. 证券监管执法机制:新形势下如何强化机构监管、行为监管、功能监管、穿透式监管、持续监管,近年来境外资本市场监管体系与制度的发展变化。从严打击证券违法行为过程中的法律适用与完善问题,如何实现监管执法“长牙带刺”、有棱有角。

6. 投资者保护制度:内幕交易、操纵市场行为民事赔偿责任制度构建,证券市场民事诉讼制度完善,证券市场多元化纠纷解决机制等投资者保护制度完善。强化全方位立体式追责,加强行政监管与民事赔偿、刑事追责的衔接机制。

7. 资本市场稳定发展法律制度:研究机构投资者等长期资金入市配套机制,场外衍生品对证券市场的影响评估与制度完善,证券市场风险监测、预防、化解与逆周期调节机制建设,以及证券市场稳定安全法律制度构建。

8. 资本市场制度型对外开放:红筹企业境内发行上市法律问题研究,证券法律冲突与域外法律适用,跨境监管协作机制构建。统筹开放与安全机制的法律问题研究。

二、投稿要求

1. 论文应当立论科学、论据充足、论证严密、层次清晰、语言流畅,尤其欢迎贴近市场脉搏、具有学术深度和实践应用价值的文章。稿件篇幅以一万字左右为宜,特别优秀稿件不受此限。

2. 投稿请发送至以下电子邮箱:zqfy@ sse. com. cn(建议投稿后电话确认)。所有投稿应符合国家著作权规定、公认学术规范和本书“编辑体例”要求(详见上海证券交易所官方网站 http://www.sse.com.cn/ “关于”栏目或《证券法苑》图书)。

3. 本书实行匿名审稿制度,作者投稿时请一律将作者简介(姓名、出生年月、工作单位、学位、职称、研究成果等)、通信方式(地址、邮编、电话、电子信箱等)以及文章是否某种课题成果等内容,另页单独注明,正文中不要出现任何个人信息。

4.《证券法苑》编辑部保留对来稿进行文字性和技术性修改的权利。《证券法苑》所载文章,均不代表上海证券交易所观点,文责由作者自负。除作者特别说明外,其文章均为其个人观点,与其所在单位、职务无关。

5. 向《证券法苑》投稿即视为授权本书将稿件纳入《中国学术期刊网络出版总库》及中国知网(CNKI)系列数据库、“北大法宝”(北大法律信息网)数据库、万方数据库以及本书确定的其他学术资源数据库,本书支付给作者的稿酬已包含上述数据库著作权使用费。如有异议,请在来稿时注明,本书将做适当处理。

6. 凡投给本书的稿件,请勿一稿多投。自投稿之日起 3 个月未接到本书用稿通知的,作者可以自行处理。稿件编辑过程中如拟被他方采用的,请作者及时告知相关决定,以免重复出版。

7. 联系人:

赵老师 电话:021-68602391;

张老师 电话:021-68602397。

编辑体例

一、标题：宋体小三号字，居中。如有关于本篇文章的说明，注脚注，用上标星号（＊）。

二、作者：宋体小四号字，居中，并用上标星号（＊）作为介绍作者脚注的标志，在脚注中注明作者姓名、工作单位、职务、职称（为便于联系，另请作者向《证券法苑》联系邮箱提供通信地址、邮政编码、固定及移动电话、电子邮箱，本书对此予以保密）。如有两名作者，第二名作者用两枚上标星号（＊＊），依此类推。

三、中文摘要、关键词：楷体 GB2312 小四号字，摘要 200 字以内、关键词 3～5 个。

四、英文标题、摘要、关键词："Times New Roman"字体，标题小三号字居中，摘要与关键词小四号字。

五、正文：宋体小四号字，首行缩进，行距 18 磅。区分标题和要点，标题层级依次为"一、……""（一）……""1. ……""（1）……"，要点层级依次为"1. ……""（1）……""①……"，一段之内的要点列举使用"（1）……"。一级标题采用四号宋体加粗；二级标题采用黑体小四号字不加粗；三级标题宋体小四号字，不加粗。引用具体法律文件应加书名号，如《证券法》《上市公司收购管理办法》。法条序号（第×条、第×款、第×项）、时间（世纪、年代、年月日等）、数量金额等用阿拉伯数字，但直接引用原文的从原文。

六、注释：采用脚注，全文连续注码，注码放标点之后，注码符号为"1、2、3、……"；非引用原文者，注释前加"参见"；引用资料非原始出处者，注明"转引自"；数个注释引自同一资料者，可合并同注某。宋体小五号字。

注释示例如下：

1. 著作类

（独著作品）史尚宽：《民法总论》，中国政法大学出版社 2000 年版，第19页、第22页。

（合著作品）崔建远、韩世远:《债权保障法律制度研究》，清华大学出版社2004年版，第10页。

（多人合著作品）蔡守秋等:《可持续发展与环境资源法制建设》，中国法制出版社2003年版，第214～216页。

（编辑作品）张文显主编:《法理学》，法律出版社2004年版，第65～67页。

2. 论文类

（期刊）俞荣根、刘霜:《立法助理制度述论》，载《法学杂志》2007年第2期。

（论文集）符望:《美国内幕交易法律制度最新发展与演变》，载蔡建春、苑多然、王红主编:《证券法苑》（第40卷），法律出版社2024年版。

（学位论文）刘晓华:《私法上的信赖保护原则研究》，山东大学2013年博士学位论文。

3. 译作类

［英］亚当·斯密:《国富论》，唐日松等译，华夏出版社2005年版，第224页。

4. 报纸类

李希慧等:《"轻轻重重"应成为一项长期的刑事政策》，载《检察日报》2005年5月26日，第1版。

5. 古籍类

《明太祖实录》卷二十六。

6. 辞书类

《牛津法律大辞典》，光明日报出版社1988年版，第68页。

7. 网络类

梁慧星:《关于中国物权法的起草》，载北大法律信息网，http://article. chinalawinfo. com/article/user/article _ display. asp? ArticleID = 29283，2009年8月8日访问。

8. 判决书类

上海市高级人民法院:上海大智慧股份有限公司与冯某雄证券虚假陈述责任纠纷二审民事判决书，案号:（2018）沪民终28号，2018年9月

17 日。

9. 外文类

从该文种注释惯例。英文注释体例如下:

著作类:

Harold U. Faulkner, *American Economic History*, New York, Harper & Brothers Publishers, 1960, pp. 23 – 25.

论文类:

Gavin Goh & Andreas R. Ziegler, *Retrospective Remedies in the WTO after Automotive Leather*, Journal of International Economic Law, Vol. 6, 2003.

网络类:

Impact Exchange, *Impact Exchange Board Listing Guide: A Board of the Stock Exchange of Mauritius*, https://iixglobal. com/wp – content/uploads/2017/04/Impact_Exchange_Listing_Guide – 2017 – 1. pdf, visited May 4, 2017.